형법 이해와 판례

UNDERSTANDING OF CRIMINAL LAW & CASES

옥필훈

도서출판 진영사

형법 이해와 판례

옥필훈

2009년 3월 25일 초판인쇄
2009년 3월 31일 초판1쇄발행

발행인 ‖ 박진영
발행처 ‖ 도서출판 진영사
인천광역시 부평구 갈산동 16-22호
tel. 032-505-4207
fax. 032-505-4206
e-mail. 0183734207@hanmail.net

ISBN 978-89-93076-53-0 92300

UNDERSTANDING OF CRIMINAL LAW & CASES

머리말

형법은 사법시험을 비롯하여 국가시험 등 필수과목 중의 하나이다. 해마다 난이도가 높아지고 있는 국가시험에 대비하기 위해서는 꾸준한 학습과 출제경향에 대비하는 것이 필요할 것이다. 지금까지 대학에서 형법을 담당한 필자로서 난해한 형법을 알기 쉽고 꼭 필요한 시험경향에 대비할 수 있도록 어떻게 강의할 것인가가 현재까지도 중요한 과제이다. 본서는 이러한 취지를 바탕으로 국내 형법학 체계를 따르면서도 변화하는 교육제도에 따라 새롭게 개편작업을 하게 되었다.

본서는 이러한 저자의 의도는 물론이거니와 본서를 가지고 공부할 대학생을 위한 형법 안내서 내지 국가시험을 준비하는 수험생들을 위한 수험서로서 충실히 대비할 수 있도록 다음과 같이 집필되었다. 첫째, 본서는 형법의 기본이론을 토대로 강의교재 및 수험서로서의 역할을 다하려고 노력하였다. 둘째, 본서는 국가시험을 대비한 충실한 '형법이론-판례-문제풀이'를 포함하였다. 셋째, 관련된 부분에 관련 최신정보뿐만 아니라 주요판례를 소개하여 변화하는 교육제도에 부응하여 알기 쉽게 내용을 전달하도록 분석하였다. 앞으로도 형법학에 대한 진전된 연구를 통하여 더 발전된 교재에 대한 연구를 진행할 계획이다.

마지막으로 대학교수로서 희망과 비전을 주시는 하나님께 먼저 감사드리고, 언제나 가르침을 아끼지 않으시는 전북대학교 및 원광대학교 은사님들, 언제나 관심과 사랑을 아끼지 아니하시는 전주비전대학 여러 교수님들, 지금까지도 돌보아주시는 부모님, 아내와 아들 성균 그리고 아울러 본서의 출간을 기꺼이 허락하여 주시는 진영사 사장님과 편집부 선생님들께도 본 지면을 빌어 감사의 말씀을 올립니다.

2009년 2월

옥필훈 씀

UNDERSTANDING OF CRIMINAL LAW & CASES

차 례

총 론　제1편 서론

총 론 제2편 범죄론

총 론 제3편 형벌과 보안처분

각론 제1편 개인적 법익에 대한 죄

각론 제2편 사회적 법익에 대한 죄

각 론 제3편 국가적 법익에 대한 죄

〔부록〕

제1부
총 론

제1편 서론

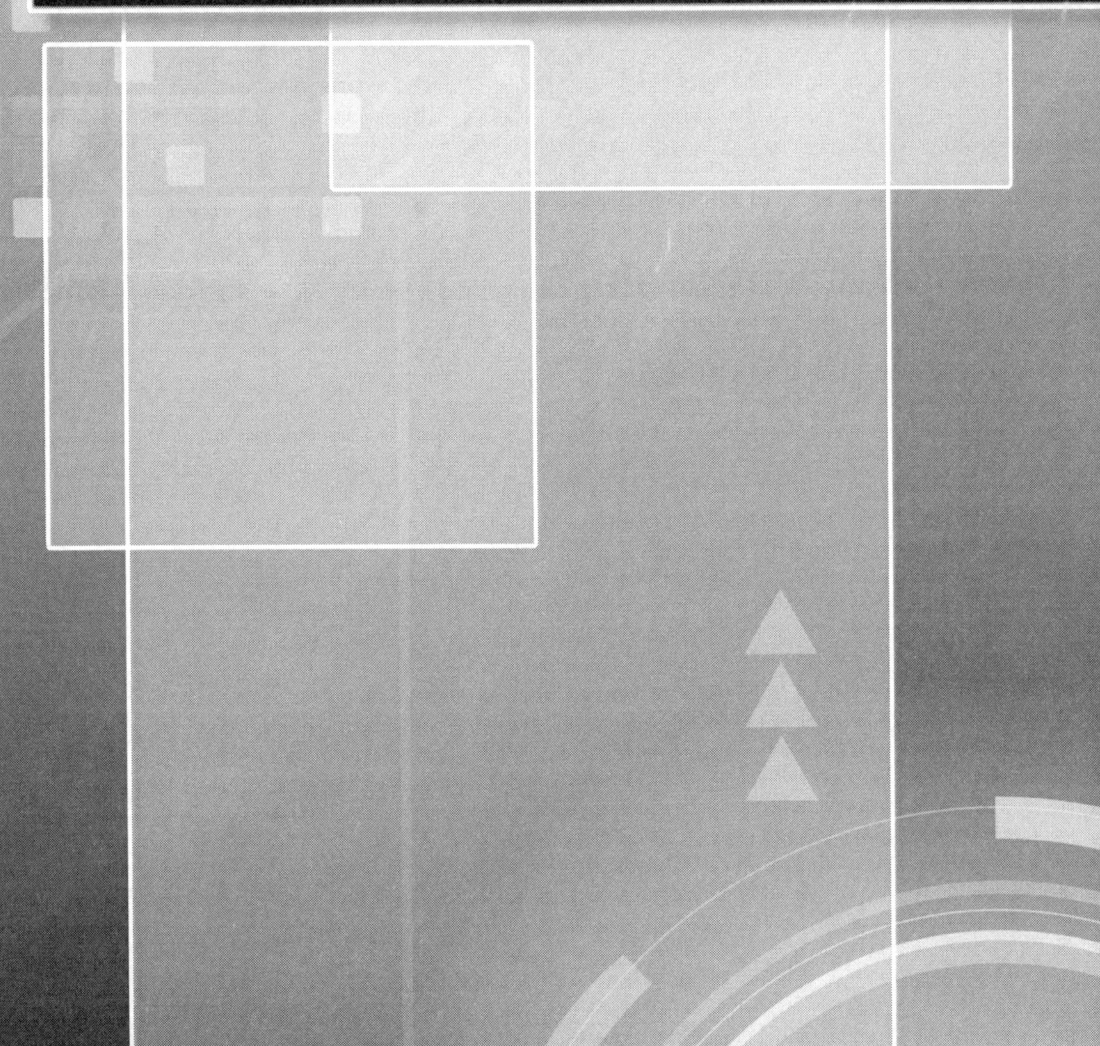

제1장 형법의 기초이론

제1절 형법의 의의

I. 형법의 개념

형법(Criminal Law, Strafrecht)은 범죄에 대한 법률효과인 형벌 또는 보안처분의 관계를 규정하는 법규범의 총체이다. 형법이 규정하고 있는 범죄와 형벌(또는 보안처분)은 별개의 개념이 아니라 서로 밀접한 관계를 가지고 있는 개념으로 범죄는 형벌의 기초이고 형벌은 범죄에 대한 법률효과이다. 형법의 의미를 두 가지로 구별하여 보면, 실질적으로는 형법상의 형벌은 물론 사법이나 행정법규 등에 규정된 과태료·징계 등 넓은 의미의 형사제재를 규정한 실체적 규정이 포함하고, 형식적으로는 형법 제41조에 규정된 형벌을 의미한다.

II. 형법의 범위

협의의 형법(형식적 의미의 형법)은 형법이라는 명칭을 가진 형법전(1953.9.18 법률 제293호)을 말하고, **광의의 형법**(실질적 의미의 형법)이란 협의의 형법 이외에 특별형법과 행정형법을 포함하여 형법학의 연구대상이 된다. 특별형법으로서는 경범죄처벌법, 국가보안법, 폭력행위 등 처벌에 관한 법률, 특정범죄가중처벌 등에 관한 법률, 사회보호법 등이 있고 행정형법에 속하는 것으로는 도로교통법, 대기오염방지법, 식품위생법 등의 많은 행정단속법규가 있다.

Ⅲ. 형법의 해석

형법조문의 구조는 요건과 효과의 두 부분으로 구성된다. 예컨대, 절도죄를 규정한 형법 제329조는 '타인의 재물을 절취한 자는'이라는 구성요건과 '6년 이하의 징역 또는 1천만원 이하의 벌금에 처한다'라는 법적 효과의 두 부분으로 구성된다. 여기에서 앞 부분은 특정한 인간의 행위가 기술된다(구성요건). 마치 제329조는 'A이면 B이다'라는 조건문처럼 보인다. 이 조문에서 재물을 절취한다는 조건을 충족시킨 자는 국법상의 강제처분인 형벌을 수인할 의무를 진다는 것이다. 형법조문의 전반부를 구성하는 것은 구성요건이다. 후술하겠지만, 구성요건은 인간의 위법행위를 규정해 놓은 것이다. 구성요건을 정하는 것은 입법자의 임무이다. 입법자는 구성요건을 규정하면서 여러 가지 개념요소들을 사용한다. 구성요건에 사용되는 개념요소들을 가리켜서 구성요건요소라고 한다.

형법조문에 따라서는 구성요건요소의 개념내용을 입법자 스스로 정의조항의 형태로 규정해 놓은 경우(예컨대, 형법 제91조 등)가 있으나, 입법자가 구성요건요소의 개념을 직접 정의하는 것은 극히 드물다. 일반적으로 구성요건요소의 개념내용을 구체적으로 확정하는 작업은 학계와 실무계에 맡겨져 있는데, 이러한 작업 가운데 학계의 견해를 **학설**(學說)이라고 하고 유권적 판단기관인 법원의 견해를 가리켜서 **판례**(判例)라고 한다.

제2절 형법의 성격

Ⅰ. 형법의 법체계적 지위

형법은 국가와 범죄자의 관계를 규정하는 **공법**(公法)이고, **사법법**(司法法 : 형사재판에 적용될 법)이며, 법적 안정성을 지도이념으로 하는 **실체법**(實體法 : 재판의 대상인 사건의 실체에 관한 법규범)이다.

II. 형법의 규범적 성격

형법은 당위의 법규이므로 존재의 법칙이 적용되는 자연법칙과 구별되며, 강제성의 정도에 의해서 보면 타 사회규범인 관습·도덕·종교 등과도 구별된다.

1. 가설적 규범

형법은 일정한 범죄행위를 조건으로 하여 이에 대한 법률효과를 규정한다. 예컨대, 형법의 규범체계는 사람을 살해하면 사형, 무기 또는 5년 이상의 징역에 처하여진다는 **가설적**(假說的) **논리구조**를 갖는다는 점에서 명령적·단언적 형식을 취하는 종교 또는 도덕규범과 구별된다.

2. 행위규범과 재판규범

형법은 일반 국민에게 일정한 범죄에 대하여 형벌을 과함으로써 행위준칙으로 삼게 하는 **행위규범**(Verhaltensnorm)이다. 이는 직접적인 명문규정은 없으나 간접적으로 불문형태로서 금지 또는 명령이 포함된다. 이러한 행위규범인 형법은 법관의 사법활동을 규제한다는 점에서 **재판규범**(Entscheidungsnorm)이다. 예컨대, 형법 제250조 전단의 법률요건 중에는 '사람을 살해하지 마라'고 하는 금지를 내용으로 하는 행위규범이 규정되어 있을 뿐만 아니라, 후단의 법률효과에는 재판관에게 '위반자는 5년 이상의 형벌을 적용하라'고 하는 명령을 내용으로 하는 재판규범으로서도 작용하고 있다.

3. 평가규범과 의사결정규범

형법은 일정한 범죄행위에 대하여 형벌을 과함으로써 그 행위가 법률상 무가치한 위법행위가 됨을 명시한다. 다시 말하면, 가설적 규범에 의하여 일정한 행위에 대하여 가치를 가하는 **평가규범**(Bewertungsnorm)이며, 이러한 평가규범의 성질에 의하여 일반국민에게 불법을 결의해서는 안 된다는 의무를 부과하는 **의사결정규범**(Bestimmungsnorm)이다.

III. 형법의 해석상의 원칙

형법은 범죄행위와 이에 대응하여 부과되는 형벌이 균형을 이루어야 하고(**비례성의 원칙**) 법익보호의 수단으로서 형법 이외의 다른 방법으로서는 불가능할 때에 최후의 수단으로서 형법이 적용되어야 하며(**필요성의 원칙**), 모든 불법행위를 형법으로 처벌하는 것은 불가능하고 불필요하기 때문에 불법행위 가운데 일부분의 행위에 대해서만 처벌하게 된다(**단편성의 원칙**).

제3절 형법의 기능

I. 규제적 기능

형법은 일정한 범죄에 대하여 일정한 형벌을 과할 것을 예고함으로써 당해 범죄에 대한 국가의 규범적 평가를 밝히는 작용을 말한다. 이를 **규제적(규범적) 기능**이라 하는데 다른 부차적 기능이 여기에서 파생되기 때문에 형법의 근본적 기능이라고 할 수 있다. 이 기능을 통하여 일반국민에게는 행위규범 내지 의사결정규범으로서 작용함과 동시에 사법관계자들에게는 재판규범으로서 범죄의 인정 및 형벌적용의 지표를 삼도록 한다.

II. 보호적 기능

1. 의의

보호적 기능이란 사회질서의 기본가치를 보호하는 기능을 말한다. 각종의 법익(생명, 신체, 재산, 명예, 공공의 안전)과 기타 특정의 사회윤리적 행위가치 등 보호기능을 한다.

2. 내용

(1) 법익의 보호

보호적 기능의 핵심으로 형법이 보호하는 법익에는 개인적 법익과 사회적 법익

및 국가적 법익이 있다.

(2) 사회윤리규범의 보호

사회공동체의 일원으로서 개인이 실천해야 할 윤리적 의무이행을 보호하는 기능으로 법익보호가 형벌의 목표라면 사회윤리 행위가치의 보호는 그 목표 도달을 위한 수단이다(Welzel).

3. 형법과 보충성의 원칙

형법은 형법 이외의 다른 수단에 의해서는 법익보호가 불가능한 경우에 최후의 수단으로 적용되어야 하는 원칙을 의미한다. 형법이 가지는 보호의 수단이 다른 법률의 그것과 본질적 차이가 없다는 이유로 동원칙을 부정하는 견해도 있으나, 통설은 비례성의 원칙, 형법의 탈윤리화(脫倫理化) 등을 이유로 동원칙을 인정하고 있다.

Ⅲ. 보장적 기능

1. 의의

보장적 기능이란 형법이 국가의 형벌권의 한계를 명백히 하여 자의적인 형벌로부터 국민의 자유와 권리를 보장하는 기능을 말한다(죄형법정주의의 근본원리를 삼는 기능).

2. 효과

(1) 일반국민에 대한 효과

형법은 일반국민에 대하여 형법에 규정되어 있는 범죄이외에는 어떤 행위를 하더라도 범죄자로서 처벌받지 않는다는 것을 보장한다는 의미에서 국민에게 무한한 행동의 자유를 보장한다(일반국민의 대헌장(Maihofer)).

(2) 범죄인에 대한 효과

형법에 정해진 형벌의 범위내에서만 처벌되고 그 외의 부당한 처벌을 받지 아니할 것을 보장한다(리스트(Liszt)는 범죄인의 대헌장이라 하였다).

Ⅳ. 사회보호적 기능

1. 의의

사회보호적 기능이란 형벌과 보안처분이라는 수단에 의하여 범죄로부터 사회질서를 유지하고 보호하는 형법의 기능을 말한다.

2. 내용

(1) 일반예방기능

범죄에 대하여 형벌·보안처분을 예고함으로써 일반인의 범죄를 억제하도록 하는 기능이다.

(2) 특별예방기능

범죄인의 재범의 위험성을 제거하여 사회복귀를 촉진하는 기능이다(보안처분의 도입에 의하여 더욱 강화).

1. 형법의 규범적 성격에 대하여 설명하시오.

2. 형법의 보호적 기능에 대하여 설명하시오.

1. 형법의 성격에 관한 설명 중 틀린 내용은?

   ① 형법은 국가와 범죄자 사이의 관계를 규율하는 공법이다.
   ② 형법은 재판에 적용되는 법이라는 의미에서 사법법이다.
   ③ 형법은 범죄의 요건과 그 법률효과를 규정한 실체법이다.
   ④ 형법은 사적 형벌권 뿐만 아니라 공적 형벌권도 포함된다.

   〈해설〉 ④ 형법은 공적 형벌권만 포함된다.

2. 형법은 국가형벌권의 발동한계를 명확히 하여 국가형벌권의 자의적인 행사로부터 국민의 자유와 권리를 보장하는 기능을 무엇이라 하는가?

   ① 보호적 기능 ② 보장적 기능
   ③ 규범적 기능 ④ 사회보호적 기능

   〈해설〉 ② 보장적 기능은 국민을 위한 형법의 마그나 카르타적 기능이라고 한다. 자유민주주의 사회에서 가장 강조되는 기능이자 죄형법정주의의 근본원리가 된다.

	시기	주요내용
복수시대 "私刑"	원시시대~ 고대국가형성이전	· 사적 복수 · 종교적 · 미신적 사회규범(Taboo) · 同害報復(Talio) 법칙
위하시대 "형벌의 국가화"	고대국가~17세기	· 공형벌제도 · 형벌(사형 · 태형)의 잔혹성 · 규문주의(죄형전단주의) · 일반예방주의
박애시대 "형벌의 법률화"	18세기 초~ 19세기 중엽	· 계몽주의, 합리주의, 법치주의 · 개인의 자유와 권리를 중시 · 죄형법정주의의 확립 · 인도주의 형벌제도 〈베카리아, 포이어바흐, 칸트, 헤겔〉
과학시대 "형벌의 개별화"	19세기 후반~현대	· 범죄의 격증, 상습범, 소년범 · 범죄인의 재사회화(특별예방주의) · 범죄원인에 관한 실증과학적 연구 〈롬브로소, 리스트〉

형법 공부방법론

※ 다음과 같은 형법학의 특징을 유념하면서 학습하여 보자.

1. 형법학의 특징

(1) 체계적 사고를 법적 사고 함양
- 총론과 각론의 유기적 관련성
- 기본서의 체계적인 학습

(2) 총론의 학설대립구도
- 주로 다수설과 판례의 태도 숙지

2. 공부방법론

(1) 교과서의 선택은 본인이 읽어서 이해하기 쉬운 교재 선택함
(2) 법률용어의 정확한 이해
(3) 대학강의의 적절한 활용
(4) 법조문의 이해와 필요한 부분은 암기
(5) 범죄체계론에 대한 정확한 이해
(6) 학설의 논거를 이해
(7) 사실관계의 파악과 주로 leading case내용의 이해
(8) 객관식 문제풀이로 학습한 내용의 확인

제2장 죄형법정주의

제1절 죄형법정주의의 의의

Ⅰ. 의의

1. 개념

죄형법정주의(Nullum crimen, nulla poena sine lege)란 범죄와 형벌은 법률로써 정하여야 한다는 원칙을 말한다. 다시 말하면, 어떠한 행위가 범죄가 되며, 그 범죄에 대하여 어떠한 형벌을 과할 것인가를 미리 성문법으로 규정해 놓아야 한다는 원칙이다. 이러한 죄형법정주의는 형법의 최고원리로서 전제정치 하에서 행하여졌던 죄형전단주의(罪刑專斷主義)에 대해 대립되는 개념이며 "법률 없으면 범죄없고 형벌도 없다"든가 "법률없으면 범죄 없다" 혹은 "법률없으면 형벌없다" 등으로 표현된다.

2. 법적 근거

헌법 제12조 제1항과 헌법 제13조 제1항이 이를 선언하고 있고, 현행 형법 제1조 제1항에서는 「범죄의 성립과 처벌은 행위시의 법률에 의한다」고 하여 형법의 기본원리로서의 죄형법정주의를 규정하고 있다. 또한 형사소송법 제323조 1항은 '형의 선고를 하는 때에는 판결이유에 범죄될 사실, 증거의 요지와 법령의 적용을 명시하여야 한다'고 함으로써 죄형법정주의를 뒷받침하고 있다.

II. 존재의의

1. 인권보장의 원리

죄형법정주의는 국가형벌권의 발동을 제한하여 국민의 기본권을 보장하는 동시에, 입법에 의하여 사법권을 규제하는 기능을 가진다. 따라서 죄형법정주의에 반하는 판결에 대하여는 항소·상고·비상상고를 제기할 수 있고, 죄형법정주의에 반하는 검찰·행정처분이나 법률에 대하여는 헌법소원을 제기할 수도 있다.

2. 해석의 최고가치기준

죄형법정주의는 단순한 정치적인 주장의 단계를 넘어서 형법에까지 규정됨으로써 마침내 실정형법의 해석과 적용에 있어서 최고의 가치기준으로서의 의미를 갖는다.

제2절 죄형법정주의 연혁과 사상적 배경

I. 죄형법정주의의 연혁

사상적 기원은 1215년 영국의 대헌장(Magna Carta)에서 유래하며 18세기 미국의 헌법과 1789년의 프랑스 인권선언 제8조에 의해 확립되었다. 한편 우리나라는 건국헌법이래로 명문의 규정을 두고 있지 않았으나 인정하였고 현행 헌법에는 그 근거조항으로 헌법 제12조 제1항, 동법 제13조 제1항, 형법 제1조 제1항을 두고 있다.

II. 죄형법정주의의 사상적 배경

1. 몽테스키외(Montesquieu)의 삼권분립론

권력남용을 방지하기 위하여 3권을 분립하고, 사법권은 입법기관이 제정한 법률을 기계적으로 집행해야 하며, 따라서 범죄와 형벌의 관계가 미리 법률에 엄격히 규정될 것이 요구된다.

2. 포이어바흐(Feuerbach)의 심리강제설

범죄예방은 일반국민에게 범죄로 얻을 쾌락보다는 범죄에 대해서 과해지는 형벌의 고통이 더 크다는 것을 알게 하는 심리적 강제에 의하여 달성되며, 따라서 범죄와 형벌이 법률에 규정될 것이 요구된다.

제3절 죄형법정주의의 현대적 의의

I. 죄형법정주의의 가치

19세기 말부터 급격한 산업의 발전과 도시화에 따라 실업자가 범람하고 범죄가 격증하게 되자, 합목적적인 범죄대책을 주장하면서 형벌의 개별화와 탄력화에 의한 사회방위의 필요성을 강조하는 근대학파 내지 신파사상의 등장으로 죄형법정주의도 폐지 내지 완화되어야 한다는 주장이 많이 제기되었다. 그러나 국가권력 특히 형벌권 행사의 자의로부터 국민의 자유와 권리를 보장하는 최후의 보루로서 지도원리로 기능한다.

II. 죄형법정주의와 법치주의 원리

현대적 의미의 죄형법정주의는 그 내용이 실질적 정의에 합치하는 적정한 법률이 없으면 범죄없고 형벌없다는 원칙을 의미한다. 이는 법관의 자의로부터 국민의 자유를 보호하고 입법권의 자의로부터도 국민의 자유를 보호하는 기능을 한다. 그 내용도 실질적 정의에 합치하는 「적정한 법률 없으면 범죄 없고 형벌없다」는 원칙을 의미하게 된다.

제4절 죄형법정주의의 내용

I. 형식적 의미의 죄형법정주의

1. 법률주의

범죄와 형벌은 성문의 법률에 의하여 규정하여야 한다(법률주의). 여기에서의 '법률'이란 국회에서 제정된 형식적 의미의 법률을 말하며, 명령이나 규칙에 의하여 범죄와 형벌을 규정할 수 없다. 특히 관습법에 의하여 법률에 규정되지 아니한 범죄나 형벌을 가중할 수 없기 때문에 **관습형법금지의 원칙**이라고도 한다. 관습법을 근거로 새로운 구성요건을 만들거나 기존의 구성요건을 가중처벌하는 것은 허용되지 않는다. 다만 관습법에 의한 형벌규정의 폐지·축소 등은 허용된다. 독일의 판례는 교사의 학생체벌권은 관습법적으로 허용된다. 관습법은 형법 해석에 간접적으로 영향을 미칠 수 있다. 예컨대, 형법 제184조 수리방해죄의 경우 수리권이 민법에서 관습적으로 확장되면 이에 따라 형법 제184조의 적용범위도 확장될 수 있다.

: **법률주의에 대한 관련판례**

① 법률주의에 위반한 예(대법원 전원합의체판결 1999.2.11, 98도2816)

[사건개요] 총포·도검·화약류등 단속법 시행령 제3조 제1항 제3호가 위임입법의 한계를 벗어나고 죄형법정주의 원칙에 위배되어 무효인지 여부(적극)

[판결요지] 일반적으로 법률의 시행령은 모법인 법률에 의하여 위임받은 사항이나, 법률이 규정한 범위 내에서 법률을 현실적으로 집행하는 데 필요한 세부적인 사항만을 규정할 수 있을 뿐, 법률의 위임 없이 법률이 규정한 개인의 권리·의무에 관한 내용을 변경·보충하거나 법률에서 규정하지 아니한 새로운 내용을 규정할 수 없는 것이고, 특히 법률의 시행령이 형사처벌에 관한 사항을 규정하면서 법률의 명시적인 위임 범위를

벗어나 그 처벌의 대상을 확장하는 것은 헌법 제12조 제1항과 제13조 제1항에서 천명하고 있는 죄형법정주의의 원칙에도 어긋나는 것으로 결코 허용될 수 없다고 할 것인데, 총포·도검·화약류등 단속법 제2조 제1항은 총포에 관하여 규정하면서 총에 대하여는 일정 종류의 총을 총포에 해당하는 것으로 규정하면서 그 외의 장약총이나 공기총도 금속성 탄알이나 가스 등을 쏠 수 있는 성능이 있는 것은 총포에 해당한다고 규정하고 있으므로, 여기서 말하는 총은 비록 모든 부품을 다 갖추지는 않았더라도 적어도 금속성 탄알 등을 발사하는 성능을 가지고 있는 것을 가리키는 것이고, 단순히 총의 부품에 불과하여 금속성 탄알 등을 발사할 성능을 가지지 못한 것까지 총포로 규정하고 있는 것은 아니라고 할 것임에도 불구하고 같은법 시행령 제3조 제1항은 같은 법 제2조 제1항의 위임에 따라 총포의 범위를 구체적으로 정하면서도 제3호에서 모법의 위임 범위를 벗어나 총의 부품까지 총포에 속하는 것으로 규정함으로써, 같은 법 제12조 제1항 및 제70조 제1항과 결합하여 모법보다 형사처벌의 대상을 확장하고 있으므로, 이는 결국 위임입법의 한계를 벗어나고 죄형법정주의 원칙에 위배된 것으로 무효라고 하지 않을 수 없다.

② 법률주의에 위반하지 않은 경우(헌법재판소 2000.6.29, 99헌가161)

[사건개요] 행정기관인 청소년보호위원회 등으로 하여금 청소년유해매체물을 결정하도록 하고, 그 결정된 매체물을 청소년에게 판매 등을 하는 경우 형사처벌하도록 하는 것이 죄형법정주의에 위반되는지 여부(소극)

[결정요지] 청소년에게 유해한 매체물을 적시하여 청소년에 대한 판매·대여 등을 제한하고자 하는 경우에는 각 매체물의 내용을 실제로 확인하여 유해성 여부를 판단할 수밖에 없는데, 그때마다 법 또는 하위법령을 개정하여 직접 개별 매체물을 규정하는 것은 현실적으로 거의 불가능하고 법령의 개정에 소요되는 시일로 인하여 규제의 실효성도 기할 수 없게 될 것이므로 청소년유해매체물이 결과적으로 범죄의 구성요건의 일부를 이루게 되더라도 이 사건 법률조항에서 직접 청소년유해매체물의 범위를 확정하지 아니하고 행정기관(청소년보호위원회 등)에 위임하여 그 행정기관으로 하여금 청소년유해매체물을 확정하도록 하는 것은 부득이하다고 할 것이다. 또 법 제10조 제1항은 청소년유해매체물의 결정기준으로서 청소년에게 성적인 욕구를 자극하는 선정적이거나 음란한 것, 포악성이나 범죄의 충동을 일으킬 수 있는 것 등을 규정하여 어떤 매체물이 청소년보호위원회 등에 의하여 청소년유해매체물로

결정 · 확인될지 그 대강을 예측할 수 있도록 하고 있으며, 법 제21조 등과 법시행규칙은 청소년유해매체물의 결정을 관보에 고시하고 주기적으로 청소년유해매체물목록표를 작성하도록 하고 있으므로 처벌의 대상행위가 무엇인지는 이러한 절차를 통하여 보다 명확해지게 된다. 따라서 이 사건 법률조항이 형벌법규의 위임의 한계를 벗어나거나 불명확하여 죄형법정주의에 위반된다고 할 수 없다.

2. 소급효금지의 원칙

제1조〔범죄의 성립과 처벌〕 ① 범죄의 성립과 처벌은 행위시의 법률에 의한다.

② 범죄 후 법률의 변경에 의하여 그 행위가 범죄를 구성하지 아니하거나 형이 구법보다 경한 때에는 신법에 의한다.

③ 재판확정 후 법률의 변경에 의하여 그 행위가 범죄를 구성하지 아니하는 때에는 형의 집행을 면제한다.

헌법 제13조〔형벌불소급, 일사부재리, 소급입법의 제한, 연좌제금지〕 ① 모든 국민은 행위시의 법률에 의하여 범죄를 구성하지 아니하는 행위로 소추되지 아니하며, 동일한 범죄에 대하여 거듭 처벌받지 아니한다.

범죄와 형벌은 행위시의 법률에 의하여 결정되어야 한다. 따라서 효력발생 이후의 행위에만 적용되고, 시행되기 이전의 행위에까지 소급하여 효력을 가지지 아니한다. 그 근거로서는 법적 안정성과 예측가능성을 들 수 있다. 헌법 제13조 1항과 형법 제1조 1항은 이 원칙을 선언하고 있다.

사후입법에 의한 법률의 소급효를 금지하는 것을 의미한다(판례의 변경은 포함하지 않는다).

행위당시의 판례에 의하면 처벌 대상이 되지 아니하는 것으로 해석되었던 행위를 판례의 변경에 따라 확인된 내용의 형법 조항에 근거하여 처벌한다고 하여 그것이 헌법상 평등의 원칙과 형벌불소급의 원칙에 반한다고 할 수는 없다(대법원 1999.9.17, 97도3349).

다만 행위자에게 유리한 경우에는 **소급효**(Rückwirkung ; 遡及效)를 인정한다. 이런 의미에서 형법 제1조 2항과 3항은 피고인에게 유리한 사후법의 소급효를 예외적으로 허용한다. 그리고 보안처분도 형벌 못지 않은 효과가 있으므로 소급효금지의 원칙이 적용된다(대법원 1982. 10. 26, 82감도 2244). 한편 절차법인 형사소송법에 있어서는 소급효의 적용이 배제된다. 예컨대, 친고죄를 비친고죄로 하는 경우라든가 공소시효 만료 전에 공소시효기간을 연장하는 경우 등을 들 수 있다.

1997년 1월 1일부터 시행된 개정 형법 제62조의 2에서 말하는 보호관찰은 형벌이 아니라 보안처분의 성격을 갖는 것으로서, 과거의 불법에 대한 책임에 기초하고 있는 제재가 아니라 장래의 위험성으로부터 행위자를 보호하고 사회를 방위하기 위한 합목적적인 조치이므로, 그에 관하여 반드시 행위 이전에 규정되어 있어야 하는 것은 아니며, 재판시의 규정에 의하여 보호관찰을 받을 것을 명할 수 있다고 보아야 할 것이고, 이와 같은 해석이 형벌불소급의 원칙 내지 죄형법정주의에 위배되는 것은 아니다(대법원 1997. 6. 13. 선고 97도703).

3. 명확성의 원칙

(1) 의의

형법은 구성요건과 법적 결과를 명확하게 규정하여야 한다는 원칙이다(대법원 1982.7.13, 82감도 262). 벨첼(Welzel)은 죄형법정주의에 대한 위험은 유추해석에 있는 것이 아니라 오히려 불명확한 형법에 있다고 한다. 미국법상 "불명확하기 때문에 무효"(void for vagueness) 원칙과 동일하다.

> 예제 ··· 헌법재판소는 구 집회및시위에관한법률이 '현저히 사회적 불안을 야기시킬 우려가 있는 집회 또는 시위를 주관하거나 개최하는 자를 처벌하는 것은 그 적용범위가 과도하게 광범위하여 법운영당국에 의한 편의적·자의적 법운영집행을 가능하게 함으로써 위헌의 소지가 있다'고 판시하였다. 이는 죄형법정주의의 원칙상 명확성의 원칙에 위배된다.
> ※ 참고헌재판례: 1992.1.28, 89헌가8

(2) 판단기준

① 형벌법규가 어느 정도 명확해야 하는가는 일률적으로 정할 수 없으므로 "법관의 보충적인 해석을 통하여 그 규범내용이 확정될 수 있는 한"(헌법재판소 2002. 2. 28, 98헌가8) 명확성 원칙에 반하지 않는다.

② 개념의 명확성 여부에 대한 판단에서는 다음과 같은 점을 유의하여야 한다.

(i) "각 구성요건의 특수성과 그러한 법적 규제의 원인이 된 여건이나 처벌의 정도, 다른 법률조항과의 연관성"(헌재 1997. 3. 27, 95헌가17) 이 있어야 하고, (ii) "건전한 상식 및 통상적인 법감정"(대판 2000. 1. 27, 2000도1007)을 고려하여 결정해야

하며, (iii) "처벌법규의 입법목적이나 그 전체적 내용, 구조 등을 살펴보아 사물의 변별능력을 제대로 갖춘 일반인의 이해와 판단으로서 그의 구성요건요소에 해당하는 행위유형을 정형화하거나 합리적인 해석기준을 찾을 수 있어야 한다"(대판 2001. 11. 13, 2001도3531)

(3) 내용

1) 구성요건의 명확성

당해 법조항의 구성요건과 처벌에 관한 전체적인 문언이 형법해석의 여러 방법에 의하더라도 가벌성과 처벌에 관해서 해석·적용을 제한할 수 있어야 한다. 그 기준으로 예견가능성(통상의 판단능력을 가진 사람이 그 의미를 이해할 수 있는가), 구체화의 가능성(용어의 사용이 입법기술상 불가피한 것인가), 비례성(형벌의 정도와 법익보호와 침해 사이) 등을 들 수 있다.

2) 제재의 명확성

형벌은 종류와 범위에 의하여 특정되어야 한다. 이와 관련하여 문제되는 것이 부정기형인데, 절대적 부정기형은 허용되지 않으며 죄형법정주의의 한 내용이나 부분적으로 상대적 부정기형은 소년법 등에서 예외적으로 허용된다(소년법 제60조).

4. 유추해석금지의 원칙

법률에 규정이 없는 사항에 대하여 그것과 유사한 성질을 가지는 사항에 관한 법률을 적용하는 것을 금지하는 원칙이다. 다시 말하면, 법규의 내용을 가능한 한 문언(文言)의 의미한계를 넘어 비슷한 사례에 적용해서는 않된다는 원칙을 말한다.

범죄와 그 결과에 대한 실체적 형벌법규의 모든 요소에 적용되나 다만 피고인에게 유리한 유추해석은 허용된다.

형법해석과 관련하여 문언의 가능한 의미 내이어야 한다. 우리나라의 **다수설**은 확장해석은 허용되지만 유추해석은 금지된다고 해석하고 있다. 그러나 일부의 견해는 확장해석의 개념은 명백한 것은 아니고, 형벌법규는 엄격히 해석해야 한다는 점에서 확장해석도 형법상 금지되어야 한다고 한다(대법원 1978. 9. 26, 75도 3255 ; 대법원 1991. 4. 23, 90도 1287). 주택건설촉진법 제38조의 3 제1항의 전매 등 금지규정의 입법취지에 비추어 당해 주택의 최초공급일(입주개시일) 전에 있어서도 전매 등 행위를 규제할 필요가 있음은 최초공급일 후에 있어서와 차이가 없다고 하여 위 규정이 전매금지기간의 종기만을 정한 것이고 당해 주택의 최초공급일은 전매금지기간의 시기가 아니라 단지 위 종기를 계산하는 기준시점일 뿐이라고 해석하는 것은 최초공급일 전의 전매 등 행위를 처벌하기 위한 확대해석으로서 죄형법정주의의 원칙에 위반된다(대법원 1991.4.23.90도1287).

〔표〕 확장해석과 유추해석의 구별

확장해석	구성요건상의 언어의 가능한 의미의 한계 내에 속하며, 따라서 해석의 일종으로 허용된다. 예컨대, 강도죄의 '폭행'에 '마취약'을 먹게 한 경우를 포함하는 것으로 해석하는 경우
유추해석	구성요건상의 언어의 가능한 의미를 넘은 해석으로서 법개정·법창조에 해당하여 금지된다. 이는 법관에 의한 법창조를 금지함으로써 법의 해석·적용자인 법관의 자의로부터 개인의 자유와 안전을 보장하기 위해서이다. 예컨대, 자동판매기에 가짜 동전을 주입하여 공짜로 급부를 받는 것을 사기죄에 해당한다고 보는 경우

II. 실질적 의미의 죄형법정주의(적정성의 원칙)

1. 의의

법률의 불법을 배제하고 법률의 내용이 실질적 정의의 요청에 부합해야 한다. 형법의 실질적 내용은 헌법의 가치체계 즉 제10조의 인간으로서의 존엄과 가치라는 근본요청에 부합하여야 한다.

2. 내용

(1) 형벌법규적용의 필요성

형벌은 국가의 중요하고도 본질적인 사회가치의 보호를 위한 수단으로만 사용되어야 한다.

(2) 죄형의 균형

범죄와 형벌의 적정한 균형이 유지되어야 한다.

1. 죄형법정주의의 현대적 의의에 대하여 설명하시오.

2. 적정성의 원칙에 대하여 설명하시오.

1. 죄형법정주의에 관한 설명 중 틀린 것은?

   ① 그 사상적 기원은 1215년 영국의 대헌장에서 찾아볼 수 있다.
   ② 판례에 의하면 소급효금지를 판례에도 확대적용할 수 있다.
   ③ 피고인에게 유리한 유추해석은 허용된다.
   ④ 죄형법정주의는 실질적 법치주의가 형법에 구현된 것이다.

   〈해설〉 ②

2. 죄형법정주의의 내용으로 틀린 설명은?

   ① 적정성의 원칙은 실질적 법치주의의 내용이다.
   ② 확장해석은 허용되나, 유추해석은 허용되지 아니한다.
   ③ 절대적 부정기형은 금지되나, 상대적 부정기형은 허용된다.
   ④ 소급효원칙은 형사소송법에도 적용된다.

   〈해설〉 ④ 소급효금지의 원칙은 절차법인 형사소송법에는 적용되지 않는다.

3. "반사회적 행위를 하는 자는 징역에 처한다"는 법규정이 있다면 죄형법정주의 원칙상 어디에 위배되는가?

① 명확성의 원칙 ② 관습형법금지의 원칙
③ 유추해석금지의 원칙 ④ 소급효금지의 원칙

〈해설〉 ①

UNDERSTANDING OF CRIMINAL LAW & CASES

제3장 형법의 적용범위

제1절 시간적 적용범위

I. 의의

형법의 시간적 적용범위란 형법이 어떠한 시기에 발생한 사실(범죄)에 대하여 효력이 미치는가의 문제이다. 형법의 시간적 적용범위와 관련하여 행위시에 처벌법규가 없던 것이 후에 범죄로 규정된 경우, 행위시에 있던 처벌법규가 후에 폐지된 경우, 행위시와 재판시의 처벌법규에 형의 경중에 변경이 있는 경우 등이 문제된다.

II. 원칙 : 행위시법주의

제1조(범죄의 성립과 처벌) ① 범죄의 성립과 처벌은 행위시의 법률에 의한다.

죄형법정주의 및 그 파생원칙인 소급효금지의 원칙을 근거로 인권보장의 견지에서 행위시법을 적용해야 한다는 견해이다. 이 견해에 의하면 일단 폐지 또는 실효된 행위시법이 재판시에도 효력을 갖게 된다. 형법 제1조 제1항은 「범죄의 성립과 처벌은 행위시의 법률에 의한다」고 규정한다. 행위시는 범죄행위의 종료시를 의미한다.

III. 예외 : 재판시법주의

1. 의의

제1조(범죄의 성립과 처벌) ② 범죄 후 법률의 변경에 의하여 그 행위가 범죄를 구성하지 아니하거나 형이 구법보다 경한 때에는 신법에 의한다.

신법의 형이 구법보다 경하거나 처벌규정이 없어진 때에는 행위자에게 유리한 신법을 소급하여 적용해야 한다는 원칙이다. 즉 죄형법정주의는 행위시법주의를 요청하나, 재판시의 형법을 적용하였을 때 행위자(피고인)에게 유리하다면 재판시법을 적용하는 것이 바람직하다는 것이다(**재판시법주의**). 형법 제1조 제2항에서 「범죄 후 법률의 변경에 의하여 그 행위가 범죄를 구성하지 아니하거나 형이 구법보다 경한 때에는 신법에 의한다」라고 규정하고 있으며, 형사소송법 제326조 제4호는 이에 따라 범죄후의 법령 개폐로 형이 폐지되었을 때에는 면소판결을 하도록 하고 있다.

2. 소급효인정의 요건

(1) 범죄후

'범죄후'란 행위종료 후를 의미하며, 결과발생은 포함하지 않는다. 따라서 실행행위의 도중에 법률의 변경이 있어 실행행위가 신·구법에 걸쳐 행하여진 때에는 실행행위는 신법시행시에 행하여진 것이므로 당연히 행위시법인 신법이 적용되어야 한다. **판례**는 신법 시행 이후의 범행이 신법의 구성요건을 충족하는 때에는 신법을 적용해야 한다고 한다(대법원 1986. 7. 22, 86도 1012). 예컨대, 상습으로 사기의 범죄행위를 되풀이한 경우에 특정경제범죄가중처벌등에 관한 법률(1984.1.1. 시행)시행 이후의 범행으로 인하여 취득한 재물의 가액이 위 법 제3조 제1항 제3호의 구성요건을 충족하는 때에는 그 중 나머지 행위를 포괄시켜 특정경제범죄가중처벌등에관한법률위반죄로 처단하여야 한다. 형법 부칙 제4조 제1항은 '1개의 죄가 본법시행 전후에 걸쳐서 행하여진 때에는 본법 시행 전에 범한 것으로 간주한다'고 규정하고 있으나 위 부칙은 형법시행에 즈음하여 구형법과의 관계에서 그 적용범위를 규정한 경과법으로 신·구형법과의 관계가 아닌 다른 법과의 관계에서는 위 부칙을 적용 또는 유추적용할 것이 아니다(대법원 1986. 7. 22, 86도 1012).

(2) 형의 경중

신법의 형은 구법보다 경하여야 한다. 따라서 법률의 변경이 있더라도 형의 경중에 변화가 없을 때에는 구법을 적용하여야 한다. 한편 형의 경중은 형법 제50조에 의하여 결정되는데 여기의 형은 **법정형**(法定刑)을 의미하며 주형뿐만 아니라 부가형도 비교하여야 한다. 벌금 등 임시조치법에 의하여 벌금액이 증감된 때에도 형이 변경된 때에 해당하며, 범죄 후 여러 차례 법률이 변경되어 행위시법과 재판시법 사이에 중간시법이 있는 경우에는 그 가운데 가장 형이 경한 법률이 적용된다(대법원 1962. 5. 17, 61 형상76 ; 대법원 1968. 9. 17, 68도 914 ; 대법원 1968. 12. 3, 68도1108 ; 대법원 1968. 12. 17, 68도 1324).

Ⅳ. 한시법

1. 의의

범죄의 성립과 처벌은 원칙적으로 행위시의 법률에 의한다(제1조 제1항). 그러나 범죄 후 법률의 변경에 의하여 그 행위가 범죄를 구성하지 아니하거나 형이 구법보다 경한 때에는 신법에 의하므로(제1조 제2항), 행위시에는 처벌법규가 있더라도 재판시까지 사이에 면소의 판결을 선고하여야 한다(형소법 제326조 제4호). 그러나 이러한 형법의 시간적 효력에 관한 규정을 그대로 따른다면 때로는 부당한 결과가 생긴다는 점을 근거하여 한시법의 이론이 주장되어 왔다. 다시 말하면, 형법 제1조 제2항의 재판시법주의에 대한 예외로서 한시법을 인정할 것인가?

2. 한시법의 개념

이에 대해서는 협의설과 광의설이 대립되어 있다. **협의설**(狹義說)은 **다수설**로서 폐지시에 일정한 유효기간을 예정하고 있는 형벌법규, 즉 일정한 기간의 경과에 의하여 당연히 실효될 것을 미리 정하고 있는 형벌법규가 한시법이라는 견해이고, 광의설(廣義說)은 일정한 유효기간을 예정하고 있는 형벌법규뿐만 아니라 특별한 「일시적 사정에 대응하기 위하여 제정된 형벌법규」도 한시법이라는 견해가 대립되어 있다. 학설의 태도는 한시법을 협의의 개념을 견지하고 있고, **판례**는 **동기설**의 입장에서 광의의 한시법을 인정하고 있다(대법원 1984.12.11, 84도413).

3. 한시법의 효력

(1) 문제의 소재

서독형법 제2조 제4항은 「일정한 기간동안 효력을 가진 법률은 그 유효기간 중에 범해진 행위에 대해서는 그 법률이 실효된 때에도 적용된다」고 규정하여 한시법이 생길 여지가 없으나 우리나라는 명문규정이 없어 학설이 대립한다.

(2) 학설

1) 추급효 인정설

한시법의 유효기간이 경과된 후에도 그 기간 중의 행위에 대해서는 처벌할 수 있다는 견해이다. 이에 대해서는 한시법은 일정기간 내에 한하여 국민의 준수를 요구하는 법이므로 비록 그 기간이 경과하더라도 유효기간중의 범행은 비난할 가치가 있고 만일 추급효를 인정하지 않는다면 유효기간의 종료에 접근할수록 위반행위가 속출하게 되므로 이를 처벌하지 못하므로 법의 실효성을 해하게 된다.

2) 추급효 부정설

한시법도 그 유효기간이 경과하면 당연히 실효되는 것이므로 한시법의 추급효를 인정할 수 없다는 견해로서 우리 형법 제1조 제2항이 신법주의를 규정하고 있으므로 한시법의 추급효를 인정하기 위해서는 행위시법주의로 환원하는 예외규정이 없고 법률이 실효된 후에 특별한 규정이 없음에도 불구하고 추급효를 인정하는 것은 죄형법정주의의 실질적 의미에 반하게 된다.

3) 동기설

한시법의 실효가 입법자의 법적 견해의 변경에 의한 경우에는 추급효를 인정하지 아니하고, 그렇지 않은 사정에 의한 경우에는 추급효를 인정한다는 견해이다. 이 설은 **대법원**의 태도이다(대법원 1982. 9. 17, 82도1847 ; 대법원 1982. 10. 26, 82도1861 ; 대법원 1984. 12. 11, 84도413 ; 대법원 1985. 5. 28, 81도1045).

(3) 비판

먼저 추급효 인정설은 실효기간의 접근에 따른 위반행위의 격증은 추급효를 인정하는 특별규정을 둠으로써 방지할 수 있고 명문규정이 없음에도 불구하고 형법 제1조 제2항의 예외를 인정하는 것은 형법의 해석을 정책적 견지에서 부당히 확대하는 것이므로 죄형법정주의에 반하게 된다. 다음으로 추급효 부정설은 행위시에 처벌법규가 존재하였으므로 추급효를 인정하더라도 죄형법정주의에 반하지 않고, 이는 법규범본질론의 문제와 죄형법정주의의 문제를 혼동한 견해이다. 마지막으로 동기설은 입법동기의 이분적 구분이 용이하지 아니하고 법적 안정성을 침해할 가능성이 크다는 비판을 받는다.

관련 판례정리 : 동기설과 관련된 판례정리

1. 법률이념의 변경에 관한 판례는 다음과 같다.
   - 청소년보호법의 개정으로 청소년의 숙박업소 출입행위에 대한 처벌규정을 폐지한 경우
   - 화학용 부피계에 대하여 검정제도를 폐지한 경우
   - 업무상배임죄로 인하여 취득하거나 제3자로 하여금 취득하게 한 재산상 이익의 가액이 1억원 이상 10억원 미만인 때를 가중처벌하던 것을 이득액이 5억원 이상인 때에만 가중처벌할 수 있도록 한 것 등.
   - 축산물가공처리법 시행규칙이 식육점 경영자가 사전검사를 받지 않고 견육(犬肉)을 판매목적으로 진열한 행위를 처벌대상에서 제외한 것(대법원 1979. 2. 27, 78도1690)

2. 사실관계의 변경으로 본 판례는 다음과 같다.
   - 정부투자기관이었던 한국전기통신공사 직원의 뇌물수수행위를 처벌하던 한국전기통신공사법의 폐지한 경우
   - 단란주점 등 일반음식점에 대한 영업시간제한의 해제한 경우
   - 계엄해제로 인한 계엄포고문의 효력(대법원 1985. 5. 28, 81 도 1045) - "계엄령의 해제는 사태의 호전에 따른 조치이고 계엄령이 부당하다는 반성적 고려에서 나온 조치는 아니므로 계엄이 해제되었다고 하여 계엄 하에서 행해진 위반행위의 가벌성이 소멸된다고 볼 수 없다."
   - 운전자의 부당요금징수를 운전자 준수사항의 예에 포함시켰던 고시의 폐지한 경우
   - 계란을 최고가격 통제물자로부터 삭제하는 각령의 개정 등
   - 특정열사용 기자재로서 그 설치 및 시공에 동력자원부장관의 지정을 받아야 했던 가스용온수보일러가 그 지정대상에서 제외되도록 한 에너지이용합리화법의 개정(대법원 1984.12.11, 84 도 413) - "형벌법규 제정의 이유가 된 법률이념의 변천에 따라 과거에 있어서 범죄로 본 행위에 대한 현재의 평가가 달라짐에 따라 이를 범죄로 인정하고 처벌한 그 자체가 부당하였다거나 또는 과형이 과중하였다는 반성적 고려에서 법령을 개폐하였을 경우에 적용되어야 하고 이와 같은 법률이념의 변경에 의한 것이 아닌 다른 사정의 변천에 따라 그때그때의 특수한 필요에 대처하기 위하여 법령을 개폐하는 경우에는 이미 그전에 성립한 위법행위를 현재로서 관찰하여도 행위 당시의 행위로서는 가벌성이 있는 것이어서 그 법령이 개폐되었다고 하여도 그에 대한 형이 폐지된 것이라고는 할 수 없다."

4. 백지형법

(1) 의의

백지형법이란 일정한 형벌만을 규정하고 그 조건인 금지내용에 관하여는 이를 타 법령이나 다른 시기에 독자적으로 선포될 법률, 명령 혹은 행정처분에 일임하는 형벌규정을 말하는데, 예컨대, 형법 제112조의 중립명령위반죄, 환경행정법규 중 환경오염기준치 등을 대통령령에 위임하는 경우를 말한다. 그리고 백지형법의 공백을 보충하는 규정을 **보충규범(또는 충전규범)**이라고 한다.

(2) 보충규범의 개폐와 법률의 변경

백지형법의 보충규범이 변경된 경우에 그것이 형법 제1조 제2항의「법률의 변경」에 해당하는가 아니면 단순한 법률의 내용(구성요건)변경에 해당하는가의 문제로서, 행위시법(구법)을 적용할 것인가 아니면 행위자에게 유리한 신법을 적용할 것인가에 대해 소극설과 적극설이 대립한다.

소극설은 보충규범의 개폐는 법률의 변경이 아닌 그 전제인 구성요건의 내용(행정처분)의 변경에 지나지 않는다고 하고, 적극설은 제1조 제2항의 법률의 변경에 해당한다고 하며, 절충설은 보충규범의 개폐가 구성요건 자체를 정하는 법규의 개폐에 해당하는 때에는 법률의 변경에 해당하나(제1조 제2항), 단순히 구성요건에 해당하는 사실면에 있어서의 법규의 변경에 해당하는 것은 법률의 변경에 해당하지 아니한다(제1조 제1항)는 견해이다.

5. 고시의 변경

경제통제법령에 의거하여 발포된 고시가 변경된 경우에 그 고시의 변경은 형법 제1조 제2항의「법률의 변경」에 포함되는가에 대하여 소극설과 적극설이 대립한다. **다수설**은 동조항의 법률은 총체적 법률상태를 의미하는 것으로 형식적 의의의 법률에 국한되지 아니하고 법률보다 하위에 있는 행정처분도 포함되므로 고시의 변경은 당연히 동조항의 법률의 변경에 해당한다고 보아야 한다.

1. 행위시의 법률에 규정된 형보다 무겁게 변경된 경우에 행위시의 법률에 따르지 않은 것은 위법이다(대법원 1976. 6. 8, 74도809 ; 대법원 1962. 2. 22, 4294형상591).
2. 경중의 비교는 '법정형'을 기준으로 한다(대법원 1955. 7. 29, 4288형상166).
3. 조세법이 개정되더라도 구 조세법의 규정에 의한 조세채권의 내용에는 아무런 영향이 없고 세율의 변경은 형의 변경이라 할 수 없다(대법원 1984. 12. 26, 83도1988).
4. 범죄 후 법률개정에 의하여 법정형이 가벼워진 경우에는, 형법 제1조에 따라서 해당범죄사실에 적용될 가벼운 법정형(신법의 법정형)이 공소시효기간의 기준이 된다(대법원 1987. 12. 22, 87도84).
5. 형법 제7조의 취지는 외국에서 형의 전부 또는 일부를 받은 자에 대해 법원의 재량으로 형을 감경 또는 면제할 수 있다는 것을 의미하므로, 외국에서 형의 집행을 받은 자에게 형을 선고하더라도 위법은 아니다(대법원 1988. 1. 19, 87도2287 ; 대법원 1979. 4. 10, 79도831).
6. 형법 제8조 단서는 이른바 특별한 규정이 있는 경우라 함은 다른 형벌법규에 의하여 처벌하는 죄의 성립에 고의를 요하지 않는다는 일반적 명문규정이 있거나, 그 법률규정 중에 그 취지를 알 수 있는 경우를 의미한다(대법원 1965. 7. 6, 65도347).
7. 이 사건에서 문제되고 있는 물품인 주류(미제깡통맥주)가 이 사건 범죄 후에 특정외래품으로서의 지정에서 제외되었으면 재판당시의 법원으로서는 면소의 판결을 하는 것이 상당하다(대법원 1974. 9. 24, 74도2318).
8. 행위시법인 구 변호사법(1982. 12. 31 개정전의 법률) 제54조에 규정된 형은 징역3년이고 재판시법인 현행 변호사법 제78조에 규정된 형은 5년 이하의 징역 또는 1천만원 이하의 벌금으로서 신법에서는 벌금형의 선택이 가능하다 하더라도 법정형의 경중은 병과형 또는 선택형 중 가장 중한 형을 기준으로 하여 다른 형과 경중을 정하는 것이므로 행위시법인 구법의 형이 더 경하다(대법원 1983. 11. 8, 83도2499).
9. 구법인 환경보전법(1986. 12. 31. 법률 제3903호로 개정되기 전의 것) 제50조 제1항, 제3항 위반행위는 신법인 폐기물관리법 제24조의 위반죄로서 같은 법 제43조 제1항 제6호에서 처벌대상으로 되어 있고 그 형도 신법이 무거우므로 법령의 개폐로 형이 폐지된 경우에 해당하지 않는다(대법원 1989. 9. 26, 88도2021).

10. 농수산부장관이 서울특별시장이 한 유사도매행위금지 고시를 승인하면서 승인이 전의 행위도 추인한 경우 그 추인행위가 행정행위로서 유효라 하여 승인이전에 이루어진 유사도매행위까지 소급처벌할 수는 없다(대법원 1978. 3. 28, 78도410).

11. 식육점 경영자가 사전 검사를 받지 않고 견육을 판매목적으로 진열한 행위는 행위시법에 따르면 축산물가공처리법 위반행위가 되나, 원심에서 유죄판결이 선고된 후 동법시행규칙 개정으로 "개"에 대하여는 동법의 적용을 받지 않게 되었고 이는 이와같은 경우를 처벌대상으로 삼은 종전 조처가 부당하다는데서 온 반상적 조처로 볼 것이므로 위 사유는 형사소송법 제383조 제2호의 판결 후 형의 폐지가 있는 때에 해당되며 또한 이 건은 범죄후 법령개폐로 형이 폐지된 때에 해당되어 같은 법 제326조 제4호에 정한 면소사유가 된다(대법원 1979. 2. 27, 78도1690).

12. 형법 제1조 제2항은 형벌법령 제정의 이유가 된 법률 이념의 변경에 따라 종래의 처벌 그 자체가 부당하거나 과형이 과중하였다는 반성적 고려에서 법령을 개폐하였을 때에만 적용되는 것이고 그 이외의 다른 사정의 변천에 따른 필요에 대처하기 위하여 법령을 개폐하는 경우에는 그 법령이 개폐되었다고 하여도 행위당시의 전 법령에 따라 위반행위가 처단되어야 하는 것이다(대법원 1980. 7. 22, 79도2953).

13. 형법 제1조 제2항이나 형사소송법 제326조 제4호의 규정은 형벌법령제정의 이유가 된 법률이념의 변경에 따라 종래의 처벌 자체가 부당하였다거나 또는 과형이 과중하였다는 반성적 고려에서 법령을 개폐하였을 경우에 적용된다고 해석하여야 할 것이고 교통질서유지를 위한 규제방법의 변경 등 그때그때의 특수한 필요에 대처하기 위하여 법령을 개폐한 것에 불과한 경우에 있어서는 구법당시에 범하여진 위반행위에 대한 가벌성을 소멸시키거나 축소시킬 아무런 이유가 없으므로 훗일 그 법령이 개폐되었다 하더라도 행위 당시의 형벌법령에 비추어 그 위반행위를 처벌하여야 할 것이다(대법원 1987. 3. 10, 86도42).

14. 비상계엄이 해제되었다 하더라도 계엄실시중의 계엄포고령위반 소위에 대한 형이 범죄후 법령의 개폐로 폐지된 것에 해당한다고 볼 수는 없으며 비상계업해제 후에 제기된 본건 포고령위반죄의 공소가 공소권의 남용으로서 부적법한 것이라고 볼 근거는 없다(대법원 1982. 9. 14, 82도1847).

15. 무단반출한 물품에 대한 세율이 범행당시는 100퍼센트였으나 그 후 관세법의 개정으로 40퍼센트로 변경되었다고 하더라도 조세채권의 성립요건이 충족된 후에 조세법이 개정되더라도 그 후 조세법의 규정에 의하여 발생한 조세채권의 내용에는 아무 영향이 없고, 세율의 변경은 형의 변경이라고 할 수도 없어 포탈세액을 종전의 세율에 따라 산정한 것은 적법하다(대법원 1984. 12. 30, 83도1988).

16. 구 특별소비세법시행령(1982. 12. 31. 대통령령 제10982호) 제1조 별표 제1 제2종

제1호 (가)목에서 석유를 사용하는 난방온풍기를 제외한 것은 같은 령부칙 제2항의 규정과 대비하여 볼 때에 이 건과 같은 경우를 처벌한 종전의 조처가 법이념의 변경에 따라 부당하다는 반성적 고려에서 나온 것이라기보다는 경제사정의 변화에 따른 조세정책의 변경에서 나온 것이라고 보여지므로 위 특별소비세법시행령이 석유를 사용하는 난방온풍기를 과세대상에서 제외하였다 하여 이 건 범행의 가벌성을 소멸시킬 이유는 없다 할 것이므로 위 법령이 개폐되었다 하더라도 행위 당시의 법령에 의하여 그 위반행위를 처벌하여야 할 것이다(대법원 1985. 5. 14, 85도273).

17. 부동산소유권이전등기등에관한특별조치법이 1985.1.1부터 실효되었으나 이 법을 부동산등기법에 의하여 등기하여야 할 부동산으로서 그 소유권보전등기가 되어 있지 아니하거나 등기부 기재가 실제 권리관계와 일치하지 아니하는 부동산을 간이한 절차에 의하여 등기할 수 있게 함을 목적으로 하여 한시적으로 제정된 것이어서 그 폐지는 위법제정의 이유가 된 법률이념의 변경에 따라 종래의 처벌 그 자체가 부당하였다는 반성적 고려에서 기인한 것이 아니라 그 제정목적에 대하여 위법을 존속시킬 필요성이 없다는 고려에서 폐지된 것이므로 위 법 시행당시에 행하여진 위 법 시행기간 중의 위반행위는 그 폐지 후에도 행위당시에 시행되던 위법에 따라 처벌되어야 한다(대법원 1988. 3. 22, 87도2678).

18. 공산품품질관리법 제6조 제1항에 의한 공업진흥청이 품질검사지정상품에 관한 고시의 변경은 법률이념의 변천으로 종래의 규정에 따른 처벌 자체가 부당하다는 고려에서 비롯되기 보다는 공산품의 품질향상에 따른 정책의 변경 등 특수한 필요에 대처하기 위한 것이므로 그 고시의 변경으로 그 이전에 범한 위반행위의 가벌성이 소멸되는 것은 아니다(대법원 1989. 4. 25, 88도1933).

19. 항소심판결선고후 그 적용법조인 구 사회보호법(1980. 12. 18. 법률 제3286호) 제5조 제1항이 1989. 3. 25. 부터 시행된 법률 제4089호 사회보호법 개정법률에 의하여 보호감호의 요건과 그 기간이 변경되었으며 1989. 7. 14. 헌법재판소에서 같은 조항은 헌법에 위반된다는 결정이 있었다면 그 법조를 적용하여 판결한 항소심 판결은 유지될 수 없다(대법원 1989. 9. 29, 89감도23보호감호).

20. 피고인의 건축법위반행위가 법령 당시에는 구 건축법(1991. 5. 31. 법률 제4381호로 개정되기 전의 것) 제55조 제3호, 제7조의 3 제1항에 해당되어 처벌받도록 규정되어 있었으나, 그 후 재판 당시에는 같은 법률의 개정된 시행령에 의하여 당해 용도에 쓰이는 바닥면적 300m미만의 종교집회장과 대중음식점은 허가를 받아야 하는 용도변경이 아닌 것으로 변경되었다면 이는 소규모 종교집회장에 대하여 특별히 용도변경의 허가를 받지 않아도 되는데 이를 처벌대상으로 삼은 종전의

조치가 부당하다는 데서 나온 반성적 조치라고 보아야 할 것이므로 범죄 후 법령의 개정으로 형이 폐지된 경우에 해당한다(대법원 1992. 11. 27, 92도2106).

21. 일반인의 법률사건에 관한 화해관여행위를 처벌하는 변호사법의 개정 전에 착수된 행위라도 관여행위가 법률개정 이후에 종료된 것이라면 변호사법위반죄에 해당한다(대법원 1994. 5. 10, 94도563).

22. 형법 제1조 제2항의 규정은 형벌법령 제정의 이유가 된 법률이념의 변천에 따라 과거에 있어서 범죄로 본 행위에 대한 현재의 평가가 달라짐에 따라 이를 범죄로 인정하고 처벌한 그 자체가 부당하였거나 또는 과형이 과중하였다는 반성적 고려에서 법령을 개폐하였을 경우에 적용되어야 하고, 이와 같은 법률이념의 변경에 의한 것이 아닌 다른 사정의 변천에 따라 그때그때의 특수한 필요에 대처하기 위하여 법령을 개폐하는 경우에는 이미 그 전에 성립한 위법행위를 현재로서 관찰하여도 행위당시의 행위로서는 가벌성이 있는 것이어서 그 법령이 개폐되었다 하여도 그에 대한 형이 폐지된 것이라고는 할 수 없다(대법원 1984. 12. 11, 84도413).

23. 행위 당시의 판례에 의하면 처벌대상이 되지 아니하는 것으로 해석되었던 행위를 판례의 변경에 따라 확인된 내용의 「형법」 조항에 근거하여 처벌한다고 하여 그것이 「헌법」상 평등의 원칙과 형벌불소급의 원칙에 반한다고 할 수는 없다(대법원 1999.9. 17, 97도3349).

24. 형을 종전보다 가볍게 형벌법규를 개정하면서 그 부칙으로 개정된 법의 시행 전의 범죄에 대하여 종전의 형벌법규를 적용하도록 규정한다 하여 「헌법」상의 형벌불소급의 원칙이나 신법우선주의에 반한다고 할 수 없다(대법원 1999.7.9, 99도1695).

25. 정당한 사유없이 명시기일에 출석하지 아니한 자에 대하여 형벌 대신 감치에 처하도록 법령이 개정된 경우 「형사소송법」 제326조 제4호 소정의 '범죄 후의 법령개폐로 형이 폐지되었을 때'에 해당한다(대법원 2002.8.27, 2002도2086).

제2절 장소적 적용범위

Ⅰ. 의의

형법의 장소적 적용범위에 관한 규정을 '국제형법'이라고 하는데, 그 성격은 국내법이다. 이에 대한 입법주의와 우리 형법의 태도는 다음과 같다.

Ⅱ. 우리 형법의 태도

1. 속지주의의 원칙

국가주권사상에 따라 자국의 영역 안에서 발생한 모든 범죄에 대하여 범죄인의 국적을 불문하고 자국형법을 적용한다는 원칙을 말한다.

형법은 대한민국 영역 내에서 죄를 범한 내국인과 외국인에게 적용된다(제2조). 여기에서 대한민국 영역은 영토 · 영해 · 영공을 말하며, 북한도 포함한다. 형법은 대한민국 영역 외에 있는 대한민국의 선박이나 항공기에서 죄를 범한 외국인에게도 적용된다(제4조). 따라서 국외를 운항 중인 자국의 선박이나 항공기 내에서 발생한 범죄에 대하여 자국 형법을 적용한다는 원칙으로 속지주의의 하나이다.

2. 속인주의의 가미

속인주의란 자국민의 범죄에 대하여는 범죄지의 여하를 불문하고 자국형법을 적용하는 원칙이다. 자국민의 외국에서 범한 모든 범죄에 대하여도 자국형법을 적용하는 것을 **적극적 속인주의** 또는 **기국주의**(旗國主義)라고 하고, 외국에서 자국민의 자국 또는 자국민의 법익에 대한 범죄에 대하여만 자국형법을 적용하는 것을 **소극적 속인주의**라 한다. 국제협정이나 관행에 의하여 대한민국 내에 있는 미국문화원이 치외법권지역이고 그곳을 미국영토의 연장으로 본다 하더라도 그곳에서 죄를 범한 대한민국 국민에 대하여 우리 법원에 먼저 공소가 제기되고 미국이 자국의 재판권을 주장하지 않고 있는 이상 속인주의를 함께 채택하고 있는 우리나라의 재판권은 동인들에게도 당연히 미친다 할 것이며 미국문화원 측이 동인들에 대한 처벌을 바라지 않았다고 하여 그 재판권이 배제되는 것도 아니다(대법원 1986.6.24, 86도403).

형법은 대한민국 영역 외에서 죄를 범한 내국인에게 적용된다(제3조 : 적극적 속인주의). 대한민국 영역내의 치외법권 지역에서의 대한민국 국민의 범죄에 대해서도 적용된다(대법원 1986. 6. 24, 86도403).

형법 제3조는 '본법은 대한민국 영역 외에서 죄를 범한 내국인에게 적용한다.'고 하여 형법의 적용 범위에 관한 속인주의를 규정하고 있는바, 필리핀국에서 카지노의 외국인 출입이 허용되어 있다 하여도, 형법 제3조에 따라, 필리핀국에서 도박을 한 피고인에게 우리나라 형법이 당연히 적용된다(대법원 2001. 9.25, 99도3337).

외국 호텔의 카지노에서 신용으로 도박을 하기 위하여 호텔로부터 현금 대신 '칩'을 교부받은 것이 실질적으로는 금전을 차용하고, 그 금전에 갈음하여 '칩'을 받거나, 차용한 금전을 '칩'으로 교환하여 받은 것으로서 구 외국환관리법(1998. 9. 16. 법률 제5550호 외국환거래법 부칙 제3조로 폐지)에 규정한 금전의 대차에 해당한다(대법원 2004. 4. 23, 2002도2518).

3. 보호주의의 가미

보호주의란 자국 또는 자국민의 법익을 침해하는 범죄에 대하여는 누구에 의하여 어느 곳에서 발생하였는가에 관계없이 자국형법을 적용하는 원칙이다. 이를 '현실주의'라고도 한다.

형법은 대한민국 외에서 제5조가 규정하고 있는 죄를 범한 외국인에게 적용된다(제6조). 예컨대, 미국인 A가 하와이에서 한국인 B를 폭행한 경우 A는 미국형법의 적용을 받아 처벌된 경우에도 보호주의에 따라 다시 한국형법에 따라 처벌될 수 있다.

제5조[외국인의 국외범] 본법은 대한민국 영역 외에서 다음에 기재한 죄를 범한 외국인에게 적용한다.

1. 내란의 죄
2. 외환의 죄
3. 국기에 관한 죄
4. 통화에 관한 죄
5. 유가증권, 우표와 인지에 관한 죄
6. 문서에 관한 죄 중 제225조 내지 제230조
7. 인장에 관한 죄 중 제238조

제6조[대한민국과 대한민국 국민에 대한 국외범] 본법은 대한민국 영역 외에서 대한민국 또는 대한민국 국민에 대하여 전조에 기재한 이외의 죄를 범한 외국인에게 적용한다. 단, 행위지

의 법률에 의하여 범죄를 구성하지 아니하거나 소추 또는 형의 집행을 면제할 경우에는 예외로 한다.

대한민국 영역 외에서 대한민국 또는 대한민국 국민에 대하여 제5조에 기재한 이외의 죄를 범한 외국인에게도 적용된다(제6조).

갑 등의 중국국적의 조선족 선원들은 파나마 선적의 페스카마호의 선원으로 일하던 중 공해상에서 한국인 선장과 선원을 살해한 후 선원을 점거하고 항해 중 시체를 바닷물 속으로 던져버렸다. 이 경우 갑 등에게는 선박에 대한 불법영득의 의사가 있으므로 해상강도살인죄가 성립한다(대법원 1997.7.25, 97도1142).

4. 세계주의

세계주의란 인류공통의 보호법익에 대한 국제적인 성격을 띠는 범죄행위 예컨대, 항공기 납치, 마약거래 등은 국제적인 공동대처를 위하여 행위자와 범죄지를 불문하고 자국형법을 적용하는 원칙을 말한다. 예컨대, 반인도적 범죄로서 인신매매, 테러행위, 항공기납치, 해적행위 등을 들 수 있다.

국외탈출을 공모한 중국인 갑 외 5인은 중국민항기를 대연(大蓮)상공에서 납치한 후, 이에 대항하는 항법사와 통신사에게 권총을 발사하여 대퇴부 관통상을 입히고 기장과 부기장을 권총으로 협박하여 대한민국으로 운항하게 하여 춘천부근의 비행장에 착륙한 후에 항공기를 계속 점거하였다. 「항공기운항안전법」 '항공기내에서 범한 범죄 및 기타 행위에 관한 협약'(도쿄협약), '항공기의 불법납치억제를 위한 협약(헤이그협약)의 각 규정들을 종합하여 보면 민간항공기납치 사건에 대하여는 항공기 등록지국에 원칙적인 재판관할권이 있는 외에 항공기 착륙국인 우리나라에도 경합적으로 재판관할권이 생기어 우리나라 「항공기운항안전법」은 외국인의 국외범까지도 적용대상이 된다고 할 것이다(대법원 1984.5.22, 84도39).

5. 외국에서 받은 형의 집행

범죄로 인하여 외국에서 형의 전부 또는 일부를 집행받은 자에 대하여는 형을 감경 또는 면제할 수 있다(제7조). 반드시 감경 또는 면제해야 하는 것이 아니라 **임의적 감면사유**에 불과하므로 다시 형을 선고하여도 위법이 아니며(대법원1976. 5. 11, 75도 3784 ; 대법원1979. 4. 10, 78도 831 ; 대법원1988. 1. 19, 87도2287) 외국판결에서 몰수의 선고가 있는 때에는 그 가액을 추징하여야 한다(대법원 1977. 5. 24, 77도

629). 형법 제7조의 취지는 외국에서 형의 전부 또는 일부를 받은 자에 대해 법원의 재량으로 형을 감경 또는 면제할 수 있다는 것을 의미하므로, 외국에서 형의 집행을 받은 자에게 형을 선고하더라도 위법은 아니다(대법원 1988.1.19, 87도2287).

제3절 인적 적용범위

I. 원칙

시간적·장소적 효력이 미치는 범위 내에 있는 모든 사람에 대하여 적용한다. 형법은 시간적·장소적 효력이 미치는 범위에서 모든 사람에게 적용된다는 것이 원칙이다.

II. 인적 적용범위의의 예외

1. 국내법상의 예외

(1) 대통령

대통령은 내란 또는 외환의 죄를 범한 경우를 제외하고는 재직 중 형사상의 소추를 받지 아니한다(헌법 제84조).

(2) 국회의원

국회의원은 국회에서 직무상 행한 발언과 표결에 관하여 국회외에서 책임을 지지 아니한다(헌법 제45조).

2. 국제법상의 예외

(1) 치외법권을 가진 자

국제법상 치외법권을 가진 외국의 원수와 외교관, 그 가족에 대하여는 형법이 적용되지 않는다.

(2) 외국의 군대

대한민국과 협정이 체결되어 있는 외국의 군대에 대하여는 형법이 적용되지 않는다.

참고사항 ▪▪▪ 한미행정협정(Status of Forces Agreement, 1966.7.9 서명, 1967.3.9 시행)이란 무엇인가?

SOFA는 재판관할권을 정하는 것이고 형법의 적용범위를 정하는 협정이 아니다. 따라서 우리나라에 주둔하는 미군이 우리나라 영역에서 행한 공무수행 중의 범죄에 대하여도 우리 형법이 적용된다. 예컨대, 주한미군이 우리나라에서 행위를 한 경우 우리 형법이 적용되어 살인죄가 성립하지만, 재판관할권은 한미행정협정에 따른다는 것을 의미한다.

1. 형법제1조 제1항과 제2항의 형법적해석에 대하여 논하시오.

2. 한시법의 효력에 대하여 논하시오.

1. 형법 제7조의 규정취지는 범죄에 의하여 외국에서 형의 전부 또는 일부의 집행을 받은 자에 대하여 법원의 재량에 의하여 형을 감경 또는 면제할 수 있다는 것이므로 피고인 등이 일본국에서 형의 집행을 받았다고 해서 피고인 등에게 형을 선고한 것이 형법 제7조에 위배된다고 할 수 없다(대법원 1979. 4. 10, 78도831).

2. 국제협정이나 실행에 의하여 대한민국 내에 있는 미국문화원이 치외법권지역이고 그곳을 미국영토의 연장으로 본다 하더라도 그곳에서 죄를 범한 대한민국 국민에

대하여 우리 법원에 먼저 공소가 제기되고 미국이 자국의 재판권을 주장하지 않고 있는 이상 속인주의를 함께 채택하고 있는 우리나라의 재판권은 동인들에 대한 처벌을 바라지 않았다고 하여 그 재판권이 배제되는 것도 아니다(대법원 1986. 6. 24, 86도403).

3. 외국인의 국외범에 대하여는 형법 제5조에 열거된 이외의 죄를 적용할 수 없음이 원칙이고 반공범 자체나 그밖의 법률에 이와 같은 외국인의 국외범에 대하여 반공법을 적용할 수 있는 근거는 찾을 수 없다(대법원 1974. 8. 30, 74도1668)

1. 형법의 시간적 적용범위에 관한 설명 중 틀린 설명은?

① 범죄의 성립과 처벌은 행위시의 법률에 의한다.
② 판례에 의하면 행위시와 재판시 사이에 수차례 법률변경이 있을 때에는 그 전부를 비교하여 가장 형이 가벼운 형을 적용한다.
③ 재판확정 후 법률의 변경으로 범죄를 구성하지 않는 경우에는 형의 집행을 면제한다.
④ 한시법은 소급효를 인정한 법률이다.

〈해설〉 ④ 한시법이란 개념은 협의로는 '미리 일정한 유효기간을 명시하여 제정한 법률을 말하고, 광의로는 목적이나 내용상 일시적 사정에 대응하기 위하여 제정한 법률, 즉 임시법을 포함하는 의미로 사용된다. 다수설에 의하면 협의로 그 개념을 파악하고 있지만 판례에 의하면 동기설의 입장에서 광의로 파악하고 있다(대법원 1984.12.11, 84도 413).

2. 다음 장소적 적용범위에 관한 설명 중 틀린 설명은?

① 우리나라는 속지주의를 원칙으로 하면서 속인주의와 보호주의를 가미하고 있다.
② 국외를 운항 중인 자국의 선박이나 항공기 내에서 발생한 범죄에 대하여 자국형법을 적용한다.
③ 국내에서 다시 재판하여 형을 선고하면 일사부재리의 원칙에 반하여 위법하다.

④ 보호주의란 자국 또는 자국민의 법익을 침해하는 범죄에 대하여 누구에 의하여 어느 곳에서 발생하였는가에 관계없이 자국 형법을 적용하는 주의를 말한다.

〈해설〉 ③ 형법 제7조에 의하면 범죄에 의하여 외국에서 형의 전부 또는 일부의 집행을 받은 자에 대하여는 형을 감경 또는 면제할 수 있다고 규정하고 있어 국내에서 다시 재판하여 형을 선고하여도 일사부재리의 원칙에 반하지 않아 위법은 아니다(대법원 1988.1.19, 87도2287).

3. 외국에서 사람을 살해하고 그 외국법원 선고 10년의 징역형을 종료한 후 귀국한 한국인의 외국에서의 살인행위를 한국형법에 적용하여 다시 처벌할 수 있는가?

① 일사부재리의 원칙상 처벌할 수 없다.
② 재판에 의하여 그 범죄의 법정형의 범위 내에서 소정의 형을 선고할 수 있다.
③ 처벌은 가능하나 반드시 감경하여야 한다.
④ 재판은 다시 하되 형은 면제하여야 한다.

〈해설〉 ② 제7조

제4장 형법이론

제1절 형법이론의 의의

형법의 기본관념, 즉 형벌의 본질, 목적, 근거 등에 대한 법철학적 이론을 말한다. **형법이론**은 형벌이론과 범죄이론을 내용으로 한다. 전자는 형벌의 본질과 목적이 무엇인가에 대한 이론임에 반하여, 후자는 범죄의 본질을 어떻게 이해할 것인가에 대한 이론이다. 형벌이론에는 응보형주의와 목적형주의가 있으며 목적형주의는 다시 일반예방주의와 특별예방주의로 나누어진다. 한편 범죄이론은 객관주의와 주관주의의 대립으로 표현할 수 있는데 이러한 형벌이론과 범죄이론은 그들대로의 가치관과 세계관을 전제로 하는 것이므로 필연적으로 형법학파의 논쟁을 초래하게 되어 19세기 말부터 독일에서 고전학파와 근대학파의 논쟁이 시작되게 되었다.

제2절 형벌이론

형벌이론에서는 형벌의 본질에 관한 **응보형주의**와 **목적형주의**의 대립으로, 다음으로 형벌의 목적에 관한 **일반예방주의**와 **특별예방주의**의 대립으로 나타나고 있다.

I. 절대적 형벌이론

1. 의의

범죄는 위법한 악행이므로 범죄를 행한 자에게 상응하는 해악을 가하는 것이 형벌이며, 따라서 형벌의 본질은 **응보**(Vergeltung)에 있고 형벌의 내용은 악에 대한 보복적 반동으로서의 고통을 의미한다는 견해이다. 이러한 의미에서 **응보형주의**라고도 한다.

2. 내용

(1) 칸트(Kant)

형벌은 정의의 명령이라는 점에 근거를 가지며, 형벌에 의하여 정의가 실현되기 위해서는 형벌은 동해(同害)적 보복(탈리오 법칙)일 것을 요한다(**정의설**).

(2) 헤겔(Hegel)

범죄는 법을 부정한 것이고, 응보적인 형벌을 가하여 그 범죄를 다시 부정함으로써 법을 회복한다고 변증법적으로 설명하면서 형벌의 본질은 국가존립에 필연적인 이성의 회복에 있다고 보고 응보의 기준에 관하여 반드시 동해보복일 것을 요하는 것이 아니라 동가치적(同價値的)이면 족하다고 한다(**이성적 응보설**).

(3) 빈딩(Binding)

형벌은 범죄자를 법의 권위에 복종하도록 하기 위하여 범죄자에게 과하는 응보라고 설명한다(**법률적 응보설**).

3. 비판

절대적 형벌이론은 범죄인의 인격, 이성적 존재성을 승인하고 있고, 형벌권의 행사를 책임주의에 의하여 제한함으로서 범죄인의 부당한 인권침해를 방지할 수 있다는 점에서 가치가 있으나, 이에 대하여는 다음과 같은 비판이 제기된다. 첫째, 국가는 정의나 윤리를 실현하기 위하여 악을 응보하는 것이 아니라, 법질서와 법익을 보호하기 위하여 형벌을 과하는 것이다. 둘째, 절대적 형벌이론은 절대적 범죄개념을 전제해서만 가능하다는 점이나, 시간과 공간을 초월하여 타당한 절대적 기준은 존재하지 않는다. 셋째, 절대적 형벌이론은 누구에게 무엇을 응보하여야 하는가에 대한 형사정책적인 결단에 관하여 아무런 기준을 제시하지 못한다.

II. 상대적 형벌이론

형벌은 장래의 범죄를 예방하여 사회를 방위하려는 목적을 위한 수단이라는 견해이다. 이는 다시 일반예방이론과 특별예방이론으로 나누어진다.

1. 일반예방이론

(1) 의의

형벌의 목적은 일반인, 즉 잠재적 범죄인의 위하에 의한 범죄의 예방에 있다고 한다. 형사입법의 존재는 일반인을 위하하고, 형벌집행은 이 위하의 진지성을 확인 또는 강조하는 것이라고 한다. 이는 소극적 일반예방과 적극적 일반예방의 두 가지 측면으로 나누어진다.

(2) 내용

1) 소극적 일반예방

형벌의 목적을 '위하'에 의하여 일반인의 범죄를 방지하는 데 있다고 이해하는 전통적인 일반예방이론이다. 구체적으로 범죄행위를 결심한 행위자가 그 행위로 받게 될 형벌을 생각하여 범죄를 단념하는 일반예방효과를 가리킨다. **베카리아**(Beccaria)는 「범죄와 형벌」(1764년)에서 사회계약이론에 근거를 두고 형벌의 목적은 사회일반인이 또다시 동일한 범죄를 범하지 않도록 예방하는 데 있다고 하였다. **포이어바흐**(Feuerbach)는 '범죄를 방지하기 위해서는 심리적 강제에 의하여야 하고, 범죄와 형벌을 형법전에 규정함에 의하여 범죄를 범한 때에는 쾌락보다는 더 큰 고통이 따른다'는 것을 알게 되어 심리강제의 효과를 달성할 수 있다고 하였다(**심리강제설**). 벤담(Bentham)은 형벌은 최소의 고통을 통하여 최대한의 범죄억제력을 발휘하면 된다고 하였다.

2) 적극적 일반예방

형벌은 법질서의 불가침성을 사회에 실증하고 국민의 법에 대한 복종을 강화하는 것을 사명으로 한다고 이해한다. 즉 법질서의 방어 또는 규범의 유지에 형벌의 목적이 있다는 이론이며, **통합적 일반예방**이라고도 한다.

(3) 비판

첫째, 일반예방이론, 특히 심리강제설은 이성적 인간상을 전제로 하고 있으나, 대부분의 범죄는 이성적 계산의 결과가 아니다. 형벌이 규범의식을 강화시킨다는 것도 경험적으로 설명하지 못한다. 둘째, 일반예방이론은 인간이 왜 다른 사람을 위한 수단으로 취급받아야 하는가를 설명하지 못한다. 셋째, 일반예방이론은 국가에 의한 폭력을 초래할 위험이 있다.

2. 특별예방이론

(1) 의의

특별예방이론은 형벌을 통해 범죄자를 재사회화(再社會化)함으로써 출소 후에 재범하지 않도록 하거나 사회화가 불가능한 범죄자는 사회로부터 격리시키는 보안조치를 취함으로써 수용되어 있는 동안 재범하지 못하게 한다는 이론이다.

(2) 내용

1) 이탈리아의 실증주의학파

특별예방이론을 처음으로 주장한 것은 실증주의 학자들이다. **롬브로조**(Lombroso)는 「범죄인론」(1876년)에서 생래적(生來的) 범죄인론을 주장하였고, **페리**(Ferri)는 「범죄사회학」(1880년)을 통하여 범죄포화의 원칙(일정한 개인적 · 사회적 · 자연적 조건하에서는 그에 상응하는 일정수의 범죄가 발생하기 마련이고, 그 이상도 그 이하도 발생하지 않는다)을 주장하면서 범죄에 대한 사회학적 연구의 필요성을 강조하였다. 가로화로는 범죄를 자연범과 법정범으로 구별하고 범죄심리학적 연구의 필요성을 강조하였다.

2) 리스트의 목적형주의

리스트(Liszt)는 마브르크 강령에서 특별예방적 관점에서 개개의 범죄인의 재범을 방지하는 데 불가결한 형벌이 필요한 형벌이라고 주장하고, 개선과 위화 및 제거라는 세 가지 형벌목적을 제시하고, 순간범인에게는 위하를 가하고 개선가능한 상태범인을 개선하고 개선불가능한 상태범인은 사회에서 제거해야 한다고 하였다.

(3) 교육형주의

독일의 **립만**(Liepmann)과 이탈리아의 **란짜**(Lanza) 및 스페인의 **살다나**(Saldana)에 의하여 주장된 이론이다. 형벌은 범인을 선량한 국민으로 개선할 수 있는 인도적 교육형이어야 함을 강조하고, 범죄인의 재범을 방지하는 데 형벌의 목적이 있다고 한다.

(4) 사회방위이론

형벌을 개별적인 행위자에 적합한 사회방위의 보안처분에 의하여 대체할 것을 요구하는 급진적인 사회방위론자인 그라마티카(Gramatica)와, 책임개념과 책임에 근거를 둔 형벌을 인정하면서 형벌은 범죄인에 대한 예방적 조치가 되어야 한다고 주장한 앙셀(Ancel)이 있다.

3. 비판

일반예방이론은 형벌위하를 통하여 범죄를 예방하는 잠재적 범죄인을 막고 특별예방이론은 응보적 태도를 지향하여 국가와 그 구성원들의 범죄에 대한 공동책임을 지게 한다는 그 장점을 찾아볼 수 있으나 다음과 같은 문제점이 제기된다. 첫째, 적극적 일반예방이론을 일관할 때 형벌이 사람들의 규범의식을 강화시켜 준다는 것은 경험적으로 설명되지 못하고 헌법 제10조의 인간존엄성과 배치된다. 둘째, 일반예방이론은 인간이 왜 다른 사람을 위한 수단으로 취급받아야 하는가를 설명하지 못한다. 셋째, 특별예방이론에 의하면 재사회화는 구체적 기준이 없는 개념이기 때문에 국가형벌권이 자의적으로 확장될 위험이 있을 수 있어 겉으로는 인도적으로 보이지만, 사실상은 국가가 마치 거대한 강제교육장으로 변모하는 결과를 초래하여 매우 가혹한 형벌이다.

Ⅲ. 형법해석의 방향

형벌은 본질상 해악에 대한 응보로서의 성질을 가지지만 행위-책임-응보의 원칙에 의하여 그어진 범위 안에서 일반예방과 특별예방의 목적도 고려하지 않으면 안된다. 즉 일반예방과 특별예방의 목적은 형벌이 정당한 때에만 달성될 수 있다(**결합설**). 이러한 해석태도를 견지한다면, 예컨대, 형법 제250조에 따라 살인한 자에게 5

년 이상의 유기징역을 부과한다면 그는 살해행위를 하였기 때문에 처벌되고(응보적 관점), 동시에 다른 사람들이 살인하지 못하도록 하기 위해 처벌된다고(예방적 관점) 해석할 수 있다. 그러나 이에 대한 비판도 제기된다. 즉 형벌의 근원적 정당화문제가 타협으로 해결될 수 있는가는 회의적이고, 응보이론과 예방이론은 서로 모순관계에 있기 때문에 이들을 절충하는 것은 사실상 불가능하다고 한다.

제3절 범죄이론

Ⅰ. 의의

근본적으로 형법사상의 대립은 범죄이론에 있어서 객관주의와 주관주의의 대립으로 나타나고 있다. 이는 형벌의 기초가 되는 범죄의 본질과 양자의 형법해석론을 지도하는 기본원리이다.

1. 객관주의

형법적 평가의 중점을 '외부적인 범죄행위와 결과'에 두고 형벌의 종류와 경중도 이에 상응하여야 한다는 이론이다. 인간의 자유의사를 전제로 한 계몽사상에서 출발하여 형벌이론에 있어서 절대적 형벌이론 또는 일반예방주의와 이론적으로 결합되어 고전학파에 의하여 주장된 이론이다. 물론 객관주의에서도 행위자의 주관적 측면을 완전히 무시하는 것은 아니어서, 예컨대, 어린이나 정신장애자의 범죄성립을 인정하지 아니하고, 고의 · 과실없는 행위는 범죄로 되지 않는다고 한다.

2. 주관주의

자연과학적 결정론에 의하여 주장되고 있는 범죄이론이다. 형벌의 대상은 범죄인이며, 형벌의 종류와 경중도 '범죄인의 악성' 내지 '사회적 위험성'에 의하여 결정되어야 한다는 이론이다(행위자주의).

II. 양주의의 형법해석상의 차이

〔표〕 객관주의와 주관주의의 비교

	객관주의	주관주의
배경	개인주의적 계몽사상	전체주의 · 단체주의사상
형벌대상	범죄사실	범죄인
범죄론	외부적인 행위와 결과	범죄주의 혹은 성격주의
형벌이론	응보형주의 혹은 일반예방주의	특별예방주의
학파	고전학파	근대학파

양 학파의 대립이 없는 부분은 고의나 목적과 같은 범죄의 순수한 주관적 요소, 과실범에 있어서 주의의무위반에 대한 주관설 · 객관설, 인과관계론과 같은 객관적 구성요건요소, 위법성론이다. 그러나 양 학설이 차이가 나는 부분은 다음과 같다.

〔표〕 범죄이론에 대한 객관주의와 주관주의의 대립

		객관주의	주관주의
착오론		구체적 혹은 법정적 부합설	추상적 부합설
책임론	책임의 근거	자유의사, 도의적 책임론	결정론, 사회적 책임론
	책임능력 본질	범죄능력	형벌능력 혹은 형벌적응성
	책임판단의 대상	행위능력	성격책임
미수론	미수와 기수의 구별	결과가 발생하지 아니한 미수를 기수와 구별, 미수의 형을 기수의 형보다 감경	미수와 기수는 범죄의사라는 점에서 동일하므로 구별되지 않는다.
	실행의착수시기	객관설	주관설
	불능미수의 위험성 판단	객관설 혹은 구체적 위험설	주관설
공범론	공동정범의 본질	범죄공동설	행위공동설
	교사 · 종범	공범종속성설	공범독립성설
	공범의 미수	예비 · 음모에 불과	미수범으로 처벌
죄수론		행위표준설 · 법익표준설 구성요건표준설	의사표준설

Ⅲ. 결어

객관주의는 개인의 자유보장을 중시한 나머지 형법의 사회방위적 기능을 무시하게 되고 주관주의는 개인의 자유보장을 위협할 우려가 있게 된다. 결론적으로 절충적 태도를 취하여 원칙적으로 **객관주의**이나, **주관주의**를 **가미**한 형태라고 보아야 한다. 따라서 형법상 단순한 범의를 벌하지 않고 행위를 한 자를 처벌하고 있으나(객관주의) 예외적으로 예비・음모를 처벌(주관주의)하고 있다. 형법이 미수를 기수와 구별하고 있는 것은 객관주의의 입장이지만 미수를 임의적 감경사유로 규정함으로써 주관주의의 요소를 가미하고 있다.

제4절 형법학파의 발전

Ⅰ. 구파

1. 의의

구파(舊派)는 계몽철학의 개인주의・자유주의를 사상적 배경으로 하여 형벌이론에 관한 절대적 형벌이론와 일반예방이론이 범죄이론인 객관주의와 결합하여 형성된 법사상이다(**고전학파**).

2. 이론적 특징

(1) 범죄인도 일반인과 동일한 자유의사를 가진다(비결정론).

(2) 책임의 근거는 인간의 자유의사에 있다(도의적 책임론).

(3) 형벌은 해악과 고통을 내용으로 하며 사회일반인의 범죄를 방지할 것을 목적으로 한다.

(4) 형벌은 부정기형이어서는 안 되며, 보안처분과는 엄격히 구별해야 한다.

II. 신파

1. 의의

신파(新派)는 산업혁명 이후 발달한 자연과학적 방법론을 배경으로 하여, 형벌이론의 특별예방이론이 범죄이론에 있어서 주관주의와 결합하여 이루어진 형법사상이다(**근대학파**).

2. 이론적 특징

(1) 범죄인은 비정상적인 변태인이고 인간의 자유의사는 주관적 환상이다(결정론).

(2) 사회적으로 위험성을 가진 범죄인은 사회방위처분을 받아야 한다(성격책임 내지 사회적 책임론).

(3) 형벌은 범죄인을 개선・교화하여 사회에 복귀시킴으로써 범죄를 방지하는 것을 목적으로 한다.

(4) 형벌과 보안처분은 성질을 같이하며 부정기형도 인정된다.

III. 양학파에 대한 비판

고전학파는 인간을 추상적 인격자로만 보고 구체적인 인간을 보지 못하였으며, 형벌과 보안처분의 실질적인 동일성을 간과하였다. 반대로 근대학파는 인간이 가지고 있는 인격을 보지 못하였고, 형벌의 논리적 색채를 무시하고 형벌과 보안처분을 동일시한 것도 잘못이다.

1. 객관주의 형법이론과 관련이 없는 것은?

① 행위자의 성격을 중시하지 않는다.

② 범죄사실 자체를 중시한다.

③ 의사결정주의를 그 사상적 배경으로 하고 있다.
④ 공범론에서 공범종속성설을 택하게 된다.

〈해설〉 ③ 자유의사를 전제로 한다.

2. 다음 중 형법의 이론의 전개과정에서 주관주의와 객관주의의 대립이 없는 분야는 무엇인가?

① 책임론 ② 미수론
③ 공범론 ④ 인과관계론

〈해설〉 ④ 주관주의와 객관주의가 대립하는 분야는 주관적 요소와 객관적 요소가 동시에 나타나는 분야에서이다.

인물연구 ■■■

※ 롬브로조

Cesare Lombroso, born Ezechia Marco Lombroso(November 6, 1835~October 19, 1909) was a Jewish-Italian criminologist and founder of the Italian School of Positivist Criminology. Lombroso rejected the established Classical School, which held that crime was a characteristic trait of human nature. Instead, using concepts drawn from physiognomy, early eugenics, psychiatry and Social Darwinism, Lombroso's theory of anthropological criminology essentially stated that criminality was inherited, and that someone "born criminal" could be identified by physical defects, which confirmed a criminal as savage, or atavistic.

출처: http://en.wikipedia.org/wiki/Cesare_Lombroso

제2편 범죄론

제1장 범죄의 기본개념

제1절 범죄의 개념과 종류

I. 범죄의 개념

1. 형식적 범죄개념

형식적 범죄개념은 구성요건에 해당하고 위법하고 책임있는 행위를 범죄라고 말한다. 형법해석과 죄형법정주의에 의한 형법의 보장적 기능의 기준이 되는 범죄개념이다.

2. 실질적 범죄개념

범죄의 실질적 요건이 무엇인가를 밝히는 것으로, 범죄란 형벌을 가할 필요가 있는 불법일 것을 요하며, 그것은 사회적 유해성 내지 법익을 침해하는 반사회적 행위를 의미한다고 한다. 실질적 범죄개념은 입법자에게 어떤 행위를 범죄자로 할 것이며 범죄의 한계가 무엇인가에 대한 기준을 제시하고, 이는 형사정책과 밀접한 관련을 가져 범죄의 형사정책적인 의의를 가진다. 실질적 범죄개념인 범죄의 본질에 관하여는 다음과 같은 학설이 있다.

(1) 권리침해설

19세기 초 **포이어바흐**(Feuerbach)가 주장한 것으로 범죄의 본질은 개별적인 권리를 침해하는데 있다는 견해이다.

(2) 법익침해설

비른바움(Birnbaum)의 견해로 범죄의 본질은 법익을 침해하거나 침해할 위험에 있다는 견해이다.

(3) 의무위반설

샤프스타인(Schaffstein)의 견해로 범죄의 본질은 사회질서 내지 법익을 침해하지 아니하여야 할 의무를 위반하는데 있다는 견해이다.

(4) 결어(결합설)

형법은 법익침해라는 결과만을 금지하는 것이 아니라 법익을 침해하는 행위자체도 금지하고 있으므로 법익침해설과 의무위반을 결합하여 범죄의 본질을 파악하는 것이 타당하다는 견해로 통설적 견해이다.

II. 범죄의 성립조건 · 처벌조건 · 소추조건

1. 범죄의 성립조건

범죄가 성립하기 위해서는 구성요건해당성과 위법성 및 책임이 있어야 한다.

(1) 구성요건해당성

구체적인 범죄사실이 형법 각 본조가 규정하는 추상적 구성요건에 해당하면 구성요건해당성이 인정되며, 구성요건에 해당하는 행위만 범죄가 될 수 있다.

(2) 위법성

구성요건에 해당하는 행위가 법률상 허용되지 않는 성질을 말하며, 구성요건에 해당하는 행위는 원칙적으로 위법하다고 할 수 있다. 예컨대, 정당방위에 의하여 사람을 살해한 때에는 구성요건에 해당한다. 그러나 위법성이 조각되어 범죄가 되지 않는다.

(3) 책임성

당해 행위를 한 행위자에 대한 비난가능성을 말한다. 행위자에 대한 비난을 불가능하게 하는 사유를 책임조각사유(면책사유)라 하고, 비난의 정도를 저하시키는 사유를 책임감경사유라 한다.

2. 범죄의 처벌요건 : 가벌조건

범죄가 성립한 경우에 형벌권의 발생을 위하여 필요한 요건을 말한다. 객관적 처벌조건과 인적처벌조각사유가 있다.

(1) 객관적 처벌요건

범죄의 성부와 관계없이 성립한 범죄에 대한 형벌권의 발생을 좌우하는 외부적·객관적 사유를 말한다. 예컨대, 사전수뢰죄에 있어서 공무원 또는 중재인이 된 사실(제129조 제2항)이 여기에 해당한다.

(2) 인적처벌조각사유

이미 성립한 범죄에 대하여 행위자의 특수한 신분관계로 인하여 형벌권이 발생하지 않는 경우를 말한다. 예컨대, 친족간의 재산범죄에 있어서 직계혈족·배우자·동거친족 등의 신분이 이에 해당한다. 국회의원의 면책특권에 있어서 국회의원의 신분도 이에 속한다.

3. 범죄의 소추조건

범죄가 성립하고 형벌권이 발생하는 경우라도 그 범죄를 소추하기 위하여 소송법상 필요한 조건을 말하여, 형법이 규정하는 소추조건에는 친고죄와 반의사불벌죄가 있다.

(1) 친고죄

공소제기를 위해서는 피해자 기타 **고소권자의 고소**가 있을 것을 요하는 범죄를 말한다. 강간죄 등의 성범죄, 모욕죄 등이 이에 해당한다(제308조, 제312조 참조).

■ 다음은 고소가 있어야 처벌할 수 있는 경우이다.

① 갑과 을이 따로 사는 갑의 숙부 A의 집에서 고려청자를 절취한 경우 갑의 죄책
- 숙부 A는 동거친족이 아니므로 갑의 절도는 친고죄이다.

② 갑이 A의 사망한 부친이 "일제시대 친일경찰이었다"라고 허위사실을 공표한 경우
- 사자명예훼손죄는 친고죄이다.

기억할 것 사자명예훼손죄와 업무상 비밀누설죄는 친고죄이다.

(2) 반의사불벌죄

피해자의 명시한 의사에 반하여 논할 수 없는 범죄로 폭행죄나 명예훼손죄 등이 여기에 해당한다(제360조 제3항, 제312조 제2항 참조). 즉 피해자의 의사와는 관계없이 공소제기는 되지만 피해자가 불처불의사를 명시하면 벌할 수 없는 범죄이다.

기억할 것 반의사불벌죄의 종류로는 외국원수폭행죄, 외국사절폭행죄, 외국의국기·국장모독죄, 폭행죄, 존속폭행죄, 과실치상죄, 협박죄, 존속협박죄, 명예훼손죄, 출판물에 의한 명예훼손죄 등이 있다.

Ⅲ. 범죄의 종류

1. 결과발생의 필요성 여부 : 결과범과 거동범

살인죄(사망이라는 결과)·상해죄(상해라는 결과)·강도죄(재물 또는 재산상의 이득의 취득이라는 결과) 등과 같이 행위뿐만 아니라 **결과의 발생**도 구성요건에 속하는 범죄를 **결과범(또는 실질범)**이라고 한다. 이에 반하여 주거침입죄·무고죄·위증죄 등과 같이 구성요건의 내용이 결과의 발생을 요하지 않고 법에 규정된 행위를 함으로써 충족되는 범죄를 **거동범(또는 형식범)**이라고 한다. 양죄를 구별하는 실익은 결과범에 있어서는 인과관계를 요한다는 점에 있다.

2. 보호법익의 침해정도 : 침해범과 위험범

살인죄·상해죄 등과 같이 구성요건이 법익의 현실적 침해를 요하는 범죄를 **침해범**이라고 하며, 유기죄·업무방해죄·방화죄 등과 같이 구성요건이 전제로 하는 보호법익에 대한 위험의 야기로 족한 범죄를 **위험범**(또는 위태범)이라고 한다. 위험범은 예컨대, 자기소유건조물방화죄(제166조 제2항), 일반물건방화죄(제167조), 폭발성물건파열죄(제172조)와 같이 현실적 위험의 발생을 요건으로 하는 **구체적 위험범**(위험에 대한 인식이 고의의 내용이 됨)과 현주건조물방화죄(제164조), 공용건조물방화죄(제165조), 교통방해죄(제185조)와 같이 법익침해의 일반적 위험이 있으면 구성요건이 충족되는 **추상적 위험범**(위험에 대한 인식불요)으로 구별된다. 결과범과 형식범, 침해범과 위태범은 구별의 기준을 달리하는 것이므로 거동범도 침해범이 있을 수 있고, 추상적 위험범은 대부분 형식범에 속한다.

〔표〕 구체적 위험범과 추상적 위험범

구분	구체적 위험범	추상적 위험범
위험의 정도	현실적 위험을 요한다	추상적 위험으로 족하다
위험의 발생	구성요건요소다 (~위험을 발생시킨 자'라고 규정)	구성요건요소가 아니다.
고의의 내용	위험의 인식을 요한다.	위험의 인식을 요하지 않는다

3. 범죄행위의 시간적 계속성 : 계속범과 상태범

구성요건적 행위가 위법상태의 야기뿐만 아니라 시간적 계속성을 요하는 범죄를 **계속범**이라고 하며, 구성요건적 결과의 발생과 동시에 범죄도 완성되는 범죄를 **상태범** 또는 즉시범이라고 한다. 체포감금죄・주거침입죄 등이 전자에 해당하고 살인죄・상해죄 등이 후자에 속한다. 양죄의 구별실익은 공소시효의 기산점(상태범은 범죄종료시, 계속범은 위법한 상태가 제거된 시점부터 기산)과 공범시기(계속범은 기수 이후에도 공동정범이나 공범가담이 가능)에 차이를 나타낸다.

4. 정범이 될 수 있는 행위자의 범위 : 일반범과 신분범

(1) 일반범

법문상 '~자'와 같이 누구나 행위자(정범)가 될 수 있는 범죄를 말한다.

(2) 신분범

구성요건이 행위의 주체에 일정한 **신분**을 요하는 범죄를 말하며, 이에는 위증죄(제152조), 횡령죄(제355조 제2항), 배임죄(제355조 제2항) 등과 같이 일정한 신분이 있는 자에 의하여만 범죄가 성립하는 **진정신분범**과 존속살해죄(제250조 제2항), 업무상 횡령(제356조)・배임죄(제356조) 등과 같이 신분 없는 자에 의하여도 범죄가 성립할 수 있지만 신분 있는 자가 죄를 범한 때에는 형이 가중되거나 감경되는 **부진**

정신분범이 있다.

(3) 자수범

행위자 자신이 **직접** 실행해야 범할 수 있는 범죄를 말하며, 위증죄(제152조)·준강간죄(제299조) 등이 여기에 속한다. 자수범에 있어 직접 실행행위를 하지 않은 자는 정범인 단독정범·공동정범과 간접정범이 될 수 없을 뿐이며, 협의의 공범은 될 수는 있다. 또한 부작위에 의한 자수범 성립은 불가능하다.

1. 경찰관에게 검거되기 전에 친지에게 전화로 자수의사를 전달한 것만으로는 자수로 볼 수 없다(대법원 1985.9.24, 85도1489).
2. 수사기관의 직무상 질문 또는 조사에 응하여 범죄사실을 진술하는 것은 자백일 뿐 자수가 되는 것은 아니다(대법원 1992.8.14, 92도962).
3. 범죄사실과 범인이 누구인가가 발각된 후라 하더라도 범인이 자발적으로 자기의 범죄사실을 수사기관에 신고한 경우에는 자수라 할 수 있다(대법원 1965.10.5, 65도597).

〔형법적 심사과정〕

적용법조문 탐색	초기
행위와 비행위 구별	행위가 아닌 사건배제
구성요건 해당성 위법성 책임성	범죄체계론 선택
객관적 가벌조건 소추조건 인적 처벌조건	결론
양형 선고유예 집행유예	양형절차

1. 범죄의 처벌요건에 대하여 설명하시오.

2. 범죄의 소추조건에 대하여 설명하시오.

1. 범죄의 처벌조건에 대한 설명으로 틀린 것은?

   ① 처벌조건이란 이미 성립된 범죄에 대하여 국가형벌권의 발생을 위하여 필요한 조건을 말한다.
   ② 처벌조건의 인식은 고의의 내용이다.
   ③ 친족상도례에 있어서 친족의 신분, 국회의원의 면책특권은 인적 처벌조각사유의 예시이다.
   ④ 처벌조건을 결하면 형면제판결을 해야 한다.

   〈해설〉 ② 처벌조건은 고의의 내용이 아니다.

2. 다음 중 목적범이 아닌 것은?

   ① 준강도죄　　② 무고죄
   ③ 위증죄　　④ 모해증거인멸죄

   〈해설〉 ③ '위증죄' '증거인멸죄'는 목적범이 아니다. : ① 준강도죄(제335조)는

'재물의 탈환을 항거하거나 체포를 면탈하거나 죄적을 인멸할 목적' ② 무고죄(제156조)는 '타인으로 하여금 형사처분 또는 징계처분을 받게 할 목적' ④ 모해증거인멸죄(제152조 제2항)은 '피고인, 피의자 또는 징계혐의자를 모해할 목적'

제2절 행위론

I. 의의

형법상 행위는 행위자의 의사에 기한 신체적 동작, 태도를 말한다. **행위론**은 범죄론에 대한 상위개념으로서 범죄의 모든 발생형태, 즉 작위범과 부작위범, 고의범과 과실범에 보편타당하게 적용될 수 있는 행위개념은 가능한가, 또 이러한 행위개념은 존재론적으로 파악해야 하는가 혹은 규범적으로 파악해야 하는가라는 문제를 의미한다.

행위개념은 한계기능. 분류기능, 결합기능을 갖는다. 첫째, **한계기능**을 가진다. 형법적으로 의미있는 행위와 비행위를 구별하여 구성요건 판단에 앞서 불법판단의 대상이 될 수 없는 비행위를 형법적 평가대상에서 제외시키는 기능이다. 둘째, **분류기능**을 가진다. 형법상 의미를 가질 수 있는 모든 종류의 인간의 행위, 즉 고의행위와 과실행위, 작위와 부작위를 하나의 통일개념으로 파악할 수 있는 기능이다(근본기능). 셋째, **결합기능**을 가진다. '행위-구성요건해당성-위법성-책임-형벌'의 순서로 이어지는 일반적 형법체계 안에서 불법과 책임판단에 결합될 수 있는 기능이다.

II. 인과적 행위론

행위를 「유의(有意)적 거동에 의한 외계의 변화(Liszt) : 유의성+거동성」, 「의사에 의한 신체적 동작 또는 태도(정영석)」라고 정의한다. 인과적 행위개념은 19세기의 자연과학적 사고에 영향을 받은 자연주의적 행위개념이라고 할 수 있다. 인과적 행위론의 **특징**은 의사의 존재, 즉 유의성만을 행위요소로 파악하고 의사의 내용은 행위개념에서 고려하지 않는다고 한다. 즉 행위는 유의성과 거동성으로 구성되어 있으며, 의사의 내용은 책임론에서 문제될 뿐이다. 따라서 객관적·인과적인 것은 불법에, 의사의 내용과 같은 주관적·정신적인 것은 책임에 속한다고 한다. 예컨대, 간호사가 잘못 투약하여 환자가 사망하였다면 고의인가 과실인가의 여부를 떠나서 일단 살인행위는 존재한다고 본다. 고의와 과실은 책임요소가 되므로 불법단계에 있어서 행위의 결과에 대해서만 중점을 두며, 행위자의 행위에 대한 주관적 태도는 책임단계에서 비로소 검토된다. 그러나 인과적 행위론에 대한 비판점은 다음과 같다. ① 인과적 행위론은 미수행위의 개념결정에 난점이 있다. ② 행위의 요소로 거동성을 요구하기 때문에 행위개념에 부작위를 포함할 수 없게 된다. ③ 추상성 때문에 행위와 의미 있는 연관을 결한 결과까지도 행위에 포함된다고 보게 되어 행위의 한계기능을 다하지 못한다(예컨대, 살인자의 임신).

Ⅲ. 목적적 행위론

행위를 '목적성' 내지 '목적활동성'의 작용으로 이해한다(Welzel, Busch, Niese, Maurach, Armin Kaufmann, Hirsch, Rudolphi, Stratenwerth). 따라서 인간의 행위를 구체적이고 내용상 특정된 성질의 것으로 이해한다. 이에 의하면 고의범에 있어서 고의는 법적 구성요건의 실현의사를 의미하므로 목적성과 고의는 동일시된다. 여기에서의 '**목적성**'이란 자기동작의 가능한 결과를 일정한 범위 내에서 예견할 수 있고, 자기동작을 계획적으로 조종할 수 있는 인간의 능력을 말하는데 인과적 행위론에서의 유의성과는 전혀 다르다. 그러나 인과적 행위론에서 행위개념에서 책임영역으로 축출된 의사의 내용(고의)은 목적적 행위론에 의하여 행위요소로 파악된다. 여기서 고의는 주관적 구성요건요소 내지는 주관적 불법요소가 된다. 행위의 목적적 조정은 머릿속에서 먼저 목적을 설정하고 이어서 목적달성에 필요한 행위수단을 선택하며 마지막으로 사실세계에서 의사를 실현하게 된다. 과실행위는 목적성 파악이 어렵게 되나, 처음부터 행위의 요소가 되므로 객관적 주의의무위반으로서의 과실은 고의와 함께 구성요건단계에서 검토하게 된다.

그러나 목적적 행위론에 대한 비판점은 다음과 같다. ① 목적적 행위론은 목적성과 고의를 동일시함으로써 존재론적 행위개념을 규명하려고 한 본래의 의도에 반한다. ② 행위의 목적성의 요소가 없는 과실행위를 행위개념에서 제외된다. ③ 목적성의 징표라고 할 수 있는 실현의사가 없는 부작위는 행위개념에 포함시킬 수 없다.

Ⅳ. 사회적 행위론

사회적 행위론은 모든 행위의 공통요소를 인간의 작위 또는 부작위에 대한 사회적 중요성에 두고 있다. 우리나라의 **다수의 학자**들의 지지를 받고 있다. 여기에서의 행위개념은 의사에 의하여 지배되거나 지배가능하며, 사회적 의미있는 인간의 행태라고 할 수 있다. 사회적 행위론들도 그 시각에 따라 객관적 행위경향에 보다 더 의미를 두는 입장과 주관적 목적설정을 중시하는 입장으로 대별할 수 있다. 사회적 행위론의 창시자는 슈미트(schmitt)이다. 그는 「행위란 그 결과가 다른 사람의 생활영역에 미치고 규범적 관점에서 **사회적 의미통일체**로 나타나는 유의적 행태」라고 정의하였다.

엥기쉬(K. Engisch)는 행위란 「예견할 수 있는 사회적으로 중요한 결과의 유의적 야기」를 의미한다. 마이호퍼(Maihofer)는 행위란 「객관적으로 예견가능한 사회적 결과에 대한 객관적으로 지배할 수 있는 일체의 행태」라고 정의한다. 예쉑(Jescheck)은 행위의 실질적 내용은 목적성과 인과성 및 행위기대의 요소로 이루어지고, 그 요소의 상위개념이 사회적 중요성이라고 하여 행위를 「사회적으로 의미있는 인간의 행태」라고 정의한다. 베셀스(Wessels)는 행위의 객관적 의미내용을 행위자의 주관적 목표설정과 법률공동체에서의 규범적 행태기대를 고려하여, 행위를 「인간의 의사에 의하여 지배되거나 지배될 수 있는 사회적 의미있는 행태」라고 정의한다.

Ⅴ. 인격적 행위론

행위개념을 유의성이나 목적성 또는 사회적 의미성 등으로부터 추론하지 않고 단지 인격의 발현이라고 이해하여, **행위**란 「인격의 표현으로 의사에 의하여 지배되거나 지배가능한 인과적 결과에 대한 책임 있고 의미있는 형성을 말한다」고 한다.

그러나 인격적 행위론에 대한 비판점은 다음과 같다. 행위를 인격의 객관화라고 하면서 인격의 객관화는 사회생활에 있어서 객관적 의미내용에 따라 해석한다는 점에서 인격적 행위론도 사회적 행위론의 범주에 속한다고 볼 수 있다. 따라서 행위를 인격의 객관화라고 하는 것은 인간의 거동이 행위라고 설명한 것이 되어 행위개념의 한계기능을 다하지 못한다.

Ⅵ. 소결

행위개념은 심리적·사회적 소여를 고려하면서 형법이론의 필요성에 따라 정립되어야 한다. 이러한 요구를 충족하는 것이 예쉑과 베셀스에 의하여 주장된 사회적 행위론이라고 할 수 있다. 행위개념의 본질적 요소로서 사회성을 요구하며, 상위개념인 사회성에 목적성과 인과성 및 행위기대를 포함시킴으로써 행위개념은 내용 있는 개념이 되고, 행위개념 속에 고의행위와 과실행위, 작위와 부작위가 포함될 수 있게 된다.

〔표〕 행위론 정리

	인과적 행위론	목적적 행위론	사회적 행위론
중 심	인과성	목적성	사회성
사 상 배 경	자연과학	철학성	규범성
특 징	인간의 의지적 거동	목적활동의 소산	사회적 의미있는 중요한 행동
학 자	Beling Mezger 정영석	Welzel Maurach 황산덕	Eb.schmidt Maihofer, Jescheck 이재상, 이형국, 정성근, 손해목
비판 및 결론	고의, 과실을 책임형식으로 봄	과실, 부작위 설명곤란	고의, 과실, 부작위를 하나의 통일적 체계로 봄(결론)

1. 범죄의 개념에 대한 설명 중 틀린 설명은?

① 범죄가 성립되기 위하여는 구성요건에 해당하고 위법하고 책임이 있어야 한다.
② 간통죄, 강간죄 등은 친고죄의 유형이다.
③ 주거침입죄에 대해서는 계속범설과 상태범설의 대립이 있다.
④ 업무상 비밀누설죄는 부진정신분범이다.

〈해설〉 ④ 업무상 비밀누설죄는 부진정신분범이 아니라 진정신분범이다.

2. 행위론에 관한 설명 중 틀린 내용은?

① 인과적 행위론에서는 행위란 인간의 의사에 의한 신체의 활동이라고 한다.
② 목적적 행위론에서는 행위란 목적에 의하여 지배 또는 조정된 인간의 목적활동성의 작용이라고 한다.
③ 목적적 행위론에서 과실을 행위의 개념에 포함시킬 수 있다고 한다.
④ 사회적 행위론에서는 행위란 사회적으로 중요한 인간의 행태라고 한다.

〈해설〉 ③ 목적적 행위론에서는 과실행위는 목적성이 있다고 할 수 없으므로 '과실'의 개념규정이 곤란하다고 한다.

읽어보기 ■■■

※ 범죄에 대한 정의

A normative definition views crime as deviant behavior that violates prevailing norms - cultural standards prescribing how humans ought to behave normally. This approach considers the complex realities surrounding the concept of crime and seeks to understand how changing social, political, psychological, and economic conditions may affect the current definitions of crime and the form of the legal, law enforcement, and penal responses made by society.

These structural realities remain fluid and often contentious. For example, as cultures change and the political environment shifts, societies may criminalise or decriminalise certain behaviours, which will directly affect the statistical crime rates, determine the allocation of resources for the enforcement of such laws, and (re-)influence the general public opinion.

Similarly, changes in the collection and/or calculation of data on crime may affect the public perceptions of the extent of any given "crime problem". All such adjustments to crime statistics, allied with the experience of people in their everyday lives, shape attitudes on the extent to which law should be used to enforce any particular social norm. There are many ways in which behaviour can be controlled without having to resort to the criminal justice system.

Indeed, in those cases where no clear consensus exists on a given norm, the use of criminal law by the group in power to prohibit the behaviour of another group may be considered an improper limitation of the second group's freedom, and the ordinary members of society may lose some of their respect for the law in general whether the disputed law is actively enforced or not.

Legislatures pass laws (called mala prohibita) that define crimes which violate social norms. These laws vary from time to time and from place to place: note variations in gambling laws, for example. Other crimes, called mala in se, are nearly universally outlawed, such as murder, theft and rape

※ 출처: http://en.wikipedia.org/wiki/Crime

제2장 구성요건

제1절 구성요건의 일반이론

I. 구성요건의 의의

구성요건(構成要件)이란 형벌을 과하는 근거가 되는 행위유형을 추상적으로 기술한 것을 말하며, 그 기능은 금지된 행위의 정형적 불법내용을 형성하고 특수한 범죄정형의 형태와 내용이 되는 모든 요소를 결합하는 데에 있다. 법률상의 정형적·추상적 개념인 구성요건은 어떤 행위가 법적 구성요건의 범죄정형적인 기술에 일치하는 것을 의미하는 구성요건해당성과 구별된다. 구성요건이란 용어는 중세 이탈리아의 규문절차의 Corpus Delicti(罪體), 즉 '증명된 범죄사실'을 클라인(Klein)이 Tatbestand라고 번역하고 이것을 벨링(Beling)이 처음으로 형법학에 도입하였다.

■ 사실관계와 구성요건요소

구성요건은 예컨대, 살인이나 절도와 같이 인간의 위법행위를 규정해 놓은 것이고 구성요건에 사용되는 개념요소들을 구성요건요소라고 한다. 반면에 사실관계는 실제생활에서 일어나는 구체적 사건의 내용을 일컫는다.

※ 참고문헌 : 신동운, 「형법총론」, 법문사, 2008, 13면.

II. 구성요건이론의 전개

1. 벨링이전의 구성요건이론

클라인(Klein)이 corpus delicti(범죄의 실체)란 용어를 1796년에 구성요건

(Tatbestand)으로 처음으로 사용하였고, 슈튜벨(Stübel)에 의하여 1805년에 책임귀속에 대응하는 개념으로 구성요건개념을 사용하였으며, 리스트(Liszt)와 벨링(Beling)에 의해 계승되어 발전되었다.

2. 벨링의 구성요건이론

현대 구성요건이론의 창시자인 벨링(Beling)은 구성요건을 실정법적으로 규정된 범죄유형이라고 정의하고, 구성요건 · 위법성 및 책임으로 3단계 범죄체계를 완성하였다. 즉 구성요건은 일정한 행위가 법이 정한 범죄유형에 해당하느냐 않느냐에 대한 사실판단이며 가치중립적임에 반하여, 위법성은 순수한 객관적 가치판단이고 책임은 주관적 가치판단이라고 하였다. 벨링이론은 규범적 구성요건요소와 주관적 구성요건요소, 목적적 행위론의 등장으로 수정되었다.

3. 마이어의 구성요건이론

마이어(M.E.Mayer)가 구성요건에도 규범적인 면이 있음을 발견하고 소위 '규범적 구성요건요소'를 지적하자, 구성요건해당성도 어디까지나 가치판단이며 법률판단임이 밝혀지게 되었다. 따라서 구성요건도 가치를 갖게 되고 구성요건과 위법성은 서로 관련을 갖는다.

4. 자우어 · 메츠거의 구성요건이론

구성요건은 유형화된 위법성(typische ausgepraegte Rechtswidrigkeit)이고 위법성조각사유는 소극적 구성요건요소이다(**2단계 구성요건이론**). 그 결과 위법성조각사유는 구성요건 해당성까지도 부인하게 된다. 이 이론에 의하면 구성요건해당성이 위법성확정 이후에 가능하게 되고, 위법성은 다시 구성요건해당성을 통해 인정되는 순환론에 빠지게 된다.

5. 벨쩰의 구성요건이론

벨쩰의 초기의 구성요건이론은 사회적 상당성이론에 의하여 사회적 의미개념으로 이해하였으나 그 후 이러한 이론을 포기하고 불법구성요건으로 전환하였다. 구성요건은 불법행위를 유형화한 것이 아니라 무엇이 금지되어 있느냐라는 '금지의 자료'(Materie des Verbotes)를 제시할 뿐이고 금지되어 있느냐라는 내용적 · 대상적으로 기술하는 기능을 갖는다고 하였다. 즉 금지의 자료인 구성요건은 위법성조각사유가 존재하는 경우에도 제한 또는 배제될 수 없고, 단지 자료의 금지만이 지양된다는 것이다. 이런 의미에서 후기 벨쩰의 구성요건이론은 「평가의 객체」이고 「객체의 평가」는 위법성과 책임만이 담당하게 되었다. 그는 구성요건을 위법성의 인식근거로 이해하므로 **3단계 범죄론 체계**를 취하고, 다만 고의와 과실을 주관적 구성요건요소로 이해한다는 점에서 벨링, 마이어의 구성요건이론과 차이가 있다.

6. 결어

벨링에 의한 순수한 객관적 사실판단의 문제에 지나지 않았던 구성요건이론은 규범적 구성요건요소의 발견에 의하여 규범적 성격을 갖게 되었고, 구성요건해당성은 불법유형으로서 위법성과 관련을 가진 **가치판단** 내지 **법률판단**의 문제가 되었으며, 구성요건은 객관적 구성요건요소뿐만 아니라 주관적 구성요건요소도 함께 존재하는 것으로 이해하여야 할 것이다.

Ⅲ. 구성요건의 기능

구성요건의 기능을 어떻게 볼 것인가 하는 문제는 구성요건의 실체를 어떻게 보느냐 하는 것과 관련되어 있으나 여기에서는 단지 현상학적으로 보면 다음과 같다.

1. 죄형법정주의적 기능

이 기능은 구성요건이 범죄행위의 실정법적 근거문제로 등장하게 되었다는 본래의 의의에서 찾을 수 있다. 즉 벨링의 구성요건론은 전통적 자연법사상과 빈딩(Binding)의 범죄의 규범위반설에 대한 대립적인 견지에서 범죄행위의 실정법주의의 선언으로서 죄형법정주의의 근거로 등장하였다는 것은 주지의 사실이다. 벨링은 이 기능을 실현하는 법리로서 구성요건의 범죄행위의 객관적 유형화원칙을 주장하였는데 이 원칙에는 범죄론 체계로서의 범죄의 객관화 원칙과 범죄의 개별적 유형화 원칙이라고 하는 이원적인 기능을 지니게 되는 것이다.

2. 범죄요소의 규제기능

행위위주의 형법이론으로서의 범죄의 객관적 유형화원칙으로 등장한 구성요건은 범죄성립의 객관적 요소, 즉 행위의 외연(外延)성을 한정·규제하는 기능을 지니는 것으로 고려되었다. 그러나 범죄의 객관화 원칙에 치중하여 범죄성립의 주관적 요소는 책임요소로 돌리고, 객관적 요소만을 구성요건요소로 받아들임으로써 객관적 요소만의 일원적 유형화의 방향으로 나아가게 되었던 것이다. 그런데 구성요건의 규제기능을 행위의 객관적 외연성의 지배기능에 한정하게 된다면 구성요건 본래의 개별적 유형화 기능은 무의미하게 되므로 구성요건의 고의규제기능이 논의하게 된다.

3. 위법성의 추정기능

구성요건에 해당하는 행위는 위법(전체 법질서에 반한다는 부정적 가치판단) 할 것이라는 추정을 낳게 된다. 이러한 추정기능으로부터 도출되는 기능이 구성요건의 경고기능이다. **경고기능**이란 구성요건에 해당하는 행위가 있으면 그 행위가 위법할 수 있으므로 위법행위를 하지 말도록 행위자에게 경고를 보내는 기능을 말한다.

Ⅳ. 구성요건과 위법성·책임

1. 구성요건과 위법성

모든 구성요건이 규범적 요소를 가지는 이상 구성요건해당성과 위법성은 밀접한 관계를 갖는다. 즉 구성요건해당성은 위법성의 인식근거 내지 징표(Indiz)가 된다. 왜냐하면 구성요건이란 위법한 행위 가운데 가벌성이 인정되는 특정행위의 유형을 기술한 것이기 때문이다. 그러나 구성요건해당성은 행위의 위법성과 실질적 불법성에 대한 종국적인 판단이 아니다. 위법성에 대한 징표는 위법성조각사유의 존재에 의하여 제거될 수 있기 때문이다. 또한 구성요건해당성과 위법성은 양자를 포괄하는 '불법'이라는 개념으로 사용된다.

벨링은 몰가치적 구성요건은 추상적인 모델에 불과했기 때문에 위법성과는 실질적인 관련이 없었으나, 나글러, 마이어, 헤이니츠 등의 연구결과로 구성요건은 위법성의 징표 혹은 인식근거로 이해하게 되었다. 자우어와 메츠거는 이에 한걸음 더 나아가 구성요건은 위법성의 존재근거 및 실질근거라고 하였다. 다만 **메츠거**는 구성요건과 위법성조각사유를 원칙과 예외의 표현형식으로 보아 구성요건에 해당하는 행위는 예외적으로 위법성조각사유에 해당하지 않는 한 위법하다는 결론에 이른다. 이리하여 1950년대 이후에는 특히 위법성조각사유를 구성요건에 대한 예외로 보지 않고 직접 구성요건이 요소로 이해하는 소위 소극적 구성요건요소이론이 등장하게 되었다.

(1) 소극적 구성요건요소이론

위법성조각사유를 소극적 구성요건요소로 파악한 소극적 구성요건요소이론에 의하면 위법성조각사유는 불법을 조각하는 사유로서 금지규범을 제한할 뿐이라고 하여, 적법한 행위는 처음부터 금지되지 않았고 구성요건에도 해당하지 않는다고 한다. 따라서 구성요건해당성과 위법성은 전체구성요건으로 결합되어 하나의 판단과정으로 흡수되고, 범죄론은 전체구성요건과 책임의 2단계의 구조를 가지게 된다. 그러나 소극적 구성요건요소이론은 위법성조각사유의 독자성을 무시하였으며, 처음부터 구성요건에 해당하지 않는 행위와 구성요건에 해당하나 위법성이 조각되는 행위 가치차이를 무시하였다는 비판을 면할 수 없다.

(2) 개방적 구성요건이론

벨첼(Welzel)은 구성요건을 봉쇄(封鎖)적 구성요건과 개방적 구성요건으로 분리하여, 전자에 있어서는 구성요건 자체에서 위법성이 인정되지만(예컨대, 살인죄), 후자에 있어서는 위법성은 구성요건 자체에서 나오지 아니하고 구성요건 밖에 존재하는 '별도의 적극적인 위법성요소'에 의하여 위법성이 인정된다고 한다(예컨대, 부작위의 보증인적 지위, 과실범의 객관적 주의의무). 그러나 모든 구성요건을 범죄의 불법내용을 결정하는 요소를 포함하는 불법유형으로 이해하는 이상 모든 구성요건은 봉쇄적이며, 구성요건이 개방적일 때는 불법유형으로서의 성질을 잃어버리게 되므로 이 이론도 타당하다고 할 수 없다.

2. 불법과 책임

불법은 행위에 대한 법적 평가결과로서 책임판단의 전제조건이 되며, 책임은 행위자 개인에 대한 비난가능성을 검토하는 기능을 한다. 벨링(Beling)에 의하면 구성요건은 객관적·기술적인 것이므로 주관적인 책임과는 관련이 없이 병립한다고 하고 그 후 마이어, 메츠거 등에 의하여 구성요건에 있어서의 규범적·객관적이라는 종래의 사상을 개변시켰다. 특히 메츠거(Mezger)는 주관적 위법요소도 구성요건의 요소를 이룩한다고 하였으나 구성요건은 단지 위법유형에만 그친다고 하고 책임유형으로서는 이해하지 아니하였다. 독일에서 전개시킨 위법유형으로서의 구성요건론에 한 걸음 나아가 '구성요건은 위법유형일 뿐만 아니라 책임유형'이라고 하여 새로운 구성요건이론을 전개시킨 일본의 소야(小野) 박사에 의하면 구성요건은 위법 및 유책의 행위 중에서 가벌적인 것을 법률적·개념적으로 유형화하여 규정한 것으로, 구성요건은 단지 위법성의 유형화일 뿐만 아니라 동시에 책임성의 유형화라고 하면서 그 예로 제250조의 살인죄와 제259조의 상해치사죄는 명백히 두 개의 구성요건에 속하나, 양자의 구별은 그 책임의 유형적인 차이 즉 사망에 대한 고의의 유무에 있다는 점을 들어 논거를 제시한다. 그러나 책임성 중에 책임능력과 같이 구성요건에 포함시키기 어려운 면이 있기 때문에 이 학설은 아직까지는 일반적으로 받아들여지지 않고 있다.

V. 구성요건의 요소

1. 폐쇄적 구성요건요소와 개방적 구성요건요소

벨젤(Welzel)은 폐쇄적 구성요건은 금지의 실질을 남김없이 규정하여 위법성이 도출이 가능한 구성요건이고, 개방적 구성요건이란 불법요소가 구성요건에 모두 기술되어 있지 않은 결과 구성요건 자체만으로는 불법내용이 확정되지 않아 법관의 해석·작용상의 보완을 필요로 하는 구성요건을 말한다고 한다. 지배적인 학설은 개방적 구성요건의 존재를 부인한다.

2. 기술적 구성요건요소와 규범적 구성요건요소

기술적 구성요건요소란 가치판단의 필요없이 예컨대, 살인죄에 있어서 「사람」, 절도죄에 있어서 「재물」과 같이 개별적인 경우에 사실확정에 의하여 그 의미를 인식할 수 있는 구성요건요소를 말하며, **규범적 구성요건요소**는 예컨대, 절도죄에 있어서 「재물의 타인성」, 「불법영득의사」, 문서위조죄에 있어서의 「문서」, 뇌물죄에 있어서의 「공무원」 등과 같이 규범의 논리적 판단에 의하여 이해되고 보완적인 가치판단에 의하여 확정될 수 있는 구성요건요소를 말한다.

3. 객관적 구성요건요소와 주관적 구성요건요소

객관적 구성요건요소란 행위의 주체, 행위의 객체, 행위의 태양, 결과의 발생 및 인과관계 등과 같이 행위의 외적 발생형태를 결정하는 상황을 의미하며, **주관적 구성요건요소**는 목적, 고의, 과실 등과 같이 행위자의 관념세계에 속하는 심리적·정신적 구성요건상황을 말한다. 또한 이러한 구성요건요소에 포함되어 있지 않고 판례·학설에 그 내용이 맡겨진 것으로는 결과범에서의 인과관계, 과실범의 객관적 주의의무, 부진정부작위범에서의 보증인적 지위 등과 같이 법규범에는 기술되지 않은 구성요건요소가 존재한다.

1. 구성요건의 기능에 대하여 설명하시오.

2. 기술적 구성요건요소와 규범적 구성요건요소의 차이점에 대하여 설명하시오.

1. 주관적 구성요건요소가 아닌 것은?

① 고의 ② 과실
③ 범죄의 동기 ④ 불법영득의사

〈해설〉 ③ 범죄의 동기는 구성요건요소가 아니다.

2. 다음 중 법률적 평가를 받는 규범적 구성요건요소가 아닌 것은?

① 존속살해죄의 직계존속
② 간통죄의 배우자
③ 절도죄의 재물의 타인성
④ 공연음란죄의 음란

〈해설〉 ④ 공연음란죄는 사회적 및 경제적 평가를 요하는 규범적 구성요건요소이다. 그 외에도 강제추행죄의 추행, 명예훼손죄의 명예, 업무방해죄의 업무, 신용훼손죄의 신용 등이다.

제2절 객관적 구성요건

Ⅰ. 행위의 주체

형법상 행위의 주체는 범죄행위능력과 형사책임능력을 가진 자연인에 제한된다. 문제는 자연인 이외에 법인도 행위의 주체가 될 수 있는가? 형사특별법에서는 행위자와 함께 법인을 처벌하는 양벌규정을 두고 있다. 이것이 법인의 범죄능력과 형사책임의 문제로 다루어진다.

1. 법인의 범죄능력

(1) 의의

1) 비교법적 고찰

범죄의 주체를 윤리적 인격자로 파악하는 대륙법계에서는 법인의 범죄능력을 부정함에 반하여, 실용주의적 형법관에 바탕을 두고 있는 영미법계에서는 법인단속의 사회적 필요성을 중시하여 법인의 범죄능력을 인정하고 있다. 우리나라에서도 법인의 범죄능력을 부정하는 것이 전통적인 견해이다.

2) 법인의 본질과 범죄능력

사법상 법인의 본질에 관한 법인의제설(法人擬制說)에 의하면 법인의 범죄능력은 부정되며, 법인실재설에 의하면 이를 인정하는 것이 논리적이라고 할 수 있다. 그러나 법인의 범죄능력에 관한 문제는 어디까지나 논리적·형사정책적인 고려의 결과에 지나지 않으므로 사법상의 법률효과의 귀속과 형법상의 범죄능력이 논리적으로 필연적인 관계에 있는 것은 아니다.

(2) 견해의 대립

1) 부정설

법인은 범죄의 주체가 될 수 없다는 견해이다. 우리나라의 **통설**과 **판례**의 입장이다. 그 이론적 근거는 다음과 같다. 법인은 의사와 육체가 없어 행위의 주체가 될 수 없다. 법인을 처벌할 때에는 개인책임과 자기책임의 원칙에 반한다는 것이다. 법인에게는 사회윤리적인 비난이라는 의미에서의 책임비난을 귀속시킬 수 없다. 사형과 자유형은 법인에 대한 형벌이 아니다. 법인에 대한 형사정책적인 목적은 형벌 이외의 다른 수단에 의하여 달성해야 한다. 예컨대, 형법 제355조 제2항의 배임죄에 있어서 타인의 사무를 처리할 의무의 주체가 법인이 되는 경우라도 법인은 다만 사법상의 의무주체가 될 뿐 범죄능력이 없는 것이며, 그 타인의 사무는 법인을 대표하는 자연인인 대표기관의 의사결정에 따른 대표행위에 의하여 실현될 수 밖에 없어 그 대표기관은 마땅히 법인이 타인에 대하여 부담하고 있는 의무내용대로 사무를 처리할 임무가 있다 할 것이므로 법인이 처리할 의무를 지는 타인의 사무에 관하여는 법인이 배임죄의 주체가 될 수 없고 그 법인을 대표하여 사무를 처리하는 자연인인 대표기관이 바로 타인의 사무를 처리하는 자, 즉 배임죄의 주체가 된다(대법원 1984.10.10 83도2595).

2) 긍정설

법인의 반사회적 활동이 격증하고 있는 현실에 비추어 법인의 범죄능력을 인정해야 한다는 견해이다. 그 근거는 다음과 같다. 법인실재설에 의하면 법인의 범죄능력을 인정할 수 있다. 법인은 그 기관을 통하여 의사를 형성하고 행위함으로 법인에게도 의사능력과 행위능력이 있다. 법인에게도 형벌적응능력이라는 의미에서의 책임능력이 있다. 생명형과 자유형에 해당하는 형벌로서 법인의 해산과 영업정지를 과할 수 있다. 법인의 반사회적 활동으로부터 사회를 방위할 필요가 있다.

3) 부분적 긍정설

형사범에 있어서는 법인의 범죄능력을 부정한다. 그러나 행정범에 있어서는 행정적 단속목적이라는 합목적적·기술적 요소가 강하다는 이유로 이를 긍정하는 견해이다.

(3) 비판

행정범의 개념 자체가 애매하고 행정범을 형벌로 처벌하는 경우에는 형사범과 본질적인 차이가 없고, 범죄의 주체와 형사책임의 주체를 혼동하였다는 점에서 부분적 긍정설은 타당하지 않다. 법인은 기관인 자연인을 통하여 행위함으로 형법적 평가에서 볼 때에는 자연인의 행위가 있을 뿐이고, 책임을 인격에 대한 윤리적 비난가능성이라고 할 때에는 법인의 책임을 인정할 수 없으며, 법인의 해산과 영업정지는 형법이 인정하는 형벌이 아니라는 점에서 비추어 볼 때 법인의 능력을 부정하는 것이 타당하다.

2. 법인의 처벌

(1) 범죄능력과 형사책임

각종의 행정형법에서는 대부분 '양벌규정'의 형식으로 행위자 이외에 법인을 처벌하는 규정을 두고 있다. 양벌규정이라 함은 각종 특별형법 또는 행정형법분야에서 행위자와 함께 법인에 대하여도 처벌을 규정한 것이다. 예컨대, 성폭력특별법 제37조와 같이 "법인의 대표자, 법인 또는 개인의 대리인, 사용인 기타 종업원이 그 법인 또는 개인의 업무에 관하여 제14조의2 또는 제35조의 위반행위를 한 때에는 행위자를 벌하는 외에 그 법인 또는 개인에 대하여도 각 해당 조의 벌금형을 과한다."고 하여 대부분의 양벌규정 방식으로 규정하고 있다.

법인의 범죄능력을 인정하는 견해에 의하면 당연한 것이지만, 법인의 범죄능력을 부정하는 경우에는 법인의 형벌능력을 인정할 것인가가 문제된다. **다수설**은 법인의 형벌능력을 인정한다.

(2) 법인처벌의 법적 성질

양벌규정에 의하여 법인을 처벌하는 경우에 법인의 형사책임의 성질 내지 근거가 무엇인가에 대하여는 학설이 대립한다.

1) 무과실책임설

책임주의의 원칙에 대한 예외로서 행정단속의 목적을 위하여 정책상 무과실책임을 인정하는 자연인의 행위에 대한 법인의 대위책임(代位責任)이라는 설이다. 무역거래법 제34조의 양벌규정에 의하여 법인이 처벌을 받는 경우, 범죄의 주관적 구성요건으로서의 범의는 실지 행위자인 동 법인의 사용인에게 정당한 절차를 거치지 아니하고 수입을 한다는 인식이 있으면 족하다(대법원 1983.3.22 81도2545).

2) 과실책임설

법인의 처벌규정을 종업원의 선임·감독에 있어서 법인 자신의 과실책임(過失責任)을 인정한 것으로 해석하는 설이다.

3) 과실추정설

법인의 부작위에 의한 행위자의 선임·감독책임을 인정하는 설이다.

4) 결어

형법상 행위의 주체는 자연인에 제한되며, 법인의 행위능력을 부정하는 이상 고의 또는 과실을 요구한다고 하여 책임주의가 관철될 수는 없다. 따라서 행정형법에서 법인을 처벌하는 특별규정을 둔 것은 법인단속과 행정을 달성하기 위한 정책적 고려의 결과이며, 이 경우의 법인의 책임은 무과실책임이라고 해석하는 것이 타당하다.

1. 호텔을 경영하는 주식회사에 대표이사가 따로 있고 동 회사의 실질적인 책임자로서 업무 전반을 총괄하는 전무 밑에 상무, 지배인, 관리부장, 영업부장 등을 따로 두어 각 소 관 업무를 분담하도록 하는 한편 소방법 소정의 소화관리자까지 선정, 당국에 신고하여 동인으로 하여금 소방훈련 및 화기사용 또는 취급에 관한 지도감독 등을 하도록 하고 있다면, 위 회사의 업무에 전혀 관여하지 않고 있던 소위 회장에게는 위 회사의 직원들에 대한 일반적, 추상적 지휘감독의 책임은 있을지언정 호텔종업원의 부주의와 호텔구조상의 결함으로 발생, 확대된 화재에 대한 구체적이고도 직접적인 주의의무는 없다고 할 수 밖에 없다(대법원 1986. 7. 22, 85도108).

1. 법인의 범죄능력에 관한 설명 중 틀린 것은?

① 법인의 범죄능력을 부정하는 것이 통설과 판례의 태도이다.
② 법인의 범죄능력에 대해 법인단속의 사회적 필요성을 중시한 법인의제설에서는 이를 긍정한다.
③ 부정설의 논거는 사형, 자유형은 법인에게 집행할 수 없다는 것이다.
④ 긍정설의 논거는 법인을 처벌하면 범죄와 관계없는 법인구성원까지 처벌받아 형법상의 자기책임의 원칙에 반한다는 것이다.

〈해설〉 ④ 부정설의 논거이다.

II. 행위의 객체

1. 행위의 객체

외계(外界)에서 직접 감지되고 구성요건에 기술되어 있는 공격의 객체(예컨대, 살인죄[제250조]에 있어서의 「사람」, 절도죄[제329조]에 있어서의 「타인의 재물」)를 말한다. 예외적이기는 그러나 구성요건 중에 행위객체가 규정되지 아니한 경우도 있다. 예컨대, 다중불해산죄(제116조), 단순도주죄(제145조 제1항), 퇴거불응죄(제319조 제2항) 등이 이에 해당한다. 또한 구성요건 중에는 행위객체가 제한적으로 규정되는 경우도 있다. 예컨대, 영아유기죄(제272조)의 객체는 영아이지만, 영아살해죄(제251조)의 객체는 「분만중 또는 분만직후의 영아」이다.

2. 법익

(1) 의의

법익(法益; Rechtsgut)은 학자들의 관점에 따라 다양하게 정의되지만, 일반적으로 형법에 의하여 그 침해가 금지되는 개인 및 공동체의 이익이나 가치를 의미한다고 볼 수 있다. 이는 **보호객체**라고도 불리워진다. 법익은 형법규정의 표면에 나타나지 아니하며, 그 배후에 이념적인 영역에 존재하는 관념적인 형상(ein gedankliches Gebilde)일 뿐이다.

(2) 연혁

법익개념이 형법이론사에 등장한 것은 19세기 초의 일인데 그 이전에 계몽주의 형벌이론을 전개했던 포이에르바흐(Feuerbach), 클라인슈로트(Kleinschrod), 뢰닝(Loening) 등은 범죄를 주관적인 권리의 침해로 보았다. 1834년에 이르러 법익이론의 창시자로 불리어지는 비른바움(Birnbaum)이 최초로 법익은 권리가 아니라 국가권력에 의하여 보호되는 실질적 실체로서 개인 또는 전체에 귀속될 수 있을 뿐만 아니라 자연적 의미에서 침해될 수 있다는 이론을 전개하였다. 그 후 법익개념은 빈딩(Binding)에 의하여「입법가적 안목에서 볼 때 건전한 법률공동체 생활의 조건으로서 법률공동체를 위하여 가치있는 것」으로 표현되는가 하면, 리스트(Liszt)는 범죄의 중점을 주관적인 권리로부터 법적으로 보호되는 이익으로 옮김으로써 '법익개념'을 범죄의 중심개념으로 삼았다. 1920년대에 들어서면서부터 법익은 다분히 구성요건해석의 보조수단으로 이해되는가 하면, 1930년대에는 키일학파에 속하는 갈라스(Gallas), 샤프스타인(Schaffstein) 등이 범죄의 중점을 법익침해에서 의무침해로 옮기게 됨에 따라, 범죄를 법익침해로 보던 종래의 학설도 상당한 영향을 받았다. 최근에 들어와서는 법익개념을 단지 구성요건해석의 척도로 보는 입장(이른바 방법적 합목적적 법익개념)에서 더 나아가 실질적 범죄개념에 입각하여 형벌규정에 관한 형사정책적 관점(이른바 자유적 법익개념)에서도 법익의 의의를 논하고 있다.

(3) 법익과 행위의 객체

보호객체로서의 법익은 형법조문의 배후에 놓여 있는 그 의미와 목적에 대한 관념적 형상이기 때문에 외계에서 직접적으로 감지되고 행위자의 공격대상이 되는 행위객체(Handlungsobject), 즉 구성요건에 기재되어 있는 물적 대상과는 구분된다. 예컨대, 살인죄에 있어서 보호법익은 생명이지만, 행위객체는 사람인 것이다. 또한 범죄는 법익의 침해 내지 그 침해의 위험을 발생하게 하는 행위이므로 법익이 존재하지 않는 범죄는 예상할 수 없으나, 행위객체가 없는 범죄는 예외적이기는 하나 있을 수 있다. 관념적 가치로서의 법익은 행위자의 직접적 공격에서는 벗어나는 것으로 보이나, 법익의 침해는 행위객체의 실질적인 침해 속에 존재하고 있는 것이다.

(4) 법익의 기능

1) 법익은 구성요건의 중심개념으로서 구성요건해석의 중요한 보조수단이 된다. 예컨대, 절도죄의 보호법익은 소유권과 점유인데, 만일 절도죄와 관련하여 절도의 의사가 없다면 타인의 재물을 월권적으로 사용하는 것이 문제될 뿐이고, 점유의 침해가 없다면 경우에 따라 횡령이 문제될 뿐이다.

2) 법익은 구성요건의 초석으로서 구성요건의 유형을 형성함에 있어서 그 구분의 척도가 된다. 형법 각론의 소재분류는 법익에 의하여 확정되는 것이다. 구성요건유형의 분류 이외에도 범죄를 침해범과 위험범으로 구분하는 것은 법익을 어느 정도로 보호할 것인가를 척도로 하여 이루어진다.

3) 법익개념은 무엇이 형법에 의하여 보호되어야 할 것인가를 시사해줌으로써 실질적 생활이익의 보호에 기여한다. 법익의 이와 같은 기능을 **법률정책적 기능**(또는 **형사정책적 기능**)이라고 한다. 법익의 법률정책적 기능은 기존의 형벌법규 중 어떤 규정은 폐지되어야 하고 어떤 규정은 존속되어야 할 것인가를 판단하는 척도로서도 작용한다.

1. 법인의 범죄능력에 대하여 설명하시오.

2. 법인처벌의 법적 성질에 대하여 설명하시오.

3. 법익의 기능에 대하여 설명하시오.

4. 법익과 행위의 객체의 차이점에 대하여 설명하시오.

1. 다음 법익에 대한 설명으로 틀린 것은?

① 보호의 객체가 없는 범죄도 존재한다.
② 범죄의 객체는 고의의 인식대상이 된다.
③ 법익은 형법규정의 표면에 나타나지 아니하며, 그 배후 이념적인 영역에 존재한는 관념적인 형상이다.
④ 법익은 구성요건해석의 중요한 보조수단이다.

〈해설〉 ① 행위의 객체가 없는 범죄는 있어도 보호의 객체가 없는 범죄는 없다.

Ⅲ. 인과관계와 객관적 귀속이론

제17조[인과관계] 어떤 행위라도 죄의 요소되는 위험발생에 연결되지 아니한 때에는 그 결과로 인하여 벌하지 아니한다.

1. 인과관계의 의의

발생된 결과를 행위자에게 그의 행위로 귀속시키기 위해서는 행위와 결과 사이에 어떠한 연관이 있어야 하느냐의 문제이다. 형법 제17조에서는 「어떤 행위라도 죄의 성립요소되는 위험발생에 연결되지 아니한 때에는 그 결과로 인하여 벌하지 아니한다」라고 규정하고 있다. 인과관계는 **결과범**에 있어서만 문제가 된다. 형법상의 인과관계를 일반 철학상의 인과개념이나 자연과학상의 인과관계와는 그 성질을 달리하는 것이다. 첫째, 먼저 또는 공동작용한 다른 원인을 의도적으로 제거하고 행위자의 행위 특히 구성요건에 해당하는 행위가 원인이 되느냐만을 문제로 된다. 둘째, 타당성이라는 가치판단이다. 인과관계론은 자연과학적인 원인과 결과와의 관계이고, 객관적 귀속론은 결과의 원인행위로의 귀속관계를 규범적으로 설명한다. 인과관계는 인과관계의 유무를 확정하는데 반하여, 객관적 귀속이론은 형사책임의 범위를 확정하게 된다. 그러나 양자는 모두 결과범에 국한하여 문제가 된다.

2. 인과관계

다음과 같은 물음이 제기된다. 인과관계(원인)의 개념 자체를 제한할 것인가? 인과관계의 범위를 객관적 귀속에 의하여 수정할 것인가? 필요한 수정을 책임의 분야에서 할 것인가? 먼저 인과관계에 관한 학설을 소개하면 다음과 같다.

(1) 조건설

행위와 결과 사이에 '그 행위가 없었다면 결과가 발생하지 않았다고 볼 수 있는 관계'가 있으면 인과관계를 인정한다(conditio sine qua non공식). 형법상 중요한 원인과 중요하지 않은 조건을 구별하는 것이 불가능하기 때문에 여러 행위가 결과에 대한 조건을 이룬 경우에 그 모두가 원인이 된다. 이에 대하여 인과관계를 직접 규명하지 않고 일단 인과관계가 존재한다는 전제에서 **가설적 사고 과정의 제거절차**를 밟고 있다는 점에서 방법론상의 잘못이 있고 논리적 인과개념을 형법에 그대로 적용하기 때문에 인과관계의 범위가 지나치게 확대되며 결과의 발생만으로 구성요건적 불법이 충족되는 것은 아니라는 점을 간과하였으며 명백히 처벌할 수 없는 경우를 책임에 의하여 가벌적 행위로부터 제외케 하는 것은 언제나 가능한 것은 아니다(예컨대, 본설에 따르면 범죄인을 출산한 부모의 결혼도 그 범죄와 인과관계가 있게 된다).

(2) 원인설

조건설에서 확장된 인과관계의 내부에서 결과의 발생에 대하여 중요한 영향을 준 조건과 단순한 조건을 구별하여 전자를 **원인**이라 하고, 원인이 된 조건에 대하여만 결과에 대해 인과관계를 인정하였으며, 원인과 조건을 구별한다는 점에서 **개별화설**이라고 한다. 이에 대하여 이론상 원인과 조건을 명백히 구별할 수 없을 뿐 아니라, 그 구별기준으로서 형법상 아무런 가치도 가질 수 없는 '자연과학적 사고'를 무비판적으로 도입하였다는 점에서 비판을 받는다.

(3) 상당인과관계설

조건설에 의한 무제한한 인과관계의 범위를 '구성요건의 단계'에서 제한하고자 하는 이론이고 그 결과를 발생시키는 것이 경험칙상 상당한 조건, 즉 결과에 상당한 조건만이 원인이 되고 상당한 책임의 기초가 된다. 상당성의 판단기준을 어떻게 결정할 것인가?

1) 주관적 상당인과관계설

'행위자'를 기준으로 하여 행위 당시 행위자가 인식하였거나 행위자가 인식할 수 있었던 사정을 기초로 한다.

2) 객관적 상당인과관계설

'일반인의 인식·예견가능성'을 기준으로 행위 당시에 존재한 모든 사정을 객관적으로 종합하여 법관이 상당성을 판단하고, 객관적 사후적으로 예측한다.

3) 절충적 상당인과관계설(다수설, 대법원)

'행위자'뿐만 아니라 '일반인 특히 그중 가장 우수한 자가 인식할 수 있었던 사정'을 기초로 한다. 이에 대하여 상당성 혹은 생활경험이 명백한 기준으로 되지 못하고 구성요건의 단계에서 형사책임의 무제한한 확대를 제한하려고 한 근본취지는 타당하다고 할 수 있지만, 인과관계의 부정에 의해 달성하려고 한 체계상의 잘못이 있다. 자연법적 사고에 의하여 이론에 연막을 쳐서 인과관계의 범위를 지나치게 좁게만 하여 실제의 해결에 아무런 도움을 주지 못하는 이론이다(예컨대, 안면을 강타하여 사망케 한 경우, 고혈압 증세가 있는 피해자를 전도시의 자극에 의하여 사망케 한 경우, 강간을 피하려다가 사망한 경우 등을 들 수 있다).

〔표〕 상당인과관계설의 범위

	주관설	객관설	절충설
판단기준	행위당시 인식 또는 인식가능한 사정	행위당시사정+ 행위후 예측사정 (사후예측설)	일반인 인식가능 + 행위자인식사정
판단자	행위자	법관	일반인

(4) 중요설

조건설에 의하여 얻어진 논리적 인과관계를 구체적인 결과발생의 법률적 중요성이라는 규범적 문제와 구별하여 후자는 구체적인 형법상의 구성요건에 따라 결정해야 한다. 구체적인 범죄구성요건의 의의와 목적 및 구성요건이론의 일반원칙에 따라 검토하여 결과귀속의 범위를 결정해야 한다. 이에 대하여 결과의 객관적 귀속에 대한 기준으로 구성요건적 중요성에만 집착한 나머지 이에 대한 실질적 기준이 결여된다는 비판이 제기될 수 있다.

(5) 합법칙적 조건설

1) 의의

조건설의 결함을 일상적 경험법칙으로서의 합법칙성에 의하여 시정하고 인과관계를 행위와 결과 사이의 합법칙적 연관의 문제로 이해하고, 조건설에 의한 인과관계를 「행위가 시간적으로 뒤따르는 외계의 변화에 연결되고 행위와 합법칙적으로 결합되어 구성요건적 결과로 실현되었을 때」에 인정되어야 한다. 조건설은 종래의 conditio sine qua non공식을 포기하여야 인과관계를 설명할 수 있고, 합법칙적 연관에 의하여만 추월적 인과관계와 부작위범의 인과관계를 해결할 수 있다.

2) 구체적인 경우(대표적인 교과서 사례)

① 결과에 대하여 다른 조건이 중요한 기여를 하였거나 피해자의 잘못이 결합하여 결과가 발생한 경우, 피해자의 특이체질 혹은 상태 때문에 결과가 발생한 때에 인과관계가 인정된다(**피해자의 특이체질**). 예컨대, 앰블런스 사고, 혈우병 등을 들 수 있다.

② 제3자의 고의 혹은 과실에 의한 행위가 개입되는 경우, 개입된 후에 인관관계를 인정한다(**단절적 인과관계**). 갑이 을에게 독약을 먹였으나 약효가 일어나기 전에 병이 을을 사살한 경우를 들 수 있다. 예컨대, 독약의 약효가 있기 전에 다른 사람이 사망시킨 경우 등을 들 수 있다.

③ 다른 조건에 의하여 실현되어 처음 조건이 결과발생에 기여하지 못한 경우에 인과관계는 부정된다(**추월적 인과관계**). 갑이 을에게 치사량의 독약을 먹였으나 약효가 일어나기 전에 병이 을을 사살한 경우를 들 수 있다. 예컨대, 사형집행인이 사형을 집행하는 순간 피해자의 가족이 달려들어 대신 집행하여 죽게 한 경우 등을 들

수 있다.

④ 그 행위가 없었어도 다른 상황에 의하여 동시에 같은 결과가 발생하였을 것이라는 가설적 인과관계의 경우에 인과관계는 인정된다(**가설적인 인과관계**). 예컨대, 사망 직전의 환자에게 독약을 먹인 경우 등을 들 수 있다.

⑤ 단독으로 결과 야기함에 충분한 수개의 조건이 결합하여 결과를 발생한 경우를 말한다(**택일적인 인과관계**). 갑과 을이 각각 치사량의 독약을 병에게 먹여 병이 독살된 경우를 들 수 있다. 예컨대, A와 B가 각각 치사량의 독약을 C에게 먹여 C가 사망한 경우 등을 들 수 있다.

⑥ 독자적으로 결과를 가져올 수 없는 조건들이 공동작용하여 일정한 결과를 야기한 경우에 인과관계를 인정한다(**중첩(누적)적인 인과관계**). 갑과 을이 단독으로는 치사량이 되지 못하는 독약을 병에게 먹여 병이 사망한 경우를 들 수 있다. 예컨대, A와 B가 단독으로 치사량이 되지 못하는 독약을 C에게 먹여 C가 사망한 경우 등을 들 수 있다.

⑦ 행위를 하였다면 결과가 방지되었을 때에 합법칙적 연관을 인정할 수 있기 때문에 인과관계를 인정한다(**부작위범의 인과관계**).

(6) 기타의 학설

1) 위험관계조건설

인과관계를 행위와 결과의 관계에서 사회가 행위에 대하여 '위험'을 느끼느냐의 여부에 의하여 형법에서 인과관계를 논하는 목적과 법익침해로부터 사회를 방위한다는 형법의 목적에 비추어 조건설에 의한 논리적 인과개념을 위험이라는 사회심리적 요소를 통하여 제한을 가하려는 것이다. 본 학설은 위험이라는 사회심리적 요소에 의하여 조건 자체를 제한하는 것은 인과관계의 확정을 불명확하게 한다는 비판을 받게 된다.

2) 목적설

인과관계 판단의 근본목적은 기수범에서 미수범을 구별하여 그 책임을 감경한다. '책임감경'의 기준은 인과관계의 진행중 우연이라는 요소가 개입하여 그 결과가 발생하지 않았다는 것을 확인함에 있으니, 인과관계론은 '우연'이 무엇인가를 과학적 입장에서 해명하는 것이다. 이에 대하여 객관적이어야 할 인과관계의 판단에 행위자의 무의식세계까지 끌어들이는 것은 방법론상 의문이 있고, 행위자의 심리분석을 통하여 우연의 요소를 필연화함은 법치주의 형법이론의 근본을 흔드는 것이다.

3) 인과관계 중단론

인과관계가 진행되는 중에 타인의 고의행위나 예기치 못한 우연한 사정이 개입된 경우에는 이에 선행했던 행위와 결과 사이의 인과관계가 중단된다는 이론이다. 이에 대하여 존재하지 않는 인과관계는 중단될 수 없고 존재하는 인과관계도 중단되는 것은 아니다.

(7) 결어

인과관계의 존부문제는 조건설에 의하여 해결하면 족하다. 그러나 그 이론상의 결점이 드러나므로 인과관계의 범위를 제한하려는 상당인과관계설을 비롯한 여러 이론들이 등장하였으나 명백한 기준을 찾지 못하고 결과귀속을 밝히는데 실패하였다. 이런 의미에서 합법칙적 조건설이 타당하다고 하겠다. 다만 합법칙적 조건설은 인과관계의 존재를 확정하는 이론에 불과하므로 결과귀속을 위해서는 다시 법적·규범적 측면에서의 결과귀속을 제시하여야 한다.

Ⅳ. 객관적 귀속이론

1. 의의

인과관계가 인정되는 결과를 행위자의 행위에 객관적으로 귀속시킬 수 있는가를 확정하는 이론으로서 **규범적·법적** 문제이며 객관적 귀속을 인정하기 위해서는 인과관계의 존재가 전제되어야 한다. 객관적 귀속이론에서는 인과관계는 합법칙적 조건설에 의하고 다시 중한 결과의 객관적 귀속이 필요하다.

폭행치사죄는 결과적 가중범으로서 폭행과 사망의 결과 사이에 인과관계가 있는 외에 사망의 결과에 대한 예견가능성 즉 과실이 있어야 하고 그러한 예견가능성의 유무는 폭행의 정도와 피해자의 대응상태 등 구체적 상황을 살펴서 엄격하게 가려야 하는 것인 바, 피고인이 피해자에게 상당한 힘을 가하여 넘어뜨린 것이 아니라 단지 공장에서 동료 사이에 말다툼을 하던 중 피고인이 삿대질하는 것을 피하고자 피해자 자신이 두어 걸음 뒷걸음치다가 회전 중이던 십자형 스빙기계 철받침대에 걸려 넘어진 정도라면, 당시 바닥에 위와 같은 장애물이 있어서 뒷걸음치면 장애물에 걸려 넘어질 수 있다는 것까지는 예견할 수 있었다고 하더라도 그 정도로 넘어 지면서 머리를 바닥에 부딪쳐 두개골절로 사망한다는 것은 이례적인 일이어서 통상적으로 일반인이 예견하기 어려운 결과라고 하지 않을 수 없으므로 피고인에게 폭행치사죄의 책임을 물을 수 없다(대법원 1990. 9. 25, 90도1596).

2. 객관적 귀속의 원리

(1) 회피가능성의 이론

자연현상을 목적적으로 지배하는 점에 인간행태의 본질이 있으므로 객관적 목적성은 결과귀속의 기준이 되어야 한다. 객관적 관점에서 행위와 결과 사이의 목적적 연관을 판단하는 것은 결과에 대한 지배가능성 내지 회피가능성이 되어야 하며, 결과가 의사의 대상으로서 지배가능할 때에 그 결과는 객관적으로 귀속된다.

(2) 위험증대의 이론

보호법익에 대하여 법적으로 허용될 수 없는 위험을 야기하거나 위험을 증가한 때에만 그 위험으로 인한 결과를 객관적으로 귀속할 수 있고, 법익에 대한 위험을 야기하지 않거나 허용되는 위험만을 야기한 때에만 결과귀속을 인정할 수 없다. 행위의 특수한 위험성이 결과에 실현된 경우에 객관적 귀속이 인정된다.

(3) 객관적 귀속의 구체적 판단기준

1) 위험감소

행위자가 그의 행위에 의하여 이미 시작된 인과의 진행에 구체적으로 영향을 주긴 했지만 그 결과발생을 약화시키거나 위험의 정도를 감소시킨 경우에 객관적 귀속이 부정된다. 예컨대, 피해자의 머리 위에 치명적인 타격이 가하여지는 순간 그를 밀쳐 어깨에 맞게 한 경우 등을 들 수 있다.

2) 가설적 인과관계

결과를 행위자가 야기하지 않았어도 다른 상황에 의하여 같은 시간에 같은 정도는 일어났을 것으로 인정되는 때이다. 예컨대, 사망직전의 환자에게 독약을 먹인 경우 등을 들 수 있다.

3) 허용되는 위험

위험을 수반하는 행위라도 허용된 위험의 한계 안에서의 행위로 인한 결과는 객관적 귀속이 부정된다. 예컨대, 주인이 뇌우시에 벼락을 맞도록 하인을 숲 속으로 보낸 경우 등을 들 수 있다.

4) 규범의 보호범위

결과가 행위자의 행위에 의하여 침해된 규범의 보호범위 밖에서 발생하는 경우 객관적 귀속이 부정된다. 예컨대, 살인미수로 상처를 입은 피해자가 벼락을 맞아 죽거나 병원으로 옮기다가 교통사고로 사망하였거나, 의사의 과실에 의하여 사망한 경우 등을 들 수 있다.

5) 과실범의 결과귀속

주의의무를 다했어도 같은 결과가 발생한 것으로 인정되는 때에는 주의의무위반행위는 객관적 귀속이 부정된다.

6) 피해자의 특이체질

규범의 보호범위는 비유형적인 위험을 포함하고 있고 법률상 허용될 수 없는 위험이 결과로 실현되었기 때문에 객관적 귀속이 긍정된다. 예컨대, 고열압 환자 등을 들 수 있다.

7) 결과적 가중범

결과적 가중범에 있어서 중한 결과는 그 결과가 기본범죄에 의한 범행의 직접적인 결과인 때에만 인정될 수 있다.

(4) 형법 제17조의 해석

「죄의 요소되는 위험발생」의 의의에 대하여 구성요건적 사실의 중심이 되는 부분으로서 구성요건적 내용으로 되어있는 결과발생의 위험이며 구성요건에 대한 위험발생이다. 「인과관계의 범위」에 대하여는 인과관계의 문제를 인과관계의 확정과 그 중요성(범위)의 판단문제로 구별하여, 형법 제17조의 해석에 있어서 「어느 행위와 그 결과」는 논리적 인과관계가 있어야 하나 「죄의 요소되는 위험발생에 연결되지 아니한 때에는」이란 구성요건해당성의 관점에서 중요한 인과관계의 범위를 제한하는 것이므로 상당인과관계설의 상당성의 의미로 해석한다. 인과관계의 확정은 합법칙적 조건설에 의하여 결정하고 그 중요성은 객관적 귀속이론으로 수행한다. 「어느 행위라도」란 행위가 시간적으로 뒤따르는 외계의 변화와 연결되고 그 행위와 합법칙적으로 결합되어 구성요건적 결과로 실현되었다 하더라도의 의미이고, 「죄의 요소되는 위험발생에 연결되지 아니한 때에는 벌하지 아니한다」란 그 행위가 법률상 허용될 수 없는 위험을 발생하였고 그 위험이 구성요건에 해당하는 결과로 실현되지 아니한 때에는 벌하지 아니한다는 의미이다.

관련 판례정리

1. 피고인의 폭행으로 임신 7개월의 임신부가 땅에 넘어지면서 심근경색으로 낙태하고, 그로 인해 사망하게 된 경우, 피고인의 구타행위와 피해자의 사망간에는 인과관계가 있다(대법원 1972. 3. 28, 72도296)
2. 자상행위가 사망의 직접적 원인은 아니더라도 이로부터 발생한 다른 간접적 원인이 결합되어 사망결과가 발생한 경우에도, 그 행위와 사망간에는 인과관계가 있다(대법원 1982. 12. 28, 82도2525)
3. 산림실화죄는 과실로 산림을 불태워 훼손케 한 것을 구성요건으로 하고 있으므로, 과실과 산림훼손행위 사이에는 상당인과관계가 있어야 한다(대법원 1987. 4. 28, 87도297).
4. 음주상태에서 평소 지병이 있는 피해자를 폭행하여 피해자를 심장마비로 사망케 한 경우에 폭행과 사망간의 상당인과관계가 인정된다(대법원 1986. 9. 9, 85도2433).
5. 사망과 피고인의 구타행위 사이에 20여 시간이 지나도록 중간원인이 발견되지 않을 경우, 구타행위와 사망간의 인과관계를 인정할 수 있다(대법원 1984. 12. 84도2347).
6. 피고인이 야간에 오토바이를 운전하다가 도로를 무단횡단하던 피해자를 충격하여 피해자로 하여금 위 도로상에 전도케 하고, 그로부터 약 40초 내지 60초 후에 다른 사람이 운전하던 타이탄트럭이 도로위에 전도되어 있던 피해자를 역과하여 사망케 한 경우 피고인의 과실행위는 피해자의 사망에 대한 직접적 원인을 이루는 것이어서 양차간에는 상당인과관계가 있다(대법원 1990.5.22, 90도580).
7. 살인의 실행행위가 피해자의 사망이라는 결과를 발생하게 한 유일한 원인이거나

직접적인 원인이어야만 되는 것은 아니므로, 살인의 실행행위와 피해자의 사망과의 사이에 다른 사실이 개재되어 그 사실이 치사의 직접적인 원인이 되었다고 하더라도 그와 같은 사실이 통상 예견할 수 있는 것에 지나지 않는다면 살인의 실행행위와 피해자의 사망과의 사이에 인과관계가 있는 것으로 보아야 한다(대법원 1994. 3. 22, 93도3612).

8. 공사감독관이 직무에 위배하여 당해 건축공사가 불법하도급되어 무자격자에 의하여 시공되고 있는 점을 알고도 이를 묵인하였거나 그와 같은 사정을 쉽게 적발할 수 있었음에도 직무상의 의무를 태만히 하여 무자격자로 하여금 공사를 계속하게 함으로써 붕괴사고 등의 재해가 발생한 경우에, 만일 자격 있는 자가 시공을 하였다면 당해 재해가 발생하지 아니하였거나 재해 발생의 위험이 상당히 줄어들었으리라고 인정된다면, 공사감독관의 그와 같은 직무상의 의무위반과 붕괴사고 등의 재해로 인한 치사상의 결과 사이에 상당인과관계가 있다(대법원 1995.9.15, 95도906).

9. 상해행위를 피하려고 하다가 차량에 치어 사망한 경우 상해행위와 피해자의 사망 사이에 상당인과관계가 있다(대법원 1996.5.10, 96도529).

1. 인과관계의 내용에 관한 설명 중 틀린 것은?

① 인과관계는 결과범에서 문제가 된다.
② 종래의 우리나라의 다수설과 판례는 상당인과관계설을 택하고 있었다.
③ 인과관계의 문제는 존재론적으로 파악한다면 객관적 귀속은 규범적으로 파악한 다.
④ 갑이 을녀를 강간하였는데, 을은 수치심으로 자살한 경우 판례에 따르면 강간행 위와 자살행위 사이의 인과관계를 인정한다.

〈해설〉 ④ 대법원 1982.11.23, 82도1446「강간을 당한 피해자가 집에 돌아가 음독자살하기에 이르는 원인이 강간을 당함으로 인하여 생긴 수치심과 장래에 대한 절망감 등에 있었다 하더라도, 그 자살행위가 바로 강간행위로 인하여 생긴 당연한 결과라고 볼 수는 없으므로 강간행위와 피해자의 자살행위 사이에 인과관계를 인정할 수는 없다」

2. 다음 중 객관적 귀속의 기준으로 볼 수 없는 것은?

① 허용규범이론
② 위험증대의 원칙
③ 규범의 보호목적 관련이론
④ 위험감소의 원칙

〈해설〉 ①

3. 다음 판례 중 인과관계를 부정한 사례는?

① 강간을 하려했으나 뜻을 이루지 못한 채 다른 일을 하는 사이에 피해자가 호텔 방 창문을 통하여 달아나다가 실족하여 추락사한 경우
② 피의자를 두 손으로 밀어 바닥에 넘어뜨려 사망하게 하였는데, 피해자가 심관성동맥경화 및 심근섬유화 증세 등의 지병이 있었고 음주로 인하여 만취한 상태였던 경우
③ 가해자로부터 따귀를 맞은 피해자다 뒤로 넘어져 측두골 골절상으로 사망했으나, 피해자가 두께 0.5mm에 불과한 정도로 얇은 두개골을 가진 경우
④ 피해자의 복부를 강타하여 장파열상을 일으켰는데, 수술지연 등 의사의 과실이 공동으로 작용함으로써 복막염으로 사망한 경우

〈해설〉 ③ 대법원 1978.11.18, 78도1961 : ① 대법원 1995.5.12, 95도425 ② 대법원 1986.9.9, 85도2433 ④ 대법원 1984.6.26, 84도831

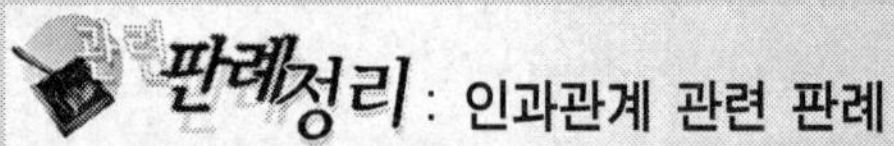

: 인과관계 관련 판례

※ 인과관계 관련 판례를 통하여 그 인정여부를 확인하여 보자.

1. 인과관계를 인정한 경우

① 피고인이 주먹으로 피해자의 복부를 1회 강타하여 장파열로 인한 복막염으로 사망케 하였다면, 비록 의사의 수술지연 등 과실이 피해자의 사망의 공동원인이 되었다 하더라도 피고인의 행위가 사망의 결과에 대한 유력한 원인이 된 이상 그 폭력행위와 치사의 결과간에는 인과관계가 있다 할 것이

어서 피고인은 피해자의 사망의 결과에 대한 폭행치사의 죄책을 면할 수 없다(대법원 1984. 6. 26, 84도831).

② 자동차와 피해자가 직접 충돌하지는 않았지만 자동차 운전자의 과실로 인한 열차와 충돌사고에 놀라 넘어져 상처를 입혔다면 자동차 운전자의 과실과 피해자의 부상 사이에는 상당인과관계가 인정된다(대법원 1989. 9. 12, 89도866).

③ 연탄가스 중독환자가 퇴원시 자신의 병명을 물었으나 의사가 아무런 요양방법을 지도해 주지 않아 병명을 모르는 환자가 재차 그 방에서 자다가 연탄가스에 중독된 경우 의사의 업무상 과실과 연탄가스 중독 사이에는 인과관계가 인정된다(대법원 1991. 2. 12, 90도2547).

2. 인과관계를 인정하지 않은 경우

① 고등학교 교사인 피고인이 피해자의 뺨을 때리는 순간 평소의 허약상태에서 온 급격한 뇌압상승으로 피해자가 뒤로 넘어지면서 사망한 경우 위 사인이 피해자의 두개골이 비정상적으로 얇고 뇌수종을 앓고 있었던 데 연유하였고, 피고인이 피해자의 허약함을 알고 있었으나 두뇌의 특별이상이 있음은 미처 알고 있지 못하였다면 피고인의 소위와 피해자의 사망간에는 인과관계가 없거나 결과발생에 대한 예견가능성이 없다고 할 것이다(대법원 1978. 11. 18, 78도1691).

② 운전사가 시동을 끄고 시동열쇠는 꽂아 둔 채로 하차한 동안 조수가 이를 운전하다가 사고를 낸 경우에 시동열쇠를 그대로 꽂아 둔 행위와 본건 상해의 결과발생 사이에는 특별한 사정이 없는 한 인과관계가 인정되지 않는다(대법원 1971. 9. 28, 71도1082)

③ 강간으로 인한 수치심과 장래에 대한 절망감으로 피해자가 음독자살한 경우 인과관계가 인정되지 않는다(대법원 1982. 11. 23, 82도1446).

④ 뒤쫓아 오던 차의 충돌로 앞차를 들이받아 앞차의 승객에게 상해를 입힌 경우 인과관계가 인정되지 않는다(대법원 1983. 8. 23, 82도3222).

제3절 주관적 구성요건

I. 의의

1. 의의

행위자의 정신적·심리적 측면에 속하는 상황을 **주관적 구성요건요소**라고 한다. 형법 제13조에서는 「죄의 성립요소인 사실을 인식하지 못한 행위는 벌하지 아니한다. 단 법률에 특별한 규정이 있는 경우에는 예외로 한다」고 하고 있다. 주관적 불법요소 내지 주관적 구성요건요소(목적범에 있어서 목적)가 존재한다는 점에 이론이 없지만, 고의를 주관적 구성요건요소라고 할 수 있느냐와 관련하여 그 범위가 문제되고 있다. 이는 고의의 체계적 지위에 관한 문제이기도 하다.

2. 고의의 체계적 지위

객관적 구성요건요소의 범위에 관하여는 별다른 문제가 없지만 어떤 요소가 주관적 구성요건요소(행위자의 정신적·심리적 측면, 관념세계에 속하는 상황)인가에 대하여 견해가 반드시 일치하는 것은 아니다. 목적범의 목적이 그 대표적인 예라고 할 수 있겠으나, 고의를 주관적 구성요건요소라고 할 수 있느냐가 고의의 체계적 지위에 관한 문제이다.

(1) 책임요소설

인과적 행위론에서는 고의는 모든 책임요소 혹은 책임형식에 지나지 않는다. 여기에서의 고의는 위법성인식을 포함하는 개념이다.

(2) 구성요건요소설

목적적 행위론에서는 고의는 객관적 구성요건을 실현하기 위한 목적성으로서 행위의 중추를 형성하고 인격적 행위불법의 핵심을 이루므로 주관적 구성요건요소가 된다. 여기서의 고의는 구성요건요소, 위법성인식은 책임요소가 된다. **사회적 행위론**은 행위를 의사에 의하여 지배되는 법적·사회적 의미통일체라고 이해하는 때에도 고의는 주관적 구성요건요소가 된다(행위의사와 행위불법은 서로 분리될 수 없는 것이므로, 구성요건적 고의와의 연관을 떠나서는 고의행위의 불법내용이 확정될 수 없고 행위의 본래 의미도 상실되지 않을 수 없다).

(3) 고의의 이중기능

고의는 '주관적 구성요건요소'와 '책임조건'으로서의 이중의 기능을 가진다. 형법이 고의범을 과실범보다 무겁게 벌하는 것은 고의와 과실의 행위불법이 다를 뿐만 아니라 책임에도 차이가 있음을 의미하여서 고의와 과실은 상이한 행위형태를 의미함과 동시에 두 개의 상이한 책임형태라는 이중의 기능을 한다. 고의는 구성요건의 단계에서는 행위의사에 의하여 객관적 구성요건요소를 실현하였는가를 문제로 한다. 그러나 책임조건으로는 왜 그러한 실현의사에 이르게 되었으며, 그러한 행위자의 의사결정이 법적으로 비난받을 수 있는 심정에 기인한 것이 아닌가를 문제로 하는 것이다.

II. 고의의 본질

1. 의사설과 인식설

고의의 본질에 관하여 고의를 '구성요건을 실현하려고 하는 의사'라고 이해하는 **의사설**과 '구성요건의 내용에 대한 인식 또는 표상'만 있으면 고의를 인정하는 **인식설**이 대립하고 있으나, 인식설을 철저히 할 때에는 인식있는 과실은 모두 고의에 포함되어 고의의 범위가 확대되고, 한편 의사설에 의하면 미필적 고의를 설명할 수 없게 된다. 따라서 고의는 불법을 형성하는 요소를 인식할 것을 요하는 지적 요소와 구성요건적 불법을 실현하는 의사결정인 의지적 요소의 통합이라고 하여야 한다. 이런 의미에서 고의를 「**객관적 행위상황을 인식하고 구성요건을 실현하려는 의사**」라고 정의할 수 있다.

2. 사전고의와 사후고의(고의의 존재시기)

구성요건적 고의는 행위시, 즉 구성요건을 실행할 때에 있음을 요한다. 따라서 행위자가 행위 이전에 실현의사를 가지고 있었으나 행위시에는 인식하지 못한 사전고의나 구성요건적 결과발생 이후에 비로소 사실에 대한 인식을 갖게 된 사후고의는 고의가 아니다.

Ⅲ. 고의의 지적 요소

1. 사실의 인식(기술적 요소)

(1) 구성요건적 사실의 인식

고의는 모든 객관적 구성요건요소에 대한 인식을 필요로 한다. 따라서 행위자에게는 행위의 주체, 행위의 객체, 구성요건적 결과 및 행위의 태양에 대한 인식은 물론 가중적 · 감경적 구성요건요소에 대한 인식이 있어야 한다. 그러나 단순한 처벌조건 또는 소추조건에 대한 인식이나 위법성에 대한 인식은 고의의 내용이 되지 않는다.

(2) 인과관계의 인식

결과의 발생을 구성요건의 내용으로 하는 실질범에 있어서는 인과관계의 인식도 고의의 내용이 된다. 다만 이러한 인과관계는 대체적으로 그 본질적인 점을 인식하는 것으로 족하다.

2. 의미의 인식(규범적 요소)

규범적 구성요건에 있어서 고의는 사실을 인식하는 것으로 족하지 아니하고 규범적 구성요건요소에 포섭되어 있는 사실의 본질적 의미내용을 인식할 것을 요한다. 예컨대, 절도죄(제329조)에 있어서의 「재물의 타인성」의 의미가 여기에 해당한다. 이러한 의미의 인식은 기술적 구성요건요소에서도 요구된다. 그러나 의미의 인식은 정확한 법적 평가를 요구하는 것이 아니라 '문외한으로서의 소박한 가치평가'로 충분하다.

Ⅳ. 고의의 종류

1. 확정적 고의

구성요건적 결과의 실현을 행위자가 인식하였거나 확실히 예견한 때를 말하며, **직접적 고의**라고도 한다. 예컨대, 사람이 현존하는 건조물에 불을 놓아 그 안에 있던 사람이 소사할 것을 확실히 예견한 때를 들 수 있다.

2. 불확정적 고의

구성요건적 결과에 대한 인식 또는 예견이 불명확한 경우를 말하며, 이에는 미필적 고의·택일적 고의 및 개괄적 고의가 포함된다.

(1) 미필적 고의

1) 의의

미필적 고의(dolus eventualis)는 불확정적 고의 가운데 특히 결과의 발생 자체가 불확실한 경우로서 행위자가 구성요건적 결과의 발생을 확실하게 인식한 것이 아니라 그 가능성을 예견하고 행위한 경우로서 '**조건부고의**'이다. 예컨대, 을은 갑을 살해할 의사로 그가 마실 음료수에 치사량의 독약을 혼입하면서 만일 갑이 아니라 그의 가족이 그것을 마시게 되더라도 할 수 없다고 생각하고 있었는데, 실제로 갑의 부친인 병이 그것을 마시고 사망한 경우 을은 미필적 고의에 의한 살인죄의 기수책임을 지게 되는 것이다.

대륙법계의 미필적 고의는 독일형법학의 소산이고, 영미법상 그 동일한 용어를 찾을 수는 없으나 예컨대, 미국의 모범형법전(Model Penal Code)의 'reckless killing'(M.P.C. Section 210.2 (1) (b)은 '의도적이고 알면서 살해하는 것(purposeful knowing killing)'에 해당하는 것과 유사하게 취급하고 있어 이는 살인의 미필적 고의에 해당한다고 할 수 있다.

■ 모범형법전(Model Penal Code)

미국형법의 법원은 보통법(普通法)과 성문법(成文法)으로 구성되어 있다. 전통적으로 범죄의 성립요건, 종류 및 조각사유 등 형법의 기본체계는 보통법에 의하여 형성되어 왔다. 최근에 형법을 성문법으로 규정하는 것이 보편화되고 있다. 그러나 미국의 성문형법(Criminal Code)은 대륙법계의 형법과 같이 정교하고 체계적이지 못하다. 따라서 이러한 성문법의 해석 또는 흠결규정의 보완은 대부분 보통법에 의존하고 있다. 형법을 성문법으로 규정하는 경우 연방형법은 연방범죄에만 적용되며, 주형법(州刑法)은 주범죄에만 적용되는 것이 원칙이다. 미국 법학원은 1962년 이 제정위원회에서 마련한 모범형법전(Model Penal Code)을 채택하였다. 총론과 각론으로 이루어진 이 모범형법전은 미국 성문형법의 발전에 지대한 영향을 끼쳤다. 그리고 연방범죄는 연방법전(U. S. C)의 각 해당부분에 산재되어 있어 별도의 연방형법전은 존재하지 않는다.

참고문헌 : 사법연수원, 미국형사법, 2006, 36면.

인식있는 과실이란 구성요건이 실현될 수 있음은 인식하였으나 주의의무에 위반하여 그것이 실현되지 않을 것으로 신뢰한 것이다. 미필적 고의에 관하여도 고의의 지적 요소로서 구성요건적 결과발생의 가능성, 즉 구성요건 실현의 구체적 위험성을 인식하여야 한다. 행위자가 행위시에 그 결과가 발생할 수 없다고 믿은 때에는 미필적 고의도 있을 수 없으나 이러한 지적 요소에 있어서는 미필적 고의와 인식있는 과실 사이에는 아무런 차이가 없다. 그래서 미필적 고의를 인정하기 위하여 이러한 지적 요소 이외에 다른 요소가 필요하다고 하지 않을 수 없으며, 그것이 어떠한 요소인가에 대하여 견해가 대립한다. 형법상 고의와 과실의 체계는 분리되어 있다. 고의형식에 있어서도 의도적 법익침해를 단지 가능할지도 모른다고 생각한 경우(미필적 고의) 사이에 존재하는 광범위한 차등은 책임의 척도로 고려될 수 있으나 형법이론상에서는 중한 고의와 경한 과실의 양 형식이 존재하여 특히 미필적 고의와 인식있는 과실 사이에서 두드러지게 나타난다(김용욱, 고의와 과실의 한계, 배제대 사회과학연구 제2집, 1998.2, 44면).

> 담임교사가 학교방침에 따라 학생들에게 교실청소를 시켜왔고 유리창을 청소할 때는 교실안쪽에서 닦을 수 있는 유리창만 닦도록 지시했는데 유독 피해자만이 수업시간이 끝나자마자 베란다로 넘어갔다가 밑으로 떨어져 사망했다면 담임교사에게 그 사고에 대한 어떤 형사상의 과실책임을 물을 수 없다(대법원 1989. 3. 28, 89도108).

2) 학설대립

① 개연성설

미필적 고의란 행위자가 결과발생의 개연성(Wahrscheinlichkeit)을 인식한 때를 말하고, 인식있는 과실이란 단순한 가능성을 인식한 때를 말한다. 이에 대하여 개연성과 가능성을 구별할 수 있는 명백한 기준이 없고, 고의의 지적 요소로는 결과발생의 가능성을 인식하면 족하다 할 것임에도 미필적 고의에 대하여만 개연성을 인정해야 한다는 것은 부당하다.

② 가능성설

미필적 고의는 구성요건적 결과발생의 가능성(Möglichkeit)을 인식한 때를 말하며 고의의 본질에 관하여 인식설에 근거하여 위험의 고의에 불과하다는 것이다. 미필적 고의와 인식있는 과실은 결과발생의 가능성을 인식했는가에 따라 구별된다. 이에 의하면 고의의 의지적 요소를 무시하는 점에서 출발하여 인식있는 과실을 모두 미필적 고의에 포함시키게 되어 인식있는 과실의 개념을 부정하게 된다.

③ 용인설(인용)설

미필적 고의란 행위자가 구성요건적 결과발생을 가능하다고 생각하고 이를 승인 혹은 내적으로 용인(容認)하거나 양해한 때로서 고의의 의지적 요소에 중점을 두어 결과용인한 때에는 결과의욕으로 본다. 인식있는 과실이란 법익침해를 내적으로 거부하거나 결과불발생을 희망한 때이다.

용인(Billingung)이란 결과를 목표로 의욕한 것은 아니지만 행위의 부수결과로 동의한 것으로 함께 의욕하고 시인한 것이다. 결과가 발생해도 좋다는 내용의 결과에 대한 '정서적·심정적 요소'도 포함한다. 이에 대하여 용인과 의사가 일치한다고 할 수 없으므로 용인설이 의사설과 태도를 같이 한다고도 볼 수 없고, 고의의 내용에 용인이라는 감정적 요소를 포함시키는 것은 고의의 구성요건요소로 파악하는 것과 불일치하고 고의를 책임요소로 파악한 결과이다. 이 설은 **통설**과 **판례**의 태도이다.

④ 무관심설

미필적 고의란 행위자가 가능한 부수결과를 적극적으로 좋아하거나 무관심하게 받아들인 때로서 결과발생에 대한 무관심한(Gleichgültig) 심정반가치가 있어야 미필적 고의를 인정할 수 있다. 인식있는 과실이란 부수결과를 원하지 않거나 발생하지 않기를 희망한 때를 말한다. 이에 대해서는 무관심도 결과에 대한 정서적 요소라는 점에서 용인과 같은 성질을 가지고 결과에 대한 무관심이 없다고 해도 고의를 인정할 수 있다는 비판이 있다.

⑤ 회피설

고의는 구성요건의 실현의사를 의미하므로 법익침해를 회피할 의사를 실현한 때에만 고의를 인정할 수 없고 인식있는 과실을 인정할 근거가 되는 회피의사(Vermeidungswille)는 행위시에 행위자가 가능한 부수결과가 발생하지 않도록 조종한 때에만 인정할 수 있다. 고의의 의지적 요소를 강조하여 행위자가 의욕하지 않은 결과를 가능하다고 생각하였음에도 불구하고 결과방지를 위한 조종적 의사(회피의사)가 반대행위에 의하여 표현되지 않은 때에는 미필적 고의를 인정할 수 있다. 이에 대하여 결과회피행위는 행위자의 의사에 대한 징표는 될 수 있어도 그 한계기준은 될 수 없다는 비판이 있다.

⑥ 결단설(위험설)

미필적 고의는 가능한 법익침해에 대한 결단(Entscheidung)이나 행위로 인하여 결과를 야기할 수 있다는 자신의 능력에 대한 평가가 있을 때 행위자가 구성요건실현의 가능성을 묵인하면서 행위를 결단하였을 것을 요한다. 이에 대하여 결단을 단순히 행위한다는 의미라면 가능성설과 동일하여 감수로는 부족한 의지를 요구한 때에는 고의를 인정하는 범위가 지나치게 좁다는 비판이 있다.

⑦ 감수설(위험설)

미필적 고의란 결과발생의 가능성을 인식하면서 구성요건 실현의 위험을 감수(Abfindung)한 때이고, 인식있는 과실이란 결과가 발생하지 않는다고 신뢰한 때를 말한다. '감수의사'란 행위목표를 달성하기 위하여 구성요건의 실현을 묵인하고 행위시의 불명확상태를 견디기로 결의함을 의미한다. 결과발생의 가능성을 인식하고 행위하였다는 행위자의 결단에 미필적 고의의 의지적 요소를 인정한다.

3) 결어

미필적 고의도 고의의 본질(구성요건실현의 인식과 의사)과 관련하여 개념지워야 한다. 결과의 인식은 결과발생을 확실히 인식할 것을 요하는 것이 아니라 그 가능성을 인식하는 것으로 족하다(개연성설 비판). 주관적 불법요소인 고의에 있어서는 결과의 실현의사만 문제되며 심정적 · 정서적 요소는 불포함되므로 행위자가 결과발생은 용인하였는가는 책임요소로서의 의미를 가지는 것에 불과(용인설에 대한 비판)하다. 결과적으로 행위자가 법익침해의 위험성, 즉 구성요건적 결과발생의 가능성을 인식하고 이를 진지하게 고려(지적 요소)하면서 구성요건실현의 위험을 감수한 경우(의지적 요소)는 미필적 고의를 인정할 수 있다. 그리고 행위자가 구성요건적 결과발생을 회피할 수 있다고 신뢰한 경우에는 인식있는 과실이 된다.

1. 미필적 고의라 함은 결과발생이 불확실한 경우, 즉 행위자에게 결과발생에 대한 확실한 예견은 없으나 가능성을 인식한 경우이다. 미필적 고의가 인정되려면 결과발생가능성에 대한 인식은 물론, 결과발생을 용인하는 내심의 의사가 있어야 한다

(대법원 1987. 2. 10, 86도2338 ; 대법원 1985. 6. 25, 85도660).

2. 형법상 범의가 있다 함은 자기가 의도한 행위에 의해 범죄사실이 발생할 것을 인식하면서 그 행위를 감행하거나 하려고 하면 충분하고, 결과발생을 희망할 필요가 없다(대법원1987. 10. 13, 87도1240 ; 대법원 1956. 11. 30, 4289형상217)

3. 다수인이 현존하는 건조물에 방화를 하면 인명피해가 있을지도 모른다는 것은 당연히 예견되므로, 인명피해결과에 대한 미필적 고의가 있다고 할 것이다(대법원 1983. 3. 8, 82도3248).

4. 상해죄는 결과범이므로 그 성립에는 상해의 원인인 폭행에 관한 인식만으로 족하고, 상해를 가할 의사의 존재는 필요없다(대법원 1983. 3. 22, 83도231).

5. 우발적 고의로써 사람을 살해해도 살인죄가 성립한다(대법원 1986. 12. 9, 86도2044 ; 대법원 1988. 1. 31, 67도1459).

6. 살인죄에서 범의는 자기행위로 인하여 타인의 사망결과를 발생시킬 만한 가능성 또는 위험이 있음을 인식 또는 예견하면 족하다. 여기에는 사망의 결과발생을 희망할 것은 필요하지 않으며, 그 인식 또는 예견이 불확정적이더라도 미필적 고의는 있다고 할 것이다(대법원 1988. 6. 14, 88도692 ; 동 1988. 2. 9, 87도2564).

7. 피해자를 강간한 후 피해자가 울면서 자신의 장래를 책임지라고 이를 추궁하자 피고인이 피해자를 타이르던 중 피해자가 계속 반항하므로 순간적으로 그녀를 살해할 것을 결의하고 양손으로 피해자의 목을 졸라 그 자리에서 질식 사망케 한 것이라면 피해자에게는 당시 살인의 확정적 범의가 있었음이 분명하여 결과적 가중범의 범의를 논할 여지가 없다(대법원 1986. 11. 11, 86도1989).

8. 살인죄에 있어 범의는 자기의 행위로 인하여 타인의 사망의 결과를 발생시킬만한 가능 또는 위험이 있음을 인식 또는 예견하면 족한 것이고 사망의 결과발생 또는 희망할 것은 필요치 않으며, 그 인식 또는 예견은 불확정적인 것이라도 소위 미필적 고의가 있다고 보아야 할 것이다(대법원 1986. 6. 14, 88도692).

9. 부동산 매도인인 피고인이 당초계약의 내용에 없는 새로운 요구조건을 내세우는 매수인에게 계약을 이행할 의사가 없는 것으로 판단한 것이 무리가 아니라고 보이므로 계약이 적법하게 해체되었는지 여부에 관계없이 매매목적부동산에 관하여 제3자 앞으로 가등기를 경료한 피고인에게 배임의 범의가 없다(대법원 1992. 10. 13, 92도1046).

10. 형법 제13조 단서에서 말하는 특별한 규정이 있는 경우라 함은 다른 형벌법규에 의하여 처벌하는 죄의 성립에 고의를 요하지 아니한다는 명문의 규정이 있거나,

그 법률규정 중에 그러한 취지를 명백하게 알 수 있는 경우를 의미하므로, 이와 같은 특별한 규정이 있는 경우에 해당하는 것으로 인정되지 아니하는 근로기준법 제107조에 의하여 처벌되는 같은 법 제27조 제1항 위반죄에 있어서는 일반형벌의 원칙에 따라 고의를 필요로 한다(대법원 1994. 5. 27, 93도3377).

11. 업무상 배임죄의 고의는 그 행위자에게 본인의 이익을 위한다는 의사도 있는 경우에는 주된 의사가 어느 것인가를 판별하여 본인의 이익을 위한다는 의사는 부수적일 뿐이고 이득 또는 가액의 의사가 주된 것임이 판명되면 본죄의 고의가 있었다고 보아야 한다(대법원 1988. 11. 22, 88도1523).

12. 살인죄의 범의는 자기의 행위로 인하여 피해자가 사망할 수도 있다는 사실을 인식・예견하는 것으로 족하지 피해자의 사망을 희망하거나 목적으로 할 필요는 없고, 또 확정적인 고의가 아닌 미필적 고의로도 족하다(대법원 1994. 3. 22, 93도3612).

13. 형법 제13조 단서에서 말하는 특별한 규정이 있는 경우라 함은 다른 형벌법규에 의하여 처벌하는 죄의 성립에 고의를 요하지 아니한다는 명문의 규정이 있거나 그 법률규정 중에 그러한 취지를 명백하게 알 수 있는 경우를 의미하므로, 위와 같은 특별한 규정이 있는 경우에 해당하는 것으로 인정되지 아니하는 노동기준법 제107조에 의하여 처벌되는 같은 법 제27조 제1항 위반죄에 있어서는 일반형벌의 원칙에 따라 고의를 필요로 한다(대법원 1994. 5. 27, 93도3377).

1. 고의의 체계적 지위에 대하여 설명하시오.

2. 미필적 고의와 인식있는 과실의 차이점에 대하여 설명하시오.

1. 구성요건적 고의에 대한 설명으로 틀린 것은?

① 인용설에 따르면 고의란 구성요건에 해당하는 객관적 요소에 해당하는 사실을 인식하고 구성요건의 실현을 의욕 내지 인용하는 것을 말한다.
② 사회적 행위론자들은 고의의 2중적 기능을 인정하여 고의를 구성요건요소인 동시에 책임요소라고 한다.
③ 고의의 성립에는 가감적(加減的) 구성요건 요소의 인식을 요한다.
④ 미필적 고의의 경우에도 구성요건의 지적 요소와 의지적 요소의 양 측면이 강하게 요구된다.

〈해설〉 ④ 미필적 고의에 있어서는 고의의 의지적 측면이 약화된다.

2. 갑남은 산에서 토끼를 쏘려고 총을 겨누었을 때 부근에 사람이 있는 것을 발견하고 사람이 맞을 수도 있다고 생각한 경우 사람이 맞아 죽은 경우 그 죄책은?(통설과 판례에 의함)

① 미필적 고의에 의한 살인죄
② 인식있는 과실에 의한 과실치사죄
③ 미필적 고의에 의한 과실치사죄
④ 인식있는 과실에 의한 살인죄

〈해설〉 ① 맞아도 별 수 없다고 생각하고 총을 발사해 사람이 맞아 죽은 경우에는 미필적 고의를 인정하고 설마 맞지 않겠지 하고 총을 발사해 사람이 맞아 죽은 경우에는 인식있는 과실을 인정하게 된다.

제4절 구성요건의 착오

I. 착오의 일반이론

착오란 구성요건적 고의와 구성요건적 사실이 일치하지 않은 경우를 말한다. **적극적 착오**란 현실적으로 존재하지 않은 사실을 존재한다고 생각하는 경우(예컨대, 환각범·불능범 혹은 미수범)이고, **소극적 착오**란 존재하는 사실을 존재하지 않는다고 하는 경우를 말한다. 여기에서는 소극적 착오로서의 관념과 사실의 불일치만을 문제로 한다. 형법상 착오는 두 가지 유형을 두고 있는데 **구성요건의 착오**(**사실의 착오**)란 객관적 구성요건요소의 존재에 대한 착오이고, **위법성의 착오**(**금지의 착오 또는 법률의 착오**)란 행위자가 인식한 사실이 법적으로 금지되어 있느냐에 대한 착오이다.

II. 구성요건의 착오의 내용

1. 의의와 유형

(1) 의의

행위자가 행위시에 법적 구성요건에 속한 상황을 인식하지 못한 것이고 고의에 있어서와 마찬가지로 구성요건에 포함된 법적 개념이나 규범적 구성요소를 포함한 모든 객관적 구성요건의 착오이어서 행위자가 규범적 구성요건요소의 의미를 문외한으로서의 소박한 가치평가의 정도로 이해하지 못한 때를 의미한다. 형법 제15조 제1항에서는 「특별히 중한 죄가 되는 사실을 인식하지 못한 행위는 중한 죄로 벌하지 아니한다」고 규정을 두고 있다.

(2) 유형

1) **기본적 구성요건의 착오**는 그를 고의범으로 처벌할 수 없으나 다만 그 착오가 회피가능하고 이에 대한 과실범의 구성요건이 있는 때에는 과실범으로 처벌할 수 있다.

2) **가중적 구성요건의 착오**는 기본적 구성요건에 의한 처벌이 가능할 뿐이다. 예컨대, 보통살인(제250조 제1항)의 고의로 존속살해죄(제250조 제2항)를 범한 때에는 보통살인죄가 성립한다.

3) **감경적 구성요건의 착오**는 감경적 구성요건에 의하여 벌할 수 있을 뿐이다. 예컨대, 촉탁살인(제252조 제1항)의 고의로 보통살인죄(제250조 제1항)를 범한 때에는 촉탁살인죄의 죄책을 진다.

2. 구성요건의 착오의 중요성(사실의 착오에 대한 한계)

인식과 사실이 일치하지 않는 경우에는 언제나 고의가 조각된다고 한다면 고의를 인정할 수 있는 경우는 거의 없게 된다. 여기서 구성요건의 착오에 관하여 인식과 사실이 어느 정도 부합하여야 하느냐의 문제이다. 형법 제15조 제1항은 이에 대한 규정을 두고 있지 않으므로 이론에 의하여 해결한다.

〔예시〕

구체적 사실의 착오	객체의 착오	갑인줄 알고 죽였으나 실은 을을 살해한 경우
	방법의 착오	갑을 죽이려고 총을 쏘았으나 빗나가 을이 맞아 죽은 경우
추상적 사실의 착오	객체의 착오	갑인줄 알고 죽였으나 실은 갑의 개를 죽인 경우
	방법의 착오	갑을 죽이려고 총을 쏘았으나 빗나가 갑의 개에 명중한 경우

Ⅲ. 구성요건의 착오의 한계

1. 견해의 대립

(1) 구체적 부합설

행위자의 인식과 발생한 사실이 구체적으로 부합하는 경우에 한하여 발생한 사실에 대한 고의를 인정한다.

1) 구체적 사실의 착오

객체의 착오는 고의범의 기수로 처벌하고, 방법의 착오의 경우에는 인식과 사실에 대한 미수범과 발생한 사실의 과실범의 상상적 경합을 인정한다(예컨대, A는 B를 쏘려 하였으나 빗나가 C가 맞아 사망한 경우 B에 대한 살인미수죄와 C에 대한 과실치사죄가 성립한다).

예제 … 갑은 을을 살해할 목적으로 총을 발사하였는데, 이를 제지하려고 을 앞으로 뛰어들던 갑의 아들 병이 그 총에 맞고 사망하는 불상사를 당한 경우 구체적 부합설에 의한다면 갑의 죄책은?

이 경우 구체적 사실의 착오 중 방법의 착오에 해당하므로 인식과 사실이 구체적으로 부합하지 않았으므로 인식한 사실에 대한 미수와 발생한 사실에 대한 과실범의 상상적 경합이 성립된다.

2) 추상적 사실의 착오

법정적 부합설과 동일하다. 이에 대해서는 고의의 기수책임은 인정하는 범위가 협소하고 사람을 살해함에도 살인미수라고 하는 것은 일반인의 법감정에 반한다는 비판이 제기된다.

(2) 추상적 부합설

행위자에게 범죄를 범할 의사가 있고 그 의사에 기하여 범죄가 발생한 이상 인식과 사실이 추상적으로 일치하는 한도에서 고의범의 기수로 처벌해야 하고, 다만 형법 제15조 제1항에 의하여 인식한 사실이 발생한 사실보다 경한 때에는 중한 죄의 고의범의 기수로 논하지 못한다.

1) 구체적 사실의 착오

법정적 부합설과 동일하다.

2) 추상적 사실의 착오

① 경한 갑죄의 고의를 인식하고 중한 을죄의 사실을 실현한다면 경한 갑죄의 기수범과 중한 을죄의 과실범의 상상적 경합을 인정한다. 예컨대, 재물손괴의 의사로 살인의 결과를 초래한 경우에는 재물손괴의 기수와 과실치사죄의 상상적 경합이 성립한다.

② 중한 갑죄의 고의 인식하고 경한 을죄의 사실을 실현한다면 중한 갑죄의 미수범과 경한 을죄의 기수범으로 상상적 경합을 인정한다(중한고의는 경한 고의를 흡수하므로 두 죄의 경합은 성립하지 않고 중한 죄로 처벌한다). 예컨대, 사람을 상해할 의사로 재물손괴하는 경우에는 상해미수와 재물손괴죄의 상상적 경합이 성립하여 상해미수죄로 처벌된다.

이에 대하여 고의는 막연한 범죄의 의사가 아니고 어디까지나 특정한 범죄에 대한 의사이므로 사실과 부합하지 않는 의사를 벌하는 것은 죄형법정주의에 반한다는 비판이 제기된다.

(3) 법정적 부합설

우리나라의 **통설**과 **판례**의 태도로서 행위자의 인식과 발생한 사실이 법정적 사실의 범위, 즉 동일한 구성요건 혹은 죄수에 속하면 고의가 성립한다.

1) 구체적 사실의 착오

추상적 부합설과 동일하다. 따라서 객체의 착오와 방법의 착오를 불문하고 인식한 사실과 발생한 사실이 동일한 구성요건에 속하므로 결과에 대한 고의의 성립이 인정된다.

2) 추상적 사실의 착오

구체적 부합설과 동일하다. 인식한 사실의 미수범과 발생한 사실의 과실범의 상상적 경합을 인정한다.

2. 구성요건의 착오의 태양

(1) 객체(목적)의 착오

행위자에게 행위의 객체(목적)의 성질, 특히 그 동일성에 관하여 착오가 있는 경우를 말한다.

1) 구체적 사실의 착오

인식한 객체와 결과가 발생한 객체가 구성요건상으로 동가치하여 학설이 일치한다. 객관적으로 발생한 결과는 행위자의 행위시의 인식과 부합하고 단순한 동기의 착오에 불과하므로 착오는 법률상 의미를 가질 수 없고 고의를 조각할 수 없다. 예컨대, 전방에 있는 사람이 갑이라고 생각하고 사살하였는데 피해자는 을이었던 경우를 들 수 있다.

2) 추상적 사실의 착오

인식한 객체와 결과가 발생한 객체가 서로 다른 구성요건에 속하는 경우를 말한다. 개라고 생각하고 사살하였는데 개가 아니라 사람이 사망한 경우를 들 수 있는데 구체적·법정적 부합설은 고의에 의한 살인죄가 성립하고 추상적 부합설은 재물손괴의 미수와 과실치사죄의 상상적 경합이 성립한다.

(2) 방법(타격)의 착오

방법의 잘못으로 행위자가 의도한 객체가 아닌 다른 객체에 결과가 발생한 경우를 말한다. 행위자가 고의가 그가 의도한 객체에 제한되어 있는 경우이다.

1) 구체적 사실의 착오

갑을 살해할 의도로 갑을 향하여 저격하였는데 갑에게 맞지 않고 그 옆에 있던 을이 맞아 사망한 경우이다. 구체적 부합설에 따르면 갑에 대한 살인미수와 을에 대한 과실치사가 성립하고 법정적·추상적 부합설은 을에 대한 살인죄가 성립한다.

2) 추상적 사실의 착오

갑을 향하여 저격하였는데 갑에게 맞지 않고 갑이 데리고 가던 개가 맞아서 죽은 경우이다. 구체적·법정적 부합설은 갑에 대한 살인미수와 을에 대한 과실손괴의 상상적 경합이 성립하고, 추상적 부합설에 따르면 갑에 대한 살인미수와 을에 대한 재물손괴가 성립한다.

(3) 인과관계의 착오

1) 인과관계의 착오의 유무

① 인과관계의 착오가 있는 경우

인과관계도 객관적 구성요건요소에 해당하므로 고의가 성립하기 위해서는 행위자가 인과관계를 인식할 것을 요한다. 현실로 진행된 인과관계가 예견된 인과의 진행과 본질적인 차이가 있을 때에 구성요건의 착오가 있다(본질적 차이가 있는 경우로서 인식한 인과관계와 현실적인 인과의 진행과의 차이가 일반적인 생활경험에 의하여 예견할 수 있는 범위를 넘어 다른 행위로 평가할 수 있을 때로서 예컨대, 갑이 을을 살해할 의도로 저격하였지만 을이 병원으로 호송되는 도중에 교통사고로 사망한 경우이다).

② 인과관계의 착오가 있지 않은 경우

이에 대하여는 갑이 살인의 고의로 을의 머리를 도끼로 때렸는데 을은 갑이 예상한 것처럼 두개골 파열로 사망하지 않고 사람의 감염으로 사망한 경우와 갑이 을을 익사시키기 위해 다리에서 을을 강으로 밀어 떨어뜨렸는데 을은 익사하지 않고 교각에 머리로 부딪쳐서 사망한 경우는 본질적인 차이가 아니다. 인과관계의 착오의 문제는 결과의 객관적 귀속이 인정된 이후에 검토되는 것으로 결과의 객관적 귀속이 부인될 때에는 객관적 구성요건 자체가 충족되지 못하므로 인과관계의 착오를 문제삼지 못한다.

2) 개괄적 고의의 문제

인과관계의 특수한 경우로서 **개괄적 고의**(dolus generalis)를 들 수 있다. 행위자는 의욕한 결과가 제1행위에 의하여 달성된 것으로 믿었으나 사실은 그 행위를 은폐하기 위한 제2행위에 의하여 결과가 발생한 경우가 문제될 수 있는데, 제2행위에 의해 발생한 결과를 제1행위의 고의에 귀속시켜 고의범으로 인정하기 위한 개념으로 베버(v. Weber)가 처음 사용하였다. 위의 개괄적 고의에 대하여는 학설이 대립한다. 제1설은 두 개의 행위를 하나의 행위로 보아 전체행위를 지배하는 개괄적 고의라는 개념을 인정하여 살인의 고의를 인정한다. 이에 대하여는 예컨대, 살인과 사체유기를 포괄하는 하나의 고의를 인정하는 것은 고의의 법치국가적 한계를 벗어나는 것이다. 제2설은 제1행위와 제2의 행위는 서로 다른 고의로 행하여진 것이며 사체유기의 고의를 살인의 고의라고 할 수 없으므로 이런 의미에서 개괄적 고의라는 개념을 인정할 수 없으나 인과관계의 착오는 본질적인 것이 아니므로 고의의 성립에 영향이 없다. 판례에 나타난 유사한 사례로서 '피고인의 구타행위로 상해를 입은 피해자가 정신을 잃고 빈사상태에 빠지자 사망한 것으로 오인하고, 자신의 행위를 은폐하고 피해자가 자살한 것처럼 가장하기 위하여 피해자를 베란다 아래의 바닥으로 떨어뜨려 사망케 하였다면, 피고인의 행위는 포괄하여 단일의 상해치사죄에 해당한다'고 하고 있다(대법원 1994.11.4, 94도2361). 이에 대하여 판례의 태도는 구타행위와 추락시킨 행위를 두개로 구분하지 않고 하나의 행위로 파악하는 것으로 보이나, 이는 개괄적 과실 혹은 개괄적 고의를 인정하는 것으로 해석할 여지도 있다는 견해도 있다(오영근, 로스쿨 형법, 박영사, 2009, 54면).

1. 이른바 타격의 착오가 있는 경우에도 살인의 고의는 성립한다(대법원 1984. 1. 24, 83도2813).
2. 형벌법규의 부지는 범의를 조각하지 않아서 범죄성립에 영향을 미치지 않는다(대법원 1984. 2. 14, 83도3206).
3. 소위 타격의 착오가 있는 경우라 할지라도 행위자의 살인의 범의 성립에 방해가

되지 아니한다(대법원 1984. 1. 24, 83도281).

4. 양손을 뒤로 결박당하고 양발목마저 결박당한 피해자의 양쪽 팔, 머리, 다리, 머리 등을 밀어누름으로써 피해자의 얼굴을 욕조의 물속으로 강제로 찍어누르는 가혹행위를 반복할 때에 욕조의 구조나 신체구조상 피해자의 목부분이 욕조의 턱에 눌릴 수 있고, 더구나 물속으로 들어가지 않으려고 반사적으로 반항하는 피해자의 행동을 제압하기 위하여 강하게 피해자의 머리를 잡아 물속으로 누르게 될 경우에는 위 욕조의 턱에 피해자의 목 부분이 눌려 질식현상 등의 치명적인 결과를 가져올 수 있다는 것은 우리의 경험측상 예견할 수 있다(대법원 1988. 2. 22, 87도2358).

1. 인과관계의 착오에 대하여 설명하시오.

2. 개괄적 고의의 개념에 대하여 설명하시오.

1. 갑은 을을 살해하기 위하여 총을 발사하였는데 빗나가서 을의 옆에 있던 병에게 명중되어 사망하였다. 갑의 죄책은?(통설과 판례에 의함)

① 병에 대한 살인기수
② 을에 대한 살인미수, 병에 대한 과실치사
③ 을에 대한 살인미수
④ 병에 대한 과실치사

〈해설〉 ① 위 문제는 구체적 사실의 착오 중 방법의 착오에 해당한다. 통설과 판례인 법정적 부합설에 따르면 발생사실에 대한 고의 기수책임을 지므로 병에 대한 살인기수책임을 지게 된다.

2. A는 B를 쏘려 하였으나 빗나가 C가 맞아 사망하였다. 구체적 부합설에 의하면 어떠한가?

① C에 대한 살인기수
② B에 대한 살인기수
③ B에 대한 살인미수와 C에 대한 과실치사
④ B에 대한 살인미수와 C에 대한 살인기수

〈해설〉 ③ 본 사례는 구체적 부합설에 따른 방법의 착오를 묻고 있다. 따라서 인식사실에 대한 미수와 발생사실에 대한 과실의 상상적 경합을 인정한다.

〔표〕 구성요건적 착오에 관한 학설

<table>
<tr><th colspan="2">구분</th><th>객체의 착오</th><th>방법의 착오</th></tr>
<tr><td rowspan="2">구체적부합설</td><td>구체적 사실의 착오</td><td>발생사실에 대한 고의・기수</td><td>인식사실에 대한 미수와 발생사실에 대한 과실의 상상적 경합</td></tr>
<tr><td>추상적 사실의 착오</td><td colspan="2">인식사실에 대한 미수와 발생사실에 대한 과실의 상상적 경합</td></tr>
<tr><td rowspan="2">법정적부합설</td><td>구체적 사실의 착오</td><td colspan="2">발생사실에 대한 고의・기수</td></tr>
<tr><td>추상적 사실의 착오</td><td colspan="2">인식사실에 대한 미수와 발생사실에 대한 과실의 상상적 경합</td></tr>
<tr><td rowspan="2">추상적부합설</td><td>구체적 사실의 착오</td><td colspan="2">발생사실에 대한 고의・기수</td></tr>
<tr><td>추상적 사실의 착오</td><td colspan="2">・경한 인식으로 중한 결과 발생의 경우 ⇒ 인식사실에 대한 고의・기수와 발생사실에 대한 과실의 상상적 경합
・중한 인식으로 경한 결과 발생의 경우 ⇒ 인식사실에 대한 미수와 발생사실에 대한 고의・기수의 상상적 경합</td></tr>
</table>

제3장 위법성

제1절 위법성의 이론

I. 위법성의 의의

1. 위법성과 불법

구성요건에 해당하는 행위는 전체 법률질서의 가치평가에 의하여 실질적 불법요소가 확정되어야 한다. 이러한 위법성의 문제는 구성요건에 해당하는 행위의 위법성이 위법성조각사유에 의하여 조각되는가라는 소극적인 의미를 가질 뿐이다. 위법성과 불법은 통상 동의어로 사용되고 있지만 양자는 서로 다른 의미를 가지고 있다. **위법성**은 규범과 행위의 충돌을 의미함에 반하여, **불법**은 행위에 의하여 실현되고 법에 의하여 부정적으로 평가된 반가치 자체를 의미한다. 즉 불법은 구성요건에 해당하고 위법한 행위 자체를 의미하고 이는 불법성의 차등화가 가능하나, 위법성은 구성요건에 해당하는 행위가 법질서에 반하는 것을 의미한다.

2. 구성요건해당성 및 책임과의 관계

(1) 위법성과 구성요건해당성

구성요건에 해당하는 행위는 원칙적으로 위법성이 인정되지만, 개별적인 경우에 구성요건의 기초가 되고 있는 금지 또는 요구규범과 허용규범의 충돌에 의하여 위법성이 조각될 수 있다.

(2) 위법성과 책임

위법성은 행위자가 무엇을 의욕하고 실현하였는가를 문제로 하는 일반적 · 객관적 판단임에 반하여, 책임은 행위의사가 어떤 방법으로 이루어져 형성되었으며, 또 이를 비난할 수 있는가를 문제로 하는 주관적 판단이다. 그러나 위법성의 객관적 성질은 그 평가방법에 있어서의 객관성을 의미할 뿐이며, 객관적 요소만 위법성 판단의 대상이 된다는 것을 뜻하지는 않는다. 위법성과 책임을 구별하는 실익은 위법한 행위에 있어서 위법성은 객관적 가치판단이기 때문에 그 행위의 공범에게도 위법한 것이 되나, 책임은 주관적 가치판단이기 때문에 책임의 유무는 공범관계에 영향을 미치지 아니한다. 위법성이 조각되는 행위에 대하여는 정당방위는 있을 수 없으나, 책임이 조각되는 행위에 대하여는 정당방위가 가능하다는 점에 있다.

II. 위법성의 본질과 평가방법

1. 위법성의 본질

(1) 내용

형식적 위법성론은 위법성의 본질이 법규범에 규정된 작위 또는 부작위 의무의 침해에 있다고 보는 견해이다. 그러나 이 견해는 위법성의 내용을 밝히고 있지 않아 공허하다는 비판을 받는다. **실질적 위법성론**은 위법성이 행위와 규범 사이의 단순한 관계에 그치는 것이 아니라, 내용적 의미를 가지고 있다고 보는 견해이다. 이에는 다시 실질적 위법성의 내용을 무엇으로 이해하느냐에 따라 권리침해설(Feuerbach), 법익침해설(Liszt), 문화규범위반설(M.E.Mayer) 등이 대립하고 있으며, 우리나라의 **통설**은 실질적 위법성은 바로 사회상규에 반하는 것을 의미한다고 한다.

(2) 비판

우리나라의 학설은 구별의 실익을 인정하는 견해와 부정하는 견해로 나뉘어져 있다. 그러나 양설은 소위 초법규적 위법성조각사유를 인정할 수 있느냐는 점에서 차이가 있으나, 형식적 위법성론에 의한다고 하여 위법성조각사유가 반드시 법률에 규정된 위법성조각사유에 제한되는 것은 아니며, 실질적 위법성론으로 위법성을 법률 외적 기준에 의하여 결정할 것을 요구하는 것은 아니다. 또한 실질적 위법성의 내용에 관한 학설은 위법성과 불법을 혼동한 데에서 기인한 것이어서 양자의 대립은 무의미하며, 논쟁의 실익도 없는 문제에 불과하다고 볼 수 있다.

2. 위법성의 평가방법

(1) 내용

위법성의 평가방법에 관하여는 위법성은 바로 '객관적인 평가규범으로서의 법규범에 대한 위반'이라고 하는 **객관적 위법성론**(위법성의 판단표준 : 일반인)과, 위법성을 '의사결정규범으로서의 법규범에 위반'하는 것으로 이해하는 **주관적 위법성론**(위법성의 판단표준 : 행위자 개인)이 대립하고 있다. 전자에 의하면 비록 책임무능력자의 행위일지라도 객관적인 법질서에 위반하는 행위이면 위법성이 인정되나, 후자에 의하면 책임능력 있는 자만이 규범의 수명자가 되므로 책임무능력자의 행위는 위법한 것이 될 수 없게 된다.

(2) 비판

형법은 근본적으로 평가규범(일정한 행위가 가치에 반하고 위법하다는 것을 전제)이며 의사결정규범(일반국민에게 형벌이 무의미하다고 평가한 불법을 결의하여서는 안된다는 의무)은 이로부터 파생하는 성질에 불과하다. 따라서 규범명령과 내용적으로 관련을 가지는 모든 사람이 규범의 수명자가 될 수 있고, 그의 연령 · 정신상태 · 인식능력은 여기서 고려되지 않는다. 이러한 의미에서 정신병자나 형사미성년자도 위법하게 행위할 수 있다고 하는 객관적 위법성론이 타당하다.

3. 결과반가치와 행위반가치

(1) 의의

결과반가치론이 불법의 실체가 '법익의 침해 또는 그 위험'에 있다는 근대 형법의 전통적인 입장을 의미함에 반하여, **행위반가치론**은 불법개념의 핵심은 결과가 아니라 '행위에 대한 부정적 가치판단'에 있다는 견해를 말한다. 주관적 · 객관적 구성요건요소는 구성요건을 사실적 · 정태적으로 분석한 것이고, 이것을 구성요건해당성의 판단에서 규범적 · 정태적으로 파악한 것이 행위반가치 · 결과반가치의 측면이다.

체계적 지위에 대하여는 제1설은 결과반가치와 행위반가치를 실질적 위법성과 관련하여 위법성의 실체에 관한 문제로 이해하는 견해이고, 제2설은 결과반가치와 행위반가치를 불법의 본질에 관한 문제로 이해하는 견해이다. 후설이 **통설**의 견해이다.

(2) 내용

1) 결과반가치의 내용

보호법익에 대한 침해(보호법익에 대한 직접적인 가치상실)와 위험(보호법익에 대한 침해의 발생이 가능한 상태)이다.

2) 행위반가치의 내용

① 주관적 요소

불법요소임과 동시에 책임요소인 고의, 객관적 주의의무위반제한으로서 과실범에 있어서 과실, 법익침해를 향한 행위자의 행위의사를 명백히 하고, 구성요소에 포함된 외적행위에 내적반가치를 연결하는 기능인 목적 혹은 경향과 같은 주관적 불법요소를 들 수 있다.

② 객관적 요소

(i) 행위자

행위자가 의무를 객관적 요소에 의하여 일정한 범위의 사람에게 제한되는데 예컨대, 행위의 주체를 결정하는 객관적 행위자요소로서는 부진정부작위범에 있어서 보증인, 배임죄에 있어서 타인의 사무처리자, 뇌물죄에 있어서 공무원을 들 수 있다.

(ii) 행위의 태양

범죄의 가벌성을 결정한다. 예컨대, 특수폭행죄에 있어서 위험한 물건을 휴대하여 폭행한 때, 사기죄에 있어서 기망행위에 의하여 상대방을 착오에 빠뜨리고 재물을 교부받을 것을 들 수 있다.

Ⅲ. 위법성조각사유

위법성조각사유란 어떤 행위가 구성요건에 해당하나 특별한 사정에 의해 위법성을 배제시켜 주는 사유(즉, 정당화사유)를 말한다. 구성요건해당성은 위법성의 징표로서의 기능을 가지고 있으므로 구성요건에 해당하는 행위는 원칙적으로 위법하다. 그러나 일반적인 금지규범이나 명령규범은 구체적인 경우의 대립규범으로서 허용규범을 내포하고 있으며(위법성조각사유), 구성요건과 위법성조각사유는 **원칙**과 **예외**

의 관계에 있다. 형법은 정당방위(제21조), 긴급피난(제22조), 자구행위(제23조), 피해자의 승낙(제24조) 및 정당행위(제20조) 등 여러 가지 위법성조각사유를 규정하고 있다. 이러한 모든 위법성조각사유를 통일된 일반원리에 의하여 설명할 수 있으며, 또 그 원리가 무엇인가에 대해 일원론(목적설, 이익형량설)과 다원론이 대립한다. 위법성조각사유에 해당하기 위해서는 위법성조각사유의 객관적 요건이 존재하는 것으로 족하지 않고 정당화상황을 인식하고 이에 기하여 행위하였을 것을 요한다고 해석한다. 정당방위, 긴급피난 및 자구행위에 있어서 방위의사, 긴급피난 또는 자구의사와 피해자의 승낙이 있었다는 사실을 인식하는 것이다. 위법성조각사유를 인정하기 위한 주관적 측면이다.

Ⅳ. 주관적 정당화요소

주관적 정당화요소는 위법성조각사유를 인정하기 위한 주관적 측면을 말한다. 주관적 정당화요소는 정당방위에 있어서 '방위의사', 긴급피난에 있어서 '피난의사', 자구행위에 있어서 '자구의사', 피해자의 승낙에 있어서 '승낙이 있었다는 사실을 인식'함을 의미한다.

우리나라의 **통설**과 **판례**의 태도(대법원 1980.5.20, 80도306 ; 1986.9.23, 86도157 ; 1993.8.24, 92도1329)는 위법성조각사유에 있어서도 주관적 정당화요소가 필요하다고 하고 있다.

1. 다음 위법성과 불법에 대한 설명으로 틀린 내용은?

① 불법은 위법하다고 평가된 행위 자체라고 한다.
② 위법성의 실질에 대한 고찰은 바로 불법개념에 대한 고찰을 의미하고 위법성의 실질에 대한 견해의 차이는 없다.
③ 위법성은 질과 양의 측면에서 더 위법하거나 덜 위법한다든가 하는 상대적 판단이 존재할 수 없다.
④ 위법성은 위법하다 또는 위법하지 않다라고 하는 단일하고도 동일한 유무의 판단만이 가능하다.

〈해설〉 ② 위법성의 실질에 대해서는 위법성의 평가기준을 어디에 둘 것인가에 따라 형식적 위법성론과 실질적 위법성론으로 나뉘고, 위법성의 평가방법에 따라 주관적 위법성론과 객관적 위법성론으로 나뉜다.

2. 정신병자의 경우에도 위법성이 있다는 학설은?

① 형식적 위법성론 ② 실질적 위법성론
③ 주관적 위법성론 ④ 객관적 위법성론

〈해설〉 ④ 책임무능력자의 행위일지라도 객관적인 법질서에 위반하는 행위이면 위법성이 인정된다.

제2절 정당행위

법령에 의한 행위 또는 업무로 인한 행위 기타 사회상규에 위배되지 아니하는 행위는 벌하지 아니한다(제20조).

I. 정당행위의 의의와 성질

사회상규에 위배되지 아니하여 국가적·사회적으로 정당시되는 행위를 말한다. **「사회상규**(社會常規)」는 국가질서의 존엄성을 기초로 한 국민일반의 건전한 도의감이다.

형법 제20조는 사회상규에 위배되지 아니한다고 하여 초법규적 위법성조각사유를 일반적 위법성조각사유로 형법에 규정한 점에 그 의의가 있다. 즉 형법 제21조 내지 제24조에 규정되지 아니한 행위도 사회상규에 반하지 아니하는 정당행위는 위법성이 조각되며, 이로 인하여 초법규적 위법성조각사유는 형법상의 위법성조각사유가 된다(**다수설**).

II. 법령에 의한 행위

법령의 근거에 의하여 권리 또는 의무로서 행하여지는 행위이다. 법령에 의한 행위는 이로 인하여 타인의 법익을 침해하여 구성요건에 해당하는 때에도 위법성이 조각되나 법령에 의한 행위라 할지라도 사회상규에 비추어 권리의 남용이라고 볼 수 있을 때에는 위법성이 조각되지 아니한다.

1. 공무원의 직무집행행위

(1) 법령에 의한 직무집행행위

공무원의 직무집행행위가 구성요건에 해당하는 때에 위법성이 조각되기 위해서는 그 행위가 근거로 한 법령에 규정되어 있는 요건이 충족되지 않으면 않된다. 그 행위가 공무원의 직무범위 안에 속하고 정규의 절차에 따라 행하여질 것을 요한다. 공무집행행위로 인한 개인의 법익의 침해가 그 필요성과 상당성에 의하여 제한되어야 한다는 것은 법치국가원리의 당연한 요구이다.

(2) 상관의 명령에 의한 행위

위법성을 조각하기 위해서는 명령 자체가 적법할 것을 요한다. 상관의 위법한 명령에 의한 부하의 행위는 위법성을 조각하지 아니하고, 다만 절대적 구속력을 가진 명령의 경우에는 책임이 조각될 수 있을 뿐이다.

> 상관의 적법한 직무상 명령에 따른 행위는 정당행위로서 형법 제20조에 의하여 그 위법성이 조각된다고 할 것이나, 상관의 위법한 명령에 따라 범죄행위를 한 경우에는 상관의 명령에 따랐다고 하여 부하가 한 범죄행위의 위법성이 조각될 수는 없다(대법원 1997. 4. 17, 96도3376)

2. 징계행위

친권자는 그 자를 보호 혹은 교양하기 위하여 필요한 징계를 할 수 있다(민법 제915조). 학교장이 교육상 필요할 때에 행할 수 있는 징계(교육법 제76조 1항), 소년원장이 수용된 소년의 규율위반시에 행할 수 있는 징계(소년원법 제15조)가 있다. 징계권자의 징계행위는 정당행위로서 위법성이 조각되나, 징계권의 행사는 사회상규에 위배되지 않는 범위에서만 허용된다. 징계권의 행사가 위법성을 조각하기 위해서는 그것이 객관적으로 충분한 징계사유가 있는 때에 교육목적을 달성하기 위하여 필요하고 적절한 정도에 그쳐야 하며, 주관적으로는 교육의 의사에 의하여 지배된 것이다. 이와 같은 경우에 친권자, 교사의 징계행위로서의 체벌이 허용된다.

4세인 아들이 대소변을 가리지 못한다고 닭장에 가두고 전신을 구타한 것은 친권자의 징계권행사에 해당한다고 볼 수 없다(대법원 1969. 2. 4, 68도1793).

부하를 훈계하기 위한 것이라 하여도 폭행행위가 훈계권의 범위를 넘었다고 보여지고 그로 인하여 상해를 입은 이상 그 행위를 사회상규에 위배되지 아니한 행위로서 위법성이 조각된다고 할 수 없다(대법원 1984. 6. 26, 84도603)

3. 사인의 현행범인의 체포

형사소송법 제212조「현행범인은 누구든지 영장없이 체포할 수 있다」라고 규정하고 있다. 이는 법령에 의한 행위로서 위법성이 조각되며, 국가가 사인에게 형사소추를 가능하게 하는 공적인 기능을 위임한 것이다. 현행범인의 체포로 인하여 위법성이 조각되는 것은 직접 체포에 필요한 행위, 즉 협박·체포 혹은 도주의 저지 등에 제한된다. 예컨대, A는 자신의 차를 손괴하고 도망하려는 B를 도망하지 못하게 멱살을 잡고 흔들어 B에게 전치 2주의 흉부찰과상을 가한 경우 A는 정당행위에 해당한다(대법원 1999.1.26, 98도3029).

4. 노동쟁의행위

헌법 제33조는 노동자의 자주적인 단결권·단체교섭권 및 단체행동권을 보장하고 있다. 법에 의하여 허용된 쟁의행위는 위법성이 조각되나, 근로자의 노동조직을 개선함으로서 그 경제적·사회적 지위를 향상시키기 위한 경우에만 인정된다.

근로자의 쟁의행위가 형법상 정당행위가 되기 위하여는 첫째 그 주체가 단체교섭의 주체로 될 수 있는 자이어야 하고, 둘째 그 목적이 근로조건의 향상을 위한 노사간의 자치적 교섭을 조성하는 데에 있어야 하며, 셋째 사용자가 근로자의 근로조건 개선에 관한 구체적인 요구에 대하여 단체교섭을 거부하였을 때 개시하되 특별한 사정이 없는 한 조합원의 찬성결정 및 노동쟁의 발생신고 등 절차를 거쳐야 하는 한편, 넷째 그 수단과 방법이 사용자의 재산권과 조화를 이루어야 함은 물론 폭력의 행사에 해당되지 아니하여야 한다는 여러 조건을 모두 구비하여야 한다(대법원 2000. 5. 12, 92도1855).

5. 기타 법령에 의한 행위

모자보건법(제14조)에 의한 임신중절수술, 승마투표권(마사회법 제38조)과 법률상 인정된 복표의 발매행위, 정신병자의 감호 행위 등을 들 수 있다.

Ⅲ. 업무로 인한 행위

「업무」란 사람이 사회생활상의 지위에 의하여 계속·반복의 의사로 행하는 사무를 말한다. 이러한 업무에 의한 행위가 법령에 규정되어 있는 때에는 법령에 의한 행위로 위법성이 조각되는 것이지만, 가사 법령에 규정이 없는 경우에도 업무의 내용이 사회윤리상 정당하다고 인정되는 때에는 위법성이 조각된다.

1. 의사의 치료행위

그것으로 인하여 환자의 신체를 상하게 하는 경우에는 상해죄의 구성요건에는 해당하나 정당행위로서 위법성을 조각한다. 「치료행위」는 주관적으로 치료의 목적을 가지고 객관적으로 의술의 법칙에 맞추어 행하여지는 신체상해행위를 말한다. 의사의 치료행위가 위법성을 조각함에 대한 다음과 검토를 할 수 있다.

(1) 환자의 신체를 의사의 업무행위의 객체로 취급함에 그치고 환자의 의사는 문제삼지 아니하므로 신체에 대한 자기결정권을 침해하는 결과이나 의사라고 하여 환자의 의사에 반한 치료를 강요할 수는 없으므로 이러한 상해죄는 성립하지 않는다고 할지라도 강요죄 혹은 감금죄의 성립을 부정할 수는 없다.

(2) 상해죄의 구성요건에 해당한다는 것을 전제로 한다. 성공한 치료행위는 환자의 승낙 유무나 의술에 적합하였느냐를 불문하고 상해죄의 객관적 구성요건을 결한다. 실패한 치료행위는 결과불법을 부정할 수는 없으나 의사에게 치료의 의사가 있고 의술의 법칙에 적합한 때에는 행위불법을 결하게 된다. 의술의 법칙에 반하고 실패된 치료행위는 상해죄 혹은 과실상해죄의 구성요건해당성과 위법성을 조각할 수 없다.

(3) 의사의 치료행위는 구성요건해당성의 문제이며, 업무로 인한 행위로 위법성이 조각되는 것은 아니다. 의사가 인공분만기인 샥손을 사용하면 통상 약간의 상해 정도가 있을 수 있으므로 그 상해가 있다 하여 샥손을 거칠고 험하게 사용한 결과라고는 보기 어려워 의사의 정당업무의 범위를 넘은 위법행위라고 할 수 없다(대법원 1978.11.14, 78도2388). 피고인이 태반의 일부를 떼어낸 행위는 그 의도, 수단, 절단부위 및 그 정도 등에 비추어 볼 때 의사로서의 정상적인 진찰행위의 일환이라고 볼 수 있으므로 형법 제20조 소정의 정당행위에 해당한다(대법원 1976.6.8, 76도144)

2. 안락사

안락사(Euthanasie, Sterbehilfe)란 불치에 걸린 말기환자의 고통을 덜어주기 위하여 환자의 생명을 단축시켜 사망하게 하는 것을 말한다. 원래 안락사는 아름다운 죽음을 뜻하는 그리스어인 euthanas에서 유래하는 말로서 선량하고 사랑스럽고 고통없는 죽음을 의미하던 것이었다. 이에 대한 법적으로 어떻게 해결해야 하는가가 문제된다. 생명을 단축시키지 않고 고통을 제거하는 안락사(**진정안락사**)는 의사의 의무에 일치한다고 할 것이므로 살인죄의 구성요건에 해당할 수 없어 허용되나, 문제는 생명을 단축시키는 안락사가 허용될 것인가에 대하여 **통설**은 그 동기와 고의의 내용이 선한 목적을 달성하기 위하여 행해진 때에는 위법성을 조각한다. 다만 ① 불치의 병으로 사기에 임박하고, ② 환자의 고통이 차마 볼 수 없을 정도로 극심하고, ③ 환자의 고통을 완화하기 위한 목적이 있어야 하고, ④ 본인의 진지한 촉탁 혹은 승낙이 있어야 하며, ⑤ 의사에 의하여 시행하여 그 방법이 윤리적으로 타당하다고 인정될 수 있을 것을 요한다. 위법성이 조각되는 안락사는 **소극적 안락사**(환자의 치료를 중단)와 **간접적 안락사**(생명단축이 고통제거의 부수적 결과로서 발생)에 제한된다.

3. 변호사 또는 성직자의 업무행위

변호사의 변론은 정당한 업무행위에 속하므로 변호사가 법정에서 변론의 필요상 개인의 명예를 훼손하는 사실을 적시하여도 명예훼손죄가 성립하지 않는다. 성직자가 고해성사로 범인 또는 비밀을 알고 이를 고발하지 않거나 묵비하는 것은 정당행위로서 위법성이 조각된다.

> 성직자라 하여 초법규적인 존재일 수는 없으며 성직자의 직무상 행위가 사회상규에 반하지 아니한다 하여 그에 적법성이 부여되는 것은 그것이 성직자의 행위이기 때문이 아니라 그 직무로 인한 행위에 정당·적법성이 부여되는 것은 그것이 성직자의 행위이기 때문이 아니라 그 직무로 인한 행위에 정당·적법성을 인정하기 때문인 바, 사제가 죄지은 자를 능동적으로 고발하지 않는 것에 그치지 아니하고 은신처 마련, 도피자금 제공 등 범인을 적극적으로 은닉·도피케 하는 행위는 사제의 정당한 직무에 속하는 것이라고 할 수 없다(대법원 1983.3.8, 82도3248)

Ⅳ. 사회상규에 위배되지 않는 행위

1. 사회상규의 의미

행위가 일응 범죄구성요건에 해당된다고 보이는 경우에도 그것이 극히 정상적인 생활형태의 하나로서 역사적으로 생성된 사회질서를 벗어난 것이라고 볼 수 없을 때에는 위법성이 조각되어 처벌되지 않는다. 사회상규에 위배되지 않는 행위는 초법규적인 이익교량의 원칙이나 목적·수단의 정당성에 관한 원칙 혹은 '사회적 상당성'의 원칙에 따라서 도출된 개념이다. 사회상규에 반하지 않는 정당행위라고 인정되기 위해서는 ① 행위의 동기나 목적의 정당성 ② 행위의 수단이나 방법의 상당성 ③ 보호이익과 침해이익과의 법익균형성 ④ 긴급성 ⑤ 보충성 등을 갖추었느냐를 구체적인 경우에 합목적적·합리적으로 결정한다. 이는 사회상규의 판단기준으로서의 판례의 입장이다(대법원 1983. 3. 8, 82 도3248 ; 대법원 1986. 9. 23, 86도1547 ;대법원 1986. 10. 28, 86 도1764). 사회상규를 위법성조각사유의 통일적 원리로 이해한다할지라도 그것은 너무나 포괄적이고 형식적인 개념에 불과하다는 비판이 있다. 벨첼(Welzel)의 사회적 상당성(역사적으로 형성된 사회생활의 정상적 질서가 되거나 사회적 행위자유의 범위 안에 있는 행위)의 개념과 반드시 같다고 할 수 없다.

2. 사회상규에 위배되지 않는 구체적 사례

사회상규에 위배되지 않는 행위는 모든 위법성조각사유의 근본원리이자 원천을 이룬다. 따라서 개별적 위법성조각사유(제21-24조)는 이 포괄적 위법성조각사유를 유형화한 것에 해당하고 제20조의 법령에 의한 행위와 업무로 인한 행위도 이에 대한 예시에 지나지 않는다. 어떤 법규정이 처벌대상으로 하는 행위가 사회발전에 따라 전혀 위법하지 않다고 인식되고 그 처벌이 무가치할 뿐만 아니라 사회정의에 위반된다고 생각할 정도에 이르거나, 자유민주주의 사회의 목적가치에 비추어 이를 실현하기 위해 사회적 상당성이 있는 수단으로 행하여 졌다는 평가가 가능한 경우, 예컨대, 상대방의 도발이나 폭행 혹은 강제연행 등을 피하기 위한 소극적인 저항, 법령상의 징계권이 없는 자의 징계행위도 그것이 객관적으로 징계의 범위를 벗어나지 아니하고 주관적으로 교육의 목적으로 행한 때, 자기 혹은 타인의 권리를 실행하기 위한 행위는 그 수단이 사회상규에 벗어나는 정도에 이르지 않는 경우를 들 수 있다.

이러한 경우에 대해 대법원은 사회상규에 위배되지 않는 행위라고 판시하였다.

1. 정당행위는 어떤 행위가 겉으로 범죄구성요건에 해당하는 것처럼 보이더라도 국법질서의 전체이념에 비추어 용인될 수 있는 것을 말한다. 정당한 행위로서 위법성이 조각되는 여부는 그 구체적 행위에 따라 합목적적 · 합리적으로 판단해야 한다(대법원 1983. 3. 8, 82도3248 ; 대법원 1984. 5. 22, 84도39 ; 대법원 1986. 10. 28, 86도1764).
2. 공무원이 그 직무를 수행할 때, 상관은 부하에게 범죄행위 등 위법한 행위를 하도록 명령할 권한이 없다. 부하는 직속상관의 적법한 명령에 복종할 의무는 있으나, 가혹행위와 같은 명백한 위법 · 불법명령인 때에는 직무상의 명령으로 볼 수 없으므로 복종할 의무가 없다(대법원 1988. 2. 23, 87도2358 ; 대법원 1980. 5. 20, 80도306).
3. 교사가 학생이 자신에게 욕을 한 것으로 오인하고 학생을 구타하여 상해를 입혔다면, 이는 징계권의 범위를 일탈한 폭력행위가 된다(대법원 1980. 9. 9, 80도762).
4. 상관이 부하에게 군인정신을 환기시키기 위해 한 일이라 하더라도, 부하에 대한 감금과 구태행위는 징계권 내지 훈계권의 범위를 넘어선 것이므로 위법하다(대법원 1984. 6. 12, 84도799 ; 대법원 1984. 6. 26, 84도603)
5. 저항권은 재판권행사에서 주장할 수 없으므로 무허가집회 및 시위행위를 정당행위로 볼 수 없다(대법원 1980. 8. 26, 80도1278).
6. 모체의 건강에 대한 염려, 기형아출산의 위험으로 인한 부득이한 산부인과의사의 낙태수술행위는 정당행위 내지 긴급피난을 구성한다(대법원 1976. 7. 13, 75도1205 ; 대법원 1978. 11. 14, 78도2388)
7. 사제가 범인을 고발하지 않는 것에 그치지 않고 은식처 마련, 도피자금제공 등 범인을 직접적으로 은닉 · 도피케 한 행위는 사제의 정당한 직무에 속하지 않는다(대법원 1983. 3. 8, 82도3248).
8. 형법상 처벌하지 아니하는 소위 사회상규에 반하지 아니하는 행위라 함은 행위가 법규정의 문언상 일응 범죄구성요건에 해당된다고 보이는 경우에도 그것이 극히 정상적인 생활형태의 하나로서 역사적으로 생성된 사회생활질서의 범위안에 있는

것이라고 생각되는 경우에 한하여 그 위법성이 조각되어 처벌할 수 없게 되는 것으로서, 어떤 법규정이 처벌대상으로 하는 행위가 사회발전에 따라 전혀 위법하지 않다고 인식되고 그 처벌이 무가치할 뿐만 아니라 사회정의에 위반된다고 생각될 정도에 이를 경우나, 국가법질서가 추구하는 사회의 목적 가치에 비추어 이를 실현하기 위하여서 사회의 상당성이 있는 수단으로 하여 행하여졌다는 평가가 가능한 경우에 한하여 이를 사회상규에 위배되지 아니한다고 할 것이다(대법원 1985. 6. 11, 84도1958 ; 대법원 1983. 2. 8, 82도357).

9. 교사가 국민학교 5학년생을 징계하기 위하여 양손으로 교탁을 잡게 하고 길이 50cm, 직경 3cm가량 되는 나무 지휘봉으로 엉덩이를 두 번 때리고, 학생이 아파서 무릎을 굽히며 허리를 옆으로 돌리자 다시 허리부분을 때려 6주간의 치료를 받아야 할 상해를 입힌 경우 위 징계행위는 그 방법 및 정도가 교사의 징계권행사의 허용한도를 넘어선 것으로서 정당한 행위로 볼 수 없다(대법원 1990. 10. 3, 90도1456)

10. 형법상 처벌하지 아니하는 소위 사회상규에 반하지 아니하는 행위라 함은 행위가 법규정의 문언상 일응 범죄구성요건에 해당된다고 보이는 경우에도 그것이 극히 정상적인 생활형태의 하나로서 역사적으로 생성된 사회생활질서의 범위 안에 있는 것이라고 생각되는 경우에 한하여 그 위법성이 조각되어 처벌할 수 없게 되는 것으로서, 어떤 법규정이 처벌대상으로 하는 행위가 사회발전에 따라 전혀 위법하지 않다고 인식되고 그 처벌이 무가치할 뿐 아니라 사회정의에 위반된다고 생각될 정도에 이를 경우나, 국가법질서가 추구하는 사회의 목적 가치에 비추어 이를 실현하기 위하여서 사회의 상당성이 있는 수단으로 하여 행하여졌다는 평가가 가능한 경우에 한하여 이를 사회상규 에 위배되지 아니한다고 할 것이다(대법원 1985. 6. 11, 84도1958).

11. 피고인이 피해자로부터 며칠간에 걸쳐 집요한 괴롭힘을 당해 온데다가 피해자가 피고인이 교수로 재직하고 있는 대학교의 강의실 출입구에서 피고인의 진로를 막아서 피고인을 물리적으로 저지하려 하자 극도로 흥분된 상태에서 그 행패에서 벗어나기 위하여 피해자의 팔을 뿌리쳐서 피해자가 상해를 입게 된 경우, 피고인의행위는 피해자의 부당한 행패를 저지하기 위한 본능적인 소극적 방어행위(消極的 防禦行爲)에 지나지 아니하여 사회통념상 허용될 만한 정도의 상당성이 있어 위법성이 없는 정당행위라고 봄이 상당하다(대법원 1995. 8. 22, 95도936).

12. "앞으로 수박이 없어지면 네 책임으로 한다." 고 말하였다고 하더라도 그것만으로는 구체적으로 어떠한 법익에 어떠한 해악을 가하겠다는 것인지를 알 수 없어 이를 해악의 고지라고 보기 어렵고, 가사 위와 같이 말한 것이 다소간의 해악의

고지에 해당한다고 가정하더라도, 피고인이 전마을에 거주하여 피고인과 먼 친척 간이기도 한 피해자가 피고인의 수박밭에 들어와 두리번거리는 것을 발견하자 피해자가 수박을 훔치려던 것으로 믿은 나머지 피해자를 훈계하려고 위와 같이 말하였으며 그 과정에서 폭행을 가하거나 달리 유형력을 행사한 바는 없었다면, 가사 피고인이 위와 같은 말을 하게 된 경위, 피고인과 피해자의 나이 및 신분관계 등에 비추어 볼 때 이는 정당한 훈계의 범위를 벗어나는 것이 아니어서 사회상규에 위배되지 아니하므로 위법성이 없다고 봄이 상당하고, 그 후 피해자가 스스로 음독자살하기에 이르렀다 하더라도 이는 피해자가 자신의 결백을 밝히려는 데 그 동기가 있었던 것으로 보일 뿐 그것이 피고인의 협박으로 인한 결과라고 보기도 어려우므로 그와 같은 결과의 발생만을 달리 볼 것은 아니다(대법원 1995. 9. 29, 94도2187).

13. 타인의 주거에 침입한 행위가 비록 불법선거운동을 적발하려는 목적으로 이루어진 것이라고 하더라도 타인의 주거에 도청장치를 설치하는 행위는 그 수단과 방법의 상당성을 결하는 것으로서 정당행위에 해당하지 않는다(대법원 1997.3.28, 95도2674).

14. 스스로의 감정을 이기지 못하고 야구방망이로 때릴 듯이 피해자에게 "죽여 버린다"고 말하여 협박하는 것은 그 자체로 피해자의 인격 성장에 장애를 가져올 우려가 커서 이를 교양권의 행사라고 보기도 어렵다(대법원 2002.2.8, 2001도6468).

1. 생명을 단축시키는 안락사가 허용되는가?

2. 사회상규에 위배되지 아니하는 행위의 형법적 해석을 논하라.

1. 정당행위로서 위법성이 조각되지 않는 경우는?

① 부의 처에 대한 징계행위
② 친권자의 자에 대한 징계행위
③ 소년원장의 수용소년에 대한 징계행위
④ 학교장의 학생에 대한 징계행위

〈해설〉 ①

2. 사인이 도주중인 절도범을 추적하여 체포한 행위는?

① 정당방위 ② 긴급피난
③ 자구행위 ④ 정당행위

〈해설〉 ④ 형사소송법 제212조에서는 현행범인의 경우 누구든지 영장없이 체포할 수 있으므로 사인이 현행범인을 체포하기 위하여 폭행을 가하거나 감금을 하더라도 위법성이 조각된다. 그러나 정도를 넘어 현행범인을 상해 또는 살인하거나 체포하기 위하여 타인의 주거에 침입하는 경우에는 위법성이 조각되지 않는다.

3. 다음 사회상규에 위배되지 않는 구체적 사례가 아닌 것은?

① 강제연행을 피하기 위하여 팔꿈치를 뿌리치면서 가슴을 잡고 벽에 밀어붙인 행위
② 타인의 자에 대한 징계행위
③ 피해자로부터 범인으로 오인되어 경찰에 끌려가 구타당하여 입원한 경우에 피해자에게 치료비를 요구하고 응하지 않으면 무고죄로 고소하겠다고 한 경우
④ 피해자가 환전하여 주겠다고 기망하여 약속어음을 교부받은 행위

〈해설〉 ④ (대법원 1982.9.14, 82도1679) : ① (대법원 1983.2.8, 82도357) ② (대법원 1978.12.13, 78도2617) ③ (대법원 1971.11.9, 71도1629)

제3절 정당방위

자기 또는 타인의 법익에 대한 현재의 위법한 침해를 방위하기 위한 상당한 이유가 있는 때에는 벌하지 아니한다(제21조 1항).

I. 정당방위의 의의

1. 정당방위의 개념

정당방위란 자기 또는 타인의 법익에 대한 현재의 부당한 침해를 보호하기 위한 상당한 이유가 있는 행위를 말한다(제21조 제1항). 현재의 부당한 침해를 방위하기 위한 행위로서 부정(不正) 대 정(正)이다.

2. 정당방위의 근거

(1) 자기 보호의 원리

개인의 권리라는 측면에서 타인의 위법한 침해로부터 스스로 방위하는 것은 허용한다. 따라서 위법한 침해로부터 개인의 법익을 보호하기 위하여 허용될 뿐이며, 국가적·사회적 법익을 보호하기 위한 정당방위가 허용되지 아니한다.

(2) 법수호의 원리

사회권적 측면에서 피침해자의 자기방어가 동시에 일반적인 평화질서 내지 법질서를 지키는 것이 된다는 이유 때문에 위법성조각사유로 인정된다. 최근 사회권적 측면에서 정당방위를 제한해야 한다는 것이 정당방위의 중심문제로 되고 있다.

3. 정당방위의 성질

위법성조각사유로서 정당방위에 의하여 행위한 자는 적법하게 행위하는 것이다.

II. 정당방위의 성립요건

1. 정당방위의 상황(현재의 부당한 침해)

(1) 침해

법질서에 의하여 보호되는 법익에 대한 사람에 의한 공격 혹은 그 위험을 말하고, 그 침해가 목적, 고의, 과실, 책임없는 행위에 이루어진 공격도 포함한다. 침해는 반드시 사람에 의해 행하여졌음을 요하나, 동물에 의한 침해가 사람에 의하여 사주된 때에는 정당방위가 가능하다. 침해는 작위에 의하여 이루어지는 것이 보통이지만, 부작위에 의한 침해는 부작위범의 구조에 따라 보증인지위가 인정되는 때에만 인정된다.

(2) 현재의 침해(침해의 현재성)

법익에 대한 침해가 궁박한 상태에 있거나 바로 발생하였거나 아직 계속되고 있는 것을 의미한다. 그 범위는 현재의 침해에 국한되지만 장래에 예상되는 침해에 대한 정당방위가 문제된다. 예컨대, 과거부터 침해행위가 현실에 이르기까지 이어져 오고 가해자와 피해자가 장소적으로 밀접한 관계에 있으면 현재성을 인정한다(대법원 1992. 12. 22, 92도2540).

■ 김보은 사건(대법원 1992. 12. 22, 92도2540)

[사실관계] 12살 때부터 의붓아버지에게 강간을 당한 후 계속하여 성관계를 강요받아 오다가 결국 남자친구와 함께 술에 취해 자고 있는 의붓아버지를 살해한 사건

[판결요지] 의붓아버지의 강간행위로 인하여 정조를 유린당한 후 계속적으로 성관계를 강요받아 온 피고인이 상피고인과 사전에 공모하여 범행을 준비하고 그가 제대로 반항할 수 없는 상황에서 식칼로 심장을 찔러 살해한 행위는 사회통념상 상당성을 결여하여 정당방위가 성립하지 않는다.

그리고 그 침해행위가 반드시 실행에 착수되어 미수의 단계에 이르렀음을 불요한다. 따라서 공격자가 아직 실행에 착수하지 않은 때에도 방어를 지체함으로써 방어의 기회가 어려워지는 때, 이미 형식적인 기수에 달한 후라 할지라도 법익침해가 현장에서 계속되는 상태에 있으면 정당방위가 인정된다. 예컨대, 절도의 현행범인을

추적하여 도품을 탈취하는 경우를 들 수 있다. 판단기준으로서는 객관적인 상황에 따라 현재의 침해가 있느냐의 여부에 따라 결정한다. 즉 급박한 침해가 이루어진 때를 기준으로 한다. 피고인 김보은이 약 12살 때부터 의붓아버지인 피해자의 강간행위에 의하여 정조를 유린당한 후 계속적으로 이 사건 범행무렵까지 피해자와의 성관계를 강요받아 왔고, 그 밖에 피해자로부터 행동의 자유를 간섭받아 왔으며, 또한 그러한 침해행위가 그 후에도 반복하여 계속될 염려가 있었다면, 피고인들의 이 사건 범행 당시 피고인 김보은의 신체나 자유 등에 대한 현재의 부당한 침해상태가 있었다고 볼 여지가 없는 것은 아니다(대법원 1992.12.22, 92도2540).

(3) 부당한 침해(침해의 부당성)

부당이란 위법함을 의미하는데 형법상의 불법개념뿐만 아니라 법질서 전체에 반하는 일반적인 위법개념이다. 침해가 반드시 고의 혹은 과실에 의하여 일어난 경우뿐만 아니라 단순한 결과불법도 포함한다. 부당한 침해인 이상 그것이 유책하게 이루어진 것을 요하지 않으므로 명정자·정신병자 혹은 유아의 침해에 대하여도 정당방위가 가능하다.

2. 방위행위(자기 또는 타인의 법익을 방위하기 위한 행위)

(1) 자기 또는 타인의 법익

법익의 침해는 법에 의하여 보호되는 모든 개인적 법익을 의미한다. 형법상의 법익뿐만 아니라 형법상의 구성요건에 해당하지 않는 법익(가족관계·애정관계)을 방위하기 위한 정당방위도 가능하다. 긴급구조(타인의 법익을 방어하기 위한 정당방위도 가능)도 가능하다. 타인이 보는 자리에서 자식으로부터 인륜상 용납할 수 없는 폭언과 함께 폭행을 가하려는 피해자를 1회 구타한 것이 지면에 넘어져서 머리 부분에 상처를 입은 결과로 사망에 이르렀다 하여도 이는 아버지의 신체와 신분에 대한 현재의 부당한 침해를 방위하기 위한 행위로서 아버지로서는 아들에게 일격을 가하지 아니할 수 없는 상당한 이유가 있는 경우에 해당하다(대법원 1974.5.14. 73도2401).

국가 또는 사회적 법익도 여기의 법익에 포함될 수 있으냐에 대해 원칙적으로 정당방위에 의하여 보호될 수 없으나, 국가의 존재에 관한 명백하고 중대한 위협에 직면하여 국가가 그 기관에 의하여 스스로 보호조치를 취할 수 있는 여유가 없는 예외적인 경우에는 국가적 법익도 정당방위에 의하여 방어할 수 있다.

(2) 방위하기 위한 행위

방어행위에는 주관적 정당화요소인 방위의사가 있어야 한다. **방위의사**란 부당한 침해를 인식하고 이를 배제할 의사이다. 그것이 방위행위의 동기가 되거나 유일한 요소가 될 것을 불요한다. 타인의 법익을 방위하기 위하여 정당방위를 하는 때에는 그 타인의 의사는 문제로 되지 못한다. **방위행위**란 현재의 부당한 침해 그 자체를 배제하기 위한 반격행위를 말한다. 방위행위에는 보호방위(침해에 대한 순수한 방어적 방위)와 공격방위(반대공격에 의한 방위)가 포함된다.

문제는 싸움의 경우 통상 어느 한쪽을 위법한 침해행위라 할 수 없고 서로 공격(침해)의사가 있으므로 정당방위의 성립을 부정(대법원1993.8.24, 92도1329 ; 대법원 1984.5.22, 83도3020 ; 대법원 1986.12.23, 86도1491)하고 있으나, 갑자기 예상 이외의 과도한 공격수단으로 나오거나(대법원 1968.5.7, 68도370) 단지 소극적 방어에 그친 경우(대법원 1989.10.10, 89도623), 싸움의 중지의사를 가지고 있으나 상대방의 일방적인 공격행위로 나온 경우(대법원 1957.3.8, 4290형상18)나 생명의 위험을 느낄 정도의 급박한 경우에는 정당방위의 성립을 인정한다.

예제 술에 만취한 B가 누나인 C녀와 말다툼을 하다가 C녀의 머리채를 잡고 때리자 C녀의 남편 A는 이를 목격하고 화가 나서 B와 싸우게 되었는데, 그 과정에서 몸무게가 100kg 이상이나 되는 B가 50kg의 A를 침대위에 넘어뜨리고 A의 가슴위에 올라타 목부분을 누르자 호흡이 곤란하게 된 A가 안간힘을 쓰면서 허둥대가가 그 곳 침대 위에 놓여있던 B의 다리를 찔러 상해를 가한 경우 A의 죄책은 상해죄로 처벌된다.

- 가해자의 행위가 피해자의 부당한 공격을 방위하기 위한 것이라기 보다는 서로 공격할 의사로 싸우다가 먼저 공격을 받고 이에 대항하여 가해하게 된 것이라고 봄이 상당한 경우, 그 가해행위는 방어행위인 동시에 공격행위의 성격을 가지므로 정당방위 또는 과잉방위행위라고 볼 수 없다(대법원 2000.3.28, 2000도228).

3. 상당한 이유

침해에 대한 방위가 사회상규에 비추어 상당한 정도를 넘지 아니하고 당연시되는 것이다. **방위의 필요성**(Erfordelichkeit)는 침해의 즉각적인 배제가 확실히 기대되고 위험의 제거가 보장되는 때라고 할 수 있다. 방위행위가 공격자에게 상대적으로 경미한 피해를 입히고, 방어를 위한 적합한 수단일 경우에 한하고 상당한 이유가 있느냐에 대한 판단은 객관적으로 판단한다. 예컨대, 강제키스에 대한 혀 절단사건은 정당방위인가 아니면 과잉방위인가의 문제는 혀를 끊어버림으로서 불구의 몸이 되는 것과 같은 방위행위는 상당성의 정도를 지나친 과잉방위라고 할 수 있으나(부산지법 1965.1.12, 64고6813), 강제키스로부터 여자의 정조와 신체의 안전을 지키려고 혀를 깨물어 절단하는 것은 신체에 대한 현재의 부당한 침해에서 벗어나려고 한 정당방위행위로서 위법성이 조각된다(대법원 1989.8.8, 89도358).

예제 ··· A녀는 남편 B에 대한 이혼소송을 제기하고 별거중이었는데, 남편의 변태적 성행위를 강요하자 이에 격분하여 침대 밑에 숨겨둔 칼을 꺼내 들고 상해의 의사로 남편의 복부를 힘껏 찔러 사망케 한 경우 A녀의 죄책은 상해치사죄에 해당한다.

- 본 사안에서는 당해행위가 방위행위로서의 한도를 넘어선 것으로 사회통념상 용인될 수 없다는 이유로 정당방위나 과잉방위에 해당하지 않는다(대법원 2001.5.15, 2001도1089).

Ⅲ. 정당방위의 제한

1. 의의

개인의 권리를 보호할 뿐만 아니라 전체로서의 법질서를 수호하기 위한 것이므로 구체적인 경우 이러한 기초가 타당하다고 볼 수 없을 때에 정당방위 제한이 문제됨에 따라 정당방위의 기능에 대한 논쟁은 형법학에 있어서 중요한 문제점으로 재연된다. 정당방위의 역사는 사회윤리적 근거에 입각한 정당방위제한의 역사라고 할 수 있을 정도로 정당방위이론에서 중요한 의미를 갖는다.

2. 제한되는 유형

(1) 책임없는 자(정신병자, 어린아이, 술이 만취된 자 등)의 침해에 대한 방위

유아, 정신병자, 명정자 혹은 금지의 착오에 의하여 행위한 자의 공격에 대하여는 정당방위가 전면적으로 금지되거나, 공격을 회피할 수 없는 때에만 정당방위를 허용하여 정당방위가 제한된다. 책임없는 자의 공격은 침해 혹은 부당한 침해에 해당하지 않는다고 해석할 때에는 정당방위가 허용되지 않으나, 제한의 근거를 정당방위의 기본원리에 있다고 보는 이상 책임없는 자의 침해에 있어서 법수호의 이익이 현저히 약화되어 침해된 법익을 피할 수 없는 때에는 허용된다.

(2) 보증관계(부부나 부자관계 등)에 있는 자의 침해에 대한 방위

부부와 부자관계와 같은 긴밀한 인적 관계에 있는 사람 사이에서도 정당방위의 성립이 제한된다. 다만 이 경우 생명을 침해하는 방위행위는 최후의 수단으로서만 허용된다. 정당방위를 제한하는 인적 관계는 부진정부작위범의 보증인지위와 같은 긴밀한 가족관계에서만 인정된다. 예컨대, 부부 사이에 술취한 남편의 폭행을 막기 위하여 우산으로 남편을 찔러 살해한 처를 들 수 있다.

(3) 극히 경미한 침해에 대한 방위

이는 경미한 법익을 방위하기 위하여 보다 높은 가치의 법익을 침해한 때를 들 수 있다. 침해가 경미한 때에는 법수호의 이익이 감소될 수 있고, 구체적인 법익침해의 정도를 무시하는 것은 형사정책상으로도 타당할 수 없으므로 정당방위는 제한하나 제한되는 경우에도 법익 사이에 현저한 불균형이 있는 경우, 즉 불균형이 심하고 참을 수 없을 정도로 특별하고 극단적인 경우 등이다.

(4) 목적에 의해 도발된 침해

정당방위상황을 이용하여 공격자를 침해할 목적으로 공격을 유발한 경우를 말하는데 이 경우 정당방위가 성립할 수 없다고 하나(**통설**), 그 근거에 대해서는 견해가 일치하지 않는다. 그 근거로 침해가 없거나 또는 방위의사를 인정할 수 없다고 하는 견해도 있으나, 정당방위의 기본사상으로서의 법수호의 관점에서 해결해야 한다. 즉 행위자에 의하여 야기된 상황 때문에 법질서를 방위해야 할 필요성이 없으므로 정당방위가 인정되지 않는다. 예컨대, 상대방을 살해할 목적으로 상대방으로 하여금 자기를 공격하게 한 후 방위행위를 이용하여 상대방을 살해한 경우에 정당방위는 부정되고 제한적으로 인정된다.

(5) 책임에 의한 도발

침해에 대하여 방위자에게 책임있는 경우에도 원칙적으로 정당방위는 인정되나 다만 공격을 회피할 수 없거나 다른 방법에 의하여는 방어할 수 없는 경우에 제한된다. 책임있는 도발이라 하기 위하여 도발행위가 어떤 성질을 가져야 하는가에 대하여 위법하거나 사회윤리적으로 정당화되지 않는 행위일 것을 요한다. 침해를 유발할 행위는 이로 인한 침해를 예견할 수 있는 것임을 요한다. 예컨대, 정사현장을 목격한 남편이 칼로 찌르려 하자 정부가 다급한 나머지 그를 타살한 경우를 들 수 있다.

Ⅳ. 과잉방위와 오상방위

1. 과잉방위

제21조〔과잉방위〕 ② 방위행위가 그 정도를 초과한 때에는 정황에 의하여 그 형을 감경 또는 면제할 수 있다.

③ 전항의 경우에 그 행위가 야간 기타 불안스러운 상태 하에서 공포, 경악, 흥분 또는 당황으로 인한 때에는 벌하지 아니한다.

방위행위가 상당성의 정도를 넘는 때로서 정당방위에 있어서 상당한 이유는 객관적 기준에 의하여 결정되는 것이므로 상당성의 초과를 인식하였는가의 여부는 문제되지 않는다. 예컨대, 자기 재물을 절취하는 자를 권총으로 사살한 경우를 들 수 있다.

위법성조각감소설, 책임조각감소설이 대립하나, 과잉방위는 정당방위의 적법성의 한계를 넘어선 것이므로 불법이 감소한다는 것은 논리적으로 문제가 있으며 또한 공범관계에서 구체적 타당성 있는 결론 도출을 위해서 통설에 따라 후자의 입장을 취한다.

피고인이 길이 26센티미터의 과도로 복부와 같은 인체의 중요한 부분을 3,4회나 찔러 피해자에게 상해를 입힌 행위는 비록 그와 같은 행위가 피해자의 구타행위에 기인한 것이라 하여도 정당방위나 과잉방위에 해당한다고 볼 수 없다(대법원 1989.12.12, 89도2049).

2. 오상방위

객관적으로 정당방위의 요건이 구비되지 않았음에도 불구하고 이것이 있는 것으로 오신하고 방위에 나간 경우를 말하는데 정당방위상황에 관하여 착오가 있는 경우를 말한다. 오상방위에 대하여도 제21조 제3항이 적용되는가에 대하여 형법이 과잉방위의 경우에만 이를 규정하고 있는 취지에 비추어 오상방위의 경우에는 적용되지 않는다. 예컨대, A와 B가 다투던 중에 A가 B를 칼로 살해하려는 것을 C는 B가

A를 죽이려는 것으로 오인하고 방위하기 위하여 권총으로 B를 살해한 경우를 들 수 있다.

정당방위가 아니므로 위법성은 조각되지 않으나 이는 위법성조각사유의 전제사실에 착오가 있는 경우에 해당하므로 그 처벌문제는 이러한 착오를 어떻게 평가할 것인가에 따라 결과가 달라진다. 제한적 책임설에 따르면 고의를 조각하는 것은 아니지만 법적 효과에 있어서는 구성요건의 착오와 같이 취급해야 할 것이다(위법성조각사유의 전제사실에 대한 착오 부분 참조할 것).

3. 오상 과잉방위

현재의 부당한 침해가 없음에도 불구하고 존재한다고 오인하고 상당성을 넘는 방위행위를 한 경우로서 오상방위와 과잉방위가 결합한 경우를 의미한다. 이에 대한 법적 성질로서는 정당방위 상황이 존재하지 않는 경우라는 오상방위설과 과잉에 고의가 있는 경우에는 과잉방위로, 과실있는 경우에는 오상방위라는 견해가 대립한다. 오상과잉방위의 경우에 제21조 제2항, 제3항을 적용할 것인가에 대하여 동항을 과잉방위에 대하여만 적용하도록 규정하고 있는 형법의 규정에 비추어 이를 다시 적용하지 않는다.

1. 침해행위에 의해 침해되는 법익의 종류 · 정도 · 침해방법 · 침해행위의 완급과 방위행위에 의해 침해될 법익의 종류 · 정도 등 일체의 구체적 사정을 참작하여 방위행위가 사회적으로 상당한 것으로 인정되어야 한다(대법원 1984. 6. 12, 84도683 ; 대법원 1986. 3. 15, 66도63).

2. 교통사고의 위험에 처한 아버지를 위해 운전자에게 상해를 입힌 아들의 행위는 정당방위가 성립한다(대법원 1986. 10. 14, 86도1091).

3. 피고인이 피해자를 살해하려고 먼저 가격한 이상, 피해자의 반격이 있었다고 하여 피해자를 살해한 피고인의 행위는 정당방위에 해당되지 않는다(대법원 1983. 9. 13, 83도1467).

4. 피해자의 침해행위에 대해 자기의 권리침해에 대해 자기의 권리방위를 위해 부득이한 것도 아니고, 그 침해행위에서 벗어난 후에 분풀이할 목적에서 나온 공격행위는 정당방위가 될 수 없다(대법원 1986. 2. 11, 85도2642).

5. 정당방위에서 방위의사는 행위자의 주관을 표준으로 하는 동시에 객관적으로 사회통념에 비추어 방위의사를 추정할 수 있는 경우라야 한다. 또 방위행위는 사회통념상 침해를 방위하는 데 필요한 행위로 인정될 만한 정도여야 한다(대법원 1955. 8. 5, 4288형상124).

6. 야간에 여러 사람으로부터 집단적으로 구타를 당할 때, 이를 방위하기 위해 식도로 자상을 입힌 경우는 불가벌의 과잉방위가 성립한다(대법원 1959. 10. 30, 4296형상396).

7. 과잉방위에 해당하더라도 그 행위가 야간에 술에 취한 피해자의 불의의 행태와 폭행으로 인한 불안한 상태에서 공포, 경악, 흥분 또는 당황에 기인한 것이라면 무죄이다(대법원 1974. 2. 26, 73도2380).

8. 정당방위가 성립하려면 침해행위에 의하여 침해되는 법익의 종류, 정도, 침해의 방법, 침해행위의 완급과 방위행위에 의하여 침해될 법익의 종류, 정도 등 일체의 구체적 사정들을 참작하여 방위행위가 사회적으로 상당한 것이어야 하고, 정당방위의 성립요건으로서의 방위행위에는 순수한 수비적 방어뿐 아니라 적극적 반격을 포함하는 반격방위의 형태도 포함되나, 그 방어행위는 자기 또는 타인의 법익침해를 방어하기 위한 행위로서 상당한 이유가 있어야 한다(대법원 1992. 12. 22, 92도2540).

9. 피해자가 피고인 운전의 차량 앞에 뛰어 들어 함부로 타려고 하고 이에 항의하는 피고인의 바지춤을 잡아 당겨 찢고 피고인을 끌고 가려다가 넘어지자, 피고인이 피해자의 양 손목을 경찰관이 도착할 때까지 약 3분간 잡아 누른 경우, 정당방위에 해당한다(대법원 1989.6.11, 99도943).

10. 갑과 을이 공동으로 인적이 드문 심야에 혼자 귀가중인 병녀에게 뒤에서 느닷없이 달려들어 양팔을 붙잡고 어두운 골목길로 끌고 들어가 담벽에 쓰러뜨린 후 갑이 음부를 만지며 반항하는 병녀의 옆구리를 무릎으로 차고 억지로 키스를 함으로 병녀가 정조와 신체를 지키려는 일념에서 엉겁결에 갑의 혀를 깨물어 설절단상을 입혔다면 병녀의 범행은 자기의 신체에서 대한 현재의 부당한 침해에서 벗어나려고 한 행위로서 그 행위에 이르게 된 경위와 그 목적 및 수단, 행위자의 의사 등 제반사정에 비추어 위법성이 결여된 행위이다(대법원 1989.8.8, 89도358).

1. 싸움의 경우에 정당방위의 성립을 인정하는가?

2. 강제키스에 대한 혀 절단사건은 정당방위인가?

1. 절도의 현행범을 추적하여 장물을 탈환하는 행위는?(통설에 따른다)

① 정당방위 ② 자구행위
③ 긴급피난 ④ 정당행위

〈해설〉 ① 통설에 따르면 절도라는 침해행위는 기수에 달하였지만 법익침해가 현장에서 계속되고 있는 상태이므로 아직 절취행위는 종료되지 아니한 것으로 보아 현재의 침해에 대한 정당방위가 성립한다고 한다.

2. 싸움의 경우에 정당방위의 성립이 인정되는 경우?(판례에 따른다)

① 방위행위와 침해행위가 교차하는 경우
② 서로 방위의사가 아니라 공격의사를 가지고 있는 경우
③ 서로 침해를 유발하고 있는 경우
④ 싸움 도중 상대방이 예상 이외의 과도한 공격수단으로 나온 경우

〈해설〉④ (대법원 1968.5.7, 68도370) : ① (대법원 1993.8.24, 92도1329) ② (대법원 1984.5.22, 83도3020) ③ (대법원 1986.12.23, 86도 1491)

3. 다음 정당방위가 인정되는 사례는?

① 술에 만취한 남편의 구타를 막기 위하여 우산으로 남편을 찔러 죽인 처의 행위

② 부부싸움 중 처가 재떨이를 던지려 하자 남편이 칼로 찔러 처를 살해한 경우
③ 정사현장을 목격한 남편이 칼로 찌르려 하자 정부가 다급한 나머지 그를 타살한 경우
④ 부부싸움으로 격분한 아내가 유방을 싸매고 유아에게 젖을 주지 않아 아사직전에 있는 경우에 강제로 아내의 유방을 노출시켜 젖을 먹인 경우

〈해설〉 ④ 정당방위가 성립하려면 현재의 부당한 침해가 있어야 한다. 이 때 침해는 법익에 대한 사람에 의한 공격 또는 그 위험을 말한다. 또한 침해는 작위는 물론 본 사안과 같이 보증인적 지위에 있는 자의 부작위에 의해서도 가능하다.

제4절 긴급피난

자기 또는 타인의 법익에 대하 현재의 위난을 피하기 위한 행위는 상당한 이유가 있는 때에는 벌하지 아니한다(제22조 1항).

I. 긴급피난의 의의와 본질

1. 긴급피난의 의의

자기 혹은 타인의 법익에 대한 현재의 위난을 피하기 위한 상당한 이유있는 행위이다(제22조 제1항). 위법하지 않은 침해에 대하여 일정한 한도에서 피난하는 것을 법이 허용하는 것이므로 정(正) 대 정(正)의 관계에 있다. 이 점에서 부정 대 정의 관계인 정당방위와 다르고, 긴급피난의 경우에는 상당성 판단의 요소로서 법익형량의 원칙을 요한다는 점에서 다르다.

2. 긴급피난의 본질

(1) 일원설

1) 책임조각설

긴급피난에 해당하는 행위는 적법한 제3자의 법익을 침해하는 것이기 때문에 위법하나 자기유지의 본능으로서 적법행위에 대한 기대가능성이 없기 때문에 책임이

조각된다. 이에 대하여 타인의 법익에 대한 위난을 피하기 위한 긴급피난도 인정하고 있는데 타인의 법익에 대한 위난을 피하기 위한 피난행위가 책임조각사유가 된다고 해석할 수 없고 이익교량을 이유로 하는 제도라는 것을 무시한다는 비판이 있다.

2) 위법성조각설

자기 또는 타인의 법익에 대한 현재의 위난을 피하기 위한 행위는 이로 인하여 보호받는 이익과 침해된 이익을 교량하여 보호받을 이익의 우월성이 인정되는 때에는 정당화된다. 이에 대하여 자기에게 닥친 불법하지 않은 위난을 타인에게 전가시켜 같은 가치의 법익을 침해하는 행위는 사회윤리적 규범에 반하는 것이므로 위법하고 생명과 생명, 신체와 신체의 법익이 충돌하는 경우와 같이 이익교량의 원칙이 적용될 수 없는 경우에도 긴급피난을 위법성조각사유로 파악하는 것은 부당하다는 비판이 있다.

(2) 이원설

차별설로서 위법성조각사유인 긴급피난과 책임조각사유인 긴급피난으로 나누는 견해로서, 제1설은 긴급피난을 사물에 대한 긴급피난(위법성조각사유)와 사람의 생명과 신체에 대한 긴급피난(책임조각사유)으로 구별하여 해석한다는 설이다. 이에 대하여 생명과 신체에 대한 위난은 생명과 신체에 대한 위난 또는 신체에 대한 가벼운 위난과 중대한 위난이 충돌하는 때에는 이익교량이 가능하므로 이를 책임조각사유로 파악하는 것은 부당하고 사물에 대한 긴급피난에 대해서는 법익이 같은 가치인 경우에는 위법성이 조각된다고 할 수 없다는 비판이 있다. 제2설(**유력설**)은 긴급피난을 우월적 이익의 원칙이 적용되는 경우(위법성조각사유)와 법익동가치인 경우(책임조각사유)으로 구별하여 해석한다는 견해로서 긴급피난에 있어서 상당한 이유에는 우월적 이익의 원칙과 법익동가치가 포함되며, 위법성이 조각되는 경우뿐만 아니라 책임이 조각되는 경우에도 형법 제22조가 적용된다는 것이다. 이에 대하여 긴급피난으로 인하여 책임이 조각되는가는 책임조각사유의 일반원리에 의하여 해결하고 제22조의 상당한 이유가 기대불가능성을 포함하는 개념으로 파악되지 못하는 비판이 있다.

3. 위법성조각의 근거

(1) 이익교량의 원칙

법익균형의 원칙에서 유래하며, 그것은 보다 가치있는 법익을 보호하기 위한 유일한 수단이 되는 긴급피난행위는 합법하다. 법익 사이의 추상적인 서열관계만으로는 합법성에 대한 충분한 기준이 될 수 없고, 법익의 위계질서도 이익균형의 일부분에 지나지 않는다는 고려에서 모든 이익을 교량할 것이 요구된다.

(2) 목적설

정당한 목적을 위한 상당한 수단은 위법하지 않는다는 것으로 긴급피난이 피난을 위한 상당한 수단일 때에는 위법성이 조각된다.

II. 긴급피난의 성립요건

1. 긴급피난의 상황(자기 또는 타인의 법익에 대한 현재의 위난)

(1) 자기 또는 타인의 법익

자기 또는 타인의 모든 법익으로 형법에 의하여 보호되는 법익임을 요하지 않고 경제적 손실을 방지하기 위한 긴급피난도 허용된다. 개인적 법익에 한하지 않고 국가적 법익에 대한 긴급피난도 가능하고 긴급피난에 의하여 보호되는 법익은 보호의 필요성과 보호의 가치가 인정되어야 한다.

(2) 현재의 위난

법익에 대한 위난은 그 침해가 확실하거나 개연적이면 인정된다.

1) 의의

그 침해가 즉시 혹은 곧 발생할 것으로 예견되는 경우로서 이미 침해가 발생한 때에도 그 침해가 중대한 때, 위난이 오래 전에 발생한 때에도 계속위난은 현재의 위난이 된다. 객관적·개별적으로 판단하여 구체적 상황과 그 상황에서 발생할 위험은 행위자가 속한 사회의 이성적 관찰자의 판단에 의하여 결정하며, 여기에는 일반적 생활경험과 행위자의 특수지식을 고려한다.

2) 위난의 원인

현재의 위난만 있으면 족하고 부당한 침해가 있을 것을 불요한다. 현재의 위난이 위법한 때에는 정당방위에 의하여 방위할 수 있지만 긴급피난을 하는 것도 가능하다. 위난의 원인(사람의 행위, 자연사실)은 불문한다.

3) 자초위난

현재의 위난이 피난자의 유책한 사유로 발생한 때를 말한다. 제1설은 긴급피난을 할 수 없다는 견해와 제2설은 피난상황에 의하여 책임이 없을 것이 긴급피난의 요건이 되는 것은 아니므로 위난이 책임있는 사유로 발생한 때에도 상당성이 인정되는 한 긴급피난은 가능하다. 자초위난을 이익교량의 요소로 고려하는 것까지 부정하는 것은 아니다. 따라서 목적 혹은 고의에 의한 자초위난에 대하여는 긴급피난이 허용되지 않는다. 예컨대, 임부가 자기의 신체에 대한 위험을 유책하게 야기한 때에도 긴급피난으로서의 낙태는 가능하다. 판례는 자초위난에 대해 긴급피난을 인정하는 경우와 인정하지 않는 경우도 있다.

> 스스로 야기한 강간범행의 와중에서 피해자가 피고인의 손가락을 깨물며 반항하자 물린 손가락을 비틀며 잡아 뽑다가 피해자에게 치아결손의 상해를 입힌 경우를 가리켜 법에 의하여 용인되는 피난행위라 할 수 없다(대법원 1995.1.12. 94도2781).

> 선박의 이동에도 새로운 공유수면점용허가가 있어야 하고 휴지선을 이동하는데는 예인선이 따로 필요한 관계로 비용이 많이 들어 다른 해상으로 이동을 하지 못하고 있는 사이에 태풍을 만나게 되고 그와 같은 위급한 상황에서 선박과 선원들의 안전을 위하여 사회통념상 가장 적절하고 필요불가결하다고 인정되는 조치를 취하였다면 형법상 긴급피난으로서 위법성이 없어서 범죄가 성립되지 아니한다고 보아야 하고 미리 선박을 이동시켜 놓아야 할 책임을 다하지 아니함으로써 위와 같은 긴급한 위난을 당하였다는 점만으로는 긴급피난을 인정하는데 아무런 방해가 되지 아니한다(대법원 1987. 1. 20, 85도221).

2. 피난행위(위난을 피하기 위한 행위)

현재의 위난을 모면하기 위한 일체의 행위로서 행위자는 피난의사를 가지고 행동할 것을 요한다. 즉 행위자는 현재의 위난을 인식하고 적어도 보다 높은 가치의 이익을 보호하기 위하여 행위를 하여야 한다. 피난의사가 유일한 동기가 될 것을 불요한다. 객관적으로 현재의 위난이 있어도 피난의사 없이 행하여진 행위이다. 이는 긴급피난이 아니다. 피난의사는 주관적 정당화요소이다.

3. 상당한 이유

위난을 피하기 위한 행위로서 사회상규상 당연하다고 인정되는 것으로 정당방위에 비하여 엄격한 요건이 요구된다.

(1) 보충성의 원리

피난행위가 위난에 빠져있는 법익을 보호하기 위한 유일한 수단이어야 한다. 즉 피난행위에 의하지 않고는 달리 위난을 피할 수 없을 것을 불요한다. 피난방법은 피해자에게 상대적으로 가장 경미한 방법을 선택할 것을 요구한다. 이는 **상대적 최소피난의 원칙**이라 할 수 있다. 예컨대, 환자의 생명을 구조할 의사를 부르기 위하여 담을 넘어서 들어갈 수 있었음에도 불구하고 대문을 부순 경우를 들 수 있다.

(2) 균형성의 원리

긴급피난에 의하여 보호되는 이익이 침해되는 이익보다 본질적으로 우월하여야 한다. 제1설은 보호되는 이익과 침해된 이익이 같을 때에도 상당성이 인정되고(**통설**), 제2설은 우월적 이익의 원칙을 의미하며 같은 이익 사이에는 이러한 관계가 인정되지 않는다. 균형성의 판단은 종래의 법익균형이론은 포괄적인 이익균형의 원칙에 의하여 대체되어야 하므로 관계법익뿐만 아니라 위험의 정도와 보호의 가치를 종합하여 판단한다.

1) 법익의 가치

법질서가 추상적인 법익에 대하여 부여한 가치가 기준이 되며 법익침해에 대하여 마련한 형량은 법익의 중요성에 대한 중요한 판단자료가 될 수 있다. '생명'은 교량할 수 있는 법익이 아니므로 긴급피난에 의하여 사람을 살해하는 것은 위법성을 조각할 수 없다. 예컨대, 임부의 생명이나 신체의 위험을 보호하기 위한 낙태, 환자의 생명을 구조하기 위한 도로교통법 위반 등을 들 수 있다.

2) 위험의 정도

법익의 가치 뿐만 아니라 그 침해의 정도도 고려되어야 한다. 일반적으로 생명과 신체는 재산보다 우월한 법익으로 인정되나 불이 붙고 있는 집의 소유자가 불을 끄기 위하여 길을 막고 있는 사람을 밀어서 넘어뜨려 경미한 상처를 입히는 것은 상당하다. 특히 죄질을 같이하는 법익사이에는 그 법익에 대한 위험의 정도가 문제된다. 예컨대, 피고인 등이 제방을 잘라서 수문을 유실시킨 행위는 피고인 등의 재산에 대한 현재의 위난을 피하기 위하여 부득이 행하여진 것으로 인정할 수 있고 위 제방 및 수문의 시가는 약 25만원임에 비하여 위 해수로 인하여 피해당하는 피고인 등과 그 밖의 그 곳 주민들의 경작지를 합하면 약 20여 만평 정도이니 그 행위로 인해 생긴 피해는 예상되었던 피고인 등과 그 밖의 주민들의 현저한 재산상의 손해에 비해 극히 적은 것을 인정할 수 있고 또 수문 옆 제방을 짜른 것도 위 피해를 피하기 위하여 가장 적당한 방법이었음을 인정할 수 있으므로 본건 피고인 등의 행위는 위 20만평의 경작자인 피고인 등과 주민들의 재산에 대한 현재의 위난을 피하기 위하여 행하여진 상당한 이유가 있는 행위이다(대법원 1968.8.11.65도3832).

3) 보호의 가치

이익교량의 기준은 보호법익의 절대적 가치보다는 구체적인 생활상황에 있어서 보호할 가치에 중점을 두어야 한다. 법익의 위계 이외에 위협되는 손해와 필요한 침해의 범위, 구조의 기회와 그 가능성의 정도도 함께 고려하여야 한다. 예컨대, 재물을 손괴하고 있는 정신병환자를 일시 감금하는 것을 말한다.

(3) 적합성의 원리

위난행위는 위난을 피하기 위한 적법한 수단이어야 한다(**실질적 상당성 원리**). 서로 충돌하는 이익을 침해에 의하여 피난하는 것이 적절하고 가치있는 정의의 이념에 의하여 허용되는 것이어야 한다.

1) 사회윤리적 적합성

인간의 자유로운 자기결정권은 보장되어야 하며, 인간이 타인을 위하여 희생하는 것은 도덕적인 자기결정에 의하여만 인정될 수 있다. 예컨대, 중병에 걸려 수혈 없이는 살 수 없는 사람을 구조하기 위하여 승인을 받지 않고 강제채혈을 하는 경우를 들 수 있다.

2) 법적 절차

법익에 대한 위난을 방지하기 위한 법적 절차가 마련되어 있을 때에는 법적 절차에 따르지 아니한 긴급피난이 허용되지 아니한다. 예컨대, 부당하게 기소된 피고인이 무죄판결을 받기 위하여 위증을 교사하거나 석방되기 위하여 도주하는 것을 말한다.

Ⅲ. 긴급피난의 특칙

위난을 피하지 못할 책임이 있는 자 예컨대, 군인, 경찰, 소방관, 의사 등과 같이 그 직무를 수행함에 있어서 마땅히 일정한 위험을 감수해야 할 의무가 있는 자에게는 긴급피난이 허용되지 아니한다. 이는 특별한 의무 때문에 일반인과 같은 조건에서 긴급피난을 하는 것을 금한다. 이러한 의무를 가진 자라 할지라도 타인의 위난을 구하기 위하여 긴급피난을 할 수 있을 뿐만 아니라, 감수해야 할 의무의 범위를 넘는 자기의 위난에 대해서도 긴급피난은 가능하다.

Ⅳ. 과잉피난과 오상피난

1. 과잉피난

피난행위가 상당성을 결한 경우를 과잉피난이라고 하며, 이는 위법성을 조각하지 않는다. 정황에 따라 형을 감경 또는 면제할 수 있을 뿐이다(제22조 제3항).

2. 오상피난

객관적으로 긴급피난의 요건이 존재하지 않음에도 불구하고 그것이 존재한다고 오신하고 피난행위를 한 경우를 오상피난이라고 하며, 이는 긴급피난이 아니므로 위법성을 조각하지 않는다. 이는 위법성조각사유의 전제사실에 착오가 있는 경우로서 오상방위와 동일하게 취급한다.

Ⅴ. 의무의 충돌

1. 의의

둘 이상의 의무가 서로 충돌하여 행위자가 하나의 의무만을 이행할 수 있는 긴급상태에서 다른 의무를 이행할 수 없어 구성요건을 실현하는 경우를 말한다. 이는 작위의무와 작위의무의 충돌은 물론 작위의무와 부작위의무의 충돌도 포함되나 부작위 의무와 부작위의무의 충돌은 포함되지 아니한다. 예컨대, 아버지가 물에 빠진 두 명의 아들 중에서 한 아이를 구하다가 다른 아이를 익사하게 한 경우를 들 수 있다.

2. 의무의 충돌의 요건

(1) 의무의 충돌

충돌이란 하나의 의무를 이행함으로써 다른 의무의 이행이 필연적으로 불가능한 것으로 의무의 충돌이 형벌법규에 해당하여야 하며, 충돌하는 의무는 모두 정당한 근거를 가지고 이루어진 법적 의무를 요한다. 법적 의무가 제정법상의 의무일 것을 요하는 것이 아니라, 관습법상 인정되는 의무 혹은 법질서 전체의 정신에서 도출되는 의무도 포함된다. 행위자에게 책임있는 사유로 인하여 의무의 충돌이 발생한 경우에도 위법성이 조각될 수 있는가에 대하여 **다수설**은 행위자가 고의 혹은 과실로 충돌상태를 야기한 때에는 위법하다고 한다.

(2) 상당한 이유

긴급피난이론에 의하여 위법성이 조각되므로 행위자가 충돌하는 의무의 하나를 이행하였어야 하며, 그 의무의 이행에 상당한 이유가 있을 것을 요한다. 의무의 충돌이 위법성을 조각하기 위하여 보충성과 균형성이 인정되어야 한다.

1) 높은 가치와 낮은 가치의 의무의 충돌

낮은 가치의 의무를 태만히 한 때에는 위법성이 조각된다. 높은 가치의 의무를 이행하는 것은 법질서의 목적과 합치되는 것이다. 의무의 형량은 의무와 관련된 법익의 추상적인 가치관계뿐만 아니라 구체적인 상황에서 보호필요성을 판단함에 있어서 의미를 가지는 다른 이익(위험의 정도, 행위자의 목적, 행위자의 의무에 대한 일반인의 가치관)을 종합하여 판단한다. 예컨대, 의사가 중환자와 경환자를 동시에 돌보아야 할 경우에 중환자를 치료하기 위하여 경환자를 돌보지 않는 때를 의미한다.

2) 같은 가치의 의무의 충돌

같은 가치의 의무가 충돌하여 하나의 의무만 이행한 때에 위법성이 조각될 것인가에 대하여 제1설은 위법성이 조각된다고 해석한다는 설로서 법이 불가능한 것을 강요할 수 없고 어느 의무를 이행하는가는 행위자가 선택할 수 있을 뿐이라고 한다. 제2설은 책임이 조각된다고 해석한다는 설로서 법은 같은 가치의 의무 가운데 어느 것도 포기할 수 없으므로 어떤 의무의 침해도 정당화될 수 없고 책임이 조각될 수 있을 뿐이다. 예컨대, 갑의 법원과 을의 법원으로부터 같은 시간에 증인으로 소환받는 경우를 말한다.

3) 주관적 정당화사유

의무의 충돌이 위법성을 조각하기 위해서는 행위자에게 의무의 충돌에 대한 인식이 있어야 할 뿐만 아니라, 높은 가치 혹은 적어도 같은 가치의 의무의 하나를 이행한다는 것을 인식해야 한다.

1. 임신의 지속이 모체의 건강을 해칠 우려가 현저할뿐더러 기형아 내지 불구아를 출산할 가능성마저도 없지 않다는 판단하에 부득히 취하게 된 산부인과 의사의 낙태수술행위는 정당행위 내지 긴급피난에 해당되어 위법성이 없는 경우에 해당한다(대법원 1976. 7. 13, 75도1206).
2. 정박 중 태풍을 만나 공유수면 점용허가를 받지 않고 선박을 대피시킨 경우, 선박과 선원들의 안전을 위해 사회통념상 가장 적절하고 필요불가결하다고 인정되는 조치를 취했다면 형법상 긴급피난을 구성한다(대법원 1987. 1. 20, 85도221).
3. 선박의 이동에도 새로운 공유수면점용허가가 있어야 하고 휴지선을 이동하는 데는 예인선이 따로 필요한 관계로 비용이 많이 들어 다른 해상으로 이동을 하지 못하고 있는 사이에 태풍을 만나게 되고, 그와 같은 위급한 상황에서 선박과 선원들의 안전을 위하여 사회통념상 가장 적절하고 필요불가결하다고 인정되는 조치를 취하였다면 형법상 긴급피난으로서 위법성이 없어서 범죄가 성립되지 아니한다고 보아야 하고 미리 선박을 이동시켜 놓어야 할 책임을 다하지 아니함으로써 위와 같은 긴급한 위험을 당하였다는 점만으로는 긴급피난을 인정하는데 아무런 방해가 되지 아니한다(대법원 1987. 1. 20, 85도221).
4. 집회장소 사용 승낙을 하지 않은 갑대학교측의 집회 저지 협조요청에 따라 경찰관들이 갑대학교 출입문에서 신고된 갑대학교에서의 집회에 참가하려는 자의 출입을 저지한 것은 경찰관집무집행법 제6조의 주거침입행위에 대한 사전 제지조치로 볼 수 있고, 비록 그 때문에 소정의 신고없이 을 대학교로 장소를 옮겨서 집회를 하였다 하여 그 신고 없이 한 집회가 긴급피난한다고도 할 수 없다(대법원 1990. 8. 14, 90도870).
5. 피고인이 스스로 야기한 강간범행의 와중에서 피해자가 피고인의 손가락을 깨물며 반항하자 물린 손가락을 비틀며 뽑다가 피해자에게 치아결손의 상해를 입힌 소위

를 가리켜 법에 의하여 용인되는 피난행위라 할 수 없다(대법원 1995. 1. 12, 94도2781).

1. 아버지가 물에 빠진 두 명의 아들 중에서 한 아이를 구하다가 다른 아이를 익사하게 한 경우는 형사책임이 존재하는가?

2. 긴급피난의 성립요건은 어떠한가?

1. 긴급피난에 대한 설명으로 틀린 내용은?
   ① 긴급피난은 자기 또는 타인의 법익에 대한 현재의 위난을 피하기 위한 상당한 이유있는 행위를 말한다.
   ② 법익은 정당방위와 같이 개인적 법익뿐만 아니라 사회적 및 국가적 법익도 포함된다.
   ③ 긴급피난은 균형성과 보충성이 요구된다.
   ④ 긴급피난은 이익교량의 원칙이 지배한다.

〈해설〉 ② 정당방위는 국가적 및 사회적 법익을 위한 정당방위는 원칙적으로 부정된다. 예외적으로 국가가 그 기관에 의하여 국가의 존재에 관한 명백하고 중대한 위협에 직면하는 경우에는 정당방위가 허용된다.

2. 의사 갑은 위급환자 을을 치료하기 위하여 과속운전을 하지 않으면 안되었다. 이 때의 갑의 형사책임은?

① 정당행위 ② 의무의 충돌
③ 정당방위 ④ 자구행위

〈해설〉 ② 의무의 충돌이란 둘 이상의 의무를 동시에 이행할 수 없는 긴급상태에서 그 중 하나의 의무를 이행하기 위하여 다른 의무의 이행을 방치한 결과, 방치한 의무불이행, 부작위가 구성요건에 해당하는 경우를 말한다.

3. 다음 중 긴급피난이라고 보기 어려운 것은?

① 야간에 강도가 침입하자 자신의 생명을 구하기 위하여 타인의 주거에 침입한 경우
② 화재현장에서 자신의 생명을 구하기 위해서 앞서가던 노인을 밀어 상처를 입힌 경우
③ 소방관이 진화작업 중 연기에 질식하여 창문을 깨고 나온 경우
④ 사육주의 지시로 개가 타인을 물려는 현장에서 개를 사살한 경우

〈해설〉 ④의 경우 정당방위가 성립한다.

제5절 자구행위

법정절차에 의하여 청구권을 보전하기 불능한 경우에 그 청구권의 실행불능 또는 현저한 실행곤란을 피하기 위한 행위는 벌하지 아니한다(제23조 1항).

I. 자구행위의 의의

1. 자구행위의 의의

권리자가 그 권리를 침해당한 때에 공권력의 발동에 의하지 않고 자력에 의하여 그 권리를 구제·실현하는 행위를 말한다. 형법 제23조는 「법정절차에 의하여 청구

권을 보전하기 불가능한 경우에 그 청구권의 실행불능 또는 현저한 실행곤란을 피하기 위한 행위는 상당한 이유가 있는 때에는 벌하지 아니한다」고 규정하여 긴급행위의 하나로 자구행위를 인정하고 있다. 예컨대, 숙박비를 지불하지 않고 도주하는 손님을 붙잡아 그 대금을 받거나, 이름과 주소를 알 수 없는 절도범이 도품(盜品)을 가지고 가는 것을 길에서 발견한 피해자가 장물을 탈취하는 것을 말한다.

피고인이 피해자에게 석고를 납품한 대금(16만원)을 받지 못하고 있던 중 피해자가 화랑을 폐쇄하고 도주하자 피고인이 야간에 폐쇄된 화랑의 베니아판 문을 미리 준비한 드라이버로 뜯어내고 피해자의 물건을 몰래 가지고 나왔다면, 위와 같은 피고인의 강제추심 내지 이를 목적으로 하는 물품의 취거행위는 자구행위라고 볼 수 없다(대법원1984. 12. 26, 84도2582).

2. 자구행위의 법적 성질

자구행위는 정당방위나 긴급피난과 함께 위법성을 조각하는 긴급행위의 하나이다. 다만 자구행위는 불법한 침해에 대한 부정 대 정의 관계라는 점에서 긴급피난과는 구별되고, 이미 침해된 청구권을 구조하기 위한 **사후적 긴급행위**인 점에서 사전적 긴급행위인 정당방위와 긴급피난과 구별된다. 이러한 자구행위가 긴급행위의 하나로서 위법성을 조각하는 긴급상태에서 사인이 국가권력을 대행한다는 점에서 찾을 수 있다.

II. 자구행위의 성립요건

1. 자구행위의 상황(법정절차에 의하여 청구권을 보전하는 것이 불가능한 경우)

(1) 청구권

자구행위의 보호대상은 청구권이다. 따라서 자구행위가 성립하기 위해서는 우선 청구권이 있어야 한다. 청구권은 그 권원이 채권인가 물권인가를 묻지 않으며, 무체재산권 등의 절대권에서 발생한 경우도 포함된다. 다만 자구행위에 의하여 보호되는 청구권은 보전할 수 있는 권리임을 요하므로 원상회복이 어려운 생명·신체·자유·정조·명예 등의 권리는 여기의 청구권에 포함될 수 없다. 또한 원칙적으로 자기의 청구권임을 요한다.

(2) 청구권에 대한 침해

청구권에 대한 불법한 침해가 있어야 한다. 그러나 불법한 침해라 할지라도 자구행위는 과거의 침해에 대하여만 가능하다. 현재의 침해에 대하여는 정당방위가 성립한다. 따라서 절도범인을 현장에서 추적하여 재물을 탈환하는 행위는 자구행위가 아니라 정당방위가 된다. 또한 부작위에 의한 침해에 대하여는 자구행위만 가능하다는 견해도 있지만, 정당방위에 있어서의 침해를 적극적 침해에 제한하여야 할 이유는 없다 할 것이므로 정당방위가 성립한다는 것이 타당하다(통설).

(3) 법정절차에 의한 청구권보전의 불가능

자구행위는 장소 또는 시간관계로 공적 구제를 강구할 여유가 없고, 후일 공적 수단에 의하더라도 그 실효를 거두지 못할 긴급상황하에서만 허용된다(자구행위의 보충성). 따라서 가옥명도청구 · 토지반환청구 또는 점유사용권을 회복하기 위한 자구행위는 허용되지 않는다. '청구권을 보전하는 법정절차'란 통상 민사소송법상의 가압류 · 가처분 등의 보전절차(제696조 이하)를 의하며, 경우에 따라서는 경찰 기타 기관에 의한 구제절차도 여기에 포함될 수 있다. 소유권의 귀속에 관한 분쟁이 있어 민사소송이 계속중인 건조물에 관하여 현실적으로 관리인이 있음에도 위 건조물의 자물쇠를 쇠톱으로 절단하고 침입한 소위는 법정절차에 의하여 그 권리를 보전하기가 곤란하고 그 권리의 실행불능이나 현저한 실행곤란을 피하기 위해 상당한 이유가 있는 행위라고 할 수 없다(대법원 1985.7.9. 85도707).

절의 출입구와 마당으로 약 10년 전부터 사용하고 또 그곳을 통하여서만 출입할 수 있는 대지를 전 주지의 가족으로부터 매수하여 등기를 마쳤다는 구실로 불법침입하여 담장을 쌓기 위한 호를 파 놓았기 때문에 그 절의 주지가 신도들과 더불어 그 호를 메워버린 소위는 자구행위로서의 요건을 갖추었다고 볼 수 없고 그와 같은 사정하에서의 주지의 소위는 이를 인용하는 것이 사회상규에 해당된다거나 또한 그러한 사회상규가 있다고 인정되지 아니하므로 사회상규에 위배되지 아니한 행위라고 단정할 수도 없다(대법원 1970. 7. 21, 70도996).

2. 자구행위(청구권의 실행불능 또는 현저한 실행 곤난을 피하기 위한 행위)

(1) 청구권의 실행불능 또는 현저한 실행 곤난

법정절차에 의하여 청구권을 보전하는 것이 불가능할 뿐만 아니라, 그것으로 인하여 청구권의 실행이 불가능하거나 현저히 곤란한 사정이 있어야 자구행위가 가능하다. 따라서 채무자에 대한 청구권의 보전은 불가능하여도 청구권에 대하여 인적 또는 물적 담보가 있으면 자구행위가 허용되지 않는다.

(2) 자구의사

행위자는 청구권의 실행불능 또는 현저한 실행곤란을 피하기 위한 의사로 행동할 것을 요한다. 이러한 의미에서 자구의사는 자구행위의 주관적 정당화요소가 된다.

3. 상당한 행위

자구행위는 청구권의 보전을 위한 상당한 이유가 있는 한도 내에서 할 수 있다. 자구행위는 법정절차에 의하여 청구권을 보전하는 것이 불가능한 때에만 허용된다는 점에서 **보충성**을 필요로 한다. 그러나 자구행위는 부정(不正) 대 정(正)의 관계이므로 엄격한 법익 사이의 균형을 요하는 것은 아니다. 정당한 목적을 위한 상당한 수단이라는 의미에서의 실질적 상당성의 원칙은 자구행위에 있어서도 요구된다. 예컨대, 청구권을 보전하는 범위를 벗어나 재물을 임의로 처분하거나 이행을 받는 것은 허용되지 아니한다. 갑이 유일한 재산인 가옥을 방매하고 그 대금을 받은 즉시 부산 방면으로 떠나려는 급박한 순간에 있어서 각 채권자가 자기들의 채권을 그 때에 추심(推尋)하지 아니하면 앞으로 영구히 추심할 기회를 얻기 어려우므로 부득히 갑이 가옥대금을 받은 현장에서 피고인 등이 각자의 채권을 추심한 것으로서 이는 자구행위이니 죄가 성립되지 아니하며 운운하나 이는 독자적 견해로서 이를 채용할 수 없다(대법원 1966.7.26. 66도469).

Ⅲ. 과잉자구행위와 오상자구행위

1. 과잉자구행위

자구행위가 그 정도를 초과한 경우를 말하며, 이는 위법성을 조각하지 않고 다만 책임이 감경될 수 있을 뿐이다(제23조 제2항).

2. 오상자구행위

자구행위의 요건이 존재하지 아니함에도 불구하고 그것이 존재한다고 오인하고 자구행위를 한 경우를 오상자구행위라고 하며, 이는 위법성을 조각하지 않는다. 이 경우는 위법성조각사유의 전제사실에 착오가 있는 경우로서 오상방위와 동일하게 취급된다.

1. 채권자의 강제적인 채권추심은 자구행위가 아니다(대법원 1966. 7. 26, 66도469)
2. 타인의 공사방해는 자구행위를 구성하지 않는다(대법원 1970. 7. 21, 70도996)
3. 피고인이 피해자에게 석고를 납품한 대금을 받지 못하고 있던 중 피해자가 화랑을 폐쇄하고 도주하자, 피고인이 야간에 폐쇄된 화랑의 베니어판 문을 미리 준비한 드라이버로 뜯어내고 피해자의 물건을 몰래 가지고 나왔다면, 위와 같은 피고인의 강제적 채권추심 내지 이를 목적으로 하는 물품의 취거행위를 형법 제23조 소정의 자구행위라고 볼 수 없다(대법원 1984. 12. 26, 84도2582).
4. 소유권의 귀속에 관한 분쟁이 있어 민사소송이 계속중인 건조물에 관하여 현실적으로 관리인이 있음에도 위 건조물의 자물쇠를 쇠톱으로 절단하고 침입한 행위는 자구행위에 해당하지 않는다(대법원 1985. 7. 9, 85도707).
5. 물품을 대준 화랑이 대금을 지불하지 않고 문을 닫자 문을 뜯어내고 물건을 꺼내온 경우, 자구행위가 성립하지 않는다(대법원 1985. 7. 9, 85도707).

1. 자구행위에 대한 설명으로 틀린 것은?

① 자구행위는 부정 대 정의 관계이다.
② 자구행위는 사후적 긴급행위이다.
③ 자구행위는 보충성을 필요로 한다.
④ 자구행위는 법익균형성을 필요로 한다.

〈해설〉 ④ 자구행위는 부정 대 정의 관계이므로 긴급피난과 같은 엄격한 이익형량을 요하지 않는다.

2. 다음 자구행위가 성립하는 경우는?

① 외국으로 출국하는 채무자를 잡는 경우
② 타인의 공사방해행위
③ 채권자의 강제적인 채권추심
④ 채무자가 대금을 지불하지 않고 문을 닫자 문을 뜯어내고 물건을 꺼내 온 경우

〈해설〉 ① 채무자가 도주하려는 경우에도 청구권의 보전이 불가능한 시간적으로 급박한 사정이 있는 경우에 자구행위가 성립한다. : ② (대법원 1970.7.21, 70도996) ③ (대법원 1966.7.26, 66도469) ④ (대법원 1985.7.9, 85도707)

3. 다음 중에서 자구행위가 인정되는 것은?

① 보증인이 있는 채권
② 저당권이 설정되어 있는 채권
③ 무담보의 기한부채권
④ 신원보증인이 있는 손해배상청구권

〈해설〉 자구행위는 청구권의 실행불능 또는 현저한 실행곤란을 피하기 위한 행위이므로 법정절차에 의해 청구권보전이 불가능하더라도 청구권에 대하여 충분한 인적·물적 담보가 있는 경우에는 자구행위가 허용되지 않는다.

제6절 피해자의 승낙

처분할 수 있는 자의 승낙에 의하여 그 법익을 훼손한 행위는 법률에 특별한 규정이 없는 한 벌하지 아니한다(제24조).

Ⅰ. 의의

피해자의 승낙이란 피해자의 의사와 관계없이 행위의 객체에 대한 침해가 독자적으로 사회생활에서 중요성을 가지는 범죄에 있어서 피해자의 법익침해에 대한 동의

이다. 승낙은 피해자의 승낙을 양해와 구별하여 일정한 요건하에서 위법성을 조각하는 위법성조각사유로 이해한다. 형법 제24조에서는 「처분할 수 있는 자의 승낙에 의하여 그 법익을 훼손한 행위는 법률에 특별한 규정이 없는 한 벌하지 아니한다」고 규정을 하고 있다.

각종의 장기와 신경이 밀집되어 있어 인체의 가장 중요한 부위를 점하고 있는 흉부에 대한 강도의 타격은 생리적으로 중대한 영향을 줄 뿐만 아니라 신경에 자극을 줌으로써 이에 따른 쇼크로 인해 피해자를 사망에 이르게 할 수 있고, 더욱이 그 가격으로 급소를 맞을 때에는 더욱 그러할 것인데, 피할 만한 여유도 없는 좁은 장소와 상급자인 피고인이 하급자인 피해자로부터 아프게 반격을 받을 정도의 상황에서 신체가 보다 더 건강한 피고인이 피해자에게 약 1분 이상 가슴과 배를 때렸다면 사망의 결과에 대한 예견가능성을 부정할 수도 없을 것이며 위와 같은 상황에서 이루어진 폭행이 장난권투로서 피해자의 승낙에 의한 사회상규에 어긋나지 않는 것이라고도 볼 수 없다(대법원 1989. 11. 28, 89도201).

II. 양해

1. 양해의 의의

구성요건이 피해자의 의사에 반하는 때에만 실현될 수 있도록 규정되어 있는 범죄에 있어서 피해자가 그 법익의 침해에 동의한 때에만 구성요건해당성 자체가 조각되는 경우를 말한다. 각칙상의 개인의 자유를 보호하기 위한 죄는 대부분 여기에 해당한다.

2. 양해의 법적 성격

양해의 법적 성격에 관하여는 순수한 사실적 성격을 갖는다는 견해도 있지만, 개별적인 구성요건의 내용과 기능, 보호법익의 본질에 의하여 좌우되는 구성요건요소의 해석문제로 보아야 할 것이다.

3. 양해의 유효요건

개인의 자유에 관한 죄 또는 재물에 대한 사실상의 지배와 관련된 절도죄에 있어서는 양해에 자연적 의사능력이 있으면 족하나, 주거침입죄의 경우에는 피해자의 행위능력 또는 판단능력이 있어야 한다. 양해의 표시여부도 구성요건에 따라 다르다.

절도죄에 있어서는 묵시의 동의로도 족하다. 그러나 배임죄에 있어서는 그 표시를 필요로 한다. 예컨대, 피고인이 피해자에게 이 사건 밍크 45마리에 관하여 자기에게 그 권리가 있다고 주장하면서 이를 가져간 데 대하여 피해자의 묵시적인 동의가 있었다면 피고인의 주장이 후에 허위임이 밝혀졌더라도 피고인의 행위는 절도죄의 절취행위에는 해당하지 않는다(대법원 1990.8.10. 80도1211).

Ⅲ. 피해자의 승낙

1. 승낙의 의의

구성요건적 행위의 불법내용이 피해자의 의사와 관계없이 행위의 객체에 대한 침해가 독자적으로 사회생활에서 중요성을 가지는 범죄에 있어서 피해자가 법익침해에 동의함으로써 위법성이 조각되는 경우를 **피해자의 승낙**이라고 한다.

2. 위법성조각의 근거

(1) 법률행위설

피해자의 승낙은 법률행위이므로 승낙은 행위자에게 침해의 권리를 부여하고, 따라서 그 권리의 행사는 위법성을 조각한다는 것이다.

(2) 이익포기설

피해자의 승낙을 법익소지자의 이익포기의 징표로 보고, 처분권을 가진 피해자가 보호받은 이익을 스스로 포기한 때에는 사회가 개입할 여지가 없다는 것이다.

(3) 법률정책설(이익교량설)

개인의 방해받지 않는 자유의 행사는 자유주의적 법치국가에 있어서 사회적 가치로 인정되어야 하므로, 법익의 보호에 대한 사회적 이익과 교량하여 개인의 자유가 중요하다고 인정될 때에는 그 침해에 대하여 피해자가 승낙하였으면 위법성이 조각된다는 것이다.

(4) 상당설

사회질서 전체의 이념에 비추어 상당하다고 인정되기 때문에 위법성이 조각된다는 것이다.

3. 피해자의 승낙의 요건

(1) 법익주체의 승낙

승낙을 하는 사람은 법익의 소지자가 아니면 않된다. 그래서 상해죄 · 재산죄 · 명예에 관한 죄 및 업무와 신용에 관한 죄 등과 같이 개인적 법익에 대한 죄에 대해서만 위법성을 조각할 수 있다. 국가적 혹은 사회적 법익에 대한 죄는 승낙에 의하여 위법성을 조각할 수 없다.

(2) 처분할 수 있는 법익에 대한 승낙

법익의 주체는 법익에 대한 처분권한을 가져야 한다.

1) 생명

개인적 법익이나 본질적인 가치와 비대체적인 절대성을 가진 법익이다. 예컨대, 살인에 대한 승낙은 위법성이 조각되지 않으나, 승낙에 의한 살인이나 낙태는 승낙에 의한 살인죄, 낙태죄가 된다(제252조, 제269조 제2항).

2) 신체

현행법상 특별규정이 없으나 해석론상 사회상규에 위배되면 위법성이 조각되지 않는다. 이와 관련하여 피해자의 승낙에 의한 행위가 사회상규에 위배될 때에는 위법한 것의 적용범위와 관련하여 견해가 대립한다. 이에 대하여 **통설 · 판례**는 다른 범죄에도 모두 적용된다는 일반원칙이고, 소수설은 상해죄에 대해서만 적용된다고 한다.

3) 승낙

승낙의 의미를 이해할 능력이 피해자의 자유로운 의사에 의하여 이루어져야 한다.

① 승낙능력

형법의 독자적인 기준에 의하여 결정된다. 피해자가 법익의 의미와 그 침해의 결과를 인식하고 이성적으로 판단할 수 있는 **자연적 통찰능력**과 **판단능력**으로 족하다. 예컨대, 간음의 경우는 13세(제305조), 아동혹사죄의 경우는 16세(제274조), 약취 · 유인의 경우는 미성년(제287조)이다. 피해자의 자연적 판단능력에 의하여 구체적 상황을 판단하기 어려운 때에는 설명의무가 요구된다.

② 자유의사에 의한 승낙

기망·착오·강제 등 하자있는 의사 혹은 의사의 결함상태에서 이루어진 승낙은 승낙이 아니고 승낙은 양해와 그 성질을 달리한다.

③ 승낙의 표시

의사방향설은 피해자가 내적으로 동의하면 족하며 그것이 외적으로 표시될 필요는 없다는 설이다. 의사표시설은 승낙이 있었다는 것을 행위자에게 표시한 것을 요한다. **절충설**은 **통설**로서 어떤 방법으로든 외부에서 인식할 수 있도록 표시되면 족하다는 설이다.

④ 승낙의 시기

승낙은 법익 침해 이전에 표시되어야 하며 법익침해시까지 계속되어야 한다. 그래서 사후승낙은 위법성이 조각되지 않는다. 승낙은 언제나 자유로이 철회할 수 있다.

4) 주관적 위법성조각사유

행위자는 승낙이 있었다는 사실을 인식할 것을 요한다. 피해자의 승낙이 있었음에도 불구하고 행위자가 이를 알지 못하고 행위하였을 때에는 위법성이 조각되지 않고 피해자가 승낙을 하지 않았음에도 불구하고 행위자가 승낙이 있는 것으로 오인한 때에는 위법성조각사유의 착오가 된다.

〔표〕 피해자의 동의에 대한 형법상의 취급

유 형	형 법 규 정
피해자의 동의가 구성요건해당성을 조각하는 경우 → 피해자의 양해	구성요건이 피해자의 의사에 반하는 때에만 실현될 수 있도록 규정되어 있는 범죄로서 예컨대, 각칙상 개인의 자유·재산·사생활의 평온을 보호하기 위한 죄의 대부분을 들 수 있다.
피해자의 동의가 있으면 구성요건에는 해당하나 위법성이 조각되는 경우	- 피해자의 승낙에 의한 행위(제24조) - 상해죄
피해자의 동의가 있어도 범죄구성요건으로 되는 경우	- 13세 미만자에 대한 간음·추행죄 - 피구금부녀자에 대한 간음죄
피해자의 동의가 형의 감경사유가 되어 구성요건에 해당하는 경우	- 촉탁·승낙에 의한 살인죄 - 동의낙태죄 - 자기소유일반건조물방화죄 - 자기소유일반물건방화죄

Ⅳ. 추정적 승낙

1. 추정적 승낙의 의의와 성질

(1) 의의

피해자의 승낙이 없거나 피해자 혹은 그 대리인이 부재중이거나 의식이 없어 필요한 때에 승낙을 받을 수 없지만 모든 사정을 객관적으로 판단하면 승낙이 확실히 기대될 수 있는 경우(행위자가 피해자의 결정의 자유를 대리하는 제도)를 말한다. 피해자의 가상적 의사에 근거를 두면서, 그 의사의 판단에 있어서는 객관적 이성이 보조수단이 되는 제도를 말한다.

(2) 성질

1) 추정적 승낙을 긴급피난의 일종으로 보거나, 긴급피난의 원리에 따라 이해하여야 한다는 견해이다(긴급피난설). 이에 대해서는 타인의 위난을 피난하기 위한 경우뿐만 아니라 긴급피난과는 달리 이익의 충돌이 없는 경우에 행위자의 이익을 위하여 행위하는 경우에도 적용되는 점을 간과하였다는 비판이 제기된다.

2) 추정적 승낙은 피해자의 승낙의 대용물이라고 하여 현실적 승낙이 있는 경우와 같이 보는 견해이다(승낙의 대용물이라는 설). 이에 대하여 승낙이 없음에도 불구하고 있는 경우와 같다고 보는 데는 논리의 비약이 있다.

3) 추정적 승낙은 민법의 사무관리에 관한 규정에 의하여 위법성이 조각된다는 견해이다(사무관리설). 이에 대하여 승낙의 모든 경우가 민법상의 사무관리에 해당한다고 할 수 없고, 위법성조각사유의 근거를 민법이론에 의하여 결정하는 것은 부당하다.

4) 추정적 승낙에 의한 행위는 사회상규에 반하지 않기 때문에 위법성이 조각된다는 견해이다(상당설). 이에 대하여 상당성은 지나치게 애매한 개념이다.

5) 추정적 승낙의 유형에 따라 긴급피난과 사회상당성 혹은 자율의 원리와 허용된 위험의 법리에 의하여 위법성이 조각된다는 견해이다(이원설). 이에 대하여 추정적 승낙이라는 하나의 제도를 통일적으로 설명하지 못한다는 비판이 있다.

6) 추정적 승낙은 피해자의 승낙가능성과 연관된 혹은 긴급피난과 피해자의 승낙의 중간에 위치하는 독자적 구조를 가진 위법성조각사유이다(**다수설**).

2. 추정적 승낙의 유형

(1) 피해자의 이익을 위하여 법익을 침해한 경우

행위자가 피해자의 이익을 위하여 법익을 침해함으로써 보다 높은 가치의 이익을 구조하는 경우를 말한다. 예컨대, 의사가 더 이상 지체할 수 없는 중환자를 수술하는 경우, 처가 부재중인 부에게 온 편지를 남편의 일을 처리하기 위하여 개봉하는 경우, 비어있는 이웃집에 고장난 수도를 고치기 위하여 침입하는 경우 등을 들 수 있다. 이익의 교량이 문제된다는 점에서 긴급피난과 유사한 상황에 있는 것이 사실이나 이 경우에도 추정적 승낙이 위법성을 조각하는 것은 법익의 주체의 추정적 의사와 일치한다는 데 근거가 있다.

(2) 피해자의 승낙이 추정되는 경우

행위자가 자신의 이익을 위하여 행위를 하였지만, 피해자의 승낙이 추정되는 경우를 말한다. 예컨대, 기차를 놓치지 않기 위해 친한 친구의 자전거를 타고 가는 경우, 가정부가 주인의 헌옷을 걸인에게 주는 경우 등이다. 이의 근거로서는 법익보호의 이익이 적거나 피해자와 행위자의 관계 때문에 피해자의 승낙이 추정되는 것이다.

3. 추정적 승낙의 요건

위법성을 조각하기 위해서는 다음과 같은 요건이 구비되어야 한다.

(1) 법익주체의 처분할 수 있는 법익

처분할 수 있는 법익에 대하여만 가능하고, 법익의 주체가 법익침해와 그 결과에 대한 통찰과 판단능력을 가질 것을 요한다. 그 추정은 행위시에 하여야 하며 행위자가 추정적 승낙을 인식할 것을 요한다.

(2) 승낙의 불가능

피해자의 승낙은 바로 얻을 수 없을 것을 요한다. 피해자의 승낙을 얻는데 위험이 따르는 것에 불과한 때에는 피해자의 판단을 기다리는 것이 옳다.

(3) 승낙의 기대

피해자의 승낙이 확실히 기대될 수 있어야 한다. 피해자가 승낙을 할 것인가는 모든 사정을 종합하여 객관적으로 판단해야 한다. 즉 승낙의 추정은 객관적 추정이다. 피해자의 명시적인 반대의사가 있는 경우에도 추정적 승낙을 할 수 있는가에 대하여 긍정설은 명시적인 반대의사가 있는 경우에도 추정적 승낙을 인정하고 사회상당성설은 피해자의 의사와 이익을 고려하여 구체적인 경우에 사회상당성에 따라 결정해야 한다. 부정설은 피해자가 반대의사를 명백히 한 때에는 추정이 불가능하다는 설이다(다수설).

(4) 양심에 따른 심사

추정적 승낙은 행위자의 모든 사정에 대한 양심에 따른 심사(gewissenhafte Prüfung)을 전제로 한다. 행위자가 이를 충분히 검토하지 않는 때에는 위법하며 이는 주관적 정당화요소가 된다.

1. 갑이 스스로 가출하였다고 하나 그것이 을의 독자적인 교리설교에 의하여 하자있는 의사로써 이루어진 것이고, 갑을 보호감독권자로부터 이탈시켜 을의 지배하에 옮긴 이상 미성년자약취유인죄가 성립한다(대법원 1982. 4. 27, 82도2486)
2. 위법성이 조각되는 피해자의 승낙은 개인적 법익을 훼손하는 경우에 법률상 이를 처분할 수 있는 사람의 승낙을 말할 뿐만 아니라 그 승낙이 윤리적·도덕적으로 사회상규에 반하는 것이 아니어야 한다(대법원 1985. 12. 10, 85도1892).
3. 종친회 결의서의 피의조명의자 중 피고인의 형제 2명이 승낙한 사안에서 피고인의 아들들이나 위 형제들의 아들들에 대하여 추정적 승낙을 인정할 여지가 있다(대법원 1993. 3. 9, 92도3101).
4. 산부인과 전문의 수련과정 2년차인 의사의 시진, 촉진결과 등을 과신한 나머지 초음파검사 등 피해자의 병명을 자궁근종으로 오진하고 이에 근거하여 의학에 대한 전문지식이 없는 피해자에게 자궁적출술의 불가피성만을 강조하였을 뿐 위와 같은 진단상의 과오가 없었으면 당연히 설명받았을 자궁외 임신에 관한 내용을 설명받지 못한 피해자로부터 수술승낙을 받았다면 위 승낙은 부정확 또는 불충분한 설명을 근거로 이루어진 것으로서 수술의 위법성을 조각할 유효한 승낙이라고 볼 수 없다(대법원 1993. 7. 27, 92도2345).

1. 추정적 승낙의 의의와 요건을 언급하시오.

2. 양해와 승낙은 어떤 차이점이 존재하는가?

1. 다음 피해자의 승낙으로 틀린 설명은?

① 피해자의 승낙이란 피해자가 가해자에게 자기의 처분할 수 있는 법익을 침해하는 것을 허락하는 것을 말한다.
② 동의가 있으면 처음부터 구성요건해당성조차 없는 경우를 양해라 한다.
③ 아동, 만취자의 승낙은 유효한 승낙이 아니다.
④ 법정대리인은 승낙주체가 될 수 없다.

〈해설〉 원칙적으로 승낙은 해당 법익의 주체가 되어야 하나, 법적으로 처분권이 인정된 자는 예외적으로 승낙주체가 될 수 있다.

2. 피해자의 추정적 승낙이 인정되지 않는 경우는?

① 집을 비우고 여행 중인 이웃집의 불을 끄기 위하여 그 집에 침입하는 경우
② 차를 놓치지 않기 위하여 친한 친구의 오토바이를 타고 가는 경우
③ 가정부가 주인의 헌 옷을 걸인에게 주는 경우
④ 친구집에 갔다가 친구가 수집해 놓은 기념품을 몇 개 몰래 가져왔다.

〈해설〉 ④ 피해자의 승낙은 물론 추정적 승낙에도 해당할 수 없어 절도죄가 성립한다.

제4장 책임론

제1절 책임이론

I. 책임의 의의

책임이란 위법한 행위에 대하여 행위자를 개인적으로 비난할 수 있느냐라는 문제를 말한다. 그런데 행위자가 자신의 행위를 규범에 따라 조종할 수 있는 것은 의사이므로, 책임판단의 대상은 의사에 의하여 실현된 행위이다. 이러한 의미에서 책임은 **의사책임**이며, 의사형성의 비난가능성을 의미한다고 할 수 있다. 이와 같이 통설은 책임을 **비난가능성**(非難可能性, Vorwurfbarkeit)의 의미로 이해하고 있다.

■ 책임의 3요소
(1) 정신적 요소 : 책임능력 - 행위자가 법규범을 이해할 수 있는 정신능력
(2) 인식적 요소 : 위법성의 인식 - 행위자가 그의 행위의 위법함을 인식하고 있거나 인식할 수 있어야 함
(3) 의사적 요소 : 기대가능성 - 위법행위를 피하고 적법행위로 나아갈 수 있는 기대

II. 책임의 근거

책임 없으면 형벌 없다는 책임주의 원칙은 인간의 결정의 자유를 전제로 한다. 여기서 책임과 자유의사의 관계가 문제된다.

1. 도의적 책임론과 사회적 책임론

(1) 도의적 책임론

도의적 책임론은 책임의 근거를 자유의사에 두고, 책임은 자유의사를 가진 자가 적법한 행위를 할 수 있었음에도 불구하고 위법한 행위를 하였으므로 가하여진 행위자에 대한 윤리적 비난이라고 한다. 따라서 책임능력은 범죄능력을 의미하며, 책임에는 행위책임의 원리가 지배하게 된다. 이는 자유의사를 전제로 하는 전통적인 고전학파와 범죄론에 있어서의 객관주의 및 형벌론에 있어서의 응보형주의의 책임이론이다.

(2) 사회적 책임론

인과적 결정론의 입장에서 인간의 자유의사를 부정한 사회적 책임론에 의하면 책임의 근거는 행위자의 반사회적 성격에 있다고 한다. 따라서 책임능력은 형벌능력을 의미하며, 책임론은 성격책임의 원리가 지배하게 된다. 이는 근대학파와 주관주의 및 목적형주의와 결합된 책임이론이다.

2. 책임과 자유의사

형법상의 책임개념은 전통적인 비결정론과 극단적인 결정론과 일치할 수 없다. 인간의 행위는 그에게 영향을 미치는 충동을 조절하고 의미내용과 가치와 규범에 따라 의사를 결정할 수 있는 인간의 능력에 기초하고 있다고 할 수 있기 때문이다. 따라서 책임은 바로 인간이 소질과 환경에 의하여 제약된 충동을 통제하고, 사회윤리적인 규범과 가치관념에 따라 결단할 수 있는 능력이 있다는 것을 근거로 한다.

III. 책임의 본질

책임은 비난가능성이다. 그러나 이러한 책임의 본질에 대한 통설의 결론은 책임이론의 역사적 발전의 산물이라고 할 수 있다. 책임의 본질에 관하여는 종래 심리적 책임론과 규범적 책임론이 대립하고 있었다.

1. 심리적 책임론과 규범적 책임론

(1) 심리적 책임론

책임을 결과에 대한 행위자의 심리적 관계로 이해하여 고의 혹은 과실만 있으면 책임조건은 구비되고, 따라서 결과에 대한 인식과 의사인 고의와 이를 인식 혹은 의욕하지 않는 과실이 바로 책임이라고 한다. 범죄를 내적 요소(주관적 요소)와 외적 요소(객관적 요소)로 분리하여 모든 객관적·외적 요소는 위법성에 속하고 주관적·내적 요소는 책임에 해당한다고 이해한 초기의 범죄론에 의하면 책임의 본질은 결과에 대한 행위자의 심리적 관계인 고의·과실이다. 이에 대하여 어떤 심리적 관계가 형법상 중요하며 왜 책임의 본질이 되고 그것이 없으면 책임을 조각하느냐에 대한 아무런 기준을 제시하지 못하고 고의를 가지고 행위하였음으로 결과에 대한 심리적 관계는 인정되지만 책임능력이 없거나 책임조각사유에 의하여 책임을 부정해야 하는 경우를 설명하지 못하며 인식없는 과실의 경우에는 책임을 인정하지 못하게 된다.

(2) 규범적 책임론

프랑크(Frank)의 「책임개념의 재구성」에 의하여 처음 전개된 이론으로서 책임요소의 구성은 행위자가 법에 따를 것이 요구되었음에도 불구하고 그 의무에 위배하여 행위하였다는 평가에 있다. 이러한 규범적 평가는 고의행위(법에 반하는 것을 인식하면서 법의 요구를 거부)와 과실행위(부주의로 사회생활의 요구를 침해)에 대하여 모두 가능하다. 프랑크에 의하여 주장된 규범적 책임론이 전통적인 책임개념을 근본적으로 변질시킴으로써 책임은 주관적·심리적 과정에서 객관적 가치판단이 되었고 비난가능성이 책임의 중심개념이 된다.

2. 책임의 구성요소

책임이 행위자에 대한 반가치판단이며 비난가능성이라고 하는 규범적 책임론의 결론에 대하여는 현재 이론이 없으나, 책임이 어떤 요소로 구성되어 있느냐에 대하여 의견이 불일치한다.

(1) 복합적 책임개념

인과적 행위론에서 주장되는 것으로 고의와 과실은 비난가능성이라는 복합개념의

한 요소가 되며, 책임은 책임능력 · 책임조건(고의 · 과실) 및 기대가능성(책임조각사유의 부존재)이라는 요소로 이루어진다(프랑크). 책임이란 비난을 가능하게 하는 행위에 대한 행위자의 심리적 관계이며 따라서 책임개념은 예컨대, 고의범에서는 행위에 대한 인식과 의욕이라는 심리적 요소와 이에 대한 규범적인 비난가능성이 결합한다(Mezger).

(2) 순수한 규범적 책임개념

목적적 행위론에서 주장되는 바 고의와 같은 행위의 심리적 요소가 책임에서 제거된다. 벨첼(Welzel)은 책임은 심리적 활동의 비난가능성이지 심리적 요소 자체가 될 수 없다. 즉 객체의 평가와 평가의 객체는 구별되어야 하며, 책임은 객체의 평가이지 평가되는 객체는 아니니다. 따라서 책임개념은 모든 심리적 요소가 제거된 순수한 평가의 문제가 되며, 이리하여 고의는 주관적 구성요건요소로서 올바른 위치를 찾게 된다. 책임의 구성요소는 책임능력과 위법성의 인식 및 기대가능성을 들 수 있다.

(3) 고의 · 과실의 이중기능

책임이 평가의 객체인 행위의사를 잃어버리자 책임개념은 규범적 연결점을 상실하고, 고유한 대상이 없는 책임판단은 위법성 판단에 대하여 독자적인 법적 판단이 될 수 없다는 비판을 받게 되었다. 책임개념도 독자적인 평가의 객체를 확보할 필요가 있다. 책임판단의 대상은 결의에 의하여 행위로 발전하는 법적으로 비난받는 심정에 의한 행위이며, 따라서 책임은 행위 속에서 나타나는 심정(心情)으로 인한 행위의 비난가능성을 의미하고, 심정은 비난가능성의 기초가 된다. 고의는 주관적 구성요건요소인 동시에 책임요소가 되는 이중의 기능이다. 책임의 구성요소는 책임능력과 위법성의 인식 및 책임형식으로서의 고의 혹은 과실과 기대가능성이다.

Ⅳ. 책임판단의 대상

책임판단의 대상은 구체적인 행위이며, 따라서 형사책임은 개별적인 행위책임이지 인격책임 또는 행위자책임이 될 수는 없다.

1. 다음 중 책임원칙에 관한 설명 중 틀린 것은?

① 책임이 없으면 형벌 없다는 것은 근대 형법의 기본원칙이다.
② 보안처분에는 책임주의가 적용된다.
③ 불법없는 책임은 고려의 여지가 없다.
④ 행위자에 대한 비난가능성의 유무에 따라 내려지는 행위자에 대한 부정적 가치 판단이다.

〈해설〉 ② 보안처분은 행위자에 의하여 행해진 범죄와 장래에 기대될 범죄 및 위험성의 정도와 균형이 유지되어야 한다는 비례성의 원칙이 요청된다. 따라서 행위자에게 책임없는 결과로 형을 과하거나 가중할 수 없다고 하는 책임주의가 적용되지 아니한다.

1. 규범적 책임론이란?

2. 고의와 과실의 이중기능이란?

제2절 책임능력

I. 책임능력의 의의

1. 책임능력의 개념

책임은 심리적 사실관계가 아니라 **평가적 가치관계**이다. 즉 구성요건에 해당하는 불법의 비난가능성에 책임의 본질이 있다. 따라서 행위자에게 적법하게 할 수 있는 능력, 즉 책임능력이 없을 때에는 책임도 없다고 하지 않을 수 없다. 이러한 의미에서 책임은 책임능력을 논리적 전제로 하며, 책임의 전제로서의 책임능력은 법규범에 따라 행위할 수 있는 능력을 내용으로 한다.

2. 책임능력의 본질

책임능력의 본질에 관하여는 이를 범죄능력으로 이해하는 **도의적 책임론**과 형벌능력 또는 형벌적응성으로 이해하는 **사회적 책임론**이 대립하고 있다. 그러나 책임능력을 형벌능력으로 이해할 때에는 형법이 왜 심신상실자나 14세 미만자를 형벌능력이 없다고 보는지 이해할 수 없을 뿐 아니라, 명정대취자는 책임능력자가 되고 상습범은 오히려 책임무능력자가 되는 결과를 가져온다. 따라서 책임능력은 행위의 시비와 선악을 변별하여 이에 따라 의사를 결정할 능력으로서 범죄능력을 의미한다고 하는 도의적 책임론이 타당하다.

3. 책임능력의 판단기준

형법이 책임무능력을 규정하는 방법에는 형법이 행위자의 비정상적인 상태를 기술하고 그러한 상태가 있으면 바로 책임능력이 없다고 하는 **생물학적 방법**과, 행위자가 어떤 이유에서인가를 불문하고 사물을 변별하거나 의사를 결정할 능력이 없으면 책임능력이 없다고 규정하는 **심리적 또는 규범적 방법**, 행위자의 비정상적인 상태를 책임무능력의 생물학적 기초로 규정하고 이러한 생물학적 요소가 행위자의 변별과 판단능력에 영향을 미쳤느냐라는 심리적 문제를 검토하는 혼합적 또는 결합적 방법이 있다. 우리 형법 제10조는 **혼합적 방법**에 의하고 있다고 볼 수 있다.

II. 책임무능력자

1. 형사미성년자

형법은 14세가 되지 아니한 자를 절대적 책임무능력자로 규정하고 있다(제9조). 제9조는 생물학적 방법에 의한 규정이다. 따라서 형사미성년자에게 책임능력을 전제로 한 형벌을 과할 수 없다. 그러나 소년법에 의한 보호처분까지 배제하는 것은 아니다. 14세 이상의 소년에게는 책임능력이 인정된다. 그러나 14세 이상의 소년도 소년법에 의하여 특별한 취급을 받는다.

■ 소년법에 의한 형사적 제재

(1) 형사미성년자
  ① 12세 미만 : 형사제재 면제
  ② 12세 이상 14세 미만 : 보호처분

(2) 형사책임능력자
  ① 14세 이상 20세 미만 : 보호처분, 보안처분
  ② 20세 이상 : 형벌

2. 심신상실자

심신상실자란 심신장애로 인하여(생물학적 방법) 사물을 변별할 능력 또는 의사를 결정할 능력이 없는 자(심리학적 방법)를 말한다(혼합적 방법). 심신장애로 인하여 사물을 변별할 능력이 없거나 의사를 결정할 능력이 없는 자의 행위는 벌하지 아니한다(제10조 제1항).

> 자신의 충돌을 억제하지 못하여 범죄를 저지르게 되는 현상은 정상인에게서도 얼마든지 찾아볼 수 있는 일로서 원칙적으로 충동조절장애와 같은 성격적 결함은 형의 감면사유인 심신장애에 해당하지 아니한다(대법원 2002.5.24, 2002도1541).

(1) 심신상실의 요건

1) 생물학적 요소

심신장애가 있어야 한다. 형법상의 심신장애는 정신장애 또는 정신기능의 장애를 의미하는 것이며, 그것은 정신병·정신박약·중대한 정신장애와 정신병질을 그 내용으로 한다. 명정으로 인하여 행위자가 규범에 따른 행위를 결정할 능력이 없을 정도에 이른 때에도 책임능력이 없다고 해야 한다. 심신장애가 있느냐의 여부는 전문가의 도움으로 판단할 수 있지만, 전문가의 감정을 거치지 않았다고 할지라도 반드시 위법하다고 할 수는 없을 것이다.

2) 심리적 요소

심신상실이라고 하기 위해서는 심신장애로 인하여 「사물변별능력」 또는 「의사결정능력」이 없어야 한다. '사물변별능력'이라 함은 불법을 인식할 능력을 의미하며, '의사결정능력'이라 함은 사물을 변별하고 이에 따라 행위할 수 있는 능력, 즉 조종능력을 의미한다. 영미의 M'Naghten Rule(시비분별능력 : 8 Eng. Rep. 718, 1843)과 유사하다. 사물을 변별할 능력이나 의사를 결정할 능력은 행위시를 기준으로 판단하여야 하며, 또한 구체적인 위법한 구성요건의 실현과의 관계에서 법관이 결정해야 할 법적·규범적 문제에 속한다. 그리고 이러한 능력의 판단에 있어서는 평균인의 일반적 능력이 기준이 된다. 형법 제10조에서 말하는 사물을 변별할 능력 또는 의사를 결정할 능력은 자유의사를 전제로 한 의사결정의 능력에 관한 것으로서, 그 능력의 유무와 정도는 감정 사항에 속하는 사실문제라 할지라도 그 능력에 관한 확정된 사실에 심신상실 또는 심신미약에 해당되는 여부는 법률문제에 속하는 것이다(대법원 1968.4.30. 68도 400).

(2) 심신상실의 효과

심신상실자는 책임능력이 없기 때문에 책임이 조각된다. 다만 위험의 발생을 예견하고 자의로 심신장애의 상태를 야기한 자의 행위는 책임이 조각되지 않는다(제10조 제3항).

III. 한정책임능력자

1. 심신미약자

심신미약자란 심신장애로 인하여(생물학적 방법) 사물변별능력 또는 의사결정능력이 미약한 자(심리학적 방법)를 말한다(혼합적 방법). 심신장애로 인하여 사물을 변별할 능력이나 의사를 결정할 능력이 미약한 자의 행위는 형을 감경한다(제10조

제2항). 한정책임능력자의 대표적인 경우가 심신미약자이다.

(1) 심신미약의 요건

심신미약의 요건에 관하여도 형법은 혼합적 방법을 사용하고 있는 바, 심신미약의 생물학적 기초는 심신장애이고, 심리적 요소는 사물을 변별할 능력 또는 의사를 결정할 능력이 미약할 것을 요한다. 이러한 능력이 미약한가의 여부도 법적·규범적 관점에서 법관이 판단해야 한다는 것은 심신상실의 경우와 같다.

(2) 심신미약의 효과

심신미약자의 행위는 형을 감경한다. 원인에 있어서 자유로운 행위의 이론은 한정책임능력자에 관하여도 적용된다. 심신미약자에 대하여도 금고 이상의 형에 해당하는 죄를 범하고 재범의 위험이 있다고 인정되는 때에는 보안처분이 과하여질 수 있다(사회보호법 제8조 제1항 제1호).

2. 농아자

농아자라 함은 청각과 발음기능에 장애가 있는 자, 즉 농자인 동시에 아자인 자를 말한다. 농아자는 한정책임능력자로서 그의 행위는 형을 감경한다(제11조).

Ⅳ. 원인에 있어서 자유로운 행위

제10조[심신장애자] ③ 위험의 발생을 예견하고 자의로 심신장애를 야기한 자의 행위에는 전2항의 규정을 적용하지 아니한다.

1. 의의

행위자가 고의 혹은 과실에 의하여 자기를 심신상실의 상태에 빠지게 한 후 이러한 상태에서 범죄를 실행하는 것을 말한다. 구성요건에 해당하는 불법의 실행은 책임무능력(또는 한정책임능력)의 상태에서 이루어지지만 그 결정적인 원인이 책임능력상태에서 행위자에 의하여 자유롭게(vom Täter frei) 설정되었다는 점이다. 행위자는 행위시에 책임능력이 있어야 한다(**행위와 책임의 동시존재의 원칙**). 원인에 있어서 자유로운 행위를 원인행위와 실행행위로 분리하여 검토할 때, 책임능력상태에서의 실행행위에는 책임이 없고 원인설정행위만으로는 구성요건적 행위라고 할 수 없기 때문에 이러한 행위를 벌할 수 있는가에 대하여 형법 제10조 제3항을 구성하여 원인에 있어서 자유로운 행위의 가벌성을 입법론적으로 해결하나, 이러한 규정에도 불구하고 원인에 있어서 자유로운 행위(actio libera in causa)의 가벌성에 대한 이론상의 근거에 대하여 견해가 일치하고 있는 것은 아니다.

2. 가벌성의 근거

(1) 원인설정행위에 책임의 근거를 인정하는 견해

1) 원인행위를 실행행위로 보는 견해(다수설)

행위와 책임의 동시존재의 원칙을 원인에 있어서 자유로운 행위에 대하여도 유지하게 하기 위해서는 책임무능력상태에서의 실행행위는 경우에 따라 책임이 없거나 행위라고 할 수도 없기 때문에 원인행위 자체를 실행행위로 보지 않으면 처벌할 수 없다는 결론이 되므로, 원인에 있어서 자유로운 행위는 자신을 도구로 이용하는 간접정범이므로, 원인행위가 바로 실행행위 또는 그 착수행위이며 책임무능력상태에서의 행위는 원인행위에 기인한 결과에 지나지 아니하고, 따라서 원인행위가 책임능력상태에서 이루어진 이상 벌할 수 있다. 이에 대하여 간접정범과 그 이론구성이 반드시 동일한 것은 아니어서 한정책임능력자를 이용한 간접정범은 있을 수 없다. 그리고 실행행위 혹은 실행의 착수행위가 되기 위해서는 구성요건의 정형을 갖추었다고 볼 수 없는 경우가 있다.

2) 원인행위와 실행행위의 불가분적 관련에서 책임의 근거를 인정하는 견해

책임비난의 근거는 행위자 스스로 자유롭지 못한 상태에서 책임없이 범죄를 행하게 한 원인행위에 있지만, 구성요건에 해당하는 행위가 실행되는 결함상태가 유책한 원인행위와 불가분의 연관이 있기 때문에 이를 처벌하는 것이 사리에 합당하다. 이 이론에 의하면 원인에 있어서 자유로운 행위는 「행위와 책임의 동시존재의 원칙」과 일치하는 것은 아니지만, 행위와 책임의 동시존재의 원칙은 반드시 엄격히 적용되어야 하는 것은 아니며 원인에 있어서 자유로운 행위는 이 원칙에 대한 예외로 인정되어야 한다.

(2) 책임능력 흠결상태에서의 실행행위에 책임의 근거를 인정하는 견해

현대 심리학의 입장에서 원인행위가 예비단계에 불과한 것임을 인정하면서 타방

무의식상태에서 행한 실행행위를 긍정한 근거가 있다. 원인에 있어서 자유로운 행위는 원인행위인 예비단계로부터 실행행위의 단계로 돌입하는 것이 반무의식적 상태에서 행하여지는 것이므로, 여기에 원인행위와 결과간에 연관성을 인정할 수 있는 것이며 반무의식적 실현이 있을 때에 범죄의 실행행위는 시작된다. 실행행위를 반무의식상태의 행위라고 이해하면 행위와 책임이 전체의 행위과정에 유지될 수 있는 장점을 가지는 것이다. 이에 대하여 반무의식적 상태에서의 행위를 원인행위와 실행행위의 중간행위가 있다는 의미라고 한다면 이러한 중간행위를 설명하기 곤란하고, 반무의식적인 상태에서의 행위라는 개념을 인정하면 대부분의 경우에 책임능력이 인정되어 법적 안정성을 해하는 결과를 초래하게 된다.

3. 유형

(1) 고의에 의한 원인에 있어서 자유로운 행위

책임능력결함상태의 야기와 구성요건에 해당하는 행위의 실행에 대하여 모두 고의가 있는 경우로서 구성요건적 고의는 그 고의를 실현할 결의가 없으면 형법상 의미가 없을 뿐만 아니라, 책임능력 결함상태에 의하여 행위자가 그의 고의를 현실화하고 그 결의를 확인하는 것임을 간과하였고 책임능력 결함상태에서 범할 범죄에 대한 고의는 특정범죄 또는 적어도 일정한 종류의 범죄에 대한 것이다. 예컨대, 갑을 살해할 의도로 음주한 후 만취상태에서 갑을 살해한 경우를 들 수 있다. 고의에 의한 원인에 있어서 자유로운 행위에 대하여는 학설이 대립되는데 **원인행위시**에 실행의 착수가 있다는 설(**다수설**)과 책임능력 결함상태에서의 행위에 실행의 착수가 있다는 설이 존재한다.

(2) 과실에 의한 원인에 있어서 자유로운 행위

행위자가 고의 혹은 과실로 책임무능력(혹은 한정책임능력) 상태를 야기하고 이러한 상태에서 특정한 과실범의 구성요건을 실현할 것을 예견할 수 있었던 경우를 말하는 데 책임능력 결함상태에서 행한 범죄에 대한 고의가 있었지만 그 상태를 과실로 야기한 때를 말한다. 예컨대, 부주의하여 다량 음주하여 만취상태에서 타인을 폭행한 경우(과실의 작위범), 조금한 음주하여도 대취하는 전철수가 술을 마시고 잔 결과 열차가 충돌하는 경우(과실의 부작위범)을 들 수 있다.

원인행위시에 실행의 착수가 있다는 설(**다수설**)과 책임능력 결함상태에서의 구성요건적 행위에 실행의 착수가 있다는 설이 대립한다.

4. 형법 제10조 제3항의 해석

(1) 제10조 제3항의 적용범위

행위자가 위험의 발생을 예견(책임능력 결함상태에서 구성요건에 해당하는 범죄를 행할 것을 인식한 경우[고의]뿐만 아니라 그 가능성을 예견한 경우[과실]도 포함한다)할 것을 요하고 심신장애 상태를 자의로 야기한 자가 아니면 안된다(심신장애 상태를 자의로 야기한 경우에 고의뿐만 아니라 과실로 심신장애 상태를 야기한 때에도 이 이론이 적용된다).

(2) 적용효과

심신상실(책임무능력)의 경우뿐만 아니라 심신미약(한정책임능력)의 경우에도 적용된다. 고의 혹은 과실에 의하여 심신상태를 자초하여 죄를 범하는 경우와 단순히 심신미약상태에서의 행위일지라도 처벌되고, 한정책임능력상태에서의 행위라고 형이 감경되지 아니한다.

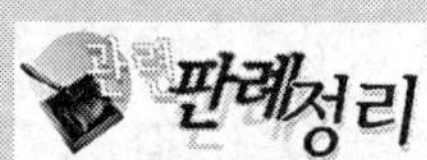

1. 법인의 형사책임능력은 인정되지 않는다(대법원 1961. 10. 19, 4294형상417)
2. 음주가 반드시 심신장애상태를 초래하는 것은 아니다(대법원 1967. 6. 13, 67도645)
3. 피고인이 평소 간질병증세가 있더라도 범행 당시에는 간질병이 발작하지 않았다면 이는 심신상실이나 심신미약의 경우에 해당하지 않는다(대법원 1983. 10. 11, 83도1897).
4. 피고인이 평소 간질병증세가 있더라도 범행 당시에는 간질병이 발작하지 않았다면 이는 심신상실이나 심신미약의 경우에 해당하지 않는다(대법원 1983. 10. 11, 83도1897).
5. 형법 제10조 제1항, 제2항이 정하고 있는 심신상실자와 심신미약자는 어느 것이나 심신 장애상태에 있는 사람을 말한다. 양자는 그 장애정도의 강약에 차이가 있을 뿐, 정신장애로 인해 사물의 시비 또는 선악을 변별할 능력이 없거나 그 변별한

바에 따라 행동할 능력이 없는 경우와 정신장애가 위와 같은 능력을 결여하는 정도에 이르지 않았으나 그 능력이 현저하게 감퇴된 상태를 말한다(대법원 1984. 2. 28, 83도3007 ; 대법원 1985. 5. 28, 85도361).

6. 범행전후사정을 비교적 사리에 맞게 기억한다 하여 반드시 범행 당시 사물을 변별할 능력을 갖추고 있었다고 할 수 없다(대법원 1969. 10. 14, 69도1265).

7. 정신분열증세와 방화에 대한 억제하기 어려운 충동으로 말미암아 불과 6일 사이에 8회에 걸친 연속된 방화를 감행한 경우 이는 심신미약상태이다(대법원 1984. 2. 28, 83도3007).

8. 사물을 변별할 능력 또는 의사를 결정할 능력은 자유의사를 전제로 한 의사결정의 능력에 관한 것이다. 그 능력의 유무와 정도는 감정사항에 속하는 사실문제라 할지라도 그 능력에 관한 확정된 사실이 심신상실 또는 심신미약에 해당하는 여부는 법률문제에 속한다. 따라서 심신장애로 인한 심신상실 또는 심신미약에 대한 판단은 반드시 감정인의 의학적 감정결과에 구속되는 것은 아니다(대법원 1975. 11. 25, 75도2782 ; 대법원 1968. 4. 6, 68도400).

9. 형법상 심신상실자라고 하려면 그 범행당시에 심신장애로 인하여 사물의 시비선악을 변식할 능력이나 또 그 변식하는 바에 따라 행동할 능력이 없어 그 행위의 위법성을 의식하지 못하고 또는 이에 따라 행위를 할 수 없는 상태에 있어야 하며 범행을 기억하고 있지 않다는 사실만으로 바로 범행당시 심신 상실상태에 있었다고 단정할 수는 없다(대법원 1990. 11. 27, 90도2210).

10. 형법 제10조 제1항 및 제2조 소정의 심신장애의 유무 및 정도를 판단함에 있어서 반드시 전문인의 의견에 소속되어야 하는 것은 아니고 범행의 경위, 수단, 범행전후의 피고인의 행동 등 기록에 나타난 제반자료와 공판정에서의 피고인의 태도 등을 종합하여 법원이 독자적으로 판단할 수 있다(대법원 1991. 9. 13, 91도1473).

11. 범행당시 정신분열증으로 심신상태에 있었던 피고인이 피해자를 살해한다는 명확한 의식이 있었고 범행의 경위를 소상하게 기억하고 있다고 하여 범행당시 사물의 변별능력이나 의사결정능력이 결여된 정도가 아니라 미약한 상태에 있었다고 단정할 수 없는 것인 바, 피고인이 피해자를 살해할 만한 다른 동기가 전혀없고, 오직 피해자를 "사탄"이라고 생각하고 피해자를 죽여야만 피고인 자신이 천당에 갈 수 있다고 믿어 살해하기에 이른 것이라면, 피고인은 범행당시 정신분열증에 의한 망상에 지배되어 사물의 선악과 시비를 구별할 만한 판단능력이 결여된 상태에 있었던 것으로 볼 여지가 없지 않다(대법원 1990. 8. 14, 90도1328).

12. 형법 제10조 제3항은 "위험의 발생을 예견하고 자의로 심신장애를 야기한 자의

행위는 전 2항의 규정을 적용하지 아니한다"고 규정하고 있는 바, 이 규정은 고의에 의한 원인에 있어서의 자유로운 행위만이 아니라 과실에 의한 원인에 있어서의 자유로운 행위까지도 포함하는 것으로서 위험의 발생을 예견할 수 있었는데도 자의로 심신장애를 야기한 경우도 그 적용대상이 된다고 할 것이어서, 피고인이 음주운전을 할 의사를 가지고 음주만취한 후 운전을 결행하여 교통사고를 일으켰다면 피고인은 음주시에 교통사고를 일으킬 위험성을 예견하였는데도 자의로 심신장애를 야기한 경우에 해당하므로 위 법조항에 의하여 심신장애로 인한 감경 등을 할 수 없다(대법원 1992. 7. 28, 92도999).

13. 형법 제10조 소정의 심신장애의 유무 및 정도를 판단함에 있어서 반드시 전문인의 의견에 기속되어야 하는 것은 아니고 범행 전후의 피고인의 행동 등 기록에 나타난 제반자료와 공판정에서의 피고인의 태도 등을 종합하여 법원이 독자적으로 판단할 수 있다(대법원 1992. 12. 22, 92도2540).

1. 원인에 있어서 자유로운 행위의 유형과 그 형사책임은?

2. 형법 제10조 제3항의 적용범위는?

1. 책임능력에 대한 설명으로 틀린 내용은?

① 책임능력은 원칙적으로 행위시에 있어야 한다.

② 심신미약자는 한정책임능력자로서 그의 행위는 형을 감경한다.
③ 심신상실여부의 판단은 법률문제이므로 법관이 법적·규범적으로 평가한다.
④ 원인에 있어서 자유로운 행위의 실행의 착수시기는 원인행위시와 실행행위 사이의 불가분적 관련성에서 구하는 것이 다수설이다.

〈해설〉 ④ 원인에 있어서 자유로운 행위의 실행의 착수시기에 대한 가벌성의 근거를 원인설정행위에서 구하는 것이 다수설이다.

2. 원인에 있어서 자유로운 행위에 관한 설명으로 옳지 않는 것은?

① 실행의 착수 시기와 관련 원인행위를 실행행위로 보는 견해에 따르면 행위와 책임의 동시존재의 원칙이 유지되기 어렵다는 단점이 있다.
② 원인행위와 실행행위의 불가분적 관련성에서 책임의 근거를 인정하는 견해는 행위와 책임의 동시존재의 예외를 인정한다.
③ 판례는 형법 제10조 제3항이 고의에 의한 원인에 있어서 자유로운 행위뿐만 아니라 과실에 의한 원인에 있어서 자유로운 행위에도 적용된다고 보고 있다.
④ 형법은 원인에 있어서 자유로운 행위의 가벌성을 입법적으로 해결하고 있다.

〈해설〉 ①

제3절 위법성의 인식과 법률의 착오

I. 위법성의 인식의 의의

위법성의 인식이란 행위자의 행위가 공동사회의 질서에 반하고 법적으로 금지되어 있다는 것을 인식하는 것을 말한다. 공동사회의 가치위반 혹은 법가치위반으로 위법성 인식의 기초가 된다.

구체적인 법규정에 위반한다는 인식이 아니라, 무엇인가 허용되지 않는다는 것에 대한 인식, 즉 '법적 가치위반에 대한 인식'을 의미한다. 문제된 범죄종류의 특수한 불법내용을 인식할 것을 필요로 하며 따라서 구성요건과 관련을 가질 것을 요한다.

즉 형법의 구체적인 금지 혹은 명령을 위반한 구체적인 인식을 말한다. 위법성 인식의 분리가능성의 원칙으로서 수죄가 실체적 경합의 관계에 있을 때에는 물론 상상적 경합의 관계가 있을 때에도 위법성의 인식은 분리될 수 있다. 행위자가 가중적 구성요건을 실현한 때에는 물론 상상적 경합의 관계가 있을 때에도 위법성의 인식은 분리될 수 있다. 행위자가 가중적 구성요건을 실현한 때에는 위법성의 인식은 가중적 구성요건의 반가치를 인식하는 것으로 족하지 않고 '가중적 구성요건의 특수한 가치위반'도 인식할 것을 요한다. 범죄의 성립에 있어서 위법의 인식은 그 범죄사실이 사회정의와 조리에 어긋난다는 것을 인식하는 것으로서 족하고 구체적인 해당 법조문까지 인식할 것을 요하는 것은 아니므로 설사 형법상의 허위공문서작성죄에 해당되는 줄 몰랐다고 가정하더라도 그와 같은 사유만으로서는 위법성의 인식이 없었다고 할 수 없다(대법원 1987.3.24. 86도2673).

II. 위법성의 인식의 체계적 지위

위법성의 인식을 책임요소로 인정하는 데에는 이론이 없으나 책임의 구조에 있어서 위법성의 인식이 어떤 지위를 가지느냐에 대하여는 견해가 대립한다.

1. 고의설

고의를 구성요건실현의 인식과 의사를 의미하는 구성요건적 고의와 위법성 인식을 포함하는 책임요소이다. 인과적 행위론의 이론적 귀결이다.

(1) 엄격고의설

고의설의 기본입장을 제한없이 적용하여 고의에는 범죄사실의 인식 이외에 '현실적인 위법성의 인식'을 필요로 한다. 위법성의 인식이 없으면 고의를 부인하게 되므로 이에 의하면 사실의 착오와 법률의 착오, 구성요건의 착오와 위법성의 착오의 구별은 없어지고 모든 착오를 같은 기준에 의하여 처리하는 점에서 이론의 명확성이 존재한다. 행위자가 구성요건을 실현할 때에 현실적인 위법성을 인식하여야 고의범이 성립하나 대부분의 중범죄는 흥분된 감정상태나 순간적인 격분으로 이루어지기 때문에 행위시에 그 행위가 위법하다는 것을 생각하지 않거나 생각할 수 없는 경우에 이런 행위는 과실범으로 처벌될 수 있을 뿐이다. 특히 확신범 혹은 상습범에 대하여 법률배반적인 기본태도로 인하여 위법성의 인식을 기대할 수 없으므로 고의범에 의하여는 처벌할 수 없다. 이에 대하여 위법성의 인식이 없는 때에는 과실범의 처벌 규정이 없으면 벌할 수 없고, 처벌할 수 있는 경우에도 과실범의 경한 형벌에 의하여 벌할 수 밖에 없는 중대한 형사정책적 결함이 존재한다는 비판이 있다.

(2) 제한적 고의설

고의설의 형사정책적인 결함을 시정하기 위하여 위법성의 인식은 고의의 구성요소이지만 고의의 구성요소가 되는 위법성의 인식은 반드시 현실적·심리적 인식을 요하는 것이 아니라 '인식의 가능성'으로 족하다(가능성설). 이에 대하여 위법성 인식 결여의 회피가능성이라는 과실적 요소를 현실적으로 존재하는 위법성의 인식을 의미하는 고의와 동일시하며, 본질적으로 서로 모순되는 고의와 과실을 결합하려고 한 점에 논리적인 잘못이 있다.

2. 책임설

위법성의 인식을 고의의 구성요소가 아니라 고의와 독립된 책임요소로 이해한다. 고의는 행위에 대한 조종인자로서 주관적 구성요건에 속하고, 책임론에서는 간접적인 관련밖에 가지지 않는다. 그래서 잠재적인 위법성의 인식이라는 평가적 요소나 위법성의 인식이라는 심리적 요소도 포함되지 못한다. 위법성의 인식은 고의와는 분리된 책임요소이므로 위법성의 인식이 없는 때에는 금지의 착오로서 고의를 조각하는 것이 아니라 책임을 조각할 수 있을 뿐이다. 위법성의 착오에 대한 법적 효과는 착오의 회피가능성에 의하여 좌우된다. 위법성의 착오는 고의에는 영향을 미치지 못하고, 착오가 회피불가능하면 책임이 조각하고, 회피가능하면 책임이 감경한다. 책임설은 위법성조각사유의 존재에 대한 착오를 어떻게 이해할 것인가라는 문제와 관련하여 다시 엄격책임설과 제한적 책임설로 나누어진다.

(1) 엄격책임설

목적적 행위론자가 주장하는 설로서 모든 위법성조각사유에 대한 착오를 위법성의 착오라 한다. 행위자가 그의 행위를 일반적으로 금지되지 않았다고 생각하였거나 위법성조각사유의 존재·종류 및 범위에 관한 착오로 간접적으로 허용된다고 오인했는가를 묻지 아니하고 모두 위법성의 착오에 해당한다.

(2) 제한적 책임설

인정된 위법성조각사유의 전제사실에 관한 착오는 법적 효과에 있어서 구성요건의 착오와 동일하고, 위법성조각사유의 법적 한계와 인정되지 않는 위법성조각사유에 대한 착오는 위법성의 착오이다.

3. 결어

고의설은 현실적인 위법성의 인식이 없는 경우에는 모두 과실범으로 처벌하거나 처벌하지 못하는 형사정책적 결함이 있고, 가능성설은 실제에 있어서는 책임설과 같은 결론을 가져오지만 전통적인 고의설에 입각하여 위법성의 착오에 관하여만 서로 모순되는 고의와 과실을 같이 보아야 하는 이유를 설명하지 못하는 난점이 있다. 책임설은 위법성의 인식은 고의와는 분리된 책임요소이므로 위법성의 착오는 고의를 조각하는 것이 아니고 그 불인식에 정당한 이유(위법성의 착오의 불가피성)가 있는 때에만 책임을 조각하는 것이다.

Ⅲ. 법률의 착오

1. 법률의 착오의 의의와 유형

(1) 법률의 착오의 의의

사실의 인식은 있으나 위법성을 인식하지 못한 때로서 행위자가 무엇을 하는가는 인식하였으나 그것이 허용된다고 오인한 경우를 말한다(⇒ 금지의 착오 또는 위법성의 착오).

(2) 법률의 착오의 유형

1) 직접적 착오

행위자가 그의 행위에 대하여 직접 적용되는 금지규범을 인식하지 못하여 그 행위가 허용된다고 오인한 경우를 말한다.

① 법률의 부지

행위자가 금지규범을 인식하지 못한 경우로서 법률의 부지가 위법성의 착오에 해당하느냐에 대하여 **판례**는 위법성의 착오가 아니라고 하고(대법원 1980.2.12, 79도

285 ; 대법원 1984.2.28, 83도2985), 학설은 금지규범을 인식하지 못한 경우와 그것이 허용된다고 오인한 경우에 차이가 있는 것은 아니라고 하여 위법성의 착오에 해당한다고 한다. 예컨대, 간통금지규범의 존재를 모르는 외국인의 간통행위를 들 수 있다. 형법 제16조에 의하여 처벌하지 아니하는 경우란 단순한 법률의 부지의 경우를 말하는 것이 아니고, 일반적으로 범죄가 되는 행위이지만 자기의 특수한 경우에는 법령에 의하여 허용된 행위로서 죄가 되지 아니한다고 그릇 인식하고 그와 같이 인식함에 있어 정당한 이유가 있는 경우에는 벌하지 아니한다는 취지이므로, 피고인이 자신의 행위가 건축법상의 허가대상인 줄을 몰랐다는 사정은 단순한 법률의 부지에 불과하고 특히 법령에 의하여 허용된 행위로서 죄가 되지 않는다고 적극적으로 그릇 인식한 경우가 아니어서 이를 법률의 착오라고 할 수 없다(대법원 1991.10.11. 91도1566).

② 효력의 착오

행위자가 일반적 구속력을 가지는 법규정을 잘못 판단하여 그 규정이 무효라고 오인한 때를 말하는 것으로 순수한 의미의 법률의 착오이다. 예컨대, 형법의 어떤 규정이 위헌이기 때문에 효력이 없다고 오인한 경우를 들 수 있다.

③ 포섭의 착오

규범을 잘못 해석하여 그 행위에 대하여는 적용되지 않는다고 오인한 경우이다. 포섭의 착오가 위법성의 착오로 되기 위해서는 행위자가 포섭의 착오로 인하여 그의 행위가 허용된다고 인식하였는가 즉 위법성의 인식을 결하였는가가 기준이 되어야 한다. 예컨대, 선물로 받은 뇌물은 뇌물취득죄가 되지 않는다고 믿는 경우를 들 수 있다.

2) 간접적 착오

위법성조각사유의 착오는 행위자가 금지된 것은 인식하였으나 구체적인 경우에 위법성조각사유의 **법적 한계**를 오해하였거나 위법성조각사유가 존재하는 것으로 오인하여 위법성을 조각하는 반대규범이 존재하는 것으로 착오한 때를 말한다. 위법성조각사유의 전제사실에 관한 착오는 **허용구성요건의 착오**라고 하고, 위법성조각사유의 범위와 한계에 대한 착오는 간접적 금지의 착오로써 위법성의 착오의 일반원리에 의하여 처리해야 한다(**허용의 착오**).

2. 형법 제16조와 정당한 이유

(1) 형법 제16조의 해석

형법 제16조에서는 「자기의 행위가 법령에 의하여 죄가 되지 아니하는 것으로 오인한 행위는 그 오인에 정당한 이유가 있는 때에 한하여 벌하지 아니한다」고 규정을 두고 있다. 책임설에 의하여 해석하여 형법 제16조에 의하여 위법성의 착오는 그 착오(오인)에 정당한 이유가 있으면 책임을 조각하고, 정당한 이유가 없는 때에는 조각되지 않고, 고의범으로 처벌받게 된다.

(2) 정당한 이유

정당한 이유의 판단은 **회피가능성**(Vermeidbarkeit)의 판단문제에 귀착된다. 착오의 회피가능성은 구체적인 위법성의 인식가능성을 전제로 한다. 착오의 회피가능성의 판단기준은 BGH는 양심의 긴장(Gewissenspannung)을 들어 양심의 긴장을 다하였으면 위법성을 인식할 수 있었던 경우의 착오는 회피가능하며, 양심의 긴장의 정도는 행위상황과 행위자의 생활과 직업에 따라 결정된다. 따라서 '**양심**'은 위법성을 인식하는 근원이 아니라 인식과정에 있어서의 동기의 하나에 지나지 않는다. 위법성의 인식의 판단은 양심이 아니라 **지적 인식능력**을 기준으로 해야 한다. 위법성의 착오에 대한 회피가능성의 판단기준은 일반적으로 회피가능성과 과실의 판단기준은 같다. 행위가 단순히 법률위반에 그치는 것이 아니라 동시에 도덕질서에 대한 중대한 침해가 될 때에는 법률의 착오는 회피가능하다. 행위가 도덕질서와 직접적 관계를 가지지 않은 때에도 행위자에게는 법규정을 조사하고 확인할 의무가 있다. 스스로의 사고에 의한 위법성의 판단도 불가능한 것은 아니나, 이러한 경우에는 행위자가 법률을 올바르게 해석하고 그 효과를 판단할 수 있는 능력이 있을 것을 전제로 한다.

예제 ■■■ 다음의 경우 정당한 이유가 있는지 아니지를 살펴보자.

1. 정당한 이유가 있다고 한 판례

① 국민학교 교장이 도교육위원회의 지시에 따라 교과내용으로 되어 있는 꽃 양귀비를 교과식물로 비치하기 위하여 양귀비 종자를 사서 교무실 앞 화단에 심은 것이라면 이는 죄가 되지 아니한 것으로 오인한 행위로서 그 오인에 정당한 이유가 있는 경우에 해당한다(대법원 1972. 3. 31, 72도64)

② 유류 저장 사건 "부대장의 허가를 받아 부대 내에 유류를 저장하는 것이 죄로 되지 않은 것으로 믿었다면 이와 같은 오인에는 정당한 이유가 있다고 할 것이므로 형법 제16조에 의하여 벌할 수 없는 경우에 해당한다(대법원 1971. 10. 12, 71도1356).

2. 정당한 이유가 없다고 한 판례

① 피고인이 제약회사에 근무한다는 자로부터 마약이 없어 약을 제조하지 못하니 구해 달라는 거짓 부탁을 받고 제약회사에서 쓰는 마약을 구해주어도 죄가 되지 아니하는 것으로 믿고 생아편을 구해주었다 하더라도 피고인들이 마약취급의 면허가 없는 이상 위와 같이 믿었다 하여 이러한 행위가 법령에 의하여 죄가 되지 아니한 것으로 오인하였거나, 그 오인에 정당한 이유가 있는 경우라고 볼 수 없다(대법원 1983. 9. 13, 83도1927).

② 사람이 죽으면 으레 당국에 신고한 연후에 그 사체를 이장하여야 함은 일반상식으로 되어 있으므로 그것을 몰랐다고 변소한다 하여 이를 위법행위를 합법행위로 오인하였음에 정당한 이유가 있는 때에 해당한다고 할 수 없다(대법원 1979.8.28, 79도1671).

3. 위법성조각사유의 전제사실의 착오

(1) 의의

행위자가 그 요건이 존재하면 위법성이 조각되는 상황이 존재한다고 오인한 경우, 위법성조각사유의 객관적 요건 내지 그 전제사실에 대한 착오(**허용구성요건의 착오**)를 말한다. 오상방위, 오상피난, 오상자구행위를 들 수 있다. 이러한 착오는 위법성의 착오(법률의 착오)와 구성요건의 착오(사실의 착오)의 가운데에 위치하는 '독립된 형태의 착오'이다. 착오가 법규의 기술적 혹은 규범적 요건에 대한 것이므로 구조에 있어서는 구성요건의 착오와 유사하나, 금지규범이 예외적으로 허용규범에 의하여 후퇴한다고 오인한 것이라는 점에서 보면 결과에 있어서는 법률의 착오와 접근한다. 예컨대, 전보배달부를 강도로 오인하고 상해를 입힌 경우를 들 수 있다.

(2) 견해의 대립

1) 엄격책임설

목적적 행위론자가 주장한 것으로 허용구성요건의 착오를 허용착오와 같이 취급하여 제16조의 법률의 착오의 규정을 적용해야 하고 허용구성요건의 착오에 정당한 이유가 없으면 행위자는 고의범으로 처벌되고, 그러한 이유가 있으면 제16조에 따라서 불가벌이다. 허용구성요건의 착오를 포함한 모든 위법성조각사유의 착오를 법률의 착오라고 해석한다. 이에 대하여 평가의 착오가 아니라 사실관계의 착오라는 특수성을 무시하고 착오의 회피가능성만을 이유로 고의범으로 처벌하는 불합리한 결과를 초래한다는 비판이 있다.

2) 소극적 구성요건요소이론

위법성조각사유의 요건은 소극적 구성요건요소가 되므로 위법성을 조각하는 행위상황에 대한 착오는 구성요건적 착오가 되고 따라서 고의를 조각하게 된다. 이에 대하여는 위법성의 독자성을 부정하게 되고 고의의 내용으로 위법성조각사유가 존재하지 않는다는 점에 대한 인식까지 요구하는 것은 타당하지 못하다는 비판이 있다.

■ 소극적 구성요건요소이론(Merkel, Frank)
⇒ 불법구성요건+책임 = 2단계 범죄체계
① 구성요건해당성과 위법성의 구별배제
② 구성요건은 총체적 불법구성요건이고, 위법성조각사유는 소극적 구성요건 요소로서 만약 위법성조각사유가 존재하면 구성요건해당성도 조각된다.

3) 제한적 책임설

구성요건적 착오는 아니지만 구성요건적 착오와의 구조적 유사성을 근거로 구성요건적 착오와의 규정이 적용되어야 한다. 허용구성요건에 대한 회피할 수 있는 착오는 고의범으로 처벌되는 것이 아니라 과실범의 처벌규정이 있는 때에만 과실범으로 처벌받게 된다. 정당화상황이 존재하는 것으로 사람에 대해 법규범의 호소는 먹혀 들어가지 않는다. 이것은 범죄가 된다는 사실을 인식하지 못한 구성요건의 착오와 같은 상황이다.

① 유추적용설

구성요건적 착오에 관한 규정이 직접 적용될 수 없지만 구성요건요소와 허용구성요건 사이에는 질적인 차이가 없고, 이 경우에는 고의의 본질이 되는 행위자의 구성요건적 불법을 실현하려는 결단이 없으므로 행위불법을 부정해야 하기 때문에 구성요건적 착오에 관한 규정을 유추적용하여 고의를 조각한다. 이에 대하여 착오가 없는 경우에는 위법성이 조각됨에 불과함에 반하여 착오로 인하여 구성요건적 고의가 조각된다고 해석하는 것은 체계상 타당하다고 하기 어렵다는 비판이 있다.

② 법효과제한적 책임설

허용구성요건의 착오가 고의를 조각하는 것은 아니지만 고의책임과 고의형벌을 조각하여 법효과에 있어서 구성요건적 착오와 같이 취급해야 한다.

(3) 결어

행위자가 인정되는 위법성조각사유가 존재한다는 적법의식을 가지고 법에 따라 합법하게 행위한다고 믿고 있는 경우에는 고의범에 있어서 전형적인 법공동체의 가치관념에 대한 배반이 없다. 위법성조각사유의 전제사실에 대한 착오에 대하여 구성요건을 인식하였다는 점에서 순수한 구성요건의 착오는 아니나, 그 착오가 단순히 위법성에 대한 것이 아니라 법적·사회적 의미의 내용과 결합되어 있다는 점에서 법률의 착오와 구별된다. 그리고 이 경우 회피할 수 있는 착오에 대한 책임이 질적으로 과실책임과 일치하는 이상 위법성조각사유의 전제사실에 대한 착오는 법적 효과에 있어서 구성요건의 착오와 같이 취급하는 것이 옳다.

〔표〕 위법성조각사유의 전제사실에 대한 착오의 법적 효과

	착오의 효과
고의설	책임고의 조각 → 과실범
소극적 구성요건요소이론	불법고의 조각 → 과실범
엄격책임설	정당한 이유 有 : 책임조각 →무죄 정당한 이유 無 : 고의범(책임감경가능)
유추적용설	불법고의 조각 → 과실범
법효과적제한적 책임설	책임고의 조각 → 과실범

1. 형법 제16조 법률의 착오는 단순한 법률의 부지를 말하는 것은 아니다. 이는 일반적으로 범죄가 되는 행위이지만 자기의 특수한 경우에는 법령에 의하여 허락된

행위로서 죄가 되지 않는다고 잘못 생각하고, 그와 같이 잘못 생각하는 데 정당한 이유가 있는 경우에 벌하지 않는다는 뜻이다(대법원 1980. 2. 12, 79도285 ; 대법원 1985. 5. 14, 84도1271).

2. 형법 제16조에 자기의 행위가 법령에 의하여 죄가 되지 아니하는 것으로 오인한 행위는 그 오인에 정당한 이유가 있는 때에 한하여 벌하지 아니한다고 규정하고 있는 바, 이는 단순한 법률의 부지의 경우를 말하는 것이 아니고, 일반적으로는 범죄가 되는 행위이지만 자기의 특수한 경우에는 법령에 의하여 허용된 행위로서 죄가 되지 아니한다고 그릇 인식하고 그와 같이 그릇 인식함에 있어서 정당한 이유가 있는 경우에는 벌하지 아니한다(대법원1985. 4. 9, 85도25).

3. 범죄성립에서 위법성인식은 그 범죄사실이 사회정의와 조리에 어긋난다는 것을 인식하는 것으로서 족하고 구체적인 해당 법률 법조문까지 인식할 필요는 없다(대법원 1987. 3. 24, 86도2673 ; 대법원 1981. 2. 24, 4293형상937).

4. 미숫가루제조행위는 별도의 허가를 얻을 필요가 없다고 믿고 이를 제조하였다면 법령에 의해 죄가 되지 않는 것으로 오인함에 정당한 사유가 있는 경우에 해당한다(대법원 1983. 2. 22, 81도2763).

5. 타인의 허가를 얻어 벌채하고 남아 있던 잔존목을 벌채하는 것이 위법인 줄 몰랐다는 사정은 단순한 법률의 부지에 해당하여 형법 제16조의 법률의 착오라 볼 수 없다(대법원 1986. 6. 24, 86도810).

6. 피고인이 유선방송업은 당국의 허가대상이 아니라고 말하였거나, 체신부장관의 회신내용에 의하여 자기 행위가 법령의 죄가 되지 않는 것으로 오인하였다 하더라도 피고인의 고의는 부정할 수 없다(대법원 1987. 4. 14, 87도160).

7. 관할관청이 장의사영업허가를 받은 상인에게 장의에 소요되는 기수, 물품을 판매하는 이른바 도매업에 대해서는 같은 법제 제5조 제1항 소정의 영업허가가 필요없는 것으로 해석하여 영업허가를 해주지 않고 있어 피고인 역시 영업허가 없는 이른바 도매를 해왔다면 동인에게는 같은 법률위반에 대한 인식이 있었다고 보기 어렵다(대법원 1989. 2. 28, 88도1141).

8. 무도시설을 인수할 당시 무도학원이 학원의 설립·운영에관한법률 제5조 제1항의 규정에 따라 등록하지 않았다는 이유로 여러 차례 처벌받고 있었음에도 불구하고, 무도학원의 등록절차에 관한 법률적 의문을 해소하기 위하여 등록관청에 질의를 한 바도 없이 풍속영업신고의 신고자 명의만을 변경하여 영업을 한 것은 법률의 단순한 부지를 이용한 것으로서 그러한 행위가 죄가 되지 않는다고 오인하였거나 오인한 데 정당한 사유가 있었다고 볼 수 없다(대법원 1994. 9. 9, 94도1134).

9. 활법이 정부 공인의 체육종목이고 피고인이 활법 종목의 사회체육지도자 자격증을 취득한 후 당국의 허가를 받아 활법원을 설립·운영하고 있다 하더라도, 활법을 체육종목으로서 공인하거나 그 지도자 자격을 부여하는 것 등은 신체와 정신을 기르고 여가를 선용하고자 하는 무면허 의료행위까지도 할 수 있도록 허용하는 취지는 아님이 분명하므로, 설사 피고인이 '가'항의 시술을 한 자신의 행위가 무면허 의료행위에 해당되지 아니하여 죄가 되지 않는다고 믿더라도 그와 같이 믿는 데에 정당한 사유가 있었다고 할 수 없다(대법원 1995. 4. 7, 94도1325).

1. 다음 설명 중 틀린 내용은?

① 위법성의 인식이란 행위자가 자기의 행위가 법적으로 허용되지 않는다는 인식을 말한다.
② 법률의 부지가 위법성의 착오인지에 대하여 통설과 판례는 위법성의 착오라고 보고 있다.
③ 통설에 따르면 위법성의 인식은 고의와는 독립된 책임요소이므로 법률의 착오는 고의의 성립여부와는 관계가 없고 착오에 정당한 이유가 있으면 책임이 조각된다고 한다.
④ 법률의 착오는 그 오인에 정당한 이유가 있는 때에 한하여 벌하지 아니한다.

〈해설〉 ② 법률의 부지에 대하여 통설은 금지의 착오에 해당한다고 하나, 판례는 금지착오가 아니므로 범죄성립에 영향이 없다고 한다.

2. 다음 중 법률의 착오에 해당하는 것은?

① 타인을 살해하고 보니 자신의 부친이었던 경우
② 자살도 죄가 된다고 믿고 자살하려고 했으나 미수에 그친 경우
③ 선물로 받은 뇌물은 뇌물취득죄가 되지 않는다고 믿은 경우
④ 자기물건으로 오인하고 타인의 물건을 가져 온 경우

〈해설〉 ③ 금지착오(포섭의 착오) ① 사실의 착오 ② 반전된 금지의 착오 ④ 과실범

3. 다음 중 판례에 의할 때 법률의 착오에 정당한 이유가 없다고 한 사례는?

① 군복무를 필한 이복동생의 이름으로 해병대에 지원입대하여 복무하다가 휴가를 받아 귀대하지 않은 경우

② 초등학교 교장이 교과식물을 비치하기 위하여 학교 화단에 양귀비 종자를 삭제한 경우

③ 교통부장관의 허가를 받아 설립된 한국교통사고상담센터의 직원이 피해자의 위임으로 사고회사와의 사이에 화해의 중재나 알선을 한 경우

④ 마약취급의 면허가 없는 자가 제약회사에서 쓰는 마약은 구해주어도 죄가 되지 아니하는 것으로 믿고 생아편을 구해준 경우

〈해설〉 ④ (대법원 1983.9.13, 83도1927) : ① (대법원 1974.7.23, 74도1399) ②(대법원 1972.3.31, 72도64) ③ (대법원 1975.3.25, 74도2882)

제5절 기대가능성

I. 의의

1. 기대가능성의 의의

기대가능성이란 행위자에게 적법행위를 기대할 수 있는 '적법행위의 기대가능성'(Zumutbarkeit)을 말한다. 행위시의 구체적 사정으로 보아 행위자가 범죄행위를 하지 않고 적법행위를 기대할 수 있는 것을 말하는데 책임비난은 인간에게 적법행위를 기대할 수 있을 것을 전제로 한다. 행위자에게 적법행위를 기대할 수 없을 때에는 책임이 조각된다. 책임조각사유는 적법행위의 기대불가능성이라는 기본사상에 근거한다.

2. 기대가능성론의 발전

(1) 규범적 책임론

심리적 책임론에 의해서 고의와 과실을 같은 심리적 관계로 이해할 수 없으며, 고

의 혹은 과실이 있음에도 불구하고 책임이 조각되는 경우를 설명할 수 없을 뿐만 아니라, 과실 특히 인식없는 과실의 경우에는 이러한 심리적 요소도 인정할 수 없다는 결함이 존재한다. 규범적 책임론은 책임의 본질이 심리적 사실관계가 아니라 구성요건에 대항하는 불법의 비난가능성이라는 평가적 가치관계에 있음을 명백히 하였다. 책임의 본질인 불법에 대한 비난가능성은 적법행위의 기대가능성을 전제로 한다.

(2) 기대가능성이론의 전개

1897.3.23의 Leinenfänger **사건**(RG는 주인의 명령에 따라 악습이 있는 말을 몰다가 통행인에게 상해를 입힌 마부에 대하여 해고의 위험을 무릅쓰고 말의 사용을 거부할 것을 기대할 수 없다는 것이다)에 대한 RG(독일법원)의 판결로서 프랑크는 고의·과실 이외에 비난가능성, 즉 부수사정의 정상성도 책임요소가 되어야 한다고 주장하였고, 프로이덴탈(Freudenthal)은 비난가능성은 일반적인 책임요소로서 고의와 과실의 구성요소가 되며 사정에 의하여 적법행위를 기대할 수 없는 자는 고의로 행위한 것이 아니라고 하였다. 골드쉬미트(Goldschmidt)는 책임이란 심리적 구성요건의 가치연관으로서 의무규범에 대한 침해에 의하여 인정할 수 있다고 하였다. 책임판단에서 확정되는 의무위반은 의무규범에 따르지 않는 것을 의미한다. 기대불가능성을 일반적인 초법규적 책임조각사유로 이해하는 견해는 20세기 초반까지 독일의 통설이고 우리나라에서는 현재까지 **통설**이 된다. 예컨대, 초혼인 피고인이 이혼한 남자와 결혼하여 전처 소생의 자녀들과 가정을 이루어 살고 있던 중 갑자기 나타난 전처가 자기도 모르게 이혼심판이 확정되고 호적정리까지 된 사실을 알고 추완항소(追完抗訴)를 제기해 위 심판이 파기되어 전혼(前婚)이 부활되고, 피고인과 남편을 상대로 혼인무효소송을 제기해 후혼(後婚)이 취소되었는데도 계속 동거해오다 간통죄로 고소를 당한 경우 간통죄의 구성요건에는 해당하나 그러한 행위를 하지 않으리라는 기대가능성이 없어 무죄이다(대법원 1993.1.6.92고단4640).

II. 기대가능성의 체계적 지위

1. 책임론에 있어서의 체계적 지위

(1) 고의·과실의 구성요소설

기대가능성을 책임의 심리적 요소인 고의·과실의 구성요소로 파악하여 기대가능성이 없으면 고의나 과실이 조각된다고 하는 견해이다. 규범적 요소를 고의・과실에 포함시켜 기대가능성에 의하여 책임을 통일하려는 것이다. 이에 대하여 고의와 과실은 의사결정이라는 주관적・내부적인 정신세계이고 기대가능성은 이러한 의사결정에 영향을 줄 수 있는 부수사정에 대한 외부적・객관적 가치판단이므로 이를 고의나 과실에 포함시키는 것은 부당하다는 비판이 있다.

(2) 제3의 책임요소설

기대가능성을 책임능력・책임조건(고의・과실)과 병렬적 위치에 있는 독립된 책임요소이다. 기대가능성은 비난가능성의 가장 중요한 본질적 요소이므로 기대가능성의 독자성을 인정하는 설이다. 이에 대하여 기대가능성은 그것이 존재하는 경우에 책임을 인정할 수 있게 하는 판단기준이 아니라 그것이 존재하지 않는 경우에 책임을 조각 혹은 감소하게 하는 점에서 형법상 의미를 가지는 것이라는 기능을 무시한다는 비판이 존재한다.

(3) 책임조각사유설

책임의 적극적 요소가 아니라 책임능력과 책임조건이 존재하면 원칙적으로 책임이 인정되고 기대가능성이 없는 때에 책임이 조각된다. 기대가능성이 비난가능성의 본질적 요소라 할지라도 그것은 책임능력이나 책임조건이 존재하는 경우에 적법행위의 기대가능성이 없을 때에는 책임이 조각되고, 책임조각의 기본사상이 기대불가능성에 있음을 의미한다. 이 설이 **통설**이다.

관련 판례정리 : 기대가능성에 대한 관련판례

1. 적법행위의 기대가능성이 있다고 한 경우
   공무원이 그 직무를 수행함에 있어 상관은 하관에 대하여 범죄행위 등 위법한 행위를 하도록 명령할 직권이 없는 것이고 하관은 소속상관의 적법한 명령에 복종할 의무는 있으나 그 명령이 참고인으로 소환된 사람에게 가혹행위를 가하라는 등과 같이 명백한 위법 내지 불법한 명령인 때에는 이는 벌써 직무상의 지시명령이라 할 수 없으므로 이에 따라야 할 의무는 없다. 설령 대공수사단 직원은 상관의 명령에 절대복종하여야 한다는 것이 불문률로 되어 있다 할지라도 국민의 기본권인 신체의 자유를 침해하는 고문행위 등이 금지되어 있는 우리의 국법질서에 비추어 볼 때 그와 같은 불문률이 있다는 것만으로는 고문치사와 같이 중대하고도 명백한 위법명령에 따른 행위가 정당한 행위에 해당하거나 강요된 행위로서 적법행위에 대한 기대가능성이 없는 경우에 해당하게 되는 것이라고는 볼 수 없다(대법원 1988. 2. 23, 87도2358)

2. 적법행위의 기대가능성이 없다고 한 경우
수학여행을 온 대학교 3학년생 34명이 지도교수의 인솔하에 피고인 경영의 나이트클럽에 찾아와 단체입장을 원하므로 그들중 일부만의 학생증을 제시받아 확인하여 본 즉 그들이 모두 같은 대학교 같은 학과 소속의 3학년 학생들로서 성년자임이 틀림없어 나머지 학생들의 연령을 개별적, 기계적으로 일일이 증명서로 확인하지 아니하고 그들의 단체입장을 허용함으로써 그들 중에 섞여 있던 미성년자 1인을 위 업소에 출입시킨 결과가 되었다면 피고인이 단체입장하는 위 학생들이 모두 성년자일 것으로 믿은 데에는 정당한 이유가 있었다고 할 것이고, 따라서 위와 같은 상황아래서 피고인에게 위 학생들 중에 미성년자가 섞여 있을지도 모른다는 것을 예상하여 그들의 증명서를 일일이 확인할 것을 요구하는 것은 사회통념상 기대가능성이 없다고 봄이 상당하므로 이를 벌할 수 없다(대법원 1987. 1. 20, 86도874)

2. 기대가능성이론의 기능

(1) 초법규적 책임조각사유의 문제

1) 기대가능성은 책임조각사유의 기본원리이므로 이에 의하여 일반적인 초법규적 책임조각사유를 인정하는 결과가 된다. 이에 대하여 초법규적 책임조각사유를 인정하는 것은 형법의 기능과 법적용의 평등을 약화시키며 책임주의를 침해한다.

2) 언제나 책임이 있고 또 그것이 조각되는가는 형법이 규정할 성질의 것이며 기대불가능성은 개별적인 형법규정의 범위와 한계를 명백하게 하여 주는 보정원칙에 지나지 않는다. 단 과실범과 부작위범에 있어서는 기대불가능성이 책임조각사유가 될 수 있어도, 고의의 작위범에 있어서는 기대가능성이 없다는 이유만으로 책임이 조각된다고 할 수 없다.

(2) 보정(補正)기능의 적용범위

기대가능성이론은 원래 책임조각사유의 기본원칙으로 전개된 것인데, 단순히 책임조각사유에 대하여만 적용되는 것이 아니라 부작위범과 과실범에 관하여는 구성요건해당성 내지 불법을 규제하는 것이다. 기대불가능성이 구성요건해당성 내지 불법을 조각하는 범위는 기대불가능성은 진정부작위범의 경우에 작위의무의 범위를 결정하므로 구성요건해당성을 조각한다는 견해, 진정부작위범의 경우뿐만 아니라 부진정부작위범에 대하여도 구성요건해당성을 조각한다는 견해, 부작위범의 경우 이외에 과실범의 경우에도 기대가능성은 불법의 영역에서 객관적 주의의무의 이해 여부를 결정하는 이중의 의미를 가진다는 견해 등이 대립한다. 결론적으로 부작위범에 있어서는 행위의 불가능성과 기대불가능성을 구별해야 하고, 행위의 불가능한 때에는 구성요건에 해당하지 않지만 구성요건해당성이 긍정되는 경우에 한하여 작위의무의 기대가능성이 문제되는 것이고 과실범에 있어서도 기대가능성이 객관적 주의의무의 내용이 된다고 할 수 없으므로 기대불가능성의 보정기능이 불법하게 확대된다면 부당하다.

Ⅲ. 기대가능성의 판단기준

1. 행위자표준설

기대가능성의 유무를 행위 당시에 있어서 '행위자'의 구체적 사정을 표준으로 하여 판단해야 하고 행위 당시에 행위자가 그 행위 대신에 다른 적법행위를 할 것을 기대할 수 있는가에 따라 기대가능성의 유무를 판단해야 한다. 행위자를 떠나서 기대가능성을 논하는 것은 이를 책임의 근거로 인정하는 사실을 무의미하게 만들며 인간에게 초인간적인 것을 요구할 수 없으므로 형사책임의 일반원칙과 기대가능성의 본질에 비추어 판단해야 한다. 이에 대하여 행위자 개인의 구체적 사정을 표준으로 하여 기대가능성을 판단할 때에는 적법행위의 기대가능성은 거의 있을 수 없게 되고 특히 확신범의 기대가능성이 없으므로 책임이 없다는 결론이 되어 책임판단이 불가능하다. 책임판단의 확실성과 균형성을 침해하고 극단적인 개별화에 형법의 해소를 결과한다는 비판이 있다.

2. 평균인표준설

기대가능성의 유무는 행위자 대신에 '사회의 평균인'을 표준으로 하여 판단해야 한다는 견해로서 사회의 평균인을 행위자의 위치에 둔 경우에 적법행위를 기대할 수 있는가에 따라 기대가능성을 판단해야 한다는 설이다. 이 설이 **통설**이다.

3. 국가표준설

적법행위를 기대하고 있는 국가가 법질서 내지 현실을 지배하고 있는 국가이념에 따라 기대가능성의 유무를 판단해야 한다. 기대가능성의 판단은 구체적인 행위자의 개별적인 평가의 문제가 아니라 법질서와 법률에 의한 객관적 평가의 문제가 된다. 이에 대하여 국가는 항상 국민에게 적법행위를 기대하는 것이므로 국가를 표준으로 기대가능성의 유무를 판단하는 것은 기대가능성의 기본사상과 일치하지 않는다.

Ⅳ. 기대가능성에 대한 착오

기대가능성의 존재와 한계에 대한 착오는 기대가능성의 한계를 행위자 스스로 판단할 성질이 아니기 때문에 법적으로 아무런 의미가 없고, 책임을 조각하는 행위상황에 대한 착오는 기대불가능성의 기초가 되는 사정에 대한 착오로서 이는 고유한 종류의 착오로서 착오에 상당한 이유가 있으면 책임이 조각되지만, 이를 회피할 수 있었던 때에는 책임을 조각하지 못한다.

Ⅴ. 기대가능성으로 인한 책임조각사유

1. 형법상의 책임조각사유

형법총론에서는 강요된 행위(제12조), 과잉방위(제21조 제3항), 과잉피난(제22조 제3항), 과잉자구행위이고 형법각론에서는 친족간의 범인은닉(제151조 제2항), 증거인멸(제155조 제2항), 단순도주죄(제145조), 위조통화취득후의 지정행사죄(제210조)를 들 수 있다.

2. 초법규적 책임조각사유

형법의 규정이 없다 하더라도 기대불가능성을 이유로 책임이 조각된다.

(1) 위법한 명령에 따른 행위

상관의 위법한 명령에 따른 행위는 어떤 경우에도 위법하다. 다만 절대적 구속력을 가진 명령의 경우에는 이에 따른 행위는 기대가능성이 없기 때문에 책임이 조각된다. 예컨대, 군인 혹은 공무원의 직무상의 명령을 들 수 있다.

(2) 의무의 충돌

동시에 이행해야 할 의무가 충돌한 경우에 행위자가 낮은 가치의 의무를 이행하기 위하여 높은 가치의 의무를 태만히 한 때에는 행위자는 위법하게 행위한 것이다. 행위자가 충돌하는 의무의 서열을 잘못 알고 높은 가치의 의무를 이행한다는 것이 낮은 가치의 의무를 이행한 때에는 '법률의 착오'가 되고, ① 부득이한 사유로 인하여 낮은 가치의 의무를 이행한 때, ② 객관적인 법질서나 사회윤리적 가치관의 관점에서는 높은 가치의 의무를 이행해야 하나 행위자의 개인적인 종교 혹은 윤리관으로 인하여 낮은 가치의 의무를 이행한 때에는 책임이 조각된다.

(3) 생명 · 신체 이외의 법익에 대한 강요된 행위

책임조각사유의 기본원리에 비추어 적법행위에 대한 기대가능성이 없는 때에는 초법규적으로 책임이 조각 혹은 감경된다.

3. 강요된 행위

(1) 의의

형법 제12조에서는 「저항할 수 없는 폭력이나 자기 혹은 친족간의 생명 · 신체에 대한 위해를 방어할 방법이 없는 협박에 의하여 강요된 행위는 벌하지 아니한다」고 규정하고 있다. 강제상태하에서는 행위자에게는 적법행위에 대한 기대가능성이 없다는 이유로 책임이 조각된다는 것을 명백히 하였다. 기대불가능성이 책임조각사유가 된다는 것을 명백히 한 예시규정의 의미를 갖는다.

(2) 법적 성질

형법 제12조는 독일의 구형법 제52조의 강요된 긴급피난(Notigungsstand)에서 유래하는 규정으로서 긴급피난의 본질에 관하여 이원설을 취하는 독일형법의 해석에 있어서는 강요된 행위는 긴급피난의 한 형태 내지는 그 특수한 경우에 불과하다고 한다. 그러나 '긴급피난'은 자기 또는 타인의 법익에 대한 현재의 위난이 있어야 함에 반하여 '강요된 행위'는 폭행 또는 협박으로 인하여 강요된 상태이다. 상당성 판단에 있어서 '긴급피난'이 상충하는 이익 사이의 균형을 필요로 하는데 반하여 '강요된 행위'는 상당한 이유의 유무와는 관계없이 오로지 강제상태 때문에 적법행위의 기대가능성이 없다.

(3) 요건

1) 강제상태

① 저항할 수 없는 폭력

(i) 폭력의 범위

폭력이란 저항을 억압하기 위하여 행사되는 유형력으로 폭력은 그 강도에 따라 절대적 폭력(육체적으로 어떤 행위를 절대적으로 하지 못하게 하는 경우)과 강제적 폭력(의사형성에 영향을 미치는 심리적 폭력)으로 구별하여 절대적 폭력에 의한 경우에는 피강요자의 의사를 인정할 수 없으므로 형법상의 행위라고 할 수 없으므로 **강제적 폭력**에 한한다(**다수설**). 감금행위, 혼수상태와 같이 폭력의 수단에는 제한이 없다.

> 18세 소년이 취직할 수 있다는 감언에 속아 도일하여 조총련 간부들의 감시 내지 감금하에 강요에 못 이겨 공산주의자가 되어 북한에 갈 것을 서약한 행위를 한 것이 강요된 행위이다(대판 1972. 5. 9, 71도1178).

(ii) 저항할 수 없는 폭력의 기준

피강요자가 강제에 대항할 수 없는 정도의 폭력으로 저항할 수 없는 폭력인가의 여부는 '**구체적인 사정**'을 기초로 피강요자의 능력을 고려하여 폭력의 성질과 수단·방법 및 피강요자의 인격 등을 종합하여 구체적으로 결정된다.

② 방어할 방법이 없는 협박

협박이란 사람을 외포시킬만한 위해를 가할 것을 고지하는 것을 말한다. 반드시 명시적 외형적인 협박은 불요한다.

(i) 위해의 범위

생명·신체에 대한 위해는 살해하거나 신체의 완전성을 침해하는 것이고 자기 혹은 친족에 대한 것이어야 하며 본조의 취지에 비추어 사실상의 부부와 사생아도 여기에 포함된다.

(ii) 방어할 방법이 없는 협박

범죄를 행하는 것이 위해를 피하기 위한 유일한 방법이어야 한다. 협박은 현실로 상대방을 외포케 하여 의사결정과 활동의 자유를 침해할 정도에 이르러야 한다.

③ 자초한 강제상태

강요된 행위의 요건인 강제상태, 즉 저항할 수 없는 폭력이나 방어할 방법이 없는 협박은 포함되지 아니한다. 예컨대, 반국가단체의 지배하에 있는 북한지역으로 탈출하는 것은 강요된 행위가 아니다.

2) 강요된 행위

폭력이나 협박에 의하여 피강요자의 의사결정이나 활동의 자유가 침해되어 강요자가 요구하는 일정한 행위를 하는 것이다. 강요된 행위가 구성요건에 해당하는 위법한 행위일 것을 요함은 당연하나, 일정한 요건도 갖추지 못한 행위에 대하여는 행위자의 책임문제가 아니고 강요의 수단인 폭력이나 협박과 강요된 행위 사이에는 인과관계가 있어야 하나, 인과관계가 없는 때에는 책임이 조각되지 않고 강요자와 공범관계가 성립된다.

(4) 효과

피강요자의 강요된 행위는 벌하지 아니한다. 적법행위에 대한 기대가능성이 없기 때문에 책임이 조각된다. 강요자는 간접정범으로 처벌을 받는다.

1. 제12조의 저항할 수 없는 폭력은 심리적 의미에서 육체적으로 어떤 행위를 절대적으로 하도록 만드는 경우와 윤리적 의미에서 강압된 경우를 말한다. 협박은 자기 또는 친족의 생명, 신체에 대한 위해를 달리 막을 방법이 없는 경우를 말한다. 강요는 피강요자의 자유로운 의사결정을 하지 못하게 하면서 특정행위를 하게 하는 것을 말한다(대법원 1983. 12. 13, 83도2276)

2. 강요행위가 되려면 반드시 유형적인 협박을 받을 것을 요건으로 하지 않는다(대법원 1968. 11. 26, 68도109 ; 대법원 1969. 3. 25, 69도94)

3. 북한에 납북된 피고인들의 북한에 대한 찬양·고무행위는 강요된 행위이며 적법행위에 대한 기대가능성이 없다(대법원 1971. 12. 28, 71도1304 ; 대법원 1971. 12. 1, 71도1657).

4. 상사의 지시에 의한 군용물의 불법매각행위는 강요된 행위가 아니다(대법원 1983. 12. 13, 83도2543).
5. 단체 사이의 상하관계에서 오는 구속력 때문에 이루어진 행위라는 사유만으로는 그 행위를 강요된 행위라고 볼 수 없다(대법원 1986. 9. 23, 86도1547).
6. 모자보건법이 일정한 경우 인공임신중절수술을 허용하고 있더라도 의사의 낙태거절에 대한 기대가능성이 전혀 없는 것은 아니다(대법원 1985. 6. 11, 84도1958).
7. 상사의 범법행위에 가담한 부하는 가담하지 않을 수 있는 기대가능성이 있다(대법원 1985. 5. 27, 86도614).
8. 「형법」 제12조에서 말하는 강요된 행위는 저항할 수 없는 폭력이나 생명・신체에 위해를 가하겠다는 협박 등 다른 사람의 성장교육과정을 통하여 형성된 내재적인 관념 내지 확신으로 인하여 행위자 스스로의 의사결정이 사실상 강제되는 결과를 낳게 하는 경우까지 의미한다고 볼 수 없다(대법원 1990.3.27, 89도1670).

1. 강요된 행위의 의의와 요건은 무엇인가?

2. 북한에 납북된 피고인들의 북한에 대한 찬양 및 고무행위에 대한 형사책임은?

1. 형법규정상 기대가능성이론이 적용되는 것이 아닌 것은?

① 강요된 행위
② 과잉방위, 과잉피난, 과잉자구행위
③ 친족간의 범인은닉, 친족간의 증거인멸
④ 의무의 충돌

〈해설〉 ④ 의무의 충돌의 문제는 형법규정에는 없으나 기대불가능성을 이유로 초법규적으로 책임이 조각되는 경우로서 거론될 수 있다.

2. 형법 제12조의 강요된 행위에 대한 형법의 입장은?

① 간접정범으로 처벌한다. ② 책임이 조각된다.
③ 교사범으로 처벌한다. ④ 방조범으로 처벌한다.

〈해설〉 ① 강요자는 처벌되지 않는 피강요자를 이용하여 범죄를 실행한 것이므로 범죄행위의 간접정범으로 처벌된다.

3. 다음 판례에 의하여 기대가능성이 부정되는 사례는?

① 어로작업중 납북되어 북괴지역에서 한 찬양 및 고무행위
② 자기의 범죄사실을 은폐하기 위한 위증행위
③ 입학시험응시자가 우연한 기회에 출제될 시험문제를 알게 되어 그에 대한 답을 암기하여 답안지에 기재한 경우
④ 휴가 나온 병사가 처자가 생활고로 행방불명이 된 사정 때문에 귀대하지 않은 경우

〈해설〉 ④ (대법원 1969.12.23, 69도2084) : ① (대법원 1967.10.4, 67도1115) ②(대법원 1961. 7.13, 4294) ③ (대법원 1966.3.22, 651164)

UNDERSTANDING OF CRIMINAL LAW & CASES

제5장 미수론

제1절 미수범

Ⅰ. 의의

1. 범죄의 실현단계

형법에 있어서 범죄라고 할 때에는 일반적으로 기수를 의미한다. 그런데 행위자의 범죄의사가 범죄로 실현되는 때에는 예비·실행의 착수·결과의 발생을 거쳐 종료의 단계를 거친다.

(1) 범죄의사(결심단계)

범죄의사는 그것이 외부에 실현되지 않는 때에는 형법의 대상이 될 수 없다.

(2) 예비·음모단계

범행장소의 탐사·범행도구의 구입과 같은 범죄의 실현을 위한 일체의 준비행위를 말하며, 법률에 특별한 규정이 없는 한 벌하지 아니한다(제28조). 밀항단속법 제3조는 예비행위만을 처벌하고 있다(대법원 1986. 6. 24, 86도437).

(3) 미수단계

미수범이란 범죄의 실행에 착수하여 행위를 종료하지 못하였거나 결과가 발생하지 아니한 때를 말하며(제15조 제1항), 형법은 장애미수, 중지미수, 불능미수를 규정하고 있다. 신용카드업법 제25조 제1항 소정의 신용카드부정사용죄의 구성요건적 행위인 신용카드의 사용이라 함은 신용카드의 소지인이 신용카드의 본래 용도인 대금

결제를 위하여 가맹점에 신용카드를 제시하고 매출표에 서명하여 이를 교부하는 일련의 행위를 가리키므로, 단순히 신용카드를 제시하는 행위만으로는 신용카드부정사용죄의 실행에 착수한 것에 불과하고 그 사용행위를 완성한 것으로 볼 수 없다. …… 신용카드업법에서 위와 같은 미수행위를 처벌하는 규정을 두고 있지 아니한 이상 피고인을 신용카드업법위반죄로 처벌할 수 없다(대법원 1993.11.23 93도604).

(4) 기수와 종료

기수란 구성요건을 실현하여 범죄를 완성한 경우를 말한다. 그러나 기수는 구성요건의 형식적 실현을 의미한다는 점에서, 구성요건에 의하여 보호되는 법익의 침해가 행위자가 의욕한 의도대로 발생한 때에 비로소 인정되는 범죄의 실질적 종료와는 구별된다.

2. 미수의 처벌근거

미수범의 본질은 무엇이며 미수범을 처벌할 근거는 어디서 찾느냐에 대하여 견해가 대립한다.

(1) 객관설

미수범의 처벌근거는 '구성요건에 의하여 보호되는 행위의 객체에 대한 위험'이고, 예비와 미수 및 기수의 모든 행위단계에 있어서 고의는 동일하기 때문에 예비행위에 대한 미수의 한계는 객관적인 점에서 동일하다. 미수의 처벌에 대한 법적 근거는 구성요건적 결과실현의 근접한 위험에 있다. 미수는 결과불법의 발생에 대한 높은 개연성(실행의 착수에 의하여 개시되며 미수행위의 적합성이 있어야 긍정된다) 때문에 처벌된다. 예비행위에 대한 관계에서 미수의 가벌성을 양적으로 제한하고, 질적인 면에서는 불능범의 처벌을 부정한다(미수는 결과의 발생이 없기 때문에 기수에 대하여 필요적으로 형을 감경해야 한다). 이에 대하여 범죄는 특정한 법익의 침해라기보다는 공동생활에 필요한 규범의 침해에 그 본질이 있고, 미수범의 처벌을 임의적 감경으로 규정하고 있는 형법의 태도와 일치하지 못한다.

(2) 주관설

미수의 처벌근거는 '위험하거나 위험하지 않은 행위에 의하여 표현된 법적대적 의사'이고, 미수의 처벌근거는 행위로 인하여 보호의 객체에 실제적인 위험이 발생하였기 때문이 아니라 확인된 범의(犯意)에 의하여 행위반가치에 있으며, 미수와 기수는 법적대적 의사에 있어서 차이가 있는 것이 아니므로 주관설에 따르면 미수도 기수와 동일하게 처벌해야 하고 불능범에 대한 처벌까지도 긍정된다. 이에 대하여 주관설이 주관적 요소만을 지나치게 강조한 나머지 미수의 처벌범위를 시간적(실행의 착수시기) 혹은 질적(불능범)으로 지나치게 확대한 점은 형법을 심정형법으로 만드는 것이므로 부당하다.

(3) 절충설

주관주의 미수론에서 출발한다. 그러나 주관설에 의한 미수의 범위를 객관적 표준에 의하여 제한하는 입장으로서 미수의 처벌근거는 범죄의사에 있지만 미수의 가벌성은 법배반적 의사가 법질서의 효력과 법적 안정성에 대한 신뢰를 깨뜨리는 데 족할 때에만 인정된다. 절충설의 대표적인 견해는 인상설(印象說)로서 미수의 처벌근거인 범죄의사가 사회심리적 효과로서의 일반에 의한 행위의 인상에 의하여 보충된다. 예비와 미수의 구별에 관하여는 주관적 표준과 객관적 표준을 결합하게 되고 위험성이 없는 불능범은 벌하지 아니할 뿐만 아니라 미수범의 처벌은 기수의 형에 비하여 임의적으로 감경해야 한다.

(4) 결어

형법이 미수범의 형은 기수범의 형보다 감경할 수 있다고 하여(제25조 제2항) 미수범을 기수범과 같이 처벌할 수 있도록 하면서, 모든 범죄의 미수범을 처벌하지 않고 미수범을 처벌할 죄는 각 본조에서 정하도록 하고(제29조), 결과의 발생이 불가능하더라도 위험성이 있는 때에는 처벌한다는 규정을 두어(제27조) 불능미수를 벌하고 있는 것은 미수범에 관하여 주관주의적 위험형법과 객관주의적 침해형법과 절충적 입장을 취하고 있다.

3. 형법상 미수범의 체계

형법의 미수범에는 크게 나누어 장애미수와 중지미수의 두 가지 종류가 있다. 협의의 미수는 행위자의 의사에 반하여 범죄를 완성하지 못하는 장애미수만을 의미한다(제25조 제1항). 그런데 형법은 제27조에서 불능미수의 개념을 인정하고 있다. 그러므로 형법상의 장애미수는 다시 제25조의 협의의 장애미수와 제27조의 불능미수로 구별된다. 따라서 형법상의 미수범에는 장애미수 · 불능미수 및 중지미수의 세 가지 종류가 있다.

II. 미수범의 구성요건

미수범의 구성요건으로는 주관적 구성요건으로서의 고의와 객관적 구성요건으로서의 실행의 착수 및 범죄의 미완성이라는 세 가지 요건이 필요하다.

1. 주관적 구성요건

미수범도 특정한 구성요건의 실현에 대한 결의, 즉 고의가 있어야 한다. 미수범의 고의는 모든 객관적 구성요건에 대한 인식을 요하는 기수범에 있어서와 같다. 고의와 함께 예컨대, 절도죄에 있어서 불법영득의사와 같은 특수한 주관적 구성요건요소도 필요하다. 그리고 미수범이 성립하기 위해서는 무조건적인 구성요건실현의사, 즉 확정적 행위의사가 있어야 하며, 미수범의 주관적 구성요건으로서의 고의는 기수의 고의가 아니면 안 된다. 또한 미수범은 행위실현의 의사를 전제로 하는 바, 과실범의 미수는 생각할 수 없다.

2. 실행의 착수

미수가 되기 위해서는 실행의 착수가 있어야 한다. **실행의 착수**란 「범죄실행의 개시」를 의미하며, 「범죄적 기도의 개시」와는 구별되어야 한다. 실행의 착수가 바로 예비와 미수를 구별하는 한계선이다.

(1) 학설의 검토

1) 객관설

실행행위의 개념을 객관적 기준에 의하여 정해야 한다는 견해로서 형법은 구성요건에 규정된 행위를 실행하는 것을 처벌하므로 실행의 착수에 대한 기준은 「구성요건에 해당하는 실행행위」여야 하며, 행위의 위험성이나 범죄의사의 강도와 같은 다른 기준을 적용하는 것은 법치국가적 원리에 반한다는 이론이다.

① 형식적 객관설

행위자가 엄격한 의미에서의 구성요건에 해당하는 행위이거나 적어도 이론적으로 구성요건에 해당한다고 볼 수 있는 행위의 일부분을 행하여야 실행의 착수가 있다. 예컨대, 절도죄는 재물을 손으로 잡을 때에, 살인죄는 피스톨의 방아쇠를 당길 때에 실행의 착수가 있게 된다. 이에 대하여 구성요건의 실행을 위한 행위가 어느 단계에 이르면 실행행위의 일부분이 되는가를 명백히 확정하는 것은 어렵고 구성요건적 행위의 전단계에 있을 때 이런 모든 경우를 실행의 착수가 없다고 보아야 하므로, 처벌해야 할 경우까지 구성요건의 실현행위가 없다는 이유로 처벌할 수 없게 되는 형사정책적인 결함이 있게 된다.

② 실질적 객관설

미수가 반드시 엄격한 의미에서의 구성요건적 행위가 있어야 개시되는 것이 아니라, 「구성요건적 행위의 직접 전단계의 행위를 실행할 때」에 이미 착수가 있다고 하여 형식적 객관설을 보완한 견해이고, 실행의 착수는 프랑크(Frank)의 공식에 의하여 자연적(객관적)으로 보아 구성요건적 행위와 필연적으로 결합되어 있기 때문에 그 구성요소로 볼 수 있는 행위가 있으면 족하다. 이에 대하여 프랑크의 공식도 실행의 착수를 '자연적 생활관'에 의하여 판단하는 것이기 때문에 명백한 기준이 없고 형법상의 행위가 주관적인 의사와 객관적인 표현으로 구성되어 있음에도 불구하고 실행의 착수를 행위자의 범죄계획과 관계없이 제3자의 입장에서 객관적으로만 확정하려고 한 데 근본적인 난점이 있게 된다.

2) 주관설

범죄가 '범죄적 의사의 표동'이므로 실행의 착수도 범의의 수행성과 확실성에 의하여 정해야 한다. 실행의 착수는 주관의 객관화를 말하므로 '범의와 그 성립이 수행적 행위에 의하여 확정적으로 나타난 때' 혹은 '범의의 비약(飛躍)적 표동'이 있는 때에 실행의 착수가 있다. 이에 대하여 예비도 범죄의사의 표현이라는 점에서는 미수와 같으므로 미수와 예비를 엄격히 구별할 기준이 없게 되어 미수를 예비단계까지 부당하게 확대할 위험이 있게 되고 지나치게 내부적 의사에만 치중하는 것은 구성요건의 지도형상(指導形象)적 의의를 무시하게 되어 죄형법정주의에 반하게 된다.

3) 절충설

실행의 착수가 객관설에 의하면 지나치게 엄격하고 주관설에 의하면 부당하게 확대되기 때문에 실질적·객관적 요소와 주관적 요소를 결합하여 결정해야 한다는 절충적 견해이다. 실행의 착수가 있느냐에 대한 본질적인 기준은 보호되는 행위의 객체 혹은 구성요건의 실현에 대한 직접적인 위험이지만, 여기에 해당하느냐의 여부는 주관적 표준, 즉 개별적 행위계획에 의하여 결정되어야 한다(개별적 객관설).

〔표〕 각 학설에 따른 위험성 판단

		판단자료(기초)	판단기준	판단시기
객관설	구 객관설	객관적사정	과학적	사후적(판례)
	구체적 위험설	일반인 + 행위자	과학적 일반인	사후적
절충설	추상적 위험설	행위자	일반인	행위시(다수설)
	인상설	행위자	일반인	행위시
주관설		행위자	행위자	행위시

(2) 실행의 착수시기의 구체적 판단기준

주관적 객관설에 의하면 실행의 착수가 있다고 하기 위하여 반드시 구성요건에 해당하는 행위를 개시할 것을 요하는 것은 아니다. 그러나 행위자의 주관적 범죄계획에 따라 그대로 진행되는 경우에는 직접 구성요건이 실현될 수 있는 구성요건에 해당하는 실행행위와 밀접한 행위가 있으면 실행의 착수가 있다는 일반적 기준이 제시될 수 있다. 이러한 일반적 기준을 구체화하는 것이 각칙상의 개별적인 구성요건의 실행행위에 대한 해석의 문제이다.

1) 구성요건적 행위의 개시

구성요건의 일부가 실현되어 이미 구성요건적 행위가 개시된 때에는 문제가 되지 않으나 결합범의 일부를 이루는 행위가 개시된 때에도 같다. 예컨대, 강도죄나 강간죄의 경우는 폭행 또는 협박행위가 있을 때에, 야간주거침입절도죄의 경우에는 주거에 침입할 때, 특수절도죄의 경우에는 건조물의 일부를 손괴할 때에 있게 된다.

강간죄의 실행의 착수가 있었다고 하려면 강간의 수단으로서 폭행이나 협박을 한 사실이 있어야 할 터인데, 피고인이 강간할 목적으로 피해자의 집에 침입하였다 하더라도 안방에 들어가 누워 자고 있는 피해자의 가슴과 엉덩이를 만지면서 간음을 기도하였다는 사실만으로는 강간의 수단으로 피해자에게 폭행이나 협박을 개시하였다고 하기는 어렵다(대법원 1990.5.25, 90도607).

2) 구성요건실현을 위한 직접적 행위

구성요건적 행위가 개시되지 아니한 때에도 직접 구성요건의 실현을 위한 행위가 있으면 실행의 착수가 있다. 다만 그 행위는 구성요건의 실현을 위한 직접적인 행위임을 요한다. 이러한 「직접성」은 구성요건적 행위와 시간적 · 장소적으로 접근한 경우에 인정될 수 있다. 절도죄는 시간적 · 장소적으로 보아 타인의 점유를 침해하는 데 접근한 행위를 할 때 착수된다. 예컨대, 절취할 재물을 물색하거나 그 재물에 접근한 때를 들 수 있다. 판례는 노상에 세워 놓은 자동차 안에 있는 물건을 훔칠 생각으로 자동차의 유리창을 통하여 그 내부를 손전등으로 비추어 본 것에 불과하다면 비록 유리창을 따기 위해 면장갑을 끼고 있었고 칼을 소지하고 있었다 하더라도 절도의 예비행위로 볼 수는 있겠으나 타인의 재물에 대한 지배를 침해하는 데 밀접한 행위를 한 것이라고는 볼 수 없어 절취행위의 착수에 이른 것이라고는 볼 수 없다고 한다(대법원 1985.4.23 85도464).

> 소매치기의 경우 피해자의 양복상의 주머니로부터 금품을 절취하려고 그 호주머니에 손을 뻗쳐 그 겉을 더듬은 때에는 절도의 범행은 예비단계를 지나 실행에 착수하였다고 봄이 상당하다(대법원 1984. 12. 11, 84도2524).

3) 범죄의사의 고려

실행의 착수가 있는가, 즉 구성요건의 실현을 위한 행위가 있는가는 행위자의 범죄의사 내지 범죄계획에 의하여 결정해야 한다. 범죄자의 의사에 의하여 공격수단이 공격객체와 실재적 연관에 놓여 직접적인 위험범위에 들어가게 된 행위가 있으면 실행의 착수를 인정해야 한다. 예컨대, 살인죄는 살인의 고의로 피스톨의 방아쇠를 당길 때에 착수되는 것이 아니라 그것을 겨냥할 때에 이미 착수되는 것이다.

(3) 특수한 경우의 실행의 착수시기

1) 공동정범의 착수시기

모든 공동정범자의 전체행위를 기초로 판단한다. 공동정범 가운데 한 사람이 그 공동적인 행위계획에 따라 실행에 착수한 때에는 모든 공동정범에 대한 실행의 착수를 인정하게 된다.

2) 간접정범의 착수시기

제1설은 **통설**로서 이용자가 피이용자를 이용하기 시작한 때라 할 수 있어 간접정범에 있어서 피이용자는 순전히 도구로 이용되는 물건과 같기 때문에 이용자의 행위는 이용행위로 끝나고 그후의 피이용자의 행위는 이용자의 행위의 결과로서 인과관계의 일부를 형성할 뿐이다. 제2설은 독일의 다수설・판례로서 피이용자가 선의의 도구였는가 혹은 악의의 도구였는가를 구별하여 선의의 도구를 이용한 때에는 이용자의 행위가 있을 때, 악의의 도구를 이용한 때에는 피이용자의 행위가 있을 때에 실행의 착수가 있게 된다.

3) 원인에 있어서 자유로운 행위

제1설은 주관설로서 원인행위시에, 제2설은 객관설로서 책임능력결함상태에서의 구성요건적 행위시에 실행의 착수를 인정하게 된다.

3. 범죄의 미완성

범죄가 완성에 이르지 않을 것을 요한다. 범죄가 완성에 이르면 기수이지 미수는 아니기 때문이다. 결과가 발생할 때에도 인과관계가 없으면 기수가 될 수 없다. 형법은 범죄의 미완성을 행위자가 착수한 실행행위를 종료하지 못한 경우와 실행행위는 종료하였으나 예기하였던 구성요건적 결과가 발생하지 않은 경우로 구별하고 있다. 전자를 착수미수, 후자를 실행미수라고 한다. 양자 사이에는 처벌의 차이를 두고 있지 않으나 중지미수를 결정하는 데 구별실익이 있다.

Ⅲ. 처벌

미수범을 처벌할 죄는 각 본조에서 정하며(제29조), 미수범의 처벌은 원칙적으로 기수범과 동일하고 경우에 따라 형을 감경할 수 있는 데 불과하다. 이를 **임의적 감경**이라고 한다. 그러나 미수의 경우에 감경할 수 있는 형은 주형에 한하며 부가형 또는 보안처분에 대하여는 이를 감경할 수 없다. 다만, 징역형과 벌금형이 병과된 때에는 징역형뿐만 아니라 벌금형도 감경할 수 있다.

Ⅳ. 관련문제

1. 형식범(거동범)의 미수

구성요건의 발생을 요하지 않는 단순거동범에 있어서는 미수의 문제를 생각할 여지가 없다.

2. 부작위범의 미수

진정부작위범은 결과의 발생을 요하지 않으므로 불능범의 경우를 제외하고는 미수를 생각할 수 없다. 다만 형법은 퇴거불응죄의 미수를 벌하는 규정을 두고 있다(제322조). 부진정부작위범은 보호법익에 대한 급박한 구체적인 위험이 있음에도 불구하고 부작위로 나아가 피해자에게 직접적인 위험을 발생케 하거나 기존의 위험이 증대되었을 경우에 실행의 착수를 인정할 수 있다.

3. 결과적 가중범의 미수

결과적 가중범의 경우에는 기본범죄가 미수에 그쳤다 할지라도 일단 중한 결과가 발생한 때에는 결과적 가중범은 이미 기수에 이른 것이며, 미수가 될 수 없다. 또한 우리 형법은 부진정결과적 가중범에 대하여 미수를 처벌하는 규정을 두지 않고 있으므로 결과적 가중범의 미수가 문제되지 않는다고 해야 한다.

1. 실행착수는 범인의 결정적 범의표현이 범죄구성요건의 실현단계에 돌입하는 순간에 있다(대법원 1956. 11. 30, 4289형상217).
2. 부동산에 대하여 아무런 권리도 없는 자가 소유권보전등기 및 이전등기를 경료한 자들을 상대로 원인무효에 기한 각 말소등기 청구소송을 제기한 경우에 가사 승소하더라도 이 판결에 기하여 각 등기명의인들의 등기가 말소될 뿐이고 이로써 원고가 위 부동산에 관하여 어떠한 권리를 회복 또는 취득하거나 의무를 면하는 것은 아니므로 법원을 기망하여 재물이나 재산상 이익을 편취한 것으로 볼 수 없으니

위와 같은 말소등기 청구소송의 제기만으로는 사기죄의 실행에 착수한 것이라고 할 수 없다(대법원 1983. 10. 25, 83도1566).

3. 간첩의 목적으로 외국 또는 북한에서 국내에 침투 또는 월남하는 경우에는 기밀탐지가 가능한 국내에 침투 상륙함으로써 실행의 착수가 있다고 할 것이다(대법원 1984. 9. 11, 84도1381).

4. 피고인이 피해자 경영의 까페에서 야간에 아무도 없는 내실에 침입하여 장식장 안에 들어 있던 정기적금통장 등을 꺼내 들고 까페로 나오던 중 발각되어 돌려준 경우 피고인은 피해자의 재물에 대한 소지(점유)를 침해하고 일단 피고인 자신의 지배 내에 옮겼다고 볼 수 있으니 절도의 미수에 그친 것이 아니라 야간주거침입절도의 기수라고 할 것이다(대법원 1991. 4. 23, 91도476).

1. 다음 미수범에 대한 설명으로 틀린 내용은?

① 범죄실현단계는 범죄의사⇒예비·음모⇒실행의 착수⇒미수⇒기수⇒종료의 순으로 된다.
② 미수는 원칙적으로 처벌되지 않고 법률에 처벌규정이 있는 경우에만 처벌된다.
③ 미수는 실행에 착수한 점에서 예비나 음모와 구별되고 범죄가 완성되지 않은 점에서 기수와 구별된다.
④ 미수범은 원칙적으로 기수범보다 형을 감경한다.

〈해설〉④ 미수범의 처벌은 원칙적으로 임의적 감경이다(제25조 제2항).

2. 실행의 착수시기에 대한 설명 중 틀린 내용은?

① 공동정범의 경우에는 공동정범 가운데 한 사람이 그 공동적인 행위계획에 따라 실행에 착수한 때에는 모든 공동정범에 대한 실행의 착수를 인정할 수 없다.
② 간정정범의 경우 다수설은 이용자가 피이용자를 이용하기 시작한 때라 할 수 있다.
③ 협의의 공범은 정범의 실행행위가 있는 때에 교사범과 종범의 실행의 착수가 있다.

④ 원인에 있어서 자유로운 행위의 실행의 착수시기에 대해 다수설은 원인설정행위와 결과야기행위의 불가벌적 관련에서 찾아 결과야기행위에 실행의 착수가 있다고 한다.

〈해설〉① 공동정범의 경우에는 공동정범자 중 1인이 공동의 범행계획에 따라 실행에 착수하였다면 다른 공동정범자가 아직 구체적 실행에 나아가지 아니하였더라도 전체적으로 실행의 착수가 인정된다.

제2절 중지미수

I. 의의

1. 중지미수의 개념

범죄의 실행에 착수한 자가 그 범죄가 완성하기 전에 자의로 이를 중지하거나 결과의 발생을 중지한 경우로서 형법 제26조는 중지미수에 대하여 형을 감경 또는 면제하도록 하였다. 장애미수(제25조), 불능미수(제27조)와 함께 형법이 인정한 미수범의 한 형태이다.

2. 중지미수의 법적 성격

(1) 형사정책설

중지미수를 특별히 취급하는 이유가 범죄의 기수를 방지하려는 형사정책적인 고려에 있다. 「황금의 다리이론」(die Theorie von der goldenen Brücke)은 중지미수를 특별취급하는 것이 이미 미수의 단계에 이른 행위자에게 그 범죄의 완성을 중지하거나 결과의 발생을 방지하기 위한 충동을 주기 위한 것이다. 이에 대하여 중지미수를 유리하게 취급한다는 약속은 그것이 일반에게 알려지지 아니한 때에는 효과가 없게 되고 중지미수를 벌하지 않는 서독형법의 경우와는 달리 필요적 감면사유에 지나지 아니한 형법의 해석에 있어서는 형사정책적인 효과가 크다고 할 수 없다는 비판이 있다.

(2) 법률설

중지미수가 범죄성립요건의 하나를 소멸 혹은 감소케 하는 것으로 이해하는 견해이다.

1) 위법성(불법)소멸 · 감소설

미수범에 있어서의 결의, 즉 고의는 주관적 불법요소이고 위법성의 요소이므로 이에 대응하여 중지의 결의는 위법성을 소멸 · 감소시키는 주관적 요소가 된다. 이에 대하여 위법성이 소멸된 때에는 당연히 무죄의 판결을 선고하여야 할 것이므로 형을 면제하도록 한 형법의 태도와는 일치하지 못한다.

2) 책임소멸 · 감소설

중지미수에 있어서는 자기행위의 가치를 부정하는 규범의식의 각성 혹은 중지미수에 나타난 행위자의 인격태도로 인하여 책임이 감소하거나 소멸된다는 것이다. 이에 대하여 책임이 소멸된다면 중지미수의 경우에 무죄판결을 선고해야 하므로 이는 형법의 태도와 일치하지 못하고 중지에 의하여 책임이 조정될 수는 있어도 책임이 조각된다고 할 수 없다.

3) 결합설

형사정책설과 법률설(책임감소설)의 결합에 의하여 중지미수의 형을 감경 혹은 면제하는 이유를 설명하는 견해로서 이는 중지미수에 대한 형의 면제는 형사정책설에 의하고, 형의 감경은 책임의 감소에 그 근거가 있다. 이에 대하여 중지미수에 대한 특별취급을 일관성이 있게 설명하지 못하고, 형의 면제와 감경에 형사정책설에 의하고, 형의 감경은 책임의 감소에 그 근거가 있다. 이에 대하여 중지미수에 대한 특별취급을 임의성있게 설명하지 못하고 형의 면제와 감경에 대한 기준을 제시하지 못한다.

4) 보상설과 형벌목적설

중지미수의 본질을 형사정책과 범죄성립요건의 소멸 혹은 감소로 분리하지 않고 합일적으로 설명하고자 하는 이론이다.

① 보상설(공적설)

결과의 발생을 방지함으로써 법의 세계를 돌아온 것은 미수의 불법과 일반의 법의식에 대한 행위자의 부정적 작용을 회복시킨 것이므로, 미수에 대한 가벌성이 소멸 혹은 감소된 것으로 보아 자의에 의한 중지의 공적을 보상하는데 중지미수를 특별취급할 이유가 있다. 이에 대하여 미수에 의하여 이미 실현되고 형벌의 목적을 충족하여 과하여져야 할 형벌이 예외적인 경우에 포기하거나 감경되어야 하는 것은 은사의 문제가 아니라 형벌이 필요한가라는 형법문제라는 비판이 있다.

② 형벌목적설

중지미수는 그 처벌이 형벌의 목적(일반예방·특별예방)에 비추어 불필요한 경우, 즉 자의로 법의 세계에 돌아온 경우에는 범죄의사가 범죄의 실행에 필요할 정도로 강력하지 않고, 미수에서 표현된 행위자의 위험성도 사후적으로 현저히 약화되었으므로 형벌을 과할 필요가 없기 때문에 중지미수를 특별취급을 한다는 것이다. 이에 대하여 중지가 우연한 외적 상황에 의하여 일어나는 것이 가능하므로 행위자의 의사가 미수시에 이미 완성에 이를 정도로 강력할 수도 있고, 행위자의 위험성도 중지로 인하여 반드시 약화된다고 볼 수 없다.

5) 결어

중지미수의 본질을 통일적으로 설명하면서도 형의 면제와 감경의 기준을 제시하기 위해서는 중지범이 자의로 중지한 공적에 따라 형을 감경 또는 면제함에 의하여 이를 보상하는 것이라고 해석한다.

II. 성립요건

1. 자의성 : 주관적 성립요건

중지미수는 범인이 자의로 범인을 완성하지 않은 경우, **자의성**(Freiwiligkeit)은 중지미수와 장애미수를 구별하는 기준이 된다.

> 범행당일 미리 제보를 받은 세관직원들이 범행 장소 주변에 잠복근무를 하고 있어 그들이 왔다갔다하는 것을 본 피고인이 범행의 발각을 두려워한 나머지 자신이 분담하기로 한 실행행위에 이르지 못한 경우 이는 피고인의 자의에 의한 범행의 중지가 아니어서 「형법」 제26조 소정의 중지범에 해당한다고 볼 수 없다(대법원 1986.1.21, 85도2339).

(1) 자의성을 판단하는 기준에 대한 학설

1) 객관설

'외부적 사정'(물질적 장애)에 의하여 범죄가 완성하지 않는 경우는 장애미수이고 '내부적 동기'에 의한 경우는 중지미수이다. 이에 대하여 외부적 사정으로 인한 것인가 혹은 내부적 동기로 인한 것인가를 구별하기 곤란하고 자의성의 범위가 지나치게 확대된다는 비판이 있다.

2) 주관설

후회 · 동정 기타 윤리적 동기에 의하여 중지한 경우만이 중지미수이고 그렇지 않은 때에는 전부 장애미수이다. 이에 대하여 자의성과 윤리성을 혼동하고 자의성의 범위가 지나치게 협소하다는 비판이 있게 된다.

3) 프랑크 견해

할 수 있었음에도 불구하고 하기를 원하지 않아서 중지한 때에는 중지미수이고, 하려고 하였지만 할 수 없어서 중지한 때에는 장애미수다. 이에 대하여 자의성과 행위실행의 가능성을 혼동하였고, 가능성은 다의적인 개념(주관적 가능성인가 객관적 가능성인가)이므로 명백한 기준이 되지 못하며 자의성의 범위가 지나치게 확대된다는 비판이 있게 된다.

4) 절충설

일반 사회관념상 범죄수행에 장애가 될 만한 사유가 있는 경우에는 장애미수이고, 그러한 사유가 없음에도 불구하고 자기의사에 의하여 중지한 경우에는 중지미수이다. 강제적 장애사유가 없음에도 불구하고 자율적 동기에 의하여 중지한 때에는 자의성이 인정되지만, 범인의 의사와 관계없이 사태를 현저히 불리하게 만든 장애사유 때문에 타율적으로 중지한 때에는 자의가 인정되지 않는다.

5) 규범설

중지범의 형의 감면근거를 범인의 범행중지에 대한 보상적 성격에서 찾아야 하므로 범행중지자의 심리적 자유 여부가 아니라 중지동기가 그에 상응하는 보상을 받을 만한가에 따라 자의성을 판단하여야 한다는 견해이다. 즉 규범설이 자의성을 인정하는 기준은 '중지범을 인정한 형법의 목적과 범행중지사유가 일치하는 범위'이다. 예컨대, 보다 유리한 범행완성의 기회를 잡기 위하여 범행을 연기한 경우, 특정한 범행목표를 이루지 못하여 범행을 중지한 경우 혹은 특정한 범행대상을 발견하지 못하여 중지한 경우, 피해자의 설득에 의하여 범행을 중지한 경우, 특별한 외부상황에 기인한 공포심으로 중지한 경우에는 자의성을 인정하고 막연한 심리적 공포심이나 체포당할 두려움으로 중지한 경우, 피해자에 대한 연민의 정이나 피해자의 고통을 보고 중지한 경우에는 자의성이 인정된다.

(2) 자의성의 판단의 구체적인 사례

1) 자율적 중지

사정의 변경이 없음에도 불구하고 스스로 내적 동기에 의하여 자율적으로 중지한 때에는 자의성이 인정된다. 예컨대, 후회·동정·공포 혹은 범행의욕의 상실이다. 자율적으로 중지한 이상 그것이 윤리적으로 정당한 가치를 가질 것을 요하는 것은 아니다.

2) 실행의 불가능 혹은 곤난

범죄의 실행 혹은 완성이 불가능하기 때문에 중지한 때에는 자의에 의한 중지가 아니고 범죄의 실행이 가능한 때에도 합리적 판단에 의하면 범죄를 중단하는 이외에 다른 선택의 여지가 없을 때에는 자의성이 인정되지 않는다.

3) 판단의 기준

행위자가 주관적으로 인식한 사실을 기초로 한다. 그래서 객관적으로는 결과의 발생이 불가능한 경우라 할지라도 행위자가 주관적으로 가능하다고 오인하고 중지하거나 결과의 발생을 방지한 때에는 중지미수가 가능하다.

예제 ··· 다음은 타율적 동기에 의한 중지미수(장애미수)인가 아니면 자율적 동기에 의한 중지(중지미수)인지를 판별하여 보자.

[1] ① 낙엽이 떨어지는 소리를 경찰관이 다가오는 것으로 잘못 알고 절도를 중지한 경우(장애미수)

② 경찰관이 다가오는 소리를 낙엽이 떨어지는 소리로 잘못 알고 절도를 중지한 경우(중지미수)

[2] ① 강간에 착수하였으나 심리적 쇼크, 성교 전 사정, 생리 중, 고소 염려 등으로 뜻을 이루지 못한 경우(장애미수)

② 강간에 착수하였으나 여자가 애원하거나 또는 자유로운 성교약속을 받고 강간

을 중지한 경우(중지미수)

[3] ① 갑은 을의 돈을 강취하려 하였으나 을에게 돈이 없어서 성공하지 못한 경우(장애미수)
② 갑은 재물강취를 위해 폭행하였으나 불쌍한 생각이 들어 그만 둔 경우(중지미수)
③ 강도행위에 착수하였어나 그 날이 선친의 제삿날임을 기억하고 실행을 후일로 미룬 경우(중지미수)

2. 실행행위의 중지 또는 결과발생의 방지 : 객관적 성립요건

중지미수가 성립하기 위해서는 객관적으로 실행행위를 중지하거나 그 행위로 인한 결과의 발생을 방지하여야 한다.

(1) 착수미수와 실행미수의 구별

1) 의의

착수미수와 실행미수는 주관적 표준에 의하여 결정되는데 착수미수는 행위자가 범죄의 완성을 위하여 필요한 모든 행위를 다하지 않는다고 믿었을 때를 말하고, 실행미수란 그의 계획에 의하면 범죄의 완성을 위한 모든 조치가 끝났을 때를 말한다.

2) 구별의 기준

① 주관설

착수시의 행위자의 의사에 의하여 결정되고 착수시의 행위자의 계획이 실행을 계속하도록 되어 있는 때에는 객관적으로 결과발생 가능성이 있는 행위가 종료되었다고 볼 수 없다. 주관설 가운데에서도 착수행위의 종료 여부는 행위자의 의사를 기준으로 하여 결정해야 하나, 그 기준시기는 착수시기가 아니라 중지시기로 보아야 한다. 이에 대하여 결과발생을 위하여 치밀한 계획을 세워서 행위한 범인만을 유리하게 취급하는 결과가 된다는 비판이 있다.

② 객관설

객관적으로 결과발생의 가능성이 있는 이상 행위자가 지금까지의 행위로는 결과발생이 가능하다는 것을 모든 경우에도 실행행위는 종료되었다고 한다. 이에 대하여 결과가 발생하였다면 물론 기수의 책임을 져야 한다. 그러나, 결과가 발생하지 않은 이상 결과의 위험은 없으므로 실행의 중지만으로 범죄의 기수는 방지할 수 있다.

③ 절충설

주관적 표준과 객관적 표준을 결합하여 행위자가 아직 실행하지 못한 행위와 이미 실행한 행위가 하나의 행위인 때에는 착수미수이고, 다른 행위인 때에는 실행미수이다. 이에 대하여 착수미수와 실행미수를 죄수론의 기준에 의하여 구별하는 것은 부당하다는 비판이 있다.

(2) 착수미수의 중지

1) 실행행위의 중지

실행이 가능할 것을 전제로 하여, 행위의 계속을 포기하는 부작위에 의하여 중지미수가 되나 실행이 불가능한 경우라도 행위자가 그것이 가능하다고 오인한 때에는 중지할 수 있다.

2) 행위계속의 포기

행위의 목표달성 자체를 종국적으로 포기할 것을 요하는가에 대하여 중지미수를 처벌하지 않은 서독형법과는 달리 단순히 형을 감경 또는 면제하도록 한 형법의 해석에 있어서는 실행의 중지를 반드시 그렇게 엄격히 해석하는 것을 불요한다. 실행의 중지란 계획된 구체적인 행위의 실현 그 자체가 아니라 이미 행하여진 구체적 실행행위를 계속하지 않는 것을 의미하므로, 행위자가 다음에 보다 유리한 상황에서 실행하기 위하여 잠정적으로 중지한 때도 포함한다.

(3) 결과의 불발생

행위자가 행위의 계속을 중지하였음에도 불구하고 결과가 발생한 때에는 이미 기수에 이른 것이므로 중지미수가 성립할 여지가 없다.

(4) 실행미수의 중지

단순히 행위의 계속을 부작위하는 것으로 족하지 않고 행위자가 자의에 의하여 결과의 발생을 방지하는 적극적 행위를 할 것을 요한다(능동적 후회).

1) 결과발생의 방지

행위자가 결과의 발생을 방지하기 위하여 진지한 행위를 하여야 한다. 방지행위란 인과의 진행을 의식적·의욕적으로 중단하기 위한 행위임을 요하며, 결과의 발생을 방지하는데 객관적으로 상당한 행위여야 한다. 제3자에 의한 결과의 방지가 범인 자신이 결과발생을 방지한 것과 동일한 정도의 노력을 요한다.

2) 결과의 불발생

① 중지행위의 성공

행위자가 결과의 발생을 방지하기 위하여 진지한 노력을 하였음에도 불구하고 행위자의 의사에 반하여 결과가 발생한 때에는 이미 기수에 이른 것이므로 중지미수는 성립하지 않는다. 그러나 발생한 결과가 행위자에게 객관적으로 귀속할 수 없는 것일 때에는 결과가 발생한 경우에 해당하지 않는다.

② 인과관계

결과미발생과 방지행위 사이에는 인과관계 있어야 한다. 먼저 불능미수에 대한 중지미수가 가능한가에 대해 제1설은 결과발생은 처음부터 불가능하였으며 행위자의 방지행위에 의하여 결과가 발생하지 않은 것은 아니라고 하여 소극적 입장을 취하나 제2설은 **다수설**로서 중지범의 규정을 적용하지 않는 경우에는 결과발생의 위험성이 적은데 결과방지를 위한 노력은 동일한 경우를 결과발생의 위험성이 큰 경우보다 무겁게 취급하는 것이 되어 균형을 이루지 못한다. 다만 인정하기 위하여는 행위자가 결과발생이 불가능하다는 것을 모르고 결과방지를 위한 진지한 노력을 하였을 것을 요한다. 행위자에게 귀속시킬 수 없는 다른 원인에 의하여 결과가 발생하여 결과의 발생이 없다고 보아야 할 경우에 결과의 방지가 방지행위로 인한 것이냐에 대해 그 방지행위에 의하여 결과의 발생이 방지될 수 있었다고 인정될 때에는 중지미수가 될 수 있다.

Ⅲ. 처벌

형의 필요적 감면사유로서 착수미수와 실행미수의 중지범의 형에는 차이가 없다. 중지범이 범행을 중지하였으나 다른 죄명에 해당하는 결과가 발생한 때에는 어떻게 할 것인가에 대해 법조경합의 경우에는 살인행위를 중지하였으나 상해의 결과가 발생하여 중한 죄의 미수범이 성립하여 경한 죄는 이에 흡수되고, 상상적 경합의 경우에는 수죄이므로 일죄의 중지는 다른 죄의 처벌에 영향이 없어 형법 제40조에 의하여 처리하면 된다.

Ⅳ. 관련문제

1. 예비의 중지

예비의 중지란 예비행위를 한 자가 예비행위를 자의로 중지하거나 실행의 착수를 포기하는 것으로 실행에 착수한 이후에 자의로 중지하였을 때에만 중지미수가 될 수 있으므로, 범죄의 실행에 착수하지 아니한 예비행위를 중지한 때에는 중지미수의 규정이 적용될 수 없다. 예비행위를 거쳐 실행에 착수한 후에 중지하면 형을 감경해야 할 뿐만 아니라 면제까지 할 수 있음에 반하여, 실행에 착수하기 이전에 중지한 때에는 예비죄로 처벌받아야 한다는 것은 불합리한 결과가 된다.

2. 공범과 중지미수

단독범의 중지미수에 관한 요건이 공범에 대하여 그대로 적용될 수 있는가에 대하여 공범이론과 중지미수이론이 교차하는 분야이다. 범죄에 관하여 다수인이 가담한 경우의 중지미수에 대한 문제이다.

(1) 성립요건

1) 공범과 실행의 착수

공범이 성립하기 위해서는 정범의 착수행위가 있어야 한다. 그래서 정범의 행위가 미수의 단계에도 이르지 않은 때에는 공범이 성립하기 위한 정범의 범죄가 없으므로 공범에 대하여도 원칙적으로 중지미수를 문제삼을 필요가 없다. 예컨대, 간접정범의 착수시기는 이용자의 행위를 기준으로 하고, 공동정범의 경우에는 계획된 전체행위를 기준으로 하며, 교사범과 종범의 착수시기는 정범이 실행에 착수한 때를 기준으로 한다.

2) 결과발생의 방지

실행미수의 경우뿐만 아니라 착수미수에 있어서도 실행행위의 중지에 의하여는 중지미수가 성립하지 아니하고 결과발생을 방지하기 위한 진지한 노력이 있을 것을 요한다. ① 단독범의 중지미수의 경우 착수미수는 실행행위의 중지로 족하고, 실행미수는 결과발생의 방지를 위한 진지한 노력을 요한다. 그래서 다른 공범 혹은 정범의 행위까지 중지케 하여 결과의 발생을 방지한 때에 한하여 중지미수가 될 수 있다.

② 공범의 경우 중지미수의 요건을 엄격하게 하고 있는 이유는 다수인이 가담한 행위는 높은 위험성이 있고 다른 행위자로 하여금 그의 죄를 범하게 한 자는 적극적으로 그의 범죄의 완성을 방지하여야 중지미수가 될 수 있다. (i) 간접정범의 경우에는 간접정범이 자의에 의하여 피이용자의 실행행위를 중지하도록 적극적으로 작용하여 결과의 발생을 방지할 것을 요하고, (ii) 공동정범은 자신의 공동실행행위를 중지할 뿐만 아니라 다른 공동정범도 범죄를 실행하지 못하게 하여 범죄의 완성을 방해하였을 때에만 성립한다. (iii) 교사범과 종범의 경우에는 정범의 행위를 중지하게 하여 결과의 발생을 방지한 때에만 중지미수가 될 수 있다. 중지미수가 성립하려면 범인이 임의로 범의를 중지하는 의사와 그 중지의사에 기인하여 범죄실행의 중지를 함을 요건으로 하는 바, 갑·을이 어느 범죄를 할 것을 공모하고 을로 하여금 그 범죄의 실행을 하게 한 경우에 공범자의 일인인 갑에 있어서 중지미수가 성립되려면 그 자신이 범의를 중지함으로써 되는 것이 아니라 타공범자인 을의 범죄실행을 중지케 하여야만 비로소 중지미수가 성립되는 것이다(대법원 1954.1.30 4286형상103).

(2) 중지미수의 효과가 미치는 범위

1) 형의 감면의 법적 성질

중지미수의 경우에는 형을 감경 혹은 면제해야 한다. 형의 면제는 인적 처벌조각사유이고, 형의 감경은 책임감경사유이다. 중지미수의 경우의 형의 감면은 책임이 감경되어 형법상 중요한 책임이 결여된 것을 이유로 하는 책임감경·조각사유라고 해석하는 견해이다. 이에 대하여 책임이 조각되는 경우에는 무죄판결을 해야 할 것임에도 불구하고 유죄판결인 형의 면제판결을 하도록 하고 있는 형법의 해석에 있어서 중지미수의 효과를 책임조각사유로 파악하는 것은 부당하다는 비판이 있다.

2) 공범과 중지미수의 범위

중지미수의 효과는 자의로 중지한 자에게만 미친다. 공동정범은 자의로 중지한 자는 중지미수가 되지만 다른 공동정범은 장애미수가 된다. 협의의 공범인 교사범과 종범의 경우에 정범이 자의로 중지한 경우 정범은 중지미수이고 공범은 장애미수의 공범이 된다. 공범이 정범의 실행을 중지한 경우 정범은 장애미수이고 공범은 중지미수의 공범이 된다.

1. 「대마관리법」 제19조 제1항 제2호, 제4조 제3호 위반죄는 대마를 매매함으로써 성립하는 것이므로 설사 피고인이 대마 2상자를 사가지고 들어오다 이 장사를 다시 하게 되면 내 인생을 망치게 된다는 생각이 들어 이를 불태웠다고 하더라도 이는 양형에 참작될 수 있을지언정 이미 성립한 죄에는 아무 소장이 없어 이를 중지미수에 해당된다 할 수 없다(대법원 1983.12.27, 83도2629).
2. 중지미수는 범죄의 실행에 착수하고 그 범죄가 완성되기 전에 자기의 자유로운 의사에 따라 범죄의 실행행위를 중지하는 것을 말한다(대법원 1985. 11. 12, 85도2002).
3. 중지미수라 함은 범죄의 실행행위에 착수하고 그 범죄가 완수되기 전에 자기의 자유로운 의사에 따라 범죄의 실행행위를 중지하는 것으로서 장애미수와 대칭되는 개념이나 중지미수와 장애미수를 구분하는 데 있어서는 범죄의 미수가 자의에 의한 것이냐 또는 어떤 장애에 의한 미수이냐에 따라 가려야 하고 특히 자의에 의한 중지중에서도 일반 사회통념상 장애에 의한 미수라고 보여지는 경우를 제외한 것을 중지미수라고 풀이함이 일반이다(대법원 1985. 11. 12, 85도2002 ; 대법원 1984. 2. 14, 83도2967).
4. 특정범죄가중처벌 등에 관한 법률에 중지미수에 관한 본조의 적용을 배제하는 명문규정이 없는 한 동법 제5조의 4 제1항 위반죄에 본조가 적용된다(대법원 1986. 3. 11, 85도2831).
5. 피고인 갑, 을, 병이 강도행위를 하던 중 피고인 갑, 을은 피해자를 강간하려고 작은 방으로 끌고가 팬티를 강제로 벗기고 음부를 만지던 중 피해자가 수술한 지 얼마 안 되어 배가 아프다면서 애원하는 바람에 그 뜻을 이루지 못하였다면, 강도행위의 계속 중 이미 공포상태에 빠진 피해자를 강간하려고 한 이상 강간의 실행의 착수한 것이고 피고인들이 간음행위를 중단한 것은 피해자를 불쌍히 여겨서가 아니라 피해자의 신체조건상 강간을 하기에 지장이 있다고 본 데 기인한 것이므로 이는 일반의 경험상 강간행위를 수행함에 장애가 되는 외부적 사정에 의하여 범행을 중지한 것에 지나지 않는 것으로서 중지범의 요건인 자의성을 결여하였다(대법원 1992. 7. 28, 92도917).
6. 피고인은 자의로 피해자에 대한 강간행위를 중지한 것이고 피해자의 다음에 만나 친해지면 응해 주겠다는 취지의 간곡한 부탁은 사회통념상 범죄실행에 대한 장애

라고 여겨지지 아니하므로 이 사건 피고인의 행위는 중지미수에 해당한다(대법원 1993. 10. 12, 90도1851).

1. 다음 중 중지미수에 대한 설명으로 틀린 내용은?

① 중지미수란 범죄의 실행에 착수한 자가 그 범죄가 완성되기 전에 자의로 그 행위를 중지하거나 그 행위로 인한 결과를 방지한 경우를 말한다.
② 중지미수는 필요적 감면을 인정하여 미수범 가운데 가장 관대하게 처벌한다.
③ 간접정범은 이용자의 이용행위를 중지시키거나 결과발생을 방지해야 중지미수로 된다.
④ 공동정범은 다른 공범자 전원의 실행행위를 중지하게 하거나 모든 결과발생을 완전히 방지해야만 자의로 중지한 자에게 중지미수가 성립한다.

〈해설〉 ③ 간접정범이 자의로 피이용자의 실행행위를 중지시키거나 결과발생을 방지해야 중지미수로 된다.

2. 다음 중 중지미수가 인정되는 사례는?

① 대마 2상자를 사가지고 돌아오다 이 장사를 다시 하게 되면 인생을 망치게 된다는 생각이 들어 이를 불태운 경우
② 다음에 만나 친해지면 응해 주겠다는 간곡한 부탁에 따라 강간실행을 중지한 경우
③ 수술한 지 얼마 안되어 배가 아프다면서 애원하는 바람에 강간을 중지한 경우
④ 범행 당일 미리 제보를 받은 세관직원들이 범행장소 주변에 잠복근무를 하고 있는 것을 보고 범행발각을 두려워하여 자신이 분담하기로 한 실행행위를 하지 못한 경우

〈해설〉 ② (대법원 1993.10.12, 93도1851) : ① (대법원 1983.12.27, 83도2629) ③ (대법원 1992.7.28, 92도917) ④ (대법원 1986.1.21, 85도2339)

3. A는 B를 살해할 의사로써 독약을 먹였으나 곧 후회하고 B를 병원으로 급히 싣고가 해독을 위한 진지한 노력을 다하였으나 B는 사망하고 말았다. A의 죄책은?

① 살인의 장애미수 ② 살인의 기수
③ 살인의 중지미수 ④ 과실치사죄

〈해설〉 ② 실행중지의 경우도 미수범이므로 결과방지를 위하여 진지한 노력을 다 하였더라도 결과가 발생하면 기수가 되므로 중지미수에 해당하지 않는다.

제3절 불능미수

제27조(불능범) 실행의 수단 또는 대상의 착오로 인하여 결과의 발생이 불가능하더라도 위험성이 있는 때에는 처벌한다. 단, 형을 감경 또는 면제할 수 있다.

Ⅰ. 의의

1. 개념

불능미수(Untauglicher Versuch)란 결과의 발생은 사실상 불가능하다. 그러나 위험성으로 인하여 미수범으로 처벌되는 경우를 말한다. 우리 형법 제27조에서 이를 규정하고 있다.

2. 구별개념

불능범은 위험성이 없어 불가벌하다는 점에서 위험성이 존재하는 불능미수와 다르고 미신범이 비현실적인 수단, 비현실적인 행위로 범행하거나 비현실적인 대상에 대한 범죄를 시도하는 행위라는 점에서 실질적인 불법에까지 이른 불능미수와 다르며, 환각범이 사실상 허용되어 있는 행위를 금지 또는 처벌되는 행위로 오해하고 그럼에도 범행을 저지른 경우로서 반전된 금지착오가 되어 처벌되지 않는다는 점에서 구성요건요소가 존재하지 않는데도 이를 존재한다고 착오하는 경우로서 반전된 구성요건의 착오인 불능미수와 다르다.

II. 성립요건

형식적으로는 예비와 미수를 구별하는 표준이 되지만 실질적으로는 불능범과 불능미수를 구별하는 표준이 된다. 불능미수도 미수범이므로 행위자가 실행에 착수하였을 것을 요하는 것은 가능미수(장애미수)의 경우와 같으므로 행위자가 그의 전체계획에 따라 직접 실행행위를 가하였을 것을 요한다. 불능미수에 있어서 실행의 착수시기는 결과의 발생이 가능한 경우의 착수행위에 해당하는 행위가 있을 때이다.

1. 결과발생의 불가능

범죄가 기수에 이를 수 없음을 의미하고 사실적 · 자연과학적 개념이며 존재하지 않는 사실을 존재한다고 인식한 경우로서 적극적 착오이다.

(1) 실행의 수단 혹은 대상의 착오

① 수단의 착오는 수단의 불가능성을 의미한다. 예컨대, 소화제로 낙태를 기도하고 설탕으로 사람을 살해한 경우를 말한다. ② 대상의 착오는 객체의 불가능성을 의미하고 사실상 · 법률상 이유를 불문한다. 예컨대, 독약인 줄을 알고 감기약을 건내준 경우, 자기의 재물에 대한 절도행위를 한 경우를 의미한다.

(2) 주체의 착오

신분이 없는 자가 신분이 있는 것으로 오인하고 진정신분범을 범한 경우로서 예컨대, 공무원임용이 무효임을 알지 못한 자가 수뢰죄를 범하거나 보증인지위에 있지 아니한 자가 부진정부작위범을 범한 경우이다. 주체의 흠결은 신분범에 있어서는 신분자의 특수의무가 불법을 형성하는 것이므로 신분없는 자의 행위는 미수범의 행위반가치를 결하였고 형법규정 이외의 착오까지 확대하는 것은 죄형법정주의에 반하므로 어떤 경우에도 불능미수가 성립할 수 없다.

2. 위험성

불능미수와 불능범을 구별하는 기준으로서 「위험성」을 제시하고 있다. 위험성이 있으면 불능미수로 처벌되고 위험성이 없으면 불능범으로 처벌된다. 위험성을 어떤 기준에 의하여 판단할 것인가에 대해서는 학설이 대립한다.

〔표〕 위험성에 관한 학설

구객관설 (객관적 위험설)	포이어바흐에 의해 주장된 설로서 절대적 불능(결과의 발생이 개념적으로 불가능한 경우에는 벌하지 않음)과 상대적 불능(구체적인 특수한 경우에만 불가능한 경우 미수범으로 처벌됨)으로 나뉜다. 이에 대하여 절대적 불능과 상대적 불능의 구별이 반드시 명백하다고 할 수 없다는 비판이 있다.
법률적·사실적 불능설	프랑스 학자들에 의해 주장된 것으로 법률적 불능은 불능범으로 사실적 불능은 미수범으로 처벌된다. Roax는 법률적 불능은 절대적 불능으로, 사실적 불능은 상대적 불능으로 처벌된다. 이에 대하여는 구객관설에 대한 비판이 적용된다. Garraud는 법률적 불능은 구성요건의 흠결로, 사실적 불능은 단순한 사실상의 범죄요건이 결여된다. 이에 대해서는 구성요건 흠결이론에 대한 비판이 그대로 적용된다는 비판이 있다.
신객관설 (구체적 위험설)	리스트(Liszt)에 의하여 주장된 설로 구체적 위험성이 없으면 불능범으로 구체적 위험성이 있으면 미수범으로 처벌된다. 구체적 위험성의 유무는 행위 당시 행위자가 인식한 주관적 사정과 일반인이 인식할 수 있었던 객관적 사정을 기초로 일반적 경험법칙에 따라 객관적·사후적 예후에 의하여 판단한다. 이에 대하여 행위자가 인식한 사정과 일반인이 인식한 사정이 일치하지 않는 경우를 상정할 수 있고 미수에 있어서의 형법상의 반가치를 외부적·객관적인 법익침해에 치중하여 고려하는 점에서 부당하다는 비판이 제기된다.
추상적 위험설 (주관적 위험설)	다수설의 견해로서 행위시에 행위자가 인식한 사정을 기초로 하여 행위자가 생각한 대로의 사정이 존재하였으면 일반인의 판단에서 결과발생의 위험성이 있는 경우라고 할 수 있다. 이 설은 위험성 판단의 기초를 행위자의 주관에 따라 주관적으로, 위험성 판단의 주체는 일반인에 따라 객관적으로 판단한다는 점에서 주관적 객관설이라 한다. 행위자의 주관적 사정을 그대로 판단의 대상으로 하므로 주관적 위험설이라 한다. 이에 대하여 행위자가 경솔하게 잘못 안 경우에도 그 사실만을 기초로 위험성을 판단해야 하는 것은 부당하다는 비판이 제기된다.
주관설	주관적으로 범죄의사가 확실하게 표현된 이상 그것이 객관적으로 절대불능인 때에도 미수범으로 처벌된다. 원칙적으로 불능범의 개념을 인정하지 않는다. 독일 판례의 입장이다. 이에 대해서는 미신범을 불능미수에서 구별해야 할 이론적 근거와 한계가 명백하지 못하고 행위자의 의사 외에 외적·객관적 요소를 전혀 고려하지 않는데 근본적 난점이 있게 된다는 비판이 있다.

Ⅲ. 처벌

임의적 감면사유로서 미수범을 벌하는 규정이 있는 때에만 가능하다.

Ⅳ. 관련문제(불능미수와 환각범)

불능미수는 환각범(Wahndelikt)과 구별되어야 한다. 불능미수는 처벌되고 환각범은 벌하지 아니한다.

1. 의의

환각범은 사실상 허용되고 있는 행위를 금지되거나 처벌된다고 오인한 경우로서 이는 반전된 금지착오이다. 이러한 점에서 구성요건요소가 존재하지 아니함에도 불구하고 이를 존재한다고 착오한 경우의 반전된 구성요건의 착오와 구별된다.

2. 환각범의 유형

(1) 협의의 반전된 금지착오

금지규범의 존재 자체에 대하여 착오가 있는 경우로서 금지되지 아니한 행위를 형법규정에 반하는 것으로 알고 행하는 경우로서 예컨대, 동성애, 근친상간, 계간을 들 수 있다.

(2) 반전된 허용 착오

사실상 위법성조각사유에 해당하는 행위를 처벌받는다고 오인한 경우로서 반전된 위법성조각사유의 착오이다. 예컨대, 의사가 의학적 견지의 낙태를 가벌적인 것으로 잘못 안 경우를 들 수 있다.

(3) 반전된 포섭의 착오

행위상황과 그 의미를 바로 인식하였으나 규범의 해석을 잘못하여 그 적용범위를 자기에게 불리하게 적용된다고 오인한 경우이다. 예컨대, 실재하지 아니하는 보증의무를 있는 것으로 잘못 안 경우를 들 수 있다.

(4) 반전된 가벌성의 착오

인적 처벌조각사유가 존재함에도 불구하고 자기의 행위가 처벌받는다고 인식한 경우이다. 예컨대, 친족상도례가 적용되는 것을 몰랐던 경우를 들 수 있다.

3. 불능미수와 환각범의 구별의 한계

금지규범의 존재에 대한 적극적 착오가 환각범이 되는 것은 명백하여 불능미수와 환각범의 구별이 된다. 규범적 구성요건요소에 대한 착오가 불능범 혹은 불능미수인가 아니면 반전된 포섭의 착오인가가 문제된다. 사실에 대한 착오는 불능범 혹은 불능미수이고 규범의 범위에 대한 착오는 환각범이다.

1. 불능미수와 환각범에 대한 차이점을 설명하시오.

2. 불능미수의 위험성에 대하여 논하시오.

1. 불능미수에 대한 설명으로 틀린 것은?
   ① 불능미수는 구성요건요소가 존재하지 아니함에도 불구하고 이를 존재한다고 오인한 경우로서 사실의 착오의 적극적 형태에 해당한다.
   ② 형법은 불능미수를 임의적 감면사유로 하고 있다.
   ③ 불능미수와 불능범을 구별하는 기준은 위험성의 유무에 따른다.
   ④ 다수설에 의하면 시체를 살아있는 사람으로 오인하고 살해하려고 한 경우에는

불능미수를 인정할 수 없게 된다.

〈해설〉 ④ 다수설은 추상적 위험설에 따르면 행위 당시에 행위자가 인식한 사정만을 기초로 하여 일반인의 관점에서 위험성을 판단하는 견해이다. 이 경우 결과발생의 위험성(추상적 위험) 또는 법질서에 대한 위험성이 있다고 판단할 수 있다.

2. 다음 중 판례에 의하더라도 미수로 처벌할 수 없는 경우는?

① 히로뽕 제조를 시도하였으나 그 제조기술의 부족으로 히로뽕 완제품을 제조하지 못하였다.
② 일반인이 보더라도 임산부임에 틀림없는 부녀자에게 낙태약을 먹였으나 사후에 밝혀진 바에 의하면 임산부가 아니었다.
③ 피해자의 차량의 브레이크 호스를 잘라 브레이크액을 유출시켜 주된 제동기능을 완전히 상실시킴으로서 피해자가 사이드브레이크를 잡아 당겨 간신히 충돌을 모면하였다.
④ 쥐 치사추정량이지만 사람에 대한 치사량에 약간 미달하는 농약을 배추국에 혼입하여 마시게 하였다.

〈해설〉 ② 이는 불능범의 사안이다.

제4절 예비죄

I. 예비죄의 의의

범죄실현을 위한 준비행위로서 아직 실행의 착수에 이르지 않은 일체의 행위로서 구성요건을 직접 실현하지 않고 범죄실행을 위한 조건을 실행하는 것을 말한다. 예비를 원칙적으로 처벌하지 아니함을 선언하고 있으나, 예비행위에 의하여 침해되는 법익의 가치와 그 행위 혹은 행위자의 위험성 때문에 미리 형벌권을 발동할 필요가 있을 때에는 형사정책적인 근거에서 예비를 처벌할 수 있게 된다. 형법은 내란죄, 간첩죄, 이적죄, 폭발물사용죄, 방화죄, 일수죄, 교통방화죄, 통화위조죄, 살인죄 혹은 강도죄 등 규정을 두고 있고, 국가보안법, 군형법에는 다수의 예비행위를 처벌하는 규정을 두고 있다. 실행의 착수는 예비와 미수를 구별하는 한계점이 된다. 예비는 법익침해에 필요한 전제조건을 만드는 것에 불과하게 된다.

II. 예비죄의 법적 성격

예비죄의 법적 성격으로는 기본범죄에 대한 예비죄의 관계와 예비행위의 실행행위성을 인정할 것인가?

1. 기본범죄에 대한 관계에 대한 학설

(1) 발현형태설

예비죄는 독립된 범죄유형이 아니라 효과적인 법익보호가 필요한 경우에 미수의 이전단계까지 구성요건을 확장한 '기본범죄의 수정적 구성요건'에 불과하다는 설이다. 이 설이 다수설의 위치를 차지하고 있다.

(2) 독립범죄설

예비죄는 기본범죄에서 독립하여 '그 자체 불법의 실질'을 갖추고 있는 범죄라는 점에서 독립된 범죄라는 설이다.

(3) 이분설

예비행위가 유형화되어서 기본범죄 해당하는 경우와 비유형화된 기본범죄의 수정형식에 해당하는 경우로 구분하는 학설이다.

(4) 결어

범죄단체조직체(제114조), 아편등소지죄(제205조), 음화소지 등 죄(제244조)와 같이 예비행위를 독립된 범죄로 처벌하는 규정으로서 완전히 별개의 범죄이나 미수가 기본범죄의 수정형식에 불과함에 반하여 그 전단계인 예비를 독립된 범죄로 파악할 수 없고, 예비죄의 규정형식을 오히려 예비죄가 기본범죄의 발현형태임을 명백히 한 것이고 할 수 있다.

2. 예비죄의 실행행위성

예비행위 자체의 실행행위라 할 수 있다. 독립범죄설은 당연히 인정되고 발현형태설은 학설이 대립한다. **긍정설**은 다수설로서 기본범죄에 대해서만 실행행위성을 인정하는 것은 실행행위의 상대적·기능적 성격을 무시한 것이고 예비죄도 수정적 구성요건인 이상 이에 대한 실행행위성을 인정할 수 있다고 한다. 이에 대하여 **부정설**은 실행 착수이전의 예비행위의 실행행위성을 인정하지 않고 예비행위의 무한정·무정형을 그 이유로 든다.

Ⅲ. 예비죄의 성립요건

1. 주관적 요건

(1) 예비의 고의

과실에 의한 예비죄나 과실범의 예비죄는 불성립하게 된다. 예비의 고의에 대한 학설로서는 제1설은 실행의 고의와 구별하여 예비의 고의는 준비행위에 대한 고의를 의미한다는 견해는 예비행위와 기본범죄 사이에는 질적인 차이가 있고, 예비 자체에 대한 고의가 있어야 예비행위에 그친 자의 책임을 물을 수 있으며, 예비죄의 규정상 준비행위 자체에 대한 인식을 요한다는 설이다. 제2설은 예비의 고의를 실행의 고의 즉 기본적 구성요건에 관한 고의를 의미한다고 해석하는 견해로서 예비는 미수와 같이 구성요건의 수정형식이고, 예비·미수·기수는 행위의 일련의 발전단계이므로 고의의 내용이며, 기본범죄를 고려하지 않은 준비행위에 대한 인식은 무의미하게 된다.

(2) 기본범죄를 범할 목적

단순한 고의뿐만 아니라 기본범죄를 범할 목적이 있을 것을 요하는 목적범이다. 목적의 의미에 대해서는 학설이 대립한다. 제1설은 단절된 결과범에 있어서는 목적이 그 행위 자체에 의하여 실현되고 별개의 행위를 필요로 하는 것이 아니므로 확정적 인식을 요하나 예비죄는 기본범죄의 실현이 있어야 목적이 달성되는 단축된 이행위범이므로 미필적 인식으로 족하다는 설이다. 제2설은 죄를 범할 목적을 미필적 인식으로 족하다고 하는 것은 본죄의 입법취지에 반한다고 할 것이므로 확정적 인식을 요한다는 설이다.

2. 객관적 요건

(1) 외적 예비행위

단순한 범죄계획, 의사표시 혹은 내심의 준비행위는 예비행위가 아니고 예비행위의 수단·방법에는 제한이 없다고 한다. 특정한 범죄의 실현을 위한 준비행위라는 것이 객관적으로 명확하고 따라서 기본범죄의 실현에 객관적으로 적합한 행위일 것을 요한다. 결과발생이 객관적으로 가능할 것을 요하므로 불능예비는 예비행위가 아니다.

(2) 물적·인적 예비

예비행위가 물적 준비행위에 제한되는가에 대하여 제1설은 예비는 단순한 사실이 아니라 이를 초과하는 외부적 행위가 있을 것을 요한다고 하여 물적 준비행위에 제한된다고 하고, 제2설은 **다수설**로서 외부적 준비행위가 물적 준비행위에 제한되는 것은 아니며 범죄실현을 위한 준비행위임이 객관적으로 명백한 이상 물적·인적 준비행위를 불문한다고 하는 설이다.

(3) 자기·타인 예비

타인예비가 예비의 개념에 포함되는가에 대해서는 부정설과 긍정설이 대립된다. 부정설은 **다수설**로서 만약 타인이 실행에 착수한 때 공범에 해당함에도 불구하고 이를 예비에 포함된다면 정범행위 단계에 따라 타인예비가 정범도 공범도 되는 부당한 결과를 초래하게 된다. 법익침해면에서 보면 타인예비를 자기예비와 같이 평가할 수 없으며 형법에서는 「…죄를 범할 목적으로」라고 규정하고 있으므로 예비자 스스로가 실행할 의사가 필요하다고 하는 설이다. 긍정설은 법익침해의 실질적 위험성에서 자기예비와 차이가 없고, 형법상 「…죄를 범할 목적으로」라고 규정하고 있으며 실질적 타인예비인 교사의 미수를 예비로 처벌하는 점에 비추어 타인예비도 예비에 포함된다는 설이다.

Ⅳ. 관련문제

1. 예비죄의 공범

2인 이상이 공동하여 범죄를 실현하려고 하였으나 가벌적인 예비에 그친 경우에 예비죄의 공동정범이 가능하고, 정범을 교사·방조하였으나 정범이 예비에 그친 경우에 예비죄의 교사·방조가 될 수 있을까?

(1) 예비죄의 공동정범

이에 대하여 부정설과 긍정설이 대립한다. 부정설은 예비죄의 실행행위성을 부정한다고 한다는 설이고, **긍정설**은 통설로서 예비죄의 성격에 관한 독립범죄설은 물론 발현형태설에 의하더라고 예비죄 자체의 실행행위는 긍정해야 하는 것이라고 한다.

(2) 예비죄의 교사범과 종범

공범독립성설은 예비죄의 교사범과 종범은 그 자체가 교사 혹은 종범의 미수로 처벌받는 결과가 된다는 설이고, 공범종속성설은 형법의 태도이므로 이에 따라 예비죄의 교사범과 종범이 성립가능한가에 대하여 이는 형법은 예비죄의 교사범을 예비에 준하여 처벌하는 특별규정(제31조 제2항)을 두고 있으므로 이는 예비죄의 종범성립의 문제로 귀착된다.

이에 대하여 부정설은 **판례**의 태도로서 예비는 미수와 같은 실행행위가 없다고 하고 예비의 종범 처벌시 처벌범위가 확대된다고 하는 설이다. 이에 대하여 **긍정설**은 **다수설**로서 정범이 예비죄로 처벌되는 이상 공범을 종범으로 처벌하는 것은 공범종속성설의 당연한 결론이고 예비죄도 각칙에 규정되고 예비행위의 실행행위를 긍정하게 되며 예비와 미수의 구별함은 공범 성립에는 영향이 없게 된다는 것이다. 이에 대하여 공범종속성설에 의하는 한 종범이 성립하기 위하여 실행행위는 어느 정도에 달할 것(종범은 정범이 실행에 착수할 것을 요함)이 요구하며 따라서 기수 혹은 미수에 이르지 않으면 예비의 종범을 인정하는 것은 형법이 방조의 미수에 관한 규정을 두지 않은 취지에 반한다는 비판이 있게 된다.

2. 예비죄의 미수와 예비죄의 죄수

예비죄의 미수범이 가능한가에 대하여 제1설은 예비죄의 미수는 있을 수 없다고 하고, 제2설은 미수가 이론상으로는 가능하나 처벌규정이 없다는 설이다. 하나의 범죄실행을 위하여 수개의 예비행위가 있었던 때에는 하나의 예비죄가 성립하고 예비행위가 실행에 착수하여 미수 혹은 기수로 발전하게 되면 보충관계상 기본범죄의 미수 혹은 기수가 성립한다.

1. 일본으로 밀항하고자 공소외인에게 도항비로 일화100만엔을 주기로 약속하였으나 이 밀항을 포기하였다면 이는 밀항의 음모에 지나지 않는 것으로 밀항의 예비정도에는 이르지 아니한 것이다(대법원 1986. 6. 24, 86도437).
2. 소를 흥정하고 있는 피해자의 뒤에 접근하여 그가 들고 있던 가방으로 돈이 들어 있는 피해자의 하의 왼쪽 주머니를 스치면서 지나간 행위는 피해자의 주의력을 흐트려 주머니속에 들은 금원을 절취하기 위한 예비단계의 행위에 불과한 것이고 이로써 실행의 착수에 이른 것이라고는 볼 수 없다(대법원 1986. 11. 11, 86도1109, 86감도143).
3. 정범이 실행착수에 이르지 않고 예비단계에 그친 경우에는 이에 가공하더라도 예비의 공동정범이 되는 때를 제외하고는 종범으로 처벌할 수 없다(대법원 1979. 5. 22, 79도552 ; 대법원 1976. 5. 25, 75도1549).
4. 중지범은 범죄의 실행에 착수한 후 자의로 그 행위를 중지한 때를 말하는 것으로 실행착수가 있기 전인 예비·음모의 행위를 처벌하는 경우에는 중지범의 관념을 인정할 수 없다(대법원 1966. 4. 21, 66도152).
5. 밀항을 위해 도항비를 주기로 약속하였으나, 그 후에 밀항을 포기하였다면, 이것은 밀항의 음모에 지나지 않는다(대법원 1986. 6. 24, 86도437).
6. 피고인들이 실제 북한과의 범민족단합대회추진을 위한 예비회담을 하기 위하여 판문점을 향하여 출발하려 하였다면 비록 피고인들이 위 회담의 주체는 아니었다고 하더라도 그 주체와의 의사의 연락하에 위 행위를 하였고 당국의 제지가 없었다라면 위 회담이 반드시 불가능하지는 아니하였던 것이므로 위 피고인들의 소위는 국가보안법 제8조 제4항, 제1항 회합예비죄에 해당하고, 회합장소인 판문점 평화의 집으로 가던 중 그에 훨씬 못미치는 검문소에서 경찰의 저지로 그 뜻을 이루지 못한 것이라면 아직 반국가단체의 구성원과의 회합죄의 실행에 착수하였다고 볼 수 없다(대법원 1990.8.28, 90도1217).

1. 예비죄에 대한 설명으로 틀린 것은?

① 예비란 특정범죄를 실현하기 위한 외부적 준비행위로서 아직 실행의 착수에 이르지 아니한 행위를 말한다.

② 예비행위는 법률에 특별한 규정이 있는 경우에 한하여 예비죄로 처벌된다.

③ 예비죄의 법적 성격에 대해서 다수설은 발현형태설을 취하고 있다.

④ 예비죄의 미수도 가능하다.

〈해설〉 ④ 다수설은 예비죄는 실행의 착수 이전의 단계이므로 실행의 착수를 전제로 하는 미수가 예비죄의 경우에는 불가능하다고 한다.

2. 다음 살인죄의 범죄유형 중 예비 또는 음모를 처벌하는 범죄는?

① 영아살해죄 ② 촉탁살인죄
③ 승낙살인죄 ④ 존속살해죄

〈해설〉 ④

〔표〕 예비 · 음모가 처벌되는 범죄

<table>
<tr><th>구 분</th><th>범죄의 분류</th><th>형 법 규 정</th></tr>
<tr><td>예비 · 음모 · 선동 · 선전</td><td>국가적 법익을 침해하는 죄</td><td>내란죄(제87조), 내란목적의 살인죄(제88조), 외환유치죄(제92조), 모병이적죄(제94조), 시설제공이적죄(제95조), 시설파괴이적죄(제96조), 물건제공이적죄(제97조), 간첩죄(제98조), 일반이적죄(제99조)</td></tr>
<tr><td>예비 · 음모 · 선동</td><td>사회적 법익을 침해하는 죄</td><td>폭발물사용죄(제119조)</td></tr>
<tr><td rowspan="3">예비 · 음모</td><td>국가적 법익을 침해하는 범죄</td><td>외국에 대한 사전죄(제111조), 도주원조죄(제147조), 간수자의 도주원조죄(제148조)</td></tr>
<tr><td>사회적 법익을 침해하는 범죄</td><td>현주건조물등에의 방화죄(제164조), 공용건조물등에의 방화죄(제165조), 일반건조물등에의 방화죄(제166조 제1항), 폭발물파열죄(제172조), 현주건조물등에의 일수죄(제177조), 공용건조물등에의 일수죄(제178조), 일반건조물등에의 일수죄(제179조 제1항), 기차 · 선박등의 교통방해죄(제186조), 기차 등의 전복등죄(제187조), 사용수의 사용방해죄(제192조 제2항), 수도 · 사용수의 사용방해죄(제193조 제2항), 수도불통죄(제195조), 통화의 위조등죄(제207조 제1항-제3항), 유가증권의 위조등죄(제214조), 자격모용에 의한 유가증권의 작성죄(제215조), 우표 · 인지의 위조등죄(제218조 제1항).</td></tr>
<tr><td>개인적 법익을 침해하는 범죄</td><td>살인죄 · 존속살해죄(제250조), 위계 등에 의한 살인촉탁죄(제253조), 국외이송을 위한 약취 · 유인 · 매매죄(제289조), 강도죄(제333조)</td></tr>
</table>

제6장 공범론

제1절 공범이론

I. 공범의 의의

1. 공범과 범죄의 참가형태

두 사람 이상이 협력하여 범죄를 실행하는 경우를 통상 **범죄참가형태**라고 한다. 형법은 공범이라는 제목으로 공동정범·교사범·종범 및 간접정범을 규정하고 있다. 이를 **광의의 공범**이라고 한다. 그러나 공동정범은 스스로 범죄를 행한 자라는 점에서, 간접정범은 타인을 도구로 이용하여 죄를 범한 자라는 점에서 정범에 해당한다고 하지 않을 수 없다. 이에 반하여 교사범과 종범은 타인의 가담하는데 불과하다. 이를 **협의의 공범** 또는 고유의 의미의 공범이라고도 한다.

2. 공범의 입법방식

다수인의 범죄참가형태를 이론적 또는 입법기술적으로 어떻게 취급할 것인가에 관하여 두 가지 입법형식이 있다.

(1) 정범·공범 분리형식

형법총칙상의 정범과 공범론을 구성요건론의 일부로 편입하고 구성요건영역에서 여러 가지 범죄참가형태를 구분하고 각칙의 구성요건을 총칙의 정범 및 공범론을 통해 보충함으로써 형벌에 영향을 미치는 구성요건상의 세분화를 도모하는 방법이다. 이러한 분리형식은 어떠한 범죄참가형태가 정범인가 공범인가를 구분해야 하는 번거로움이 있는 반면, 구성요건중심적 형법이라는 법치국가적 요청에 적합한 방식이기 때문에 법정책적으로 선호되고 있다.

(2) 단일정범 체계

구성요건영역을 범죄참가형태에 따라 세분하지 않고 오히려 구성요건실현에 원인이 되는 기여를 한 모든 사람을 정범으로 간주하되, 각자의 형량은 각칙의 각 구성요건에 통일적으로 정하여진 형벌범위 내에서 구체적인 범죄기여도에 따라 정하는 방법이다. 이 방법은 고의범에서 범죄참가의 복잡한 형태를 구별해야 하는 번거로움을 없애주기 때문에 입법론으로서 고려해 볼 만한 가치가 있다. 그리고 과실범에 대한 다수인의 참가형태는 애당초 불가능하고, 사정에 따라 단지 정범의 형태로만 취급할 수 있기 때문에 고의범과 다른 특별한 구조를 가지고 있는 과실범에서는 사실상 이 체계를 택하고 있는 셈이다. 이 체계에 따르면 법익침해라는 결과만을 볼 뿐 구성요건에 특유한 행위불법을 무시하게 되고 비신분자도 신분범이 될 수 있게 하며 공범의 미수범이 정범의 미수범으로 처벌받게 되는 등 처벌범위를 확대하게 된다는 문제점이 있다. 우리 형법은 해석상 이미 입법자가 분리형식을 취하고 있고 이 형식에 따른 규정범식을 취하게 된 것은 독일 형법전에 영향을 받아 제정된 일본 형법전이 우리나라에 의용되면서 정착된 데에 기인한다.

3. 필요적 공범

(1) 의의

필요적 공범이란 구성요건 자체가 이미 2인 이상의 참가나 단체의 행동을 전제로 하여 성립하는 범죄를 말한다. 이는 한 사람이 실현할 것을 예상하고 규정한 보통의 구성요건을 수인이 협력 가공하여 실현한 경우인 **임의적 공범**에 대립되는 개념이다. 총칙상의 공범규정은 임의적 공범을 전제로 한다. **대법원**은 필요적 공범이 법률상 범죄의 실행을 위해 다수인의 행위의 공동을 필요로 할 뿐 반드시 협력자 전부의 책임을 필요로 하는 것은 아니라고 하고 있다(대법원 1987. 12. 22, 87도1699).

(2) 필요적 공범의 종류

1) 집합범

다수인이 동일한 방향에서 같은 목표를 향하여 공동으로 작용하는 범죄, 즉 다수인의 집합에 의한 군집범죄를 말한다. 소요죄(제115조)와 내란죄(제87조)가 이에 해당한다.

2) 대향범

2인 이상의 대향적 협력에 의하여 성립하는 범죄를 말한다. 이에는 대향자 쌍방의 법정형이 같은 경우(간통죄(제241조), 아동혹사죄(제274조))와, 대향자 사이의 법정형이 다른 경우(수뢰자와 증뢰자(제129조, 제133조), 낙태죄에 있어서 의사와 부녀(제269조 제1항, 제270조 제1항), 배임수재죄와 배임증재자(제357조 제1항 · 제2항) 대향자의 일방만을 처벌하는 경우(음화 등 반포 · 판매 · 임대죄(제243조), 촉탁승낙살인죄(제252조 제1항), 자살관여죄(제252조 제2항), 범인은닉죄(제151조 제1항))가 있다.

3) 공범규정의 적용

내부참가자 사이에는 임의적 공범을 전제로 한 형법총칙의 공범에 관한 규정은 적용될 여지가 없으나, 필요적 공범의 외부에서 관여하는 행위에 대하여는 공동정범을 인정할 수 없기 때문에 문제가 된다. **집합범**은 집단 외에서 자금이나 정보를 제공하는 자에 대하여는 교사와 방조에 관한 공범규정만이 적용된다. 왜냐하면 집단범죄에 대하여 집단의 구성원이 아닌 자에 대하여 공동정범을 인정할 수 없기 때문이다. **대향범**에 있어서는 외부에서 각 대향자에게 관여하는 행위에 대하여 교사 · 방조뿐만 아니라 공동정범에 관한 공범규정이 적용된다.

■ 현행법상 공범의 분류
- (1) 임의적 공범(광의의 공범)
  - 1) 공동정범(제30조)
  - 2) 협의의 공범
    - ① 교사범(제31조)
    - ② 종범(방조범)(제32조)
- (2) 필요적 공범
  - 1) 집합범
  - 2) 대향범

II. 정범과 공범의 구별

공범과 정범의 구별은 공동정범과 간접정범의 정범성을 확정하고 종범이나 교사범과의 구별하기 위한 기준이 될 뿐만 아니라, 공범의 독립성과 종속성의 문제를 해결하기 위한 논리적인 전제가 된다.

1. 정범의 개념

종래 공동정범과 종범을 구별하는 기준을 논하는데 중점이 있었다. 그러나 이 문제는 공동정범과 교사범을 구별하기 위한 기준이 될 뿐만 아니라 나아가 정범과 공범의 관계, 즉 공범의 종속성과 독립성의 문제를 해결하기 위한 논리적인 전제가 된다. 공범은 정범에 대한 개념이다. 그러므로 공범의 개념을 밝히기 위해서는 먼저 정범의 개념을 밝혀야 한다.

2. 정범 개념의 논의

정범(Täterschaft)에는 단독정범 · 공동정범 및 간접정범이 포함된다는 데 대하여는 논의가 없으나, 정범의 개념을 어떻게 파악할 것이냐에 대하여 형법에는 명문규정이 없다.

(1) 제한적 정범 개념이론

정범과 공범의 구별에 관한 객관설과 결합한다. 정범은 구성요건에 해당하는 행위를 스스로 행한 자이다. **공범**은 정범의 처벌을 확장하는 **처벌확장사유**이다. 따라서 교사범 · 종범은 이에 대한 특별한 규정이 없으면 처벌받지 않는 행위를 형법 제31조, 제32조에 의해 처벌하는 것이다.

(2) 확장적 정범 개념이론

조건설을 이론적인 기초로 하여 구성요건적 결과의 발생에 조건을 설정한 자는 그것이 구성요건에 해당하는 행위인가의 여부를 불문하고 모두 정범이 된다. **공범규정**은 정범의 처벌범위를 축소하는 **처벌축소사유**이다. 교사범과 종범은 원래 정범으로 처벌되어야 할 것이지만 공범규정에 의하여 특별취급한다. 정범과 공범의 구별에 관하여 주관설과 결합한다.

(3) 비판

1) 확장적 정범개념이론은 제한적 정범개념이론의 이론상의 난점을 해결하기 위한 이론이나 다음과 같은 문제점이 있다. 첫째, 형법의 보장적 기능을 침해하는 결과(결과발생의 조건만 야기하면 모두 정범이 된다고 하는 것은 정범의 개념을 지나치게 확장하여 죄형법정주의에 반한다)이고, 둘째, 형법이 교사범을 정범과 같은 형으로 처벌한다(제31조 제1항)는 특별규정을 둘 이유가 없고 종범의 형을 정범의 형보다 감경하는(제32조 제2항) 근거가 되지 못한다.

2) 제한적 정범개념이론은 객관적 요소에 치중하여 정범과 공범을 구별함으로써 구성요건의 전부 혹은 일부를 행하지 아니한 간접정범과 공동정범의 정범성을 인정할 수 없다.

3. 정범과 공범의 구별기준

(1) 객관설 : 제한적 정범개념 이론에 기초

1) 형식적 객관설

제한적 정범개념이론에 입각하여 정범은 구성요건에 해당하는 행위를 직접 행한 자를 의미하고, 공범이란 실행행위 이외의 방법으로 조건을 제공한 자를 말한다. 이에 대한 비판점으로 구성요건적 행위(사람을 살해하는 행위)와 구성요건적 사실을 실현하는 행위(살인의 의사를 실현하는 데 필요한 모든 행위)를 구별하지 못하고, 전자의 면에만 정범성을 결정하는 것은 잘못이며, 간접정범과 집단의 배후에서 이를 조정하는 자를 정범으로 인정할 수 없는 결함이 있다.

2) 실질적 객관설

행위가담의 위험성의 정도에 따라 구별하여 그 내용에 있어서 객관적 기준에 중점을 두고 있는 일체의 견해를 총칭하는 것이므로 그 기준을 어디에 두느냐에 따라 정범과 공범의 구별기준이 달라진다.

① 필연설

정범이란 결과발생에 대해 필연적 행위를 한 자를 말하고 인과관계에 있어서 원인설에 입각한 견해이다. 이에 대하여 인과관계이론에서 원인설의 난점을 그대로 적용하여 조건과 원인을 구별하는 것은 불가능하고 행위의 목적적 요소도 중요한 의의를 가지는 것이기 때문에 정범과 공범의 구별기준을 인과관계에 의하여만 밝히려고 한 기본태도도 부당하다.

② 동시설

정범이란 행위수행의 연관을 기준으로 행위시에 가담한 자이고, 공범이란 그 전이나 후에 가담한 자는 공범이다. 이에 대하여는 간접정범의 정범성을 설명하지 못한다는 비판이 있다.

(2) 주관설 : 확장적 정범개념 이론에 기초

인과관계에 관한 조건설을 전제로 정범과 공범은 모든 결과에 대한 조건을 제공한 점에서 같고 결과에 대한 여러 조건 사이에는 차이가 없다는 설이다.

1) 고의설

정범이란 정범의사(행위를 자기의 범죄로 실현하고자 하는 의사)로 행위한 자이고, 공범이란 공범의사(타인의 범죄로서 행위를 야기하거나 촉진하는 의사)로 행위한 자를 의미한다. 이에 대하여 정범과 공범의 구별은 법적 평가의 문제이지 조건의 인과적 동가치성의 문제는 아니고, 정범과 공범의 구별을 위한 기준을 제시하지 못하고 이를 양형의 자료에 의하여 결정하도록 한다는 점에서 비판점이 있다.

2) 목적설

고의설을 적용하기 위한 기준을 제시한 이론으로서 정범이란 자기의 목적 혹은 이익을 위하여 행위하는 자를 말하고, 공범이란 타인의 목적 혹은 이익을 위한 자를 의미한다. 이에 대하여 자기의 이익을 위한 것인가 혹은 타인의 이익을 위한 것인가가 불명백하고 정범이 없이 공범만 있다는 부당한 결과를 도출함으로써 형법상의 촉탁살인・촉탁낙태는 물론, 제3자를 위항 사기・공갈・배임 등은 모두 타인의 이익을 위한 것이므로 이익설에 의하면 공범만 성립한다는 비판점이 있게 된다.

(3) 행위지배설(범행지배설, Roxin의 견해, 통설)

1) 주관적 요소와 객관적 요소의 결합으로서 **행위지배**(Tatherrschaftslehre)란 구성요건에 해당하는 사건진행의 장악으로서 정범은 사태의 핵심형상을 계획적으로 조정하거나 공동형성하는 행위지배를 통하여 그의 의사에 따라서 구성요건의 실현을 저지하거나 진행하게 할 수 있는 자이고, 공범이란 자신의 행위지배에 의하지 않

고 행위를 야기·촉진한 자이다. 정범개념의 출발점은 제한적 정범개념이고, 구성요건에 해당하는 행위는 객관적·주관적 의미통일체이므로, 정범이냐 공범이냐를 결정함에 있어서 조정의사나 행위가담의 정도도 고려된다.

2) 행위지배의 유형화는 **록신**(Roxin)에 의하여 다음과 같이 구분할 수 있다. 모든 구성요건요소를 스스로 유책하게 실현한 직접정범은 구성요건에 해당하는 행위 자체를 지배하는 것이므로 언제나 정범이 된다(**실행지배**). 간접정범으로 도구로 이용된 타인의 행위는 간접정범의 행위의 인과적 과정에 불과하며 그의 의사와 계획에 의하여 지배된 작품이다(**의사지배**). 2인이상이 공동하여 죄를 범한 공동정범에 있어서 각자가 역할 분담에 따라서 공동의 행위지배를 가진 정범이 된다(**기능적 행위지배**). 예컨대, 망을 보는 행위는 물론 범죄계획을 수립하고 조종하는 범죄집단의 수괴도 기능적 행위지배설에 의하면 정범이 된다.

3) 객관적·주관적 표준을 결합한 행위지배이론에 의하여 해결한다. 정범이란 그 결과가 목적적으로 조정되거나 행위를 공동형성한 의사의 작품이라고 볼 수 있을 정도로 구성요건실현을 지배하거나 공동으로 지배한 자이고, 공범이란 이러한 행위지배없이 타인의 범죄를 야기 혹은 촉진한 자이다.

공동정범의 본질은 분업적 역할분담에 의한 기능적 행위지배에 있으므로 공동정범은 공동의사에 의한 기능적 행위지배가 있음에 반하여 종범은 그 행위지배가 없는 점에서 양자가 구별된다(대법원 1989. 4. 11, 88도1247).

4. 정범의 종류

(1) 직접정범과 간접정범

직접정범(unmittelbare Täterschaft)은 행위자 자신이 직접 범죄를 실행하는 경우이고, 간접정범(mittelbare Täterschaft)은 타인을 도구로 이용하여 간접적으로 실행하는 경우를 말한다.

(2) 단독정범과 공동정범

단독정범(Allentäterschaft)은 직접정범의 행위자가 1인일 때를 말하고, 공동정범(Mittäterschaft)은 그 행위자가 여러 사람인 경우를 말한다.

(3) 동시범

1) **동시범**(Nebentäterschaft)이란 두 사람 이상의 행위자가 의사의 연락없이 같은 대상에 대해 동시(同時) 혹은 이시(異時)에 범행하는 경우를 말한다(제19조). 단독범과는 두 사람 이상이라는 점에서 다르고 공동정범과 합동범은 의사연락이 없다는 점에서 다르다.

2) 첫째, 두 사람 이상의 실행행위가 있어야 한다. 즉, 행위자가 한 사람일 때에는 동시범 문제가 성립하지 않는다. 둘째, 행위자 사이에 의사연락이 없어야 한다. 즉, 의사연락이 있다면 공동정범이 성립하여 공동정범의 의사연락 내용을 어떻게 파악하느냐에 따라서 동시범의 성립범위가 달라질 수 있다. 범죄공동설의 경우, 의사연락은 범죄공동의 의사, 즉 고의공동을 뜻한다. 고의가 공통되지 않는 고의범과 고의범, 고의범과 과실범, 과실범과 과실범 사이에는 동시범이 성립한다. 행위공동설의 경우, 의사연락은 구성요건행위에 대한 공동의사로써 충분하고 결과공동의 의사를 요하지 않는다. 행위공동의 의사는 서로 있어야 한다. 따라서 일방의 공동의사만 있는 편면적 공동정범은 동시범에 속한다. 셋째, 행위객체가 동일해야 한다. 넷째, 행위의 장소·시간은 다르더라도 상관없다. 법문의 '동시 혹은 이시의 독립행위'가 이것을 의미한다. 한 사람의 실행행위 중에 의사연락을 하여 공동실행하는 이른바 승계적 공동정범은 동시범이 아니다. 다섯째, 원인된 행위가 불판명되어야 한다. 입증책임은 검사에게 있다. 원인된 행위가 판명되면 각자는 그 내용에 따라서 고의 혹은 과실의 책임을 질 것이기 때문에 동시범이 아니다.

3) 각 행위자는 결과에 대한 미수범의 책임을 진다(제19조). 결과책임을 배제하고 "의심스러운 경우에는 피고인의 이익으로(in dubio pro reo)"라는 원칙에 충실한 입법적인 결단으로 볼 수 있다.

4) 상해의 동시범특례규정은 일방적 자유희생의 대가로 검사의 입증곤란을 해소하고, 결과적으로 형벌권의 확립에 기여한다고 볼 수 있다.

Ⅲ. 공범의 종속성

공범 특히 협의의 공범인 교사범과 종범은 정범을 교사 혹은 방조하여 정범으로 하여금 범죄를 실행하게 하는 것이므로, 공범은 정범에 종속하여 성립하는가 혹은 독립하여 성립하는가?

1. 공범종속성설과 공범 독립성설

(1) 공범종속성설

공범의 성립은 정범의 성립에 종속한다. 범죄의 실행행위가 정범에 의하여 행하여지는 공범은 여기에 가담하는 데 불과하므로 공범은 정범의 행위에 종속되어 정범이 성립하는 때에 한하여 성립한다(성립상의 종속성). 객관주의 범죄론에서 주장되며 공범이 성립하기 위해서는 적어도 정범이 실행에 착수하였을 것을 요하므로 미수범의 공범은 있을 수 있다. 공범과 간접정범은 엄격히 구별된다.

(2) 공범독립성설

공범이 독립한 범죄로서 주관주의 범죄론에서 주장되었다. 공범은 정범의 성립과 관계없이 독립하여 성립하는 것이므로, 예컨대 피교사자가 실행에 착수하지 않았다 할지라도 그 교사행위는 미수로 처벌되어야 하며 미수의 공범은 물론 공범의 미수도 미수범으로 처벌된다. 교사범과 간접정범을 구별하지 못한다. 공범과 구별하여 간접정범의 개념을 만든 것은 공범종속성설의 결함을 보충하기 위한 불필요한 노력에 불과하여 간접정범도 마땅히 공범 속에 흡수되어야 한다.

(3) 비판

공범독립성설은 타인의 범죄성이나 가벌성에 의하여 자기의 행위가 범죄로 되며 가벌성을 가진다는 사상은 근대형법의 기본원리인 개인책임원칙이 자기책임의 원칙에 배치된다. 따라서 형법 해석상 공범종속설을 취하는 논거는 다음과 같다.

1) 공범종속성설을 인정한다고 하여 반드시 공범의 가벌성과 범죄성이 정범의 행위에 의하여 결정되는 것은 아니다.

2) 공범의 종속성을 인정한다고 하여 자기책임에 반한다 할 수 없다.

3) 형법규정(제31조 제1항, 제32조 제1항)을 통하여 공범은 정범의 존재를 전제로 하여 이에 종속하여 성립한다.

〔표〕 공범종속성설과 공범독립성설의 차이

구분	공범종속성설(통설 · 판례)	공범독립성설
의의	공범은 정범의 현실적인 실행행위가 있어야 성립한다. 즉 공범의 성립은 정범의 성립에 종속한다는 견해이다.	공범행위(교사행위 · 방조행위) 자체가 반사회적인 범죄실행행위로서의 실질을 가지므로 공범은 정범과 관계없이 독립하여 성립한다는 견해이다.
범죄이론	객관주의	주관주의
공범의 미수	① 정범의 행위가 가벌적 미수로 된 때에만 공범도 미수로 처벌된다. ② 미수범의 공범은 인정하나 공범의 미수(교사의 미수)는 부정한다.	① 정범의 실행의 착수가 없어도 공범은 미수로 처벌된다. ② 미수범의 공범과 공범의 미수 둘 다 인정한다.
	형법은 기도된 교사를 예비 · 음모에 준해 처벌함으로써 절충적 입장을 취하고 있다.	
간접정범	간접정범 개념 긍정 (간접정범은 고의없는 타인을 이용하는 경우이므로 그 정범성을 인정한다)	간접정범 개념 부정 (교사 · 방조행위가 있는 이상 공범은 성립할 수 있으므로 이용자는 정범이 아니라 공범이다)
공범과 신분	제33조의 본문을 당연규정으로 본다.	제33조의 본문을 예외규정으로 보고 단서를 원칙적 규정으로 본다

2. 종속성의 정도

(1) 공범의 종속형식

공범종속성설을 취하는 경우에 다시 종속의 범위를 어느 정도로 인정할까? 이에 대해 마이어(M.E Mayer)는 4분류를 하였다.

1) 최소한의 종속형식

정범이 구성요건에 해당하기만 하면 공범이 성립한다. 그러나 위법하지 않은 행위를 교사한 때에 정범은 범죄가 성립하지 않는데 공범만 죄가 되는 것은 결론이 된다.

2) 제한적 종속형식

정범의 행위가 구성요건에 해당하고 위법하면 공범은 성립하며 반드시 유책할 것을 불요한다.

3) 극단적 종속형식

정범의 행위가 구성요건에 해당하고 위법·유책할 때에만 공범이 성립한다.

4) 확장적 종속형식

정범의 행위가 구성요건에 해당하고 위법·유책할 뿐만 아니라 가벌성의 조건까지 공범이 성립한다. 정범의 신분관계에 의한 형의 가중·감면은 모두 공범에게도 미치게 된다.

〔표〕 공범의 종속성의 정도(M.E. Mayer)

	구성요건해당성	위법성	책임성(유책성)	가벌성
최소한종속형식	○			
제한적종속형식	○	○		
극단적종속형식	○	○	○	
초극단적종속형식	○	○	○	○

(2) 종속성의 정도

공범의 종속성에 관한 네 가지 종속형식 중에서 제한적 종속형식과 극단적 종속형식 가운데 어떤 종속형식이 형법의 해석상 타당한가?

1) 극단적 종속형식을 채택하고 있다는 보는 견해

형법 제31조, 제32조는 정범의 행위의 완전한 범죄성을 전제로 한 것이어서 정범의 행위는 구성요건에 해당하고 위법·유책할 것을 요한다. 정범에게 책임능력 혹은 책임조건(고의·과실)이 결여된 경우에 간접정범이 성립한다는 명문의 규정(제34조 제1항)은 이러한 경우, 교사범의 성립을 부정하는 것이다.

2) 제한적 종속형식을 채택하고 있다고 보는 견해

형법 제31조 제2항, 제3항에서는 피교사자가 실행에 나가지 않은 때에도 교사자는 처벌을 받도록 하고 있는 바, 이는 극단적 종속형식과 일치하지 못한다. 공범의 처벌근거는 정범의 책임에 가담하는 데 있는 것이 아니라 정범의 불법을 야기·촉진한

데 있는 것이므로 제한적 종속형식을 취하는 것이 개인책임의 원리와 일치한다.

① 책임능력이 없는 자를 교사·방조한 경우에 간접정범이 된다고 하여 공범의 성립이 당연히 부정할 수 없다. 간접정범은 정범으로서 책임무능력자를 생명있는 도구로 이용하여 자신의 범죄를 실행한 때에만 성립하는 것이며, 교사자로서 사촉한 때에는 역시 공범이 성립하는 것이기 때문이다.

② 고의·과실이 없는 자를 교사·방조한 때에는 공범이 될 수 없다는 이유로 극단적 종속형식을 취하였다고 하는 것도 고의·과실을 책임조건으로 이해하는 인과적 행위론을 전제로 할 때에만 가능하다.

(3) 공범의 처벌근거

교사와 방조행위는 규범에 위반한 위법한 행위이지만 정범에 의하여 범하여진 구성요건에 해당하는 행위를 야기하거나 촉진했다는 조건으로 처벌되는 구성요건에 해당하지 않는 행위를 말한다. 구성요건에 해당하지 않는 공범의 행위를 처벌하는 처벌근거를 공범의 본질, 특히 그 종속성과의 관계에서 밝히는 것이다.

1) 책임가담설

공범의 처벌근거는 공범이 정범을 유책하게 범죄에 휘말려들게 하여 정범을 타락시켰다는 점에 있다. 공범의 종속성과 관련하여 극단적 종속형식을 취한다. 이에 대한 비판점으로는 개인책임의 원칙에 반할 뿐만 아니라 제한적 종속형식을 취하여 책임없는 정범에 대한 공범의 성립도 가능하다는 해석으로 감추었다.

2) 불법가담설

공범의 처벌근거는 정범에게 위법한 행위를 야기 혹은 촉진한 점에 있다. 책임가담설을 제한적 종속형식에 따라 변형시킨 이론이다. 진정신분범에 대한 비신분자의 공범도 가능하다. 이에 대하여 교사범에 있어서는 적용될 수 있어도 종범의 처벌근거를 설명할 수 없게 되어 공범의 처벌근거를 통일되게 설명할 수 없고 교사범에 있어서 사회적 일체성을 증명하기 어렵다는 비판이 있다.

3) 순수야기설

공범의 불법을 정범의 불법에서 찾지 않고 공범 그 자체의 불법인 공범구성요건(共犯構成要件)을 인정하여 공범불법의 독자성을 인정하는 견해로서 공범도 스스로 법익을 침해한 것이며 공범의 반가치는 정범행위에 대한 법익침해를 제시하는 데에 있다. 이에 대하여 공범의 종속성을 인정하고 있는 형법의 태도와 일치한다고 할 수 없고, 불법에는 결과반가치와 행위반가치가 있을 것을 요함에도 불구하고 공범에 대하여는 행위반가치로 족하다고하여 정범의 실행행위가 없는 경우에 공범의 행위반가치만으로 공범을 처벌할 수 있다고 하는 것도 부당하다.

4) 종속적 야기설

공범이 정범의 범행을 야기하거나 촉진한 점에 있다고 하여 공범불법의 근거와 정도는 정범의 불법에 의존한다. 공범의 불법은 그 근거와 정도에 있어서 정범의 불법에 종속한다. 공범의 독자적인 불법요소를 무시하고 종속성의 사상을 강조하여 공범종속성에 따라 순수야기설을 수정한 이론으로서 '수정된 야기설'이라고도 한다.

5) 혼합적 야기설

순수야기설과 종속적 야기설을 절충하여 공범의 불법의 일부는 정범의 일부에서 일부는 자신의 법익침해에서 유래한다고 해석하여 공범은 종속적이지만 동시에 자신의 법익침해를 포함하고 있다는 견해이다. 이 설에 대하여 상반되는 입장인 순수야기설과 종속야기설의 타협을 시도하기 때문에 순수야기설의 단점이 존재한다.

1. 필요적 공범이란 무엇인가?

2. 행위지배설에 따라 공범과 정범을 구별하시오.

3. 동시범의 개념과 형사책임에 대해 언급하시오.

제2절 간접정범

제34조[간접정범] ① 어느 행위로 처벌되지 아니하는 자 또는 과실범으로 처벌되는 자를 교사 또는 방조하여 범죄행위의 결과를 발생하게 한 자는 교사 또는 방조의 예에 의하여 처벌한다.

I. 간접정범의 의의와 본질

1. 의의

간접정범은 타인을 도구로 이용하여 범죄를 실행하는 것이고, 스스로 범죄를 실행한 직접정범과 함께 정범의 하나의 태양으로 인정한다. 예컨대, 정신이상자를 충동하여 방화하게 하거나 내용을 모르는 간호원에게 독약을 주어 환자를 살해하는 경우이다. 간접정범은 타인을 일방적으로 이용하되 '생명있는' 도구로 이용한다는 점에서 '생명없는' 도구로 이용하는 「직접정범」과 다르고, 간접정범은 타인을 규범의식 없는 도구로 이용한다는 점에서 규범의식있는 인간을 사촉(唆囑)하는 「교사범」과 다르다(임웅, 간접정범, 고시연구(91/6), 29면).

2. 본질

간접정범은 정범과 공범의 한계(타인을 이용하여 죄를 범한 점에서 교사범과 유사하며 직접정범과 구별)에 놓여있는 개념이므로 간접정범의 개념을 인정할 것인가 또 인정한다면 그 범위를 어떻게 할 것이냐는 정범이론과 공범이론에 따라 결론이 달라진다.

(1) 정범이론

확장적 정범개념이론에 따르면 구성요건적 결과발생에 조건을 준 자는 모두 정범이고 형법의 공범규정은 처벌축소사유이므로 간접정범은 당연히 정범이다고 할 수 있다. 그리고 제한적 정범개념이론에 따르면 스스로 구성요건적 행위를 한 자가 정범이고 공범은 처벌확장사유이므로 간접정범은 공범의 일종이다.

(2) 공범이론

주관주의 범죄론에 따르면 공범독립성설에 입각하여 간접정범은 종래의 공범종속성설이 피교사자가 처벌받지 않을 때에는 교사자도 처벌받지 않는 결함을 구제하기 위하여 만들어낸 불필요한 개념이며 간접정범은 마땅히 공범의 개념에 포함되어야 한다. 그리고 객관주의 범죄론에 따르면 공범의 종속성을 인정하므로 피이용자의 가벌성을 전제로 하지 않는 간접정범은 공범과 엄격히 구별해야 한다고 한다.

1) 간접정범의 정범성을 인정하기 위한 이론적인 근거

① 도구이론(Werkzeugstheorie)

기구나 동물을 기구로 사용하는 경우와 같이 사람을 도구로 이용한 때에도 정범이라고 한다. 이는 사람을 도구와 같이 취급해야 할 합리적인 근거를 설명하지 못하고, 피이용자의 성격만을 기초로 간접정범을 밝히려고 한 점에서 비판점이 있다.

② 인과관계론(Kausalitätstheorie)

조건설은 주관적 공범론과 결합하여 간접정범은 정범의 의미로 행위하였음에 정범이라고 한다. 원인설은 객관적 공범론과 결합하여 간접정범은 결과에 원인을 주었기에 정범이라 한다. 이에 대하여 인과론 자체의 모순으로 정범성 설명이 곤란하다는 점에서 비판점이 있다.

③ 결어

간접정범에 있어서 피이용자의 행위는 이용자의 의사의 실현에 지나지 아니하며, 실행행위자에 대한 의사지배(우월적인 의사와 인식으로 인한 행위지배)로 인하여 간접정범은 정범성을 가지게 되는 것이다.

II. 간접정범의 성립요건

1. 피이용자의 범위

어느 행위로 인하여 처벌되지 아니하는 자(범죄의 성립요건인 구성요건해당성 · 위법성 혹은 책임이 없어 범죄가 성립하지 않은 경우) 혹은 과실범으로 처벌되는 자이다. 「어느 행위로 인하여 처벌되지 아니하는 자」의 범위에 대하여 종래의 입장은 공범의 종속형식에 대하여 극단적인 종속형식을 취하는가, 제한적 종속형식을 취하는가에 따라 달라지지 않을 수 없다는 것이다. 정범개념의 우위성에서 출발하여 간접정범의 성립범위를 검토할 때에는 이용자에게 행위지배가 있느냐가 문제되며 공범의 종속형식에 의하여 직접 영향을 받을 성질은 아니다.

(1) 구성요건에 해당하지 않은 행위를 이용하는 경우

1) 객관적 구성요건에 해당하지 않는 도구

이용자의 강요 혹은 기망에 의하여 피이용자가 자살 혹은 자상한 때이며 이 경우 피이용자의 행위는 구성요건해당성에 해당하지 않는다. 이용자는 살인죄 혹은 상해죄의 간접정범이 된다.

2) 고의없는 도구

피이용자의 행위가 객관적 구성요건에는 해당한다. 그러나 구성요건적 고의가 없는 경우로서, 예컨대, 의사가 고의없는 간호원을 시켜 환자에게 독약이 든 주사를 하게하여 그를 살해하였다. 피이용자가 구성요건의 착오로 인하여 고의가 조각되는 때에도 같다. 피이용자에게 고의가 없는 이상 과실의 유무는 간접정범의 성립에 영향을 미치지 않는다.

3) 신분 혹은 목적없는 고의있는 도구

공무원이 갑이 그의 처 을을 이용하여 수뢰한 경우(신분없는 고의있는 도구)와 갑이 행사할 목적으로 그러한 목적없는 을을 이용하여 위폐를 그리게 한 경우(목적없는 고의있는 도구)를 들 수 있다. 고의있는 도구를 이용한 때에는 피이용자를 순수한 도구라고 보기 어렵고 이용자의 지배적 지위도 인정할 수 없기 때문에 행위지배설에 의할 때 간접정범의 특징이 되는 의사지배가 없으므로 간접정범의 성립을 인정하는

데 어려운 점이 있으나 이때에 행위지배설을 인정하는 학자들도 간접정범의 성립이 인정된다고 한다.

(2) 구성요건에 해당하나 위법하지 않는 행위를 이용하는 경우

피이용자의 행위가 적법한 때, 즉 적법하게 행위하는 도구를 이용한 때에도 간접정범이 성립한다.

1) 국가기관의 적법한 행위를 이용한 때

예컨대, 갑이 국가기관에 허위의 사실을 신고하여 형식상 적법한 영장에 의하여 을이 구속된 때, 허위의 채권으로 민사소송을 제기하는 소송사기를 한 경우와 같이 이용자는 국가기관을 도구로 이용되어 간접정범은 허위의 사실을 신고한 때 성립한다.

2) 방위자를 도구로 이용하여 공격자를 침해하기 위하여 고의로 정당방위 상황을 초래한 경우

예컨대, 갑이 을을 살해하기 위하여 을을 사촉하여 병을 공격하게 하고 병의 정당방위상황을 이용하여 을을 살해한 때에 병의 행위는 적법하고 갑의 행위는 살인죄의 간접정범이 된다. 이용자는 공격자와 방위자를 모두 도구로 이용한 것이다.

3) 타인의 긴급피난행위를 이용하는 경우

예컨대, 낙태에 착수한 임부가 생명의 위험이 일어나자 의사를 찾아가서 의사가 임부의 생명을 구하기 위하여 낙태수술을 한 때이다. 의사가 임부의 생명을 구하기 위하여 낙태수술을 한 때이다. 이는 낙태죄의 간접정범이 성립한다.

(3) 구성요건에 해당하는 위법한 행위지만 책임 없는 피이용자를 이용하는 경우

극단적 종속형식은 언제나 간접정범이 성립하고, 제한적 종속형식은 피이용자에게 책임이 없는 때에도 공범의 성립은 가능하므로 이용자를 교사범 혹은 종범으로 처벌할 수 있다. 피이용자에게 책임이 없을 경우에 간접정범과 공범을 어떻게 구별할 수 있는가는 이용자가 피이용자의 책임무능력 혹은 책임조각사유를 인식하고 그를 책임없는 도구로 장악하여 우월한 의사지배에 의하여 이용한 때에는 간접정범이 성립한다. 피이용자에게 책임이 없는 경우는 다음과 같다.

1) 책임능력없는 도구

피이용자가 유아 혹은 심신상실자와 같은 책임무능력자인 때에는 이용자의 행위지배가 인정되므로 이용자는 원칙적으로 간접정범이 된다. 그러나 피이용자가 형사미성년자 혹은 정신이상자라 할지라도 시비의 변별능력이 있는 때에는 교사범이 성립할 따름이다.

2) 책임없는 도구

피이용자가 법률의 착오에 빠져 있었고 그 착오에 정당한 이유가 있는 때에도 이용자가 그 착오를 야기하였거나 적어도 이를 인식하고 이용한 때에는 간접정범이 된다.

3) 자유없는 도구

피이용자의 강요된 행위(제12조) 혹은 상관의 명령에 의한 행위를 이용한 때에도 피이용자가 자유없이 행동하는 도구인 때에는 이용자는 간접정범이 되나 피이용자에게 자발적인 의사가 인정되는 때에는 공범이 성립한다.

2. 이용행위

(1) 교사 혹은 방조

간접정범도 정범이므로 피이용자를 이용하여 구성요건을 실현하는 행위가 있어야 한다. 교사 혹은 방조는 교사범 혹은 방조범에 있어서의 그것과 같이 해석할 수 없으며, '사촉(唆囑)' 혹은 '이용'의 뜻으로 이해한다. 이용자가 외관상 방조행위에 해당하는 방법으로 관여한 때에도 행위의 실행이 이용자의 의사에 의하여 지배된 때에는 간접정범이 성립한다. 예컨대, 을이 병에게 가져다 줄 커피에 을이 모르는 사이에 갑이 독약을 섞은 경우를 말한다.

(2) 결과의 발생

구성요건에 해당하는 사실을 실현하는 것을 말한다. 그러나 결과가 발생하지 아니한 때에도 간접정범은 미수범으로 처벌된다. 간접정범의 실행의 착수시기는 이용자가 피이용자를 이용하기 시작한 때(주관설)이다.

Ⅲ. 간접정범의 처벌

1. 간접정범과 처벌

교사 혹은 방조의 예에 처벌한다. 간접정범의 이용행위가 외형상 교사에 해당할 때에는 정범과 동일한 형으로 처벌하며(제31조 제1항), 종범에 해당할 때에는 정범의 형보다 감경한다(제32조 제1항). 객관주의 범죄론에 따라 간접정범의 개념을 인정하면서 주관주의 범죄론의 입장에서 공범의 예에 따라 처벌하는 절충적인 태도이다.

2. 간접정범의 미수

간접정범의 미수도 공범의 예에 의하여 처벌할 것인가?

(1) 간접정범의 미수도 공범의 예에 의하여 처벌할 때에는 피이용자가 범죄의 실행을 승낙하고 실행의 착수에 이르지 아니하거나 범죄의 실행을 승낙하지 아니한 때에는 교사의 경우에만 예비 혹은 음모에 준하여 처벌한다.

(2) 형법이 범죄행위의 결과를 발생하게 한 자를 교사 혹은 방조의 예에 의하도록 하고 있음으로 공범의 예에 의하도록 한 것은 결과가 발생한 경우에 한한다.

Ⅳ. 관련문제

1. 간접정범과 착오

간접정범이 피이용자의 성질에 대하여 착오가 있었던 경우와 피이용자가 실행행위에 대하여 착오한 경우가 문제된다.

(1) 피이용자의 성질에 대한 착오(이용자의 착오)

1) 이용자가 피이용자를 생명있는 도구로 알고 이용하였으나 사실은 악의의 도구인 때에는 이용자는 행위지배가 있었다고 볼 수 없으므로 공범이 성립할 수 있을 뿐이다.

2) 피이용자가 책임무능력자임에도 불구하고 이용자는 책임능력자인 것으로 오인하고 교사 혹은 방조한 때에는 피이용자를 도구로 하는 행위지배의 고의가 없으므로

교사 혹은 방조범이 성립한다.

(2) 실행행위의 착오(피이용자의 착오)

피이용자가 실행행위에 대하여 착오를 한 때에는 착오론의 일반원리에 의하여 해결하여야 한다. 예컨대, 갑이 정신병자인 을을 사촉하여 병을 살해하고자 하였으나 을이 정을 살해한 때에도 법정적 부합설에 의하여 갑은 살인죄의 간접정범이 된다. 피이용자가 간접정범이 기도한 범위를 초과하여 실행한 때에는 간접정범은 초과부분에 대하여 책임을 지지 않는다.

2. 간접정범의 한계

(1) 신분범과 간접정범

신분없는 자는 신분있는 자를 이용하여 진정신분범의 간접정범이 될 수 없다. 형법의 해석에 있어서 형법 제34조가 간접정범은 공범의 예에 의하여 처벌한다고 규정하였으므로 여기에 제33조가 적용되어 비신분자를 간접정범으로 신분범을 범할 수 있다고 하는 견해도 있으나, 형법 제33조는 비신분자가 신분자와 같이 신분범의 공동정범 혹은 교사·방조범이 될 수 있다는 것이지 비신분자가 단독으로 신분범의 정범이 된다는 것은 아니다.

(2) 자수범과 간접정범

자수범이란 자수에 의하여 구성요건을 직접 실현하여야 그 불법이 실현되는 범죄이다. 자수범에 있어서는 자수에 의하지 않고 실행하는 공동정범이나 간접정범은 불가능하다. 빈딩(Binding)에 의하여 범죄행위가 범인의 인격과 밀착되어 있기 때문에 자수에 의하여 실행되어야 범죄가 있음이 지적된다.

〔표〕 자수범의 인부(認否)와 이론적인 근거

부정설	자연과학적 인과론과 확장적 정범개념 이론	인과법칙의 측면에서 형법을 고찰하여 타인을 이용하는 행위가 결과발생의 원인이 되기만 하면 언제나 정범으로서의 책임을 인정하게 된다. 구성요건적 결과에 대하여 조건을 준 자는 모두 정범이 된다. 이는 규범적인 요소를 무시하고 인과관계에 의하여 형법을 해결하려는 방법론상 문제가 있고 정범의 요소를 지적하지 못하고 정범개념을 자나치게 확대한다는 점에서 부당하다.

<table>
<tr><td></td><td>실정법의 해석을 근거로 부정하는 견해</td><td>형법 제34조가 간접정범은 공범의 예에 의한다고 규정하여 제33조가 적용되게 하였으므로 자수범은 현행법상 인정할 수 없다는 견해이고 신분범의 자수범은 있을 수 없다고 해석한다. 이에 대해서는 간접정범도 정범인 이상 신분없는 자가 진정신분범의 간접정범이 될 수 있다는 의미로 해석되지 못하고 형법 제33조의 규정에도 불구하고 각칙의 개별적인 구성요건의 해석상 자수에 의한 실행에 의하여 불법이 실현되는 범죄가 있다는 것을 부정할 수 없다는 비판이 있다.</td></tr>
<tr><td rowspan="2">긍정설</td><td>문언설</td><td>개개의 구성요건의 문언에 의하여 국외자의 행위는 구성요건을 충족할 수 없게 되어 규정되어 있는 범죄자가 자수범이라는 견해이다. 범죄의 자수성을 구성요건의 체계적·합목적적인 해석에 의하여 판단하지 않고 법률의 문언을 기준으로 한다(형식설). 이에 대하여 법률의 규정에 의하여 형식적으로 결정하는 것은 타당하지 못하고 언어의 다양성으로 인한 정범·공범의 구별의 모호, 법률이 자주성을 인정하는데 기준이 될 만한 용어를 사용하지 못한다.</td></tr>
<tr><td>거동설</td><td>결과범과 거동범을 구별하여 일정한 신체거동만 있으면 범죄자가 성립하는 거동범은 자수범이다. 사회적으로 비난할만한 상태를 야기했거나 추상적 위험범으로서 결과와 간접적으로 연결될 때에만 처벌되는 것이다. 마흐라흐(Maurach)는 자수범은 결과범은 아니고 행위반가치가 전면에 있는 거동범이며, 여기서 결과는 무의미하고 정범이 행위를 실행하였다는 점에 반가치가 있다.</td></tr>
<tr><td>록신(Roxin)의 견해</td><td colspan="2">범죄의 자수범도 정범요소는 지배범죄의 행위지배와 의무범죄의 특수의무침해에 있으므로 먼저 진정자수범은 구성요건이 개별적인 행위만을 규정하고 있는 것이 아니라 생활태도 내지 일정한 행위자 인격을 규정하고 있기 때문에 본인이 행위하지 않으면 행위지배가 있었다고 볼 수 없는 「행위자형법적 범죄」와 원하지 않는 결과나 상태가 방해받지 않았기 때문에 아니라 스스로 행한 도덕적으로 비난받는 행위 때문에 처벌되는 「법익침해 없는 행위관련적 범죄」이고 부진정자수범은 위증죄나 근무이탈죄와 같이 법익을 침해하나 정범에게는 특수한 의무의 침해를 전제로 하기 때문에 간접정범으로 범할 수 없는 범죄이다. 이에 대하여 법익침해없는 범죄가 자수범이라는 이론은 부당하고 진정자수범과 부진정자수범의 구별은 무의미하다.</td></tr>
<tr><td>자수범의 판단기준</td><td colspan="2">개별적인 구성요건의 체계적이고 합리적인 해석에 따라 판단할 수 있다.</td></tr>
</table>

(3) 형법상의 자수범

1) 자수범의 유형

① 진정자수범과 부진정자수범

록신(Roxin)의 자수범이론에 영향을 받는 견해는 행위자 형법적 범죄와 법익침해 없는 반윤리적 행태범죄가 진정자수범임에 반하여, 부진정자수범은 일신전속적인 의무범죄를 말한다. 진정자수범은 신분을 가지지 않은 자는 물론 신분을 가진 자도 간접정범으로 범할 수 없는 범죄(예컨대, 위증죄, 상습범)임에 반하여, 부진정자수범은 신분자는 간접정범이 될 수 있으나 비신분자가 신분자를 이용하여 간접정범으로는 범할 수 없는 범죄(예컨대, 수뇌죄)를 말한다. 진정신분범이 자수범이 되기 위해서는 '신분범'이라는 성질 이외에 '행위의 행위자관련성'이 인정되어야 한다. 비신분자가 신분자를 이용하여 간접정범으로 신분범을 범할 수 없는 것도 신분범의 성질에서 유래하는 결론이다.

② 실질적 자수범과 형식적 자수범

실질적 자수범은 범죄 자체의 성질상 간접정범의 형태로 범할 수 없는 범죄이고, 형식적 자수범은 자수범이 아니지만 구성요건의 규정형식에 의하여 간접정범으로 범할 수 없는 범죄(예컨대, 허위공문서작성죄)이다.

2) 형법상의 자수범

① 범죄의 실행에 행위자의 신체를 수단으로 요구하는 범죄로서 예컨대, 준강간죄, 준강제추행죄(제299조) 혹은 피구금부녀간음죄(제303조) 등이다.

② 신체적인 행위가 아닐지라도 일신상의 인격적인 행위를 요구하는 범죄로서 업무상 비밀누설죄(제317조), 간통죄(제241조) 등이다.

③ 소송법 등 형법 이외의 법률이 행위자 스스로의 행위를 요구하는 범죄로서 위증죄(제152조), 군형법상의 군무이탈죄(제30조) 등이다.

V. 특수교사 · 방조

타인을 지휘 · 감독할 지위에 있는 자가 그 지위를 이용하여 피지위 · 감독자를 교사 · 방조한 것은 더욱 비난가능성이 크다는 이유로 형을 가중하는 것이다.

교사 혹은 방조의 성질에 대해서는 「전항의 결과를 발생케 한 자」를 범죄행위의 결과를 발생케 한 것으로 해석하여 이를 특수공범(즉 특수교사 및 특수방조)에 관한 규정으로 보는 견해와 본항이 교사 혹은 방조하여 전항의 결과를 발생케 한 자라고 규정하고 있고, 1항도 간접정범을 교사·방조한 자라도 규정한 점에서 보아 이는 특수공범뿐만 아니라 특수간접정범에도 작용되는 것이다(**다수설**). 지휘·감독을 받는 자는 그 근거가 법령에 규정된 경우에 한하지 않으며 사실상 지휘·감독을 받고 있는 자이면 족하다. 특수교사·방조자는 피이용자가 지휘·감독을 받는 사람임을 인식임을 요한다.

1. 범죄사실의 인식이 없는 타인을 이용하여 범죄를 실행케 한 자는 법률상 직접 공동정범으로 논할 수 없더라도 간접정범으로서 단독으로 그 죄책을 부담하는 것이 당연하다(대법원 1960. 1. 30, 4292형상817).
2. 범죄를 구성하지 않는 행위에 가공한 행위는 간접정범이 성립하지 않는다(대법원 1965. 12. 10, 4298형상826).

1. 형법상 간접정범은 어떻게 처벌하고 있는가?

2. 간접정범과 교사범의 차이점에 대하여 설명하시오.

1. 간접정범에 대한 설명으로 옳지 않은 것은?

① 간접정범은 타인을 생명있는 도구로 이용하여 간접적으로 범죄를 실현한다.
② 간접정범은 교사 또는 방조의 예에 의하여 처벌한다.
③ 간접정범에 있어서 이용행위의 의미는 단순히 사주 또는 이용한다는 의미이다.
④ 간접정범의 미수는 일반적인 미수규정에 의하여 처벌하지 않는다.

〈해설〉 ④ 다수설에 의하면 간접정범의 미수는 일반적인 미수규정에 의하여 처벌되어야 한다고 한다.

2. 다음 간접정범의 성립범위 가운데 구성요건에 해당하나 위법성이 없는 행위를 이용한 경우가 아닌 것은?

① 소송사기를 이용하는 경우
② 허위사실을 신고하여 무고한 사람을 체포시킨 경우
③ 의사의 낙태수술을 이용하여 낙태한 경우
④ 행사할 목적이 없는 자로 하여금 통화를 위조하게 한 경우

〈해설〉 ④ 구성요건해당성이 없는 행위를 이용한 경우

3. 갑이 을을 상해하기 위하여 을을 사주하여 병을 공격하게 하고, 병의 정당방위를 이용하여 을을 상해하는 경우에 갑의 죄책은?

① 상해죄의 교사범
② 상해죄의 직접정범
③ 상해죄의 간접정범
④ 상해죄의 미수범

〈해설〉 ③ 간접정범의 성립범위 중 구성요건에 해당하나 위법성이 없는 행위를 이용한 경우에 해당한다.

제3절 공동정범

제30조[공동정범] 2인 이상이 공동하여 죄를 범한 때에는 각자를 그 죄의 정범으로 처벌한다.

I. 공동정범의 의의와 본질

1. 공동정범의 의의

2인 이상이 공동하여 죄를 범한 경우, 각자를 그 죄의 정범으로 처벌하는 것이다(제30조). 범죄에 대한 다수인의 참가형식이라는 의미에서 교사범·종범과 함께 광의의 공범에 속한다. 그 특색은 동시적이고 상호적인 이용관계를 가지면서 공동으로 범죄를 실행한다는 점이다. 공동정범의 존재의의는 형법 제30조는 각 공동행위자가 협력하여 분업적으로 구성요건을 실현한 경우에 각자가 구성요건의 일부만 실현한 때에도 그 전체에 대한 책임을 진다는 점이다. 공동정범의 정범성은 '분업적인 행위' 실행과 '기능적 역할분담'의 원칙이다. 공동정범은 2인 이상의 기능적 행위지배를 통한 범죄의 실행사실을 전제로 공동의 의사로 특정한 범죄행위를 하기 위하여 일체가 되어 서로 다른 사람의 행위를 이용하여 자기의 의사를 실행에 옮기는 것을 내용으로 한다고 할 수 있다(대법원 1993. 3. 9, 92도3204).

2. 공동정범의 본질

(1) 범죄공동설과 행위공동설

프랑스 형법학에서 유래하고 광의의 공범에 관한 본질론으로서 공범은 무엇을 공동으로 하는가에 대해 양자의 대립하는데 공동정범이 무엇을 공동으로 하는 것에 대한 공동정범에 고유한 문제이다. 범죄공동설은 공동정범을 수인이 공동하여 특정한 범죄를 행하는 것으로 객관주의 범죄론에서는 객관적으로 구성요건이 하나이거나 특정한 범죄를 수인이 공동하여 행한다. 이에 대하여 행위공동설은 수인이 행위를 공동으로 하여 범죄를 행하는 것으로 수인이 자연적 의미의 행위를 공동으로하여 범죄를 수행하는 것으로 주관주의 범죄론에서 주장된다. **판례**의 입장이다.

(2) 양자의 차이

행 위 공 동 설	범 죄 공 동 설
공동으로 행한 사실이 수개의 범죄사실일지라도 공동정범이 성립한다.	각 공동자의 행위가 특정한 한 개의 범죄구성요건에 해당할 것을 요하므로 이종 혹은 수개의 구성요건 사이의 공동정범이 성립하지 못한다.
공동으로 행한 사실이 한 개의 범죄 사실의 일부분에 속할 지라도 공동정범이 성립하고 승계적 공동정범도 인정된다.	승계적 공동정범은 인정되지 않으나 구성요건 전부에 대한 방조가 인정될 수 있다.
부분적 공동정범, 과실범의 공동정범, 고의범과 과실범의 공동정범 인정	공동정범의 주관적 요건인 공동가공의 의사는 특정범죄에 대한 고의를 공동으로 할 것을 요하므로 좌측과 같은 공동정범은 인정되지 아니한다.

3. 결어

제30조 「2인 이상이 공동하여 죄를 범한 때」의 의미에 대해 2인 이상이 '행위를' 공동으로 하여 죄를 범한 때로서 **판례**의 견해(대법원 1962.3.29, 4294형상598 ; 대법원 1962.6.14, 62도57)이고 유력설이다. 범죄공동설의 성립범위의 협소화 방지로 행위공동설의 입장이기도 하다. 종래의 행위공동설의 행위를 보는 시각은 전법률적·전구성요건적인 자연적 의미의 행위이나 행위는 주관과 객관의 종합이며, 형법상의 행위는 구성요건적 정형을 떠나서는 의미를 가질 수 없다. 이와 같이 공동정범의 본질을 행위공동설에 따라 구성요건적 행위를 공동으로 하는 데에서 찾는 경우에도 기능적 분업에 의한 전체계획 지배에 그 의의가 있다. 그래서 행위의 공동은 구성요건적 행위의 일부에 대한 공동으로도 족하다.

II. 공동정범의 성립요건

1. 주관적 요건

(1) 공동가공의 의사

공동정범은 주관적으로 공동가공의 의사 또는 공동의 의사를 필요로 하는 바, 이는 기능적 행위지배의 본질적 요건이다. 따라서 공동의 의사가 없는 동시범이나 의사의 상호 이해 없이 한 사람만 공동의 의사를 가진 편면적 공동정범은 공동정범이 아니다. 공동의 의사는 반드시 명시적일 것을 요하지 않고 묵시적인 의사연락이 인정되면 족하고, 직접적이든 간접적이든 불문한다. 공동정범의 성립에 있어서 공범자간의 공모와 범죄의 실행에 관하여는 범인 전원이 동일일시·동일장소에서 모의하지 아니하고 순차적으로 범의 연락이 이루어짐으로써 그 범의내용에 대하여 포괄적 또는 개별적 의사의 연락이나 인식이 있었으면 범인 전원의 공모관계가 있다 할 것이다(대법원 1983.3.8. 82도3248).

(2) 승계적 공동정범

승계적(承繼的) 공동정범이란 공동의 의사가 행위도중, 즉 실행행위의 일부 종료 후 그 기수 이전에 성립한 경우를 말한다. 예컨대, 갑(선행자)이 강도의 의사로 을(후행자)에게 폭행을 가하여 반항을 억압한 후 친구인 병에게 그 사실을 이야기하고 공동으로 을의 재물을 탈취한 경우이다. 공동의사의 성립은 반드시 사전에 있었음을 요하지 아니하므로 공동의사의 성립시기에 따라 공모공동정범(공동의 의사가 행위이전에 성립⇒ 예모공동정범), 우연적 공동정범(공동의사가 행위시에 성립), 승계적 공동정범으로 구별된다.

1) 공동정범의 성립가능성

공동정범의 성립시기에 관한 문제이다. 범죄공동설에 의하면 승계적 공동정범은 성립하지 않으나 전체범죄의 방조가 될 뿐이다. 이에 대하여 행위공동설은 승계적 공동정범을 인정한다. 승계적 공동정범은 공동정범이므로 공동정범의 다른 요건(선행자와 후행자가 공동하여 범죄를 완성한다는 공동의 의사)을 구비해야 하고, 이 경우 공동의사가 성립할 수 있는 시기는 원칙적으로 범죄의 종료시 후행자는 나머지 실행행위를 행하여 실행행위를 분담하여야 하므로 후행자의 개입이전에 선행자에 의해 범죄완성시 승계적 공동정범이 성립하지 않는다.

2) 견해의 대립

후행자에게 어느 범위에서 공동정범의 성립을 인정해야 할 것인가?

① 적극설

선행자의 행위를 인식하고 이를 이용하려는 의사의 연락을 근거로 후행자에 대하여도 전체행위에 대한 공동정범의 책임을 인정해야 한다. 독일연방법원은 선행자에 의하여 실행된 가중사유를 후행자에게도 적용할 것인가에 대해 「상호이해(지금까지의 사정을 인식·인용⇒공동정범)가 전체범죄를 후행자에게도 형법상 귀속하게 하는 힘을 가진다」고 한다.

② 소극설

후행자에게 그 가담 이후의 행위에 관하여만 공동정범의 성립을 인정하고 후행자의 행위는 선행자에 의해 행하여진 행위의 원인이 될 수 없으며 형법상 추인(追認) 혹은 사후고의를 인정할 수 없고 선행자에 의하여 단독으로 행하여진 결과에 대하여 후행자의 행위지배를 인정할 수 없다. **판례**의 입장이다. 원래 공동정범관계는 범죄가 기수되기 전에 성립하는 것이므로 타인의 횡령죄가 기수가 된 후에 그 내용을 지득하고 그 이익을 공동으로 취득할 것을 승낙한 사실이 있는 때에는 타죄의 성부는 별론으로 하고 횡령죄의 공동정범관계는 성립될 없다(대법원 1953.8.4 4286형상20).

3) 비판

소극설이 타당한 이유는 다음과 같다.

① 후행자의 개입 이전에 선행자에 의하여 단독으로 행하여진 결과나 가중사유에 대하여 후행자가 기능적인 역할분담을 했다고 볼 수 없다.

② 적극설에서 사후의 인식을 근거로 공동의사를 인정한다는 점에서 부당하다. 그래서 공동의 행위지배를 행할 의사가 전제되어야 한다.

③ 적극설을 지지한다면 후행자의 개입이전에 이미 선행자가 단독으로 실행한 결과를 후행자에게 귀속시킨다는 것은 승계적 공동정범에 있어서 인과관계가 문제되지 않는다는 결과가 되며, 이는 타인의 행위에 대하여도 책임을 져야 하므로 자기책임에 반한다.

(3) 과실범의 공동정범

2인 이상이 공동의 과실로 인하여 과실범의 구성요건적 결과를 발생케 한 경우를 말하고, 공동의 성립요건인 공동의사의 내용을 어떻게 파악할 것인가에 대하여 예컨대, 갑과 을이 함께 돌을 굴리다가 떨어져서 병에게 상처를 입힌 경우를 들 수 있다.

과실범의 공동정범을 인정할 것인가?

1) 긍정설

① 행위공동설

행위의 공동이 있으면 족하고, 공동의 의사도 행위를 공동으로 할 의사를 의미하고, 고의를 달리하는 범죄의 공동정범, 고의범과 과실범 혹은 과실범의 공동정범을 인정한다. 이는 **판례**의 태도이다(대법원 1982. 6. 8, 82도781 ; 대법원 1994. 5. 24, 94도660).

② 공동행위주체설

공모공동정범의 학설 중 공동의사주체설과 대립되는 것으로서 공모만으로는 부족하고, 공동행위주체가 성립되어 실행행위를 분담한 이상 과실에 의한 결과를 낸 때에도 공동정범이 성립한다.

③ 기능적 행위지배설

공동정범의 본질이 기능적 행위지배에 있다는 전제로서 과실범의 공동정범이 인정되기 위해서는 의사의 연락을 요하지 않고 주의의무위반의 공동과 기능적 행위지배가 있을 것을 요한다.

④ 과실공동 · 행위공동설

행위공동설을 취하면서도 여기의 행위를 구성요건적 행위로 이해하여 과실범의 구성요건적 주의의무위반과 구성요건을 실현하는 행위의 공동이 있으면 공동정범이 성립한다.

2) 부정설

공동정범은 고의범에 있어서만 가능하다는 전제에서 과실범의 공동정범을 부정하고 과실범의 동시범으로 해결하면 족하다고 한다. 현재 부정설로 이해하는 것이 **다수설**이다.

① 범죄공동설

공동정범이 특별한 범죄를 공동으로 하는 것이므로 고의를 같이하는 범죄에 대하여만 공동정범이 성립한다.

② 목적적 행위지배설

공동정범은 정범의 일종이고 정범이 되기 위해서는 범죄의사와 목적적 행위지배가 있어야 하므로 과실범의 공동정범이 성립할 수 없다.

③ 기능적 행위지배설

기능적 행위지배는 공동의 결의에 기초한 역할분담을 의미하므로 과실범에서는 공동정범이 성립하지 않으나 과실의 공동이 있는 때에는 각자를 동시범으로 취급해야 한다. 과실범에 있어서 과실의 공동정범을 인정한다면 책임원리와의 충돌이 불가피하다.

3) 결어

긍정설을 본다면 먼저 행위공동설에 의할 때 형법상 무의미한 행위를 공동으로 하는 것은 공동정범을 인정하게 된다는 비판을 받게 되고, 공동행위주체설은 공동의사주체설에 대립되는 이론에 불과하고 과실범에 있어서는 어떻게 공동행위주체가 성립되는가를 설명하지 못한다는 비판이 있게 된다. 그리고 기능적 행위지배설에 의하면 행위지배는 범죄실현의사 내지 고의를 전제로 하는 개념이어서 과실범에 있어서는 기능적 행위지배를 인정할 수 없다. 또한 과실공동·행위공동설에 따를 때에 고의범과 과실범의 공동정범의 요건을 달리하는 이유를 설명하지 못하게 된다. 부정설을 본다면 먼저 범죄공동설은 공동정범을 인정하는 범위가 협소하게 되고, 목적적 행위지배설에 따른다면 과실행위를 목적적 행위라고 할 수 없고 고의에 치중하여 해석함으로써 목적적 행위지배가 없다는 이유로 공동정범 성립을 인정하지 않는 것은 부당하다. 따라서 과실범의 공동정범을 부정하더라도 기능적 행위지배설에 입각하여 해석하여야 한다.

1. 「형법」 제30조에 '공동하여 죄를 범한 때'의 '죄'라 함은 고의범이고 과실범이고를 불문하므로 두 사람 이상이 어떠한 과실행위를 서로의 의사연락하에 이룩하여 범죄가 되는 결과를 발생케 할 것이라면 과실범의 공동정범이 성립한다(대법원 1979.8.21, 79도1249).
2. 성수대교와 같은 교량이 그 수명을 유지하기 위하여는 건설업자의 완벽한 시공, 감독공무원들의 철저한 제작시공상의 감독 및 유지·관리를 담당하고 있는 공무원들의 철저한 유지·관리라는 조건이 합치되어야 하는 것이므로, 위 각 단계에서의 과실 그것만으로 붕괴원인이 되지 못한다고 하더라도, 그것이 합쳐지면 교량이 붕괴될 수 있다는 점은 쉽게 예상할 수 있고, 따라서 위 각 단계에 관여한 자는 전혀 과실이 없다거나 과실이 있다고 하여도 교량붕괴의 원인이 되지 않았다는 등의 특별한 사정이 있는 경우를 제외하고는 붕괴에 대한 공동책임을 면할 수 없다(대법원 1997. 11. 28, 97도1740).

2. 객관적 요건

(1) 공동가공의 사실

공동정범이 성립하기 위해서는 공동가공의 의사 이외에 객관적 요건으로 공동가공의 사실 내지 실행분담이 있어야 한다. 실행행위의 분담이 있느냐는 구성요건에 해당하는 행위에 제한되는 것이 아니라 전체계획에 의하여 결과를 실현하는 데 불가결한 요건이 되는 기능을 분담하였느냐에 따라 결정되며, 실행행위의 분담은 반드시 현장에서 행하여짐을 요하지 않는다. **대법원**도 망을 보는 자는 실행행위를 분담하는 것이므로 공동정범이라고 판시하였다(대법원 1968.3.26, 68도236 ; 대법원 1968.4.30, 68도407 ; 대법원 1971.4.6, 71도311).

(2) 이른바 공모공동정범

2인 이상의 자가 공모하여 그 공모자 가운데 일부가 공모에 따라 범죄의 실행에 나아간 때에는 실행행위를 담당하지 아니한 공모자에게도 공동정범이 성립한다. 일본의 판례에 의하여 인정되어 처음에는 지능범에게만 적용하여 오다가 실력범에 이르기까지 확대되었다. **판례**에 의하여 확립된 이론이다(대법원 1971.4.30, 71도496 ; 대법원 1980.5.27, 80도907). 집단범죄 혹은 공동범죄의 실체를 정확히 파악하고 이에 대처하기 위한 이론이다.

3인 이상의 범인이 합동절도의 범행을 공모한 후 적어도 2인 이상의 범인이 범행 현장에서 시간적, 장소적으로 협동관계를 이루어 절도의 실행행위를 분담하여 절도 범행을 한 경우에는 공동정범의 일반 이론에 비추어 그 공모에는 참여하였으나 현장에서 절도의 실행행위를 직접 분담하지 아니한 다른 범인에 대하여도 그가 현장에서 절도 범행을 실행한 위 2인 이상의 범인의 행위를 자기 의사의 수단으로 하여 합동절도의 범행을 하였다고 평가할 수 있는 정범성의 표지를 갖추고 있다고 보여지는 한 그 다른 범인에 대하여 합동절도의 공동정범의 성립을 부정할 이유가 없다고 할 것이다(대법원 1998. 5. 21, 98도321).

〔표〕 인정여부에 관한 학설

<table>
<tr><td rowspan="3">긍정설</td><td>공동의사 주체설</td><td>2인 이상의 이심별체(異心別體)인 개인이 일정한 범죄를 범하려는 공동목적을 실현하기 위하여 동심일체가 되고, 그 가운데의 일부의 행위는 공동의사주체의 행위가 되어 직접 실행행위를 분담하지 않는 다른 공모자도 공동정범으로 처벌된다. 이 설이 판례의 태도이다(대법원 1983. 3. 8, 82도3248).</td></tr>
<tr><td>간접정범 유사설</td><td>이론적인 근거는 간접정범에 유사한 이론구성을 하여 공동의사에 의하여 심리적인 구속을 실행자에 미친 자는 실행자를 이용하여 자기의 범죄의사를 실현한 것이므로 실행자는 다른 공모자의 도구로서의 구실을 한다. 공모자와 실행자와의 관계는 공모자에 의하여 실행자가 일방적으로 이용되는 것이 아니라 실행자도 또한 공모자의 존재에 의하여 지원을 받고 실행을 고무받음으로써 공동하여 범죄를 실행한 것이므로 공동정범성의 근거를 갖는다. 이에 관한 판례도 있다(대법원 1988. 4. 12, 87도2368).</td></tr>
<tr><td>적극 이용설</td><td>직접 실행에 나오지는 않았어도 범죄의 실현에 주동적인 역할을 한 자는 정범으로 처벌할 필요가 있다는 전제에서 실행행위를 실질적・전체적으로 고찰하여 공범자의 이용행위를 실행과 가치적으로 동일시하여 적극적인 이용행위에 실행의 형태를 인정한다. 공모란 공모자간에 자타구속적인 강도. 공모자가 실행자를 적극적으로 이용하였다고 볼만한 행위가 있어야 할 뿐만 아니라 객관적인 요건으로 공모자에게 합의 외에 결과실현에 향해진 범죄수행을 용이하게 하는 객관적인 행동을 요한다.</td></tr>
<tr><td colspan="2">부정설</td><td>형법의 해석상 실행행위를 분담한 때에만 공동정범이 성립하므로 공모공동정범의 개념을 인정할 수 없다. 실행행위를 분담하였다고 볼 수 없는 공모자는 그 가담의 정도에 따라 교사나 방조의 책임을 진다. 이에 대하여 공동정범의 객관적 요건을 엄격히 요구한다면 집단의 배후에서 조종하고 중요한 역할을 담당하는 두목・간부를 처벌하지 못하므로 집단범죄의 본질과 사회실정에 반하게 되고 공모공동정범이론을 계속 부인하여 형법학과 판례의 평행성을 유지하기 보다는 공모의 범위를 합리적으로 제한하는 것이 타당하다. 이 설이 통설의 태도이다.</td></tr>
<tr><td colspan="2">제한적 긍정설</td><td>공모공동정범을 일정한 범위에서 제한하여 공동정범으로 인정하려는 견해로 행위지배설과 기능적 행위지배설이 있다.</td></tr>
</table>

공동정범은 의사의 공동으로만 성립하는 것이 아니라 실행행위의 공동이 있어야 한다는 점에서 공동의사주체설은 타당하지 않고 공모공동정범의 정범성을 인정하기

위하여 성립요건이 다른 간접정범을 근거로 삼는 것은 무리한 해석이라는 점에서 부당하다. 또한 부정설은 사회실정에 맞지 않는 처벌법규의 적용현상이 나타날 우려가 있다는 비판이 가해지고 있다는 점에서 받아들일 수 없다. 따라서 제한적 긍정설이 타당하다. 즉 공동정범의 성립가능성을 인정하면서도 공동정범이 성립할 수 있는 공모의 범위를 합리적으로 제한하는 것은 공동정범의 기초를 분업에 의한 기능적인 역할분담에 있다. 단순히 공모에 참여하였다는 이유만으로는 공동정범이 될 수 없지만 실행행위를 분담하지 아니한 경우에도 범죄를 조직하고 지휘하거나 범죄의 실행자를 지정하여 실행하는 때와 같이 전체계획의 중요한 기능을 담당하였다고 인정되는 공모자는 공동정범으로 처벌되어야 한다.

Ⅲ. 공동정범의 처벌

1. 공동정범과 처벌

공동정범은 각자를 그 죄의 정범으로 처벌한다(제30조 제1항). 공동정범은 공동의사의 범위 안에서만 책임을 진다. **대법원**은 강도의 공동정범 가운데 한 사람이 상해를 가한 이상 다른 공동정범도 당연히 강도상해죄의 공동정범의 죄책을 면할 수 없고(대법원 1984.2.28, 83도 3162 ; 대법원 1966.12.20, 66도 1473 ; 대법원 1981.7.28, 81도 1590 ; 대법원 1983.4.26, 83도 210 ; 대법원 1984.1.31, 83도 2941), 절도의 공모공동정범 가운데 1인이 준강도행위를 하였으면 다른 공모자도 준강도죄의 죄책을 면할 수 없다고 판시하고 있다(대법원 1967.6.20, 67도 598 ; 대법원 1972.1.13, 72도 2073). 그러나 공동정범은 공동의사의 범위를 초과하여 성립할 수 없으므로 초과한 부분에 대하여는 단독정범이 될 뿐이다.

2. 공동정범과 신분

공동정범도 정범이므로 진정신분범에 있어서는 공동정범의 각자에게 그러한 신분이 있을 것을 요한다. 그러나 형법 제33조는 비신분자는 단독으로 진정신분범의 정범이 될 수 없으나 신분자와 공동하여서는 진정신분범을 범할 수 있다는 특별규정을 두고 있다. 따라서 비신분자도 점유자와 같이 횡령죄의 공동정범이 될 수 있다. 그러나 공동정범은 반드시 같은 형으로 처벌할 것을 요하는 것은 아니다(제33조 단서).

3. 공동정범과 착오

공동정범의 착오에 관하여는 구성요건의 착오에 대한 이론이 그대로 적용된다. 따라서 공동정범 가운데 1인의 구성요건을 같이하는 객체의 착오는 다른 공동정범의 고의를 조각하지 않는다.

1. 공동정범의 본질은 분업적 역할분담에 의한 기능적 행위지배에 있다(대법원 1989. 4. 11, 88도1247).
2. 전원이 일정한 시간・장소에 집합하여 모의할 필요는 없고, 그 중 1인 또는 2인 이상을 통해 릴레이식으로 범의의 연락이 있고 그 범의의 내용에 대해 포괄적 또는 개별적 의사연락이나 인식이 있는 경우(주관적 성립요건)와 그 후 실행행위한 행위가 필요하다(객관적 성립요건)(대법원1980. 11. 25, 80도2224).
3. 공범상호간에 간접적 또는 순차적 방법에 의해 의사연락이 있거나, 그에 대한 인식으로 공모관계가 성립한다(대법원 1983. 3. 8, 82도2873).
4. 공동정범에서 모의는 반드시 사전에 이루어질 필요는 없고 사전모의가 없더라도 우연한 장소에서 여러 사람이 각자 상호간의 행위를 인식하고 묵시적으로 의사를 투합하여 서로 연락하고 범행에 공동가공하는 것을 말한다(대법원 1987. 10. 13, 87도1240).
5. 공동실행의사는 범행실행시에 있으면 된다(대법원 1985. 8. 20, 84도1373).
6. 공동정범에는 직접적 실행행위의 분담을 요하는 경우와 분담을 요하지 않는 경우(공모공동정범)가 있다. 그러므로 범죄사실적시에서 그 중 어느 것인가를 구체적이고 정확하게 예시해 주어야 한다(대법원 1989. 6. 27, 88도2381).
7. 기본행위인 재물강취에 대한 인식이 있어야 하고, 강도의 고의없는 자에는 강도상해죄에 대한 책임을 지울 수 없다(대법원 1976. 12. 14, 76도3267).
8. 공동가공의사는 행위자 상호간에 있어야 하며, 일방의 가공의사만으로는 공동정범이 성립하지 않는다(대법원 1985. 5. 14, 84도2118).
9. 고의범이나 과실범을 불문하고 의사연락이 있으면 공동정범은 성립한다(대법원 1982. 6. 8, 82도781).

10. 포괄일죄의 일부에 공동정범으로 가공한 자는 가공행위 이전에 이루어진 범행을 알았다 하더라도 가담 이후의 범행에 대해서만 공동정범의 책임을 진다(대법원 1982. 6. 8, 82도884).

11. 우연히 만난 자리에서 서로 협력하여 공동범의를 실현하려는 의사가 묵시적으로 상통하여 범행에 공동가공하면 공동정범이 성립한다(대법원 1984. 12. 26, 82도 1373).

12. 여러 사람이 공동하여 범죄의 실행을 모의하고 그 공동의사를 실행하기 위하여 모의자 가운데 일부만이 실행행위를 담당하여 범죄를 수행한 경우에도 공모자는 정범이 된다(대법원 1984. 9. 11, 84도1383).

13. 여러 사람이 공동하여 범죄의 실행을 모의하고 그 공동의사를 실행하기 위하여 모의자 가운데 일부만이 실행행위를 담당하여 범죄를 수행한 경우에도 공모자는 정범이 된다(대법원 1984. 9. 11, 84도1383).

14. 공동정범의 본질은 분업적 역할분담에 의한 기능적 행위지배에 있기 때문에 공동정범은 공동의사에 의한 기능적 행위지배에 있음에 반해, 종범은 그 행위지배가 없는 점에서 양자가 구별된다(대법원1989. 4. 11, 88도1247).

15. 형법 제30조의 공동정범은 공범자 전원 간에 범죄에 대한 공동가공의 의사가 있는 경우(즉, 범죄자 상호간에 의사연락이 있고 그 일부가 범죄를 실행하는 경우) 그 전원이 공동일체로서 범죄를 실행한 것이 되어 직접 실행행위를 분담하지 않은 자도 공범으로 책임을 진다(대법원 1986. 6. 10, 85도119).

16. 불가벌적 사후행위에 대해서도 공범이 성립한다(대법원 1977. 5. 18, 77도2193).

17. 공모공동정범은 공동범행의 인식으로 범행을 실행하는 것으로 공동의사주체로서 집단 전체가 하나의 범죄행위를 실행함으로써 성립하고, 공모자 모두가 실행행위를 분담하지 않아도 공모에 의해 여러 사람간의 공동의사주체가 형성되어 범죄의 실행행위가 있으면 실행행위를 분담하지 않았더라도 공동의사주체로서 정범의 죄책을 면할 수 없다(대법원 1983. 3. 8, 82도3248).

18. 공모공동정범에서 모의는 사전모의를 필요로 하거나 범인 전원이 일정한 시간과 장소에 집합하여 행할 필요는 없다. 그 가운데 한 사람 또는 두 사람을 통하여 릴레이식으로 하거나 또는 암묵리에 서로 의사가 상통해도 된다. 그러나 그 모의의 내용만은 두 사람 이상이 공동의 의사로 특정한 범죄행위를 하기 위하여 일체가 되어 서로가 다른 사람의 행위를 이용하여 각자 자기의 의사를 실행에 옮기는 것을 내용으로 하는 것이어야만 한다. 그에 따라 범죄를 실행한 사실이 인정되어야만 공모공동정범이 성립한다. 그와 같은 공모에 참여한 사실이 인정되는 이상

직접 실행행위에 관여하지 않았더라도 다른 사람의 행위를 자기의사의 수단으로 하여 범죄를 하였다는 점에서, 자기가 직접 실행행위를 분담한 경우와 형사책임의 성립에 차이를 둘 이유가 없다(대법원 1988. 9. 13, 88도1114).

19. 공모공동정범은 공동범행인식으로 범죄를 실행하는 것으로 공동의사주체로서 집단전체 가운데 하나의 실행행위가 있음으로써 성립한다(대법원 1983. 3. 8, 82도3248).

20. 공모는 범죄를 실현하려는 의사의 결합만으로 충분하다(대법원 1985. 11. 12, 85도2002).

21. '2인 이상이 공동하여 죄를 범한 때'라 함은 반드시 범죄의 구성요건에 해당하는 행위의 전부 또는 일부의 실행에 공동가공한 경우만을 가리키는 것이 아니다. 여러 명이 공동하여 범죄실행을 모의하고, 그 공동의사를 실행하기 위해 모의자 중의 일부만이 실행행위를 담당하여 범죄를 수행한 경우에도 공모자는 모두 그 정범이 된다(대법원1984. 9. 11, 84도1383).

22. 공모공동정범에서도 다른 공모자가 실행행위에 이르기 전에 그 공모관계에서 이탈한 때에는 공동정범의 책임을 지지 않으며, 이 경우에 이탈의 의사표시는 반드시 명시적일 필요는 없다(대법원 1972. 4. 20, 71도2277).

23. 주관적 요건인 '공모'와 객관적 요건인 '실행행위의 분담'이 있어야 하고, 그 실행행위에서는 시간적으로나 장소적으로 협동관계에 있어야 한다(대법원 1989. 3. 14, 88도837).

24. 형법 제334조 제2항의 '합동하여'라 함은 주관적으로 '공모'와 객관적으로 '범행현장에서 범행실행의 분담'이 있어야 하나, 그 공모나 모의는 반드시 사전에 이루어질 필요가 없고, 범행현장에서 암묵리에 의사상통하는 것도 포함된다(대법원 1988. 11. 22, 88도1557).

25. 2인 이상이 상호의사의 연락없이 동시에 범죄구성요건에 해당하는 행위를 하였을 때에는 원칙적으로 각자에 대해 그 죄를 논해야 하나, 그 결과발생의 원인이 된 행위가 분명하지 않을 때에는 각 행위자를 미수범으로 처벌한다(독립행위의 경합). 이 독립행위가 경합하여 특히 상해의 결과를 발생하게 하고 그 결과발생의 원인된 행위가 밝혀지지 않은 경우에는 공동정범의 예에 따라 처단(동시범)하는 것이므로, 공범관계에서 공동가공의 의사가 있으면 이는 동시범 등의 문제가 제기될 수 없다(대법원 1985. 12. 10, 85도1892).

26. 필요적 공범은 법률상 범죄실행이 다수인의 협력을 필요로 하는 것을 가리키는 것으로서, 이러한 범죄성립에는 행위공동을 필요로 하는 것에 불과하고 반드시

협력자 전원의 책임을 요하지 않는다(대법원 1987. 12. 12, 87도1699).

27. 안수기도에 참여하여 목사가 안수기도의 방법으로 폭행을 함에 있어서 시종일관 폭행행위를 보조하였을 뿐 아니라 더 나아가 스스로 피해자를 폭행하기도 한 점에 비춰 목사의 폭행행위를 인식하고서도 이를 안수기도의 한 방법으로 알고 묵인함으로써 폭행행위에 관하여 묵시적으로 의사가 상통하였고 나아가 그 행위에 공동가공함으로써 공동정범의 책임을 면할 수 없다(대법원 1994. 8. 23, 94도184).

28. 공모공동정범에 있어서 공모는 법률상 어떤 정형을 요구하는 것이 아니고 2인 이상이 공모하여 범죄에 공동가공하여 범죄를 실현하려는 결함만 있으면 되는 것으로서, 비록 전체의 공모과정이 없었다고 하더라도 수인 사이에 순차적으로 또는 암묵적으로 상통하여 그 의사의 결함이 이루어지면 공모관계가 성립한다 할 것이고, 이러한 공모가 이루어진 이상 실행행위에 직접 관여하지 아니한 자라도 다른 공모자의 행위에 대하여 공동정범으로서의 형사책임을 지는 것이다(대법원 1994. 9. 9, 94도1831).

29. 대학교 입시에서 수험생의 학부모로부터 합격시켜 달라는 청탁을 받은 갑교수가 그 수험생으로 하여금 답안지에 비밀표시를 하도록 해 놓고 채점위원이 될 것으로 예상되는 을교수에게 비밀표시된 답안지 채점을 부정하게 높게 하는 등 위계의 방법으로 부정합격시키도록 하자고 부탁하여 을이 이를 승낙하는 방법으로 갑과 공모하였는데 그 후 을이 채점위원이 되지 아니하자 채점위원이 된 병교수에게 그와 같은 부정채점을 청탁한 경우, 병이 을의 부정채점 제의를 거절하고 즉시 그 대학교 교무처장에게 신고함으로써 더 이상 입시부정행위를 할 수 없게 되었고 달리 그 이후 을이 갑이나 수험생들 및 그 대학교 총장으로 하여금 부정한 행위나 처분을 하게 할만한 행위를 한 바 없다면,을의 범행 가담 이후 그 대학교 총장의 입시관리업무가 방해될 만한 행위가 없다 할 것이나 업무방해죄의 기수로 논의할 수 없음이 명백하므로 병에게 부정청탁을 하였으나 뜻을 못 이룬 을의 행위를 형법 제314조를 적용하여 업무방해죄의 죄책을 지울 수 없다(대법원 1994. 12. 2, 94도2510).

30. 공동정범은 고의범이나 과실범을 불문하고 의사의 연락이 있는 경우이면 그 성립을 인정할 수 있다. 따라서 피고인이 정기관사의 지휘감독을 받는 부기관사이기는 하나 사고열차의 퇴행에 관하여 서로 상의 및 동의한 이상 퇴행에 과실이 있다면 과실책임을 면할 수 없다(대법원 1982. 6. 8, 82도781)

31. 3인 이상의 범인이 합동절도의 범행을 공모한 후 적어도 2인 이상의 범인이 범행현장에서 시간적·장소적으로 협동관계를 이루어 절도의 실행행위를 분담하여 절도 범행을 한 경우에는 공동정범의 일반 이론에 비추어 그 공모에는 참여하였으

나 현장에서 절도의 실행행위를 직접 분담하지 아니한 다른 범인에 대하여도 그가 현장에서 절도 범행을 실행한 위 2인 이상의 범인의 행위를 자기 의사의 수단으로 하여 합동절도의 범행을 하였다고 평가할 수 있는 정범성의 표지를 갖추고 있다고 보여지는 한 그 다른 범인에 대하여 합동절도의 공동정범의 성립을 부정할 이유가 없다고 할 것이다(대법원 1998. 5.21, 98도321)

1. 승계적 공동정범은 어느 범위에서 인정할 수 있는가?

2. 공모공동정범에 대한 판례의 태도를 설명하시오.

1. 다음 공동정범의 설명 중 틀린 내용은?
   ① 공동정범이란 2인 이상이 공동의 범행결의 하에 실행행위를 분업적으로 역할분담하여 기능적으로 행위지배를 함으로써 전체적인 범행계획을 실현하는 정범형태이다.
   ② 승계적 공동정범의 경우 후행자는 자기가 개입한 이후의 행위에 대해서만 공동정범의 책임을 진다는 것이 판례와 다수설의 태도이다.
   ③ 판례는 행위공동설의 입장에서 과실범의 공동정범을 인정한다.
   ④ 다수설과 판례는 공모공동정범을 인정한다.

〈해설〉 ④ 판례는 공동의사주체설에 입각하여 공모공동정범의 공동정범의 성립을 인정하나 통설은 공동정범의 실행행위가 없는 공모공동정범의 개념은 인정할 수 없다고 한다.

2. A와 B의 동시행위가 경합하여 상해의 결과를 발생한 경우 그 원인된 행위가 판명되지 아니하면 어떻게 처벌해야 하는가?

① 상해미수 ② 상해기수
③ 과실치상의 공동정범 ④ 과실치상

〈해설〉 ② 상해죄의 동시범은 공동정범의 예에 의한다고 하고 있으므로 각자를 정범으로 처벌하므로 A와 B는 각자 상해 기수책임을 진다.

3. 다음 동시범에 대한 설명 중 틀린 것은?

① 동시범이란 2인 이상이 공동실행의 의사없이 동일한 객체에 대하여 각각 구성요건실현행위를 한 경우를 말한다.
② 동시범이 성립하기 위하여는 결과발생의 원인된 행위가 판명되지 않아야 한다.
③ 동시범은 각 행위의 미수범으로 처벌한다.
④ 예컨대, 갑과 을이 의사의 연락없이 상해의 고의로 병에게 돌을 던져 병이 상해를 입었으나 원인된 행위가 판명되지 않은 경우로서 모두 상해미수범으로 처벌한다.

〈해설〉 ④ 원인된 행위가 판명되지 아니한 경우의 동시범은 각 행위의 미수범(제19조)로 처벌되나, 상해죄의 경우 만큼은 특별한 예로 인정하여 모두 공동정범으로 처벌된다(제263조). 이는 제19조에 대한 예외규정으로서 상해죄에 관한 한 비록 독립행위가 경합하더라도 미수범으로 처벌하지 않고 각자를 공동정범의 예에 의하여 발생한 결과에 대한 기수범으로 처벌한다는 것이다. 따라서 모두 상해범으로 처벌한다.

4. A와 B가 절도를 공모하였으나 A는 절도를 하지 않고 B가 절도한 장물만을 알선했을 경우 A의 죄책은?

① 절도죄와 장물알선죄의 상상적 경합
② 절도죄와 장물알선죄의 실체적 경합

③ 장물알선죄
④ 특수절도의 공동정범

〈해설〉 ④ 대법원 1998. 5.21, 98도321

제4절 교사범

제31조[교사범] ① 타인을 교사하여 죄를 범하게 한 자는 죄를 실행한 자와 동일한 형으로 처벌한다.
② 교사를 받은 자가 범죄의 실행을 승낙하고 실행의 착수에 이르지 아니한 때에는 교사자와 피교사자를 음모 또는 예비에 준하여 처벌한다.
③ 교사를 받은 자가 범죄의 실행을 승낙하지 아니한 때에도 교사자에 대하여는 전항과 같다.

Ⅰ. 교사범의 의의

교사범이란 타인으로 하여금 범죄를 결의하여 실행케 한 자이다(제31조 제1항). 예컨대, 갑이 을에게 돈 1천만을 주면서 청부살인을 하도록 시킨 경우를 들 수 있다. 교사범은 종범과 함께 협의의 공범에 속한다. 교사범은 범죄의 창안자이며 정범의 범죄에 원인을 준 자이다. 교사범의 처벌근거는 정범의 범죄를 야기하였다는 데에 있다. 간접정범은 어느 행위로 인하여 처벌되지 않거나 과실범으로 처벌되는 도구를 이용하여 의사지배를 행하는 정범임에 반하여, 교사범은 정범의 범의(犯意)를 전제로 한다. 간접정범의 실행의 착수시기는 이용자가 피이용자를 이용하기 시작할 때임에 반하여 교사범은 피교사범(정범)이 실행에 착수해야 성립한다.

주의할 것 ··· 간접정범은 피이용자에 대한 이용자의 우월적 의사지배가 인정되어야 하나, 피이용자가 책임무능력자인 줄 알고 교사하였으나, 사실은 그 자가 책임능력자였던 경우에는 우월적 지배의사를 인정할 수 없어 간접정범이 아니라 교사범이 성립한다.

II. 교사범의 성립요건

교사자의 교사행위와 정범의 실행행위가 있을 것을 요한다. 공범의 종속성을 인정하는 결과이다.

1. 교사자의 교사행위

(1) 교사행위

1) 교사행위의 의의

교사행위란 타인(정범)에게 범죄의 결의를 가지게 하는 것이다. 예컨대, 이미 범죄를 결의하는 것은 아니고 범죄결의가 확정되지 않거나 막연한 범죄계획을 가지는 것을 의미한다. 피교사자가 가지고 있는 결의와 다른 방법으로 범죄실행결의를 가지게 한 때를 교사라 할 수 있느냐에 대해 교사가 가능하다고 보나, 이미 범죄의 결의를 가지고 있는 자에게 그 결의보다 경미한 죄를 범하도록 한 때에는 방조가 될 뿐 교사가 성립할 수 없다.

2) 교사행위의 수단

범죄결의에 영향을 미칠 수 있는 것이면 족하고 제한이 없다. 예컨대, 명령 · 지시 · 설득 · 애원 · 요청 · 유혹 · 이익제공 등 수단을 불문하나, 강요 · 위력 · 기망 등은 성립하지 않는다. 반드시 명시적 · 직접적인 방법, 묵시적인 방법을 불문한다. 단순히 범죄를 유발할 수 있는 상황(갑이 을의 처 병을 살해할 의사로 병이 그의 정부와 성교하고 있는 현장에 을을 보내어 을이 병을 살해)을 만든 것만으로는 교사행위가 아니다.

3) 부작위와 과실에 의한 교사

교사자가 심리적인 영향에 정범에게 결의를 일으키는 것을 요하는데 부작위에 의하여는 정범의 결의를 방해하지 않을 수도 있고 교사는 타인에게 범죄의 결의를 일으키게 하는 것이므로 과실에 의한 교사는 성립하지 않는다.

(2) 교사자의 고의(이중의 고의)

교사범이 정범에게 범죄의 결의를 가지게 하고 그 정범에 의하여 범죄를 실행할 고의를 의미한다. 즉 이는 **이중의 고의**(협의의 고의, 정범의 고의)를 의미한다.

1) 고의의 내용

특정한 범죄와 특정한 범죄에 대한 인식, 즉 구체적인 것이어야 한다. 피교사자는 반드시 특정되어야 하나, 교사자는 피교사자가 누구인지를 알고 있을 필요가 없다. 교사자는 정범에 의하여 행하여진 특정한 범죄에 대한 고의가 있어야 한다. 다시 말하면, 구성요건에 해당하고, 위법한 상황을 인식하고, 정범에 대한 인식을 요한다. 그러나 정범이 범할 범죄의 일시와 장소 혹은 구체적인 실행방법, 정범의 가벌성에 대한 인식까지는 불요한다. 피고인이 갑·을·병이 절취하여 온 장물을 상습으로 19회에 걸쳐 시가의 3분의 1 내지 4분의 1의 가격으로 매수하여 취득하여 오다가 갑·을에게 일제 드라이버 1개를 사주면서 "병이 구속되어 도망다니면 돈도 필요할 텐데 열심히 일을 하라"고 말하였다면 그 취지는 종전에 병과 같이 하던 범위의 절도를 다시 계속하면 그 장물을 매수하여 주겠다는 것으로서 절도의 교사가 있었다고 보아야 한다(대법원 1991.5.14 91도542).

2) 미수의 교사

피교사자의 행위가 미수에 그칠 것을 예견하면서 교사하는 경우이다. 전형적인 경우가 **함정수사**(agent provocateur ; 아장·쁘로보까뙤르)이다. 예컨대, 갑이 병의 금고에 돈이 없는 것을 알면서 을에게 그 금고 안에 있는 돈을 절취할 것을 교사한 경우이다. 교사자가 단순히 미수에 그치게 할 의사를 가졌음에 불과한 때에는 고의가 아니다. **함정수사의 형사책임**을 인정할 것이냐에 대하여 **통설**은 교사자의 고의는 피교사자의 실행행위로 인한 결과발생에 대한 인식을 요한다고 보아야 하므로 미수의 교사는 교사의 고의가 없기 때문에 교사범이 성립하지 않는다. 소수의 견해에 의하면 미수의 교사도 교사의 고의가 있고 정범의 실행행위가 미수에 그쳤으므로 교사의 미수와 같이 가벌적이라고 한다. 또한 함정수사의 부분별한 허용은 국가에 대한 범인의 생성과 형사사법운영의 오염을 초래한다는 비판이 있다.

2. 피교사자의 실행행위

(1) 피교사자의 범행결의

피교사자는 교사에 의하여 범죄실행의 결의를 하여야 한다. 피교사자가 범죄실행을 승낙하지 아니한 때에는 교사범은 성립하지 아니하나 형법 제31조 제3항에 의하여 예비 또는 음모에 준하여 처벌한다. 피교사자가 이미 범죄의 결의를 하고 있는 자에 대한 교사도 동일하다. 교사행위와 피교사자의 결의 사이에는 인과관계가 있어야 한다. 과실범에 대한 교사는 성립하지 않는다.

(2) 피교사자의 실행행위

교사행위와 실행정범의 결의가 있어도 실행정범의 실행이 없는 때에는 교사범이 되지 아니하고 형법 제31조 제2항에 의하여 예비·음모에 준하여 처벌한다. 교사행위와 실행행위 사이에 인과관계가 없는 때에도 같다. 실행행위는 기수 혹은 적어도 실행에 착수하였을 것을 요한다. 정범의 실행행위는 모든 불법요소를 구비해야 한다. 정범이 실행행위에 대하여 책임이 있을 것을 요하는 것은 아니다(**제한적 종속형식**).

Ⅲ. 교사의 착오

1. 실행행위에 대한 착오

교사자의 교사내용과 피교사자의 실행행위가 일치하지 않는 경우를 말한다.

(1) 교사 내용보다 적게 실행한 때

교사자는 피교사자가 실행한 범위에서 책임을 진다. 예컨대, 특수교사를 교사받은 자가 강도죄를 범한 경우를 말하나, 피교사자가 교사받은 것보다 적게 실행한 경우에 교사자는 언제나 피교사자가 실행한 범위에서 책임을 진다고 할 수 없는 경우가 있다. 예컨대, 강도를 교사하여 절도를 실행한 경우 절도의 교사범이 되는 것은 물론이나 강도의 교사에 대하여도 형법 제31조 제2항의 교사의 미수에 해당하게 된다. 양자는 상상적 경합의 관계에 있으므로 형이 중한 강도의 예비·음모에 준하여 처벌한다.

(2) 교사내용 이상으로 실행한 때

교사범은 정범의 실행행위가 그의 고의와 일치하는 범위에서만 책임을 져야 하므로 초과부분에 대하여는 원칙적으로 책임을 지지 못한다.

1) 질적 초과

교사받은 범죄와 전혀 다른 범죄를 실행한 경우, 교사자는 교사범으로서의 책임을 지지 않는다. 예컨대, 상해를 교사받은 자가 절도를 행한 경우를 들 수 있다. 교사한 범죄의 예비 · 음모를 처벌하는 규정이 있는 때에는 교사자는 형법 제31조 제2항에 의하여 예비 · 음모에 준하여 처벌한다. 또한 질적 초과로 인한 면책은 질적 차이가 본질적인 때에 한한다. 예컨대, 공갈을 교사하였는데 강도를 행한 때에는 양적 초과의 경우와 같이 교사한 범죄에 대한 교사범이 성립한다.

2) 양적 초과

교사의 내용과 실행행위가 구성요건을 달리하나 공통적인 요소를 포함하고 있는 경우에는 교사자는 초과부분에 대한 책임을 지지 않는다. 예컨대, 절도를 교사하였는데 강도를 실행한 때에는 교사범은 절도죄의 교사가 되며, 상해를 교사하였는데 살인을 실행하면 상해죄의 교사범이 될 수 있을 뿐이며 다만 사망의 결과에 대한 과실이 있느냐에 따라 결과적 가중범으로서의 책임을 진다. 피교사자가 결과적 가중범의 결과를 실현한 경우에는 과실의 유무는 교사자를 기준으로 판단한다. 예컨대, 갑이 을에게 병에 대한 상해를 교사하였는데 병이 을의 폭행으로 사망한 때에는 교사자에게 결의에 대한 과실이 있는 때에 한하여 결과적 가중범의 교사가 성립한다. 교사자가 피교사자에 대하여 상해 또는 중상해를 교사하였는데 피교사자가 이를 넘어 살인을 실행한 경우에, 일반적으로 교사자는 상해죄 또는 중상해죄의 교사범이 되는 것이지만 이 경우에 교사자에게 피해자의 사망이라는 결과에 대하여 과실 내지 예견가능성이 있는 때에는 상해치사죄의 교사범으로서의 죄책을 지울 수 있는 것이다(대법원 1993.10.8 93도1873).

2. 피교사자에 대한 착오

피교사자의 책임능력에 대한 인식은 교사자의 고의의 내용에 포함되지 않는다. 이에 대한 착오가 교사범의 고의를 조각하는 것이 아니라, 다만 이 경우 정범의 요소가 구비될 수 있느냐에 대해 피교사자를 책임능력자로 알았으나 책임무능력자인 경우나, 책임무능력자로 알았으나 책임능력자인 때에는 모두 교사범이 성립한다.

Ⅳ. 교사자의 처벌

정범과 「동일한 형」으로 처벌된다. 이는 교사범이 비록 범죄의 실행에는 가담하지 않았지만 정범에게 범죄의 결의를 일으키게 하여 범행에 대한 결정적인 동인(動因)

내지 그 추진력이 되었다는 사실을 고려한 것이다. '동일한 형'이란 법정형이다. 정범과 교사범의 선고형이 반드시 같은 것을 요구하는 것은 아니며 경우에 따라서는 교사범의 형이 정범의 형보다 무거울 수도 있다.

V. 관련문제

1. 교사의 교사

(1) 간접교사

협의의 간접교사는 타인에게 제3자를 교사하여 범죄를 실행케 한 경우를 말하는데 예컨대, 갑이 을에게 병을 시켜 A를 살해하도록 교사한 경우이다. **재교사**(再敎唆)란 타인을 교사하였는데 피교사자가 직접 실행하지 않고 제3자를 교사하여 실행케 한 경우로서 예컨대, 갑이 을에게 A를 살해할 것을 교사하였는데 을은 병에게 A를 살해하도록 교사한 경우를 의미한다.

형법은 교사범의 요건으로서 타인을 교사하여 죄를 범한 자라고만 규정하고 있을 뿐 그 방법에는 제한이 없고 피교사자가 반드시 정범이어야 하는 것은 아니다. 간접정범도 타인을 교사하여 죄를 범한 자에 해당한다고 보아야 하므로 교사범과 같이 처벌하여야 한다. 간접정범을 처벌한다는 명문의 규정이 없는 형법하에서는 범죄의 정형적인 의미를 중시하고 형벌법규의 엄격한 해석이 요구되므로 그 가벌성을 부정해야 한다는 견해가 있다.

(2) 연쇄교사

교사가 수인을 거쳐 순차적으로 계속되는 경우를 말하는데 간접정범의 가벌성을 인정하면서도 연쇄교사는 인정할 수 없다는 견해도 있지만 최초의 교사범과 정범 사이에는 몇 명이 개입되었느냐를 불문하고 교사행위로 인한 실행행위가 있었다고 인정되는 이상 연쇄교사도 교사범으로 처벌되어야 한다.

2. 교사의 미수

제31조〔교사범〕 ② 교사를 받은 자가 범죄의 실행을 승낙하고, 실행의 착수에 이르지 아니한 때에는 교사자와 피교사자를 음모 또는 예비에 준하여 처벌한다.
③ 교사를 받은 자가 범죄의 실행을 승낙하지 아니한 때에도 교사자에 대하여는 전항과 같다.

교사자가 교사행위에 실패한 경우, 교사행위에는 성공하였으나 피교사자가 실행에 착수하지 아니한 경우와 실행에 착수하였지만 미수에 그친 경우를 포함하는 의미를 가진다. **기도**(企圖)**된 교사**는 ① 교사자가 교사행위에 실패한 경우(**실패된 교사** : 교사를 하였으나 피교사자가 범죄의 실행을 승낙하지 아니하거나 이미 범죄실행의 결의를 하고 있는 경우)와 ② 교사자가 교사행위에는 성공하였으나 실행에 착수하지 아니한 경우(**효과없는 교사** : 피교사자가 교사를 승낙만 하고 아무 행위를 하지 않거나 행위를 하였지만 그것이 예비 혹은 음모에 그친 경우)를 말한다. 기도된 교사를 교사의 미수로서 미수범으로 처벌할 것이냐에 대하여 **공범독립성설**은 공범의 가벌성을 정범과 독립하여 교사자 자신의 행위에 의하여 결정하고 교사자의 교사행위가 있는 이상 피교사자의 범죄실행이 없어도 교사의 미수가 되며, 기도된 교사는 당연히 교사의 미수로서 교사한 범죄의 미수범으로 처벌받게 되고, **공범종속성설**은 정범의 범죄가 기수에 달하였거나 적어도 실행에 착수하여야 교사범이 성립하므로 피교사자가 실행에 착수하여 범죄를 완성하지 못하였을 때에만 교사의 미수를 인정하고, 기도된 교사는 피교사자의 실행행위가 없기 때문에 교사범으로 처벌되지 못한다. 기도된 교사의 가벌성을 인정하는 점에서는 공범독립성설과 입장을 같이하나, 이를 교사의 미수로 벌하지 아니하고 예비·음모에 준하여 처벌한다는 것은 공범종속성설과 조화를 이룬 것이다.

1. 교사범·방조범의 범죄사실적시에서는 그 전제요건이 되는 정범의 범죄구성요건이 되는 사실 전부를 적시해야 하고, 이러한 기재가 없는 교사범, 방조범의 사실적시는 죄가 되는 사실의 적시가 아니다(대법원 1981. 11. 24, 81도2422).
2. 치과의사가 환자의 대량유치를 위해 치과기공사이게 진료행위를 하도록 지시한 것은 무면허의료행위의 교사에 해당한다(대법원 1986. 7. 8, 86도749).
3. 피고인이 그 자녀들에게 조총련간부로 있는 친형에게 단순한 안부편지를 쓰게 한 것은 반국가단체의 구성원과 의사연락을 하도록 교사한 것은 아니다(대법원 1971. 2. 23, 71도45).
4. 권총을 주면서 사람을 살해하라고 한 것은 그 행위 자체가 독립하여 살인예비죄를

구성한다(대법원 1950. 4. 18, 4283형상10).

5. 원래 범의를 가지지 않는 자에 대해 수사기관이 사술이나 계략 등을 써서 범죄를 유발케 하여 범죄인을 검거하는 수사방식을 말한다(대법원 1987. 6. 9, 87도915).

1. 교사의 미수와 미수의 교사의 개념상의 차이점에 대하여 설명하시오.

2. 함정수사에 대한 형사책임은 어떠한가?

1. 교사범에 대한 설명으로 틀린 것은?

① 교사행위란 범죄를 저지를 의사없는 정범에게 범죄실행의 결의를 갖게 하는 행위를 말한다.

② 미수의 교사는 기수의 고의가 없어서 교사범이 성립하지 않으므로 교사자는 처벌되지 않는다.

③ 정범이 교사받고 있다는 사실을 알지 못하는 경우인 편면적 교사는 교사가 될 수 없다.

④ 부작위나 과실에 의한 교사도 가능하다.

〈해설〉 ④ 교사는 범의를 유발하는 의식적 행위이므로 부작위나 과실에 의한 교사는 불가능하다: ③ 정범이 방조행위를 인식하지 못하는 편면적 종범은 인정된다는 점에서 차이가 있다.

2. 기도된 교사에 대한 설명으로 틀린 내용은?

① 기도된 교사란 실패한 교사와 효과없는 교사를 말한다.
② 효과없는 교사의 경우에는 교사자와 피교사자를 음모 또는 예비에 준하여 처벌한다.
③ 실패한 교사의 경우에도 교사자와 피교사자에 대하여 음모 또는 예비에 준하여 처벌한다.
④ 우리나라는 기도된 교사의 가벌성에 대하여는 그 가벌성을 인정한다는 점에서 공범독립성설의 입장이나 이를 교사의 미수로 처벌하지 아니하고 예비・음모에 준하여 처벌하는 것은 공범종속성설의 입장이어서 양자를 절충하는 태도를 가지고 있다.

〈해설〉 ③ 제31조 제3항에 의하면 교사자만 예비 또는 음모에 준하여 처벌한다고 명시하고 있다.

3. 갑은 절도를 교사하였는데 강도를 실행하였을 경우 갑의 죄책은?

① 절도죄의 교사범
② 강도죄의 교사범
③ 무죄
④ 절도죄의 예비・음모

〈해설〉 ③ 양적 초과의 경우에는 초과부분에 대해서는 책임이 없고 교사한 범죄에 대하여 교사범(절도죄의 교사범)으로 처벌되나 절도죄의 교사는 처벌규정이 없음으로 무죄가 된다.

〔표〕 교사의 착오

유형	대표적인 예	처벌
양적 초과	절도교사 - 강도실행	초과부분에 대해 책임× - 절도죄의 교사범(처벌규정이 없으므로 무죄)
양적 미만	강도교사 - 절도실행	절도죄의 교사범과 강도죄의 예비・음모의 상상적 경합(강도죄의 예비・음모죄만으로 처벌함)
질적 초과	강도교사 - 살인실행	교사자 책임이 없다. 제31조 제2항의 강도죄의 예비・음모죄로 처벌된다.
질적 미만	살해교사 - 재물절취	살인죄의 예비・음모로 처벌된다.

제5절 종범

제32조(종범) ① 타인의 범죄를 방조한 자는 종범으로 처벌한다.
② 종범의 형은 정범의 형보다 감경한다.

I. 종범의 의의

종범이란 정범을 방조한 자(정범에 의한 구성요건의 실행을 가능하게 하거나 쉽게 하거나 혹은 정범에 의한 **법익침해**를 **강화**하는 것)를 자를 말하는 데 **방조범**이라고도 한다. 협의의 공범을 의미하며 행위지배가 없는 것이 특징이다. 종범은 언어방조(지적 혹은 정신적 방조)와 거동방조(기술적 혹은 물질적 방조)로 나뉜다. 이미 범죄를 결의하고 있는 자에게 그 결의를 강화하거나 실행을 용이하게 하는 것을 의미한다. 그러나 이미 범죄를 결의한 경우에는 종범이 아니다. 공동정범과 종범의 구별에 대해서는 주관설과 객관설이 대립하나, 공동정범과 종범은 기능적 행위지배 유무에 따라 구분하는 것이 타당하다.

행위자 상호간에 범죄의 실행을 공모하였다면 다른 공모자가 이미 실행에 착수한 이후에는 그 공모관계에서 이탈하였다고 하더라도 공동정범의 책임을 면할 수 없는 것이므로 피고인 등이 금품을 강취할 것을 공모하고 피고인은 집 밖에서 망을 보기로 하였으나, 다른 공모자들이 피해자의 집에 침입한 후 담배를 사기 위해서 망을 보지 않았다고 하더라도, 피고인은 판시 강도상해죄의 공동정범의 죄책을 면할 수가 없다(대법원 1984. 1. 31, 83도2941).

II. 종범의 성립요건

1. 종범의 방조행위

(1) 종범의 고의

종범의 고의는 **이중의 고의**를 말하며 이는 방조의 고의와 정범의 고의를 말한다. 방조는 고의에 의한 것이어야 하므로 과실에 의한 방조는 성립하지 않는다. 종범은 정범에 의하여 실현되는 범죄의 물질적인 요소를 인식하여야 한다.

종범의 고의 중 정범의 고의는 기수의 고의이어야 한다. 따라서 정범의 행위가 미수에 그치게 할 의사로 방조(미수의 방조)는 방조행위가 아니다. 예컨대, 낙태의 의뢰를 받은 약사가 아무런 효과없는 약을 낙태제라고 속이고 교부한 경우, 낙태를 방조하였다고 할 수 없다.

종범이 성립하기 위하여는 종범(방조자)와 정범(피방조자) 사이에 의사의 연락을 요하지 아니한다. 따라서 통설과 판례(대법원 1974.5.28, 74도509)에 따르면, 정범이 방조행위를 인식하지 못하는 **편면적 종범**은 인정된다.

(2) 방조행위

방조행위란 정범의 범죄실행결의를 강화해 주거나 범죄실행을 가능 또는 용이하게 해 주는 방조자의 모든 행위를 말한다. 방조행위의 방법은 제한이 없으며 물질적 방조(거동방조)는 유형적·물질적 방법에 의한 방조로서 예컨대, 범행도구의 대여, 범죄장소의 제공, 범죄자금 제공을 들 수 있고 정신적 방조(언어방조)는 무형적·정신적 방조행위라 할 수 있다. 예컨대, 조언·격려를 들 수 있다.

[예제] 다음의 경우 판례가 방조행위를 인정한 경우와 그러하지 않는 경우로 나누어 살펴보자.

1. 방조행위를 인정한 경우

① 형법상 방조행위는 정범이 범행을 한다는 정을 알면서 그 실행행위를 용이하게 하는 직접, 간접의 모든 행위를 가리키는 것인바, 자동차운전면허가 없는 자에게 승용차를 제공하여 그로 하여금 무면허운전을 하게 하였다면 이는 도로교통법위반(무면허운전) 범행의 방조행위에 해당한다(대법원 2000. 8. 18, 2000도1914)

② 덕적도 핵폐기장 설치 반대 시위의 일환으로 행하여진 대학생들의 인천시청 기습점거 시위에 대하여 전혀 모르고 있다가 시위 직전에 주동자로부터 지시를 받고 시위현장 사진촬영행위를 한 자에 대하여, 시위행위에 대한 공동정범으로서의 범의는 부정하고 방조범으로서의 죄책만 인정한다(대법원 1997. 1. 24, 96도2427).

2. 방조행위를 부정한 경우

① 이미 스스로 입영기피를 결심하고 집을 나서는 공소외 (갑)에게 피고인이 이별을 안타까와 하는 뜻에서 잘 되겠지 몸조심하라 하고 악수를 나눈 행위는 입영기피의 범죄의사를 강화시킨 방조행위에 해당한다고 볼 수 없다(대법원 1983. 4. 12, 82도43).

② 세관원에게 "잘 부탁한다"는 말을 하였다는 사실만으로서는 사위 기타 부정한 방법으로 관세를 포탈하는 범행의 방조행위에 해당된다든가 또는 그 범행의 실행에 착수하였다고 볼 수 없다(대법원1971. 8. 31, 71도1204).

방조행위의 시기는 정범이 실행에 착수하기 전에 그 예비행위를 방조하고 범죄의 기수와 종료는 구별되며 기수가 된 후라도 그 종료 이전에는 종범의 성립이 가능하다(다수설). 그러나 범죄가 종료된 후에는 종범이 있을 수 없으므로 범죄가 종료된 이후에 범인을 은닉하거나 증거를 감경하는 것은 사후공범이 아니라 어디까지나 독립된 범죄유형이다. 종범은 정범의 실행행위 전에 장래의 실행행위를 예상하고 이를 용이하게 하는 행위를 하여 방조한 경우에도 그뒤 정범이 그 실행행위에 나아갔다면 성립하는 것이므로 피고인(갑)이 피고인(을)의 지시를 받고 미화를 취득하여줌에 있어서 피고인(을)이 그 미화를 금융기관에 매각집중시키지 아니할 것이라는 정을 알고 있었다면 피고인(갑)의 행위는 외국화폐불매각죄의 종범이 된다고 보아야 한다(대법원 1983.3.8. 선고 82도2873).

부작위에 의한 방조가 성립하기 위해서는 종범이 보증인지위에 있어야 한다. 예컨대, 교도관이 작업중인 죄인의 절도행위를 저지하지 않은 경우를 말한다. **대법원**은 은행지점장이 은행에 대한 부하직원의 배임행위를 발견하고도 손해보전조치를 취하지 않고 방치한 경우 배임죄의 방조범에 해당한다고 판시하였다(대법원 1984. 11. 27, 84도1906 ; 대법원 1996. 9. 6, 95도2551).

종범의 방조행위는 작위에 의한 경우뿐만 아니라 부작위에 의한 방조도 포함하는 것으로서 법률상 정범의 범행을 방지할 의무있는 자가 그 범행을 알면서도 방지하지 아니하여 범행을 용이하게 한 때에는 부작위에 의한 종범이 성립한다(대법원 1985.11.26 85도1906).

방조행위가 정범의 구성요건실현에 대한 원인이 될 것을 요하는가에 대하여 제1설은 방조행위가 정범의 행위를 용이하게 하였다고 인정되면 족하며 그 자체가 정범의 실행행위에 원인이 될 필요는 없다. 제2설은 방조행위가 실행행위에 영향을 미쳤다고 하는 의미에서의 합법칙적 연관이 있으면 족하다.

2. 정범의 실행행위

(1) 종범의 종속성

정범의 실행행위에 대한 범죄의 증명이 없으면 종범이 성립하지 않는다(판례). 과실범에 대한 방조는 간접정범이 성립한다.

(2) 실행행위의 정도

정범의 행위는 기수에 이르렀거나 적어도 처벌되는 미수의 단계에 이르렀을 것을 요한다. 형법은 교사범의 경우와는 달리 종범의 미수(효과없는 방조와 실패한 방조)를 벌하는 규정이 없으므로 공범종속성설에 입각하는 한 방조의 미수가 처벌되지 아니한다. 정범이 예비의 단계에 그친 경우에 예비의 종범은 성립되지 아니한다. 방조범은 정범의 범죄에 종속하여 성립하는 것이므로 방조의 대상이 되는 정범의 실행행위의 착수가 없는 이상 방조죄만이 독립하여 성립될 수 없다(대법원 1979.2.27 78도3113).

Ⅲ. 종범의 처벌

정범의 형보다 감경한다(**필요적 감경** : 제33조 제2항). 정범이 미수에 그친 때에는 종범은 이중으로 형이 감경될 수 있다. 정범과 동일한 형의 부과 규정이 있다. 간접방조(제98조 제1항), 관세법위반(제182조 제1항) 등의 경우처럼 정범과 동일한 형을 부과하도록 규정된 때에는 종범은 감경하지 않는다. 특수종범의 형은 가중한다(제34조 제2항). 형법 제33조의 공범과 신분에 관한 규정이 적용되는 것은 교사범의 경우와 같다. 예컨대, 존속살해범을 방조한 자는 보통살인죄의 종범으로 처벌받게 된다. 그리고 종범은 공동정범 혹은 교사범과 보충관계에 있다(대법원1981. 3. 24, 81도74). 방조행위 자체가 독립한 범죄유형으로 규정되어 있는 경우 예컨대, 간첩방조죄(제98조 제1항), 도주원조죄(제147조), 자살방조죄(제252조 제2항), 아편흡식 등 장소제공죄(제201조 제1항) 등에는 형법총칙 제32조의 종범규정이 적용되지 않아 필요적 감경의 대상도 아니다.

Ⅳ. 관련문제

1. 종범의 착오

(1) 정범의 양적 초과의 경우에 정범의 초과부분에 대하여 종범이 성립하지 않는다.

(2) 정범의 질적 초과의 경우에 교사의 경우와는 달리 종범의 미수는 처벌하지 않으므로 종범은 언제나 처벌되지 않는다.

(3) 정범이 종범의 인식보다 적게 실행된 경우에는 종범은 정범의 실행행위 안에서 처벌된다.

> 방조자의 인식과 정범의 실행간에 착오가 있고 양자의 구성요건을 달리한 경우에는 원칙적으로 방조자의 고의는 저각되는 것이나 그 구성요건이 중첩되는 부분이 있는 경우에는 그 중복되는 한도내에서는 방조자의 죄책을 인정하여야 할 것이다(대법원 1985. 2. 26, 84도2987).

2. 종범의 종범, 교사의 종범, 종범의 교사

(1) 종범의 종범

정범이 구성요건에 해당하고 위법한 행위에까지 이른 한 정범에 대한 간접방조 내지 연쇄방조로서 방조범이 성립한다. 이에 대하여 **판례**는 인정한다(대법원 1977. 9. 28, 76도4133). 형법이 방조행위를 종범으로 처벌하는 까닭은 정범의 실행을 용이하게 하는 점에 있으므로 그 방조행위가 정범의 실행에 대하여 간접적이나 직접적이거나를 가리지 아니하고 정범이 범행을 한다는 점을 알면서 그 실행행위를 용이하게 한 이상 종범으로 처벌함이 마땅하며 간접적으로 정범을 방조하는 경우 방조자에 있어 정범이 누구에 의하여 실행되어지는가를 확지할 필요가 없다(대법원 1977.9.28 76도4133).

(2) 교사의 종범

학설이 대립하는데 제1설은 성립하지 않는다고 하나, 제2설은 정범에 대한 방조로 보아 종범이 성립할 수 있다. 종범이 성립하기 위해서는 정범이 실행에 착수하였을 것을 요하므로 기도된 교사에 대한 방조는 처벌되지 않는다.

(3) 종범의 교사

명문의 규정은 없으나, 실질적으로 정범을 방조한 것으로 보아야 한다.

1. 방조행위는 정범이 범행한다는 정을 알면서 그 실행행위를 용이하게 하는 직접적·간접적 행위를 말한다(대법원 1986. 12. 9, 86도198).
2. 방조죄는 정범의 범죄에 종속하여 성립하기 때문에 정범의 실행행위 착수가 없는 한 방조죄만이 독립하여 성립하지 않는다(대법원 1979. 2. 27, 78도3113).
3. 방조범의 공소사실을 기재하는 데 그 전제요건이 되는 정범의 범죄구성요건을 충족하는 구체적 사실을 기재하여야 공소사실의 기재가 있다고 할 것이다(대법원 1982. 5. 25, 82도715)
4. 정범의 범죄행위없이 방조범만은 성립하지 않는다(대법원 1974. 5. 28, 74도509)
5. 공동정범중의 1인이 다른 공동정범을 도피하게 하거나 도피를 방조한 경우는 범인도피죄와 범인도피방조죄의 책임을 져야 한다(대법원 1950. 1. 14, 4290형상1293).
6. 정범이 예비의 단계에 그친 경우에는 이에 가공한 행위가 예비의 공동정범이 될 때를 제외하고는 종범으로는 처벌할 수 없다(대법원 1986. 5. 25, 75도1549).
7. 간호보조원의 무면허진료행위가 있은 후에 의사가 이를 진료부에 기재하는 것은 무면허의료행위의 방조이다(대법원 1982. 4. 27, 82도122).
8. 정범이 변호사법 위반행위를 하려 한다는 것은 알면서, 피해자를 정범에게 소개하고 교섭한 것은 방조행위에 속한다(대법원 1982. 9. 14, 80도2566).
9. 선장이 소속선원들로부터 각자 소지한 일화의 신고를 받고도 이를 징수보관하지 않은 것은 밀수행위의 방조가 아니다(대법원 1978. 3. 28, 77도2269).
10. 방조행위는 작위뿐만 아니라 부작위에 의한 경우도 포함한다. 법률상 정범의 범행을 방지할 의무있는 자가 그 정을 알면서도 방지하지 않고 범행을 용이하게 한 때에는 부작위에 의한 종범이 성립한다(대법원 1985. 11. 26, 85도1906).

1. 종범에 대한 설명으로 옳지 않은 것은?

① 종범이란 정범의 범죄를 방조한 자를 말한다.
② 방조행위가 독립한 범죄유형으로 규정되어 있는 예로서는 간첩방조죄, 도주원조죄, 자살방조죄, 아편흡식 등 장소제공죄이다.
③ 종범이 성립하려면 방조의 고의와 정범의 고의의 2중의 고의를 필요로 한다.
④ 통설과 판례는 편면적 방조를 인정하지 않는다.

〈해설〉 ④ 종범이 성립하기 위하여는 종범과 정범 사이에 의사의 연락을 요하지 않아서 통설과 판례에 의하면 정범이 방조행위를 인식하지 못하는 편면적 종범은 인정된다.

제6절 공범과 신분

제33조[공범과 신분] 신분관계로 인하여 성립될 범죄에 가공한 행위는 신분관계가 없는 자에게도 전3조의 규정을 적용한다. 단, 신분관계로 인하여 형의 경중이 있는 경우에는 중한 형으로 벌하지 아니한다.

I. 의의

'공범과 신분'이란 행위자의 신분이 범죄의 성립이나 형의 가중·감경에 미치는 경우에 신분 있는 자(신분자)와 신분 없는 자(비신분자)가 공범관계에 있을 때 이를 어떻게 처리할 것인가의 문제이다. 예컨대, 갑이 친구 을과 공모하여 자기 부를 살해한 경우 갑과 을의 죄책을 논하는 경우이다. 다시 말하면 신분이 범죄의 성립이나 형의 가감에 영향을 미치는 경우에 신분있는 자와 신분없는 자가 공범관계에 있을 때에 어떻게 취급해야 하느냐의 문제이다. 형법 제33조 본문은 공범의 종속성 내지 연대성을 인정하고 동조 단서는 공범의 독립성 혹은 책임의 개별성을 규정하고 있다. 공범의 종속성이론과 관련하여서는 공범은 종속성을 가지지만 공범의 종속성은 정범의 불법에 대한 종속성을 의미하고 그 책임에 대한 종속까지 뜻하지는 않는다고 할 수 있다(**제한적 종속형식**).

II. 신분범의 의의와 종류

신분범(Sonderdelikt)는 신분이 범죄의 성립이나 형의 가감에 영향을 미치는 범죄이다. 신분이란 남녀의 성별·내외국인의 구별·친족관계 혹은 공무원의 자격뿐만 아니라 널리 일정한 범죄행위에 대한 범인의 인적 관계인 특수한 지위나 상태를 의미한다.

(1) 구성적 신분과 가감적 신분

통설에 따르면 일반적으로 신분은 그것이 범죄에 미치는 영향에 따라 구성적 신분(이라한 신분을 필요로 하는 범죄를 진정신분범이라 함), 가감적 신분(이러한 신분에 의한 범죄를 부진정신분범이라 함), 소극적 신분범으로 분류한다.

① 일정한 신분이 있어야 범죄가 성립하는 경우에는 신분은 가벌성을 구성하는 요소로서의 기능을 가진다. **진정신분범**은 구성적 신분을 필요로 하는 범죄이다. 예컨대, 수뢰죄(제152조), 위증죄(제129조), 허위진단서작성죄(제233조), 업무상 비밀누설죄(제317조), 횡령죄 및 배임죄(제355조)이다.

② 신분이 없어도 범죄는 성립한다. 그러나 신분에 의하여 형벌이 가중(加重)되거나 감경(減輕)되는 경우이다. **부진정신분범**은 형벌을 가감하는 인적 요소로서 기능하는 범죄이다. 가중적 신분은 존속살해죄(제250조 제2항), 업무상 횡령죄(제356조 제1항)이고, 가감적 신분은 영아살해죄(제251조)이다.

(2) 소극적 신분

소극적 신분은 신분으로 인하여 범죄의 성립 혹은 형벌이 조각되는 경우의 신분을 말하는데 위법조각적 신분은 의료법위반에 있어서의 의사 혹은 변호사법위반의 변호사의 신분이고, 책임조각신분은 14세 미만의 형사미성년자의 신분을 들 수 있고, 형벌조각신분은 친족상도례(제328조)에 있어서의 친족의 신분이다.

Ⅲ. 형법 제33조의 해석

1. 본문의 해석

신분없는 자는 단독으로 신분범의 정범이 될 수는 없지만 그 공범은 될 수 있다.

(1) 신분관계로 인하여 성립될 범죄의 범위

'신분관계로 인하여 성립될 범죄'란 신분이 진정신분범을 의미하는가 혹은 부진정신분범을 포함하느냐에 대하여 **통설**은 부진정신분범에 있어서는 신분이 범죄의 구성에 영향을 미치지 않고 형벌을 가감하는 기능을 가질 뿐이며 별도로 동조 단서에서 규정하고 있으므로 본문은 진정신분범에 대하여만 적용된다. 소수설은 **판례**의 입장으로 본문은 진정신분범과 부진정신분범의 성립의 근거를 규정하고 단서는 부진정신분범의 과형만 규정한다. 그러나 소수설은 본문을 부진정신분범에 대하여도 적용하여 공범성립의 근거를 마련하여 진정신분범에 대하여는 과형에 규정이 없게 되고, 본문은 「신분관계로 인하여 성립될 범죄」라고 규정하고 있는데 부진정신분범은 신분관계로 인하여 범죄가 성립되는 경우는 아니므로 이는 구성적 신분, 진정신분범에 대한 규정이다.

(2) 「전 3조를 적용한다」의 의미

공범종속성설은 종속성이 인정되는 협의의 공범에 있어서 정범에게 신분이 있는 한 비신분자도 그 공범이 될 수 있다. 비신분자가 진정신분범의 공동정범 혹은 간접정범이 될 수 있느냐?

1) 공동정범

본문이 교사범 · 종범뿐만 아니라 공동정범에도 적용되어 비신분자가 신분자와 함께 진정신분범의 교사범 · 종범 혹은 공동정범이 될 수 있다. 본문은 교사범과 종범에 대한 관계에서는 당연한 규정이지만 공동정범에 대하여는 공동정범이 될 수 없는 자를 예외적으로 공동정범이 될 수 있도록 한 특별규정이다.

2) 간접정범

형법 제34조 제1항은 교사 혹은 방조의 예에 의하여 처벌된다. 교사 혹은 방조에 대하여 적용되는 형법 제33조 본문이 간접정범에도 적용되어 신분없는 자도 신분있는 자를 이용한 간접정범이 될 수 있으냐에 대해 **통설**은 간접정범도 성질상 단독정범의 한 형태이므로, 비신분자가 신분자를 이용한 진정신분범의 간접정범은 될 수 없다.

3) 신분자가 비신분자에게 가공한 경우

제33조 본문은 비신분자가 신분자에게 가공한 경우에 적용되는 규정이라는 데 이론이 없으나, 공무원이 비공무원을 교사하여 뇌물을 수뇌하는 경우와 같이 신분자가 비신분자에게 가공한 경우에도 적용되는가에 대해 '신분없는 고의있는 도구'를 이용한 경우에 해당하여 간접정범이 성립하는 것이므로 적용되지 않는다.

2. 단서의 해석

신분관계로 인하여 형의 경중이 있는 경우란 가감적 신분을 의미하며 단서는 부진정신분범의 과형에 관한 규정이고, 그것은 교사범과 종범, 공동정범에도 적용된다.

(1) 공범의 성립과 과형

1) **통설**에 의하면 부진정신분범을 비신분자와 신분자가 공동정범으로 범한 때에 신분자는 부진정신분범, 비신분자는 보통 범죄의 공동정범으로 처벌된다. 비신분자가 신분자를 교사·방조하여 부진정신분범을 범한 때에 신분자는 부진정신분범의 정범으로, 비신분자는 보통 범죄의 교사·방조범으로 성립한다. 소수설에 의하면 본문을 진정신분범뿐만 아니라 부진정신분범에 대해서도 공범성립의 근거규정으로 해석한다. 부진정신분범에 있어서도 비신분자는 본문에 의하여 부진정신분범의 공범이 되고 그 과형만 단서에 의하여 결정되어야 한다.

2) 단서는 비신분자를 중한 형으로 벌하지 아니한다고 하는 것은 **책임의 개별화**를 선언한 것이다. 공범독립성설에 의하면 공범의 독립성을 인정한 당연규정이고, 공범종속성설에 의하면 제한적 종속형식을 취할 때에는 단서는 당연규정이다.

(2) 「중한 죄로 벌하지 아니한다」의 의미

1) **가중적 신분**의 경우에는 비신분자는 보통 범죄의 공동정범·교사범 혹은 종범이 되므로 책임의 개별화 원칙이 달성된다. 예컨대, A가 B를 교사·방조하여 B의 부 C를 살해한 때에는 A는 보통살인죄의 교사범 혹은 종범이 성립하고, B는 존속살해죄의 정범이 된다.

2) **감경적 신분**의 경우에는 1)과는 달리 「중한 형으로 벌하지 아니한다」고 규정하므로 해석상 문제가 있다. 예컨대, 갑이 직계존속인 을의 영아살해에 가담한 경우, 갑을 중한 보통살인죄로 처벌하느냐 혹은 영아살해죄의 공범으로 벌할 것이냐에 대해 제1설은 명문규정상 비신분자는 언제나 경한 죄로 처벌해야 하고 제2설(**다수설**)은 책임의 개별화 원칙을 적용하여 가감적 신분에 있어서 형의 가중 혹은 감경사유는 언제나 신분자 일신에 한하고 공범에게는 미치지 않는다. 따라서 비신분자가 언제나 경한 형으로 처벌받아야 하는 것은 동조의 취지에 반한다고 한다.

3. 신분자가 비신분자에게 가공한 경우

제33조 본문은 비신분자가 신분자에게 가공한 경우에 적용되는 규정이라는 데 이론이 없으나, 공무원이 비공무원을 교사하여 뇌물을 수뢰하는 경우와 같이 신분자가 비신분자에게 가공한 경우에도 적용되는가에 대해 '신분없는 고의있는 도구'를 이용한 경우에 해당하여 간접정범이 성립하는 것이므로 적용되지 않는다.

〔표〕 제33조 본문과 단서와의 관계

구분	제33조 본문	제33조 단서
다수설	진정신분범의 성립·과형의 근거	부진정신분범의 성립·과형의 근거
소수설(판례)	진정신분범·부진정신분범의 성립의 근거	부진정신분범의 과형의 근거

V. 관련문제

1. 불구성적 신분과 공범

불구성적 신분을 가진 자의 범죄에 비신분자가 가공한 때에 신분자에게 범죄를 구성하지 않으므로 비신분자도 성립하지 못한다. 신분자가 비신분자의 범죄에 교사범 혹은 종범으로 가공한 때에 그 범죄의 공범이 성립하고 신분자와 비신분자가 공동정범인 때에도 동일하다. 예컨대, 치과의사가 환자의 대량유치를 위해 치과기공사들에게 내원환자들에게 진료행위를 하도록 지시하여 동인들이 각 단독으로 전항과 같은 진료행위를 하였다면 무면허 의료행위의 교사범에 해당한다(대법원 1986.7.8 86도749).

2. 책임조각신분 혹은 형벌조각신분과 공범

신분자의 범죄에 비신분자가 교사 혹은 방조한 때에 신분자는 책임 혹은 처벌조각되고 비신분자는 그 죄의 교사범 혹은 종범이 된다. 다만 비신분자가 책임조각신분자를 교사·방조시 의사지배가 인정되면 간접정범이 성립한다. 신분자가 비신분자를 교사·방조한 때에 신분자는 책임 혹은 형벌이 조각되고, 비신분자는 그 죄의 정범이 되고 신분자와 비신분자가 공동정범인 때에도 동일하다.

1. 은행원이 아닌 자가 은행원들과 공모하여 업무상 배임죄를 저질렀다 하여도 이는 업무상 타인의 사무를 처리하는 신분관계로 인하여 형의 경중이 있는 경우이므로, 그러한 신분관계가 없는 자에 대하여서는 「형법」 제33조 단서에 의하여 「형법」 제355조 제2항에 따라 처단하여야 한다(대법원 1986.10.28, 86도1517).
2. 「형법」 제152조 제1항과 제2항은 위증을 한 범인이 형사사건의 피고인 등을 '모해할 목적'을 가지고 있었는가 아니면 그러한 목적이 없었는가 하는 범인의 특수한 상태의 차이에 따라 범인에게 과할 형의 경중을 구별하고 있으므로 이는 바로 「형법」 제33조 단서 소정의 "신분관계로 인하여 형의 경중이 있는 경우"에 해당한다고 봄이 상당하다. 따라서 피고인이 갑을 모해할 목적으로 을에게 위증을 교사한 이상 가사 정범인 을에게 모해의 목적이 없었다고 하더라도 「형법」 제33조 단서의 규정에 의하여 피고인을 모해위증교사죄로 처단할 수 있다(대법원 1994.12.23, 93도1002).

1. 갑은 을을 교사하여 갑의 부친을 살해하게 하였다. 갑과 을은 어떻게 처벌되는가?(단, 통설에 따른다)

① 갑은 보통살인죄의 교사범, 을은 존속살해죄
② 갑은 존속살해죄의 교사범, 을은 보통살인죄
③ 갑과 을은 존속살해죄
④ 갑과 을은 보통살인죄

〈해설〉 ② 제33조 단서는 비신분자가 신분자에게 가공한 경우뿐만 아니라 신분자가 비신분자에게도 가공한 경우에도 적용하므로 갑은 존속살해죄의 교사범, 을은 보통살인죄가 성립한다.

2. 공무원이 정을 모르는 처를 이용하여 뇌물을 수수한 경우 공무원의 죄책은?

① 수뢰죄의 간접정범
② 수죄죄의 교사범
③ 수뢰죄의 공동정범
④ 수뢰죄의 종범

〈해설〉 ① 신분없고 고의없는 도구를 이용한 경우이므로 신분자인 공무원이 수뢰죄의 간접정범이 된다.

3. 다음 공범과 신분에 대한 설명으로 틀린 것은?

① 공범과 신분이란 행위자의 신분이 범죄의 성립이나 형의 가중·감경에 영향을 미치는 경우에 신분있는 자와 신분없는 자가 공범관계에 있을 때의 처리문제를 다룬다.
② 통설은 제33조의 본문은 진정신분범의 성립과 과형의 근거를, 단서는 부진정신분범의 성립과 과형의 근거에 관한 규정이라고 본다.
③ 통설에 따르면 제33조의 단서는 가중·감경사유는 언제나 신분자에 한하고 비신분자는 통상의 범죄의 형으로 처벌한다는 의미라고 본다.
④ 갑이 을을 교사하여 을의 부친 병을 살해한 경우 갑은 존속살해죄의 교사범으로 처벌한다.

〈해설〉 ④ 제33조 단서에 의하면 부진정신분범에 있어서 신분의 형벌가감적 효과는 신분자에게만 영향을 미치고 신분없는 교사자나 피교사에게는 영향을 미치지 아니한다.

제7장 특수한 범죄유형

제1절 과실범

제14조[과실] 정상의 주의를 태만함으로 인하여 죄의 성립요소인 사실을 인식하지 못한 행위는 법률에 특별한 규정이 있는 경우에 한하여 처벌한다.

I. 의의

1. 과실의 의의

과실이란 정상의 주의를 태만함으로 인하여 죄의 성립요소인 사실을 인식하지 못하는 행위를 말한다(제14조). 이는 고의의 감경된 형태가 아니라 고의와는 전혀 성질을 달리하는 것이다. **과실범**이란 사회생활에서 요구되는 주의의무를 위반하는 것이므로 고의범에 비하여 가볍게 비하여 가볍다. 법률에 특별한 규정이 있는 경우에 한하여 처벌된다. 형법이 규정하는 과실범으로서는 실화죄(제170조), 과실폭발물건파열죄(제173조의 2 제1항), 과실가스·전기 등 방류죄(제173조의 2 제1항), 과실가스·전기 등 공급방해죄(제173조의 2 제1항), 과실일수죄(제181조), 과실교통방해죄(제189조제1항), 과실치상죄(제266조), 과실치사죄(제267조)로 벌하고 있다.

2. 과실의 종류

(1) 구성요건의 실현이라는 결과에 대한 심리적인 관계에 따라 인식없는 과실과

인식있는 과실로 나뉜다. **인식없는 과실**은 행위자가 주의의무위반으로 인하여 구성요건이 실현될 수 있는 가능성을 인식하지 못한 때에 성립하고, **인식있는 과실**이란 구성요건이 실현될 수 있음은 인식하였으나 주의의무에 위반하여 그것이 실현되지 않을 것으로 신뢰한 것이다.

(2) 주의의무의 정도에 따라 업무상 과실과 중과실로 나뉜다. **업무상 과실**은 보통 과실에 대하여 주의의무는 동일하나 예견의무가 다르기 때문에 책임이 가중되어 형법이 이를 가중하여 처벌되고, **중과실**은 주의의무를 현저히 태만히 하는 것, 즉 극히 근소한 주의만 하였더라면 결과발생을 예견할 수 있었음에도 불구하고 부주의로 이를 예견하지 못한 경우를 말한다.

관련 판례정리 : 중과실에 관한 관련판례정리

1. 중과실은 행위자가 극히 근소한 주의를 함으로써 결과발생을 예견할 수 있었음에도 불구하고 부주의로 예견하지 못한 경우를 말하는 것으로서 중과실과 경과실의 구별은 구체적인 경우에 사회통념을 고려하여 결정할 문제이다(대법원 1980. 10. 14, 79도305)

2. 피고인이 성냥불로 담배를 붙인 다음 그 성냥불이 꺼진 것을 확인하지 아니한 채 휴지가 들어 있는 휴지통에 던진 것은 중대한 과실이 있는 경우이다(대법원 1993. 7. 27, 93도135)

3. 84세의 여자 노인에게 안수기도를 한다고 눕혀 놓고 큰 소리로 "마귀야 물러가라", "왜 안 나가느냐"하면서 배와 가슴을 세게 때리고 누르는 행위를 20분 정도 지속한 결과 노인이 사망하였다. 고령의 여자 노인은 약간의 물리력만 가하더라도 골절상이나 타박상을 당할 수 있고 더욱이 배와 가슴 등에 그러한 상처가 생기면 치명적인 결과가 초래될 수 있다. 이는 약간의 주의만 기울이더라도 쉽게 예견할 수 있는 결과이므로 중대한 과실이 있다고 보아야 한다(대법원 1997. 4. 22, 97도538)

3. 과실범의 체계적인 지위

(1) 책임요소설

인과적 행위론에서 주장된 것으로 「과실」은 고의와 마찬가지로 심리적·주관적 요소로서의 책임형식에 불과, 주의의무위반도 책임요소로서의 의미를 가진다. 과실의 기준은 주관적으로 결정된다. 이에 대하여는 결과가 발생하였다는 것만으로 그 행위를 구성요건에 해당하여 위법하다고 하는 것은 구성요건의 보장적 기능을 해하고 위법성의 본질에 반하게 되고 허용된 위험의 법리는 주의의무의 기준에 불과하므로 주의의무위반, 즉 과실은 책임형식으로 보는 것은 체계상 혼란된다.

(2) 신과실이론

과실범에 있어서의 과실, 즉 주의의무위반은 위법성의 요소라고 이해하여 주의의무위반에 위법성의 요소라는 견해에 결정적인 영향을 준 것은 허용된 위험의 법리이다(생활필수적인 목적을 추구하는 행위는 필요한 안전조치를 강구한 이상 즉 객관적 주의의무를 다한 이상 허용되며 따라서 그 행위는 책임없는 것이 아니라 적법한 것이다). 과실행위의 본질적 불법요소는 행위반가치에 있고, 따라서 과실은 과실범에 있어서 주관적 위법성의 요소가 된다. 이에 대하여 과실, 즉 주의의무위반을 과실범의 본질적인 불법요소로 이해한다면 그것은 위법성의 요소에 그치는 것이 아니라 오히려 구성요건요소로 파악하게 된다.

(3) 구성요건요소설

목적적 행위론에서 주장된 것으로 벨첼(Welzel)은 과실행위의 본질적인 요소는 결과가 아니라 행위수행의 방식이다. 즉 주의의무위반에 있다. 과실범의 구성요건은 구성요건적 결과에 대한 목적적 행위의 수행방법, 즉 사회에서 요구되는 주의의무를 위반하였다는 점, 주의의무위반은 과실범의 구성요건요소이며 위법성의 기초가 된다. 과실은 과실범에 있어서 구성요건요소가 되고, 구성요건해당성은 위법성을 징표한다는 의미에서 동시에 위법성의 요소가 된다. 과실범과 고의범은 불법내용에서 구별된다. 이에 대하여 불법의 내용을 이루는 결과반가치에서 과실범은 고의범과 구별할 수 없으며 그것은 행위반가치에 의하여만 구별할 수 있어서 과실범의 행위반가치는 주의의무위반이어서 과실범의 구성요건은 결과발생만으로 성립하는 것은 아니라 주의의무위반에 의해 결과가 발생하였다는 점이 문제가 된다.

(4) 과실의 이중기능

과실은 고의와 마찬가지로 구성요건요소이지만 동시에 책임요소로서의 의미가 있으나 그 판단기준은 고의와 다르다. 즉 구성요건요소로서의 과실은 객관적으로 요구되는 주의의 태만이고 책임요소로서의 과실은 행위자의 개인적인 능력에 따라 그가 객관적 주의의무를 다할 수 있었느냐를 문제로 한다.

II. 과실범의 구성요건

행위반가치는 주의의무위반, 즉 부주의이고 결과반가치는 결과의 발생과 결과에 대한 인과관계이다.

1. 주의의무의 위반

(1) 주의의무의 내용

구체적인 행위로부터 발생할 수 있는 보호법익에 대한 위험을 인식하고 구성요건적 결과의 발생을 방지하기 위하여 적절한 방어조치를 취하는 데에 있다.

(2) 주의의무의 표준

주의의무위반의 유무는 누구를 기준으로 판단할 것인가에 대해 다음과 같이 견해가 대립하고 있다. 제1설은 주관설로서 행위자 본인의 주의능력을 기준으로 하여 주의의무위반의 유무를 판단하려는 견해이다. 제2설은 **통설**과 **판례**의 태도로서 사회일반인의 주의능력을 기준으로 하여 주의의무위반의 유무를 판단하려는 견해이다. 제3설은 절충설로서 주의의무의 정도는 일반인을 표준으로, 주의력은 행위자를 표준으로 결정해야 한다는 견해이다. 생각건대, 형법의 해석상 의사 기타 일정한 자에게 특별한 주의의무를 부과하는 것은 일반인에게는 객관적·평균적인 표준에 의하여 정상이 되지 못하는 사람에게는 좀더 노력하도록 보통인의 수준에 달하도록 하겠다는 것이 형법의 근본정신임을 비추어 볼 때 제2설이 타당하다고 하겠다.

(3) 허용된 위험의 이론

1) 허용된 위험

일정한 생활범위에 있어서 예견하고 회피할 수 있을 위험이라 할지라도 전적으로 금지할 수 없는 것이다. 사회생활상의 필요성과 결합된 사회적 상당성(社會的 相當性)의 표현이다. 현대사회에서 공장의 운영, 지하자원의 채굴, 친족 및 에너지 자원의 이용 등의 시설과 결합된 사회적 효용성은 필요한 안전조치를 강구한 이상 그 시설과 전형적으로 결합된 위험은 법질서가 인용할 것을 요구한다. 허용된 위험의 이론에 의하여 과실의 범위가 수정되어야 한다는 점에서는 이론이 없으나, 이를 과실범에 있어서 위법성조각사유로 보느냐 혹은 구성요건 자체를 조각하는 것으로 볼 것이냐에 대하여는 견해가 대립한다.

2) 신뢰의 원칙

허용된 위험의 이론이 적용된 특수한 경우를 말한다.

① 의의

신뢰의 원칙(Vertrauensgrundsatz)이란 스스로 교통규칙을 준수한 운전자는 다른 교통관여자가 교통규칙을 준수할 것이라고 신뢰하면 족하고, 교통교칙에 위반하여 비이성적으로 행동할 것까지 예견하고 이에 대한 방어조치를 취할 의무는 없다는 원칙이다. 현대사회에서의 도로교통의 사회적인 의미를 고려하여 운전자에게 다른 사람의 적법한 행위를 신뢰할 수 있게 함으로써 과실의 성립범위를 축소하고 주의의무를 합리적으로 조정하여 원활한 교통을 가능하게 하는 이론이다. 1935년 독일의 판례(RG)가 채택한 이래 독일에서 판례와 학설에 의하여 확립되었다. 신뢰의 원칙이 주의의무를 제한하는 기능을 가졌다고 인정하는 경우에도 주의의무 내용 중에서 예견의무와 결과회피의무를 모두 제한하는 기능을 가졌다고 해석한다.

② 적용범위

(i) 도로교통과 신뢰의 원칙

원활한 자동차교통의 필요성, 교통환경의 정비, 교통교육과 교통도덕의 보급이 전제하여야 한다.

(ii) 적용범위의 확대

'기업활동'이나 '외과수술' 등과 같이 다수인의 공동에 의하여 실행되는 모든 형태의 과실범에 대하여 신뢰의 원칙을 공동 작업에 의한 위험한 업무를 확대함에 있어서는 신뢰를 기초지울 수 있는 분업관계가 확립되어 있을 것을 요한다. 그러나 지휘・감독의무가 있는 경우에는 이 원칙에 제한이 있게 된다.

> 경찰관인 피고인들은 동료 경찰관인 갑 및 피해자 을과 함께 술을 많이 마셔 취하여 있던 중 갑자기 위 갑이 총을 꺼내 을과 같이 총을 번갈아 자기의 머리에 대고 쏘는 소위 '러시안 룰렛 게임'을 하다가 을이 자신이 쏜 총에 맞아 사망한 경우 피고인들은 위 갑과 을이 '러시안 룰렛'게임을 함에 있어 갑과 어떠한 의사의 연락이 있었다거나 어떠한 원인

행위를 공동으로 한 바가 없고, 다만 위 게임을 제지하지 못하였을 뿐인데 보통사람의 상식으로서는 함께 수차에 걸쳐서 흥겹게 술을 마시고 놀았던 일행이 갑자기 자살행위와 다름없는 위 게임을 하리라고는 쉽게 예상할 수 없는 것이고(신뢰의 원칙), 게다가 이 사건 사고는 피고인들이 '장난치지 말라'며 말로 위 갑을 만류하던 중에 순식간에 일어난 사고여서 음주 만취하여 주의능력이 상당히 저하된 상태에 있던 피고인들로서는 미처 물리력으로 이를 제지할 여유도 없었던 것이므로, 경찰관이라는 신분상의 조건을 고려하더라도 위와 같은 상황에서 피고인들이이 사건 '러시안 룰렛'게임을 즉시 물리력으로 제지하지 못하였다 한들 그것만으로는 위 갑의 과실과 더불어 중과실치사죄의 형사상 책임을 지울 만한 위법한 주의의무위반이 있었다고 평가할 수 없다(대법원 1992. 3. 10, 91도3172).

(iii) 적용의 한계

다음의 경우에는 신뢰관계를 기대할 수 없는 특별한 사정이 있는 때에는 위 원칙이 적용될 수 없다.

- 상대방의 규칙위반을 이미 인식한 경우, 예컨대, 다른 운전자가 음주운전하는 것을 알고 있었거나 무모한 보행자임이 명백한 경우를 들 수 있다(대법원 1981. 3. 24, 80도3305)
- 상대방의 규칙준수를 신뢰할 수 없는 경우는 상대방이 교통규칙을 알 수 없거나 따를 가능성이 없는 경우이다. 예컨대, 유아, 노인 혹은 불구자, 교통규칙의 위반이 빈번하게 일어나는 장소를 들 수 있다(대법원 1970. 8. 18, 70도1336).
- 운전자 스스로 교통규칙에 위반한 경우로서 규칙위반이 사고발생에 영향을 미친 경우에 한하여 위 원칙이 인정되지 않는다(대법원 1973. 6. 12, 73다280).

2. 결과발생, 인과관계 및 예견가능성

(1) 인과관계

행위가 결과에 대한 합법칙적 조건이 되는 때에는 결과에 대한 인과관계가 인정된다.

(2) 객관적 귀속

1) 주의의무위반으로 인한 결과발생

부주의하게 운전한 운전자가 갑자기 차도에 뛰어든 보행자를 충격하여 부상케 하였지만 주의하여 차를 운전하였더라도 같은 결과를 피할 수 없었을 경우에는 객관적 귀속을 부정한다.

2) 규범의 보호범위 안에서 발생

예컨대, 운전자가 과속으로 진행하여 일찍 교차로에 도착하였지만, 그 지점에서는 주의의무를 다하였으나 사고가 일어난 경우에 발생된 결과는 침해된 규범의 보호범위에서 일어난 것이 아니며, 따라서 그 결과를 운전자에게 귀속시킬 수 없다.

3) 예견가능성

결과와 인과관계의 본질적 요소는 예견가능해야 한다. 결과와 인과관계의 예견가능성은 주의의무위반에 의한 결과발생과 함께 결과불법과 행위불법을 연결하는 두 개의 요소가 된다. 결과에 대한 예견가능성은 객관적 표준에 의하여 결정해야 한다. 이는 주관적 예견가능성(행위자가 구체적 상황에서 결과를 예견할 수 있었느냐의 문제 : 책임문제)와는 구별된다.

Ⅲ. 과실범의 위법성과 책임

1. 과실범의 위법성

과실범의 위법성조각사유로서는 정당방위, 긴급피난, 피해자의 승낙이고 구성요건 해당성 자체를 조각하는 경우는 사회적 상당성 혹은 허용된 위험이다. 그러나 과실범의 위법성조각사유에 있어서는 주관적 정당화요소의 존재를 불요한다(주관적 정당화요소는 행위불법을 조각, 과실범에 있어서는 행위자가 객관적인 정당한 상황 아래에서 행위하면 그것으로 행위불법은 조각되기 때문이다).

2. 과실범의 책임

책임능력과 위법성의 인식을 전제로 한다. 구성요건에 해당하는 위법한 행위의 비난가능성이라는 점에서 고의범의 경우와 같다. 책임비난은 주관적 기준(행위자의 개인적인 능력, 경험과 지식)에 의하여 결정된다.

Ⅳ. 결과적 가중범

제15조[사실의 착오] ② 결과로 인하여 형이 중한 죄에 있어서 그 결과의 발생을 예견할 수 없었을 때에는 중한 죄로 벌하지 아니한다.

1. 의의

(1) 본질

결과적 가중범이란 고의에 기한 기본범죄에 의하여 행위자가 예견하지 않았던 중한 결과가 발생한 때에 그 형이 가중되는 범죄를 말한다(제15조). 형법은 과실범에 대하여는 결과적 가중범을 인정하지 아니하므로 기본범죄는 고의범에 제한된다. 중한 결과는 대부분 '상해(중상해)' 혹은 '사망'에 제한된다. 중한 결과는 기본범죄에 포함되어 있는 전형적인 불법이 실현된 것이므로 고의에 의한 기본범죄에 의하여 그 범죄에 전형적으로 결합되어 있는 위험을 주의의무에 위반하여 발생케 한 것은 순수한 과실범의 경우보다 행위불법이 무겁다는 점에 있다. 기본범죄에 대한 고의와 중한 결과에 대한 과실은 고의와 과실의 결합형식이다.

술에 취한 사람의 얼굴을 한 번이라도 잘못 때리면 넘어질 염려가 있고, 경우에 따라서는 머리를 땅에 부딪쳐서 뇌출혈을 일으킬지도 모른다는 것은 경험법칙상 쉽게 예견할 수 있기 때문에 폭행치사의 결과적 가중범에 해당된다(대법원 1970. 4. 28, 70도518)

(2) 결과적 가중범과 책임주의

1) 결과책임사상의 유물

고의에 의한 기본범죄가 있고 이에 의하여 중한 결과가 발생한 이상 기본범죄와 중한 결과 사이에 인과관계가 인정되면 그 결과에 따라 처벌되어야 한다는 의미에서 처음으로 '책임주의에 대한 예외'라 할 수 있다.

2) 상당인과관계설의 등장

결과책임사상의 확대를 막기 위하여 인과관계의 측면에서 결과적 가중범의 성립을 제한하고자 한 것이다. 인과관계론(상당인과관계설)에 의하여 중한 결과에 대한 처벌을 제한한다고 하여 그것이 책임주의와 일치한다고 할 수 없다. 이런 의미에서 상당인과관계설도 결과적 가중범을 책임주의의 예외로 보아 결과책임을 인정하는 범위를 벗어나지 못하였다.

3) 결과적 가중범과 책임주의의 조화

이는 중한 결과에 대하여 과실이 있을 것을 요건으로 함에 의하여 결과적 가중범을 책임주의와 조화시키고자 한다. 형법 제15조 제2항 「결과로 인하여 중한 죄에 있어서 그 결과의 발생을 예견할 수 없었을 때에는 중한 죄로 벌하지 아니한다」으로 규정하고 있는데 「결과의 발생을 예견할 수 있었다」는 것은 중한 결과에 대하여 과실이 있음을 요한다.

2. 종류

진정결과적 가중범은 고의에 의한 기본범죄에 기하여 과실로 중한 결과를 발생케 한 경우로서 대부분의 결과적 가중범이 이에 속한다. 부진정결과적 가중범은 중한 결과를 과실로 야기한 경우뿐만 아니라 고의(특히 미필적 고의)에 의하여 발생케 한 경우로서 교통방해치상죄(제188조), 강간치상죄(제301조), 중상해죄(제258조)가 이에 속한다. **부진정결과적 가중범**을 인정할 것인가 또 이를 어느 범위까지 인정할 것인가에 대하여 부정설과 긍정설이 대립한다. 생각건대, 중한 결과를 예견할 수 있으면 결과적 가중범이 성립하는 것이므로 여기에 중한 결과에 대하여 고의가 있는 경우가 제외된다고 해석할 수 없으며, 기본범죄가 중한 결과를 발생케 할 위험 이외에 다른 법익에 대한 침해를 불법의 내용으로 포함하고 있는 경우에 기본범죄를 통하여 고의로 중한 결과를 발생케 한 경우에는 결과적 가중범과 중한 결과에 대한 고의범의 상상적 경합을 인정하는 것이 타당하다(긍정설).

■ 잠깐 ! 부진정결과적 가중범에 대해 살펴봅시다.

예컨대, 현주건조물방화치사죄(제164조 제2항)에서 방화행위에 기하여 사망이라는 중한 결과가 과실로 발생한 경우에만 이 범죄가 성립한다고 해석하면, 사망이라는 중한 결과에 대하여 고의가 있는 경우에는 살인죄와 현주건조물방화죄의 상상적 경합이 되어 결국 법정형이 높은 살인죄로 처벌하게 되는데, 살인죄는 현주건조물방화치사죄보다 법정형이 낮아 중한 결과에 대하여 고의있는 경우가 과실있는 경우보다 법정형이 낮게 된다는 문제점이 발생한다.

판례는 형법 제164조 후단이 규정하는 현주건조물방화치사상죄는 그 전단에 규정하는 죄에 대한 일종의 가중처벌규정으로서 과실이 있는 경우뿐만 아니라 고의가 있는 경우에도 포함된다고 볼 수 있으므로 사람을 살해할 목적으로 현주건조물에 방화하여 사망에 이르게 한 경우에는 현주건조물방화치사죄로 의율하여야 하고 이와 더불어 살인죄와의 상상적 경합으로 의율할 것이 아니다고 판시하고 있다(대법원 1996. 4. 26, 96도458).

3. 결과적 가중범과 인과관계

(1) 인과관계의 요부

결과적 가중범도 중한 결과가 발생하여야 성립하는 결과범이므로 결과귀속을 위하여 인과관계가 전제되어야 할 뿐만 아니라, 여기서 중한 결과는 단순한 처벌조건이 아니라 구성요건요소가 되기 때문이다. 따라서 중한 결과에 대한 인과관계와 과실이라는 두 가지 요건이 갖추어져야 한다.

(2) 인과관계의 범위

1) 결과적 가중범에 있어서 중한 결과에 대한 인과관계는 **상당인과관계**를 요한다. 상당인과관계설은 결과적 가중범에 있어서 중한 결과에 의한 형의 가중을 제한하기 위하여 결과에 상당한 조건에 대하여만 인과관계를 인정하는 견해이다. 이에 대하여 결과적 가중범에 대한 형의 가중을 인과관계에 의하여 제한하는 것은 결과적 가중범을 책임주의의 예외로 인정하는 것이므로 부당하고 인과관계만에 의하여 결과귀속을 제한하는 것은 인과관계가 객관적 귀속의 전제에 불과하다는 것을 간과하다는 비판이 있다.

2) 중한 결과에 대한 인과관계는 **합법칙적 조건설**에 의하여 행위가 시간적으로 뒤따르는 외계의 변화에 합법칙적으로 연결되어 구성요건적 결과가 실현되면 인정해야 할 것이다.

판례정리

1. 피해자를 자신이 경영하는 속셈학원의 강사로 채용하고 학습교재를 설명하겠다는 구실로 유인하여 호텔 객실에 감금한 후 강간하려 하자 피해자가 완강히 반항하던 중 피고인이 대기시간 연장을 위해 전화하는 사이에 객실 창문을 통해 탈출하려다가 지상에 추락하여 사망한 경우 피고인의 강간미수행위와 피해자의 사망 사이에 상당인과관계가 인정되어 강간치사죄가 성립한다(대법원 1995. 5. 12, 95도425).

2. 강간을 당한 피해자가 집에 돌아가 음독자살하기에 이른 원인이 강간을 당함으로 인하여 생긴 수치심과 장래에 대한 절망감에 있었다 하더라도 그 자살행위가 바로 강간행위로 인하여 생긴 당연한 결과라고 볼 수는 없으므로 강간행위와 피해자의

자살행위 사이의 인과관계를 인정할 수 없다." (대법원 1982. 11. 23, 82도1446)

(3) 중한 결과의 직접관계

기본범죄와 중한 결과 사이에 인과관계가 있는 때에도 중한 결과를 행위자에게 객관적으로 귀속시키기 위해서는 지배가능성의 원칙과 위험증대의 원칙을 결합한 귀속의 기준이 충족되어야 한다. 인과관계 이외에도 기본범죄에 내포된 전형적인 위험이 실현되어 중한 결과가 발생하였다는 의미에서의 직접성을 필요로 한다. 다만 중한 결과는 기본범죄를 실행하는 행위로부터 직접 발생한 것이면 족하다. 반드시 기본범죄의 결과에 의하여 발생한 것임을 불요한다.

4. 중한 결과에 대한 과실

(1) 과실의 내용

과실범에 있어서 주의의무는 예견의무와 결과방지의무를 내용으로 하여야 한다. 예견의무는 예견가능성을 전제로 한다. **통설**에 따르면 결과적 가중범에 있어서 예견가능성은 중한 결과의 발생에 대한 과실과 동의어에 지나지 않는다. 결과적 가중범의 성립에 중한 결과에 대한 과실을 요구함에 의하여 결과적 가중범은 책임주의와 일치한다.

예제 ••• 결과적 가중범의 예견가능성에 대해 다음 사례를 통하여 살펴봅시다.

1. 예견가능성을 인정한 경우

(1) 피고인 갑은 피해자 을의 빰을 2회 때리고 두 손으로 어깨를 잡아 땅바닥에 넘어뜨리고 머리를 시멘트벽에 부딪치게 하였다. 을은 그 다음날부터 머리에 통증이 있었고, 같은 달 16일 의사 3인에게 차례로 진료를 받을 때에 혈압이 매우 높았고 몹시 머리가 아프다고 호소하였다. 그 후 을은 병세가 악화되어 결국 얼마 후 뇌손상으로 사망하였다. 을은 평소 고혈압과 선천성혈관기형인 좌측전고동맥류의 증세를 보이고 있었고, 갑의 폭행으로 피해자가 사망함에 있어 위와 같은 지병이 사망결과에 영향을 미친 것은 사실이다. 갑의 죄책은? 이 경우에는 갑의 폭행과 을의 사망 사이에 상당인과관계가 있다고 할 것이다. 따라서 갑은 을을 땅바닥에 넘어뜨리고 머리를 시멘트벽에 부딪치게 한 때에 이미 폭행과 그 결과에 대한 예견가능성이 있었다 할 것이므로 그로 인하여 사망의 결과가 발생하였다면 결과적 가중범이 성립할 수 있다(대법원 1983. 1. 18, 82도697).

(2) 피고인 갑은 과거에 동거하던 피해자 을에게 다시 동거할 것을 요구하면서 서로 말다툼을 하다가 주먹으로 얼굴과 가슴을 수없이 때리고 머리채를 휘어잡아 방벽에 여러 차례 부딪히는 폭행을 가하여 을은 두개골결손, 뇌경막하출혈 등으로 2일 후에 사망하였다. 갑의 죄책은? 본 사안에서 사람의 얼굴과 가슴에 대한 가격은 신체기능에 중대한 지장을 초래할 수 있고, 더구나 두뇌부위에 대하여 두개골결손을 가져올 정도로 가격을 가한 경우에는 치명적인 결과를 가져올 수 있다는 것은 누구라도 예견할 수 있으므로 갑은 상해치사의 죄책을 면할 수 없다(대법원 1984. 12. 1, 84도2183).

2. 예견가능성을 부인한 경우

(1) 피고인 갑은 피해자 을과 서로 욕설을 하며 시비 끝에 법으로 해결하자며 을의 멱살을 잡고 약 7m 끌고 가다가 떠밀어 땅에 엉덩방아를 찧고 주저앉게 하였다. 을은 정신적·물리적 충격을 이기지 못하고 흥분하여 급성심장마비로 사망하였다. 그런데 을은 겉으로는 건강하여 전혀 병약한 흔적을 보이지 않았으나 사실은 관상동맥경화와 협착증세를 가지고 있는 특수체질의 소유자였다. 갑의 죄책은? 이 사안에서는 갑의 폭행치사죄의 가능성이 문제된다. 고의의 기본범죄인 갑의 폭행행위와 을의 사망이라는 과실의 중한 결과발생 사이에 예견가능성과 인과관계가 있으면 결과적 가중범이 성립한다. 그런데 을의 사망은 을의 특수체질이 원인이 있는 것으로 보이기 때문에 갑이 이 사실을 사전정보와 외관을 통해서 미리 알고 있었던 경우가 아닌 한, 갑의 행위와 을의 사망 사이에는 객관적·주관적 예견가능성을 인정하기 어렵다. 따라서 갑의 폭행 정도는 행위자와 일반인의 관점에서 을의 사망을 예견할 수 있는 범위밖에 있고, 을이 특수체질의 소유자라는 것도 또한 그러하기 때문에 갑에게는 폭행치사죄에 대한 책임이 없고, 단순폭행죄의 책임만이 인정된다(대법원 1985. 4. 23, 85도303).

(2) 피고인이 친구 5명과 같이 술집에서 그 집 작부로 있는 피해자 등 6명과 더불어 밤늦도록 술을 마시고 모두 각자의 상대방과 성교까지 하였는데 술값이 부족하여 친구집에 가서 돈을 빌리려고 위 일행중 피고인과 공소외 김○○, 전 ○○이 함께 봉고차를 타고 갈 때 위 김○○와 성교를 한 피해자도 그 차에 편승하게 된 사실과 피고인과 피해자가 그 차에 마주앉아 가다가 피고인이 장난삼아 피해자의 유방을 만지고 피해자가 이를 뿌리치자 발을 앞으로 뻗어 치마를 위로 걷어올리고 구두발로 그녀의 허벅지를 문지르는 등 그녀를 강제로 추행하자 그녀가 욕설을 하면서 갑자기 차의 문을 열고 뛰어 내림으로써 부상을 입고 사망한 경우 죄책은? 본 사안에서는 피고인이 그때 피해자가 피고인의 추행행위를 피하기 위하여 달리는 차에서 뛰어내려 사망에 이르게 될 것이라고 예견할 수 없다. 따라서 형법 제15조 제2항이 규정하고 있는 이른바 결과적 가중범은 행위자가 행위시에 그 결과의 발생을 예견할 수 없을 때에는 비록 그 행위와 결과 사이에 인과관계가 있다 하더라도 중한 죄로 벌할 수 없다(대법원 1988. 4. 12, 88도178).

(2) 과실의 기준시기

기본범죄, 즉 기본적 구성요건의 실행시에 존재해야 한다. 예컨대, 강간을 한 후 살해의 고의가 있어 사람을 살해하고, 그 후의 새로운 과실에 의해 사람을 사망에 이르게 한 때에는 별개의 살인죄 혹은 과실치사죄가 성립한다.

5. 결과적 가중범의 공범

(1) 결과적 가중범의 공동정범

과실범의 공동정범부정설은 결과적 가중범이 고의범과 과실범의 결합형식이므로 기본범죄인 고의범의 공동정범과 중한 결과인 과실범의 동시범이 되며, 기본범죄에 대한 공동정범의 각자가 중한 결과에 대하여 과실이 있는 때에만 결과적 가중범의 죄책을 진다고 하나, 과실범의 공동정범긍정설은 주의의무를 공동으로 위반하였을 것을 요건으로 하므로 중한 결과에 대하여 공동의 과실이 있는 때에만 공동정범이 성립한다. 중한 결과에 대하여 과실이 있는 자와 없는 자가 기본범죄를 공동으로 범한 때에는 과실이 없는 자는 기본범죄에 대하여만 공동정범이 되고, 공동정범의 전원이 중한 결과에 대하여 과실이 있는 때에만 결과적 가중범의 공동정범이 된다. **판례**는 결과적 가중범의 공동정범은 기본범죄를 공동으로 할 의사가 있으면 성립한다고 한다(대법원 1978.1.17, 77도2193).

(2) 결과적 가중범의 교사 · 방조

결과적 가중범에 대한 교사 · 방조가 되기 위해서는 기본범죄에 대한 교사 · 방조 이외에 교사범 혹은 종범에게도 중한 결과에 대한 과실이 있어야 한다.

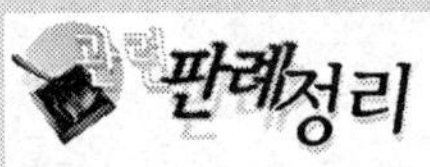

1. 과실범에서 비난가능성의 지적 요소는 결과발생가능성에 대한 인식으로서, 인식있는 과실에는 이와 같은 인식이 있고, 인식없는 과실에는 이에 대한 인식 자체도 없는 경우이다. 전자에서 책임이 발생함은 물론, 후자에서도 그 결과발생을 인식하지 못하였다는 데에 대한 부주의, 즉 규범적 실재로서의 과실책임이 있다 할 것이다(대법원 1984. 2. 28, 83도3007).

2. 중과실은 행위자가 극히 근소한 주의를 함으로써 결과발생을 예견할 수 있는 경우로서 구체적인 경우에 사회통념을 고려하여 결정할 문제이다(대법원 1960. 3. 9, 4299형상761).

3. 여러 사람이 어떤 과실행위를 서로의 의사연락 아래 실행하여 범죄결과를 발생케 한 경우 과실범의 공동정범이 성립한다(대법원 1978. 9. 26, 78도2082).

4. 과실범은 법률에 특별한 규정이 있는 경우에 한하여 처벌되며, 형벌법규의 성질상 과실범을 처벌하는 특별규정은 그 명문에 의해 명백・명료하여야 한다(대법원 1983. 12. 13, 83도2467).

5. 만원열차에 승무한 차장은 마땅히 객차의 승강구출입문의 개폐여부를 확인점검하여 열려진 승강구의 추락사고를 방지해야 한다(대법원 1983. 9. 27, 82도267).

6. 전당포경영자가 전당물을 입질받을 때 소유관계를 묻고 주민등록증을 제시받아 전당물대장에 주소, 성명, 직업, 주민등록번호, 연령 등을 기재하였다면 특별한 사정이 없는 한 전당포경영자로서 주의의무를 다한 것이다(대법원 1987. 2. 24, 86도2077 ; 대법원 1985. 2. 26, 83도1215).

7. 신뢰원칙은 상대방 교통관여자가 도로교통이 제반교통의 제반법규를 지켜 도로교통에 임하리라고 신뢰할 수 없는 특별한 사정이 있는 경우에는 그 적용이 배제된다(대법원 1984. 4. 10, 84도79).

8. 형법 제164조의 현주건조물방화치사상죄는 사상에 대한 과실이 있는 경우뿐만 아니라 고의가 있는 경우에도 성립한다(대법원 1983. 1. 18, 82도2341).

9. 형법 제15조 제2항이 규정하고 있는 결과적 가중범은 행위자가 행위시에 그 결과발생을 예견할 수 없을 때에는 비록 그 행위와 결과 사이에 인과관계가 있다 하더라도 중한 죄로 벌할 수 없다(대법원 1988. 4. 12, 88도178).

10. 2차선을 따라 정상적으로 운행하고 있던 트럭이 3차선으로부터 진로전방으로 차선을 변경하여 진입해오는 버스와 충돌한 사고에 있어서 트럭운전자에게 그 충돌방지를 위한 필요한 조치를 취할 주의의무가 있다고 하기 위해서는 위 버스가 차선을 변경하여 트럭의 진로전방에 진입한다는 사실을 예견할 수 있었다는 사정을 전제로 하여서만 가능한 것이므로 이같은 경우 법원으로서는 당시 전방의 도로교통 상황이나 버스가 차선을 변경하게 된 경위 등을 심리하여 트럭운전자가 조치를 해태한 것인지 유무를 판단하였어야 한다(대법원 1983. 8. 23, 83도1328).

11. 시계점을 경영하면서 중고시계의 매매도 하고 있는 피고인이 장물로 판정된 시계를 매입함에 있어 매도인에게 그 시계의 구입장소, 구입가격, 매각이유 등을 묻고

비치된 장부에 매입가격 및 주민등록증에 의해 확인된 위 매도인의 인적사항 일체를 사실대로 기재하였다면, 그 이상의 매도인의 신분이나 시계출처 및 소지경위에 대한 위 매도인의 설명의 진부에 대해서까지 확인하여야 할 주의의무가 있다고 보기 어렵다(대법원 1984. 2. 14, 83도2982).

12. 임대차 목적물상의 하자의 정도가 그 목적물을 사용할 수 없을 정도의 파손상태라고 볼 수 없다든지, 임대인에게 수선의무가 있는 대규모의 것이라고 볼 수 없어 임차인의 통상의 수선 및 관리의무에 속한다고 보여지는 경우에는 그 하자로 인하여 가스중독사가 발생하였더라도, 임대인에게 과실이 있다 할 수 없으나, 이러한 판단을 함에 있어 단순히 하자 자체의 상태만을 고려할 것이 아니라 그 목적물의 구조 및 전반적인 노후화상태 등을 아울러 참작하여 대규모적인 수선이 요구되는지를 판단하여야 하며, 대규모의 수선 여부가 분명하지 아니한 경우에는 임대차 전후의 임대차 목적물의 상태 내지 하자로 인한 위험성의 징후 여부와 평소 임대인 또는 임차인의 하자상태의 지실 내지 발견 가능성 여부, 임차인의 수선요구 여부 및 이에 대한 임대인의 조치 여부 등을 종합적으로 고려하여 임대인의 과실 유무를 판단하여야 한다(대법원 1993. 9. 10, 93도196).

13. 피해자를 감시하도록 업무를 인계받지 않은 간호사가 자기 환자의 회복처치에 전념하고 있었다면 회복실에 다른 간호사가 남아있지 않은 경우에도 다른 환자의 이상 증세가 인식될 수 있는 상황에라야 이에 대한 조치를 할 의무가 있다고 보일 뿐 회복실내의 모든 환자에 대하여 적극적, 계속적으로 주시, 점검을 할 의무가 있다고 할 수 없다(대법원 1994. 4. 26, 92도3283).

1. 신뢰의 원칙에 대하여 설명하시오.

2. 결과적 가중범의 개념과 책임주의와의 관련성에 대하여 설명하시오.

1. 과실범에 관한 설명으로 옳지 않은 것은?

① 과실범은 예외적으로 법률에 특별한 규정이 있는 경우에 처벌된다.
② 사회적 행위론에서의 과실은 주관적 구성요건요소이면서 책임요소라고 하는 2중기능설을 인정한다.
③ 설마 맞지 않겠지 하고 던졌던 바, 을이 맞아 죽은 경우에는 인식있는 과실치사죄가 성립한다.
④ 과실일수죄는 업무상 과실과 중과실범은 처벌한다.

〈해설〉 ④ 과실일수죄는 일반과실범만 처벌하고 업무상 과실과 중과실범은 처벌하지 않는다.

〔표〕 현행법상 과실범 처벌규정

일반과실범	업무상과실범	중과실범
실화죄(170)	업무상실화죄(171)	중실화죄(171)
과실폭발성물건 파열죄(173의2 ①)	업무상과실폭발성물건 파열죄(173의2 ②)	중과실폭발성물건 파열죄(173의2 ②)
과실가스·전기등 방류죄(173의2 ①)	업무상과실가스·전기등 방류죄(173의2 ②)	중과실가스·전기등 방류죄(173의2 ②)
과실가스·전기등 공급방해죄 (173의2 ①)	업무상과실가스·전기등 공급방해죄 (173의2 ②)	중과실가스·전기등 공급방해죄 (173의2 ②)
과실일수죄(181)	X	X
과실교통방해죄 (189 ①)	업무상과실교통방해죄(189 ②)	중과실교통방해죄(189 ②)
과실치상죄(266) 과실치사죄(267)	업무상과실치상죄(268) 업무상과실치사죄(268)	중과실치상죄(268) 중과실치사죄(268)
X	업무상과실장물죄(364)	중과실장물죄(364)

2. 신뢰의 원칙이 적용될 수 있는 경우는?

① 고속도로에서 일어난 보행자충돌사고
② 유아, 노인, 불구자와 같이 타인의 정당한 행위를 기대하는 것이 불확실한 자의

경우
③ 운전자가 과속으로 진행하면서 제동장치를 취하지 못한 경우
④ 운전자가 초등학교 앞 장소를 지날 때

〈해설〉① 대법원(1971.5.21, 71도623)

3. 결과적 가중범에 대한 설명으로 옳지 않은 것은?

① 결과적 가중범은 고의범과 과실범의 결합형태라고 할 수 있다.
② 통설은 결과적 가중범과 책임주의와 조화될 수 있다고 본다.
③ 결과적 가중범에는 미수가 인정된다.
④ 현주건조물방화치사상죄, 특수공무방해치상죄, 교통방해치상죄, 중상해죄, 중손괴죄, 중권리행사방해죄 등은 부진정결과적가중범의 예이다.

〈해설〉 ③ 과실범에 미수가 인정되지 않는 것과 같이 결과적 가중범은 고의와 과실의 결합형태이므로 결과적 가중범의 미수가 인정되지 않는다.

제2절 부작위범

제18조[부작위범] 위험의 발생을 방지할 의무가 있어 자기의 행위로 인하여 위험발생의 원인을 야기한 자가 그 위험발생을 방지하지 아니한 때에는 그 발생된 결과에 의하여 처벌한다.

피고인이 조카인 피해자(10세)를 살해할 것을 마음먹고 저수지로 데리고 가서 미끄러지기 쉬운 제방 쪽으로 유인하여 함께 걷다가 피해자가 물에 빠지자 그를 구호하지 아니하여 피해자를 익사하게 한 것이라면 피해자가 스스로 미끄러져서 물에 빠진 것이고, 그 당시는 피고인이 살인죄의 예비단계에 있었을 뿐 아직 실행의 착수에는 이르지 아니하였다고 하더라도, 피해자의 숙부로서 익사의 위험에 대처할 보호능력이 없는 나이 어린 피해자를 익사의 위험이 있는 저수지로 데리고 갔던 피고인으로서는 피해자가 물에 빠져 익사할 위험을 방지하고 피해자가 물에 빠지는 경우 그를 구호하여 주어야 할 법적인 작위의무가 있다고 보아야 할 것이고, 피해자가 물에 빠진 후에 피고인이 살해의 범의를 가지고 그를 구호하지 아니한 채 그가 익사하는 것을 용인하고 방관한 행위(부작위)는 피고인이 그를 직접 물에 빠뜨려 익사시키는 행위와 다름없다고 형법상 평가될 만한 살인의

실행행위라고 보는 것이 상당하다(대법원 1992. 2. 11, 91도2951)

I. 부작위의 본질

1. 부작위의 의의

범죄는 적극적인 행위(작위)에 의해 실행되지만 명령규범에 위반하는 부작위(Unterlassung)에 의하여도 실현할 수 있다. 형법은 대부분 금지규범으로 규정되어 있으나 물론 다중불해산죄(제116조)와 퇴거불응죄(제319조 제2항)과 같이 명령규범만을 전제로 하는 부작위의 구성요건이 있다.

2. 부작위의 행위성

인과적 행위론에서는 부작위에는 거동성이 없기 때문에 작위와 부작위를 포함한 상위개념인 행위개념을 정할 수 없다. 목적적 행위론에서는 부작위에는 목적적 행위지배가 없기 때문에 부작위의 행위성을 설명하지 못한다. 사회적 행위론 에서는 부작위는 법적 행위 기대라는 규범적 가치판단 요소에 의하여 사회적 중요성을 가지는 인간의 행태가 되어 작위와 함께 행위의 기본형태를 이룬다. 따라서 '부작위'란 단순한 무위(無爲)가 아니라 기대되는 특정한 행위를 하지 않는 것을 말한다.

3. 작위와 부작위의 구별

법적 비판의 중요성이 어디에 있는가에 따라 판단해야 할 평가문제와 먼저 작위가 구성요건에 해당하고 위법·유책한가를 검토하여 작위만 형법적 평가의 대상으로 하고, 그렇지 않는 경우에 한하여 부작위가 문제된다.

II. 부작위범의 종류에 대한 분류방식

1. 형식설

형법이 부작범의 구성요건을 두고 있느냐라는 형식적 기준에 의하여 진정부작위범과 부진정부작위범으로 구분된다. 진정부작위범은 구성요건이 부작위에 의하여만 실현될 수 있는 범죄로서 예컨대, 다중불해산죄, 퇴거불응죄, 전시군수계약불이행죄,

전시공수계약불이행죄를 들 수 있고, 부진정부작위범이란 부작위에 의하여 작위범의 구성요건을 실현하는 범죄이다.

2. 실질설

범죄의 내용과 성질을 검토하여 진정부작위범이란 순수한 거동범, 특별규정이 있는 경우 처벌되고, 부진정부작위범이란 결과범, 특별규정이 없는 경우에도 처벌된다. 이에 대하여는 부진정부작위범이 결과범뿐만 아니라 거동범에 대하여도 불가능하다고 해야 할 이유가 없고, 형법에 부진정부작위범의 규정이 없는 것은 그것이 결과범이기 때문이라고 하는 것도 부당하다.

Ⅲ. 부작위범의 성립요건

1. 진정 · 부진정부작위범에 공통된 구성요건

(1) 구성요건적 상황

구체적인 작위의무의 내용을 인식할 수 있는 사실관계로서 진정부작위범은 형법 각칙에, 부진정부작위범은 구성요건적 결과발생의 위험이 있는 경우이다.

(2) 부작위

명령규범에 의하여 요구되는 행위를 하지 않은 때로서, 예컨대 행위자가 행위의무를 다하였지만 효과가 없었을 때에는 고의에 의한 부작위범이 성립하지 않는다. 근로기준법 제109조, 제30조에서 규정하는 퇴직금 등의 기일 내 지급의무는 사용자로 하여금 기일 내에 퇴직금을 근로자에게 어김없이 지급하도록 강제함으로써 근로자의 생활안정을 도모하고자 하는 데에 그 입법취지가 있으므로, 사용자가 퇴직금 지급을 위하여 최선의 노력을 다하였으나 경영부진으로 인한 자금사정 등으로 도저히 지급기일 내에 퇴직금을 지급할 수 없었던 불가피한 사정이 인정되는 경우에는 위와 같은 퇴직금체불의 죄책을 물을 수 없다(대법원 1993.7.13. 92도2089).

(3) 행위의 가능성

객관적으로 불가능한 것은 아니지만 사회적으로 중요한 인간의 행태라는 의미에서 부작위라 할 수 없기 때문이다.

2. 부진정부작위범에 특유한 구성요건

(1) 부작위의 동가치성

금지규범을 전제로 하여 작위를 금지하는 작위범의 구성요건을 부작위에 의하여 실현하기 위해서는 부작위범의 일반적 구성요건 이외에 부작위가 작위와 같이 평가될 수 있을 것을 요한다.

(2) 보증인지위

1) 의의

부진정부작위범에 있어서 부작위가 작위와 같이 평가될 수 있기 위해서는 부작위범이 결과의 발생을 방지하여야 할 보증인이 되지 않으면 않된다. 보증인지위를 인정하기 위한 요건으로서 법익의 담당자가 위협되는 침해에 대하여 스스로 보호할 능력이 없어야 하고, 부작위범에게 그 위험으로부터 법익을 보호해야 할 의무(작위의무) 즉 보증인 의무가 있어야 하며 부작위범이 이러한 보호기능에 의하여 법익침해를 야기할 사태를 지배하고 있을 것 등이 있어야 한다. 보증인 지위란 법적 의무를 요하고 고의의 부진정부작위범에서만 문제가 된다.

2) 체계적 지위

① 위법성의 요소라는 견해

부진정부작위범에 있어서의 작위의무위반을 위법성의 요소로 이해하고, 부진정부작위범의 구성요건은 위법성을 징표하지 못하며, 구성요건적 결과를 방지해야 할 법적 의무있는 자가 그 의무에 위반하여 부작위를 한 때에 비로소 위법하다. 이에 대하여 명령규범에 위반하지 않은 사람의 부작위도 그것으로 인하여 구성요건적 결과가 방지되지 않으면 구성요건에 해당하는 것이 되어 부진정부작위범의 구성요건해당성을 부당히 확대하게 되고 부진정부작위범에 대해서만 작위의무를 위법성의 요소로 파악하여 구성요건의 징표적 기능을 부정하는 것은 범죄론 체계와 불일치하게 된다는 점에서 비판점이 있다.

② 보증인설(구성요건설)

나글러(Nagler)는 보증인지위와 그 기초가 되는 보증인의무를 모두 부진정부작위범의 구성요건요소로 이해한다. 이에 대하여 작위범에 있어서는 법적 의무가 구성요건요소가 아님에도 불구하고 부작위범의 작위의무를 구성요건요소라고 하는 것은 부당하게 된다.

③ 수정된 보증인설(이원설)

보증인 지위는 부진정부작위범의 구성요건요소이고, 보증인 의무는 위법성의 요소이다. 이 설이 **통설**의 위치를 차지하고 있다. 이 설에 따르면 갑은 자신의 아들 을이 익사하는 것을 보았으나 을이 아닌 다른 아이인 줄 알고 남의 자식을 구할 의무는 없다고 생각하여 구조하지 않은 경우 갑은 보증인지위에 대한 착오에 해당하므로 고의가 조각되고 과실로 그 의무를 해태함으로써 구성요건을 실현하였으므로 과실치사죄가 성립한다.

3) 발생근거

① 결정하는 가치기준

(i) 형식설

작위의무에 관하여 그 발생근거만을 문제삼아 법령・계약・조리 혹은 선행행위에 의하여 작위의무의 근거가 인정되면 족하다. 이에 대하여 형법적 의무위반과 부작위와 작위의 동가성은 형법의 관점에서 판단해야 할 것임에도 불구하고 이를 사법적 사고에 예속시키는 것은 부당하다. 형식설에 의하여는 작위의무의 내용과 한계를 명확하게 정할 수 없다.

(ii) 기능설

법익의 보호기능에 의한 보증인의무인 보호의무와 위험에 대한 감시의무에 따른 안전 혹은 지배의무로 분류하는 설이다. 이에 대하여 보증인의무의 발생근거를 전혀 고려하지 않고 기능설에 의하여 설명하는 경우 그 범위가 지나치게 확대될 우려가 있다.

② 형식설

(i) 법령에 의한 작위의무

사법관계에서는 친권자의 보호의무, 친족간의 부양의무, 부부간의 부양의무 등을 들 수 있다. 공법관계에서는 경찰관의 보호조치의무, 의사의 진료와 응급조치의무 등을 들 수 있다.

(ii) 계약에 의한 작위의무

고용계약에 의한 보호의무, 간호원의 환자간호의무 등을 들 수 있다.

(iii) 조리에 의한 작위의무

동거하는 고용자에 대한 고용주의 보호의무, 목적물의 하자에 대한 신의칙상의 고지의무 등을 들 수 있다.

(iv) 선행행위에 의한 작위의무

자기의 행위로 인하여 위험발생의 원인을 야기한 자 등을 들 수 있다. 폭약을 호송하는 자가 화차 내에서 촛불을 켜 놓은 채 잠자다가 폭약상자에 불이 붙는 순간 이를 발견하였다면 그 상자를 뒤집는 등 방법으로 쉽게 진화할 수 있는 데도 도주하였다면 부작위에 의한 폭발물파열죄가 성립한다(대법원 1978.9.26. 78도1996).

③ 실질설(기능설)

(i) 보호의무에 의한 보증인 지위

부모와 자, 부부와 같이 서로의 생명과 신체의 위험을 방지할 의무가 있다(자연적 혈연관계). 탐험이나 등산과 같은 위험한 모험을 같이 한 사람 사이에는 신뢰관계가 존재하는 한 보증인 지위가 인정되며(신뢰관계), 수영교사는 배우는 학생들에 대하여 보증인이 되는 것과 같이 피해자를 사실상 인수하여 피해자와 인수인 사이에 보호관계가 발생한 때에 보증인 지위가 인정된다(계약관계).

(ii) 안전의무로 인한 보증인 지위

위험원인에 대한 안전의무로 인한 보증인 의무의 범위는 위험원인을 통제하는 데 그친다. 선행행위자는 선행행위로 인한 위험이 구성요건적 결과로 발전하지 않도록 할 보증인이 되고(선행행위로 인한 경우), 위험한 물건 시설, 기계 혹은 동물의 소유자와 점유자는 이로 인하여 발생한 위험이 타인의 법익을 침해하지 않도록 감독할 보증인이 되며(위험의 지배범위로 인한 경우), 미성년자에 대한 부모의 책임과 같이 그 타인이 스스로 책임있게 행위할 수 없고 그에 대한 감독이 법에 의하여 요구되는 경우이다(법에 의하여 요구되는 경우). 형법상 방조는 작위에 의하여 정범의 실행행위를 용이하게 하는 경우는 물론 직무상의 의무가 있는 자가 정범의 범죄행위를 인식하면서도 그것을 방지하여야 할 제반조치를 취하지 아니하는 부작위로 인하여 정범의 실행행위를 용이하게 하는 경우에도 성립된다 할 것이므로, 피고인이 당시 조흥은행 중앙지점장으로서 정범인 부하직원들의 범행을 인식하면서도 그들의 동 은행에 대한 배임행위를 방치한 소위에 대하여 원심이 같은 취지로서 배임죄의 방조범으로 의율처단한 조치는 정당하다(대법원 1984.11.27, 84도1906).

(3) 행위정형의 동가치성

부진정부작위범이 성립하기 위해서는 부작위가 작위에 의한 구성요건의 실현과 같이 평가될 것을 요한다. 부작위에 의한 구성요건적 결과가 작위 구성요건에서 요구하는 수단과 방법에 의하여 행하여질 것을 요한다. 어떤 범죄의 행위가 부작위에 의하여 충족될 수 있는가의 문제는 각칙상의 개별적인 구성요건의 해석에 의하여 결정된다. 그 부작위가 작위에 의한 법익침해와 동등한 형법적 가치가 있는 것이어서 그 범죄의 실행행위로 평가받을 만한 것이라면 작위에 의한 실행행위와 동일하게 부작위범으로 처벌할 수 있다고 할 것이다(대법원 1992.2.11. 91도2951).

Ⅳ. 부작위범의 처벌

진정부작위범의 경우에는 형법 각칙에 각 죄별로 법정형이 규정되어 있다. 그러나 부진정부작위범의 경우에는 그 불법의 정도가 작위범의 경우에 비하여 경미하고, 부작위가 작위와 동가치성이 인정된다 할지라도 대부분의 경우에 그 불법내용은 작위범의 경우보다 가볍다고 볼 수 있으나, 작위범과 동일한 법정형으로 처벌된다.

> 피고인이 미성년자를 유인하여 포박, 감금한 후 단지 그 상태를 유지했을 뿐인데도 피감금자가 사망에 이르게 된 것이라면 피고인의 죄질은 감금치사죄에 해당한다 하겠으나, 나아가서 그 감금상태가 계속된 어느 시점에서 피고인에게 살해의 범의가 생겨 피감금자에 대한 위험발생을 방지함이 없이 포박 감금상태에 있던 피감금자를 그대로 방치함으로써 사망케 하였다면 피고인의 부작위는 살인죄의 구성요건적 행위를 충족하는 것이라고 평가하기에 충분하므로 부작위에 의한 살인죄를 구성한다(대법원 1982. 11. 23, 82도2024).

Ⅴ. 관련문제

1. 주관적 구성요건

(1) 부작위범의 주관적 구성요건

1) 구성요건적 상황의 존재, 요구되는 행위의 부작위, 개별적인 행위능력에 대한 인식을 요한다.

2) 결과방지의 가능성에 대한 인식은 막연하게 알고 있으면 족하다.

(2) 부진정부작위범의 주관적 구성요건

구성요건적 결과, 결과방지의 가능성에 대한 인식, 보증인 지위에 대한 인식을 요한다.

2. 부작위범과 공범

(1) 부작위범에 대한 공범

부작위범에 대하여도 적극적인 작위에 의한 교사와 방조가 가능하다. 부작위범을 도구로 이용한 간접정범도 존재한다.

(2) 부작위에 의한 공범

부작위에 의한 교사는 법률상 불가능하고 부작위에 의한 방조는 방조범에게 보증인 의무가 있는 한 가능하다.

1. 종범의 방지행위는 작위에 의한 경우뿐만 아니라 부작위에 의한 경우도 포함하는 것으로서 법률상 정범의 범행을 방지할 의무있는 자가 그 범행을 알면서도 방지하지 아니하여 범행을 용이하게 한 때에는 부작위에 의한 종범이 성립한다(대법원 1985. 11. 26, 85도1906).
2. 형법이 금지하고 있는 법익침해의 결과발생을 방지할 법적인 작위의무를 지고 있는 자가 그 의무를 이행함으로써 결과발생을 쉽게 방지할 수 있었음에도 불구하고 그 결과의 발생을 용인하고 이를 방관한 채 그 의무를 이행하지 아니한 경우에, 그 부작위가 작위에 의한 법익침해와 동등한 형법적 가치가 있는 것이어서 그 범죄의 실행행위로 평가될 만한 것이라면, 작위에 의한 실행행위와 동일하게 부작위범으로 처벌할 수 있다고 할 것이다(대법원 1992. 2. 11, 91도2951).

1. 부진정부작위범의 보증인지위에 대하여 설명하시오.

1. 다음 부작위범에 대한 설명으로 옳은 내용이 아닌 것은?
   ① 작위의무의 발생근거를 중심으로 법령, 계약, 선행행위 및 조리 등의 형식에 따라 작위의무를 인정하는 견해가 다수설이다.
   ② 부작위에 의한 교사는 불가능하다.
   ③ 과실에 의한 부작위범은 가능하다.
   ④ 부작위범에는 미수를 인정할 수 없다.

   〈해설〉 ④ 진정부작위범은 일정한 부작위가 있으면 바로 기수가 되므로 기수를 상정할수 없으나 부진정부작위범은 결과발생을 필요로 하기 때문에 미수가 가능하다.

2. 부진정부작위범의 성립요건에 대한 설명으로 옳지 않은 것은?
   ① 부진정부작위범이 성립하기 위해서는 부작위범에 공통된 구성요건 이외에 보증인지위와 행위정형의 동가치성이 있어야 한다.
   ② 결과발생을 방지해야 할 법적인 의무를 작위의무 또는 보증인의무라고 한다.
   ③ 작위의무의 발생근거를 중심으로 법령・계약・선행행위 및 조리 등의 형식에 따라 작위의무를 인정하는 견해가 다수설이다.
   ④ 부진정부작위범은 인과관계를 인정할 수 없다.

   〈해설〉 ④ 부진정부작위범은 결과범에 해당하므로 인과관계가 문제된다.

제8장 죄수론

제1절 죄수의 일반이론

I. 죄수론의 의의

범죄의 수가 1개인가 또는 수개인가의 문제를 **죄수론**(Konkurrenzlehre)이라고 한다. 공범론이 한 개의 범죄에 대한 수인의 공동을 문제로 함에 반하여, 죄수론은 한 사람의 행위가 하나의 구성요건에 해당하여 일죄인가 혹은 여러 가지 구성요건에 해당하여 수죄인가를 확정하는 것이기 때문에 여러 사람이 범행에 참가하는 문제를 다루는 공범론과는 구별된다. 형법은 죄수론에 관하여 총칙 제2장에서 제37조 내지 제40조에 걸쳐서 규정하고 있으나 행위자가 한 개 또는 수개의 행위로 같은 구성요건을 수회 실현하거나 수개의 구성요건을 실현한 경우에 어떤 범죄가 성립하는가, 즉 그것이 일죄인가 수죄인가 뿐만 아니라 이 경우에 어떻게 처벌할 것인가도 해결하여야 한다는 관점에서 범죄론과 형벌론에 모두 관련된 문제이며 죄수론과 형벌론의 중간에 위치하는 이론이라고 할 수 있다.

죄수론은 연혁적으로 보면 독일의 보통법시대에까지 거슬러 올라가는데 특히 코흐(J.ch.koch)는 일죄, 수죄, 연속범을 구분하고 이들을 흡수주의, 단일주의에 의하여 해결함으로써 죄수론발전의 기초를 닦았다. 상상적 경합과 실체적 경합의 구분은 19세기 독일의 모든 법전에 나타났고 1851년의 프로이센형법을 거쳐 1871년의 독일제국형법전에도 계승되었다. 우리의 구형법은 제45조 이하에 병합범(실체적 경합, 상상적 경합)에 관한 규정을 두었고 현행형법도 경합범(제37조~제39조), 상상적 경합(제40조)에 관한 규정을 두고 있다. 누범규정(제35조)도 다수의 학자들에 의하여 죄수론에서 다루어지고 있다.

II. 죄수결정의 기준

1. 견해의 대립

범죄의 수를 어떻게 정할 것인가, 즉 1죄와 수죄를 결정하는 기준에 대하여는 견해가 대립되고 있다.

(1) 행위표준설

이 견해는 자연적 의미의 행위의 수에 따라서 범죄수를 결정하려고 한다. 따라서 행위가 1개이면 범죄도 1개, 행위가 수개이면 범죄도 수개가 된다. 행위표준설에 따르면 연속범(같은 장소에서 동일한 범죄를 수일간 계속하는 경우)은 수죄가 되고, 상상적 경합은 1죄가 된다. 판례는 강간죄, 간통죄, 공갈죄 등의 죄수를 이에 따라 결정한 것이 있다(대법원 1983.12.14, 82도 2442 ; 대법원 1982.12.14, 82도 2448 ; 대법원 1958.4.11, 4291 형상370).

(2) 법익표준설

침해되는 법익의 수에 따라 범죄의 수를 결정하는 견해로서 1개의 행위로 수개의 법익을 침해하면 수죄이고, 수개의 행위로 1개의 법익을 침해하면 1죄가 된다. 또한 이 설은 법익을 전속적(專屬的) 법익(예컨대, 생명·신체·자유·명예 등과 같이 법익의 주체와 불가분의 관계)과 비전속적(非專屬的) 법익(재산·공공의 안전과 같이 법익의 주체와 분리가능)으로 나누고 전자에 있어서는 피해자의 수에 따라 결정하고, 후자에 있어서는 재산관리의 수에 따라 결정된다. 이 견해에 의하면 상상적 경합은 예외적인 경우로 취급된다. 판례는 포괄일죄의 경우를 제외하고는 이 설에 따르는 경우도 많다(대법원 1981.5.26, 81도 811 ; 대법원 1970.7.21, 70도 1133). 위조통화행사죄와 사기죄는 그 보호법익을 달리하고 있으므로 위조통화를 행사하여 재물을 불법영득한 때에는 위조통화행사죄와 사기죄의 양죄는 경합범의 관계에 있다(대법원 1979.7.10 78도840).

(3) 의사표준설

주관주의의 입장에서 행위자의 범죄의사를 기준으로 범죄수를 결정하는 방법이다. 즉 범죄의사가 1개이면 범죄도 1개이고, 범죄의사가 수개이면 범죄도 수개로 된다. 상상적 경합과 의사의 단일성이 인정되는 연속범은 일죄가 된다. 판례 중에는 연속범, 포괄일죄에 대해서 이 설에 따라 죄수를 결정한 것이 많다(대법원 1982.6.22, 82도 938 ; 대법원 1983.11.8, 83도 2031). 예컨대, 폭행 후에 강간의 범의가 일어난 경우에는 별개의 독립한 죄를 구성하나 소유자를 달리하는 수필지의 임야를 훼손한 때에도 단일하고 계속적인 의사가 인정되는 한 포괄일죄가 된다고 판시한 것도 의사표준설의 입장이라고 할 수 있다.

(4) 구성요건표준설

구성요건해당사실을 기준으로 죄수를 결정하는 견해이다. 따라서 행위개수는 문제삼지 않고 구성요건에 해당하는 사실이 1개이면 범죄도 1개, 수개이면 범죄도 수개로 된다. 상상적 경합은 원래 수죄이지만 과형상 일죄로 되는 것으로 본다. 판례도 이에 따르고 있는 것이 많다(대법원 1982.10.26, 81도 1409 ; 대법원 1983.4.12, 83도 304 ; 대법원 1983.3.8, 83도 122). 예컨대, 예금통장과 인장을 절취한 행위와 저금환급금수령증을 위조한 행위는 별개의 구성요건을 충족하므로 경합범이 된다고 할 수 있다.

2. 결어

위의 학설은 그 나름대로의 문제점을 가지고 있다. 즉 행위표준설의 경우에는 수개의 행위로 1개의 범죄구성요건을 실현한 경우도 수죄로 보는 결함이 있고, 법익표준설의 경우에는 수개의 법익침해가 1개의 범죄를 구성하는 경우를 설명하지 못하는 흠이 있고, 의사표준설의 경우에는 하나의 범죄의사를 가졌다고 하여 다수의 구성요건적 결과가 발생한 경우에도 이를 단지 1개의 죄로 보는 것은 부당하다는 비판이 가해지며, 구성요건표준설의 경우에도 행위가 여러 차례 반복되어 동일한 구성요건에 해당할 경우 일죄인가 수죄인가를 구별하기 어렵다는 비판이 있다. 이와같이 어느 하나의 견해로 죄수 문제가 해결될 수 있는 것은 아니다. 궁극적으로 죄수의 문제는 법률문제로서 구성요건을 떠나서는 거론될 수 없다는 관점에서 구성요건표준설을 기본으로 하고 사안에 따라 각 학설을 결합하는 형태를 취하는 방식이 타당하리라고 본다.

Ⅲ. 수죄의 처벌

1. 병과주의

병과주의(Kumulationsprinzip)는 수죄의 형기를 합산하여 처벌하는 방법으로 영미법이 채택하고 있는 주의이다. 우리 형법은 경합범에서 각 죄에 정한 형이 무기징역이나 무기금고 이외의 이종의 형인 경우에 병과주의를 채택하고 있다(제38조 제1항 제3호).

2. 흡수주의

흡수주의(Absorptionsprinzip)는 수죄 가운데 가장 중한 죄에 정한 형을 적용하고, 다른 경한 죄에 정한 형은 여기에 흡수시키는 방법으로 형법은 상상적 경합(제40조)의 경우와 경합범 가운데 중한 죄에 정한 형이 사형 또는 무기징역이나 무기금고인 때(제38조 제1항 제1호)에 흡수주의를 취하고 있다. 여기에 경한 죄에 정한 하한이 중한 죄에 정한 형의 하한보다 높은 경우 경한 죄의 하한으로 처벌하는 것을 결합주의(結合主義)라고 한다.

3. 가중주의

가중주의(Asperationsprinzip)는 각 범죄에 대한 개별적 형벌을 확인한 다음 이들 가운데 가장 중한 죄에 정한 형을 가중하는 방법으로 하나의 전체(全體)형(Gesamtstrafe)을 만들어 선고하는 방법을 말한다. 전체형은 각각의 형벌의 총계를 벗어나지 않는 것이 원칙이다. 우리 형법은 경합범에서 각 죄에 정한 형이 사형 또는 무기징역이나 무기금고 이외의 형인 경우에 가중주의를 채택하고 있다(제38조 제1항 제2호).

제2절 일죄

I. 의의

범죄의 수가 1개인 것을 **일죄**라고 하고 하는데 범죄행위가 1개의 구성요건을 1회 충족시켰을 때를 말한다.

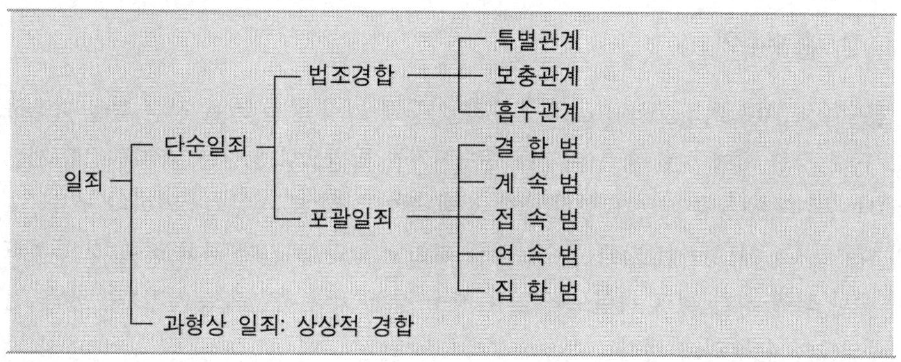

II. 법조경합

1. 법조경합의 본질

범죄의 수가 1개인 것을 일죄라고 하고 하는데 범죄행위가 1개의 구성요건을 1회 충족시켰을 때를 말한다. 법조경합은 1개의 행위가 외형상(外形上) 수개의 구성요건에 해당하는 것 같이 보일 뿐이므로 이를 외형상 수개의 구성요건에 해당하는 것 같이 보일 뿐이므로 이를 '외형상 경합' 또는 '부진정 경합'이라고도 한다.

2. 법조경합의 태양

(1) 특별관계

특별관계(Spezialität)는 어느 구성요건이 다른 구성요건의 모든 요소를 포함하고 그 이외의 다른 요소를 구비해야 성립하는 경우를 말하는데, 「특별법은 일반법에 우선한다」(lex specialis derogat legi generali)는 법원리에 근거하여 수개의 형벌법규(또는 구성요건)간에 특별법·일반법의 관계가 있을 때에는 특별법은 일반법에 우선하여 적용된다. 예컨대, 존속살해죄(제250조 제2항)는 보통살인죄(제250조 제1항)의 특별법이고, 영아살해죄(제251조)도 특별관계에 있다(가감적 구성요건과 기본적 구성요건과의 관계).

법조경합의 한 형태인 특별관계란 어느 구성요건이 다른 구성요건의 모든 요소를 포함하는 외에 다른 요소를 구비하여야 성립하는 경우로서 특별관계에 있어서는 특별법의 구성요건을 충족하는 행위는 일반법의 구성요건을 충족하지만 반대로 일반법의 구성요건을 충족하는 행위는 특별법의 구성요건을 충족하지 못한다(대법원 2003.4.8, 2002도6033).

(2) 보충관계

보충관계(Subsidiarität)는 「기본법은 보충법에 우선한다」(lex primaria derogat legi subsidiariae)는 원리에 의하여 어떤 형벌법규가 다른 형벌법규의 적용이 없을 때에 보충적으로 적용되는 것을 말한다.

1) 명시적 보충관계

명시적 보충관계(ausdrueckliche Subsidiarität)는 법률의 규정 또는 형벌법규의 의미관련에 대한 해석에 의하여 인정되는 관계를 말하는데 일반이적죄(제99조)는 외환유치죄(제92조), 여적죄(제93조), 모병이적죄(제94조)에 대하여 명시적 보충관계에 있다.

2) 묵시적 보충관계

묵시적 보충관계(stillschweigende Subsidiarität)는 다음의 경우에 성립한다. 예비는 미수와 기수에 대하여, 미수는 기수에 대한 것과 같이 불가벌적 사전행위(straflose Vortat)의 경우에 범죄실현을 위한 앞 단계의 범죄는 다음 단계의 침해가 있으면 독자적 의의를 잃는 것이다. 종범은 정범에 대하여, 교사범은 정범에 대한 것과 같이 같은 법익에 대한 침해에 있어서 중한 침해방법과 경한 침해방법 사이에는 보충관계가 성립한다. 또한 부작위범은 작위범에 대하여, 과실범은 고의범에 대하여도 동일하게 성립한다.

(3) 흡수관계

흡수관계(Konsumtion)는 다음의 경우에 성립한다.

1) 불가벌적 수반행위

불가벌적 수반행위(mitbestrafte Begleittat)는 일반적·전형적으로 결합되어 있는 다른 구성요건을 충족하고, 그 구성요건의 불법내용이 주된 범죄에 대하여 경미하기 때문에 고려되지 않는 경우를 말한다. 예컨대, 살인에 수반된 재물손괴행위, 낙태죄의 상해행위, 상해죄의 협박행위, 사문서위조의 인장위조행위 등은 불가벌적 수반행위로 별도의 범죄를 구성하지 않는다. 그러나 수반행위로 인한 흡수행위는 수반행위가 일반적인 범위를 넘어서 고유한 불법내용 가질 때에는 상상적 경합이 된다.

2) 불가벌적 사후행위

① 의의

예컨대, 절도범이 절취한 재물을 손괴하여도 절도죄 이외에 손괴죄를 구성하지 않는 것과 같이 **불가벌적 사후행위**(mitbestrafte Nachtat)는 범죄에 의하여 획득한 위법한 이익을 확보하거나 사용·처분하는 구성요건에 해당하는 사후행위가 이미 주된 범죄에 의하여 완전히 평가된 것이기 때문에 별죄를 구성하지 않는 경우를 말한다. 이는 주된 범죄와 사후행위가 법익침해에 관하여 단일한 평가를 받는다는 점에 특색이 있다.

② 성질

이에 관하여 보충관계라고 보거나 실체적 경합에 해당하나 인적 처벌조각사유라고 하는 견해도 있으나 사후행위는 주된 범죄를 전제로 하거나 예정하는 행위이며 주된 범죄가 의미를 갖기 위해서는 전형적 연관이 인정된다는 점에서 흡수관계로 이해한다.

③ 요건

(i) 사후행위는 범죄의 구성요건에 해당해야 한다.

(ii) 사후행위는 주된 범죄와 보호법익을 같이하거나 침해의 양을 초과하지 않아야 한다. 예컨대, 절도범인이 그 절취한 장물을 자기의 것인 양 제3자를 기망하여 금원을 편취한 경우에는 새로운 법익의 침해가 있으므로 사기죄를 구성한다(대법원 1980.11.25 80도2310). 그리고 절취한 전당포로 전당포에 가서 기망하여 전당물을 편

취하는 것을 새로운 법익을 침해하는 행위로서 사기죄를 구성한다(대법원 1980.10.14 80도2155).

(iii) 주된 범죄에 의하여 행위자가 처벌받았을 것은 요하지 않는다.

(iv) 사후행위는 제3자에 대한 관계에서는 불가벌적 사후행위가 되지 않는다.

(4) 택일관계

택일관계(Alternativität)는 예컨대, 절도죄와 횡령죄, 강도죄와 공갈죄의 관계처럼 성질상 양립할 수 없는 두 개의 구성요건에서 어느 하나만 적용되는 경우를 말한다. 이것은 어느 하나의 구성요건에만 해당하는 것이기 때문에 여러 개의 구성요건에 해당하는 것으로 나타나는 법조경합과는 구별되어 택일관계를 법조경합의 유형으로 인정할 수 없다.

3. 법조경합의 처리

행위자는 적용되는 법률에 정한 형으로 처벌되며, 배제되는 법률은 형사처벌의 근거가 되지 않으므로 판결주문은 물론 이유에서도 기재되지 않는다. 여기에서 배제되는 법률의 범죄내용이 적용되는 법률에 완전히 고려되어 있기 때문에 제3자는 배제되는 범죄에 대하여 공범으로 가담할 수 있다. 그러나 제3자가 가중적 구성요건을 인식하지 못한 때에는 기본적 구성요건에 대하여 고의가 있으면 그 범위에서 공범이 된다.

Ⅲ. 포괄일죄

1. 의의

수개의 행위가 포괄적으로 1개의 구성요건에 해당하여 일죄가 되는 것을 말하는데 행위수에 관계없이 원래 일죄이기 때문에 외형상 수개의 범죄에 해당하는 것으로 보이는 법조경합, 수개의 범죄이면서 처벌만 일죄로 되는 과형상 일죄와 구별된다.

포괄일죄란 일반적으로 각기 따로 존재하는 수개의 행위가 당해 구성요건을 한 번 충족하여 본래적으로 일죄라는 것으로 이 수개의 행위가 혹은 흡수되고 혹은 사후행위가 되고 혹은 위법상태가 상당 정도 시간적으로 경과하는 등으로 본래적으로 일죄의 관계가 이루어지는 것이므로 별개의 죄가 따로 성립하지 않음은 물론 과형상의 일죄와도 이 점에서 그 개념 등을 달리하는 것이다(대법원 1982.11.23, 82도2201).

2. 포괄일죄의 태양

(1) 결합범

결합범(zusammengesetztes Delikt)은 개별적으로 독립된 구성요건에 해당하는 수개의 행위가 결합하여 일죄를 구성하는 경우를 말하는데 예컨대, 강도죄는 폭행죄 또는 협박죄와 절도죄, 강도강간죄는 강도죄와 강간죄의 결합범이다. 수개의 실행행위가 결합하여 일죄를 구성하기 때문에 결합범은 포괄일죄이다.

(2) 계속범

계속범(Dauerdelikt)은 일정시간동안 위법상태의 계속을 전제하고 있는 범죄유형을 말한는데 체포, 감금죄 등이 이에 해당한다. 위법상태 야기행위와 유지행위가 하나의 구성요건을 실현하는 것이므로 수죄가 아닌 일죄를 구성한다.

(3) 접속범

동일한 법익에 대해 구성요건에 해당할 수 있는 수개의 행위가 접속하여 행해지는 것을 말하는데 예컨대, 절도범이 재물을 수차례 반출하거나 동일한 기회에 같은 부녀를 수회 간음하는 경우 등으로서 행위의 단일성과 피해법익의 동일성이 인정되기 때문에 수죄가 되지 않고 일죄를 구성한다. 즉 단독의 행위에 의하여도 구성요건의 충족이 가능한 경우에 수개의 행위가 동일한 시기에 동일한 장소에서 불가분하게 결합되어 구성요건적 결과가 발생한 경우를 말한다. 접속범이 되기 위한 요건으로서는 반복된 행위가 시간적·장소적으로 직접 접속하여 행해져야 하며 그것은 단일한 범의에 기한 것이어야 한다. 반복된 행위는 같은 법익에 대한 것이어야 한다.

> 하나의 사건에 관하여 한 번 선서한 증인이 같은 기일에 여러 가지 사실에 관하여 기억에 반하는 허위의 진술을 한 것으로서 포괄하여 1개의 위증죄를 구성하는 것이고 각 진술마다 수개의 위증죄를 구성하는 것이 아니다(대법원 1998.4.14, 97도3340).

(4) 연속범

1) 의의

연속범(fortgesetztes Delikt)은 연속한 수개의 행위가 동종의 범죄에 해당하는 것을 말하는데 연속된 수개의 행위가 반드시 구성요건으로 일치할 것을 요하지 않고, 시간적 · 장소적 접속도 요건으로 하지 아니하여 그 사이의 연관이 긴밀하지 않다는 점에서 접속범과 구별된다.

단일하고도 계속된 범의 아래 동종의 범행을 일정기간 반복하여 행하고 그 피해법익도 동일한 경우에는 각 범행을 통틀어 포괄일죄로 볼 것이고, 수뢰죄에 있어서 단일하고도 계속된 범의 아래 동종의 범행을 일정기간 반복하여 행하고 그 피해법익도 동일한 것이라면 돈을 받은 일자가 상당한 기간에 걸쳐 있고, 돈을 받은 일자 사이에 상당한 기간이 끼어 있다 하더라도 각 범행을 통틀어 포괄일죄로 볼 것이다(대법원 2000.1.21, 99도4940).

2) 요건

① 객관적 요건

(i) 법익의 동일성

개개의 행위가 같은 법익을 침해해야 하므로 절도죄와 주거침입죄, 감금죄와 상해죄 사이에는 연속범이 될 수 없다. 그러나 같은 법익을 침해한 경우에도 전속적 법익에 있어서 법익의 주체가 다를 때에는 연속범이 되지 않는다.

(ii) 침해의 동종성

개개의 행위는 범죄실행의 형태가 유사해야 하므로 고의범과 과실범, 작위범과 부작위범, 정범과 공범 사이의 연속범은 있을 수 없다.

(iii) 시간적 · 장소적 계속성

예컨대, 범죄 사이의 기간이 4개월 이상이 되거나 다른 도시에서 이루어진 무전취식행위는 시간적 · 장소적 계속성이 없어 연속범이 될 수 없다.

② 주관적 요건

주관적 요건으로는 범의의 단일성이 인정되어야 하는데 이것의 내용에 대하여는 독일학설이 대립한다. 즉 행위자가 사전에 범행의 시간 · 장소 · 피해자 및 범행방법을 포함한 행위의 전체결과를 인식하고 이를 개별적 행위에 의하여 단계적으로 실현할 것을 결의한 경우와 같은 전체(全體)고의(Gesamtvorsatz)를 필요로 한다는 견해와 계속적 고의 또는 범의의 계속성으로 족하다는 견해가 대립한다.

3) 처리

① 실체법적 효과

실체법상으로 포괄하여 일죄가 되어 행위자는 일죄로 처벌받게 되어 구성요건이

다른 때에는 가장 중한 죄로 처벌받는다. 예컨대, 절도와 특수절도가 연속된 때에는 특수절도죄만 성립하며, 같은 죄의 기수와 미수가 연속되면 기수로만 처벌받게 된다. 그러나 경한 죄의 기수와 중한 죄의 미수가 연속될 때에는 양죄의 상상적 경합이 된다.

② 소송법적 효과

연속범에 의하여 유죄판결을 받은 경우에 그 판결의 기판력은 판결 이전에 범한 모든 행위에 미치게 되어 소송법상으로 일죄가 된다.

(5) 집합범

집합범(Kollektivedelikt)은 다수의 동종의 행위가 동일한 의사에 의하여 반복되지만 일괄하여 일죄를 구성하는 경우를 말하는 것으로서 영업범·상습범·직업범이 여기에 속한다. 우리나라의 **다수설**과 **판례**는 집합범을 포괄적 일죄로 보고 있다. 이에 대하여 상습성 또는 영리성만으로 개별적 행위를 포괄적 일죄로 된다고 보는 것은 특수한 범죄에너지를 가진 범인에게 부당한 특혜를 주는 것이므로 경합범으로 보아야 한다는 비판이 제기되고 있다.

이른바 직업범 또는 영업범과 같은 포괄적 일죄에 있어서는 그 죄의 일부를 구성하는 개개의 행위에 대하여 구체적으로 특정하지 아니하더라도 그 전체범행의 시기와 종기, 범행방법, 범행횟수, 또는 피해액의 합계 및 피해자나 상대방 등을 명시하면 이로써 그 범죄사실은 특정된다(대법원 1997.5.30, 97도414).

3. 포괄일죄의 처리

포괄일죄는 실체법상으로 하나의 죄이어서 한 개의 형벌법규만이 적용된다. 구성요건을 달리하는 수개의 행위가 포괄일죄가 될 경우에는 가장 중한 죄 하나만 성립한다. 공범은 포괄일죄의 일부분에 대하여도 성립할 수 있다. 포괄일죄는 소송법적으로도 하나의 죄이다. 공소효력과 기판력은 내용이 된 행위전부에 미친다. 이미 기판력이 발생한 포괄일죄의 일부분에 대해 공소가 제기된 때는 면소판결을 해야 한다.

1. 횡령죄는 상태범이므로 횡령행위의 완료 후에 행해진 횡령물의 처분행위는, 그것이 횡령행위에 의해 평가된 것으로 볼 수 있는 범위 안의 것이라면, 새로운 법익침해를 수반하지 않는 이른바 불가벌적 사후행위로서 별개의 범죄를 구성하지 않는다(대법원 1978. 11. 28, 78도2175).
2. 타인을 공갈하여 재물을 교부케 한 경우에는 공갈죄를 구성하는 외에, 그것을 소비하고 다른 데에 처분하였다 하더라도 횡령죄를 구성하지 않는다(대법원 1986. 2. 11, 85도2513).
3. 포괄일죄는 여러 개의 행위가 한 개의 구성요건에 해당하여 단순히 한 개의 죄를 구성하는 것으로, 여러 개의 행위가 결합하여 하나의 범죄를 구성하든가, 여러 개의 동종의 행위가 동일한 의사에 의하여 반복되든가 또는 하나의 동일한 법익에 대해 여러 개의 행위가 불가분적으로 접속・연결하여 행해지는 것이다. 그러므로 어떤 경우에도 구성요건에 해당하는 여러 개의 행위가 근원적으로 같은 종류의 행위로서 구성요건을 같이해야한다(대법원 1985. 9. 24, 85도1686).
4. 여러 개의 업무상 횡령행위라 하더라도 그 피해법익이 동일하고 범죄의 태양이 동일하며 단일범의의 발현에 기인하는 일련의 행위라고 인정될 때에는 포괄하여 한 개의 범죄라고 본다(대법원 1985. 8. 13, 85도1275).
5. 폭력으로 피해자를 강요하여 돈을 횡령하였다는 자인서를 받아낸 뒤 이를 근거로 계속하여 공갈행위를 한 경우에는 포괄하여 공갈죄 한 개의 죄만을 구성한다(대법원 1985. 6. 25, 84도2083).
6. 상습범사건에서 공소효력과 판결의 확정력은 사실심리의 가능성이 있는 최후의 시점인 판결선고시를 기준으로 하여 가리게 되고, 그때까지 행해진 행위에 대해서는 공소효력과 기판력이 미치게 된다(대법원 1982. 12. 28, 82도2500 ; 대법원 1973. 8. 31, 73도1266).

1. 불가벌적 사후행위의 의의와 요건에 대하여 설명하시오.

2. 연속범과 접속범의 차이점에 대하여 설명하시오.

제3절 수죄

제40조[상상적 경합] 1개의 행위가 수개의 죄에 해당하는 경우에는 가장 중한 죄에 정한 형으로 처벌한다.

Ⅰ. 상상적 경합

1. 의의

예컨대, 1개의 폭탄으로 던져 수명을 살해하는 경우와 같이, 1개의 행위가 수개의 죄에 해당하는 경우를 상상적 경합 또는 관념적 경합이라고 한다. 1개의 행위가 수개의 죄에 해당하는 경우이므로 1개의 행위에 대한 수개의 법적 평가가 바로 상상적 경합이라고 할 수 있어 실현된 범죄가 모두 명시된다는 점에서 **정리기능**(Klarstellungsfunktion)을 가졌다고 할 수 있다. 또한 상상적 경합이 일죄인가 수죄인가에 대한 문제가 제기될 수 있는데 이에 관하여는 일죄설과 수죄설이 대립한다.

일죄설은 행위표준설과 의사표준설의 논리적 귀결로 행위가 1개이므로 일죄라고 한다. 이에 반하여 수죄설은 실질적으로는 수죄이지만 과형상의 일죄라는 것이 다수의 견해이다.

2. 상상적 경합의 요건

상상적 경합은 1개의 행위가 수개의 죄에 해당할 때에 성립하여 상상적 경합의 성립요건으로서 행위단일성과 수개의 죄라는 두 가지 요건이 필요하다.

(1) 행위의 단일성

1) 행위단일성의 기준

1개의 행위의 의미에 관하여는 이를 사회통념상 1개라고 볼 수 있는 경우, 자연적 행위단일을 의미한다는 견해가 있으나, 이는 사회통념이 행위의 수를 결정하는 기준이 될 수 없고, 1개의 행위의 범위를 무제한하게 확대한다는 점에서 타당할 수 없다. 그래서 1개의 행위는 법적인 개념이며 침해된 구성요건과의 관계에서만 행위의 수가 결정될 수 있다고 해석해야 한다.

2) 행위의 완전동일성

구성요건적 실행행위가 완전히 같을 때에는 언제나 1개의 행위가 된다. 예컨대, 1개의 폭탄을 폭발시켜 살인과 상해와 재물손괴의 결과가 발생한 때와 같이 어느 구성요건을 충족하는 모든 행위가 동시에 다른 구성요건을 충족한 경우에 인정된다. 1개의 행위라고 하기 위해서는 객관적 실행행위의 동일성을 요하여서 1개의 목표 또는 같은 동기에서 수개의 행위를 한 때에는 1개의 행위라고 할 수 없다. 또한 실행행위가 같은 이상 고의범과 과실범도 1개의 행위가 될 수 있으며 수개의 부작위범 사이에도 상상적 경합이 가능하다. 그러나 작위범과 부작위범 사이에는 실행행위의 동일성을 인정할 수 없기 때문에 상상적 경합을 인정할 수 없다.

3) 행위의 부분적 동일성

결합범 또는 결과적 가중범에 있어서 실행행위의 일부가 같으면 상상적 경합이 인정된다. 예컨대, 강간을 위한 폭행으로 피해자를 살인하거나 상해를 한 때에는 강간치사죄와 살인죄, 강간치상죄와 상해죄의 상상적 경합이 될 수 있다.

실행행위의 일부분은 실행의 착수부터 실질적 종료까지의 행위를 의미하므로 예비행위의 동일성만으로는 상상적 경합이 될 수 없지만 형식적 기수와 실질적 종료 사이의 행위는 상상적 경합이 가능하다. 특히 목적범에 있어서는 목적을 달성하기 인정까지 1개의 행위가 될 수 있다. **대법원**은 위조사문서행사죄나 통화위조행사죄와 사기죄, 문서위조죄와 동 행사죄는 경합범의 관계에 있다고 판시하고 있다(대법원 1979.7.10, 78도840 ; 대법원 1981.7.28, 81도529). 예컨대, 강간의 수단으로 감금한 경우와 같이 계속범에서 위법상태의 계속이 제3의 범죄행위를 위한 수단이 된 때에는 상상적 경합이 될 수 있다.

그 밖에 **연결효과**(連結效果)**에 의한 상상적 경합**(Idealkonkurrenz durch Klammerwirkung)이라는 것이 있다. 이는 독일판례가 개발한 이론인데 두 개의 독립한 행위가 제3의 행위로 연결되어 상상적 경합관계가 되는 경우를 의미한다. 예컨대, 음주운전 중에 발생한 2건의 과실치상, 2명의 부녀를 감금하고 강간한 경우 등을 들 수 있는데 우리 **판례**는 부인하면서 법적 효과는 같이 하고 있다(대법원 1983.7.26, 83도1378). 즉 독립된 두 개의 행위는 실체적 경합관계에 있지만 그 처벌은 상상적 경합의 예에 따라야 한다고 판시하는데 이 이론에 대해서는 연결효과로 인하여 다른 두 개의 행위가 한 개로 될 수 없다는 비판이 있다.

(2) 수개의 죄

1개의 행위는 수개의 죄에 해당해야 하는데 이는 수 개의 구성요건에 해당하는 범죄가 성립하는 것을 의미한다. 여기에는 서로 다른 수개의 구성요건에 해당하는 이종의 상상적 경합과 같은 구성요건에 수회 해당하는 동종의 상상적 경합이 있다. 이종의 상상적 경합이 성립할 수 있다는 것은 의문의 여지가 없으나, 문제는 동종의 상상적 경합이 성립할 수 있는가에 있다. 주관설 내지 의사표준설에 의하면 동종의 상상적 경합은 단순일죄의 경우에 불과하므로 상상적 경합이 성립할 수 없다고 함에 반하여 구성요건표준설 또는 법익표준설에 따르면 상상적 경합이 가능하다고 한다.

1) 생명·신체·자유·명예와 같은 전속적 법익에 있어서는 수인의 법익 주체의 법익에 대한 침해는 단순히 구성요건의 양적 증가에 그치는 것이 아니라 수개의 죄에 해당하므로 1개의 행위로 수인을 살해 또는 상해한 때에는 그 주체의 수에 해당하는 살인죄 또는 상해죄의 상상적 경합이 성립한다. 또한 국가적 또는 사회적 법익 가운데 개별적 고유가치를 가진 범죄에 대하여도 같다.

2) 재산죄와 같은 비전속적 법익에 대하여도 법익주체의 수에 따라 상상적 경합

이 성립한다는 견해가 있으나, 재산범죄에 있어서는 1개의 행위에 의한 이상 소유자가 수인이라 하여도 구성요건적 불법이 양적으로 증가되거나 강화되는데 지나지 않으므로 1개의 범죄가 성립할 뿐이라고 해야 한다. 다만 재산죄 가운데 강도죄나 공갈죄와 같이 개인의 전속적 법익을 동시에 보호하는 범죄에 있어서는 동종의 상상적 경합이 가능하다. 그러나 1개의 행위로 수개의 건조물에 방화한 때와 같이 공공의 법익에 있어서는 상상적 경합이 성립하지 않는다.

3. 상상적 경합의 법적 효과

(1) 실체법적 효과

상상적 경합이 인정되면 수개의 죄 가운데 중한 죄에 정한 형으로 처벌한다(제40조). 실질적으로 수죄이지만 과형은 일죄로 취급한다는 의미이다. '가장 중한 형'은 법정형을 기준으로 결정하고 형의 경중은 형법 제50조에 따른다.

법정형의 경중을 비교하는 방법으로는 중점적 대조주의(重點的 對照主義)와 전체적 대조주의(全體的 對照主義)가 있다. 전자는 중한 형만을 비교하여 대조하는 방법이고, 후자는 형의 상·하한을 모두 대조하는 방법이다. 상상적 경합은 실질적으로 수죄이기 때문에 **전체적 대조주의**가 타당하다. 따라서 수죄의 법정형 가운데 상한과 하한이 모두 중한 형으로 처벌해야 하고, 경한 죄에 병과형 또는 부가형이 있을 때에는 이를 병과하여야 한다. **판례**도 같은 입장이다. 본조의 '가장 중한 죄에 정한 형으로 처벌한다'는 말은 수 개의 죄중 가장 중한 형을 규정한 법조에 의해 처벌한다는 취지와 함께 다른 법조의 최하한의 형보다 가볍게 처벌할 수 없다는 취지, 즉 각 법조의 상한과 하한을 모두 중한형의 범위 안에서 처벌한다는 의미이다(대법원 1984.2.28, 83도3160).

(2) 소송법적 효과

상상적 경합은 과형상의 일죄이기 때문에 소송법적으로 한 개의 사건으로 취급된다. 따라서 일부에 대한 공소제기의 효력과 기판력(既判力)은 전체에 대해서도 발생하며 그 일부에 대하여 공소의 제기가 있는 때에는 효력이 발생되어 일사부재리(一事不再理)의 원칙이 적용된다. 수개의 죄 가운데 일부가 무죄일 때 판결주문에서 무죄를 선고할 필요는 없고 판결이유에서 밝히는 것으로 충분하다. 그러나 상상적 경합은 실질적으로 수죄이기 때문에 판결이유에서 경합관계에 있는 모든 범죄사실과 적용법조를 기재해야 하고, 일부가 무죄일 때에도 그 이유를 밝혀야 한다.

1. 자동차운전자가 타 차량을 들이받아 그 차량을 손괴하고 동시에 동 차량에 타고 있던 승객에게 상해를 입힌 경우, 이는(「도로교통법」 제74조 위반죄와 업무상 과실치상죄) 동일한 업무상 과실로 발생한 수 개의 결과로서 「형법」 제40조 소정의 상상적 경합관계에 있다(대법원 1986.2.11, 85도2658).
2. 절도범인이 체포를 면탈할 목적으로 경찰관에게 폭행·협박을 가한 때에는 준강도죄와 공무집행방해죄를 구성하고 양죄는 상상적 경합관계에 있다(대법원 1992.7.28, 92도917).
3. 강도가 재물 강취의 뜻을 재물의 부재로 이루지 못한 채 미수에 그쳤으나 그 자리에서 항거불능의 상태에 빠진 피해자를 간음할 것을 결의하고 실행에 착수했으나 역시 미수에 그쳤더라도 반항을 억압하기 위한 폭행으로 피해자에게 상해를 입힌 경우에는 강도강간미수죄와 강도치상죄가 성립되고 이는 1개의 행위가 2개의 죄명에 해당되어 상상적 경합관계가 성립한다(대법원 1988.6.28, 88도820).
4. 「형법」 제241조 전문과 후문은 주관적 구성요건으로서의 고의의 내용을 달리하므로 배우자 있는 자들이 상대방에게도 배우자가 있음을 인식하면서 서로 간통하는 이른바 이중간통의 경우에는 쌍방 모두 위 전문과 후문에 해당하게 되고, 이는 처분상의 일죄인 상상적 경합의 관계에 있다(대법원 1990.1.25, 89도1317).

II. 경합범

1. 경합범의 본질

(1) 의의

판결이 확정되지 아니한 수개의 죄 또는 금고 이상의 형에 처한 판결이 확정된 죄와 그 판결이 확정되기 전에 범한 죄를 말한다(제37조). 실체적 경합은 수개의 행위에 의해 수죄가 성립하는 점에서 한 개의 행위로 수죄가 구성되는 상상적 경합과 구별된다. 예컨대, 1개의 폭탄으로 수인을 살해한 때에는 상상적 경합이 되지만, 같은 장소에서 같은 방법으로 순차로 수인을 살해하거나 상해한 때에는 경합범이 된다. 경합범은 같은 행위자가 수개의 행위로 수죄를 실현한 경우이기 때문에 행위자가 실현한 모든 범죄의 형을 병과하는 것이 이론적으로 타당하나 그렇게 할 경우 유기자유형의 성질이 변형될 수 있고, 병과형이 형벌목적달성의 효과적 수단이 되는 것도 아니기 때문에 형법은 원칙적으로 가중주의를 취하고 있다. 따라서 실체적 경합의 제도적 기능은 수죄에 대한 형의 양정에 있다. 형법이 수죄가 하나의 재판에서 판결받을 수 있어야 한다고 규정한(제38조 제1항) 이유도 여기에 있다.

절도범이 갑의 집에 침입하여 그 집의 방안에서 그 소유의 재물을 절취하고 그 무렵 그 집에 세들어 사는 을의 방에 침입하여 재물을 절취하려다 미수에 그쳤다면 위 두 범죄는 그 범행장소와 물품의 관리자를 달리하고 별개의 범죄를 구성한다(대법원 1989.8.8, 89도644).

(2) 경합범의 요건

1) 동시경합범의 성립요건

판결이 확정되지 아니한 수개의 죄를 말한다(제37조 전단). 예컨대, 갑이 ABCDE의 5개의 죄를 범하고 어느 것도 확정판결을 받지 아니한 때에는 그 전부가 경합범이 된다.

① 수개의 행위로 수개의 죄를 범할 것

수 개의 행위란 행위단일성(Handlungseinheit)이 인정되지 않는 것을 말하는데 1개의 행위로 수개의 죄를 범하거나 수개의 행위로 1개의 죄를 범한 때에는 경합범이 될 수 없다. 소비자들이 신선하지 아니한 것으로 판단하여 구매하지 아니할 것을 염려하여 포장지를 교체하면서 가공일자가 재포장일자로 기재된 바코드라벨을 부착하여 냉장매대에 진열해 놓음으로서 그것이 마치 당일 가공된 신선한 상품인 것처럼 소비자들을 기망하여 1991.9.5경부터 1994.7.11까지 사이에 고객들에게 1일 평균 200,000원 상당씩 판매하여 그 대금 상당액을 편취한 경우 피해자별로 1개씩 사기죄가 성립한다(대법원 1995.8.22 95도594).

② 수개의 죄는 모두 판결이 확정되지 않았을 것

판결의 확정은 판결이 상소 등 통상의 불복방법에 의하여 다툴 수 없는 상태를 말하는데 유죄・무죄 등의 확정판결 이외에도 그것과 동일한 효력을 가진 경우를 포함하며 실질적으로는 일사부재리의 효력을 가진 재판이 확정된 것과 같은 의미라고 할 수 있다.

③ 수개의 죄는 동시에 판결될 것

수 개의 죄는 모두 같은 심판의 대상이 되어야 한다. 그러므로 판결이 확정되지 아니한 수개의 죄 가운데 일부가 기소되지 않은 때에는 경합범이 될 수 없고 그 죄가 후에 추가로 기소된 때에도 병합심리된 때에만 동시적 경합범이 될 수 있다.

2) 사후경합범의 성립요건

판결이 확정된 죄와 그 판결확정전에 범한 죄를 사후적 경합범이라고 한다(제37조 후단). 예컨대, 갑이 범한 ABCDE의 5개의 죄 가운데 C죄에 대하여 판결이 확정된 때에는 ABC의 3죄가 여기에 해당한다. 사후적 경합범을 인정하는 이유는 판결확정 전에 범한 죄는 그것이 법원에 알려진 경우에는 마땅히 경합범의 예에 의하여 처벌되었을 것이므로 법원에 알려지지 않았다는 이유만으로 유리하게도 불리하게도 취급되어서는 안 된다는 데에 있다.

① 확정판결의 범위

확정된 판결은 반드시 금고 이상의 형에 처하는 것임을 요하지 않아서 벌금형을 선고한 판결이 확정된 때에는 물론 약식명령이 확정된 때에도 판결이 확정된 때에도 판결이 확정된 죄라고 해야 한다. 금고 이상의 형에 처하는 판결이 확정된 때에도 확정판결이 있는 죄의 형의 집행을 종료한 여부나 형의 집행유예가 실효된 여부는 묻지 않는다. 여기에서의 '판결이 확정된 죄'라 함은 수개의 죄 중의 어느 죄에 대하여 확정판결이 있었던 사실 자체를 의미한다.

② 확정판결전에 범한 죄

판결확정전에 범한 죄라고 할 때 판결확정 전의 의미는 '항소심판결 선고 이전에 범한 죄'를 의미한다고 해석한다. 왜냐하면 사후적 경합범을 인정하는 취지가 동시심판의 가능성이 있었던 사건에 대하여 동시적 경합범과 같이 취급하자는 데 있을 뿐만 아니라, 판결의 기판력도 최종의 사실심인 항소심판결선고시를 기준으로 하는 것이기 때문이다.

③ 죄를 범한 시기

죄를 범한 시기는 '범죄의 종료시'를 기준으로 하므로 계속범에 있어서 위법상태의 계속중에 확정판결이 있을 때에는 범죄가 종료되지 않았으므로 중간의 확정판결에 의하여 영향을 받지 않고, 제37조 후단의 경합범이 되지 않는다.

3) 경합범의 처분

경합범의 처벌에 관해 우리 형법은 가중주의를 원칙으로 하고 흡수주의와 병과주의를 예외적으로 가미하고 있다.

① 동시경합범의 처분

(i) 가중주의의 적용

각 죄에 정한 형이 사형 또는 무기징역이나 무기 금고 이외의 동종의 형인 때에는 가장 중한 죄에 정한 장기 또는 다액에 그 2분의 1까지 가중하되, 각 죄에 정한 형의 장기 또는 다액을 합산한 형기 또는 액수를 초과할 수 없다(제38조 제1항 제2호). 다만 과료와 과료, 몰수와 몰수는 병과할 수 있다(동호 단서). 이 때 징역과 금고는 동종의 형으로 간주하여 징역형으로 처벌하며(동조 제2항), 자유형의 가중은 25년을 넘지 못한다(제42조 단서).

가중의 방법은 각 죄에 선택형이 있을 때 먼저 형종을 선택하고 가장 중한 죄에 정한 형의 장기 또는 다액의 2분의 1까지 가중하는 것이다(대법원 1971.2.23, 71도1834).

> 경합범의 처벌에 관하여 「형법」 제38조 제1항 제2호 본문은 각 죄에 정한 형이 사형 또는 무기징역이나 무기금고 이외의 동종의 형인 때에는 가장 중한 죄에 정한 장기 또는 다액에 그 2분의 1까지 가중하도록 규정하고 그 단기에 대하여는 명문을 두지 않고 있으나 가장 중한 죄에 정한 형의 단기보다 중한 때에는 위 본문 규정취지에 비추어 그 중한 단기를 하한으로 한다고 새겨야 할 것이다(대법원 1985.4.23, 84도2890).

(ii) 흡수주의의 가미

가장 중한 죄에 정한 형이 사형 또는 무기징역이나 무기금고인 때에는 가장 중한 형으로 처벌한다(제38조 제1항 제1호). 사형이나 무기의 경우에 흡수주의를 채택하는 이유는 여기에 다른 형을 병과하거나 가중하는 것이 의미가 없기 때문이다.

(iii) 병과주의의 가미

각 죄에 정한 형이 무기징역이나 무기금고 이외의 이종의 형인 경우에는 병과한다(제38조 제1항 제3호). '이종의 형'은 유기자유형과 벌금・과료, 벌금과 과료, 자격정지와 구류처럼 종류가 다른 형벌을 의미한다. 형법 제38조 제1항 제3호는 각 죄에 정한 형이 이종인 경우뿐만 아니라 일죄에 대해 이종의 형의 병과를 규정한 경우에도 적용된다.

② 사후경합범의 처분

(i) 형의 선고

경합범 중 판결을 받지 않은 죄가 있으면 그 죄에 대해 형을 선고한다(제39조 제1항). 이미 확정판결이 내려진 범죄를 다시 판결하는 것은 일사부재리에 반하기 때문이다. 이 경우에도 형법 제38조의 규정에 따라서 새로운 전체형을 정하도록 해야 한다는 비판이 있다. 그러나 제39조 제2항에서 수개의 판결에 대한 집행을 제38조의 예에 따르도록 규정하고 있으므로 판결을 받지 아니한 죄에 대한 형을 선고할 때에는 형법 제38조를 고려해야 할 필요는 없다.

(ii) 형의 집행

형법 제39조 제1항에 의하면 이미 확정판결을 받은 범죄가 있는데 아직 판결을 받지 아니한 죄에 또 형이 선고되면 결과적으로 1개의 경합범에 2개 이상의 판결이 있게 될 것이다. 이런 경우 형법은 형의 집행을 제38조의 예에 따르도록 한다(제39조 제2항). 따라서 이미 확정된 판결에 의해 사형 또는 무기징역·무기금고가 성고된 경우에 다른 죄는 여기에 흡수된다. 그러나 그 밖의 경우에는 판결이 수죄로 되며 이 경우 제38조에 따라 가중되거나 병과된 범위 내에서 형벌이 집행된다.

③ 형의 집행과 경합범

경합범에 의한 판결의 선고를 받은 자가 경합범 중의 어떤 죄에 대하여 사면 또는 형의 집행이 면제된 때에는 다른 죄에 대하여 다시 형을 정한다(제39조 제3항). 여기에서 '다시 형을 정한다'는 말은 그 죄에 대하여 다시 심판을 한다는 취지가 아니고 형의 집행부분만을 다시 정한다는 뜻이다(이 규정은 경합범에 대하여 1개의 예컨대, A죄, B죄, C죄의 경합범으로서 15년의 징역을 받은 자에게 A죄에 대한 사면이 있는 경우 B죄와 C죄에 대하여 형을 다시 정하게 됨을 의미한다. 이 때 이미 집행한 형기는 통산한다(제39조 제4항).

1. 여러 개의 문서의 일괄행사는 상상적 경합에 해당한다(대법원 1956. 9. 7, 4290 형상 309).

2. 입시문제를 절취하여 이용한 경우 공용서류 등 무효죄와 위계에 의한 공무집행방해죄는 상상적 경합관계에 있다(대법원 1966. 4. 26, 66도30).

3. 형법 제40조에서 말하는 한 개의 행위란 법적 평가를 떠나 사회관념상 행위가 사물자연의 상태로서 한 개로 평가되는 것을 말한다(대법원 1987. 2. 24, 86도2731).

4. 날짜와 시간을 달리하여 각기 다른 목적으로 생아편을 소지한 행위는 각각 별개의 죄이다. 따라서 이 양자는 제37조에 규정된 경합범관계에 있다(대법원 1976. 7. 27, 76도1935).

5. 위조문서행사죄와 이로 인한 사기죄는 상상적 경합관계가 아니다(대법원 1981. 7. 28, 81도529).

6. 현주건조물에 방화하여 동 건조물에서 탈출하려는 자를 막아 타 죽게 한 경우, 현주건조물방화죄와 살인죄는 실체적 경합관계에 있다(대법원 1983. 1. 18, 82도2341).

7. 약속어음 2매의 위조행위는 포괄일죄가 아니라 경합범이다(대법원 1983. 4. 12, 82도2938).

8. 히로뽕판매행위와 제조행위는 각각 독립된 가벌적 행위이다. 따라서 판매행위가 판매목적의 제조행위에 흡수되는 불가벌적 사후행위라고 볼 수 없으므로 경합범으로 처단하여야 한다(대법원 1983. 11. 8, 83도2031).

9. 상습범과 같은 이른바 포괄일죄는 그 중간에 별종의 범죄에 대한 확정판결이 끼여 있어도 그 때문에 포괄일죄가 둘로 나뉘는 것은 아니며, 또 이 경우에는 그 확정판결전의 범죄로 다루어야 한다(대법원 1986. 2. 25, 85도2767).

10. 법원이 동일한 범죄사실을 가지고 포괄일죄로 보지 않고 실체적 경합관계에 있는 죄수로 인정하였다고 하더라도 불고불리원칙에 위배되는 것은 아니다(대법원 1982. 6. 22, 82도938).

11. 수인의 피해자에 대하여 각 별도로 소유권이전등기절차를 이행하여 줄 업무상 임무가 있는 경우 단일한 범의 하에 시간상 근접하여 범한 업무상 배임죄의 죄수관계는 실체적 경합범의 관계에 있다(대법원 1993.6.22, 93도743).

1. 절도범이 차를 세워두고 재물을 수회 발출한 경우에는 어느 죄에 해당하는가?

① 접속범 ② 연속범
③ 집합범 ④ 포괄일죄

〈해설〉 ① 단독으로 범죄의 기수가 될 수 있는 수개의 행위가 동일한 기회에 시간적·장소적으로 불가분하게 접속하여 같은 법익을 침해하는 경우를 말한다. 이에 반하여 연속범은 예컨대, 절도범인 수일에 걸쳐서 매일 밤 쌀 가마씩 훔치는 경우와 같이 수개의 행위가 시간적·장소적으로 접속을 요하지 않으나 동종의 범죄에 해당하는 경우를 말한다.

2. 10년 이하의 징역인 A죄와 2년 이하의 징역인 B죄의 실체적 경합범을 동시에 판결할 경우에 다음의 어느 형이 적용되는가?

① 10년 이하의 징역 ② 12년 이하의 징역
③ 15년 이하의 징역 ④ 20년 이하의 징역

〈해설〉 ② 동종의 형인 경우이므로 가중주의에 의해 장기의 2분의 1까지 가중하면 10+(10×1/2)=15년까지 선고가능하나, 양 죄의 장기의 합산형 12년을 초과할 수 없다. 따라서 12년의 이하의 징역에 처하게 된다.

제3편 형벌과 보안처분

제1장 형벌

제1절 형벌의 종류

I. 의의

형벌이란 국가가 범죄에 대하여 법률상의 효과로서 범죄자에 대하여 책임을 전제로 하여 과하는 법익의 박탈을 말한다. 일반적으로 범죄에 대한 법률효과에는 형벌과 보안처분이 포함된다. 형벌은 책임을 기초로 과하여지는 제재인 점에서, 범죄인의 위험성을 기초로 하는 보안처분과 구별된다. 형법이 규정하고 있는 형벌에는 생명형인 사형, 자유형인 징역·금고, 명예형인 자격상실·자격정지, 재산형인 벌금·과료·몰수의 9종이 있다(제41조).

주의할 것 ▪▪▪ 과료(科料)는 형법상의 형벌이지만 과태료는 형벌이 아니고 행정상의 목적을 달성하기 위한 행정질서벌에 불과하다. 그리고 추징(追徵)은 형법상의 형벌은 아니고 몰수의 취지를 관철하기 위한 일종의 사법처분이나 실질적으로는 부가형으로서의 성질을 가지고 있다.

II. 사형

1. 의의

사형은 수형자의 생명을 박탈하는 것을 내용으로 하는 형벌이다. 사형은 역사상 가장 오래된 형벌로서 가장 오래된 실정법인 기원전 18세기 함무라비 법전에서는 동해보복적 사상에 입각한 형벌을 제시하였다. 우리나라에서는 사형의 집행방법으로 형법은 교도소내에서 교수하여 교수집행하고 있으며(제66조), 군형법에서는 총살형을 인정하고 있다(동법 제3조). 형법이 법정형으로 사형을 규정하고 있는 범죄에는 내란죄(제87조) 내란목적살인죄(제88조), 외환유치죄(제92조), 여적죄(제93조), 모병이적죄(제94조), 시설제공이적죄(제95조), 시설파괴이적죄(제96조), 간첩죄(제98조), 폭발물사용죄(제119조), 현주건조물방화치사상죄(제188조), 음용수혼독치사상죄(제194조), 살인죄(제250조), 강도살인치사죄(제338조), 해상강도살인 · 치사 · 강간죄(제340조 제3항)의 16종이 있다.

2. 사형존폐론

(1) 사형폐지론의 논거

사형의 폐지를 주장하는 이론이다. 베카리아에 의하여 처음 주장되었다. 사형은 인간의 존엄과 가치를 보장하고 있는 헌법이념과 일치할 수 없고, 오판에 의하여 집행된 때에는 그 잘못을 회복할 수 없으며, 위하적 효과가 기대만큼 크지 않으며, 개선과 교육이라는 형벌의 목적을 전혀 달성할 수 없다는 점을 근거로 한다.

(2) 사형존치론의 논거

사형의 위하적 효과를 부정할 수 없고, 형벌의 본질이 응보에 있는 이상 극악한 범죄인에게는 사형을 선고하지 않을 수 없으며, 일반인의 법의식을 근거로 하여 사형을 존치하여야 한다고 한다.

(3) 소결

범죄와의 관계를 피해자의 생명의 가치를 고려하여 볼 때에 사형 자체가 인간의 존엄과 가치를 부정하는 형벌이라고 단정할 수 없다. **다수설**은 현실에 비추어 사형의 폐지는 아직 시기상조라는 태도를 취하고 있으며, **대법원**도 사형은 헌법에 반하지 않는다고 판시하고 있다(대법원 1967.9.19, 67도998 ; 대법원 1963.2.28, 72도241).

3. 사형의 개선

사형을 존속시키는 경우에도 사형의 선고와 집행을 엄격히 제한하거나 사형범죄의 범위를 축소할 필요가 있다. 재산범죄나 과실범 내지 결과적 가중범에 대한 사형은 폐지되어야 한다.

Ⅲ. 자유형

1. 자유형의 의의

수형자의 신체적 자유를 박탈하는 것을 내용으로 하는 형벌로서, 형법은 징역·금고·구류의 3종을 규정하고 있다.

2. 형법상의 자유형

(1) 징역

수형자를 교도소(형무소)내에 구치하여 정역에 복무하게 하는 것을 내용으로 하는 형벌이다(제67조). 무기와 유기의 2종이 있다. 유기는 1월 이상 15년 이하이나, 형을 가중하는 때에는 25년까지로 한다(제42조).

(2) 금고

수형자를 교도소(형무소)내에 구치하여 자유를 박탈하는 것을 내용으로 하는 형벌로서(제68조), 정역에 복무하지 않는 점에서 징역과 구별된다. 금고에도 무기와 유기가 있으며, 그 형기는 징역의 경우와 같다.

(3) 구류

수형자를 교도소 내에 구치한다. 그러나 그 기간이 1일 이상 30일 미만인 점에서 징역이나 금고와 구별된다(제46조).

3. 자유형의 개선

징역을 과할 범죄와 금고에 처할 범죄의 명확한 구별이 불가능하고 수형자의 사회복귀라는 측면에서 자유형은 완전히 단일화되어야 할 것이다. 혼거구금(混居拘禁)에 의하여 수형자를 범죄에 감염케 할 우려가 있는 6월 이하의 단기자유형도 집행유예나 선고유예 또는 벌금형으로 대체되어야 한다.

IV. 재산형

1. 재산형의 의의

재산형은 범인으로부터 일정한 재산을 박탈하는 것을 내용으로 하는 형벌이다. 형법에는 벌금과 과료 및 몰수의 3종이 있다.

2. 벌금과 과형

(1) 벌금

범죄인에 대하여 일정한 금액의 지불의무를 강제적으로 부담하게 하는 것을 내용으로 하는 재산형이다. 벌금은 50,000원 이상으로 하며(제45조), 상한에는 제한이 없다(**총액벌금형제도**). 벌금은 확정판결일로부터 30일 이내에 납입하여야 하며, 이를 납입하지 아니한 자는 1일 이상 3년 이하의 기간 노역장에 유치하여 작업에 복무하게 한다(제69조).

(2) 과료

과료도 벌금형과 동일하나, 경미한 범죄에 대하여 적은 금액이 부과된다는 점에서 형벌이 아닌 과태료와는 구별된다. 과료의 재판은 검사의 명령에 의하여 민사소송법의 집행에 관한 규정을 준용하여 집행한다(형사소송법 제477조). 과료는 2,000원 이상 50,000원 미만으로 한다(제47조). 과료를 납입하지 아니한 자는 1일 이상 30일 미만의 기간 노역장에 유치하여 작업에 복무하게 한다(제69조).

3. 몰수

(1) 의의

범죄반복의 방지나 범죄에 의한 이익의 금지를 목적으로 범죄행위와 관련된 재산을 박탈하는 것을 내용으로 하는 재산형이다. 원칙적으로 다른 형에 부가하여 과하는 부가형이다(제49조). 몰수에는 필요적 몰수와 임의적 몰수가 있으며 후자를 원칙으로 한다(제48조). 몰수의 법적 성질은 형식적으로는 일종의 형벌이지만 실질적으로는 대물적 보안처분에 속한다고 한다.

몰수는 범죄에 의한 이득을 박탈하는 데 그 취지가 있고, 추징도 이러한 몰수의 취지를 관철하기 위한 것인 점 등에 비추어 볼 때, 몰수할 수 없는 때에 추징하여야 할 가액은 범인이 그 물건을 보유하고 있다가 몰수의 선고를 받았더라면 잃었을 이득상당액을 의미하므로, 다른 특별한 사정이 없는 한 그 가액산정은 재판선고시의 가격을 기준으로 하여야 한다(대법원 2008.10.9, 2008도6944).

(2) 대상

몰수의 대상은 범죄행위에 제공하였거나 제공하려고 한 물건(예컨대, 살인에 사용한 권총, 살인에 사용하려고 준비한 흉기 등), 범죄행위로 인하여 생(生)하였거나 또는 이로 인하여 취득한 물건(예컨대, 문서위조행위에 의하여 작성한 위조문서, 불법채취한 목재 등), 전(前)의 대가로 취득한 물건의 전부 또는 일부(예컨대, 장물을 매각하여 취득한 금전, 인신매매에 의한 매득금 등)이다. 물건은 유체물에 한하지 아니하고 권리 또는 이익도 포함한다.

피해자로 하여금 사기도박에 참여하도록 유인하기 위하여 고액의 수표를 제시해 보인 경우 수표가 피해자로 하여금 사기도박에 참여하도록 만들기 위한 수단으로 사용된 이상, 이를 몰수할 수 있고 그렇다고 하여 피고인에게 극히 가혹한 결과가 된다고 볼 수는 없다(대법원 2002.9.24, 2002 3589).

(3) 요건

몰수의 대상이 범인 이외의 자의 소유에 속하지 아니하거나, 범죄 후 범인 이외의 자가 정을 알면서 취득한 물건임을 요한다.

(4) 추징

몰수의 대상인 물건을 몰수하기 불능한 때에는 그 가액을 추징(追徵)하고(제48조 제2항), 문서·도화, 전자기록 등 특수매체기록 또는 유가증권의 일부가 몰수에 해당하는 때에는 그 부분을 폐기한다(제48조 제3항). 몰수나 추징이 공소사실과 관련이 있다 하더라도 그 공소사실에 관하여 이미 공소시효가 완성되어 유죄의 선고를 할 수 없는 경우에는 몰수나 추징도 할 수 없다(대법원 1992.7.28, 92도700).

몰수하기 불능한 때에 추징하여야 할 가액은 범인이 그 물건을 보유하고 있다가 몰수의 선고를 받았더라면 잃었을 이득상당액을 의미한다고 보아야 할 것이므로 그 가액 산정은 재판 선고시(판결선고시)의 가격을 기준으로 하여야 할 것이다(대법원 1991.5.28, 91도352).

V. 명예형

1. 의의

명예형은 범인의 명예 또는 자격을 박탈하는 것을 내용으로 하는 형벌로서, 형법은 자격상실과 자격정지를 규정하고 있다.

2. 자격상실

사형·무기징역 또는 무기금고의 판결이 있으면 그 효력으로서 당연히 공무원이 되는 자격, 공무원의 선거권과 피선거권, 법률로 요건을 정한 공법상의 업무에 관한 자격, 법인의 이사·감사 또는 지배인 기타 법인의 업무에 관한 검사역이나 재산관리인이 되는 자격이 상실된다(제43조 제1항).

3. 자격정지

일정한 기간 동안 일정한 자격의 전부 또는 일부를 정지시키는 것을 내용으로 하는 형벌이다. 여기에는 유기징역 또는 유기금고의 판결을 받은 경우 그 형의 집행이 종료하거나 면제될 때까지 위의 자격이 당연히 정지되는 자격의 당연정지(제43조 제2항)와 판결선고에 의한 자격정지가 있다. 후자의 경우 자격정지기간은 1년 이상 15년 이하이고(제44조 제1항), 그 기산점은 자격정지가 선택형인 때에는 판결이 확정된 날, 유기징역 또는 유기금고에 병과한 때에는 그 집행을 종료하거나 면제된 날부터이다(제44조 제2항).

제2절 형의 양정

I. 의의

법관이 구체적인 행위자에 대하여 선고할 형을 정하는 것을 **형의 양정**(量定) 또는 **형의 적용**이라고 한다. 협의로는 구체적인 사건에 적용될 형의 종류와 양을 정하는 것을 의미하고, 광의로는 그 형의 선고와 집행 여부를 결정하는 것을 포함한다.

II. 형의 양정의 단계

구체적인 사건을 통하여 추상적인 형벌이 다음과 같은 3단계를 거쳐 구체화된다.

1. 법정형

개개의 구성요건에 규정되어 있는 형벌을 말하며, 이는 구체적인 형의 선택을 위한 일차적 기준이 된다. 형법은 **상대적 법정형**을 원칙으로 하고 있고, 여적죄(제93조)에 관하여만 절대적 법정형(사형)을 규정하고 있다.

2. 처단형

법정형이 처단의 범위로 구체화된 형을 말한다. 즉 법정형에 선택할 형종(刑種)이 있는 경우에는 먼저 형종을 선택하고 그 형에 필요한 가중·감경을 한 형이 **처단형**이다. 이는 선고형의 최종적인 기준이 된다.

3. 선고형

법원이 처단형의 범위 내에서 구체적으로 형을 양정하여 당해 피고인에게 선고하는 형을 말한다.

III. 형의 가감례

1. 형의 가중과 감경

(1) 형의 가중

형법은 일반적 가중사유로 경합범가중(제38조), 누범가중(제35조), 특수교사·방조(제34조 제2항)의 세 가지를 규정하고 있으며, 특수적 가중사유로는 상습범 가중과 특수범죄의 가중이 있다.

(2) 형의 감경

1) 법률상의 감경

법률의 특별규정에 의하여 형이 감경되는 경우를 말하며, 형법은 필요적 감경사유로 심신미약(제10조 제2항), 농아자(제11조), 중지범(제26조), 종범(제32조 제2항)을 인정하고 있으며, 임의적 감경사유에는 외국에서 받은 형의 집행으로 인한 감경(제7조), 과잉방위·과잉피난·과잉자구행위(제21조 제2항), 미수범(제25조 제2항), 불능미수(제27조 단서), 자수 또는 자복(제52조 제1항)이 있다.

2) 재판상 감경

법률상의 감경사유가 없는 경우에도 법원은 정상에 특히 참작할 만한 사유가 있는 때에는 그 형을 감경할 수 있다(제53조). 이를 **작량감경**(酌量減經)이라고도 한다.

2. 형의 가감형

(1) 가중·감경하는 사유가 경합하는 경우의 가중·감경의 순서

제56조[가중·감경의 순서] 형을 가중할 사유가 경합된 때에는 다음 순서에 의한다.

1. 각칙 본조에 의한 가중
2. 제34조 제2항의 가중(특수한 교사·방조)
3. 누범가중
4. 법률상 감경
5. 경합범가중
6. 작량감경

(2) 형의 가중·감경의 정도

유기징역이나 유기금고를 가중하는 경우에는 25년까지로 하며(제42조 단서), 누범·경합범 및 특수교사·방조와 같은 일반적 가중사유의 가중정도는 별도로 규정되어 있다. 법률상의 감경의 정도와 방법은 제55조 제1항에 의하고, 그 사유가 수개 있는 때에는 거듭 감경할 수 있다(동조 제2항). 작량감경의 정도와 방법도 법률상의 감경례에 준할 것이나, 작량감경 사유가 수개 있는 경우에는 거듭 감경할 수 없다.

〔표〕 법률상 감경의 정도(제55조)

구분	감경의 예
사형	무기 또는 10년 이상의 징역 또는 금고
무기징역·무기금고	7년 이상의 징역 또는 금고
유기징역·유기금고	형기의 2분의 1
자격상실	7년 이상의 자격정지
자격정지	그 형기의 2분의 1
벌 금	그 다액의 2분의 1
구 류	그 장기의 2분의 1
과 료	그 다액의 2분의 1

Ⅳ. 형의 양정

1. 의의

법정형에 법률상의 가중·감경 또는 작량감경을 한 처단형의 범위에서 구체적으로 선고할 형을 정하는 것을 양형(형의 양정) 또는 형의 적용이라 한다.

2. 기준

양형은 형벌의 목적에 따라 결정되어야 한다. 따라서 양형에 있어서는 행위자의 책임뿐만 아니라 예방의 목적이 고려되어야 한다. 그러나 형벌을 지배하는 최고의 원리는 책임주의이므로 예방의 목적은 행위자의 책임과 일치하는 범위에서만 고려될 수 있으며, 그 범위를 벗어나는 형을 양정하는 것은 허용되지 않는다. 양형에 관하여 책임과 예방을 어떻게 고려할 것인가에 대하여 범위이론(책임과 일치하는 정확한 형벌을 결정할 수는 없으며 형벌은 그 하한과 상한에 있어서 책임에 적합한 범위가 있다는 이론)과 유일형이론(책임은 언제나 고정된 일정한 크기를 가진 것이므로 정당한 형벌은 하나일 수밖에 없다는 이론) 및 단계이론(양형은 불법과 책임에 의하여 결정하고 형벌의 종류와 집행여부는 예방을 고려하여 결정하는 이론) 등이 있으나, 양형의 복잡한 과정을 합리적으로 분석하고 형법목적의 충돌을 조화할 수 있다는 의미에서 범위이론이 타당하다.

3. 조건

양형에 있어서 참작하여야 할 조건으로 ① 범인의 연령·성행·지능과 환경, ② 피해자와의 관계, ③ 범행의 동기·수단과 결과, ④ 범행 후의 정황이 있다(제51조). 이미 법적 구성요건요소로 되어 있는 상황을 양형에 있어서 이중으로 평가할 수는 없다(**이중평가의 금지**).

Ⅴ. 형의 면제, 판결선고 전 구금과 판결의 공시

1. 형의 면제

형의 면제는 범죄가 성립하나 형벌을 가하지 않게 되는 경우를 말하며, 필요적 면제와 임의적 면제가 있다. 형법상의 일반적 면제사유로는 외국에서 받은 형의 집행으로 인한 면제(제7조), 중지범(제26조), 불능미수(제27조 단서), 과잉방위·과잉피난·과잉자구행위(제21조 제2항), 자수·자복(제52조 제1항)이 있다. 중지범은 필요적 감면사유이나 그 이외에는 임의적 감면사유가 된다.

2. 판결선고전 구금 일수의 통산

판결선고 전의 구금이란 범죄의 혐의를 받은 자를 재판이 확정될 때까지 구금하는 것을 말하며, 형법은 그 구금일수의 전부 또는 일부를 유기징역·유기금고·벌금형이나 과료에 관한 유치 또는 구류에 산입하도록 하고 있다(제57조 제1항). 이 경우에 구금일수의 1일은 징역·금고·벌금이나 과료에 관한 유치 또는 구류기간의 1일로 계산한다(제57조 제2항).

3. 판결의 공시

피해자의 이익이나 명예회복을 위하여 판결의 선고와 함께 그 전부 또는 일부를 관보나 일간신문 등을 통하여 공적으로 주지시키는 제도이다. 형법은 피해자의 이익을 위하여 필요하다고 인정할 때에는 피해자의 청구가 있는 경우에 한하여 피고인의 부담으로 판결공시의 취지를 선고할 수 있으며(제58조 제1항), 피고사건에 대하여 무죄 또는 면소판결을 선고할 때에는 판결공시의 취지를 선고할 수 있다(제58조 제2항).

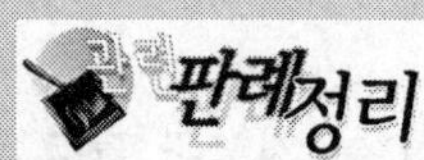

1. 법정형의 경중을 비교하는 데는 법정형 중 병과형 또는 선택형이 있을 때 이중 가장 중한 형을 기준으로 다른 형과 경중을 정해야 한다(대법원 1983. 11. 8, 83도2499).
2. 공소장에 기재누락된 형법 제50조의 적용에 대해 이 경우 법원은 형법 제38조 제1항 제2호에 따라 경합가중된 형을 정할 때, 경합범 중 가장 중한 죄를 가려 그 죄에 정한 형의 장기에 경합가중하기 위해서는 형의 경중을 정한 제50조를 적용해야 한다(대법원 1983. 5. 10, 83도612).
3. 범죄의 불가피성은 위법성조각사유의 문제이기 때문에, 형의 양정조건이 아니다

(대법원 1983. 3. 8, 82도3248).

4. 자수는 범인이 스스로 수사책임이 있는 관서에 자기범행을 고하고 그 처분을 구하는 의사표시이다(대법원 1982. 9. 28, 82도1965).

5. 자수는 양형에서 반드시 참작해야 할 사유가 아니기 때문에, 자수를 이유로 형을 감경하지 않아도 된다(대법원 1986. 5. 27, 86도645, 86감도91)

6. 개전의 정이 없는 자수는 법률상 감경사유가 아니다(대법원 1983. 3. 8, 82도3248).

7. 자수를 감경사유로 삼지 않고 다른 정황과 합쳐 정상참작사유로 삼아 형법 제53조에 의해 작량감경한 것은 위법하지 않다(대법원 1985. 3. 12, 84도3042).

8. 수사기관의 직무상의 질문 또는 조사에서 범죄사실을 진술하는 것은 자백이다(대법원 1982. 9. 28, 82도1965)

9. 범인이 수개의 범죄사실 중의 일부라도 수사기관에 자진신고한 이상, 그 동기가 분명치 않고 그 후 공범을 두둔하더라도, 그 자수를 부분한 부분의 범죄사실에 대해서는 자수효력이 있다(대법원 1969. 7. 22, 69도779).

10. 보호감호처분은 형벌이 아니기 때문에, 보호감호기간을 정하는데 작량감경을 할 수 없다(대법원 1982. 7. 13, 82도1280, 82감도250).

11. 작량감경을 하였더라도, 그것은 재범위험성을 인정하지 않는 것은 아니다(대법원 1983. 3. 8, 83도59, 83감도20).

12. 법정형에서 유기징역을 선택한 후 작량감경한 결과 유기징역이 되었을 경우에 피고인이 미성년자일지라도 부정기형을 선고할 수 없다(대법원 1988. 5. 24, 88도501).

13. 형법 제53조의 작량감경은 범죄의 모든 정황을 종합적으로 관찰하여 형을 감경함이 상당하다고 인정될 때에 1회에 한하여 적용되는 것이고, 정황 하나하나에 거듭 작량감경할 수 있음을 규정한 취지는 아니다(대법원 1964. 4. 7, 63도410).

14. 법정형이 7년 이상의 유기징역인데 형법의 감경절차를 거치지 않고 징역 4년을 선고한 것은 법률적용의 착오이다(대법원 1983. 11. 12, 82도2130)

15. 원심판결선고 당시에 통산미결구금일수가 원심선고형기를 초과하는 경우, 상고 후의 미결구금일수는 통산하지 않는다(대법원 1983. 3. 22, 83도232).

16. 법률상 미결구금일수를 당연히 통산해야 하는 경우가 아닌 이상 미결구금일수 중 어느 정도를 본형에 산입할 것인가는 법원의 자유재량에 속한다(대법원 1983. 7. 26, 83도1470)

17. 판결선고 전의 구금일수를 통산하는 데 그 한도를 초과할 수 없는 일수를 산입하는 것은 위법이다(대법원 1983. 9. 13, 83도1709).
18. 일부 범죄사실에 의한 구금효과는 피고인의 신병에 관한 한 나머지 범죄사실에도 미치기 때문에 그 구금일수를 어느 죄의 형기에 산입할 것인가는 법원의 재량에 속한다(대법원 1986. 7. 26, 83도1470).
19. 판결선고 전의 구금일수를 통산하는 데 그 한도를 초과할 수 없는 일수를 산입하는 것은 위법이다(대법원 1983. 9. 13, 83도1709).
20. 일부 범죄사실에 의한 구금효과는 피고인의 신병에 관한 한 나머지 범죄사실에도 미치기 때문에 그 구금일수를 어느 죄의 형기에 산입할 것인가는 법원의 재량에 속한다(대법원 1986. 12. 9, 86도1875).
21. 상고 이후의 구금일수는 형법 제57조에 의해 피고인에 대한 본형에 그의 전부 또는 일부를 산입해야 할 것이나, 원심판결선고시까지 이미 본형이 만료된 경우에는 위 구금일수의 본형산입을 하지 않는다(대법원 1976. 10. 29, 76도3056).

제3절 누범

I. 의의

1. 누범의 의의

광의에 있어서 누범은 확정판결을 받은 범죄가 있는 경우에 그 후에 다시 범죄를 의미하나, 형법상의 **누범**이란 금고 이상의 형을 받아 그 집행을 종료하거나 면제를 받은 후 3년 내에 금고 이상에 해당하는 죄를 범한 것이라는 협의의 의미로 사용되고 있다(제35조 제1항). 이러한 누범을 죄수론으로 취급하는 견해도 있지만, 누범에 있어서의 전범은 그 자체가 심판의 대상이 되는 것이 아니라는 점에서 죄수론과 본질적인 차이가 있으므로 누범을 양형에 관한 법률상의 가중사유로 보는 것이 타당하다.

누범과 상습범은 우선 누범이 반복된 처벌을 의미함에 반하여, 상습범은 반복된 범죄에 범죄적 경향을 말한다는 점에서 양자는 개념적으로 구별된다. 뿐만 아니라 처벌의 근거면에서도 행위책임의 측면에 기초한 누범과 행위자책임사상이 기초되어 있는 상습범은 구별된다.

〔표〕 누범과 상습범의 구분

구분	누범	상습범
판단기준	범죄의 수	상습적 습관
전과	요건	반드시 전과요건은 아니다.
가중의 근거	행위책임	행위자 책임
죄질의 동일성	불요	요

2. 누범에 대한 형의 가중과 책임주의

(1) 누범가중과 헌법과의 관계

누범에 대한 형의 가중이 헌법이 보장하고 있는 일사부재리의 원칙과 평등의 원칙에 반하는 것이 아닌가가 문제되나, 누범에 있어서 처벌의 대상은 어디까지나 후범이라는 점에서 일사부재리의 원칙에 반한다고 할 수 없다. 또한 누범가중은 형벌의 목적에 비추어 피고인에게 적합한 형을 정하는 것이므로 불합리한 차별이라고 할 수 없다(헌재결 1995. 2. 23, 93헌바43).

(2) 누범가중과 책임주의

다수설은 누범가중과 책임주의가 조화될 수 있음을 긍정하고 있으나, 누범가중의 근거가 행위책임에 있다고 보는 이상 누범가중과 책임주의를 조화하기 위해서는 누범의 형을 무조건 가중할 것이 아니라 재범에 의하여 비난이 가중된 경우에 한하여 형을 가중하도록 하는 것이 타당하다 할 것이다.

3. 누범에 대한 형사정책적인 대책

누범현상의 격증으로 인하여 누범 특히 상습누범에 대한 대책은 형사정책의 가장 중요한 과제의 하나가 되고 있다. 그러나 누범에 대한 형의 가중규정을 무조건 삭제하는 것은 초범을 가볍게 벌하면서 누범에 대하여는 무겁게 처벌하는 국제적인 형사정책의 경향에 배치될 뿐만 아니라, 특별예방의 관점에서도 누범에 대한 형의 가중은 누범의 사회복귀에 유익하다고 해야 하고, 누범에 대한 형의 가중을 폐지하고 보안처분에 의하여 누범에 대한 대책을 전담하게 하는 것은 보안처분제도의 현상에 비추어 보안처분에 과중한 부담을 주는 것이라고 하지 않을 수 없다. 이러한 의미에서 실질적 누범가중조항의 신설에 의하여 누범가중과 책임주의가 조화될 수 있도록 누범에 대한 형의 가중규정을 존속시킴으로써 보안처분에 의하여 누범가중에 대한 보충적 기능을 다하도록 하는 것이 타당하다고 하겠다.

II. 누범가중의 요건

1. 구금 이상의 형의 선고

금고 이상의 형이란 선고형을 의미하며, 유기징역과 유기금고를 말한다. 사형 또는 무기형을 선고받은 자도 감형으로 인하여 유기징역이나 유기금고로 되거나, 특별사면 또는 형의 시효로 그 집행이 면제된 때에는 누범의 요건을 충족할 수 있다. 또한 금고 이상의 형의 선고는 유효하여야 한다.

2. 형의 집행종료 또는 면제

형의 집행을 종료하였다고 함은 형기가 만료된 경우를 말하며, 형의 집행을 면제받은 경우로는 형의 시효가 완성된 때(제77조), 특별사면에 의하여 형의 집행이 면제된 때(사면법 제5조), 외국에서 형의 집행을 받았을 때(제7조) 등을 들 수 있다. 전형은 집행이 종료 또는 면제되었을 것을 요하므로 전형의 집행 전이나 집행중 또는 집행정지중에 범한 죄는 누범이 아니다.

3. 구금 이상에 해당하는 죄

누범으로서 판결의 대상이 되는 범죄는 금고 이상의 형에 해당하는 죄일 것을 요한다. 여기서 '금고 이상에 해당하는 죄'는 선고형을 뜻한다(다수설 · 판례). 후범(누범)은 전범과 같은 죄명이거나 죄질을 같이하는 동종하는 범죄일 것을 요하지 않으며, 고의범인가 과실범인가도 문제되지 않는다.

4. 전범의 형집행종료 또는 면제후 3년 이내에 범한 죄

전범의 형의 집행을 종료하거나 면제를 받은 3년 이내에 후범이 행하여질 것을 요한다. 이를 **누범시효**라고 한다. 기간의 기산점은 전범의 형의 집행을 종료한 날 또는 형집행의 면제를 받은 날이며, 금고 이상에 해당하는 죄를 범한 시기는 실행의 착수시를 기준으로 결정한다.

Ⅲ. 누범의 효과

1. 누범의 처벌

누범의 형은 그 죄에 정한 형의 장기의 2배까지 가중한다(제35조 제2항). 다만 장기는 25년을 초과할 수 없으며(제42조 단서), 형의 단기까지 가중되는 것은 아니다. 누범으로 인하여 가중되는 형은 법정형을 의미한다.

2. 소송법적 효과

누범가중의 사유가 엄격한 증명을 요한다는 점에 관하여는 이론이 없으나, 누범가중의 이유가 되는 전과사실을 유죄판결에 명시하여야 하는가에 대하여는 견해가 대립하고 있다. **판례**는 누범가중에 있어서는 누범의 시기를 명시할 것을 요한다고 판시하고 있다(대법원 1946.4.26, 4279 형상13).

Ⅳ. 판결선고후의 누범발견

판결선고 후 누범인 것이 발각된 때에는 그 선고한 형을 통산하여 다시 형을 정할 수 있다. 다만 선고한 형의 집행을 종료하거나 그 집행이 면제된 후에는 예외로 한다(제36조). 그러나 동일한 범죄에 대하여 새로운 사정만을 이유로 가중형을 추가하는 것은 헌법이 보장하고 있는 일사부재리의 원칙에 정면으로 위배될 뿐만 아니라, 피고인에게 진술거부권을 보장하고 있는 형사소송법의 기본원리에도 반한다고 할 것이다.

1. 누범가중사유가 되는 전과사실은 범죄사실이 아니므로 공소장에 기재되지 않더라도 심리·처단할 수 있다(대법원 1971. 12. 21, 71도2004).

2. 복권은 형의 선고효력으로 인해 상실 또는 정지된 자격을 회복시킬 뿐이므로, 복권이 있더라도 그 전과사실은 누범가중사유에 해당한다(대법원 1981. 4. 14, 81도543).
3. 실형을 선고받아 복역하다가 특별사면으로 출소한 후 3년 안에 다시 범죄를 저지른 자에 대한 누범가중은 정당하다(대법원 1986. 11. 11. 86도2004).
4. 집행유예기간 경과 후의 범행과 집행유예된 범죄 사이에는 누범관계가 없다(대법원 1970. 9. 22, 70도1627).
5. 상습범 가운데 일부의 행위가 누범기간 안에 이루어졌다면 나머지 행위가 누범기간 경과 후에 행해지더라도 그 행위 전체가 누범관계에 있다(대법원 1982. 5. 25, 82도600, 82감도115).
6. 가석방기간중의 재범에 대해서는 그 가석방된 전과사실 때문에 누범가중처벌되지 않는다(대법원 1976. 9. 14, 76도2071).
7. 형법 제35조 제1항에 규정된 '금고 이상에 해당하는 죄'라 함은 유기금고형이나 유기징역형으로 처단할 경우에 해당하는 것으로, 그 죄에 정한 형 중 선택한 형이 벌금형인 경우에는 누범가중대상이 아니다.

제4절 집행유예 · 선고유예 · 가석방

I. 집행유예

1. 집행유예의 의의

형을 선고함에 있어서 일정한 기간 동안 형의 집행을 유예하고 그 유예기간을 경과한 때에는 형의 선고의 효력을 잃게 하는 제도를 말하며(제62조), 그것은 외래적 처우라는 의미에서 특수성을 가진 **형집행의 변형**으로 볼 수 있다.

2. 집행유예의 연혁과 입법례

집행유예는 형의 선고를 하지 않고 단순한 유죄판결으로 피고인을 보호관찰에 붙이는 영미의 프로베이션(probation)에서 유래하는 제도이다. 유럽에 도입된 영미의 프로베이션은 조건부판결제도(벨기에 · 프랑스)와 조건부면제제도(독일)라는 두 가지 형태로 나타나게 된다. 우리 형법이 규정하고 있는 집행유예는 전자에 해당한다고 할 수 있다.

3. 집행유예의 요건

(1) 3년 이하의 징역 또는 금고의 형을 선고할 경우

징역 또는 금고의 형을 선고할 때에만 집행유예를 할 수 있다. 따라서 벌금형을 선고할 때에는 집행유예를 할 수 없다. 여기의 형은 선고형을 의미하며, 형의 병과하는 경우에는 그 형의 일부에 대하여 형의 집행을 유예할 수 있다(제62조 제2항)

(2) 정상에 참작할 만한 사유

정상에 참작할 만한 사유란 형의 선고만으로도 유예기간뿐만 아니라 장래에 재범을 하지 않을 것으로 인정되는 경우를 말하며, 이를 판단함에 있어서는 제51조의 양형에 관한 조건을 종합하여 참작하여야 한다. 판단의 기준시기는 판결시이다.

(3) 금고 이상의 형의 선고를 받아 집행을 종료하거나 면제된 후 5년의 경과

여기서 금고 이상의 형을 선고받은 때란 실형의 선고뿐만 아니라 형의 집행유예를 받은 때도 포함한다. 따라서 집행유예기간중의 범죄에 대하여는 다시 집행유예를 할 수 없다(대법원 1969.9.25, 67도67; 대법원 1969.10.28, 68도26; 대법원 1984.6.26, 83도2198). 다시 최근의 **대법원**은 예외적으로 이를 인정한다(대법원 1989.9.12, 87도2365).

4. 집행유예와 보호관찰 · 사회봉사명령 및 수강명령

형의 집행을 유예하는 경우에는 보호관찰을 받을 것을 명하거나 사회봉사 또는 수강을 명할 수 있다(제62조의 2 제1항). 집행유예가 그 본래의 형사정책적 목표를 달성하기 위해서는 보호관찰에 의한 범죄인의 생활형성에 대한 지도와 감독이 필요하기 때문이다. 보호관찰의 기간은 집행을 유예한 기간으로 한다. 다만, 법원은 유예기간의 범위 내에서 보호관찰기간을 정할 수 있다(동조 제2항). 사회봉사명령 또는 수강명령은 집행유예기간 내에 이를 집행한다(동조 제3항). 사회봉사명령(community service order)은 유죄가 인정된 범죄자를 일정한 기간 내에 지정된 시간동안 무보수로 근로에 종사하도록 하는 제도이며, 수강명령은 일정한 시간동안 지정된 장소에 출석하여 강의·훈련 또는 상담 등을 받도록 하는 제도이다. 사회봉사명령은 제도 그 자체에 대한 확인에서 고안된 제도라기보다는 구금의 폐해를 줄이기 위한 방안으로 도입된 것이라고 할 수 있다.

법원이 형의 집행을 유예하는 경우 명할 수 있는 사회봉사는 자유형의 집행을 대체하기 위한 것으로 500시간 내에서 시간 단위로 부과될 수 있는 일 또는 근로활동을 의미하는 것으로 해석되므로, 법원이 형법 제62조의 2의 규정에 의한 사회봉사명령으로 피고인에게 일정한 금원을 출연하거나 이와 동일시할 수 있는 행위를 명하는 것은 허용될 수 없다(대법원 2008.4.11, 2007도8373).

가정폭력범죄의 처벌 등에 관한 특례법이 정한 보호처분 중의 하나인 사회봉사명령은 가정폭력범죄를 범한 자에 대하여 환경의 조정과 성행의 교정을 목적으로 하는 것으로서 형벌 그 자체가 아니라 보안처분의 성격을 가지는 것이 사실이다(대법원 2008.7.24, 2008어4 결정).

5. 집행유예의 효과

집행유예의 선고를 받은 후 그 선고의 실효 또는 취소됨이 없이 유예기간을 경과한 때에는 형의 선고는 효력을 잃는다(제65조). 그러나 형의 선고에 의하여 이미 발생한 법률효과에는 영향을 미치지 않는다.

6. 집행유예의 실효와 취소

(1) 집행유예의 실효

집행유예의 선고를 받은 자가 유예기간중 금고 이상의 형의 선고를 받아 그 판결이 확정된 때에는 집행유예의 선고는 효력을 잃는다(제63조).

(2) 집행유예의 취소

집행유예의 선고를 받은 후 금고 이상의 형을 받아 집행을 종료한 후 또는 집행이 면제된 후부터 5년을 경과하지 아니한 자라는 것이 발각된 때에는 집행유예의 선고를 취소한다(제64조). 집행유예의 취소는 필요적이다. 보호관찰이나 사회봉사 또는 수강을 명한 집행유예를 받은 자가, 준수사항이나 명령을 위반하고 그 정도가 무거운 때에는 집행유예의 선고를 취소할 수 있다(제64조 제2항).

II. 선고유예

1. 선고유예의 의의

선고유예란 법정이 경미한 범죄에 대하여 일정한 기간 동안 형이 선고를 유예하고 그 유예기간을 경과한 때에는 면소된 것으로 간주하는 제도로서(제59조), 형법이 규정하고 있는 고유한 종류의 제재로서의 일정한 성질을 가진다.

2. 선고유예의 요건

(1) 1년 이하의 징역이나 금고, 자격정지 또는 벌금의 형을 선고할 경우

여기서 선고유예를 할 수 있는 형이란 주형과 부가형을 포함한 전체를 의미한다. 그러나 형을 병과하는 경우에는 그 일부에 대하여도 선고를 유예할 수 있다(제59조 제2항).

(2) 개전의 정이 현저할 것

개전의 정상이 현저하다고 함은 행위자에게 형을 선고하지 않아도 재범의 위험이 없다고 인정되는 경우를 말하며, 그 판단의 기초는 제51조에 규정된 양형의 조건이다. 판단의 기준시기는 판결시이다.

(3) 자격정지 이상의 형을 받은 전과가 없을 것

선고유예는 초범에 대하여만 가능하다.

3. 선고유예와 보호관찰

선고유예의 경우에도 보호관찰을 명할 수 있다. 즉 형의 선고를 유예하는 경우에 재범방지를 위하여 지도와 원호가 필요한 때에는 보호관찰을 받을 것을 명할 수 있다. 이 경우에 보호관찰의 기간은 1년이다(제59조의 2).

4. 선고유예의 효과

선고유예의 판결을 할 것인가는 법원의 재량에 속하나, 선고유예의 판결을 하는 경우에는 범죄사실과 선고할 형을 결정하여야 한다. 형의 선고유예를 받은 날로부터

2년을 경과한 때에는 면소된 것으로 간주한다(제60조). 즉 유예기간은 언제나 2년이다.

5. 선고유예의 실효

형의 선고유예를 받은 자가 유예기간 중 자격정지 이상의 형에 처한 판결이 확정되거나 자격정지 이상의 형에 처한 자가 발견된 때에는 검사의 청구에 의하여 그 범죄사실에 대한 최종판결을 한 법원이 유예된 형을 선고한다(제61조, 형소법 제336조). 보호관찰을 명한 선고유예를 받은 자가 보호관찰의 기간 중에 준수사항을 위반하고 그 정도가 무거운 때에는 유예한 형을 선고할 수 있다(제61조 제2항).

Ⅲ. 가석방

1. 가석방의 의의

가석방이란 자유형을 집행받고 있는 자가 개전의 정이 현저하다고 인정되는 때에 형기만료 전에 조건부로 수형자를 석방하고 일정한 기간을 경과한 때에는 형의 집행을 종료한 것으로 간주하는 제도를 말한다(제72조, 제76조). 가석방은 수형자의 사회복귀를 위하여 행정처분으로 형집행의 일부를 포기하는 형집행작용이다. 가석방제도를 인정하고 있는 대부분의 국가에서는 가석방에 대하여 보호관찰제도를 결합시키고 있으나, 우리 형법은 가석방에 보호관찰을 도입하지 않고 있다.

2. 가석방의 요건

(1) 징역 또는 금고의 집행 중에 있는 자가 무기에 있어서는 10년, 유기에 있어서는 형기의 3분의 1을 경과한 후일 것

징역 또는 금고 이외의 형벌에 대하여는 가석방을 인정할 여지가 없다. 그러나 벌금을 납입하지 않는 경우의 노역장 유치에 대하여는 가석방이 가능할 것이다. 노역장 유치는 대체자유형에 지나지 않기 때문이다. 여기의 형기는 선고형을 의미하며, 형기에 산입된 판결선고전 구금일수는 집행을 경과한 기간에 산입한다(제73조 제1항).

(2) 행상이 양호하여 개전의 정이 현저할 것

이는 수형자가 규율을 준수하고 회오(悔悟)하고 있음을 인정할 만한 정상이 있음을 말하며, 이에 대한 판단은 순수히 특별예방적 관점을 기준으로 해야 한다.

(3) 벌금 또는 과료의 병과가 있는 때에는 그 금액을 완납할 것

벌금 또는 과료에 관한 유치기간에 산입된 판결선고전 구금일수는 그에 해당하는 금액이 납입된 것으로 간주한다(제73조 제2항).

3. 가석방의 기간과 보호관찰

가석방의 기간은 무기형에 있어서는 10년, 유기형에 있어서는 남은 형기로 하되 그 기간은 10년을 초과할 수 없다(제73조의 2 제1항). 가석방된 자는 가석방기간 중 보호관찰을 받는다(동조 제2항). 가석방기간 동안에는 당연히 보호관찰이 개시된다. 다만, 가석방을 허가한 행정관청이 필요가 없다고 인정할 때에는 그러하지 아니하다(동항 단서). 불필요한 보호관찰을 강제할 필요가 없기 때문이다.

4. 가석방의 효과

가석방의 처분을 받은 후 처분의 실효 또는 취소됨이 없이 무기형에 있어서는 10년, 유기형에 있어서는 잔형기를 경과한 때에는 형의 집행을 종료한 것으로 간주한다(제76조 제1항). 그러나 집행유예와 같이 형의 선고가 효력이 없어지는 것은 아니다.

5. 가석방의 실효와 취소

(1) 가석방의 실효

가석방 중에 금고 이상의 형의 선고를 받아 그 판결이 확정된 때에는 가석방처분은 효력을 잃는다. 다만 과실로 인한 죄로 형의 선고를 받았을 때에는 예외로 한다(제74조).

(2) 가석방의 취소

가석방의 처분을 받은 자가 감시에 관한 규칙에 위배하거나, 보호관찰의 준수사항을 위반하고 그 정도가 무거운 때에는 가석방처분을 취소할 수 있다(제75조).

(3) 가석방의 실효와 취소의 효과

가석방이 실효되거나 취소되었을 때에는 가석방중의 일수는 형기에 산입하지 아니한다(제76조 제2항).

관련 판례정리

1. 형법 제59조에 의해 형을 선고유예할 경우에도 몰수요건이 있을 때는 몰수형만을 선고할 수 있다(대법원 1973. 12. 11, 73도1133).

2. 형의 선고를 유예하는 판결을 할 경우엔 선고가 유예된 형에 대한 형의 종류와 양을 정해 놓아야 한다(대법원 1975. 4. 8, 74도618).

3. 징역형과 벌금형을 병과하면서 그 징역형에 대해 집행을 유예하고, 또 그 벌금형에 대해 선고를 유예하였음은 정당하다(대법원 1976. 6. 8, 74도1266).

4. 추징은 성질상 몰수와 다를 바 없으므로 주형을 선고유예하고 추징만을 선고할 수 있다(대법원 1981. 4. 14, 81도614).

5. 몰수・추징은 부가형이기 때문에 주형에 대해 선고유예하지 않으면서 부가형인 몰수・추징에 대해서만 선고유예를 할 수 없다(대법원 1988. 6 21, 88도551).

6. 판결이유에 선고형을 정해 놓아야 하고, 선고유예하는 형이 벌금형일 경우에도 벌금형뿐만 아니라 환형유치처분까지 규정해야 한다(대법원 1988. 1. 9, 86도2654).

7. 피고인이 1980년 12월 30일 특수절도 등으로 징역 1년에 2년간의 집행유예선고를 받아 동 판결이 확정되고, 다시 1982년 2월 23일 폭력행위 등 처벌에 관한 법률위반으로 징역 1년 6월에 3년간의 집행유예선고를 받아 동 판결이 확정된 경우에는, 위 1982년 2월 23일의 집행유예선고는 취소되어야 하고, 전자의 집행유예판결이 1983년 1월 7일로써 집행유예기간이 경과된다고 하여 결론을 달리 할 것이 아니다(대법원 1983. 2. 5, 83모1).

8. 집행유예기간을 연장하는 것은 형벌권의 소멸기간을 연장하여 피고인의 법적 지위를 저하시키는 것이므로 불이익변경에 해당한다(대법원 1983. 10. 11, 83도2034).

9. 집행유예기간 중에는 새로 재판할 사건의 범죄행위가 먼저 집행유예선고를 받은 범죄사실의 전후를 막론하고 새로운 재판에서는 다시 집행유예선고를 할 수 없다(대법원 1984. 6. 26, 83도2193).

10. 집행유예선고판결이 확정되기 전에 전과가 발각된 경우에는 집행유예취소를 청구할 수 없다(대법원 1984. 1. 18, 83도58).

11. 형법 제62조 제1항 단서에서 규정한 '금고 이상의 형의 선고를 받아 집행을 종료한 후 또는 집행이 면제된 후로부터 5년을 경과하지 아니한 자'의 의미는 실형선

고를 받고 집행종료나 집행면제 후 5년을 경과하지 않은 경우만을 가리키는 것이 아니라 형의 집행유예를 선고받고 그 유예기간이 경과하지 않은 경우를 포함한다. 그러나 형법 제37조의 경합범관계에 있는 수죄가 전후로 기소되어 각각 별개의 절차에서 재판을 받게된 결과 어느 하나의 사건에서 먼저 집행유예가 선고되어 그 형이 확정되었을 경우 다른 사건의 판결에서는 다 집행유예를 선고할 수 없다면, 그 수죄가 같은 절차에서 동시에 재판을 받아 한꺼번에 집행유예를 선고받을 수 있었던 경우와 비교하여 현저히 균형을 잃게 된다. 따라서 이러한 불합리가 생기는 경우에 한하여 위 단서규정의 '형의 선고를 받아'라는 의미는 실형이 선고된 경우만을 가리키고, 형의 집행유예를 선고받은 경우는 포함되지 않는다고 해석함이 상당하다(대법원 1989. 9. 12, 87도2365).

12. 형의 집행유예를 선고받고 그 유예기간이 경과되지 않은 사람에게는 그 사람이 형법 제37조의 경합범관계에 있는 수죄를 범하여 같은 절차에서 동시에 재판을 받았더라면 한꺼번에 집행유예선고를 받았으리라고 여겨지는 특수한 경우가 아닌 한 다시 형의 집행유예를 선고할 수 없다(대법원 1989. 10. 10, 88도824).

13. 제65조의 「형의 선고는 효력을 잃는다」는 취지는 형선고의 법률적 효과가 없어진다는 것일 뿐, 형의 선고가 있었다는 기왕의 사실 자체까지 없어진다는 뜻은 아니다(대법원 1983. 4. 2, 83모8).

제5절 형의 시효와 소멸

Ⅰ. 형의 시효

1. 의의

형의 선고를 받은 자가 재판이 확정된 후 그 형의 집행을 받지 않고 일정한 기간이 경과한 때에 집행이 면제되는 것을 말한다.

2. 시효의 기간

시효의 기간은 사형은 30년, 무기의 징역 또는 금고는 20년, 10년 이상의 징역 또는 금고는 15년, 3년 이상의 징역이나 금고 또는 10년 이상의 자격정지는 10년, 3년 미만의 징역이나 금고 또는 5년 이상의 자격정지는 5년, 5년 미만의 자격정지 · 벌금 · 몰수 또는 추징은 3년, 구류 또는 과료는 1년이다(제78조).

3. 시효의 효과

형의 선고를 받은 자는 시효의 완성으로 당연히 형의 집행이 면제된다(제77조). 그러나 형의 선고 자체가 실효되는 것은 아니다.

4. 시효의 정지와 중단

(1) 시효의 정지

시효는 형의 집행의 유예나 정지 또는 가석방 기타 집행할 수 없는 기간은 진행되지 않는다(제79조). 시효의 정지는 정지사유가 소멸하면 잔여 시효기간이 진행된다.

(2) 시효의 중단

시효는 사형 · 징역 · 금고와 구류에 있어서는 수형자를 체포함으로, 벌금 · 과료 · 몰수와 추징에 있어서는 강제처분을 개시함으로 인하여 중단된다(제80조). 시효가 중단된 때에는 다시 시효의 전기간이 경과되어야 시효가 완성된다.

II. 형의 소멸

1. 형의 소멸의 의의

유죄판결의 확정에 의하여 발생한 형의 집행권을 소멸시키는 제도를 말하며, 형의 집행종료, 가석방기간의 만료, 형의 집행면제, 형의 시효완성, 범인의 사망 등의 사유가 있는 경우에 형의 집행권이 소멸한다.

2. 형의 실효

(1) 재판상의 실효

징역 또는 금고의 집행을 종료하거나 집행이 면제된 자가 피해자의 손해를 보상하고 자격정지 이상의 형을 받음이 없이 7년을 경과한 때에는 본인 또는 검사의 신청에 의하여 그 재판의 실효를 선고할 수 있다(제81조). 실효의 재판이 확정되면 선고에 기한 법적 효과는 장래에 향하여 소멸된다.

(2) 형의 실효에 관한 법률

수형인이 자격정지 이상의 형을 받음이 없이 징역 또는 금고는 10년, 벌금은 3년, 구류·과료는 1년을 경과한 때에 형이 실효된다(제7조). 일정기간이 경과하면 자동적으로 실효된다.

3. 복권

자격정지의 선고를 받은 자가 피해자의 손해를 보상하고 자격정지 이상의 형을 받음이 없이 정지기간의 2분의 1을 경과한 때에는 본인 또는 검사의 신청에 의하여 자격의 회복을 선고할 수 있다(제82조).

1. 형의 집행종료 후 7년 이내에 집행유예판결을 받고 그 기간을 무사히 경과하여 7년을 채우더라도 형법 제81조의 '형을 받음이 없이 7년을 경과'하는 때에 해당하지 않아 형의 실효를 선고할 수 없다(대법원 1983. 4. 2, 83모8).

제2장 보안처분

제1절 보안처분의 의의

I. 의의

보안처분(Massregeln der Besserrung und Sicherung ; security - measure)이란 형벌로는 행위자의 사회복귀와 범인의 예방이 불가능하거나 행위자의 특수한 위험성으로 인하여 형벌의 목적을 달성할 수 없는 경우에 형벌을 대체하거나 보완하기 위한 예방적 성질의 목적적 조치를 말한다. 이는 행위자의 사회적 위험성을 전제로 하여 특별예방의 관점에서 선고되는 것이라는 점에서 책임을 전제로 한 형벌과 구별된다.

클라인(E. F. Klein)에 의하여 최초로 주장된 보안처분은 리스트(Franz v. Liszt)의 보안형벌을 거쳐 스토스(Carl Stoos)에 의한 스위스형법예비초안에 의하여 현대적 의미의 보안처분으로 실현되었다. 스토스 초안의 영향에 따라 1933년 독일형법에 보안처분이 도입된 것을 비롯하여, 현대 대륙의 모든 국가의 형법에 보안처분이 규정되어 있다. 그러나 우리 형법총칙에는 형벌에 관한 규정만 있고, 보안처분은 몇 개의 특별법을 통해서 시행되고 있다. 즉 소년법상의 소년에 대한 보호처분, 치료감호법상의 치료감호・보호관찰, 그리고 보안관찰법상의 보안관찰처분이 여기에 속한다.

II. 보안처분의 필요성과 종류

1. 보안처분의 필요성

형법은 형벌만으로는 그 목적을 달성하지 못하고 보안처분을 별도로 두는 이유는 무엇인가? 형벌은 행위자의 책임을 전제로 한다. 그런데 이러한 책임은 범죄행위를 종료한 시점 이전에 속하여 즉 과거를 그 판단기준으로 삼는다. 그러나 범죄자가 형벌부과만으로는 부족한 재범위험성을 고려한다든가 형법의 책임무능력자와 같이 법적 관점에서 형벌이 허용되지 않는 경우(제10조 제2항)에 형벌의 법익보호흠결을 보충하는 것이 바로 보안처분이다.

헌법 제12조 제1항은 「누구든지 법률과 적법한 절차에 의하지 않고는 보안처분을 받지 아니한다」고 규정하여 보안처분에 대한 헌법적 근거를 마련하고 있다. 보안처분의 정당성을 대상자의 내적 자유의 결함에서 찾는 견해도 있으나, 헌법에 의하여 보장된 개인의 자유는 사회적으로 제한된 자유라는 기본권의 내재적 한계에 보안처분의 정당성이 있다고 보아야 한다. 또한 보안처분에는 책임주의가 적용되지 않지만, 일반적인 법원칙으로서의 상당성의 원칙이 적용되는 범위에서만 정당화될 수 있다. 따라서 보안처분은 행위자에 의하여 행하여진 범죄와 장래에 기대될 범죄 및 위험성의 정도와 균형이 유지되어야 한다.

2. 보안처분의 종류

(1) 대인적 보안처분과 대물적 보안처분

전자는 장래의 범죄행위를 방지하기 위하여 특정인에게 선고되는 보안처분을 말하며, 후자는 범죄와 법익침해의 방지를 목적으로 하는 물건에 대한 보안처분을 말한다.

(2) 자유박탈보안처분과 자유제한보안처분

이는 대인적 보안처분을 자유침해의 정도를 기준으로 한 구별이다.

선행보증이란 형의 집행유예나 가석방을 하는 경우에 상당한 금액 기타 유가증권을 보증금으로 제공하게 하거나 보증인을 내세워 그 효과발생의 정기조건으로 명하는 보안처분의 일종을 말한다.

대인적 보안처분	자유박탈 보안처분	① 치료감호처분(치료감호법 제2조) ② 보호감호처분(구사회보호법 제5조) ③ 교정처분(사회보호법 제8조 제1항 제2호) ④ 노동개선처분 ⑤ 사회치료처분 ⑥ 단종·거세 ⑦ 국외추방 ⑧ 선행보증
	자유박탈을 수반하지 않는 보안처분	① 보호관찰(소년법 제32조 제1항, 치료감호법 제32조) ② 주거제한 ③ 직업금지 ④ 운전면허 박탈 ⑤ 음주점 출입금지 등
대물적 보안처분	① 몰수: 형법 제41조, 제48조, 제49조 ② 영업소의 폐쇄 및 법인의 해산 등	

Ⅲ. 형벌과 보안처분의 관계

보안처분도 위법한 행위를 전제로 하므로 책임무능력자에 대한 보안처분의 경우를 제외한다면 보안처분도 형벌의 요건이 충족되는 경우에 선고하는 것이 된다. 형벌과 보안처분이 동일한 행위자에 대하여 과하여지는 경우에 양자의 관계를 어떻게 할 것인가?

1. 이원주의

형벌과 보안처분은 동시에 선고되고 중복적으로 집행되는 주의로서 형벌이 책임을 전제로 하고 보안처분은 장래의 위험성에 대한 대책이므로 범죄에 표현되는 책임과 위험성을 국가는 이중의 수단에 의하여 대처해야 한다. 형벌을 보안처분보다 먼저 집행되어야 한다. 이에 대하여 형벌과 보안처분의 구별은 이론상으로는 가능하나, 실제상으로는 실현될 수 없고 보안처분이 부정기의 성격으로 인하여 당사자에게 더욱 가혹한 형벌로 받아들여지며, 형벌의 집행이 종료된 후에 보안처분이 집행되는 때에는 행위자는 형벌과 보안처분의 집행 사이를 왕래하게 되어 교육적·치료적 목적에 반하게 된다는 비판이 있다.

2. 일원주의

형벌과 보안처분의 어느 하나만을 적용하는 주의로서 형벌과 보안처분은 본질상 대립되는 제도이므로 보안처분에 의하여 행위자의 사회복귀와 사회의 안전을 기대할 수 있는 경우에는 형벌의 선고는 부적법하다. 이에 대하여 형벌과 보안처분은 그 정당성의 근거와 본질에 있어서 엄격히 구별되는 것이므로 전통적인 책임형벌에 변혁을 가져오는 것이고 한정책임능력자에게도 보안처분만을 선고하여 책임무능력자와 같이 취급하고 상습범에 대하여 부정기의 보안형벌을 가하는 것은 형사정책적으로 적절한 수단이 아니라는 비판이 제기된다.

3. 대체주의

형벌은 책임의 정도에 따라 언제나 선고되며 다만 그 집행단계에서 보안처분의 집행에 의하여 대체되거나 보안처분의 집행이 끝난 후에 집행되는 주의를 말한다. 내용으로서 형벌에 대한 보안처분의 우선집행, 보안처분집행기간의 형기에의 산입을 들 수 있으며 보안처분집행 후의 형벌집행의 유예가능성이다. 행위자의 사회복귀를 위해서는 보안처분의 선집행이 보다 합리적이고 행위자와 사회에 대하여 보안처분은 사실상 형벌과 같이 해악의 성질을 가진 것으로 보며, 형벌의 목적은 보안처분에 의하여도 달성될 수 있다.

4. 결어

형벌과 보안처분의 본질상의 차이를 긍정하면서도 집행의 단계에서 보안처분에 의한 대체를 허용하는 대체주의가 타당하다.

제2절 현행법상 보안처분

1. 사회보호법(社會保護法)의 폐지와 주요내용

죄를 범한 자에 대한 보호처분에 관한 사항을 규정하기 위하여 1980년 12월 18일 법률 제3286호로 제정되었으나 2005년 8월 4일에 폐지된 법률이다.

■ 종래 사회보호법상의 주요내용

사회보호법은 죄를 범한 자로서 재범의 위험성이 있고 특수한 교육·개선 및 치료가 필요하다고 인정되는 자에 대하여 보호처분을 함으로써 사회복귀를 촉진하고 사회를 보호함을 목적으로 한다.

수 개의 형을 받거나 수 개의 죄를 범한 자, 심신장애자 또는 마약류·알코올 기타 약물중독자로서 죄를 범한 자를 보호대상자로 한다. 보호처분의 종류는 보호감호, 치료감호, 보호관찰로 한다. 보호대상자가 일정한 범죄에 해당하고 재범의 위험성이 있는 때에는 보호감호에 처한다. 피보호감호자에 대하여는 보호감호시설에 수용하여 감호·교화하고, 사회복귀에 필요한 직업훈련과 근로를 과할 수 있다. 보호감호시설에의 수용은 7년을 초과할 수 없다. 보호대상자가 심신장애 등에 해당하고 재범의 위험성이 있는 때에는 치료감호에 처한다. 피치료감호자에 대하여는 치료감호시설에 수용하여 치료를 위한 조치를 한다. 치료감호시설에의 수용은 피치료감호자가 치유되어 사회보호위원회의 치료감호의 종료결정을 받거나 가종료결정을 받을 때까지로 한다. 보호대상자가 가출소한 피보호감호자 또는 가종료한 피치료감호자에 해당하는 때에는 보호관찰이 개시된다. 보호관찰의 기간은 3년으로 한다.

감호의 청구는 검사가 감호청구서를 관할법원에 제출하여서 한다. 검사는 공소제기한 사건의 제1심 판결의 선고 전까지 감호청구를 할 수 있다. 법원은 검사에게 감호청구를 요구할 수 있다. 검사는 공소를 제기함이 없이 감호청구만을 할 수 있다. 감호사건의 판결은 피고사건의 판결과 동시에 선고하여야 한다.

보호처분의 집행은 검사가 지휘한다. 보호감호와 형이 병과된 경우에는 형을 먼저 집행한다. 자격정지는 보호감호와 같이 집행한다. 치료감호와 형이 병과된 경우에는 치료감호를 먼저 집행한다.

법무부에 사회보호위원회를 둔다. 사회보호위원회는 피보호감호자에 대하여 정기적으로 집행면제 또는 종료 등의 여부를 심사·결정하여야 한다. 사회보호위원회는 피보호관찰자가 관찰성적이 양호한 때에는 보호감호의 집행면제 또는 치료감호의 종료를 결정할 수 있다. 검사, 피치료감호자와 그 법정대리인 및 친족은 위원회에 심사·결정을 신청할 수 있다. 7장 43조와 부칙으로 되어 있었다.

그러나 사회보호법은 헌법재판소의 위헌 결정에 따라 2005년 8월 4일에 폐지되었다. **헌법재판소**는, "보안처분은 대상자의 재범의 위험성을 교육·개선을 통해 완화하여 사회방위를 도모하고자 하는 공공의 필요에서 그 대상자의 기본권을 제한하는 국가공권력의 행사이고, 한편, 국민의 기본권의 제한은 공공의 필요와 기본권제한 사이의 비례, 균형이 이루어져야 한다는 전제 아래 보안처분은 바로 대상자의 입장에서 보면 신체의 자유를 박탈당하는 고통이요 해악이기 때문에 보안처분의 본질인 재범의 위험성은 보안처분으로 인한 신체의 자유박탈이라는 인권제한과의 비례(균형)원칙상 단순한 재범의 가능성만으로는 부족하고 상당한 개연성을 요구하며, 그 판단은 전과 이외에도 범행의 의의와 행위자의 연령·성격·가족관계·교육정도·직업·환경·당해 범행 이전의 행적·범행의 동기·수단·범행후의 정황과 개전의 정 등을 총체적으로 평가하여 인정되어야 하는 것으로, 전과나 감호처분을 선고받은 사실 등 법정의 요건에 해당되면 재범의 위험성 유무에도 불구하고 반드시 그에 정한 보호감호를 선고하여야 할 의무를 법관에게 부과하여 법관의 판단재량을 박탈하는 것으로 볼 수밖에 없다."(헌법재판소 1989. 7. 14. 88헌가5,8,89헌가44)고 결정한 바 있다.

2. 치료감호법의 제정

2005년 우리 입법자는 보호감호의 근거가 되었던 종전의 '사회보호법'을 폐지하였다. 이 법률이 그 제정단계에서 민주적 정당성을 결여하였을 뿐만 아니라 권위주의적 사회방위사상에 입각하고 있다는 점이 폐지의 주된 근거가 되었다.

그러나 입법자는 심신장애 또는 마약류·알코올 그 밖에 약물중독 상태 등에서 범죄행위를 한 자에게 재범의 위험성이 있는 경우 이들의 범죄로부터 사회를 방위해야 할 필요성을 계속 인정하여 대체입법으로 '치료감호법'을 제정하였다. 이와 같이 '사회보호법'으로부터 '치료감호법'으로 이행하는 과정에서 보호감호는 폐지되었다.

(1) 치료감호

치료감호(治療監護)는 심신장애 또는 마약류·알코올 기타 약물중독 상태 하에서 범죄행위를 한 자로서 재범의 위험성이 있고 특수한 교육·개선 및 치료가 필요하다고 인정되는 자에 대하여 가하는 보호와 치료의 처분이다. 치료감호의 선고를 받은 자에 대해서는 치료감호시설에 수용하여 치료를 위한 조치를 행한다(치료감호법 제16조 제1항).

치료감호법은 치료감호의 대상자로 두 가지의 유형을 규정하고 있다. 하나의 대상자는 심신상실로 벌할 수 없거나 심신미약으로 형이 감경되는 심신장애자로서 금고 이상의 형에 해당하는 죄를 범한 자이다. 심신장애자에 대한 치료감호시설에의 수용은 15년을 초과할 수 없다.

다른 하나의 대상자는 마약·향정신성의약품·대마 그 밖에 남용되거나 해독작용을 일으킬 우려가 있는 물질이나 알코올을 식음·섭취·흡입·흡연 또는 주입받는 습벽이 있거나 그에 중독된 자로서 금고 이상의 형에 해당하는 죄를 범한 자이다. 약물중독자 등을 치료감호시설에 수용하는 때에는 2년을 초과할 수 없다.

치료감호의 선고를 받은 자는 그 치료감호의 집행이 종료되거나 면제될 때까지 (1) 공무원이 되는 자격 (2) 공법상의 선거권과 피선거권, (3) 법률로 요건을 정한 공법상 업무에 관한 자격이 정지된다.

치료감호법에 의하여 설치된 위원회가 치료감호심의위원회이다. 치료감호심의위원회는 피치료감호자에 대하여 그 집행개시 후 매 6월마다 치료감호의 종료 또는 가종료 여부를 심사·결정한다. 또한 치료감호심의위원회는 치료감호가 가종료되었거나 치료감호시설 외에서의 치료가 위탁된 피치료감호자에 대하여 가종료 또는 치료위탁후 매 6월마다 치료감호 종료 여부를 심사·결정한다.

치료감호와 형이 병과된 경우에는 치료감호를 먼저 집행한다. 이 경우 치료감호의 집행기간은 형기에 산입한다. 소위 대체방식을 채택한 것이다. 이 경우 치료감호의 집행기간은 형기에 산입한다. 소위 대체방식을 채택한 것이다. **대체방식**이란 보안처분의 집행을 형벌의 집행으로 갈음할 수 있도록 허용하는 방식을 말한다.

(2) 보호관찰

보호관찰은 재범의 위험성이 있는 범죄인을 사회 내에서 지도·감독하는 사회내 처분이다. 치료감호법은 ① 피치료감호자에 대한 치료감호가 가종료된 때와 ② 피치료감호자가 치료감호시설 외에서의 치료를 위하여 법정대리인 등에게 위탁된 때에 보호관찰을 개시하도록 규정하고 있다. 보호관찰의 기간은 3년이다.

보호관찰은 ①보호관찰기간이 만료된 때, ② 보호관찰기간 만료 전이라도 치료감호심의위원회의 치료감호 종료결정이 있는 때, ③ 보호관찰기간 만료 전이라도 피보호관찰자가 다시 치료감호의 집행을 받게 되어 재수용되거나 새로운 범죄로 금고 이상의 형의 집행을 받게 된 때에는 종료한다.

피보호관찰자는 '보호관찰 등에 관한 법률'이 규정한 준수사항을 성실히 이행하여야 한다(치료감호법 제33조 제1항). 치료감호심의위원회는 피보호관찰자의 특성을 고려하여 위의 준수사항 외에 치료가 그 밖에 특별히 준수하여야 할 사항을 과할 수 있다.

치료감호법상의 보호관찰은 재범의 위험성이 있는 심신장애자나 약물중독자 등으로부터 사회를 방위하는 한편 재범의 위험성 있는 이들 범죄인을 사회에 복귀시키기 위한 사회내 보안처분이다.

치료감호법상의 보호관찰은 형법이 형의 선고유예 및 형의 집행유예와 관련하여 도입한 보호관찰과 구별된다. 전자가 재범의 위험성이 있다는 비관적 전망에 기초한 것이라면 후자는 정상에 참작할 만한 사유가 있다는 점에서 낙관적 전망에 기초한 것이라고 할 수 있다. 이 점에서 형법상 형의 선고유예 및 형의 집행유예와 관련하여 부과되는 보호관찰(형법 제59조의 2, 제62조의 2)은 치료감호법상의 보호관찰과 그 성질을 달리한다. 따라서 전자는 재판시법주의가 적용되지만 형법상의 보호관찰은 행위시법주의가 적용된다.

3. 소년법상의 보호처분

검사는 소년에 대한 피의사건을 수사한 결과 보호처분에 해당하는 사유가 있다고 인정한 경우에는 사건을 소년부에 송치하여야 한다(소년법 제49조 제1항). 법원은 소년에 대한 피고사건을 심리한 결과 보호처분에 해당할 사유가 있다고 인정하면 결정으로써 사건을 관할 소년부에 송치하여야 한다(소년법 제50조). 소년부판사는 심리의 결과 보호처분의 필요가 있다고 인정한 때에는 결정으로 일정한 내용의 소년보호처분을 하여야 한다(소년법 제32조 제1항).

소년법이 규정한 소년보호처분(少年保護處分)은 장래지향적 관점에서 소년의 건전한 육성을 꾀할 목적으로 강구되는 조치이다. 장래지향적이라는 점에서 소년법상의 보호처분은 보안처분과 맥을 같이한다. 그러나 소년법상의 보호처분은 소년의 인격형성에 대한 낙관적 전망에 기초하고 있다. 이 점에서 소년법상의 보호처분은 재범의 위험성이 있는 범죄인으로부터 사회를 보호하겠다는 방어적 구상에 입각하여 마련된 보안처분과 구별된다.

1. 생태적 또는 습성적으로 동종 또는 유사한 죄를 반복할 위험성이 있는 실형전과자에 대한 앞으로의 범죄예방 및 교화조치로서 하는 보호처분을 형벌과 별도로 이와 병행하더라도 일사부재리원칙 또는 법률불소급에 위배되지 않는다(대법원 1983. 6. 26, 83감도208).

2. 사회보호법에 의한 보호처분은 죄를 범한 자로서 재범위험성이 있고 특별한 교육개선 및 치료가 필요한 자에 대해 사회복귀를 촉진하고 사회를 보호할 목적으로 과하는 감호 또는 관찰처분으로서 형벌과 같이 볼 수 없으므로 피고인에 대한 보호처분은 헌법과 법률에 정한 죄형법정주의의 원칙에 저촉되지 않는다(대법원 1982. 12. 28, 82감도561).

1. 보안처분의 필요성에 대하여 언급하시오.

2. 형벌과 보안처분의 관계성에 대하여 설명하시오.

1. 다음 중 몰수제도에 대한 설명으로 옳지 않은 것은?

① 몰수는 부가형(附加刑)이다.
② 통설은 몰수의 법적 성질에 대해 형식적으로는 일종의 형벌이지만 실질적으로는 대물적 보안처분이라고 하고 있다.
③ 몰수의 대상은 유체물에 한한다.
④ 몰수의 대상인 물건을 몰수하기 불능한 때에는 그 가액을 추징한다.

〈해설〉 ③ 몰수의 대상은 유체물에 한하지 아니하고 권리 또는 이익도 포함한다.

2. 누범에 대한 설명으로 맞지 않은 것은?

① 누범의 형은 그 죄에 정한 형의 장기의 2배까지 가중한다.
② 전범(前犯)은 금고 이상의 형일 것을 요한다.
③ 전범의 형집행 종료 또는 면제받은 후 3년 이내에 후범(後犯)이 행하여질 것을 요한다.
④ 법정형이 3년 이상 15년 이하의 유기징역으로 되어 있는 강간죄가 누범일 경우 단형의 범위 는 3년 이상 30년 이하의 징역이다.

〈해설〉 ④ 강간죄의 누범의 처단형은 장기의 2배까지 가중하나, 제42조 단서에 따라 25년으로 된다. 따라서 강간죄의 누범의 처단형의 범위는 3년 이상 25년 이하의 징역으로 처단한다.

3. 집행유예에 대한 설명으로 옳지 않은 내용은?

① 집행유예기간은 1년 이상 5년 이하이다.
② 집행유예는 3년 이하의 징역이나 금고의 형을 선고할 경우에 할 수 있다.
③ 집행유예기간을 경과한 경우에는 면소(免訴)된 것으로 간주한다.
④ 집행유예를 선고할 때에는 보호관찰을 받을 것을 명하거나 사회봉사 또는 수강을 명할 수 있다.

〈해설〉 ③ 집행유예의 선고가 취소됨이 없이 유예기간을 경과한 때에는 형의 집행을 종료한 것으로 간주한다(제65조).

제2부

각 론

제1편 개인적 법익에 대한 죄

생명·신체에 대한 죄	살인, 상해·폭행, 과실치사상, 낙태, 유기·학대
자유에 대한 죄	협박, 체포·감금, 약취·유인, 강요, 강간·강제추행,
사생활의 평온에 대한 죄	비밀침해, 주거침입
명예, 신용에 대한 죄	명예, 신용, 업무, 경매
재산에 대한 죄	절도, 강도, 사기, 공갈, 횡령, 배임, 장물, 손괴, 권리행사방해

UNDERSTANDING OF CRIMINAL LAW & CASES

제1장 생명과 신체에 대한 죄

제1절 살인의 죄

I. 의의

살인죄란 사람을 살해함으로써 그 생명을 침해하는 것을 내용으로 하는 범죄를 말한다. 살인죄의 보호법익은 사람의 생명이다. 대부분 입법례는 모살(murder)와 고살(manslaughter)을 구별하고 있다. 독일에서는 그 구별기준으로 윤리적 요소와 심리적 요소를 들 수 있으나 모살은 기본적 구성요건인 고살에 대한 가중적 구성요건이며 모살과 고살의 구별은 형사정책적으로 무의미하다. 우리나라에서는 학설의 태도는 모살과 고살의 구분실익은 없다고 한다. 형법 제24장의 기본적 구성요건은 살인죄(제250조 1항)이고 그 가중적 구성요건으로서 존속살해죄만을 규정하고 있다. 한편 감경적 구성요건으로서 영아살해죄(제251조), 촉탁·승낙에 의한 살인죄(제252조 1항) 및 자살교사·방조죄(동조 2항)가 있다. 이들 죄에 대해서 미수범을 처벌하고(제254조), 제250조와 제253조는 예비·음모를 벌하고 있다(제255조).

〔표〕 살인죄의 구성요건체계

기본적 구성요건	보통살인죄(250 ①)
가중적 구성요건	존속살해죄(250 ②)
감경적 구성요건	영아살해죄(251), 촉탁·승낙에 의한 살인죄(252 ①), 자살교사·방조죄(252 ②)
독립적 구성요건	위계·위력에 의한 촉탁살인등죄(253)
미 수 범	모든 살인의 죄
예비·음모	250조 살인죄(보통, 존속), 253조의 위계·위력에 의한 촉탁살인등죄

II. 보통살인죄

사람을 살해한 자는 사형 · 무기 또는 5년 이상의 징역에 처한다(제250조 1항). 본조를 범하여 유기징역에 처할 때에는 10년 이하의 자격정지를 병과할 수 있다(제256조). 본조의 미수범은 처벌한다(제254조).

1. 구성요건

(1) 객관적 구성요건

1) 본조는 사람을 살해함으로써 성립하는 범죄이다. 자연인만 포함되고 법인은 포함되지 않는다. 생존능력은 불문하므로 기형아, 불구자, 빈사상태에 있는 환자 및 사형판결이 확정된 사람도 포함된다. 그러나 사람은 타인을 의미하므로 자살은 본죄에 해당하지 않는다. 사람의 시기에 대해서는 진통설(분만개시설), 일부노출설, 전부노출설, 독립호흡설이 대립하고 있으나 **학설**과 **판례**는 **진통설**(陣痛說)을 따르고 있다. 사람의 종기에 대해서는 호흡종지설, 맥박종지설, 뇌사설(유력설)이 대립하고 있다.

2) 본조의 행위는 사람을 살해하는 것이다. 수단 · 방법에는 제한이 없으나, 미신적 방법에 의한 경우에는 살인의사를 평가할 수 없으므로 이에 속하지 않는다. 그리고 간접정범에 의해서도 가능하다. 이러한 경우는 형법 제253조의 위계 · 위력에 의한 살인죄를 구성한다. 또한 부작위에 의한 살인도 가능하다. 살해행위에 의하여 사망이라는 결과, 즉 뇌사의 상태에 이른 때에 본죄는 기수가 된다.

(2) 주관적 구성요건

본죄의 고의는 객관적 구성요건요소인 사람을 살해한다는 인식과 의사를 의미한다. 따라서 살인의 고의없이 사람을 사망에 이르게 한 때에는 과실치사죄(제267조)나 상해치사죄(제259조) 또는 폭행치사죄(제262조)는 성립할 수 있을 뿐이다. 본죄의 고의는 확정적 고의뿐만 아니라 미필적 고의로도 족하다. 또한 인과관계의 인식도 고의의 내용이 된다.

2. 위법성

(1) 일반적 위법성조각사유

생명은 처분할 수 있는 법익이 아니기 때문에 피해자의 승낙과 긴급피난은 위법성이 조각되지 않으나, 정당방위에 의한 경우는 위법성이 조각될 수 있다. 경찰관직무집행법 제11조에 의하여 살인행위의 위법성까지 조각된다고 할 수 없고 본죄의 위법성은 정당방위의 요건을 충족한 때에 한하여 조각된다.

(2) 안락사의 문제

1) 안락사의 개념

안락사(安樂死)란 일반적으로 극심한 고통에 허덕이는 불치 또는 빈사의 환자에게 고통을 제거하거나 또는 고통을 덜어주기 위하여 환자의 생명을 인위적으로 단축시키거나 가능한 연장조치를 중단하여 사망케 하는 것이다. 형법적 측면에서 모든 안락사가 통일적인 효과를 나타내는 것은 아니어서 안락사란 용어는 본래 그리스어의 'euthanasia'에서 유래하는데 이는 "편안한 죽음" 또는 "아름다운 죽음"이라는 의미를 가지고 있다.

최근에 들어와서 두 가지 관점에서 첫째는 현대의학의 발달에서 제기되어 안락사의 법적 허용한계의 여부가 중요한 관심사로 되었다. 둘째는 개인이 가지고 있는 생명에 대한 자기결정권의 확대에서 찾을 수 있어 안락사를 "인간답게 죽을 권리"로 주장하기 시작하였다. 이 문제는 법적인 차원에서 뿐만 아니라 생명윤리의 문제, 의료계의 현실문제, 생명에 대한 종교적・철학적 문제 그리고 한국사회가 지니고 있는 죽음에 대한 의식 등과 관련되어야 할 것이나 여기에서는 형사법적인 차원에서 검토하고자 한다.

현행 형법은 "사람을 살해한…"이라는 표현만을 사용하고 있을 뿐 사망의 확정에는 다양한 학설이 대립되고 있다. 지금까지의 우리나라의 사망의 시점은 심장박동의 종지로 이해하는 ① 맥박종지설(脈搏終止說)이 통설적 입장이었다. 이외에도 호흡기능이 불가역적으로 정지하였을 때에 사망을 인정하는 ② 호흡종지설(呼吸終止說), 맥박과 호흡이 모두 정지된 시점을 사망의 시점으로 보는 ③ 맥박호흡종지설(脈搏呼吸終止說), 생활현상이 전부 단절된 단계에서 사망을 인정하는 ④ 생활현상종지설(生活現象終止說), 호흡기능과 맥박기능 그리고 인체의 모든 반사기능이 영구적으로 사망으로 인정하는 ⑤ 심폐기능종지설(心肺機能終止說)이 주장되고 있다. 그러나 현대의학의 발달로 인공심폐기가 개발되고 인공심장이나 장기이식수술도 가능하기 때문에 사망에 대한 판단기준으로 대두된 것이 뇌기능의 정지로 죽음을 판단하는 방식인 뇌사설이 대두되고 있다.

2) 안락사의 유형

① **진정 안락사**(echte Sterbehilfe)란 환자의 생명을 단축시키지 않은 채 진정제나 마취제를 사용하여 고통만을 제거하여 환자를 자연사(自然死)하게 하는 경우를 말한다. 이를 순수 안락사라 한다.

② **적극적 안락사**(aktive Sterbehilfe)란 불치의 병으로 극심한 고통을 받고 있는 환자에게 고통을 제거하기 위하여 그 생명을 단절시켜 고통에서 벗어나게 하는 경우를 말한다. 따라서 적극적 안락사는 환자의 고통을 덜어주기 위해 적극적으로 생명단축행위를 시술하는 형태이다.

③ **간접적 안락사**(indirekte Sterbehilfe)란 생명을 단축시킬 염려가 있는데도 불구하고 고통을 완화시켜 줄 목적으로 처치를 했던 결과 그 예상된 부작용으로 환자의 사망을 야기한 경우를 말한다. 따라서 이 경우에는 환자의 고통을 감소시켜 줄 목적시켜 줄 목적으로 약품을 투여하는 것이 부수적으로 그의 생명단축이라는 결과를 가져올 수 있다는 것을 행위자가 알고 있어야 한다는 것을 전제로 한다.

④ **소극적 안락사**(passive Sterbehilfe)란 죽음에 직면한 환자가 품위있는 죽음을 맞도록 하기 위하여 생명유지조치를 중지하거나 치료를 중지하는 것을 말한다. 이를 존엄사라고 부르기도 한다. 소위 존엄사는 미리 소정의 절차로 제출되어 있던 본인의 의사(living will)에 의거하여 생명의 연장만이 목적인 적극적인 의료행위를 중단하는 것을 의미한다.

⑤ **도태적 안락사**란 생존능력이 있는 정신병자나 심신장애자의 생명을 "무가치한 생명"이라고 하여 이러한 사람의 생명을 끊는 경우를 말하는데 이는 나치시대에 히틀러의 지령에 의하여 일부 의사들이 이를 행한 것도 사실이다. 그러나 이런 종류의 안락사는 법적으로 허용되지 않으며 인간의 존엄성에 반하여 명백히 살인행위이므로 이는 형법적 문제에서 검토를 배제한다.

3) 각 유형별 현행형법에 따른 평가

안락사의 유형은 전술한 바와 같이 크게 진정 안락사, 적극적 안락사, 간접적 안락사, 소극적 안락사로 구별될 수 있다.

① **진정 안락사**는 생명을 단축시키지 않은 채 진정제나 마취제를 사용하여 임종의 고통을 제거하여 자연사하게 하는 안락사를 말한다. 이 경우는 자연사에 해당하기 때문에 진정 안락사는 형법적으로 문제가 되지 않는다. 즉 환자의 생명단축을 초래하지 않기 때문에 살인죄의 "살해"라는 객관적 구성요건을 충족하지 못한다.

② **적극적 안락사**의 경우는 두 가지로 대별될 수 있다. ① 환자의 진지한 촉탁이나 승낙에 의하여 적극적 안락사가 행해진 경우에는 일반살인죄의 감경적 구성요건인 형법 제252조의 촉탁·승낙살인죄가 인정된다. 이 경우 피해자가 자신의 법익침해를 촉탁하거나 승낙한 경우에는 피해자는 자신이 이미 표시했던 촉탁이나 승낙을 언제든지 자유롭게 철회할 수 있다는 점에 이론이 없다. 촉탁·승낙에 의한 적극적 안락사의 경우에 예외적인 상황에서는 촉탁·승낙살인죄의 위법성이 조각되거나 책임이 조각된다는 주장이 있는데 이러한 견해는 그 정당화의 실정법적 근거를 형법 제22조의 긴급피난이나 또는 형법 제20조의 정당행위에서 구하고 있다. 그러나 긴급피난을 적용하려는 주장은 한편으로는 생명유지라는 이익과 다른 한편으로는 극심한 고통 중에 있는 환자의 고통제거를 통하여 환자의 자기 결정권에 기초한 환자자신의 인간 존엄성을 존중하려는 이익인 것으로 보여지므로 두 가지 이익을 형량하는 것은 아니므로 비판을 받는다. 왜냐하면 고통제거를 위하여 고통당하는 사람을 제거한다는 것은 규범논리적으로 모순이며, 현대의학의 발전 특히 진통클리닉의 발전은 환자를 사망시키지 않고도 그의 고통을 제거할 수 있기 때문이다. 또한 일부의 견해에서는 적극적 안락사를 형법 제20조의 정당행위로 인정하여 위법성을 조각한다고 하나 인간의 생명은 처분가능하다는 잘못된 결론에 이를 수 있어 이것은 우리 형법에서 의도한 포괄적인 생명보호의 원칙과 합치되지 않는다. ② 환자의 촉탁 또는 승낙이 없이 적극적 안락사가 행하여진 경우란 환자의 명시적 반대의사가 존재하는 상황이나 무의식상태와 같이 환자의 승낙능력이 흠결된 상황에서 환자를 적극적 안락사시키는 경우이다. 이러한 경우에는 형법 제250조의 일반살인죄가 적용된다.

③ **간접적 안락사**는 생명을 단축시킬 염려가 있는 데도 불구하고 고통을 완화시켜 줄 목적으로 처치를 했던 결과 그 예상된 부작용으로 인하여 환자의 사망을 야기하는 경우를 말한다. 이러한 유형의 안락사에서 의사의 행위는 치료행위의 한계를 일탈하고 더구나 의사의 행위는 살인죄의 구성요건해당성이 있고 위법한 살인행위를 성립시키며 또한 생명단축의 사실의 불확정적으로 인용할 때에는 미필적 고의에 의

한 살인죄가 성립한다는 주장이 있으나 다만 그 불처벌의 근거에 대해서는 다양한 견해가 대립되고 있다. 우리나라의 다수의 견해는 정당행위로 인정한다. 따라서 형법 제20조의 정당행위로 인정하여 위법성을 인정한다. 그러나 일부학설은 정당행위의 유형 가운데 일부는 제한된 조건하에 "업무로 인한 행위"로 인정하고, 다른 일부 학설은 제한된 조건하에 "기타 사회상규에 반하지 아니하는 행위"로 인정하고 있다. 결론적으로 피해자의 승낙과 긴급피난이 결합하여 정당화된다고 볼 수 있다. 환자의 승낙하에 의도적으로 환자의 생명을 단축시키는 것은 더 이상의 불법감소가 가능하지는 않으나, 생명단축의 가능성을 감수하면서 고통감소를 하는 것은 불법감소가 가능하기 때문이다. 즉 환자의 승낙에 의하여 살인죄의 불법이 감소하여 촉탁·승낙살인죄가 되고, 이러한 불법이 다시 긴급피난에 의하여 감소되는 이중의 불법감소를 통하여 불법이 배제된다고 해석된다. 따라서 피해자의 의사에 반하여 처치한 결과 예상된 부작용으로 사망한 경우에는 허용되지 않으며, 이 경우에는 촉탁·살인죄가 아니라 일반살인죄로 처벌될 것이다.

④ **소극적 안락사**의 경우는 죽음에 직면한 환자가 품위있는 죽음을 맞도록 하기 위하여 생명유지장치를 제거하거나 생명연장장치를 제거함으로써 환자를 사망케 하는 것을 의미한다.

(i) 환자의 촉탁·승낙에 의한 소극적 안락사의 경우, 이 때 그로 인하여 환자가 사망한 경우에도 촉탁·승낙살인죄로 처벌할 수 없다.

(ii) 환자의 의사를 알 수 없는 경우의 소극적 안락사의 경우는 몇 가지로 나누어 볼 수 있다. 문제는 본인의 의사(living will)가 현실적으로 존재하지 않는 가운데 다음과 같은 세 가지 상황에 빠져 환자의 동의를 알 수 없는 경우이다. 첫째, 환자가 뇌사상태에 빠진 경우, 뇌사설의 입장에서 환자는 이미 사망한 것으로 인정되어 규범적으로 생명연장을 위한 치료가 기대되지 않기 때문에 의사가 뇌사상태에 빠진 환자에 대하여 치료를 중단하는 것은 허용된다. 둘째, 환자가 식물인간상태에 빠져 있으므로 환자자신의 의사를 확인할 수 없는 상태인 경우에 식물인간상태란 뇌손상으로 인하여 대뇌가 활동하지 않고 뇌간이 주로 활동하는 상태를 말한다. 물론 환자는 승낙능력이 없는 상태에 있으나 환자의 승낙무능력상태가 그 환자가 가지고 있는 자기결정권을 배제하는 것은 아니어서 의사는 먼저 치료중단에 대한 환자의 추정적 승낙 여부를 정밀히 심사하여야 한다. 따라서 식물인간상태의 환자가 불가역적인 의식상실에 이르렀는가를 확정하여 이에 해당하는 경우에만 의사의 치료중단을 통한 안락

사가 허용되나 이러한 상태에 이르지 않은 경우에는 의사는 생명유지의무를 지니고 있으므로 치료의 중단은 허용되지 아니한다. 셋째, 임종을 앞두고 극심한 고통으로 인하여 환자자신이 자유로운 의사결정을 할 수 없는 상태의 경우, 환자자신의 치료중단에 대한 의사가 명시적으로 존재하지 않으므로 환자 자신의 추정적 의사를 파악하여야 하고 그에 따라 치료를 중단하는 행위는 허용될 것이다. 그러나 환자자신이 극심한 고통으로 인하여 의사를 결정할 수 없는 상태라면 그의 추정적 의사는 적어도 진통에 대한 치료는 요구된다고 보아야 할 것이다. 따라서 의사가 환자의 진통에 대한 치료를 하지 않는 것은 부작위에 의한 상해죄가 성립한다. 넷째, 환자의 명시적 의사에 반하는 소극적 안락사의 경우, 생명연장치료의 중단에 대하여 환자가 명시적으로 생명연장을 요구하는 경우 의사는 환자의 생명연장을 위한 가능한 조치를 취해야 하나 그렇지 않을 경우에는 부작위에 의한 살인죄가 성립한다.

(iii) 생명유지장치의 제거를 통한 안락사의 경우, 인공심폐기와 같은 생명연장장치의 제거를 통하여 치료의 중단을 하는 경우에는 형법상 특별한 문제가 제기된다. 이 경우 이러한 행위를 작위로 볼 것인가 부작위로 볼 것인가에 대한 문제가 발생한다. 일설은 생명유지장치의 제거를 작위로 인정하는 것은 단지 제거행위 자체에만 집착하여 순수이 자연적 관찰로 판단하기 때문에 적절하지 못하며 이는 제거행위자체가 중요한 것이 아니라 의사의 행위라는 전체적 관찰을 통하여 파악하여야 한다고 주장한다. 그래서 인공심폐기의 제거는 의사가 손으로 맛사지치료를 하고 있다가 중단하는 것과 다름이 없는 것이므로 부작위에 해당한다고 한다. 유력한 견해로서 의사가 아닌 자가 악의로 인공심폐기를 제거하는 경우에도 부작위로 보아야 하고 그 자도 역시 작위의무를 갖지 않을 수 없다는 현실 적인 문제에 부딪치어 인공심폐기의 제거행위를 "작위에 의한 부작위(Unterlassen durch Tun)"이라고 할 수 있고 따라서 인공심폐기의 제거를 부작위로 인정하고 이러한 행위는 의사의 생명유지에로의 작위의무가 존재하지 않기 때문에 허용되는 것이라고 설명한다. 결론적으로 인공심폐기의 제거행위는 적극적 작위에 해당한다. 여기에서 의사는 자신이 제거행위라는 작위를 통하여 자신이 구조하여야 하는 행위객체에 직접 영향을 주는 것이다. 즉 이것은 작위로 보여짐에도 불구하고 이러한 행위를 통하여 안락사가 행하여진 경우에는 환자의 명시적 혹은 추정적 승낙이 존재한다는 요건하에 허용된다. 이것은 구조행위가 누군가에 의해서도 요구되어지지 않는 경우에는 작위를 통하여 구조행위를 저지하는 것도 요구되어지지 않기 때문이다. 그러나 만일 생명유지장치의 제거를

환자 자신이 동의하지 않는 경우에 이를 제거하는 것은 살인죄를 구성한다.

3. 죄수

피해자의 수에 따라 결정되므로 1개의 행위로 수인을 살해한 때에는 수개의 살인죄가 성립하여 상상적 경합의 관계에 있게 된다. 동일인에 대한 살인예비·살인미수 및 살인기수와 동일인에 대한 상해와 살인은 법조경합의 관계이므로 하나의 살인죄만 성립하고 살인행위에 따른 의복의 손괴는 불가벌적 수반행위로서 손괴죄는 살인죄에 흡수된다.

Ⅲ. 존속살해죄

자기 또는 배우자의 직계존속을 살해한 자는 사형, 무기 또는 7년 이상의 징역에 처한다(제250조 2항).

1. 의의

자기 또는 배우자의 직계존속을 살해함으로써 성립하는 범죄로서 가중적 구성요건이며 부진정신분범(신분관계로 형의 가중)이다.

2. 합헌성의 논의

존속살해죄의 형을 살인죄에 대하여 가중한 것이 직계존속이라는 신분을 이유로 차별대우하는 것으로 이는 헌법 제11조 제1항(평등의 원칙)에 반하는가에 대해서는 위헌설과 합헌설이 대립한다.

(1) 위헌설

근대 자연법사상의 등장으로 친자관계라 할지라도 개인 대 개인의 관계로 보아야 하고 비속은 그 출생의 자유를 가지지 못하므로 이를 기초로 형법상 책임을 가중하는 것은 사회적 신분으로 인한 차별이다. 또한 법률과 도덕 사이에는 엄연한 한계가 있다(효도는 법 앞의 불평 등을 기초지울 수 있는 합리적 근거가 없다). 반윤리성으로 비난할 가치가 크다 할지라도 본죄의 법정형이 무거워 집행유예를 할 수 없다.

(2) 합헌설

헌법상의 평등원칙은 상대적 평등을 의미하고 가중처벌의 이유는 자의 친에 대한 도덕적 의무에 근거한다(인륜의 대본이요, 보편적 도덕원리). 또한 존속의 배륜성을 비난하는데 본죄의 본질이 있다. 이 설이 우리나라의 **다수의 견해**이다.

(3) 소결

합헌설이 타당한 논거는 ① 우리 사회의 고유한 순풍양속은 유지되어야 하고, ② 헌법 제11조 사회적 신분은 선천적 신분뿐만 아니라 사회에서 장기적으로 차지하고 있는 지위를 의미하므로 출생의 자유가 없다는 이유로 사회적 신분에 의한 차별이 된다는 논리는 부당하다. ③ 사회도덕의 유지를 위한 형법의 역할을 긍정해야 한다. ④ 형의 집행유예는 자유형의 집행을 변형한 것에 불과하고 책임이 가중되면 무거운 형을 선고하는 것은 당연하므로 집행유예의 가능여부가 문제가 되지 아니한다.

3. 구성요건

(1) 자기 또는 배우자의 직계존속

1) 직계존속

법률상의 개념으로서 인지절차에 의하거나 합법적 입양관계이면 족하고 민법에 의한 친자관계도 포함된다. 예컨대, 타인의 양자로 입양된 자가 실부모를 살해한 경우에는 타가에 입양한 경우에도 생부모와의 친자관계는 그대로 존속한다고 보아야 하므로 본죄가 성립한다(**다수설**). 피해자(여)가 그의 문전에 버려진 영아인 피고인을 주어다 기르고 그 부와의 친생자인 것처럼 출생신고를 하였으나 입양요건을 갖추지 아니하였다면 피고인과의 사이에 모자관계가 성립될 리 없으므로 피고인이 동녀를 살해하였다고 하여도 존속살해죄로 처벌할 수 없다(대법원 1981.10.13 81도2466).

2) 배우자

법률상의 배우자로서 살아있는 배우자를 의미하는데 사망한 배우자의 직계존속을 살해한 때에는 본죄가 성립하지 않으나, 배우자의 신분관계는 살해행위를 착수할 때 존재하면 족하므로 동일기회에 먼저 배우자 살해하고 이어서 그의 직계존속을 살해한 때에도 본죄가 성립한다.

(2) 고의

자기 또는 배우자의 직계존속을 살해한다는 고의이다. 존속 살해의 의사로 살인의 결과를 발생한 때에 대하여 다수설은 살인죄라고 하나, 소수설은 존속살해죄의 미수와 살인죄의 기수의 상상적 경합이 생긴다고 한다.

4. 공범

본죄는 살인죄에 대하여 신분관계로 인하여 형을 가중하는 경우이므로 신분관계 없는 자에 대하여는 형법 제33조 단서가 적용된다. 예컨대, 갑이 을을 교사하여 갑의 부 병을 살해한 경우 갑은 존속살해죄의 교사범, 을은 보통살인죄의 정범이 성립하고 갑이 을을 교사하여 을의 부병을 살해한 경우에는 갑은 보통 살인죄의 교사범, 을은 존속살해죄이 정범이 성립한다.

Ⅳ. 감경적 구성요건

1. 영아살해죄

직계존속이 치욕을 은폐하기 위하거나 양육할 수 없음을 예상하거나 특히 참작할 만한 동기로 인하여 분만 중 또는 분만직후의 영아를 살해한 때에는 10년 이하의 징역에 처한다(제251조).

(1) 의의

본조를 가볍게 벌하는 이유는 출산으로 인하여 심신의 균형이 상실된 비정상적인 심신상태로 인하여 행위자의 책임이 감경된다는 데 그 근거가 있다고 한다.

(2) 구성요건

1) 본죄의 주체는 직계존속이다. 법률상의 직계존속뿐만 아니라 사실상의 직계존속도 포함한다. 직계존속의 범위에 대해서는 **통설**은 그 주체를 어머니에 제한하지 아니한 이상 직계존속은 모두 본죄의 주체가 된다고 한다. 남녀가 사실상 동거한 관계가 있고 그 사이에 영아가 분만되었다 하여도 그 남자와 영아와의 사이에 법률상 직계존속·비속의 관계가 있다 할 수 없으므로 그 남자가 영아를 살해한 경우에는 보통살인죄에 해당한다(대법원 1970.3.10 69도2285).

2) 본죄의 객체는 분만 중 또는 분만직후의 영아이다. '분만중'이란 분만을 개시한 때부터 분만이 완료된 때까지를 말하고 분만직후란 분만으로 인한 흥분상태가 계속

되는 동안을 의미한다.

3) 본죄의 행위는 살해하는 것이다. 살해의 의미는 살인죄와 같다. 그 주관적 동기로서는 먼저, 치욕을 은폐하기 위한 경우란 영아의 분만이 개인이나 가문의 명예에 치욕으로 인정할 수 있는 때에 그 명예를 지키기 위한 경우를 말하고 다음으로 양육할 수 없음을 예상한 경우란 가정의 경제사정 때문에 영아를 양육할 경제적 능력이 없는 때를 말하며 마지막으로 기타 참작할만한 동기로 인한 때란 질병이나 불구·기형 등으로 인하여 책임감경을 인정할 수 있는 경우를 말한다.

(3) 공범

본죄는 감경된 구성요건이므로 공범관계에 있어서는 제33조 단서가 적용된다. 따라서 갑남이 산모 을을 교사·방조하거나 공동하여 본죄를 범한 때에는 을은 본죄의 정범이 되지만 갑은 살인죄의 공범이 된다.

2. 촉탁·승낙 살인죄

사람의 촉탁 또는 승낙을 받아 그를 살해한 자는 1년 이상 10년 이하의 징역에 처한다(제252조). 본죄를 범하여 유기징역을 처할 때에는 10년 이하의 자격정지를 병과할 수 있다(제256조). 본죄의 미수범은 처벌한다(제254조).

(1) 의의

본죄를 **동의살인죄**(同意殺人罪)라고도 하며 그 근거는 자살에 유사한 성질을 갖는 것이므로 불법이 감경되는 경우라 할 수 있다.

(2) 구성요건

1) **촉탁**이란 이미 죽음을 결의한 피해자의 요구에 의하여 살해의 결의를 하는 것을 말하고 **승낙**이란 살해의 결의를 한 자가 피해자로부터 이에 대한 동의를 받는 것을 말한다. 전자는 직접적·명시적으로 행하여져야 하나 후자는 반드시 명시적으로 하여질 것을 불요한다. 그러나 양자는 살해이전에 있을 것을 요한다. 촉탁·승낙은 피해자의 의사의 진의에 의한 것이어야 하고 생명의 가치와 무가치를 판단할 수 있는 능력이 있을 것을 전제로 한다.

2) 본죄가 성립하기 위해서는 촉탁이나 승낙에 의하여 사람을 살해한다는 고의가 있어야 한다. 피해자의 진의에 의한 촉탁 또는 승낙이 있음을 인식하는 것도 고의의

내용이 된다.

3. 자살교사 · 방조죄

사람을 교사 또는 방조하여 자살하게 한 자는 1년 이상 10년 이하의 징역에 처한다(제252조). 본조를 범하여 유기징역에 처할 때에는 10년 이하의 자격정지를 병과할 수 있다(제256조). 본죄의 미수범은 처벌한다(제254조).

> 피고인이 인터넷 사이트 내 자살 관련 카페 게시판에 청산염 등 자살을 유독물의 판매광고를 한 행위가 단지 금원 편취 목적의 사기행각의 일환으로 이루어졌고, 변사자들이 다른 경로로 입수한 청산염을 이용하여 자살한 사정 등에 비추어, 피고인의 행위는 자살방조에 해당하지 않는다(대법원 2005.6.10, 2005도1373).

(1) 의의

이를 **자살관여죄**(自殺關與罪)라고 하는데 자살을 벌하지 않는 근거에 대하여 자살은 구성요건해당성이 없기 때문에 처벌할 수 없다고 하지 않을 수 없다. 따라서 공범종속성설의 입장에서는 자살에 대한 공범은 처벌할 수 없으므로 자살에 관여라는 행위를 벌하기 위해서는 특별규정을 마련하여야 한다.

(2) 구성요건

1) 본죄의 주체에는 제한이 없으나 자살자 본인은 필요적 공범으로서 처벌되지 않는다.

2) 자기 또는 배우자의 직계존속도 본죄의 사람에 해당한다. 자살이란 자유로운 의사결정에 의하여 생명을 단절하는 것을 의미하므로 의사결정능력이 없는 유아나 정신병자는 본죄의 객체가 될 수 없다.

3) **자살의 교사**란 자살의사 없는 자에게 자살을 결의하게 하는 것을 말하고, **자살의 방조**란 이미 자살을 결의하고 있는 자에게 도움을 주어 자살을 용이하게 하는 것을 말한다. 교사 또는 방조와 자살 사이에는 인과관계가 있어야 한다. 또한 본조는 자살의 의사를 가지고 있는 자의 실행을 용이하게 한다는 점에서 타인을 교사하여 자살을 결의하게 하고 촉탁받아 살해하는 촉탁살인죄(제252조 1항)와는 구분된다.

4) 본죄는 미수범을 처벌한다(제254조). 여기에서의 교사 · 방조는 본죄의 실행행위라고 보아야 한다. 교사 또는 방조행위를 하였을 때에 실행의 착수가 있고, 본인이

자살행위를 하였을 것을 요건으로 하는 것은 아니다.

(3) 합의동사

합의에 의한 공동자살 내지 정사를 기도한 자 가운데 한 사람이 살아났을 경우에 생존자를 본죄에 의하여 처벌할 수 있느냐에 대하여 **통설**은 죽을 의사없이 동사한다고 상대방을 기망하여 자살하게 한 때에는 형법 제253조의 위계에 의한 살인죄에 해당하고 진정으로 같이 죽을 의사로 죽을 약속을 하고 정사를 기도하였으나 그 가운데 한 사람이 살아났을 때 타인을 방조한 사실이 인정되면 본조가 성립한다.

V. 위계 · 위력에 의한 살인죄

위계 또는 위력으로써 사람의 촉탁 또는 승낙을 받아 그를 살해하거나 자살을 결의하게 한 자는 제250조의 예에 의한다(제253조). 본조를 범하여 유기징역에 처할 때에는 10년 이하의 자격정지를 병과할 수 있다(제256조). 본죄의 미수범은 처벌한다(제254조). 위계라는 것은 사람의 부지 · 무경험 · 착오 등을 이용하는 것을 말하고, 위력이란 사람의 의사를 억압함에 충분한 일체의 세력을 표시하는 것을 말한다.

VI. 살인예비 · 음모죄

제250조(살인죄, 존속살인죄)와 제253조(위계 · 위력에 의한 살인죄)의 죄를 범할 목적으로 예비 또는 음모한 자는 10년 이하의 징역에 처한다(제255조). 살인을 예비 · 음모한 자가 실행착수 전에 이를 중지한 경우 중지미수의 규정을 준용할 수 있는가에 대하여 **대법원**은 예비의 중지란 있을 수 없다고 판시하고 **통설**은 형의 균형과 중지범의 입법취지에 비추어 볼 때 이를 긍정한다고 한다. 그리고 **판례**는 본죄에 대한 교사범이나 종범의 성립이 가능한가에 대하여 정범이 실행에 착수하지 아니할 때에는 구성요건적 불법이 실현되었다고 볼 수 없으므로 이를 부정한다(총론의 해당 부분 참조할 것).

1. 존속살해죄의 합헌성 논의에 대하여 언급하시오.

2. 자살관여죄에 대하여 설명하시오.

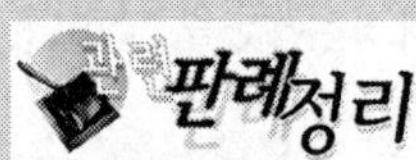

1. 피고인이 7세, 3세 남짓된 어린자식들에 대하여 함께 죽자고 권유하여 물속에 따라 들어오게 하여 결국 익사하게 하였다면, 비록 피해자들을 물속에 직접 밀어서 빠뜨리지는 않았다고 하더라도 자살의 의미를 이해할 능력이 없고 피고인의 말이라면 무엇이나 복종하는 어린 자식들을 권유하여 익사하게 한 이상 살인죄의 범의는 있었음이 분명하다(대법원 1987.1.20, 86도2395).
2. 피고인이 인터넷 사이트 내 자살 관련 카페 게시판에 청산염 등 자살용 유독물의 판매광고를 한 행위가 단지 금원 편취 목적의 사기행각의 일환으로 이루어졌고, 변사자들이 다른 경로로 입수한 청산염을 이용하여 자살한 사정 등에 비추어 볼 때, 피고인의 행위는 자살방조에 해당하지 않는다(대법원2005.6.10, 2005도1373).

1. 살인의 죄에 대한 설명으로 틀린 것은?

① 보통살인죄에 있어서 법인은 본죄의 주체가 될 수 없다.
② 자살의 경우에는 구성요건해당성이 없다.
③ 적극적 안락사의 경우에도 위법성이 조각될 수 있다.
④ 고의는 미필적 고의로도 충분하다.

〈해설〉 ③ 적극적 안락사는 어떠한 상황에서도 위법성이 조각될 수 없다.

2. 존속살해죄에 대한 설명으로 틀린 것은?

① 진계존속이란 민법에 의해 정하여지는 법률상의 개념이다.
② 배우자란 사실혼 관계에 있는 자는 포함되지 아니한다.
③ 자기 또는 배우자의 직계존속을 살해한다는 고의가 있어야 한다.
④ 보통살인의 의사로 존속살해의 결과를 발생시킨 경우에는 존속살해죄가 성립한다.

〈해설〉 ④ 제15조 제1항에 의하여 보통살인죄가 성립한다.

제2절 상해와 폭행의 죄

I. 의의

형법 제25장의 상해와 폭행의 죄는 사람의 신체에 대한 침해를 내용으로 하는 범죄로서 그 보호법익은 신체의 불가침성 내지 신체의 안정성이다. 형법은 폭행죄의 결과적 가중범으로서 폭행치상죄(제262조)를 규정하는 한편 상해죄의 미수범을 처벌하여(제257조 3항) 상해죄와 폭행죄를 엄격히 구별하고 있다. **상해죄**는 신체의 건강을 보호하여는 것임에 대하여 **폭행죄**는 신체의 건재를 보호법익으로 하므로 양자는 보호법익을 달리한다. 신체는 생리적 기능을 침해하는 행위를 말하고(대법원 1996.12.10, 96도2529), 폭행은 유형력을 행사함에 의하여 신체의 안정성을 침해하는 행위라고 이해하여야 한다.

〔표〕 상해죄와 폭행죄의 비교

구 분	상 해 죄	폭 행 죄
의의	고의로 타인의 신체를 상해하는 범죄	사람의 신체에 폭행을 가하는 것을 내용으로 하는 범죄
보호법익	신체적·생리적 기능의 완전성(다수설·판례) 신체의 건강 신체의 완전성(소수설)	신체의 완전성 신체의 건재
보호정도	침해범	순형식범
행위	상해	폭행
주관적 고의	상해에 대한 고의	폭행에 대한 고의
소추조건	친고죄 아니다.	반의사불벌죄
피해자의 승낙	사회상규에 위배되지 않는 경우 위법성 조각	언제나 위법성 조각
미수·과실	처벌	불가벌
동시범의 특례	적용	폭행치상의 경우만 적용
죄수	흡수관계	

상해의 죄의 기본적 구성요건은 상해죄(제257조 1항)이다. 이에 대한 가중적 구성요건으로는 존속상해죄(동조 2항), 중상해죄·존속중상해죄(제258조), 상해치사죄(제259조) 및 상습상해죄(제264조)가 있다. 폭행의 죄에 관한 기본적 구성요건은 폭행죄(제260조 1항)이다. 폭행죄에 대한 가중적 구성요건으로는 신분관계로 인하여 책임이 가중되는 존속폭행죄(동조 2항), 상습성으로 인하여 책임이 가중되는 상습폭행죄(제264조) 및 행위방법의 위험성으로 인하여 불법이 가중되는 특수폭행죄(제261조)와 결과적 가중범으로서 불법이 가중되는 폭행치사상죄(제262조)가 있다.

II. 상해의 죄

사람의 신체를 상해한 자는 7년 이상의 징역, 10년 이하의 자격정지 또는 1천 5백만원 이하의 벌금에 처한다. 본죄의 미수범은 처벌한다(제257조).

1. 의의

상해와 폭행의 죄는 사람의 신체에 대하여 침해를 내용으로 하는 범죄로서 그 보호법익은 신체의 불가침성, 신체의 안전성이고 생명 다음으로 중요한 법익이고 생명에 대한 기초로서의 의미를 가진다. 형법 제25장의 상해와 폭행의 죄는 상해죄와 폭행죄로 구성되어 있으며, 양자를 합하여 넓은 의미의 상해죄라고도 한다. 양자의 관계를 어떻게 이해할 것인가에 대하여 상해죄는 침해범, 폭행죄는 형식범이라는 학설이 있으나, **다수설**은 상해죄는 신체의 건강, 폭행죄는 신체의 건재로서 양자는 보호법익을 달리한다고 한다. 상해는 생리적 기능을 침해하는 행위를 말하고, 폭행은 유형력을 행사함에 의하여 신체의 안전성을 침해하는 행위를 말한다. 상해가 반드시 폭행에 수반하는 것은 아니라는 점에서도 상해와 폭행은 구별될 뿐만 아니라, 반드시 서로가 연관성을 가지는 것도 아니다.

2. 객관적 구성요건

(1) 행위의 객체

사람의 신체이다. 그러나 동물의 상해는 손괴죄가 성립한다. 본죄의 객체가 사람의 신체라는 것은 다음과 같은 두 가지 의미가 있다.

1) 태아의 상해

태아는 본죄의 객체가 될 수 없으나 문제는 임신중의 태아에게 약물 등으로 상해를 가하여 기형아를 출산케 한 경우 출생한 사람에 대한 상해가 될 수 있는가에 대하여 독일의 **콘테르간**(Contergan) **사건**을 계기로 부정한다. 왜냐하면 태아는 사람이 아니고 만약 본죄를 인정한다면 태아에게 상해를 가한 때에는 본죄에 의하여 살해한 경우보다 무겁게 벌하고, 과실로 상해한 때에도 처벌된다는 불합리한 결과를 초래하게 되며 태아 출생 후에 출생전의 상태가 그대로 유지되므로 상해가 아니다.

2) 자상

자상(自傷)은 본죄의 구성요건에 해당하지는 않으나, 그것이 특별법에 의해 처벌되는 경우가 있다(병역법 제75조, 군형법 제41조 제1항). 본인을 강요하거나 기망하여 그 의사에 반하여 자상하게 한 때에는 본죄의 간접정범이 된다.

(2) 행위

1) 상해의 의의

① 신체의 완전성설

상해를 신체의 완전성에 대한 상해라고 하는 견해로서 폭행죄와 상해죄는 모두 신체의 완전성을 보호하기 위한 범죄이며 생리적 기능의 훼손과 같이 평가해야 할 신체외관의 훼손이 상해에서 제외될 이유가 없다. 이에 대하여 신체의 완전성을 상해와 폭행죄의 보호법익이라 할 수 있어도 상해죄의 보호법익이라 할 수 없다. 소량의 모발이나 손톱·발톱을 깎는 경우에도 상해죄에 해당되는 불합리라는 비판이 있다.

② 절충설

상해를 생리적 기능의 훼손과 신체외모에 대한 중대한 변화라고 해석하는 설이다. 이에 대하여 생리적 기능을 훼손하는 때에는 중요성을 요구하지 않고 신체의 변형을 초래하는 경우에는 왜 중대한 변형의 경우만을 상해로 보아야 하는가? 그리고 신체변형이 중대한가 아닌가는 폭행죄에 대한 기준이 될 수 있어도 상해죄·폭행죄의 구별의 한계가 되지 못한다.

③ 생리적 기능훼손설

상해와 폭행을 엄격히 구별하고 있는 형법의 해석에 있어서는 상해는 생리적 기능을 훼손하는 행위를 의미한다. **생리적 기능의 훼손**이란 예컨대, 질병이 일어나는 것, 신체에 상처가 난다는 것, 신체일부가 박탈되는 것 등 건강침해, 즉 육체적·정신적인 병적 상태의 야기와 증가를 말한다.

〔표〕 상해의 구체적 판단

O	강간으로 인한 성병감염, 처녀막파열, 보행불능, 수면장애, 식욕감퇴
×	모발의 절단, 처녀에 대한 임신

2) 상해의 태양

폭행에 의한 유형적 방법·무형적 방법(예컨대, 사람을 공포·경악케 하여 정신장애 불문) 불문한다. 작위(행위자 자신의 동작, 타인을 도구로 이용한 간접정범) 혹은 부작위에 의하여도 좋다.

3. 주관적 구성요건

상해의 고의(사람을 생리적 기능을 훼손한다는 인식과 의사)를 말한다. 미필적 고의로 족하다. 상해의 고의없이 폭행의 의사로 상해의 결과가 발생하면 폭행치상죄(제262조)가 성립하고 상해의 고의가 있었으나 상해함에 이르지 못한 경우에는 상해미수죄(제257조 제3항)가 성립한다.

4. 위법성

본죄의 위법성은 위법성조각사유의 존재(예컨대, 정당방위 요건 충족시)에 의하여 조각할 수 있다. 그러나 정당방위라 할지라도 방어를 위한 행위가 아닌 상해, 싸움에 의하여 서로 상대방에게 상해를 가한 때에는 위법성이 조각되지 못한다. 특히 위법성조각사유로 문제되는 것은 다음과 같다.

(1) 피해의 승낙

신체도 법익주체가 처분할 수 있는 법익이므로 피해자의 승낙이 있으면 위법성이 조각된다. 위법성이 조각되기 위해서는 승낙의 의미를 이해할 능력이 있는 피해자의 자유로운 의사에 의한 승낙을 요한다. 독일형법과 같은 규정(피해자의 승낙에 의한 상해는 그것이 사회상규에 반한 때에는 위법하다)이 없는 형법의 해석에 있어서는 피해자의 승낙이 있으면 언제나 위법성이 조각된다는 견해도 있으나 사람의 신체는 생명의 기초가 되는 중요한 법익임을 고려할 때 사회상규 혹은 공서양속에 의한 사회윤리적 제한에 따라야 한다(**통설**)

(2) 의사의 치료행위

1) 치료행위

치료의 목적으로 의술의 법칙에 따라 행하여지는 신체침해행위로서 제1설은 **통설**과 **판례**의 태도로서 그 성공여부를 묻지 아니하고 상해죄의 구성요건에 해당한다는 전제에서, 다만 정당행위로서 본인의 의사에 반하는 경우에도 위법성이 조각된다. 이에 대하여 사람의 신체를 그 주체의 의사와 관계없이 의사의 업무행위의 객체로 취급하는 것은 부당하다고 한다. 제2설은 치료행위는 개별적으로 분리하여 검토할 것이 아니라 전반적·통일적으로 판단한다. 성공한 치료행위는 건강을 회복·개선한 것이므로 객관적 구성요건에 해당하는 것은 아니고 실패한 치료행위는 의술법칙이 맞는다면 상해고의가 아니고 본죄의 구성요건해당성이 성립하지 않고 의술법칙이 맞지 않는다면 구성요건해당성과 위법성을 조각할 수 없다.

2) 치료유사행위

의사의 신체상해행위 가운데는 엄격한 의미에서 치료의 목적을 위한 행위라고 볼 수 없는 경우를 말하는데 구체적 유형으로서는 ① 의사의 질병예방을 위한 조치나 진단을 위한 검사 혹은 성형수술 ② 수혈이나 이식수술의 경우에는 이를 제공하는 자에 대한 관계에서 ③ 불임수술(sterilisation)이나 거세수술(kastration) 등이 존재한다. 이에 대한 해결로서는 치료행위가 아니므로 상해죄의 구성요건해당성을 조각할 수 없고 다만 피해자의 승낙에 의하여 위법성을 조각할 수 있으나 이 때 의사의 설명의무(Aufklare ungspflicht)가 그 전제로서 요구되어야 한다.

3) 징계행위

객관적으로는 징계의 목적달성을 위한 불가피성이 요구되고 주관적으로는 교육의 목적달성을 위하므로 위법성이 조각된다. 징계권행사의 범위는 징계권의 행사로 사람의 신체를 상해하는 것은 징계권의 범위를 넘었다고 보아야 하므로 하기 때문에 위법성을 조각할 수 없다.

5. 존속상해죄

자기 또는 배우자의 직계존속에 대하여 전항의 죄(상해죄)를 범한 때에는 1년 이상 10년 이하의 징역에 처한다. 본죄의 미수범은 처벌한다(제257조). 10년 이하의 자격정지를 병과할 수 있다(제265조).

6. 중상해죄 · 존속중상해죄

사람의 신체를 상해하여 생명에 대한 위험을 발생하게 한 자는 1년 이상 10년 이하의 징역에 처한다(제258조 제1항). 신체의 상해로 인하여 불구 또는 불치나 난치의 질병에 이르게 한 자도 전항과 같다(동조 제2항). 자기 또는 배우자의 직계존속에 대하여 전2항의 죄를 범한 때에는 2년 이상의 유기징역에 처한다(제258조). 10년 이하의 자격정지를 병과할 수 있다(제265조).

(1) 의의와 성질

본죄는 결과적 가중범을 규정한 것이지만 중한 결과를 과실로 발생케 한 경우뿐만 아니라 중한 결과에 대하여 고의가 있는 경우에도 성립하는 **부진정결과적 가중범**이라고 해석하는 **통설**이 타당하다.

(2) 중한 결과

생명에 대한 위험을 발생하게 한다는 것은 생명에 대한 구체적 위험을 의미한다. '불구'란 신체의 전체조직에 있어서 고유한 기능을 가지고 있는 중요부분의 상실을 말한다. 예컨대, 안구에 폭력을 가하여 실명케 한 경우는 중상해에 해당된다(대법원 1960.4.6, 4292형상395). 그리고 신체조직에 있어서의 기능은 객관적으로 판단하여 결정한다. 그러나 신체의 중요부분의 상실은 그것이 절단된 경우뿐만 아니라 신체기능이 상실된 경우도 포함한다. '불치 또는 난치의 질병'이란 치료의 가능성이 없거나 희박한 질병을 말한다.

(3) 적용범위

폭행의 고의로 중상해죄의 결과를 발생케 한 때에는 폭행치상죄가 성립하고 다만 본죄의 예에 의하여 처벌된다고 해석한다.

7. 상해치사죄 · 존속상해치사죄

사람의 신체를 상해하여 치사한 자는 3년 이상의 유기징역에 처한다(제259조 1항). 자기 또는 배우자의 직계존속에 대하여 전항의 죄를 범한 때에는 무기 또는 5년 이상의 징역에 처한다(제259조).

(1) 구성요건

본죄는 사람의 신체를 상해하여 사망에 이르게 한 경우에 성립하는 범죄이다. 본죄에 관하여는 결과적 가중범의 일반원리에 따라 상해와 사망의 결과 사이에 인과관계가 있어야 하며, 사망의 결과에 대한 예견가능성이 있어야 한다.

1) 인과관계

상해와 결과 사이의 인과관계는 합법칙적 조건설에 따라 피해자의 지병 때문이거나 또는 피해자가 충분한 치료를 하지 아니한 결과라 할지라도 인과관계는 인정된다. 그러나 사망의 결과가 제3자의 행위에 의하여 실현되었거나 피해자가 스스로 야기한 때에는 행위자에게 귀속할 수 없게 된다.

2) 예견가능성

통설은 결과에 대한 예견가능성을 과실과 같은 의미로 이해하여야 한다.

(2) 공동정범

대법원은 상해치사죄의 공동정범은 죽일 의사 없이 폭행 기타 신체침해행위를 공동으로 할 의사가 있으면 성립되고 결과를 공동으로 할 의사는 필요가 없다는 이유로 공동정범의 성립을 인정하고 있다(대법원 1978.1.17, 77도2193).

8. 존속상해 치사죄

자기 또는 배우자의 직계존속의 신체를 상해하여 치사케 함으로써 성립한다.

9. 상해의 동시범의 특례

독립행위가 경합하여 상해의 결과를 발생케 한 경우에 있어서 원인된 행위가 판명되지 아니한 때에는 공동정범의 예에 의한다(제263조).

(1) 의의

동시범이란 2인 이상이 의사의 연락없이 개별적으로 동시에 죄를 범한 경우를 말한다. 각자가 단독정범에 불과하므로 개인책임의 원리에 따라 각자는 자기의 행위에 의하여 발생한 결과에 대하여만 책임을 진다. 형법 제19조[독립행위의 경합]에서는「동시 혹은 이시의 독립행위가 경합한 경우에 그 결과발생의 원인된 행위가 판명되지 아니한 때에는 각 행위를 미수범으로 처벌한다」고 규정하고 있다. 형법 제263조의 동시범의 특례에서는 독립행위가 경합하여 상해의 결과를 발생하게 한 경우에 있어서 원인된 행위가 판명되지 아니한 때에는 공동정범의 예에 의한다고 규정하고 있다. 형법 제19조의 예외를 인정하고 있고 입증의 곤란을 구제하기 위한 정책적인 예외규정이다.

(2) 법적 성질

1) 견해의 대립

① **거증책임전환설**(**다수설**): 피고인이 자기의 행위로 상해의 결과가 발생하지 않

았음을 증명할 거증책임을 지운 것이다.

② **법률상추정설**: 입증의 곤란을 구제하기 위하여 공동정범에 관한 법률상의 책임의 추정을 규정한 것이다.

③ **이원설**: 소송법상으로는 거증책임의 전환으로서의 성질을 가지며 실체법상으로는 공동정범의 범위를 확정시키는 의제를 한 것이다.

2) 비판

추정을 증명절차를 거치지 않고 사실을 인정하는 것이라는 점에서 사실의 인정에 증명을 수반하는 거증책임의 전환과 구별되는 것이고 법률상의 추정을 인정하는 것은 형사소송법의 기본원칙인 자유심증주의와 실체진실주의에 반하는 것으로서 이를 전제로 하는 이원설은 부당하다고 할 수 있다.

(3) 특례의 적용요건

1) 독립행위의 경합

두 개 이상의 행위가 서로 의사의 연락없이 같은 객체에 대하여 행하여지는 것이다. 제1설은 독립행위가 반드시 같은 시간에 행하여질 것을 요하지 않지만 적어도 동일 시간 내지 근접한 시간에 걸쳐 행하여질 것을 요한다는 견해, 제2설은 형법 제19조는 이시의 독립행위가 경합한 때에도 동시범으로 규정하고 있고 본조의 입법취지에 비추어 이시의 독립행위인 경우를 제외해야 할 이유는 없으므로 이시의 독립행위가 경합한 때에도 본조가 적용된다(소수설, **판례**)

2) 상해의 결과

폭행에 그쳤을 뿐 상해에 이르지 않았을 때에는 본조가 적용이 없고 상해의 결과가 발생하면 족하므로 상해의 결과는 상해행위에 의한 것이건 폭행행위에 의한 것이건(폭행치상) 불문한다.

3) 원인의 불판명

원인된 행위가 판명된 때에는 각자는 자기의 행위로부터 발생한 결과에 대하여 책임을 지게 될 뿐이다. 이 경우에 자기의 행위가 원인이 아니라는 거증책임은 피고인에게 있다.

(4) 특례의 적용범위

형법 제263조가 상해죄와 폭행치상죄에 대하여 적용된다.

1) 상해치사죄 · 폭행치사죄

동시범의 특례가 상해치사죄에 대하여도 적용되느냐? 제1설은 상해의 결과를 발생케 한 이상 상해의 범위를 넘어 상해치사에 이른 때에도 본조가 적용된다는 견해(긍정설), 제2설은 본조는 동시범에 대한 예외규정이고, 상해의 결과를 발생케 한 경우라고 규정하고 있음에도 불구하고 사망의 경우에도 적용하는 것은 유추해석금지에 반하므로 적용될 수 없다는 견해(부정설)이다. 동시범의 특례가 폭행치사죄에 대하여 적용되느냐에 대하여 상해의 결과가 발생한 경우가 아니므로 적용되지 않는다. **판례**는 폭행치사 혹은 상해치사의 경우에는 적용된다고 한다.

2) 강간치상죄 · 강도치상죄

다수설은 상해 혹은 폭행치상의 요소를 포함하더라도 그 보호법익을 달리하는 강간치상죄나 강도치상죄에는 적용이 없다. 적용이 있다면 유츄해석금지에 반한다. **판례**의 입장은 강간치상죄에는 적용이 없다고 한다(대법원 1984.4.24, 84도372).

> 피해자를 강간하려다 미수에 그치고 그 과정에서 피해자에게 경부 및 전흉부 피하출혈, 통증으로 약 7일 간의 가료를 요하는 상처가 발생하였으나 그 상처의 내용은 경부와 전흉부에 동전 크기의 멍이 들어있는 정도로서 굳이 치료를 받지 않더라도 일상생활을 하는 데 아무런 지장이 없고 시일이 경과함에 따라 자연적으로 치유될 수 있는 정도라면 그로 인하여 신체의 완전성이 손상되고 생활기능에 장애가 왔다거나 건강상태가 불량하게 변경되었다고 보기는 어려워 강간치상죄의 상해에 해당하지 않는다(대법원 1994.11.4, 94도1311).

Ⅲ. 폭행의 죄

사람의 신체에 대하여 폭행을 가한 자는 2년 이하의 징역, 500만원 이하의 벌금, 구류 또는 병과에 처한다(제260조 1항). 본조는 피해자의 명시한 의사에 반하여 논할 수 없다(제260조).

1. 폭행죄

(1) 객관적 구성요건

1) 행위의 객체

사람의 신체이며, 사람이란 자연인인 타인을 의미한다.

2) 행위

폭행을 가하는 것이다(협의의 폭행).

① 형법상 폭행의 개념

통설은 형법상의 개념을 다음과 같이 4종으로 분류한다.

(i) 최광의는 대상인, 대상물이 무엇인지 불문하고 유형력을 행사하는 모든 경우를 말한다. 예컨대, 내란죄(제87조), 소요죄(제115조), 다중불해산죄(제116조)를 들 수 있다. (ii) 광의는 사람에 대한 직접 및 간접의 유형력의 행사를 말한다. 반드시 사람의 신체에 대한 유형력이 가하질 것을 요하지 않고 물건에 대한 것이라 하더라도 간접적으로 인에 대한 것이라 볼 수 있으면 족하다. 예컨대, 공무집행방해죄(제136조), 특수도주죄(제146조), 강요죄(제324조)를 들 수 있다. (iii) 협의는 사람의 신체에 대한 직접적인 유형력의 행사로서 특수공무원의 폭행 등의 죄(제125조), 폭행죄(제260조), 존속폭행죄(제260조 2항), 외국원수에 대한 폭행죄(제107조)를 들 수 있으며, (iv) 최협의는 상대방의 반항을 불가능하게 하거나 현저히 곤란하게 할 정도의 가장 강력한 유형력의 행사이다. 예컨대, 강간죄(제333조), 준강도죄(제334조), 강제추행죄(제298조), 강도죄(제297조)이다. 폭행은 그 성질상 반드시 신체상 가해의 결과를 야기함에 족한 완력행사가 있음을 요하지 아니하고 육체상 고통을 수반하는 것도 아니므로 폭언을 수차 반복하는 것도 폭행인 것이다(대법원 1956.12.12 4289형상297).

② 폭행의 방법

협의의 폭행을 의미하므로 사람의 신체에 대하여 유형력을 행사하는 것이고 유형력을 행사하는 방법에는 제한이 없어 부작위에 의한 폭행도 가능하다. 사람의 신체에 대한 것임을 요하므로 단순히 물건에 대한 유형력의 행사는 폭행이라 할 수 없다.

〔표〕 폭행의 구체적 유형

○	침을 뱉는 행위, 손·옷을 잡아당기는 행위, 모발이나 수염을 자르는 것, 폭언, 사람의 신체에 돌을 던졌으나 그 돌이 명중되지 아니한 때, 계속 전화를 거는 경우, 거짓 소식을 전하여 사람을 경악
×	타인의 집 마당에 인분을 던지거나, 방문을 발로 차는 것

폭행(혹은 상해)을 가하면서 그 사실을 협박한 때에는 협박죄는 불가벌적 수반행위로서 폭행죄에 흡수된다.

(2) 주관적 구성요건

폭행의 고의가 있어야 한다. 상해의 고의로 폭행한 경우에는 상해미수죄이고, 폭행의 의사로 상해의 결과가 발생하면 폭행치상죄가 성립한다.

(3) 위법성

일반적 위법성조각사유에 의하여 그 위법성이 조각된다. 피해자의 승낙에 의한 폭행은 그것이 사회상규에 반하지 않는 때에는 위법성이 조각된다. 특히 정당행위의 경우가 문제되는데 징계권자가 징계권의 행사로 폭행은 정당행위로 위법성조각하고, 교사의 체벌은 징계권의 행사로서 위법성이 조각되나, 징계권의 행사는 사회상규에 위배되지 않는 범위에서만 허용된다. 판례는 상대방이 시비를 걸면서 팔을 잡는 경우, 강제로 연행하려고 하여 이를 뿌리치는 것은 사회상규에 반하지 않는다.

(4) 반의사불벌죄

처벌을 희망하는 의사표시가 없어도 공소를 제기할 수 있으나, 처벌을 희망하지 아니하는 의사표시가 있거나 처벌을 희망하는 의사표시를 철회하였을 때에는 공소를 제기할 수 없고, 공소를 제기한 때에는 공소기각의 판결을 선고하여야 한다(해제조건부 범죄). 다만, 폭력행위등처벌에 관한 법률에 해당하는 때에는 적용이 없다.

2. 존속폭행죄

자기 또는 배우자의 직계존속에 대하여 전항의 죄를 범한 때에는 5년 이하의 징역 또는 700만원 이하의 벌금에 처한다(제260조 2항). 본조는 피해자의 명시한 의사에 반하여 논할 수 없다(제260조 3항). 10년 이하의 자격정지를 병과할 수 있다(제265조). 폭행죄에 대하여 신분관계로 인하여 책임이 가중되는 가중적 구성요건이다. 본죄는 반의사불벌죄이다.

3. 특수폭행죄

단체 또는 다중의 위력을 보이거나 위험한 물건을 휴대하여 전조의 죄를 범한 때에는 5년 이하의 징역 또는 1000만원 이하의 벌금에 처한다(제261조). 10년 이하의 자격정지를 병과할 수 있다(제265조).

예제 ··· 다음의 경우에는 위험한 물건에 해당하는지 살펴보자.

1. 공기총에 실탄을 장전하지 아니하였다 하더라도 실탄을 함께 소지하고 있었고, 언제든지 실탄을 장전하여 발사할 수도 있었다면 공기총은 위험한 물건에 해당한다(대법원 2002.11.26, 2002도4586).
2. 식칼로 자신을 찌르려는 자로부터 식칼을 뺏은 다음, 훈계하면서 그 칼의 칼자루 부분으로 그 자의 머리를 가볍게 친 경우 그 식칼은 위험한 물건에 해당하지 아니한다(대법원 1989.12.22, 89도1570)
3. 상대방으로부터 쇠파이프로 머리를 구타당하면서 이에 대항하여 그곳에 있던 각목으로 상대방의 머리를 구타한 경우 그 각목은 위험한 물건에 해당하지 않는다(대법원 1981.7.28, 81도1046).

4. 폭행치사상죄

전 2조(폭행 · 존속폭행, 특수폭행)의 죄를 범하여 사람을 치상에 이르게 한 때에는 제257조 내지 제259조의 예에 의한다(제262조).

Ⅳ. 상습상해(존속상해 · 중상해 · 존속중상해) · 상습폭행(존속폭행 · 특수폭행)죄

상습으로 제257조, 제258조, 제260조 또는 제261조의 죄를 범한 때에는 그 죄에 정한 형의 2분의 1까지 가중한다(제264조). 10년 이하의 자격정지를 병과할 수 있다(제265조). 상습이란 반복된 행위에 의하여 얻어진 행위자의 습벽으로 인하여 죄를 범하는 것을 말한다. 상습범은 집합범에 해당하므로 본죄에 해당하는 때에는 포괄일죄의 관계가 된다는 것이 **통설**과 **판례**의 태도이다. 상습범은 범죄학상의 개념인 점에서 누범과 그 성질을 달리한다.

1. 치료행위로 인한 신체침해행위는 상해죄를 구성하는가?

2. 동시범의 특례에 대하여 논하시오.

1. 현행 형법이 사람에 대한 상해 및 과실치사상의 죄에 관한 규정과는 별도로 태아를 독립된 행위객체로 하는 낙태죄, 부동의 낙태죄, 낙태치상 및 낙태치사의 죄 등에 관한 규정을 두어 포태한 부녀의 자기낙태행위 및 제3자의 부동의 낙태행위, 낙태로 인하여 위 부녀에게 상해 또는 사망에 이르게 한 행위 등에 대하여 처벌하도록 한 점, 과실낙태행위 및 낙태미수행위에 대하여 따로 처벌규정을 두지 아니한 점 등에 비추어 보면, 우리 형법은 태아를 임산부 신체의 일부로 보거나, 낙태행위가 임산부의 태아양육, 출산 기능의 침해라는 측면에서 낙태죄와는 별개로 임산부에 대한 상해죄를 구성하는 것으로 보지는 않는다고 해석된다. 따라서 태아를 사망에 이르게 하는 행위가 임산부 신체의 일부를 훼손하는 것이라거나 태아의 사망으로 인하여 그 태아를 양육, 출산하는 임산부의 생리적 기능이 침해되어 임산부에 대한 상해가 된다고 볼 수는 없다(대법원 2007.6.29, 2005도3832).

1. 다음 상해죄에 대한 설명으로 틀린 것은?

① 상해는 생리적 기능을 훼손하는 행위를 의미한다는 견해가 다수설 및 판례의 태도이다.
② 상해의 수단 및 방법에는 제한이 없다.
③ 의사의 치료행위는 업무로 인한 정당한 행위로서 위법성이 조각된다고 보는 것이 통설과 판례의 태도이다.
④ 존속상해죄는 진정신분범이다.

〈해설〉 ④ 부진정신분범이다.

2. 상해의 동시범 특례에 대한 설명으로 틀린 것은?

① 동시범이란 2인 이상이 의사의 연락없이 동시 또는 이시에 동일한 행위 객체에 대해 구성요건 결과를 실현하는 경우를 말한다.
② 피고인에게 자기의 행위로 상해의 결과가 발생하지 않았음을 증명할 거증책임을 지우는 거증책임전환규정이라고 보는 것이 다수설이다.
③ 각 행위자를 미수범으로 처벌한다.
④ 상해죄와 폭행치상죄에 적용된다는 점에는 이론이 없다.

〈해설〉 ③ 제263조는 상해의 동시범에 대한 특례를 인정하여 상해의 원인된 행위가 판명되지 아니한 때에는 각자를 '공동정범'으로 처벌하도록 한다.

3. 다음 폭행죄에 대한 내용으로 맞지 않는 것은?

① 본죄의 폭행이란 사람의 신체에 대한 유형력의 행사를 말한다.
② 상해의사로 구타하여 단순폭행에 그친 경우는 상해미수죄로 처벌한다.
③ 본죄는 친고죄이다.
④ 폭행의사로 폭행하여 상해가 발생한 경우에는 폭행치상죄가 성립한다.

〈해설〉 ③ 반의사불벌죄로서 피해자의 명시한 불처벌의사가 있으면 처벌하지 못한다.

제3절 과실치사상의 죄

과실로 인하여 사람의 신체를 상해에 이르게 한 자는 500만원 이하의 벌금, 구류 또는 과료에 처한다(제266조 1항).

I. 의의

과실로 인하여 사람을 사망에 이르게 하거나 사람의 신체를 상해에 이르게 한 것을 내용으로 하는 범죄이다. 형법은 원칙으로 고의범만 벌하고, 과실범은 예외적으로 처벌하고 있다. 형법은 과실사상의 죄로 과실치상죄(제266조)와 과실치사죄(제267조)를 규정하고, 이에 대한 가중적 구성요건으로 업무상과실・중과실치사상죄(제268조)를 두고 있다.

과실이란 정상의 주의를 태만함으로 인하여 죄의 성립요소인 사실을 인식하지 못하는 것(제14조), 즉 주의의무에 위반하여 구성요건적 결과를 실현하는 것을 말한다. 여기서 주의의무위반은 과실범에 있어서 구성요건요소가 되는 동시에 책임요소가 되는 이중의 기능을 가지게 된다.

II. 과실치상죄(제266조)

1. 의의

본죄는 과실로 인하여 사람의 신체를 상해함으로써 성립한다. 따라서 본죄가 성립하기 위해서는 사람의 신체를 상해한 결과가 발생하여야 하고, 나아가서 신체의 상해가 과실로 인한 것임을 요한다. 상해에 대한 고의(상해죄)가 있는 경우는 물론 폭행의 고의로 상해의 결과를 발생(폭행치사죄)케 한 경우에도 과실치상죄가 성립하지 않는다. 그러므로 본죄는 과실로 인하여 폭행하였거나, 폭행에 의하지 않고 과실로 상해의 결과를 발생케 한 때에만 성립한다.

주의할 것 ••• 반의사불벌죄이다.

2. 과실의 내용

상해의 결과는 과실, 즉 주의의무위반으로 인한 것이어야 한다. 주의의무위반은 구성요건단계에서는 객관적으로 판단하고, 책임단계에서는 주관적으로 판단한다. 과실행위는 작위뿐만 아니라 부작위도 포함한다. 상해의 결과와 행위 사이에는 인과관계가 있어야 하고, 그 결과가 과실로 인한 것인 때에는 객관적으로 귀속될 수 있다. 대법원은 과실이 결과발생의 직접원인이 된 때에만 인과관계를 인정하고 있다. 행위자의 행위가 결과에 대한 유일한 원인이 될 것은 요하지 않는다. 따라서 제3자의 행위가 개입된 경우뿐만 아니라 피해자에게 과실이 있는 때에도 본죄의 성립에는 영향이 없다. 즉 **피해자의 기여과실**(contributory negligence)은 본죄의 성립에 영향을 미치지 못하고 양형의 자료가 될 수 있을 뿐이다.

Ⅲ. 과실치사죄(제267조)

1. 의의

과실로 인하여 사람을 치사케 함으로써 성립하는 범죄이다. 즉 과실의 결과에 대하여 고의가 없고 그것이 과실로 인한 것임을 요한다. 살해의 고의가 있을 때에는 살인죄(제250조), 상해의 고의가 있을 때에는 상해치사죄(제259조), 폭행의 고의가 있을 때에는 폭행치사죄(제262조)가 성립하므로 본죄는 살해의 고의는 물론 상해나 폭행의 고의도 없는 때에만 성립한다. 본죄의 객체는 사람이다. 사람의 시기는 살인죄의 경우보다 주로 본죄에서 문제된다. 과실에 의한 낙태는 처벌되지 않기 때문이다. 본죄가 성립하기 위하여도 사망의 결과가 발생하였을 뿐만 아니라 그것이 과실로 인하여 발생하였을 것을 요하므로, 결과에 대한 인과관계와 예견가능성이 필요하다.

담임교사가 학교방침에 따라 학생들에게 교실청소를 시켜왔고 유리창을 청소할 때는 교실안쪽에서 닦을 수 있는 유리창만을 닦도록 지시하였는데도 유독 피해자만이 수업시간이 끝나자마자 베란다로 넘어 갔다가 밑으로 떨어져 사망하였다면 담임교사에게 그 사고에 대한 어떤 형사상의 과실책임을 물을 수 없다(대법원 1989.3.28, 89도108).

주의할 것 ▪▪▪ 과실치사죄는 미수범규정도 없고 반의사불벌죄도 아니다.

2. 과실범의 공범

본죄와 관련하여 과실범, 즉 본죄의 공범이 가능한가에 대하여는 과실범에 대하여 교사범이나 종범이 성립할 수 없다는 데에 이론이 없으나 과실범의 공동정범이 가능한가에 대하여 학설이 대립하고 있다. **판례**는 행위공동설의 입장에서 이를 인정하고 있다.

Ⅳ. 업무상 과실치사상죄(제268조)

1. 의의

업무상의 과실로 인하여 사람을 사상에 이르게 함으로써 성립하는 범죄이다. 과실치사상죄에 대하여 「업무자」라는 신분관계로 인하여 형이 가중되는 가중적 구성요건이라는 점에는 이론이 없으나 본죄의 가중의 근거에 대해서는 견해가 일치하지 않으나, **다수설**은 업무자에게는 일반인보다 무거운 주의의무가 부과되어 높은 주의의무를 태만히 한 점에서 형이 가중된다고 하고 있다.

> 사람의 생명과 신체의 안전을 보호법익으로 하고 있는 형법상의 해석으로서는 사람의 시기는 규칙적인 진통을 동반하면서 태아가 태반으로부터 이탈하기 시작한 때 다시 말하면 분만이 개시된 때(소위 진통설 또는 분만개시설)라고 봄이 타당하며 이는 형법 제251조에서 분만중의 태아도 살인죄의 객체가 된다고 규정하고 있는 점을 미루어 보더라도 그 근거를 찾을 수 있는 바이니 조산원이 분만중인 태아를 질식사에 이르게 한 경우에는 업무상과실치사죄가 성립한다(대법원 1982.10.12, 81도2621).

2. 업무

(1) 업무의 개념

업무라 함은 「사람이 사회생활상의 지위에 기하여 계속하여 행하는 사무」를 말한다. 본죄에 대하여 **대법원**(대법원 1961.3.22, 4294형상5)은 「업무상 과실치사상죄에 있어서의 업무란 사람의 사회생활면에 있어서 하나의 지위로서 계속적으로 종사하는 사무를 말하고 반복계속의 의사 또는 사실이 있는 한 그 사무에 대한 각별한 경험이나 법규상의 면허를 필요로 하지 아니한다」고 판시하고 있다. 그러므로 예컨대, 점원이 자전거를 타고 배달하거나 면허없이 자동차를 운전한 자, 법정자격을 갖추지 아니한 광산보안관리책임자 또는 기술자, 면허없이 자가발전기의 작동작업을 담당한 자도 본죄의 업무자에 해당하는 것이다.

(2) 업무의 요건

1) 사회생활상의 지위

업무는 「사회생활상의 지위에 기한」 사무여야 한다. 사회생활상의 지위에 기한 사무란 사람이 사회생활을 유지하면서 행하는 사무를 말한다. 따라서 누구에게나 공통되는 자연적인 생활현상은 사회생활상의 지위에 기한 것이 아니므로 업무라고 할 수 없다.

2) 계속성

업무는 「객관적으로 상당한 횟수 반복하여 행하여지거나 또는 반복 계속할 의사로」 행하여진 것이어야 한다. 따라서 호기심에 의하여 단 1회 운전한 것만으로는 업무라고 할 수 없으나 장래 반복하여 행할 의사로 행한 때에는 단 1회의 행위라도 업무에 해당한다. 예컨대, 의사가 개업 첫날 의료사고를 내었거나 승용차를 구입한 다음날 사상케 한 경우가 그것이다.

3) 사무

업무는 사회생활상에서 계속성을 가지는 「업무」여야 한다. 사무의 성질상 생명·신체에 위해를 줄 수 있는 위험성 있는 것임을 요하나 그 사무가 본무이건 겸무이건 부수적 사무이건 공무이든 사무이든 영리를 위한 것이든 오락을 위한 것이든 묻지 않는다.

4) 직접성

제268조의 행위주체로서 업무자는 생명·신체를 침해하는 위험성이 높은 사회적 일을 '직접' 행하는 사람에 국한된다. 따라서 회사업무에 관여하지 않는 회장이나 공장을 운영하지 않고 임대 경영하는 자 등은 이 죄의 주체가 되지 않는다.

(3) 각칙상의 업무

1) 과실범에 있어서의 업무

업무자에게 예견가능성이 크기 때문에 그 책임을 가중하는 경우로서 예컨대, 본죄의 업무, 업무상 실화죄(제171조), 업무상 과실교통방해죄(제189조), 업무상 과실장물취득죄(제364조) 등을 들 수 있다.

2) 진정신분범의 요소로서의 업무

업무자의 행위만이 구성요건에 해당하는 경우, 여기서의 업무는 정범요소가 된다. 예컨대, 업무상 비밀누설죄(제317조), 허위진단서작성죄(제223조)가 이에 해당한다.

3) 부진정신분범의 요소로서의 업무

일반인의 행위도 처벌되지만 업무자의 행위는 책임이 가중되기 때문에 무겁게 벌하는 경우이다. 예컨대, 업무상 횡령죄와 업무상 배임죄(제356조)는 재산상의 업무를 의미하며 업무의 범위에 다소 불법적 요소가 있는 경우도 포함되지만 업무 자체가 위법해서는 안 된다.

4) 보호법익으로서의 업무 : 업무방해죄(제314조)에 있어서의 업무

이는 생명·신체에 위해를 가할 업무에 제한되지는 않으나 업무에 수반 혹은 일시오락에 제한되지는 않는다. 형법에 의하여 보호할 가치있는 업무에 제한되고 비공무원에 의한 공무수행이나 비권력적 공무수행 혹은 위력에 의한 공무집행방해의 경우에는 공무도 포함된다(절충설 : **다수설**). 공무는 포함되지 않고 사무에 한한다(소극설).

5) 행위의 태양으로서의 업무

업무가 행위의 태양 내지 그 요소를 이루는 경우를 말한다. 예컨대, 아동혹사죄(제274조)를 말한다.

(4) 업무상 과실의 내용

업무상 요구되는 주의의무의 범위는 구체적 사정을 고려하여 업무의 종류와 성질에 따라 결정된다.

1) 자동차운전자의 주의의무

① 사고방지의무

자동차운전자에게는 자동차의 운전으로 인한 사고를 방지할 주의의무가 있다. 따라서 자동차운전자는 (i) 운전 이전에 자체를 정비·검점하여 고장 여부를 조사·수리하여야 하고 (ii) 통행중에는 교통신호와 제한속도·안전거리 및 앞지르기 방법 등 교통규칙을 준수해야 할 뿐만 아니라, 전방좌우를 주시하며 언제나 급제동을 할 준비를 취하고 전방에 사람이 있을 때에는 경적을 울리고 서행하거나 일단 정차하는 등 사고를 방지하기 위한 모든 조치를 취하여야 하며 교행하는 자동차의 뒤에서 불시에 횡단하는 사람이 있을 것까지 예견하여 사고발생을 방지할 주의의무가 있고 특히 진행전방로상에 어린아이가 걸어가는 경우에는 아이가 뛰어나오는 경우까지 예견해야 할 주의의무가 있다고 한다. (iii) 운행을 종료한 때에도 차가 미끄러지거나 타인이 이를 운전하지 않도록 안전조치를 취해야 할 주의의무가 있다.

■ 자동차운전자는 다른 자동차와의 관계
- 상대방이 차선을 침범하여 운행하는 것까지 예상하여 이에 대비할 주의의무가 없다.
- 우선통행권을 가진 자동차의 운전자는 상대방 차가 대기할 것을 신뢰하면 족하다.
- 진행신호에 따라 진행하는 차는 신호를 무시하고 진행하는 차가 있음을 예상하여 사고의 발생을 방지할 주의의무가 없다.
- 무모하게 앞지르려는 차를 위하여 서행해야 할 주의의무도 없다.

■ 자동차운전자와 자전거와의관계
- 자동차전용도로에 자전거를 탄 사람이 차도에 나타날 것을 예견할 필요는 없다.
- 야간에 무등화자동차를 타고 차도를 횡단하는 자가 있을 것을 예상할 주의의무는 없다.

■ 자동차운전자와 보행자와의관계
- 고속도로상을 횡단하는 보행자를 충격한 경우에 운전자의 과실을 부정한다.
- 육교 밑을 횡단하는 보행자를 충격한 경우에 운전자의 과실을 부정한다.
- 갑자기 차도에 뛰어드는 사람을 충격한 운전자의 과실을 부정한다.
- 정차시에 버스운전자가 버스 주변에 장애물이 있는가를 확인하고 출발할 의무는 있으나 피해자가 발차순간에 바퀴 밑으로 들어갔다면 피고인에게 과실이 있다고 할 수 없다.
- 덤프트럭의 운전자가 사람이 접근할 이유가 없는 쓰레기하치장에서 차체와 적재함 사이에 사람이 있는가를 확인하지 않고 덤프기어를 내렸다고 하여 운전자에게 과실을 인정할 수 없다.

② 신뢰의 원칙

신뢰의 원칙이란 스스로 교통규칙을 준수한 운전자는 다른 교통관여자가 교통규칙을 준수할 것을 신뢰하면 족하고, 그가 교통규칙을 위반할 것까지 예견하여 이에 대한 방어조치까지 취할 의무는 없다는 원칙이다. **대법원**은 몇 가지 범위에서 이 원칙을 적용하고 있다. 자동차운전자는 다른 자동차와의 관계에서 상대방이 차선을 침범하여 운행하는 것까지 예상하여 이에 대비할 주의의무가 있고 우선통행권을 가진 자동차의 운전자는 상대방 차가 대기할 것을 신뢰할 것을 신뢰하면 족하며, 자전거에 대한 관계에서도 자동차운전자는 야간에 무등화 자동차를 타고 차도를 횡단하는 자가 있을 것을 예상할 주의의무는 없다고 판시하고 있다. 보행자에 대한 사고에 관하여는 아직도 횡단보도가 아닌 곳에서 일어난 사고에 대하여도 운전자의 과실을 인정하고 있다는 점에서 신뢰의 원칙을 적용하고 있다고 할 수 없다. 다만 고속도로상을 횡단하는 보행자를 충격한 경우에는 운전자의 과실을 부정하고 육교 밑을 횡단하는 보행자를 충격한 경우나 갑자기 차도에 뛰어드는 사람을 충격한 운전자의 과실을 부정한다. **대법원**도 신뢰의 원칙은 특별한 사정이 있는 경우에만 그 적용이 배제되는 원칙임을 명백히 하고 있다.

2) 의사의 주의의무

의사의 의술에는 중대한 결과가 뒤따를 수 있고 환자로서는 치료의 당부를 판단할 수 없다는 점에 비추어 보면 의사에 대하여도 엄격한 주의의무가 주어진다. 의사의 오진이 있는 때에는 원칙적으로 과실을 인정해야 할 것이며, 치료수단의 선택은 의학적으로 인정된 원칙에 따르지 않으면 안 된다. **신뢰의 원칙**(Vertrauensgrundsatz)은 업무상과실의 객관적 주의의무를 제한하는 기능을 하는데 주로 도로교통에서 문제가 되지만 공장·병원 등의 공동작업에도 확대적용되고 있다. 스스로 교통규칙을 준수한 운전자는 다른 교통관여자가 교통규칙을 준수할 것을 신뢰하면 족하고, 그가 교통규칙을 위반할 것까지 예견하여 이에 대한 방어조치까지 취할 의무는 없다는 원칙을 말한다. **대법원**은 현재 자동차와 자동차 또는 자동차와 자전거의 충돌사고에 대하여는 신뢰의 원칙을 엄격하게 적용하고 있다. 그러나 스스로 규칙을 위반한 경우나 규칙위반을 인식한 경우 그리고 상대방의 규칙가능성이 없는 경우처럼, 다른 참여자를 신뢰할 수 없는 특별한 사정이 있을 때는 신뢰의 원칙이 적용되지 않는다.

V. 중과실치사상죄

본죄는 중대한 과실로 인하여 사람을 사상에 이르게 함으로써 성립한다. 중대한 과실이라 함은 주의의무위반의 정도가 현저한 경우, 즉 조금만 주의하였더라면 결과의 발생을 회피할 수 있었음에도 불구하고 이를 게을리한 경우를 말한다.

Ⅵ. 교통사고처리특례법

운전자가 형법 제268조(업무상 과실·중과실치사상죄)를 범한 때에는 교통사고처리특례법(交通事故處理特例法)에 해당하게 되어 5년이하의 금고 또는 500만원 이하의 벌금으로 벌금형이 상향조정되어 있다(동법 제3조 제1항). 또한 업무상 과실·중과실치사상를 범한 때에는 운전자가 도로교통법 제50조에 의한 조치를 하지 아니하고 도주하거나 피해자를 유기하고 도주한 경우와 기타 일정한 사유에 해당하는 경우를 제외하고는 피해자의 명시한 의사에 반하여 공소를 제기할 수 없다고 규정하고 있다(동법 제3조 제2항). 다만 교통사고를 일으킨 제차가 종합보험이나 공제회보험에 가입한 때에는 피해자의 의사와 관계없이 공소를 제기하지 못한다(동법 제4조 제1항).

1. 자동차운전차의 주의의무의 범위는 어떠한가?

2. 업무상 과실치사상죄에서의 업무의 요건은?

3. A학생이 담임교사의 지시를 어기고 교실 바깥쪽의 유리창을 닦으려고 베란다로 넘어갔다가 추락하여 사망하였다면 그 형사책임은 무엇인가?

1. 의사는 전문적 지식과 기능을 가지고 환자의 전적인 신뢰하에 환자의 생명과 건강을 보호하는 것을 업으로 하는 자로서 그 의료행위를 시술하는 기회에 환자에게 위해가 미치는 것을 방지하기 위하여 최선의 조치를 취할 의무를 지고 있으므로, 의사가 다른 의사와 의료행위를 분담하는 경우에도 자신이 환자에 대하여 주된 의사의 지위에 있거나 다른 의사를 사실상 지휘·감독하는 지위에 있다면, 그 의료행위의 영역이 자신의 전공과목이 아니라 다른 의사의 전공과목에 전적으로 속하거나 다른 의사에게 전적으로 위임된 것이 아닌 이상, 의사는 자신이 주로 담당하는 환자에 대하여 다른 의사가 하는 의료행위의 내용이 적절한 것인지의 여부를 확인하고 감독하여야 할 업무상 주의의무가 있고, 만약 의사가 과실책임을 면할 수 없다(대법원 1990.5. 22, 90도579 ; 1998.2.27, 97도2812).
2. 배나 가슴 등에 그와 같은 상처가 생기면 치명적 결과가 올 수 있다는 것은 피고인 정도의 연령이나 경험 지식을 가진 사람으로서는 약간의 주의만 하더라도 쉽게 예견할 수 있음에도 그러한 결과에 대하여 주의를 다하지 않아 사람을 죽음으로까지 이르게 한 행위는 중대한 과실에 해당한다(대법원 1997.4.29, 97도528).
3. 제왕절개분만을 함에 있어서 산모에게 수혈을 할 필요가 있을 것이라고 예상할 수 있었다는 사정이 보이지 않는 한 산후과다출혈에 대비하여 제왕절개수술을 시행하기 전에 미리 혈액을 준비할 업무상 주의의무가 있다고 보기 어렵다(대법원 1997.4.8, 96도3082).
4. 연탄가스 중독환자가 퇴원시 자신의 병명을 물었으나 환자를 그 병명으로 진단·치료한 의사가 아무런 요양방법을 지도하여 주지 아니하여 병명을 알지 못한 환자가 퇴원 즉시 처음 사고 난방에서 다시 자다가 재차 연탄가스에 중독된 경우 의사로서의 업무상 과실이 있고, 이 과실과 재차의 일산화탄소 중독과의 사이에 인과관계가 있다고 보아야 한다(대법원 1991.2.12, 90도2947).

1. 다음 업무상 과실치사상죄에 대한 설명으로 틀린 것은?

① 본죄는 진정신분범이다.
② 업무상 과실이란 업무상 요구되는 필요한 주의의무를 게을리한 것을 말한다.
③ 단 1회의 행위라도 장래 반복할 의사로 행한 때에는 업무에 해당한다.
④ 업무는 사회생활상 지위에서 계속성을 가지는 사무이어야 한다.

〈해설〉 ① 본죄는 과실치사상죄에 비하여 업무자라는 신분관계로 인하여 형이 가중되는 가중적 구성요건인 부진정신분범이다.

2. 다음 중 A에게 업무상 과실이 인정되지 않는 경우는?(단, 다툼이 있는 경우에는 판례에 의함)

① 공사현장 감독 갑은 공사를 위하여 웅덩이를 파두었으나 안전조치를 하지 않아서 야간에 그곳을 지나던 통행인이 웅덩이에 떨어져 다쳤다.
② 의사 A는 연탄가스 중독환자에게 원인을 알려주지 않아 그 환자가 퇴원 후 사고가 난 방에서 자다가 다기 연탄가스에 중독되었다.
③ 산부인과 개업의사인 A는 제왕절개수술을 하는 도중 산모가 갑자기 출혈을 하였지만 수혈용 혈액을 미리 준비해두지 않아 출혈과다로 사망하였다.
④ A는 비가 내려 노면이 미끄러운 도로를 시속 60km의 속도로 앞차와 약 30m 가량의 간격을 유지한 채 진행하다가 앞차에 의해 역과되어 누워있는 피해자를 다시 역과하여 사망케 하였다.

〈해설〉 ③ 대법원 1997.4.8, 96도3082 : ② 대법원 1986.8.16, 86도915 ③ 대법원 1991.2.12, 90도2547 ④ 대법원 2001.12.11, 2001도5005

제4절 낙태의 죄

I. 의의

통설은 태아를 자연분만기에 앞서서 인위적으로 모체 밖으로 배출하거나 태아를 모체 안에서 살해하는 것을 내용으로 하는 범죄라고 이해한다. 그 보호법익에 대해서 **다수설**은 주된 보호법익은 태아의 생명이지만 임부도 부차적인 보호법익이 된다는데 견해가 일치하고 있다.

낙태의 죄의 기본적 구성요건은 자기낙태죄이다(제269조 1항). 업무상 낙태죄(제270조 1항)은 동의낙태죄에 대하여 신분관계로 책임이 가중되는 가중적 구성요건이다. 부동의낙태죄(제270조 2항)는 자기낙태죄에 대하여 불법이 가중되는 가중적 구성요건이다.

모자보건법 제14조는 의학적·우생학적·윤리적 적응이 있는 경우에 의사는 본인과 배우자의 동의를 얻어 인공임신중절수술을 할 수 있도록 규정하고 있다. 동조의 법적 성질은 적응방식에 의하여 낙태죄의 특수한 위법성조각사유를 규정한 것이라고 할 수 있다. 일반적 요건으로서 의사에 의하여 수술이 행하여져야 하고 본인과 배우자의 동의가 있어야 하며 인공임신중절수술은 임신한 날로부터 28주 이내에 하여야 한다(동법시행령 제3조). 개별적 적응요건으로서 임신의 지속이 보건의학적 이유로 모체의 건강을 해하고 있거나 해할 우려가 있는 경우(**의학적 적응**), 태아가 출생한 후에 유전적 소질이나 임신중의 충격으로 그 건강이 심히 침해되었을 때에 임부에게 그 출생을 요구할 수 없다는 고려에 근거(**우생학적 적응**)하며 부녀가 강간 등의 범죄행위로 인하여 임신이 강요된 경우(**윤리적 적응**)를 들 수 있다. 입법론상으로는 사회적 적응을 인정하지 않는 점에서 현실문제의 해결에 불충분하다는 데에 문제가 있다고 한다.

낙태죄의 주된 보호법익은 태아의 생명이며 태아의 생명도 형법이 보호해야 할 가치있는 법익임을 부정할 수 없으나, 태아의 생명은 사람의 생명이 아니라 생성중인 생명에 지나지 않으므로 사람의 생명과 같이 절대적으로 보호해야 할 법익이라고는 할 수 없어 일정한 범위에서는 낙태의 자유도 허용되어야 한다.

II. 자기낙태죄 · 동의낙태죄

1. 자기낙태죄

부녀가 약물 기타 방법으로 낙태한 때에는 1년 이하의 징역 또는 200만원 이하의 벌금에 처한다(제269조 1항). 본죄는 포태한 부녀가 자신이 단독으로 낙태하는 경우를 말하며, 타인과 공동으로 하는 경우도 성립한다. 포태한 부녀의 의뢰를 받아 낙태시킨 자는 본죄의 공범이 아니라 제269조 2항의 동의낙태죄 내지 제270조의 업무상동의 낙태죄로서 논하여진다. 또한 임부가 낙태행위를 완성한 후 태아가 생명이 있는 경우 이를 살해하면 낙태죄와 살인죄의 상상적 경합범이 된다.

2. 동의낙태죄

부녀의 촉탁 또는 승낙을 받아 낙태하게 한 자는 1년 이하의 징역 또는 200만원 이하의 벌금에 처한다(제269조 2항). 촉탁과 승낙은 낙태의 의미를 이해할 수 있는 능력이 있는 자의 자유로운 의사에 의하여야 한다. 본죄의 주체는 제270조 제1항에 열거된 자를 제외한 제3자를 말한다.

III. 낙태죄의 가중적 구성요건

1. 업무상 동의낙태죄

의사 · 한의사 · 조산사 · 약제사 또는 약종상이 부녀의 촉탁 또는 승낙을 받아 낙태하게 한 때에는 2년 이하의 징역에 처한다(제270조 제1항). 1개의 낙태행위를 임부와 의사 등이 공동하는 하는 경우이고, 여기에서의 의사는 산부인과 의사에 한하지 않으나 치과의사는 제외한다. 본죄는 주체가 일정한 신분을 가진다는 점에서 일반동의 낙태죄와 구별되며, 동의낙태죄에 대한 가중적 구성요건이다. 임산부의 낙태촉탁이 있더라도 의사에게 낙태거절을 기대할 수 있다(대법원1985.6.11. 84도1958).

사례연구 ▪▪▪ 산부인과 의사 A가 임부의 부탁을 받고 태아를 강제로 모체 밖으로 배출시킨 후 살아서 모체 밖으로 나온 태아를 염화칼륨으로 살해한 경우 그 형사책임은?

- 본 건에서 의사가 임부의 부탁으로 낙태를 한 경우이므로 의사에게는

형법상 업무상동의 낙태죄(제270조 제1항)가 성립하고 또한 태아가 살아있는 채로 모체 밖으로 나왔다면 생존능력의 여하를 불문하고 그 태아는 이제 사람이 된다. 따라서 그 사람을 염화칼륨을 주입하여 사망하게 하였다면 살인의 고의로 사람을 살해한 것이므로 살인죄(제250조 제1항)가 성립한다. 따라서 본 건에서 피고인인 A는 업무상촉탁낙태죄와 살인죄가 성립하게 한다(대법원 2005.4.15, 2003도2780).

2. 부동의낙태죄

부녀의 촉탁 또는 승낙 없이 낙태하게 한 자는 3년 이하의 징역에 처한다(제270조 제2항). 동의낙태죄보다 불법이 가중된 가중구성요건이다. 주체에는 제한이 없다. 의사 등이 임부의 동의없이 낙태시술을 하게 되면 본죄에 해당된다.

3. 낙태치사상죄

전2항(제270조 1항 · 2항)의 죄를 범하여 부녀를 치상한 때에는 5년 이하의 징역에 처한다. 치사한 때에는 10년 이하의 징역에 처한다. 7년 이하의 자격정지를 병과한다(제270조 3항).

1. 다음 낙태죄에 대한 설명으로 틀린 것은?

① 낙태란 태아를 자연분만기에 앞서서 모체 밖으로 배출하거나 태아를 모체 안에서 살해하는 것을 말한다고 보는 것이 통설이다.

② 본죄는 태아가 모체 밖으로 배출된 때에 기수가 되는 구체적 위험범이라고 보는 것이 다수설이다.

③ 낙태가 가족계획이나 국가정책에 순응하는 것이라 믿는 경우에는 법률의 착오에 해당한다.

④ 임부의 부탁을 받고 '의사'가 낙태를 행한 때에는 임부는 자기낙태죄가, 의사는 업무상 동의낙태죄가 성립한다.

〈해설〉 ② 다수설은 추상적 위험범으로 본다.

제5절 유기와 학대의 죄

I. 의의

유기죄란 노유·질병 기타 사유로 인하여 부조를 요하는 자를 보호할 의무 있는 자가 유기함으로써 성립하는 범죄이다. 형법은 극단의 개인주의 입장에서 유기죄를 규정하고 있는 점에 특색이 있다. 각칙 28장의 유기의 죄에 있어서 기본적 구성요건은 단순유기죄(제271조 1항)이다. 존속유기죄(동조 2항)는 신분관계로 인하여 책임이 가중된 가중적 구성요건이고, 영아유기죄(제272조)는 책임이 감경되는 감경적 구성요건이다. 중유기죄(제271조 3항·4항)와 유기치사상죄(제275조)는 결과적 가중범으로서 불법이 가중된 가중적 구성요건이다. 형법은 이 외에도 학대죄와 그 신분적 가중유형인 존속학대죄(제273조) 및 아동혹사죄(제274조)를 규정하고 있다.

통설은 유기죄가 피유기자의 생명·신체의 안전을 보호법익으로 하는 위태범이라고 한다. 그리고 유기죄는 요부자를 보호없는 상태에 두어 생명·신체의 위험에 빠지게 하는데 그 본질이 있고 형법이 유기의 결과로 사람의 생명에 대한 구체적 위험을 발생케 한 경우에는 특히 그 형을 가중하고 있는 점에 비추어 이를 추상적 위험범으로 해석한다.

II. 유기죄

1. 단순유기죄

(1) 서

1) 의의

노유·질병 기타 사정으로 인하여 부조를 요하는 자를 보호할 의무있는 자가 유기함으로써 성립하는 범죄를 말하는데 형법은 극단의 개인주의의 입장에서 유기죄를 규정하고 있는 점에 특색이 있다. 형법은 보호없는 자가 유기하는 것은 벌하지 아니한 채 보호의무의 유기만을 처벌한다.

2) 보호법익

① 생명 · 신체의 안전

유기죄가 피유기자의 생명 · 신체의 안전을 보호법익으로 하는 위태범이다.

② 보호의 정도

구체적 위험범인가 혹은 추상적 위험범인가에 대하여 제1설은 구체적 위험범설로서 행위자가 유기한 후에 그 옆에 숨어서 누가 구조해 가는 것까지 확인한 다음에 돌아오는 것은 본죄를 구성하지 않고 구체적으로 위험을 가져오지 않는 행위는 대체로 벌할 근거가 없다. 제2설은 추상적 위험범설로서 요부조자를 보호없는 상태를 두어 생명 · 신체의 위험에 빠지게 하는 데 그 본질이 있다. 생각건대, 유기의 결과 사람의 생명에 대한 구체적 위험을 발생케 한 경우에는 특히 그 형을 가중하는 점에 비추어 추상적 위험범설이라고 해야 한다.

3) 객관적 구성요건

① 주체

부조를 요하는 자를 보호할 법률상 · 계약상 의무있는 자, 즉 보호의무자이다. 이는 신분범이다.

(i) 보호의무의 내용

보호의무자는 부조를 요하는 자를 보호할 법률상 · 계약상의 의무가 있어야 한다. 보호의무는 부조의무와 반드시 일치하는 것은 아니다. 민법상의 부양의무는 경제적인 곤궁을 이유로 하고 형법상의 보호의무는 피부조자의 생명 · 신체에 대한 위험이다. 계약상의 보호의무는 그 계약이 유기자와 피유기자 사이에 체결된 것임을 요하지 않고, 유기자와 제3자 사이에 체결된 것을 요한다. 명시적 계약 · 묵시적 계약도 포함한다.

(ii) 보호의무의 근거

통설은 여기의 법률상 혹은 계약상의 의무는 예시에 지나지 않는다고 하여 널리 사무관리 · 관습 혹은 조리에 의하여도 보호의무가 발생한다. 발생근거로서는 부진정부작위범의 보증인 의무라고 할 수 있다. 이에 대하여 소수설은 보호의무의 근거는 법률상 혹은 계약상의 의무에 제한된다고 한다. 현행 형법은 유기죄에 있어서 구법과는 달리 보호법익의 범위를 넓힌 반면에 보호책임 없는 자의 유기죄는 없애고 법률상 또는 계약상의 의무있는 자만을 유기죄의 주체로 규정하고 있어 명문상 사회상규상의 보호책임을 관념할 수 없다고 하겠으니 유기죄의 죄책을 인정하려면 보호책임이 있게 된 경위, 사정, 관계 등을 설시하여 구성요건이 요구하는 법률상 또는 계약상 보호의무를 밝혀야 하고 설혹 동행자가 구조를 요하게 되었다 하여도 일정거리를 동행한 사실만으로는 피고인에게 법률상·계약상의 보호의무가 있다고 할 수 없으니 유기죄의 주체가 될 수 없다(대법원 1977.1.11 76도3419).

② 행위의 객체

「노유·질병 기타의 사정으로 인하여 부조를 요하는 자」이다.

'**부조를 요하는 자**'란 다른 사람의 조력없이 자기의 생명·신체에 대한 생명에 대한 위험을 스스로 극복할 수 없는 사람을 말한다. 경제적 요부조자는 제외된다. '**노유**'는 육체적·정신적 질환을 의미하며 병자뿐만 아니라 상해와 사고로 상처를 입은 부상자나 명정으로 인하여 의식을 잃은 자이고, '**기타 사정으로 부조를 요하는 자**'란 불구자, 최면술에 걸린 자 이외의 분만중의 부녀도 포함된다.

③ 행위

행위는 **유기**이다. 유기는 요부조자를 보호없는 상태에 둠으로써 그 생명·신체에 위험을 가져오는 행위이다. 작위이거나 부작위를 불문한다. 유기의 의미에는 협의의 개념으로 요부조자를 보호받는 상태에서 적극적으로 보호없는 상태로 옮기고 요부조자를 장소적으로 이전할 것을 요한다. 광의의 개념으로 요부조자를 종래의 상태에 두고 떠나거나 생존에 필요한 보호를 하지 않고 요부조자를 장소적으로 이전할 것을 불요한다. 보호의무자가 요부조자에게 돌아가지 않거나 그대로 있으면서 보호하지 않는 것을 의미한다. 추상적 위험범은 유기행위로 인하여 생명·신체에 대한 추상적 위험이 발생하면 기수에 이른다. 예컨대, 타인의 구조를 기대할 수 없거나 타인의 구조가 없으면 스스로 구조할 의사로 근처에 머물고 있는 때를 의미한다. 유기의 방법은 폭행·협박에 의하여 강제로 유기하거나 위계의 방법에 의한 경우도 포함되나, 단순히 요부조자가 위험에 빠지는 것을 버려두는 것으로 족하다. 생모가 사망의 위험이 예견되는 그 딸에 대하여는 수혈이 최선의 치료방법이라는 의사의 권유를 자신의 종교적 신념이나 후유증 발생의 염려만을 이유로 완강하게 거부하고 방해하였다면 이는 결과적으로 요부조자를 위험한 장소에 두고 떠난 경우와 다름이 없다 할 것이고, 그 때 사리를 변식할 지능이 없다고 보아야 할 11세 남짓한 환자 본인 역시 수혈을 거부하였다고 하더라도 생모의 수혈거부행위가 위법한 점에 영향을 미치지 않는다(대법원 1980.9.24 79도1387).

사례연구 ▪▪▪ 경찰관 A는 술에 만취된 채 향토예비군 4명에게 지서로 운반되어 나무의자 위에 눕혀 놓았을 때 숨이 가쁘게 쿨쿨 내뿜는 경우 급히 구호가 필요한 환자를 3시간동안 그대로 방치하였다. 경찰관이 많아 아파보이긴 하지만 술마셔서 그런 것같다고 판단하여 경찰관은 그대로 방치한 채 퇴근하였다. 이 때 경찰관의 형사책임은 무엇인가?

- 국민의 생명과 신체의 안전을 보호하기 위한 응급의 조치를 강구하여야 할 직무를 가진 경찰관이 피고인으로서는 술에 만취된 피해자가 향토예비군 4명에게 떼메어 운반되어 지서 나무의자 위에 눕혀 놓았을 때 숨이 가쁘게 쿨쿨 내품고 자신의 수족과 의사도 자제할 수 없는 상태에 있음에도 불구하고 근 3시간 동안이나 아무런 보호조치를 취하지 아니한 것은 유기죄에 대한 범의를 인정할 수 있다(대법원 1972.6.27, 72도863).

4) 주관적 구성요건

자기가 보호의무자이며 요부조자를 유기한다는 인식과 의사이며 미필적 고의로도 족하다. 보호의무를 발생하게 하는 상황에 대한 인식이나 보호의무의 내용과 범위에 대한 착오는 법률의 착오로서 형법 제16조에 의하여 해결하여야 한다. 또한 행위자에게 살인의 고의(미필적 고의)가 있는 때에는 살인죄와 보충관계에 있기 때문에 살인죄만 성립한다.

2. 존속유기죄

자기 또는 배우자의 직계존속에 대하여 전항의 죄를 범한 때에는 10년 이하의 징역 또는 1천 500만원이하의 벌금에 처한다(제271조 2항).

주의할 것 ▪▪▪ 부진정신분범이다.

3. 영아유기죄

직계존속이 치욕을 은폐하기 위하거나 양육할 수 없음을 예상하거나 특히 참작할 만한 동기로 인하여 영아를 유기한 때에는 2년 이하의 징역 또는 삼백만원 이하의 벌금에 처한다(제272조).

주의할 것 ▪▪▪ 부진정신분범이다.

4. 유기치사상죄 · 존속유기치사상죄

제271조 내지 제273조의 죄를 범하여 사람을 사상에 이르게 한 때에는 상해죄와 비교하여 중한 형으로 처단한다(제275조). 이는 유기죄 또는 존속유기죄를 범하여 사람을 사상에 이르게 함으로써 성립하는 결과적 가중범이다. 예컨대, 종교상 이유로 수혈을 거부하여 딸을 사망하게 한 어머니에 대하여는 유기치사죄가 성립한다(대법원 1980.9.24, 79도1387).

Ⅲ. 학대죄와 아동혹사죄

1. 학대죄 · 존속학대죄

자기의 보호 또는 감독을 받는 사람을 학대한 자는 2년 이하의 징역 또는 5백만원 이하의 벌금에 처한다(제273조 1항). 자기 또는 배우자의 직계존속에 대하여 전항의 죄를 범한 때에는5년 이하의 징역에 처한다(제273조). '학대'란 정신적 · 육체적으로 가혹한 고통을 주는 것으로 학대인가의 여부는 구체적인 경우에 건전한 상식으로 판단해야 한다. 학대죄는 자기의 보호 또는 감독을 받는 사람에게 육체적으로 고통을 주거나 정신적으로 차별대우를 하는 행위가 있음과 동시에 범죄가 완성되는 상태범 또는 즉시범이라 할 것이고 비록 수십회에 걸쳐서 계속되는 일련의 폭행행위가 있었다 하더라도 그중 친권자로서의 징계권의 범위에 속하여 위 위법성이 조각되는 부분이 있다면 그 부분을 따로 떼어 무죄의 판결을 할 수 있다(대법원 1986.7.8. 선고 84도2922).

형법 제273조 제1항에서 말하는 '학대'라 함은 육체적으로 고통을 주거나 정신적으로 차별대우를 하는 행위를 가리키고, 이러한 학대행위는 형법의 규정체제상 학대와 유기의 죄가 같은 장에 위치하고 있는 점 등에 비추어 단순히 상대방의 인격에 대한 반인륜적 침해만으로는 부족하고 적어도 유기에 준할 정도에 이르러야 한다(대법원 2000.4.25, 2000도223).

주의할 것 ▪▪▪ 존속학대죄는 부진정신분범이다.

2. 아동혹사죄

자기의 보호 또는 감독을 받는 16세 미만의 자를 그 생명 또는 신체에 위험한 업무에 사용할 영업자 또는 그 종업자에게 인도한 자는 5년 이하의 징역에 처한다. 그 인도를 받은 자도 같다(제274조).

주의할 것 ▪▪▪ 아동혹사죄는 진정신분범이면서 필요적 공범(대향범)이다.

1. 피고인이 우연히 길에서 만난 피해자가 사고로 거동불능의 상태에 빠졌는데도 그를 구조하지 않음으로써 심장마비로 사망하게 한 경우 그 형사책임은 무엇인가?

1. 강간치상의 범행을 저지른 자가 그 범행으로 인하여 실신상태에 있는 피해자를 구호하지 아니하고 방치하였다고 하더라도 그 행위는 포괄적으로 단일의 강간치상죄만을 구성한다(대법원 1980.6.24, 80도726).
2. 유기죄에 있어서는 행위자가 요부조자에 대한 보호책임의 발행원인 된 사실이 존재한다는 것을 인식하고 이에 기한 부조의무를 해태한다는 의식이 있음을 요한다(대법원 1988.8.9, 86도225).
3. 형법 제273조 제1항에서 말하는 '학대'라 함은 육체적으로 고통을 주거나 정신적으로 차별대우를 하는 행위를 가리키고, 이러한 학대행위는 형법의 규정체계상 학대

와 유기의 죄가 같은 장에서 위치하고 있는 점 등에 비추어 단순히 상대방의 인격에 대한 반인륜적 침해만으로는 부족하고 적어도 유기에 준할 정도에 이르러야 한다(대법원 2000.4.25, 2000도223).

1. 다음 유기죄에 대한 설명으로 틀린 것은?

① 구체적 위험발생을 요하지 않는 추상적 위험범이다.
② 판례에 의하면 강간치상범이 실신상태에 있는 피해자를 방치하고 도주하였더라도 유기죄는 성립한다고 한다.
③ 유기의 방법에는 제한이 없다.
④ 다수설에 의하면 법률・계약 이외에 사무관리・관습・조리에 의한 보호의무는 인정되지 않는다.

〈해설〉 ② 대법원 1980.6.24, 80도3419

2. 종교적인 이유로 수혈을 거부함으로써 딸을 사망하게 만든 행위는 다음 중 어디에 해당하는가?(판례를 따른다)

① 유기치사죄 ② 과실치사죄
③ 학대죄 ④ 부작위에 의한 살인죄

〈해설〉 ① 보호자인 부모로서 최선의 치료방법인 수술을 거부함으로써 딸을 사망하게 하였다면 유기치사죄를 구성한다(대법원 1980.9.24, 79도1387).

제2장 자유에 대한 죄

제1절 협박의 죄

I. 의의

협박과 강요의 죄는 개인의 자유로운 활동의 전제가 되는 정신적 의사의 자유, 즉 의사결정과 그 활동의 자유를 보호하는 범죄이다.

협박의 죄는 협박죄(제283조 1항)을 기본적 구성요건으로 한다. 협박죄에 대한 가중적 구성요건으로는 존속협박죄(동조 2항), 특수협박죄(제284조) 및 상습협박죄(제285조)가 있다. 강요의 죄의 기본적 구성요건은 폭력에 의한 권리행사방해죄, 즉 강요죄(제324조)이다. 중강요죄(제326조)는 강요죄에 대한 결과적 가중범으로서 불법이 가중되는 가중적 구성요건이다. 공무원의 권리행사방해죄(제123조) 및 공무집행방해죄(제136조)는 공무원에 의한 또는 공무원에 대한 강요죄라고 볼 수 있으나 강요죄와는 그 보호법익을 달리하는 별개의 범죄라고 해야 한다.

II. 협박죄

사람을 협박한 자는 3년 이하의 징역, 500만원 이하의 벌금, 구류 또는 과료에 처한다(제283조 1항).

1. 의의

개인의 자유로운 활동의 전제가 되는 정신적 의사의 자유, 즉 의사결정과 그 활동의 자유를 보호하는 범죄를 말한다. 그 보호법익으로서 협박죄는 의사결정의 자유이고 강요죄는 의사결정의 자유와 그 활동의 자유이다. 그 활동의 정도는 형법은 협박죄의 미수범을 처벌하고 있으므로 강요죄뿐만 아니라 협박죄도 의사의 자유가 침해되었음을 요하는 침해범이다.

형법이 강요죄를 협박죄와 분리하여 권리행사방해죄의 한 형태로 규정한 것은 체계의 혼동이다. 협박죄와 강요죄가 모두 사람의 의사의 자유를 보호법익으로 하는 죄라면 이를 별개의 장에서 규정해야 할 이유가 없다. 그래서 형법 제324조의 폭력에 의한 권리행사방해죄는 그 죄명을 강요죄로 고치고, 협박의 죄의 장에서 협박죄와 함께 규정하는 것이 타당하다.

형법이 협박죄의 미수를 벌하면서도 그보다 무거운 강요죄의 미수는 벌하지 않는 것은 입법론상의 과오이다.

2. 객관적 구성요건

(1) 행위의 객체

사람이란 자연인인 타인을 의미하므로 법인은 본죄의 객체가 되지 못한다. 본죄는 침해범이므로 본죄의 객체인 사람은 해악의 고지에 의하여 공포심을 일으킬만한 정신적 능력을 요한다. 예컨대, 영아·명정자·정신병자·수면자는 포함되지 않는다.

(2) 행위

1) 협박의 의의

해악을 고지하여 상대방에게 공포심을 일으킬 정도의 해악을 고지하는 것을 말하는데 적어도 발생 가능한 정도의 구체적인 해악의 고지가 있어야 한다(대법원 1998.3.10, 98도70). 예컨대, 협박을 고지하지 않은 폭언은 해당되지 않는다.

① 협박과 경고

해악의 발생이 직접·간접으로 행위자에 의하여 좌우될 수 있는 것을 말한다. 예컨대, 경고(단순히 자연발생적인 길흉화복, 천재지변의 도래를 알리는 것)은 해당되지 않는다. 객관적으로 행위자가 해악을 실현할 의사가 있다는 인상을 주었고 상대방이 사실상 그러한 해악이 발생할 가능성이 있다고 인식하면 족하다. 해악은 행위자가 직접 가할 것을 불요한다. 제3자에 의한 해악을 고지하는 것도 포함한다. 행위자가 제3자에게 영향을 미칠 수 있음을 상대방에게 인식케 함을 요하고 그것으로 족하다. 해악고지는 보통 언어에 의하는 것이나 경우에 따라서는 한마디 말도 없이 거동에 의하여도 조치할 수 있는 것이므로 가위로 찌를 듯이 하였다면 신체에 대하여 위해를 가할 고지로 못 볼 바 아니므로 이를 협박죄로 단정한 판결은 타당하다(대법원 1975.10.7 74도2727).

② 해악의 내용

제한이 없어 생명·신체·자유·명예·재산에 대한 해악과 정조·업무·신용에 대한 해악을 포함한다. 상대방 본인에 대한 해악일 것을 요하지 않고 본인과 밀접한 관계가 있는 제3자에 대한 해악이면 족하다. 상대방에게 공포심을 줄 수 있는 정도의 해악, 즉 상당한 정도의 해악일 것을 요하나 해악의 내용이 범죄가 되거나 불법할 것을 요하는 것은 아니다. 고지된 해악이 공포심을 일으킬 수 있는 정도의 것이냐는 중대한 가치의 침해 혹은 상실이 있는가를 객관적으로 판단한다. 해악의 내용은 행위뿐만 아니라 부작위도 포함된다. 부작위의 고지에 의한 협박은 부작위는 해악의 내용에 지나지 아니하며 부진정부작위범과는 아무 관계가 없는 것이므로 해악을 제거해야 할 의무가 있느냐는 전혀 문제가 되지 아니한다.

③ 해악고지의 방법

방법에는 제한이 없어 언어에 의하든 문서에 의하든 거동이나 태도에 의한 해악의 고지도 가능하고 해악의 통고는 조건부로 하여도 좋다. 대법원도 협박죄에 있어서의 해악을 가할 것을 고지하는 행위는 통상 언어에 의하는 것이나 경우에 따라서는 한마디 말도 없이 거동에 의하여서도 고지할 수 있다고 한다(대법원 1975.10.7, 74도2727).

2) 형법상의 협박개념

① 광의의 협박

사람에게 공포심을 일으킬 목적으로 상대방에게 해악을 고지하는 것이고 해악의 고지로 상대방에게 공포심이 일어났는가는 불문한다. 예컨대, 소요죄(제115조)·공무집행방해죄(제136조)·특수도주죄(제146조)의 협박을 말한다.

② 협의의 협박

상대방의 반항을 불가능하게 하거나 곤란하게 할 정도는 아니라도 상대방이 현실로 공포심을 느낄 수 있을 정도의 해악의 고지를 요한다. 예컨대, 공갈죄(제350조)의 협박을 들 수 있다.

③ 최협의의 협박

상대방의 반항을 불가능하게 하거나, 현저히 곤란하게 할 정도의 해악을 고지하는 것을 의미한다. 예컨대, 강도죄(제333조)와 강간죄(제297조)의 협박이다.

(3) 기수시기

본죄는 미수범을 처벌한다(제286조) 제1설은 **통설**로서 의사의 자유를 침해하여야 완성하는 침해범이므로 해악의 고지도 상대방에게 공포심이 일어났을 때 기수가 된다. 제2설은 소수설로서 본죄를 위태범이라고 해석하는 견해는 해악의 고지를 상대방이 지각할 수 있는 상태에 이르면 본죄는 기수가 된다.

3. 주관적 구성요건

본죄의 고의는 상대방에게 해악을 고지하여 공포심을 일으킨다는 인식과 의사를 내용으로 한다. 고지된 해악이 상대방에게 도달하여 상대방이 그가 해악을 실현할 가능성이 있다고 인식하는 것도 고의의 내용이 된다. 그러나 현실로 해악을 실현할 의사를 가질 것을 불요한다.

4. 위법성

위법성조각사유가 있는 때에 본죄가 성립하지 않는다. 본죄에 관하여 권리를 행사하기 위한 수단으로 협박을 한 경우에 본죄의 위법성이 조각될 수 있는가에 대하여 해악의 고지가 합법적인 권리의 행사로서 사회상규에 반하지 아니한 때에는 본죄가 성립하지 않지만, 외견상 권리의 행사로 보이는 경우에도 그것이 실질적으로 권리의 남용이 되어 사회상규에 반하는 때에는 본죄가 성립한다. 형사고소를 고지하여 협박을 하는 경우에 관하여 **통설**은 고소의 의사가 있느냐를 기준으로 하여 고소할 의사가 없음에도 상대방에게 공포심을 일으킬 목적으로 고소하겠다고 한 때에는 본죄가 성립하지 않는다. 소수설은 고소권자인 이상 고소할 의사가 있으냐 없으냐는 본죄의 위법성 판단의 기준이 되지 못하며, 고소권의 행사를 어떤 목적을 위하여 남용하였느냐에 따라서 판단한다. 즉 형사고소라는 수단과 협박에 의한 목적 사이에는 내적 연관이 있어야 하며, 이러한 연관이 단절된 때에는 본죄 성립을 긍정한다.

〔표〕 협박죄의 성립여부

○	회사의 돈을 횡령한 여자 경리사원에게 성교를 요구하면서 고소하겠다고 하는 경우
×	피해를 변상하지 않으면 고소하겠다고 협박한 때

5. 반의사불벌죄

타인의 의사의 자유를 보호법익으로 하는 범죄이므로 그 의사에 반해서까지 처벌해야 할 이유가 없다는 것을 근거로 한다.

Ⅲ. 가중적 구성요건

1. 존속협박죄

자기 또는 배우자의 직계존속에 대하여 제1항의 죄를 범한 때에는 5년 이하의 징역 또는 700만원 이하의 벌금에 처한다(제283조 1항)

주의할 것 ••• 부진정신분범이다.

2. 특수협박죄

단체 또는 다중의 위력을 보이거나 위험한 물건을 휴대하여 제283조 제1항, 제2항의 죄를 범한 때에는 7년 이하의 징역 또는 1천만이하의 벌금에 처한다(제284조).

피고인이 공기총에 실탄을 장전하지 아니하였다고 하더라도 범행 현장에서 공기총과 함께 실탄을 소지하고 있었고 피고인으로서는 언제든지 실탄을 장전하여 발사할 수도 있으므로 공기총은 '위험한 물건'에 해당한다(대법원 2002.11.26, 2002도4586).

3. 상습협박죄

상습으로 제283조 제1항, 제2항 또는 전조의 죄를 범한 때에는 그 죄에 정한 형의 2분의 1까지 가중한다(제285조).

1. 협박죄에 있어서의 해악을 가할 것을 고지하는 행위는 통상 언어에 의하는 것이나, 경우에 따라서는 한 마디 말도 없이 거동에 의하여서도 고지할 수 있는 것이다(대법원 1975.10.7, 74도2727).
2. 피고인이 피해자로부터 갑작스럽게 빰을 맞는 등 폭행을 당하여 서로 멱살을 잡고 다투자 주위사람들이 싸움을 제지하였으나 피해자에게 대항하기 위하여 깨어진 병으로 피해자를 찌를 듯이 겨누어 협박한 경우, 피고인의 행위는 자기의 법익에 대한 현재의 부당한 침해를 방어하기 위한 것이라고 볼 수 있으나, 맨손으로 공격하는 상대방에 대하여 위험한 물건인 깨어진 병을 가지고 대항한다는 것은 사회통념상 그 정도를 초과한 방어행위로서 상당성이 결여된 것이고, 또 주위사람들이 싸움을 제지하였다는 상황에 비추어 야간의 공포나 당황으로 인한 것이었다고 보기도 어렵다(대법원 1991.5.28, 91도80).
3. 협박죄가 성립하려면 고지된 해악의 내용이 행위자와 상대방의 성향, 고지 당시의 주변 상황, 행위자와 상대방 사이의 친숙의 정도 및 지위 등의 상호관계, 제3자에 의한 해악을 고지한 경우에는 그에 포함되거나 암시된 제3자와 행위자 사이의 관계 등 행위 전후의 여러 사정을 종합하여 볼 때에 일반적으로 사람으로 하여금 공포심을 일으키게 하기에 충분한 것이어야 하지만, 상대방이 그에 의하여 현실적으로 공포심을 일으킬 것까지 요구하는 것은 아니며, 그와 같은 정도의 해악을 고지함으로써 상대방이 그 의미를 인식한 이상, 상대방이 현실적으로 공포심을 일으켰는지 여부와 관계없이 그로써 구성요건은 충족되어 협박죄의 기수에 이르는 것으로 해석하여야 할 것이다. 결국, 협박죄는 사람의 의사결정의 자유를 보호법익으로 하는 위험범이라 봄이 상당하고, 협박죄의 미수범 처벌조항은 해악의 고지가 현실적으로 상대방에게 도달하지 아니한 경우나, 도달은 하였으나 상대방이 이를 지각하지 못하였거나 고지된 해악의 의미를 인식하지 못한 경우 등에 적용될 뿐이다(대법원 2007.9.28, 2007도606 전원합의체)

1. 다음 협박의 죄에 대한 설명으로 틀린 것은?

① 통설에 의하면 보호법익은 개인의 의사결정의 자유이며, 보호정도는 침해범으로서의 보호이다.

② 자연발생적인 길흉화복이나 천재지변의 도래를 알리는 경우에는 경고로서 불가벌이다.

③ 본죄는 침해범이므로 해악의 내용이 상대방에게 도달되어 상대방에게 공포심이 일어났을 때 기수가 된다.

④ 채무변제를 독촉하기 위하여 생명・신체에 대한 위해를 고지한 경우에는 협박죄가 성립하지 아니한다.

〈해설〉 ④ 정당한 권리행사의 수단으로 협박한 경우에 목적과 수단의 균형성을 고려하여 협박이 사회상규에 반하지 않으면 위법성이 조각되나, 실질적으로 권리남용인 경우에는 협박죄가 성립한다.

제2절 체포와 감금의 죄

사람을 체포 또는 감금한 자는 5년 이하의 징역 또는 700만원 이하의 벌금에 처한다(제276조 1항)

I. 의의

불법하게 사람을 체포 혹은 감금하여 사람의 신체적 활동의 자유를 침해하는 것을 내용으로 하는 범죄를 말한다(제276조). 형법은 체포・감금의 죄를 기본적 유형으로 하여 존속체포・감금죄(제276조 2항), 중존속체포・감금죄(제277조 2항), 상습체포・감금죄(제279조)를 신분적 가중유형으로 중체포・감금죄(제277조 1항)을 방법적 가중유형으로, 체포・감금치사상죄(제281조)를 결과적 가중유형으로 하고 있다. 미수범을 처벌한다(제280조).

사람의 신체적 활동의 자유 특히 장소선택의 자유 ⇒ 거처변경에 대한 의사활동의 자유이다. 사람의 잠재적 이전의 자유(피해자가 행위시 현실로 이전하려고 했느냐가 문제되는 것이 아니라 이전하려고 했으면 할 수 있었는가가 기준이 된다)로서 강요죄의 특수한 경우이다.

II. 구성요건

1. 행위의 객체

사람이 자연인인 타인을 의미한다. 본죄의 객체가 되는 자연인이 신체활동의 자유를 가진 자에 한하는가?

1) 극단적으로 넓게 해석하는 견해: 모든 자연인이 본죄의 객체가 된다(명정자, 수면자, 정신병자, 불구자, 유아)

2) 가장 좁게 해석하는 견해: 현실적으로 행동의 의사가 없는 자는 모두 본죄의 객체가 아니다. 예컨대, 유아 ×, 정신병자 ×, 명정자 ×, 수면자 ×

3) 자연적·잠재적 의미에서 행동의 의사를 가질 수 있는 자연인은 모두 본죄의 객체가 된다. 예컨대, 유아 × , 정신병자 ○, 명정자 ○, 수면자 ○, 불구자 ○

2. 행위 : 체포 또는 감금

(1) 체포

사람의 신체에 대하여 직접적·현실적인 구속을 가하면서 행동의 자유를 빼앗는 것이다. 수단과 방법(예컨대, 무형적 방법 - 경찰관 사칭하거나 협박, 유형적 방법 - 손발을 묶거나 몸을 잡는 것, 작위·부작위, 간접정범)을 불문한다. 자유를 빼앗는가의 여부는 전체적으로 판단 - 부분적으로 자유롭게 행동하여도 전체적으로 보아 자유가 없다고 인정되는 때이다. 경찰관으로 사치하여 연행하거나 권총으로 겨냥하고 일정한 시간동안 한 장소에 움직이지 못하게 하는 것 등이다. 그러나 예컨대, 일정한 장소에 출석하지 아니하면 구속하겠다고 협박하여 출석하게 하는 것은 강요죄이다.

(2) 감금

사람을 일정한 장소 밖으로 나가지 못하게 하여 신체적 활동의 자유를 장소적으로 제한하는 것이다. 감금의 수단 혹은 방법은 불문한다(유형적 방법으로는 폭력 사용 혹은 묶어서 마취하는 경우이고 무형적 방법으로는 협박 혹은 기망을 들 수 있다). 사실상 탈출할 수는 있었다고 할지라도 피해자가 출구를 모르거나 인식하기 어려운 상태는 감금에 해당한다. 예컨대, 아파트의 창문을 통하여 뛰어내리거나 질주하는 차에서 내리는 것 같이 탈출하는 때에는 생명 혹은 신체에 대한 위험이 따르는 경우, 수치심 때문에 밖으로 나가지 못하게 한 때 - 목욕하고 있는 부녀의 옷을 가져가서 나오지 못하도록 한 경우 등이다. 또한 작위·부작위, 자수, 간접정범에 의한 감금도 가능하다.

1. 감금죄는 사람이 일정한 구역에서 나가는 것을 불가능하게 하거나 현저히 곤란하게 하여 신체적 활동의 자유를 제한하는 죄로서 유형. 무형의 강제력의 행사나 기망의 수단 등에 의하여 그 의사에 반하여 신체적 자유를 속박하는 경우에 성립되는 것이다(대법원 1985.10.8. 선고 84도2424)
2. 강간죄의 성립에 언제나 직접적으로 또 필요한 수단으로서 감금행위를 수반하는 것은 아니므로 감금행위가 강간미수죄의 수단이 되었다 하여 감금행위는 강간미수죄에 흡수되어 범죄를 구성하지 않는다고 할 수는 없는 것이고, 그때에는 감금죄와 강간미수죄는 일개의 행위에 의하여 실현된 경우로서 형법 제40조의 상상적 경합관계에 있다(대법원 1983.4.26. 선고 83도323).
3. 상습특수절도를 목적으로 범죄단체를 조직하거나 이에 가입하는 행위는 그 목적한 죄인 상습특수절도죄에 관한 사건에 준하여 지방법원 단독판사가 심판하여야 한다(대법원 1980.8.19. 선고 79도1345)

3. 본죄의 기수시기

미수범을 처벌한다. 그렇다면 언제 체포·감금이 기수에 이르는가에 대해서는 다음과 같다.

(1) 사람의 행동의 자유를 보호하기 위한 것이므로 행동의 자유가 침해된 때, 즉 피해자의 의식이 침해된 때에 비로소 기수가 된다는 견해
- 본죄의 보호법익인 이전의 자유는 현실적 자유가 아니라 잠재적 자유임에도 불구하고 피해자의 의식이 침해되어야 본죄가 완성된다는 비판이 있다.

(2) 객관적으로 피해자의 잠재적인 행동의 자유를 침해한 사실이 인정되면 기수가 되며, 피해자가 현실적인 자유박탈에 대한 인식을 하였는가는 본죄의 성립에 영향이 없다고 해석된다(다수설).

그 성질상 어느 정도의 시간적 계속성을 요건으로 한다. 일시적인 자유박탈의 경우에는 폭행죄가 성립할 수 있음은 별문제로 하고 본죄가 성립할 여지가 없다. 체포·감금의 의사로 일시적으로 감금하는 데 그칠 때에는 미수가 된다.

Ⅲ. 위법성

위법성이 조각되는 경우(예컨대, 검사 혹은 사법경찰관의 영장에 의한 구속, 현행범인의 체포, 친권자의 징계행위, 경찰관의 주취자 보호조치 혹은 치료를 위한 정신병자의 감금 등)는 제20조가 된다. 피해자의 승낙은 제1설은 위법성을 조각한다는 견해이고 제2설은 체포감금은 피해자의 동의가 없는 것을 그 요건으로 한다고 할 것이므로 이에 대한 피해자의 동의는 구성요건해당성을 조각하는 양해로 된다고 한다.

Ⅳ. 죄수

본죄는 계속범이므로 피해자를 체포·감금함으로써 본죄는 기수에 이르지만 자유가 회복되어야 본죄는 종료한다. 사람을 체포한 자가 감금까지 할 때에는 포괄하여 하나의 감금죄가 성립한다. 체포·감금의 수단으로 폭행 혹은 협박한 때에는 체포·감금죄만 성립되고(대법원 1982.6.22, 82도705). 감금 중에 행한 폭행·협박이 감금상태를 유지하기 위한 것이 아닐 때에는 본죄와 경합범의 관계에 있게 된다. **대법원**은 감금이 동시에 강간의 수단이 될 때에는 양죄의 상상적 경합이 된다고 한다. 강간죄의 성립에 언제나 직접적으로 또 필요한 수단으로서 감금행위를 수반하는 것은 아니므로 감금행위가 강간미수죄의 수단이 되었다 하여 감금행위는 강간미수죄에 흡수

되어 범죄를 구성하지 않는다고 할 수는 없는 것이고, 그 때에는 감금죄와 강간미수죄는 일개의 행위에 의하여 실현된 경우로서 형법 제40조의 상상적 경합관계에 있다(대법원 1983.4.26 83도323).

V. 가중적 구성요건

1. 존속체포 · 감금죄

자기 또는 배우자의 직계존속에 대하여 전항의 죄를 범한 때에는 10년 이하의 징역 또는 1천500만원 이하의 벌금에 처한다(제276조 2항). 본죄의 미수범은 처벌한다(제280조). 본죄를 범한 때에는 10년 이하의 자격정지를 병과할 수 있다(제282조).

2. 중체포 · 감금죄, 존속중체포 · 감금죄

사람을 체포 또는 감금하여 가혹한 행위를 가한 자는 7년 이하의 징역에 처한다(제277조 1항). 자기 또는 배우자의 직계존속에 대하여 전항의 죄를 범한 때에는 2년 이상의 유기징역에 처한다(제280조). 본조의 미수범은 처벌한다(제280조). 본죄를 범한 때에는 10년 이하의 자격정지를 병과할 수 있다(제282조).

3. 특수체포 · 감금죄

단체 또는 다중의 위력을 보이거나 위험한 물건을 휴대하여 전2항의 죄(체포 · 감금죄, 존속체포 · 감금죄, 중체포 · 감금죄, 존속중체포 · 감금죄)를 범한 때에는그 죄에 정한 형의 2분의 1까지 가중한다(제278조). 본죄의 미수범은 처벌한다(제280조). 본죄를 범한 때에는 10년 이하의 자격정지를 병과할 수 있다(제282조).

4. 상습체포 · 감금죄

상습으로 제276조 또는 제277조의 죄(체포 · 감금죄, 존속체포 · 감금죄, 중체포 · 감금죄, 존속중체포 · 감금죄)를 범한 때에는 전조의 예에 의한다(제279조). 본죄의 미수범은 처벌한다(제280조). 본죄를 범한 때에는 10년 이하의 자격정지에 병과할 수 있다(제282조).

5. 체포 · 감금치사상죄, 존속체포 · 감금치사상죄

본장의 죄(체포 · 감금죄, 존속체포 · 감금죄, 중체포 · 감금죄, 존속중체포 · 감금죄, 특수체포 · 감금죄, 상습체포 · 감금죄)를 범하여 사람을 사상에 이르게 한 자는 상해죄와 비교하여 중한 형으로 처단한다(제281조). 본죄를 범한 때에는 10년 이하의 자격정지를 병과할 수 있다(제282조). 피해자를 강제로 승용차에 태운 뒤 운전하여 가자 겁에 질린 피해자가 차에서 뛰어 내리다가 상해를 입은 경우 감금치상죄가 인정된다(대법원 2000.5.26, 2000도440).

피고인이 미성년자를 유인하여 포박 감금한 후 단지 그 상태를 유지하였을 뿐인데도 피감금자가 사망에 이르게 된 것이라면 피고인의 죄책은 감금치사죄에 해당한다 하겠으나, 나아가서 그 감금상태가 계속된 어느 시점에서 피고인에게 살해의 범의가 생겨 피감금자에 대한 위험발생을 방지함이 없이 포박감금상태에 있던 피감금자를 그대로 방치함으로써 사망케 하였다면 피고인의 부작위는 살인죄의 구성요건적 행위를 충족하는 것이라고 평가하기에 충분하므로 부작위에 의한 살인죄를 구성한다(대법원 1982.11.23. 82도2024).

피고인이 아파트 안방에서 안방문에 못질을 하여 동거하던 피해자가 술집에 나갈 수 없게 감금하고, 피해자를 때리고 옷을 벗기는 등 가혹한 행위를 하여 피해자가 이를 피하기 위하여 창문을 통해 밖으로 뛰어 내리려 하자 피고인이 이를 재제한 후, 피고인이 거실로 나오는 사이에 갑자기 안방 창문을 통하여 알몸으로 아파트 아래 잔디밭에 뛰어 내리다가 다발성 실질장기파열상 등을 입고 사망한 경우, 피고인의 중감금행위와 피해자 사망 사이에는 인과관계가 있어 피고인은 중감금치사죄의 죄책을 진다(대법원 1991.10.25, 91도2085).

1. 다음 체포와 감금의 죄에 대한 설명으로 틀린 것은?

① 출산직후의 영아는 본죄의 객체가 될 수 없다.
② 경찰관을 사칭하여 연행하거나 권총을 겨누고 동행시킨 경우도 체포에 해당한다.
③ 일시적인 자유박탈은 본죄의 미수범에 해당한다.
④ 일정한 장소에 출석하도록 협박하여 출석하게 한 경우도 체포에 해당한다.

〈해설〉 ④ 강요죄에 해당한다.

제3절 약취와 유인의 죄

I. 의의

약취와 유인의 죄는 사람을 약취 또는 유인하여 자기 또는 제3자의 실력적 지배하에 둠으로써 개인의 자유를 침해하는 것을 내용으로 하는 범죄이다.

통설은 피인취자(미성년자)의 자유권이 주된 보호법익이지만 보호자의 감독권도 또한 부차적인 보호법익이 된다고 한다. 약취와 유인의 죄의 보호법익이 보호받는 정도는 침해범이다.

기본적 구성요건은 미성년자 약취유인죄(제287조)이다. 영리・추행・간음목적 약취・유인죄(제288조 1항), 부녀매매죄(동조 2항), 국외이송목적 약취・유인죄(제289조 1항)는 목적범으로 가중적 구성요건이며, 결혼목적 약취・유인죄(제291조)는 목적으로 인하여 불법이 감경되는 감경적 구성요건이다. 피약취・유인・매매・이송자 수수・은닉죄(제292조)는 총론상의 방조에 해당하는 행위를 특별히 규정한 구성요건이며, 영리・추행・간음목적 약취・유인・매매・이송자 수수・은닉죄(제293조 2항)는 이에 대한 불법가중구성요건이다. 상습약취・유인・매매・이송죄(제288조 3항, 제289조 3항) 및 상습피약취・유인・매매・이송자 수수・은닉죄(제293조 1항)는 상습성으로 인하여 책임이 가중되는 가중적 구성요건이다.

형법은 약취와 유인의 죄의 미수범을 처벌하며(제294조), 국외이송목적 약취・유인・매매죄에 관하여 예비・음모를 벌하고 있다(제290조).

II. 미성년자 약취・유인죄

미성년자를 약취 또는 유인한 자는 10년 이하의 징역에 처한다(제287조). 본죄의 미수범은 처벌한다(제294조).

1. 객관적 구성요건

본죄는 미성년자를 약취 또는 유인함으로써 성립한다.

(1) 주체

본죄의 주체는 제한이 없고 실부모라 할지라고도 본죄의 주체가 될 수 있다.

(2) 행위의 객체

미성년자라 함은 민법상의 미성년자, 즉 20세 미만의 자를 말한다. 미성년자가 혼인한 경우에 본죄의 객체가 될 수 있느냐에 대하여 미성년자가 혼인한 때에는 본죄의 객체가 될 수 없다.

(3) 행위

1) 약취와 유인이란 사람을 보호받는 상태 내지 자유로운 생활관계로부터 자기 또는 제3자의 실력적 지배하에 옮기는 것을 말한다. **약취**는 폭력 또는 협박을 수단으로 하는 데 대하여 **유인**이란 기망 또는 유혹을 수단으로 하는 점에 차이가 있다. 피해자가 스스로 가출하여 피고인 등의 한국복음전도회 부산 및 마산 지관에 입관할 것을 호소하였다고 하더라도 피고인들의 독자적인 교리설교에 의하여 하자있는 의사로 가출하게 된 것이고, 동 피해자의 보호감독권자의 보호관계로부터 이탈시키고 피고인들의 지배하에서 그들 교리에서 말하는 소위 "주의 일"(껌팔이 등 행상)을 하도록 도모한 이상 미성년자 유인죄의 성립에 지장이 없다(대법원 1982.4.27 82도186).

2) 약취 또는 유인이라고 하기 위해서는 피인취자를 자기 또는 제3자의 사실적 지배하에 두지 않으면 안 된다. 본죄가 성립하기 위하여 피인취자의 장소적 이전을 요하느냐에 대하여 장소적 이전을 요건으로 하지 않는다고 해석하는 것이 타당하다고 한다. **대법원**은 약취행위는 폭행·협박을 수단으로 하지만 폭행·협박 이외에 미성년자를 그 의사에 반하여 자유로운 생활관계로 또는 보호관계로부터 범인이나 제3의 사실상 지배로 옮기는 행위가 있어야 한다고 하고 있다(대법원 2008.1.17, 2007도8485).

3) 본죄가 완성되지 위해서는 미성년자를 사실적 지배하에 두었을 뿐만 아니라 사실적 지배는 어느 정도의 시간적 계속을 필요로 한다고 한다. 본죄의 성질에 대하여는 본죄의 완성에는 어느 정도의 시간적 계속을 필요로 할 뿐 아니라, 본죄가 기수가 된 이후에도 구성요건에 해당하는 행위에 의하여 그 상태가 유지된다고는 점에서 계속범이라고 한다.

2. 주관적 구성요건

본죄도 주관적 구성요건으로 고의를 필요로 한다. 본죄의 고의는 피인취자가 미성년자라는 인식과 폭행·협박·기망 또는 유혹에 의하여 이를 약취·유인한 때에도 본죄가 성립한다.

3. 위법성

본죄는 약취·유인이 위법한 때에만 성립한다. 본죄도 정당방위·긴급피난 또는 정당방위에 의하여 위법성이 조각될 수 있다. 본죄는 미성년자의 자유권뿐만 아니라 보호자의 감독권도 보호법익으로 하므로 피인취자 본인의 승낙은 본죄의 성립에 영향을 미치지 못한다. 피해자의 동의에 있어서는 하자가 있어서는 안 된다.

Ⅲ. 영리·추행·간음·국외이송목적 약취·유인죄

1. 영리·추행·간음목적 약취·유인죄

추행·간음 또는 영리의 목적으로 사람을 약취 또는 유인한 자는 1년 이상의 유기징역에 처한다(제288조). 본죄의 미수범은 처벌한다(제294조). 본죄와 그 미수범에는 10년 이하의 자격정지 또는 200만원 이하의 벌금을 병과할 수 있다(제295조). 본죄 중 추행 또는 간음의 목적으로 약취·유인한 자와 그 미수범은 고소가 있어야 논한다(제296조).

2. 부녀매매죄

추행에 사용할 목적으로 부녀를 매매한 자도 전항의 형과 같다(제288조). 본죄의 미수범은 처벌한다(제294조). 본조와 그 미수범에는 10년 이하의 자격정지 또는 200만원 이하의 벌금을 병과할 수 있다(제285조). 부녀매매죄는 부녀자의 신체의 자유를 그 일차적인 보호법익으로 하는 죄로서 행위의 객체는 부녀이고, 여자인 이상 그 나이나 성년·미성년, 기혼 여부 등을 불문한다(대법원 1992.1.22 91도1402).

3. 국외이송목적 약취·유인죄

국외에 이송할 목적으로 사람을 약취·유인 또는 매매한 자는 3년 이하의 유기징역에 처한다(제289조). 본죄의 미수범은 처벌한다(제294조). 본죄와 그 미수범에는 10년 이하의 자격정지 또는 200만원 이하의 벌금을 병과할 수 있다(제295조). 본죄를 범할 목적으로 예비 또는 음모한 자는 3년 이하의 징역에 처한다(제290조).

4. 피약취 · 유인 · 매매자국외이송죄

약취, 유인 또는 매매된 자를 국외에 이송한 자도 전항의 형과 같다(제289조). 본죄의 미수범은 처벌한다(제294조). 본죄와 그 미수범에는 10년 이하의 자격정지 또는 200만원 이하의 벌금을 병과할 수 있다(제295조). 본죄를 범할 목적으로 예비 또는 음모한 자는 3년 이하의 징역에 처한다(제290조).

5. 결혼목적 약취 · 유인죄

결혼할 목적으로 사람을 약취 또는 유인한 자는 5년 이하의 징역에 처한다(제291조). 본죄의 미수범은 처벌한다(제294조). 본죄는 고소가 있어야 논한다(제296조).

6. 피약취 · 유인 · 매매 · 국외이송자수수 · 은닉죄

제288조 또는 제289조의 약취 · 유인이나, 매매된 자 또는 이송된 자를 수수 또는 은닉한 자는 7년 이하의 징역에 처한다(제292조 1항). 제287조 또는 제291조의 약취 또는 유인한 자를 수수 또는 은닉한 자는5년 이하의 징역에 처한다(제292조 2항). 본죄의 미수범은 처벌한다(제294조). 본죄와 그 미수범에는 10년 이하의 자격정지 또는 200만원 이하의 벌금을 병과할 수 있다(제295조).

7. 추행 · 간음 · 영리목적피약취 · 유인 · 매매 · 국외이송자수수 · 은닉죄

추행 · 간음 또는 영리의 목적으로 전조의 죄를 범한 자도 전항의 형과 같다(제293조). 본죄의 미수범은 처벌한다(제294조). 본죄와 그 미수범에는 10년 이하의 자격정지 또는 200만원 이하의 벌금을 병과할 수 있다(제295조). 본죄 중 추행 또는 간음의 목적으로 수수 또는 은닉한 죄와 그 미수범은 고소가 있어야 논한다(제296조).

8. 상습추행 · 간음 · 영리목적 약취 · 유인죄, 부녀매매죄, 국외이송목적 약취 · 유인 · 매매 죄, 피약취 · 유인 · 매매자국외이송죄, 피약취 · 유인 · 매매 · 이송자수수 · 은닉죄

상습으로 전2항의 죄를 범한 자는 2년 이상의 유기징역에 처한다(제288조 3항).

상습으로 전2항의 죄를 범한 자는 5년 이상의 유기징역에 처한다(제289조 3항). 상습으로 전조의 죄를 범한 자는 2년 이상 10년 이하의 징역에 처한다(제293조). 본죄의 미수범은 처벌한다(제294조). 본죄와 그 미수범에는 10년 이하의 자격정지 또는 2000만원 이하의 벌금을 병과할 수 있다(제295조).

1. 피해자가 스스로 가출하였다고는 하나 그것이 피고인의 독자적인 교리설교에 의하여 하자 있는 의사로써 이루어진 것이고, 동피해자를 보호감독권자의 보호관계로부터 이탈시켜 피고인의 지배하에 옮긴 이상 미성년자유인죄가 성립한다(대법원 1982.4.27, 82도186).
2. 미성년자유인죄라 함은 기망 또는 유혹을 수단으로 하여 미성년자를 꾀어 현재의 보호상태로부터 이탈하게 하여 자기 또는 제3자의 사실적 지배하로 옮기는 행위를 말하고, 여기서의 유혹이라 함은 기망의 정도에는 이르지 아니하나 감언이설로써 상대방을 현혹시켜 판단의 적정을 그르치게 하는 것이므로 반드시 그 유혹의 내용이 허위일 것을 요하지는 않는다(대법원 1996.2.27, 95도2980).

1. 약취와 유인의 죄에 대한 설명으로 틀린 것은?

① 통설에 의하면 피인취자의 자유권이 주된 보호법익이지만 부차적으로 보호자의 감독권도 보호법익이 된다.

② 미성년자 약취·유인죄에 대해서 미성년자의 보호감독자는 본죄의 주체가 될 수 없다.

③ 본죄는 계속범이므로 약취·유인 후 어느 정도의 시간이 경과한 때 기수가 된다.

④ 미성년자를 보호양육하기 위하여 약취·유인한 때에는 본죄가 성립하지 아니한다.

〈해설〉 ④ 본죄가 성립한다.

제4절 강요의 죄

I. 강요죄

1. 단순강요죄

폭행 또는 협박으로 사람의 권리행사를 방해한 자는 5년 이하의 징역에 처한다(제324조). 강요죄는 폭행 혹은 협박으로 사람의 권리행사를 방해함으로써 성립하는 범죄를 말한다. 그 보호법익으로서 사람의 의사결정의 자유와 그 활동의 자유이다. 형법 1995년 개정을 통하여 폭력에 의한 권리행사방해죄라고 규정되어 있는 죄명을 강요죄로 고치고 강요죄나 인질강요죄에 대한 미수범규정을 두고 있다. 입법론으로는 강요죄는 인격적 법익을 보호하는 범죄임에도 불구하고 재산상의 권리를 보호하는 제37장에 포함되는 것이 아니므로 협박죄와 같은 장에서 규정하는 것이 타당하다고 한다.

(1) 객관적 구성요건

1) 행위의 객체

본죄의 객체인 사람도 자연인인 타인을 의미하며, 의사의 자유를 가진 자에 제한된다(협박죄).

2) 행위

폭행 혹은 협박으로 사람의 권리행사를 방해하는 것이다.

① 강요의 수단

(i) 폭행

타인의 의사나 행동에 대하여 현재의 해악을 가하여 강제효과를 발생케 하는 일체의 수단이다. 광의의 폭행이란 직접 사람에 대해 행하여진 것이 아닌 물건에 대한 유형력의 행사도 강제효과에 있어서 사람에 대한 폭행과 같은 의미이다.

■ 폭행의 구체적 유형

- 맹인이 끌고 가는 개를 붙잡거나, 불구자가 타고 가는 휠체어의 손괴

- 임차인으로부터 집을 명도받기 위하여 수도·전기 혹은 가스를 끊고 문 폐쇄
- 사람이 타고 가는 차의 타이어에 총을 쏘아 펑크로 만드는 것
- 공포를 쏘아 사람을 놀라게 하거나, 마취제나 수면제를 몰래 뿌린 경우

폭행의 개념이 유형력을 요건으로 한다고 할지라도 그것은 사람에게 고통을 가하는 일체의 힘을 포함하는 넓은 의미로 이해하여야 한다. 본죄의 폭행은 그 형태에 있어서 절대적 폭력(폭력에 의하여 상대방의 의사형성을 불가능하게 하는 것)과 강압적 폭력(상대방의 의사에 심리적 영향을 미치는 것)을 포함한다.

(ii) 협박

해악을 고지하여 상대방에게 공포심을 일으키는 것이고 예컨대, 협박죄에 있어서 협박을 들 수 있다.

(iii) 폭행·협박의 정도

반드시 상대방의 반항을 불가능하게 하거나 곤란하게 할 정도에 이를 것을 요하지 아니하나, 적어도 상대방에게 공포심을 주어 그 의사결정과 활동에 영향을 미칠 정도를 요한다. 폭행·협박의 상대방이 반드시 피강요자와 일치할 것도 요하지 않으나 제3자에 대한 폭행·협박이 피강요자에게 고통을 주거나 그 의사결정에 영향을 미칠 것을 요한다.

② 권리행사방해

(i) 의의

권리행사방해는 행할 수 있는 권리를 행사하지 못하게 하거나 의무없는 일을 행하게 하는 것이다. 행사할 수 있는 권리는 행사여부는 그 권리자의 자유이다. 의무없는 일을 하게 한다는 것은 자기에게 아무런 권리도 없고 상대방에게 의무가 없음에도 불구하고 일정한 작위·부작위 혹은 인용을 강요하는 것이다. 법률행위이든 사실행이든 불문하나 권리를 행사한다고 볼 수 없는 자에 대한 폭행·협박은 본죄를 구성하지 못한다.

(ii) 미수의 처벌

폭행 혹은 협박에 의하여 권리행사를 방해한다는 결과가 발생하여야 기수가 된다. 폭행·협박과 권리행사방해죄는 인과관계가 있어야 하나, 결과가 발생하였다하더라도 인과관계가 없을 때에는 미수범에 불과하다. 본죄의 미수의 2가지는 a. 폭행·협박을 하였으나 권리행사를 방해하지 못하였으나, 그 사이에 인과관계가 없는 경우는

폭행죄 혹은 협박죄에 의하여 처벌하는 경우 b. 강요를 위하여 폭행·협박 그 자체가 미수에 그친 경우 - 협박죄의 미수로 처벌하는 경우이다.

형법 제324조 소정의 강요죄는 폭행 또는 협박에 의하여 권리행사가 현실적으로 방해되어야 할 것인 바, 피해자의 해외도피를 방지하기 위하여 피해자를 협박하고 이에 피해자가 겁을 먹고 있는 상태를 이용하여 동인 소유의 여권을 교부하게 하여 피해자가 그의 여권을 강제 회수하였다면 피해자가 해외여행을 할 권리는 사실상 침해되었다고 볼 것이므로 강요죄의 기수로 보아야 한다(대법원 1993.7.27, 93도901).

(2) 주관적 구성요건

본죄의 고의는 폭행 혹은 협박의 고의뿐만 아니라 강요, 즉 권리행사를 방해한다는 고의를 내용으로 한다. 예컨대, 팬미팅을 하라고 협박하였을 뿐이고, 특정한 일시, 장소에서 팬미팅을 하라고 협박한 것은 아니므로 피고인의 협박행위와 연예인의 팬미팅과는 수단 및 목적의 관계에 있다고 할 수 있으므로 강요죄는 성립하지 않고 협박죄만이 인정된다(대법원 2008.5.15, 2008도1097). 미필적 고의로 족하다.

(3) 위법성

개인의 자유와 그 행동의 자유를 침해하는 것을 내용으로 하는 강요행위의 위법성 판단에 있어서는 특히 행위자의 주관적 목표를 고려하게 된다.

■ 본죄의 위법성 판단

(1) 목적의 비난가능성 - 범죄를 강요하기 위한 폭행·협박은 위법하나 폭행에 의하여 범죄를 저지하는 것은 적법하다.
(2) 수단의 비난가능성 - 정당한 목적을 달성하기 위한 경우에도 수단 자체가 고도의 불법내용을 가진 때에는 위법하다.
(3) 목적과 수단의 관계를 고려 - 연관성이 있어야 한다.

(4) 죄수

강요죄와 협박죄는 보충관계에 있다. - 본죄가 성립하는 때에는 별도로 협박죄는 성립하지 못한다. 타인에게 범죄를 강요한 때에는 그 범죄의 교사와 본죄의 상상적 경합이 성립한다. 체포와 감금의 죄, 약취와 유인의 죄 혹은 강간죄와 강제추행죄가 성립하는 때에는 법조경합의 관계에 의하여 본죄가 성립하지 아니한다.

II. 중강요죄

제324조와 제325조의 죄를 범하여 사람의 생명에 대한 위험을 발생하게 한 자는 10년 이하의 징역에 처한다(제326조).

1. 강요죄에 대한 설명으로 틀린 것은?

① 강요죄의 수단인 폭행은 반드시 사람의 신체에 대한 유형력의 행사에 국한되지 않고 사람에 대한 직접 및 간접의 유형력의 행사를 말한다.
② 본죄는 권리행사가 현실적으로 방해되거나 의무 없는 일을 현실적으로 했을 때 기수가 된다.
③ 강요죄가 성립한 때에는 협박죄는 따로 성립하지 아니한다.
④ 예컨대, 음주운전, 자살을 저지하기 위한 폭행 및 협박도 강요죄에 해당한다.

〈해설〉 ④ 정당한 권리행사나 정당한 목적달성을 위한 수단으로 강요행위를 한 경우에는 상당성을 초과하지 않는 한 위법하지 않다.

제5절 강간과 추행의 죄

I. 의의

정조에 관한 죄란 개인의 성적 자유 내지 애정의 자유를 침해하는 것을 내용으로 하는 범죄를 말한다. 개인의 성적 자기결정의 자유를 침해하는 범죄라고도 할 수 있다. 즉 그것은 성행위를 할 자유를 보호하는 것이 아니라 성행위로부터 소극적 자유를 보장하는데 지나지 않는다.

정조에 관한 죄의 기본적 구성요건은 강제추행죄(제298조)이다. 강간죄(제297조)는 부녀를 간음함으로써 부녀의 성적 자유를 현저히 침해하였기 때문에 그 불법이 가중되는 구성요건이다. 준강간(강제추행)죄(제299조)와 의제강간(강제추행)죄(제305조)는 형법은 이에 준하여 취급하는 구성요건이며 강간죄와 강제추행죄에 대한 가중적 구성요건으로는 강간(강제추행)치사상죄(제301조)가 있다. 결과적 가중범에 관한 규정으로서 불법이 가중되는 경우라고 한다. 미성년자간음죄(제302조), 업무상 위력 등에 의한 간음죄(제303조) 및 결혼빙자간음죄(제304조)는 인간의 성적 자유를 보호한다는 점에서는 공통점을 가지나, 그 객체와 침해의 방법이 다르고 부수적으로는 별도의 보호법익을 가지고 있는 독립된 구성요건이다. 형법은 강간죄·강제추행죄 및 준강간(강제추행)죄의 미수범은 처벌하고(제300조), 강간(강제추행)치사상죄를 제외한 본장의 죄를 친고죄로 하고 있다(제306조).

II. 강간죄와 강제추행죄

1. 강간죄

(1) 의의

폭행 또는 협박으로 부녀를 강간함으로써 성립하는 범죄이다. 강제추행죄에 대한 불법가중요건이다(제297조).

(2) 객관적 구성요건

1) 본죄의 주체에는 제한이 없다. 여자도 간접정범의 형태로 본죄의 정범이 될 수 있고 남자와 공동정범으로 본죄를 범할 수도 있다.

2) 본죄의 객체는 부녀이다. 법률상의 처가 본죄의 객체로 될 수 있으냐에 대하여 통설은 부부관계의 특수성을 고려할 때 처는 본죄의 객체가 될 수 없다고 한다. 처가 다른 여자와 동거하고 있는 남편을 상대로 간통죄 고소와 이혼소송을 제기하였으나 그 후 부부간에 다시 새출발을 하기로 약정하고 간통죄 고소를 취하하였다면 그들 사이에 실질적인 부부관계가 없다고 단정할 수 없으므로 설령 남편이 강제로 처를 간음하였다 하여도 강간죄는 성립되지 아니한다(대법원 1970.3.10 70도29). 그러나 최근의 부산지방법원에서 필리핀 국적의 아내를 성폭행한 혐의로 기소된 남편에게 강간죄를 인정한 첫 판결은 시사하는 바가 크다고 하겠다(대상판결 : 부산지방법원 2009. 1. 16. 선고 2008고합808 판결 [성폭력범죄의처벌및피해자보호등에관한법률위반(특수강간)])

3) 폭행 또는 협박에 의하여 부녀를 강간하는 것이다. 폭행이란 사람에 대한 유형력의 행사를 말하고 폭행은 부녀에 대한 폭행에 제한된다고 해야 한다. 폭행·협박의 정도에 관하여 견해에 대하여 **통설**은 반드시 상대방의 반항을 불가능하게 하는 경우뿐만 아니라 그것을 현저하게 곤란하게 하는 것도 포함한다고 해석하고 있다. **대법원**도 본죄의 폭행·협박은 상대방의 반항을 현저히 곤란하게 할 정도로 족하다고 판시하고 있다(대법원 1979.2.13, 78도 1792). 그리고 피해자의 가슴과 엉덩이를 만지면서 간음을 기도하였다는 사실만으로는 강간의 수단으로 피해자에게 폭행이나 협박을 개시하였다고 하기는 어렵다고 할 수 있다(대법원 1990.5.25, 90도607). **강간**이란 폭행·협박에 의하여 상대방의 반항을 곤란하게 하고 부녀를 간음하는 것을 말한다. 폭행·협박과 간음 사이에는 인과관계가 있어야 한다. 본죄의 미수범은 처벌한다(제300조). 본죄의 기수시기에 대하여는 종래 삽입설과 만족설의 대립이 있었으나, 현재로는 남자의 성기가 여자의 성기 속에 들어가는 순간에 기수가 된다는데 이론이 없다(삽입설).

(3) 주관적 구성요건

폭행·협박에 의하여 부녀를 강간한다는 고의를 필요로 한다. 미필적 고의로도 족하다.

(4) 죄수

동일한 폭행·협박을 이용하여 수회 간음한 때에는 단순일죄가 성립한다(대법원 1970.9.29, 70도1516). 본죄와 폭행·협박되는 법조경합의 관계에 있다. 이 경우에는 본죄와 감금죄가 경합범이 되고 본죄가 성립한 때에는 강제추행죄는 본죄에 흡수된다.

(5) 친고죄

본죄는 친고죄이며, 고소가 있어야 논할 수 있다(제306조). 본죄에 대한 고소가 없거나 고소가 취소된 경우에 그 수단인 폭행·협박(또는 폭력행위등처벌에 관한 법률위반)으로 공소를제기하여 처벌할 수 있으냐에 대하여 **다수설**은 본죄의 고소가 없음에도 불구하고 그 수단인 폭행 또는 협박만을 별도로 기소하는 것을 허용한다면 피해자의 이익을 위하여 본죄를 친고죄로 규정한 취지가 무의미하게 되고 본죄는 폭행·협박과 간음이 결합하여 구성된 단일한 범죄임에 비추어 이를 위법하다고 해석해야 한다고 한다. **대법원**도 강간죄에 대한 고소의 취지가 있는 때에는 그 수단인 폭행만을 처벌할 수 없다는 이유로 무죄를 선고하도록 하고 있다(대법원 1974.6.11, 73도2817).

2. 강제추행죄

폭행 또는 협박으로 사람에 대하여 추행한 자는 10년 이하의 징역 또는 1천 5백만원이하의 벌금에 처한다(제298조). 본죄의 미수범은 처벌한다(제300조). 본죄는 고소가 있어야 논한다(제306조). 본죄의 객체는 남녀·노유를 불문한다. 부녀가 남자를 강간하였을 경우에는 본죄를 구성한다. 본죄의 행위는 폭행 또는 협박으로 사람에 대하여 추행하는 것이다. 본죄의 수단인 폭행의 정도에 대하여 다수설은 강간죄와 동일하게 상대방의 반항을 불가능하게 하거나 현저히 곤란하게 할 정도여야 한다고 하나, 판례는 강제추행죄의 수단인 폭행의 정도에 대해서 다수설과는 달리 상대방의 의사에 반하는 유형력의 행사가 있는 이상 그 힘의 대소강약을 불문한다는 입장이다(대법원 2002.4.26, 2001도2417). **판례**는 육군 중대장이 소속 중대원들의 젖꼭지 등 특정 신체부위를 비틀거나 때린 행위의 경우, 장소의 공개성, 범행시각, 피해자들이 불특정 다수인 점 등에 비추어 군이라는 공동사회의 건전한 생활과 군기를 침해하는 비정상적인 성적 만족 행위라고 보기 어려우므로, 군형법 제92조의 추행죄에 해당하지 않는다고 한다(대법원 2008.5.29, 2008도2222).

피해자가 어릴 때부터 정신적으로 여성에의 성귀속감을 느껴 왔고 성전환 수술로 인하여 남성으로서의 내·외부성기의 특징을 더 이상 보이지 않게 되었으며 남성으로서의 성격도 대부분 상실하여 외견상 여성으로의 체형을 갖추고 성격도 여성화되어 개인적으로 여성으로서의 생활을 영위해가고 있다 할지라도, 기본적인 요소인 성염색체의 구성이나 본래의 내·외부성기의 구조, 정상적인 남자로서 생활한 기간, 성전환 수술을 한 경위, 시기 및 수술 후에도 여성으로서의 생식능력은 없는 점, 그리고 이에 대한 사회 일반인의 평가와 태도 등 여러 요소를 종합적으로 고려하여 보면 사회통념상 여자로 볼 수는 없다(대법원 1996.6.11, 96도791).

Ⅲ. 준강간·준강제추행죄

1. 준강간죄·준강제추행죄

사람의 심신상실 또는 항거불능의 상태를 이용하여 간음 또는 추행을 한 자는 전2

조의 예에 의한다(제299조). 본죄의 미수범은 처벌한다(제300조). 본죄는 고소가 있어야 논한다(제306조). 본죄는 추상적 위태범이다. 준강간죄에 있어서 '심신상실의 상태'란 정신기능의 장애로 인하여 정상적인 판단능력이 없는 상태를 말하고, '항거불능의 상태'란 심신상실 이외의 사유로 인하여 심리적 · 육체적으로 반항이 불가능하거나 현저히 곤란한 경우를 말한다. 준강간죄는 폭행 또는 협박을 개시했을 때 실행의 착수가 인정된다고는 할 수 없다. 결국 준강간죄는 피해자의 심신상실 또는 항거불능상태를 이용하여 간음할 의도를 가지고 간음의 수단이라고 할 수 있는 행위를 개시할 때 실행의 착수가 인정되는 것이다.

피해자는 안방에서 잠을 자고 있던 중 피고인이 안방에 들어오자 피고인을 자신의 애인으로 잘못 알고 불을 끄라고 말하였고, 피고인이 자신을 애무할 때 누구냐고 물었으며, 피고인이 여관으로 가자고 제의하자 그냥 빨리 하려고 말한 사실을 알 수 있으므로, 피고인의 이 사건 간음행위 당시 피해자가 심신상실상태에 있었다고 볼 수 없다(대법원 2000.2.25, 98도4355).

피고인의 행위를 전체적으로 관찰할 때, 피고인은 잠을 자고 있는 피해자의 옷을 벗기고 자신의 바지를 내린 상태에서 피해자의 음부 등을 만지는 행위를 한 시점에서 피해자의 항거불능의 상태를 이용하여 간음을 할 의도를 가지고 간음의 수단이라고 할 수 있는 행동을 시작한 것으로서 준강간죄의 실행에 착수하였다고 보아야 할 것이다(대법원 2000.1.14, 99도5187).

2. 미성년자 의제강간 · 강제추행죄

13세 미만의 부녀를 간음하거나, 13세 미만의 사람에게 추행을 한 자는 제297조(강간), 제298조(강제추행) 또는 제301조(강간 등에 의한 치사상) 또는 제301조의 2(강간등 살인 · 치사)의 예에 의한다(제305조). 본죄는 고소가 있어야 논한다(제306조). 본죄의 객체는 13세 미만의 부녀(의제강간죄) 또는 13세 미만의 사람(의제강제추행죄)이다. 13세 미만이라 할지라도 폭행 · 협박에 의하여 간음 또는 추행한 때에는 강간죄나 강제추행죄가 성립한다. 13세 미만자의 동의가 있는 경우에도 본죄가 성립한다. 본죄는 피해자가 13세 미만이라는 사실과 간음 · 추행한다는 점에 대한 고의가 있어야 한다.

Ⅳ. 강간 등 상해 · 치상죄, 강간 등 살인 · 치사죄

제301조〔강간 등 상해 · 치상〕 제297조 내지 제300조의 죄를 범한 자가 사람을 상해하거나 상해에 이르게 한 때에는 무기 또는 5년 이상의 징역에 처한다.

제301조의2〔강간 등 살인 · 치사〕 제297조 내지 제300조의 죄를 범한 자가 사람을 살해한 때에는 사형 또는 무기징역에 처한다. 사망에 이르게 한 때에는 무기 또는 10년 이상의 징역에 처한다.

강간치상죄에 있어 상해의 결과는 강간의 수단으로 사용한 폭행으로부터 발생한 경우뿐만 아니라 간음행위 그 자체로부터 발생한 경우나 강간에 수반하는 행위에서 발생한 경우도 포함된다(대법원 2003.5.30, 2003도1256). 강간상해죄 · 강간살인죄는 고의범이지만, 강간치상죄 · 강간치사죄는 결과적 가중범이다. 예컨대, 강간의 의도로 폭행하여 부녀를 사망시킨 직후 간음한 경우에는 강간치사죄와 사체모욕죄의 경합범이고, 강간치상 후 범행의 발각이 두려워 즉시 피해자를 살해한 경우에는 강간치상죄와 살인죄의 경합범이다.

Ⅴ. 독립된 구성요건

1. 미성년자 · 심신미약자 간음 · 추행죄

미성년자 또는 심신미약자에게 대하여 위계 또는 위력으로써 간음 또는 추행을 한 자는 5년 이하의 징역에 처한다(제302조). 본죄는 고소가 있어야 논한다(제306조). 본죄의 객체는 미성년자 또는 심신미약자이고, 추행의 경우에는 남녀를 불문한다. 부녀의 경우는 13세 이상의 미성년자임을 요한다. 13세 미만인 경우에는 준강간죄나 준강제추행죄의 객체가 된다. '위계'라 함은 상대방의 착오나 부지를 이용하는 것, 즉 타인의 정당한 판단을 그르치게 하는 수단 방법을 말하며 기망 · 유혹 등이 포함되고 '위력'이란 사람의 의사를 제압할 수 있는 세력을 말한다. 예컨대, 피고인이 피해자를 여관으로 유인하기 위하여 남자를 소개시켜 주겠다고 거짓말을 하고 피해자가 이에 속아 여관으로 오게 되었고 거기에서 성관계를 하게 된 만으로는 위계에 해당하지 아니한다(대법원 2002.7.12, 2002도2029).

형법 제302조의 위계에 의한 미성년자간음죄에 있어서 위계라 함은 행위자가 간음의 목적으로 상대방에게 오인, 착각, 부지를 일으키고는 상대방의 그러한 심적 상태를 이용하여 간음의 목적을 달성하는 것을 말하는 것이고, 여기에서 오인, 착각, 부지란 간음행위 자체에 대한 오인, 착각, 부지를 말하는 것이지, 간음행위와 불가분적 관련성이 인정되지 않는 다른 조건에 관한 요인, 착각, 부지를 일으키는 것은 아니다(대법원 2001.12.24, 2001도5074).

2. 피보호 · 감독부녀간음죄

업무 · 고용 기타 관계로 인하여 자기의 보호 또는 감독을 받는 부녀에 대하여 위계 또는 위력으로써 간음한자는 5년 이하의 징역 또는 1천 5백만원 이하의 벌금에 처한다(제303조 1항). 본죄의 객체는 자기의 보호 · 감독을 받는 13세 이상의 부녀이다. 본죄의 행위는 위계나 위력을 사용하여 간음하는 것이다. 13세 미만의 피보호 · 감독부녀를 위계 · 위력으로 간음하는 경우에는 미성년자의제강간죄(제305조)만 성립하고, 13세 이상의 미성년자 또는 심신미약자인 피보호 · 감독부녀를 위계 · 위력으로 간음하는 경우에는 미성년자 · 심신미약자간음죄(제302조)만 성립한다.

3. 피구금부녀간음죄

법률에 의하여 구금된 부녀를 감호한 자가 그 부녀를 간음한 때에는 7년 이하의 징역에 처한다(제303조 제2항). 본죄의 주체는 구금된 부녀를 감호하는 자이고, 본죄의 객체는 법률에 의하여 구금된 부녀이다. 간음의 수단에는 제한이 없으나, 폭행 · 협박을 사용하여 간음한 경우에는 강간죄가 성립한다.

4. 혼인빙자간음죄

혼인을 빙자하거나 기타 위계로써 음행의 상습없는 부녀를 기망하여 간음한 자는 2년 이하의 징역 또는 500만원 이하의 벌금에 처한다(제304조). 본조는 고소가 있어야 논한다(제306조). '음행의 상습없는 부녀'라 함은 도의적으로 보아 비난을 받을 만한 성생활의 상습없는 부녀로서 직업적인 매춘부 이외의 부녀를 말하며, 성생활의 경험의 유무를 불문한다. 혼인빙자는 위계의 일례에 불과하며 위계의 수단은 이것에 한하지 않는다.

1. 강간죄의 실행의 착수가 있었다고 하려면 강간의 수단으로서 폭행이나 협박을 한 사실이 있어야 할 터인데, 피고인이 강간할 목적으로 피해자의 집에 침입하였다 하더라도 안방에 들어가 누워자고 있는 피해자의 가슴과 엉덩이를 만지면서 간음을 기도하였다는 사실만으로는 강간의 수단으로 피해자에게 폭행이나 협박을 개시하였다고 하기는 어렵다(대법원 1990.5.25, 90도607).
2. 피고인이 간음할 목적으로 새벽 4시에 여자 혼자 있는 방문 앞에 가서 피해자가 방문을 열어 주지 않으면 부수고 들어갈 듯한 기세로 방문을 두드리고, 피해자가 위험을 느끼고 창문에 걸터앉자 가까이 오면 뛰어 내리겠다고 하는데도 베란다를 통하여 창문으로 침입하려고 하였다면, 강간의 수단으로서의 폭행에 착수하였다고 할 수 있으므로 강간의 착수가 있었다고 할 것이다(대법원 1991.4.9, 90도288).
3. 피고인과 피해자가 전화로 사귀어 오면서 응담패설을 주고 받을 정도까지 되었고, 당초 간음을 시도한 방에서 피해자가 "여기는 죽은 시어머니를 위한 제청방이나 이런 곳에서 이런 짓을 하면 벌 받는다"고 말하여 안방으로 장소를 옮기게 된 사정 등으로 미루어 본다면 강간피고사건의 피해자에게 가한 폭행 또는 협박이 그 반항을 현저히 곤란하게 할 정도에까지 이른 것이라고 보기는 어렵다(대법원 1991.5.28, 91도546).
4. 강간죄는 부녀를 간음하기 위하여 피해자의 항거를 불능하게 하거나 현저히 곤란하게 할 정도의 폭행 또는 협박을 개시한 때에 그 실행의 착수가 있다고 보아야 할 것이고, 실제로 그와 같은 폭행 또는 협박에 의하여 피해자의 항거가 불능하게 되거나 현저히 곤란하게 되어야만 실행의 착수가 있다고 볼 것은 아니다(대법원 2000.6.9, 2000도1253).
5. 강제추행죄에 있어서 폭행 또는 협박을 한다 함은 먼저 상대방에 대하여 폭행 또는 협박을 가하여 그 항거를 곤란하게 한 뒤에 추행행위를 하는 경우만을 말하는 것이 아니고 폭행행위 자체가 추행행위라고 인정되는 경우도 포함되는 것이라 할 것이고, 이 경우에 있어서의 폭행은 반드시 상대방의 의사를 억압할 정도의 것임을 요하지 않고, 다만 상대방의 의사에 반하는 유형력의 행사가 있는 이상 그 힘의 대소강약을 불문한다(대법원 1994.8.23, 94도630).
6. 피고인이 잠을 자고 있는 피해자의 옷을 벗긴 후 자신의 바지를 내린 상태에서 피해자의 음부 등을 만지고 자신의 성기를 피해자의 음부에 삽입하려고 하였으나,

피해자가 몸을 뒤척이고 비트는 등 잠에서 깨어 거부하는 듯한 기색을 보이자 더 이상 간음행위에 나아가는 것을 포기한 경우, 준강간죄의 실행에 착수하였다고 보았다(대법원 2000.1.14, 99도5187).

7. 피해자는 안방에서 잠을 자고 있던 중 피고인이 안방에 들어오자 피고인을 자신의 애인으로 잘못 알고 불을 끄라고 말하였고, 피고인이 자신을 애무할 때 누구냐고 물었으며, 피고인이 여관으로 가자고 제의하자 그냥 빨리 하라고 말한 사실을 알 수 있으므로, 피고인의 이 사건 간음행위 당시 피해자가 심신상실상태에 있었다고 볼 수 없다고 본 원심의 사실인정과 판단은 정당한 것으로 수긍이 된다(대법원 2000.2.25, 98도4355).

8. 피고인과 피해자가 여관에 투숙하여 별다른 저항이나 마찰없이 성행위를 한 후, 피고인이 잠시 방 밖으로 나간 사이에 피해자가 방문을 안에서 잠그고 구내전화를 통하여 여관종업원에게 구조요청까지 한 후라면, 일반경험칙상 이러한 상황하에서 피해자가 피고인의 방문 흔드는 소리에 겁을 먹고 강간을 모면하기 위하여 3층에서 창문을 넘어 탈출하다가 상해를 입을 것이라고 예견할 수는 없다고 볼 것이므로 이를 강간치상죄로 처단할 수 없다(대법원 1985.10.8, 85도1537).

9. 피해자를 2회 강간하여 2주간 치료를 요하는 질입구파열창을 입힌 자가 피해자에게 용서를 구하였으나 피해자가 이에 불응하면서 위 강간사실을 부모에게 알리겠다고 하자 피해자를 살해하여 위 범행을 은폐시키기로 마음먹고 철사줄과 양손으로 피해자의 목을 졸라 질식 사망하게 하였다면, 동인의 위와 같은 소위는 강간치상죄와 살인죄의 경합범[1995년 강간살인죄(제301조의2)가 신설됨]이 된다(대법원 1987.1.20, 86도2360).

10. 강간이 미수에 그치거나 간음의 결과 사정을 하지 않은 경우라도 그로 인하여 피해자가 상해를 입었으면 강간치상죄가 성립하는 것이고, 강간치상죄에 있어 상해의 결과는 강간의 수단으로 사용한 폭행으로부터 발생한 경우뿐 아니라 간음행위 그 자체로부터 발생한 경우나 강간에 수반하는 행위에서 발생한 경우도 포함하는 것이다(대법원 1999.4.9, 99도519).

11. 형법 제305조의 미성년자의제강제추행죄는 '13세 미만의 아동이 외부로부터의 부적절한 성적 자극이나 물리력의 행사가 없는 상태에서 심리적 장애 없이 성적 정체성 및 가치관을 형성할 권익'을 보호법익으로 하는 것으로서, 그 성립에 필요한 주관적 구성요건요소는 고의만으로 충분하고, 그 외에 성욕을 자극·흥분만족시키려는 주관적 동기나 목적까지 있어야 하는 것은 아니다(대법원 2006.1.13, 2005도6791).

1. 다음 강간죄에 대한 설명으로 틀린 것은?

① 여자는 남자를 이용하여 간접정범이 될 수 있다.
② 통설과 판례에 의하면 법률상의 처는 본죄의 객체가 될 수 없다고 한다.
③ 강간죄의 착수시기는 폭행·협박을 개시한 때이다.
④ 반의사불벌죄이다.

〈해설〉 ④ 고소권자의 고소가 있어야 공소를 제기할 수 있는 친고죄이다.

2. 의사가 자기를 신뢰한 여자 환자에게 치료를 가장하여 간음행위를 한 경우 다음 어디에 해당하는가?

① 준강간죄
② 강간죄
③ 강제추행죄
④ 피보호·감독부녀간음죄

〈해설〉 ①

읽을거리 ▪▪▪ 부부강간죄

부부간 성행위에 대해 강간 혐의를 인정한 부산지방법원의 첫 판결이 나왔다. 그동안 부인을 성폭행한 남편에 대해 강제추행 혐의를 적용한 적은 있지만, 강간죄를 적용한 사례는 없어 논란이 예상된다. 부산지법 제5형사부는 16일 필리핀인 아내(25)를 흉기로 위협해 강제로 성관계를 가진 혐의(특수강간)로 기소된 L씨에 대해 징역 2년6개월에 집행유예 3년을 선고했다. 재판부는 피고인은 고국과 가족을 떠나 오로지 피고인만 믿고 온 타국에서 언어까지 통하지 않아 힘든 처지에 놓인 피해자를 사랑과 정성으로 보살펴야 함에도 갖은 고초를 겪게 하고 부당한 욕구를 충족하려 정당한 성적 자기결정권 행사를 무시하고 흉기로 위협한 점은 용인할 수 없는 행동이라고 판시했다. 또 법원은 형법상 강간죄의 대상인 “부녀”에 “혼인 중인 부녀”가 제외된다고 볼 아무런 근거가 없으며, 법이 강간죄로 보호하려는 대상은 여성의 정조가 아니라 성적 자기결정권이며 아내 또한 이런 권리가 있다라고 밝혔다. 재판부는 가스총과 과도로 피해자를 위협해 성관계를 가진 죄질로 볼 때 엄벌해야 하지만 범행을 모두 시인하고 뒤늦게 후회하는 점, 피해자 역시 적절한 의사소통 노력을 게을리 한 점 등을 고려해 형의 집행을 유예한다라고 양형 이유를 밝혔다.

L씨는 결혼정보회사의 소개로 2006년 8월 필리핀에서 지금의 부인을 만나 결혼한 후 4개월간 동거하면서 2008년 7월 부인이 생리 중이라며 성관계를 거부하자 흉기로 위협, 성폭행한 혐의로 기소됐다. 1970년 대법원이 부부간 강간죄 성립을 부정한 이후 2004년 서울중앙지법이 이혼 위기에 있는 부인을 성폭행한 남편에 대해 강제추행 혐의를 적용한 적은 있지만, 그동안 부부간 강제 성행위에 대해 강간죄를 적용한 사례는 이번이 처음이어서 논란이 예상된다. 현재 법조계에서는 강간죄로 보호하려는 것이 성적 자기결정권이라면 이는 부부간에도 당연히 적용돼야 한다는 찬성론이 있는 반면 부부관계의 특수성과 민법상 동거의 의무, 즉 배우자의 성관계 요구에 응해야한다는 의무 등을 내세워 피해자의 승낙 여부에 따른 강간죄 적용은 무리라는 반론이 팽팽한 상황이다. L씨는 성폭행 사실은 인정하면서도 국제결혼의 피해자라고 주장하며 법원의 판결에 불복, 즉각 항소했다.

※ 출처 :조세일보(2009.01.16) 재구성

제3장 명예와 신용에 대한 죄

제1절 명예에 관한 죄

I. 의의

명예에 관한 죄는 공연히 사실을 적시하여 사람의 명예를 훼손하거나 사람을 모욕하는 것을 내용으로 하는 범죄이다. 형법 각칙 제33장이 명예에 관한 죄를 규정하고 있다.

명예의 내용을 내적 명예와 외적 명예 및 명예감정의 세 가지로 나누어 볼 때 내적 명예는 사람이 가지고 있는 인격적 내부적 가치 그 자체를 말한다. 외적 명예란 사람의 인격적 가치와 그의 도덕적·사회적 행위에 대한 사회적 평가를 말하며 명예감정이란 자기의 인격적 가치에 대한 자기 자신의 주관적인 평가 내지 감정을 말한다. **통설**은 외적 명예이고 **대법원**도 이에 따르고 있다(대법원 1970.5.26, 70도704). 다만 그 보호법익에 대하여 **통설**은 명예훼손죄뿐만 아니라 모욕죄의 보호법익도 외적 명예라고 해석하고 있다. 또한 보호법익이 보호받는 정도는 위태범이다.

모든 자연인은 명예의 주체가 될 수 있다. 자연인 이상 유아와 정신병자도 명예의 주체가 된다. 사자(死者)도 명예의 주체가 될 수 있는가에 대하여 사람은 사망하였을지라도 그의 인격적 가치는 남는 것이기 때문에 역사적 가치로서의 사자의 명예를 보호하는 것이라고 본다. 판례와 학설은 법인도 사회적 활동과 관련하여 명예를 향유할 수 있다하고 하여 명예의 주체가 된다고 한다. 공법상의 단체인가 또는 사법상의 단체인가를 불문한다. 그리고 집합명칭에 의하여 집단의 모든 구성원의 명예가 침해되는가에 대하여 집합명칭이 특정되어야 하고 그 훼손하는 표현도 집단의 구성원을 모두 지적하는 내용이어야 한다. 또한 집단의 구성원의 1인 또는 수인을 지적하였지만 그것이 누구인가를 명백히 하지 아니하여 구성원 모두가 혐의를 받는 경우에는 집단의 규모가 적고 그 구성원이 쉽게 특정될 수 있을 것을 요한다.

II. 명예훼손의 죄

공연히 사실을 적시하여 사람의 명예를 훼손한 자는 2년 이하의 징역이나 금고 또는 500만원 이하의 벌금에 처한다(제307조 1항). 공연히 허위의 사실을 적시하여 사람의 명예를 훼손하는 자는 5년 이하의 징역 또는 10년 이하의 자격정지 또는 1천만원 이하의 벌금에 처한다(제307조 2항). 본죄는 피해자의 명시한 의사에 반하여 논할 수 없다(제312조 1항).

1. 명예훼손죄

(1) 서

1) 의의

공연히 사실을 적시하여 사람의 명예를 훼손하거나 사람을 모욕을 내용으로 하는 범죄이고 사람은 사회의 다른 구성원으로부터 인격체로 인정받고 그 가치에 적합한 처우를 받을 때에 사회에서 적절한 생활을 영위하고 발전해 나갈 가능성도 침해받게 된다.

2) 보호법익

① 명예의 내용

(i) 내적 명예 - 사람이 가지고 있는 인격의 내부적 가치 그 자체이다.

이러한 가치는 순수한 가치의 세계이고 사람이 출생에 의하여 가지게 되어 결코 상실할 수 없는 인격가치이다. 이는 타인의 침해에 의하여 훼손될 성질이 아니므로 형법은 이러한 가치를 보호할 필요도 없고 보호할 수 없다.

(ii) 외적 명예 - 사람의 인격적 가치와 그의 도덕적·사회적 행위에 대한 사회적 평가이고 예컨대, 명예훼손죄의 보호법익이다.

(iii) 명예감정 - 자기의 인격적 가치에 대한 자기 자신의 주관적인 평가 내지 감정이다.

② **보호법익**

제1설은 **통설**로서 명예훼손죄뿐만 아니라 모욕죄의 보호법익도 외적 명예이다. 제2설은 명예훼손죄의 보호법익은 외적명예이지만 모욕죄의 보호법익은 명예감정이라고 해석된다.

- 명예훼손죄 - 공연한 사실을 적시함으로써 객관적인 외적 명예에 침해를 가져올 가능성이 있기 때문에
- 모욕죄 - 주관적 · 감정적인 요소인 명예감정

모욕죄의 보호법익이 명예감정이라고 해석하면 정신병자나 유아 혹은 법인은 동죄의 보호의 객체가 될 수 없다고 하나, 모욕죄는 위태범이므로 이러한 자에 대한 모욕죄의 성립도 인정할 수 있다.

③ 보호받는 정도

위태범으로 공연히 적시하거나 사람을 모욕하면 완성되며, 그것으로 인하여 피해자의 명예가 침해되어야 기수가 되는 것은 아니다.

3) 명예의 주체

① 자연인

자연인인 이상 유아(그의 현재의 성장상태에 대한 가치에 대하여 명예의 주체가 된다) 와 정신병자(병과 관계없이 남아있는 사회적 가치와 과거에 얻은 가치에 대하여 명예의 주체가 될 수 있다)도 명예의 주체가 될 수 있다. 사자도 명예의 주체가 될 수 있느냐에 대하여는 **통설**은 역사적 가치로서의 사자의 명예이다(∵사자의 명예훼손죄는 사람은 사망하였을지라도 그의 인격적 가치는 남는 것이다)

② 법인 기타의 단체

판례는 법인에 한하여 명예의 주체가 된다고 한다. 법인격없는 단체라 할지라도 법에 의하여 인정된 사회적 기능을 담당하고 통일된 의사를 형성할 수 있는 이상 명예의 주체가 된다. 공법상의 단체인가 혹은 사법상의 단체인가는 불문한다. 그러나 개인적인 취미생활을 위하여 결합된 사교단체(골프, 테니스, 낚시, 등산클럽 등)은 포함되지 아니한다. 가족이 명예의 주체가 될 수 있느냐에 대하여는 **통설**은 가족은 통일된 의사를 가진 주체로서 대외적으로 활동하는 단체가 아니므로 부정한다.

③ 집합명칭에 의한 명예훼손

(i) 집합명칭에 의하여 집단의 모든 구성원의 명예가 침해되는 경우로서 일반인과 명백히 구별될 수 있을 정도로 집합 명칭이 특정되어야 하고 명예훼손하는 표현도 집단의 구성원을 모두 지적하는 내용이어야 한다.

(ii) 집단의 구성원의 1인 혹은 수인을 지적하였지만 그것이 누구인지를 명백히 하지 아니하여 구성원 모두가 혐의를 받는 경우로서 집단의 규모가 적고 그 구성원이 쉽게 특정될 수 있을 것을 요한다.

(2) 객관적 구성요건

1) 공연성

공연히 사실을 지적하거나 사람을 모욕할 때에만 처벌된다. **공연성**의 의미는 「불특정 혹은 다수인이 인식할 수 있는 상태」를 말하는데, 불특정이란 행위시에 상대방이 특수한 관계로 한정된 범위에 속하는 사람이 아니라는 것을 의미하고 다수도 상당한 다수임을 요한다. 추상적 위험범은 불특정 혹은 다수인이 인식할 수 있는 상태에 도달하면 족하다. 「불특정 혹은 다수인이 인식할 수 있는 상태」를 어떻게 이해할 것인가? 이에 대하여 전파성의 이론으로 사실을 적시한 상대방이 특정한 한 사람인 경우라 하더라도 그 말을 들은 사람이 불특정 혹은 다수인에게 그 말을 전파할 가능성이 있는 때에는 공연성을 인정하자는 것, 한 사람에게 편지를 발송한 경우에도 수신인이 그 내용을 타인에게 전파할 가능성이 있으면 공연성이 인정된다. 이에 대해서는 공연성의 의미를 무의미하게 하여 표현의 자유를 지나치게 제한하는 것, 명백히 해야 할 범죄의 성립여부가 상대방의 의사에 좌우된다고 하는 것은 부당하며 명예훼손죄의 보호법익의 보호정도와 그 행위의 태양을 혼동한 결과라는 비판이 제기된다. 위태범이란 사람의 외적 명예가 현실로 침해될 것을 불요하고 그러한 위험만 있으면 성립한다. 명예훼손죄에 있어서 공연성은 불특정 또는 다수인이 인식할 수 있는 상태를 의미하므로 비록 개별적으로 한 사람에 대하여 사실을 유포하더라도 이로부터 불특정 또는 다수인에게 전파될 가능성이 있다면 공연성의 요건을 충족한다 할 것이지만 이와 달리 전파될 가능성이 없다면 특정한 한 사람에 대한 사실의 유포는 공연성을 결한다 할 것이다(대법원 1992.5.26 92도445).

2) 사실의 적시

① 사실

현실적으로 발생하고 증명할 수 있는 과거와 현재의 상태이고 외적 사실인가 내적 사실인가는 불문한다. 장래 사실의 적시이나 가치 판단은 제외된다.

② 사실의 적시

사람의 사회적 가치 내지 평가를 저하시키는 데 충분한 사실을 지적하는 것이고 **적시된 사실**이란 사람의 사회적 가치 내지 평가를 저하시키는 데 적합한 것이다. 반드시 악사·추행을 지적할 것을 요하지 않고, 널리 사회적 가치를 해할 만한 사실이면 족하다. 특정인의 가치가 침해될 수 있을 정도로 구체적일 것을 요한다. 예컨대, 구체적인 사실을 적시하지 않고 단순한 모욕적인 추상적인 판단은 제외된다. 사실의 적시라고 하기 위해서는 피해자가 특정될 것을 요한다. 적시된 사실은 피해자에 대한 사항이어야 한다. 사실을 적시하는 방법에는 제한이 없다(예컨대, 언어, 문서·도서, 신문·잡지·라디오 기타 출판물, 만화·만물·연극에 의한 경우도 포함된다). 행위자가 직접 경험한 사실을 주장하는 경우이든, 들은 사실을 전파하는 경우이든 불문한다.

적시된 사실이 사실인가 혹은 허위의 사실인가는 본죄의 성립에 영향이 없다. 다만 사실인 때에는 제307조 제1항에 해당, 허위의 사실이면 동조 제2항의 죄가 성립하고, 제2항의 죄는 동조 제1항에 대하여 불법이 가중된 경우에는 이러한 의미에서 적시된 사실이 사실인가 혹은 허위의 사실인가는 구성요건요소가 된다. 명예훼손죄에 있어서의 사실의 적시는 사람의 사회적 가치 내지 평가를 저하시키는 구체적 사실의 적시를 요하며 단지 모욕적 언사를 사용하는 것은 모욕죄에 해당할 뿐 명예훼손죄에 해당하지는 않는다 할 것인 바, "아무것도 아닌 똥꼬다리 같은 놈"이라는 구절은 모욕적인 언사일 뿐 구체적인 사실의 적시라고는 할 수 없고, "잘 운용되어가는 어촌계를 파괴하려 한다"는 구절 또한 어느 구체적인 사실의 적시라고는 할 수가 없어서 결국 이는 명예훼손죄에 있어서의 사실의 적시에 해당한다고 볼 수 없다(대판 1989.3.14 88도1397).

피고인이 경찰관을 상대로 진정한 사건이 혐의 인정되지 않아 내사종결 처리되었음에도 불구하고 공연히 "사건을 조사한 경찰관이 내일부로 검찰청에서 구속영장이 떨어진다"고 말한 것은 현재의 사실을 기초로 하거나 이에 대한 주장을 포함하여 장래의 일을 적시한 것으로 볼 수 있어 명예훼손죄에 있어서의 사실의 적시에 해당한다(대법원 2003.5.13, 2002도7420).

3) 기수시기

추상적 위험범으로서 본죄는 명예, 즉 사람에 대한 사회적 평가가 현실적으로 침해되었을 것을 불요한다. 단순히 명예를 해할 우려가 있는 행위에 이르면 기수에 이른다.

(3) 주관적 구성요건

본죄가 성립하기 위해서는 타인의 명예를 훼손하는 데 적합한 사실을 적시한다는 고의가 있어야 한다. 미필적 고의로도 족하다. 적시한 사실이 진실한 사실인가 혹은 허위의 사실인가에 대한 인식으로도 족하다.

1) 진실한 사실을 허위의 사실로 오인하고 적시한 때에 고의는 제2항의 고의이지만 결과는 제1항의 결과이며, 큰 고의는 작은 고의를 포함하므로 제1항의 죄책을 진다.

2) 허의의 사실을 진실한 사실로 오인하고 적시하여 명예를 훼손한다면 제2항의 결과가 발생하여 고의는 제1항의 고의였으므로 형법 제15조 제1항이 적용되어 본조 제1항의 죄책을 지게 된다.

(4) 위법성

본죄가 성립하기 위해서는 구성요건에 해당하는 행위가 위법해야 한다.

1) 일반적 위법성조각사유

① 피해자의 승낙

명예는 그 법익주체가 처분할 수 있는 개인적 법익이므로 피해자의 승낙이 있는 때에는 위법성이 조각된다. 명예는 인격권의 일종이므로 승낙이 있어도 본죄가 성립한다는 견해 혹은 피해자의 동의가 있으면 구성요건해당성 자체가 조각된다는 견해가 외국에서는 주장되고 있지만, 옳다고 할 수 없다.

② 정당행위

위법성 조각 ○	형사재판에 있어서 검사의 기소요지의 진술, 증인의 증언 및 피고인과 변호인의 방어권의 행사, 학술 혹은 예술작품에 대한 공정한 논평, 신문·라디오 등의 보도기관의 보도도 진지한 정보의 이익이 존재하고 국민의 알권리를 충족시키는 범위
위법성 조각 ×	정당행위라 할지라도 권리의 남용으로 인정되는 때

2) 형법 제310조에 의한 위법성조각

① 의의

헌법이 보장하고 있는 언론의 자유(헌법 제21조)는 자유민주주의의 기본적 요청이므로 비판의 자유를 그 핵심으로 한다. 개인에 대한 공정한 비판이 형법에 의하여 금지된다면 언론의 자유는 무의미하게 되고 민주주의의 발전을 저해하는 결과를 초래한다. 여기에 개인의 명예의 보호와 언론의 자유의 보장을 어떻게 조화할 것인가? 형법 제310조에서 「제307조 제1항의 행위가 진실한 사실로서 오로지 공공의 이익에 관한 때에는 벌하지 아니한다」고 하여 특수한 위법성조각사유를 마련하고 있다.

② 요건

(i) 「적시된 사실」이어야 한다.

진실된 사실은 적시된 사실의 중요부분이 진실과 합치되는 사실이고, 세부에 있어서는 약간의 차이가 있거나 다소 과장된 표현이 있어도 전체로 보아 진실과 합치되면 족하다. 진실한 사실을 적시할 것을 요하므로 형법 제310조는 제307조 제1항에 대해서만 적용된다.

(ii) 사실의 적시가 오로지 「공공의 이익」에 관한 것이어야 한다.

공공의 이익은 객관적으로는 적시된 사실이 공공의 이익에 관한 것임을 요하고, 주관적으로는 공공의 이익을 위한다는 목적이 있어야 한다. 오로지 공공의 이익에 관한 것이어야 한다고 규정하고 있지만 반드시 이를 유일한 동기로 하는 경우에 제한해야 할 이유가 없다. 본조는 공공의 이익을 위한 때에만 적용되므로 사람을 비방할 목적이 있어야 성립하는 제309조 제1항의 경우에는 적용되지 않는다.

> 교회담임목사를 출교처분한다는 취지의 교단산하 재판위원회의 판결문을 복사하여 예배를 보러 온 신도들에게 배포한 행위에 의하여 그 목사의 개인적인 명예가 훼손된다 하여도 그것은 진실한 사실로서 오로지 교단 또는 그 산하교회 소속신자들의 이익에 관한 때에 해당하거나 적어도 사회상규에 위배되지 아니하는 행위에 해당하여 위법성이 없다(대법원 1989.2.14, 88도899).

③ 효과

(i) 실체법적 효과

「처벌하지 아니한다」의 의의에 대해서는 다음과 같다.

a. 처벌조각사유설 - 개인의 명예의 보호
이에 대하여는 진실성과 적시의 공익성이 인정되는 경우에도 범죄의 성립은 긍정하여 개인의 명예의 보호에 치중한 나머지 언론의 자유에 대한 보장으로 경시

b. 구성요건해당성조각설 - 언론의 자유보장
명예의 보호보다는 언론의 자유보장에 편중

c. 위법성조각사유설 - 통설
사실의 진실성 여부는 동조 제1항에 해당하느냐 혹은 제2항에 해당하느냐에 대한 기준에 불과하고 진실성이 가려진 다음에 적시의 공익성이 인정되면 이를 고려하여 위법성이 조각된다.

본죄를 위법성조각사유로 해석할 때에는 사실의 진실성과 공익성을 인식하는 것은 주관적 정당화요소가 된다. a. 행위자가 진실한 사실을 허위라고 오신하고 적시한 때에는 제307조 제1항의 문제가 된다. b. 허위인 사실을 진실이라고 오신하고 공익을 위해 적시한 경우 위법성조각사유설에 의하면 이러한 착오를 법률의 착오로 이해하여 착오에 정당한 사유가 있거나 과실이 없는 경우에만 처벌할 수 없다(엄격책임설), 이에 반하여 처벌조각설에 의하면 이러한 착오는 본죄의 성립에 영향을 조각하지 못한다.

(ii) 소송법적 효과

본조가 사실의 진실성에 대한 거증책임을 피고인에게 지운 거증책임의 전환에 관한 규정이다. 형사소송법 in dubio pro reo(의심스러울 때에는 피고인의 이익으로)의 법칙이 적용된다. 형법 제310조에서는 '진실한 사실로서 오로지 공공의 이익에 관한 것일 때에는 벌하지 아니한다'고 규정하였다. 이는 위법성조각사유의 요건만을 정하고 있을 뿐이고 증명에 관하여는 아무런 규정이 없다. 즉 위법성조각사유의 부존재에 대한 거증책임은 검사에게 있고 이에 대한 예외규정에 없는 이상 사실의 진실성도 검사가 증명한다.

④ 반의사불벌죄

해제조건부 범죄이다.

2. 사자의 명예훼손죄

공연히 허위의 사실을 적시하여 사자의 명예를 훼손한 자는 2년 이하의 징역이나

금고 또는 500만원 이하의 벌금에 처한다(제308조). 본조는 고소가 있어야 논한다(제312조 1항).

사자명예훼손죄는 사자에 대한 사회적·역사적 평가를 보호법익으로 하는 것이므로 피고인이 사망자의 사망사실을 알면서 위 망인은 사망한 것이 아니고 빚 때문에 도망다니며 죽은 척하는 나쁜 놈이라고 함은 공연히 허위의 사실을 적시한 행위로서 사자의 명예를 훼손하였다고 볼 것이다(대법원 1983.10.25, 83도1520).

3. 출판물에 의한 명예훼손죄

사람을 비방할 목적으로 신문·잡지 또는 라디오 기타 출판물에 의하여 제307조 제1항의 죄를 범한 자는 3년 이하의 징역이나 금고 또는 700만원 이하의 벌금에 처한다(제309조 1항). 전항의 방법으로 제307조 제2항의 죄를 범한 자는 7년 이하의 징역 또는 10년 이하의 자격정지에 처한다(제308조). 본조는 피해자의 의사에 반하여 논할 수 없다(제312조 2항). 여기에서 적시한 사실이 공공의 이익에 관한 것인 때에는 특별한 사정이 없는 한 비방의 목적은 부인된다(대법원 2000.2.25, 98도2188)

Ⅲ. 모욕죄

공연히 사람을 모욕한 자는 1년 이하의 징역이나 금고 또는 200만원 이하의 벌금에 처한다(제311조).

1. 의의

공연히 사람을 모욕함으로써 성립하는 범죄이다. 보호법익에 대하여 **통설**은 사람의 외적 명예라고 하고 있고, 소수설은 명예감정이라고 한다. 본죄와 명예훼손죄는 사실의 적시 여부에 의하여 구별된다. 이는 친고죄이다.

2. 객관적 구성요건

공연히 사람을 모욕할 것을 요한다. 「공연히」란 불특정 혹은 다수인이 인식할 수 있는 상태이다. 본죄의 객체는 자연인(유아 ○, 정신병자○, 사자 ×), 법인, 법인격없는 단체이다.

모욕이란 사실을 적시하지 아니하고 사람에 대하여 경멸의 의사를 표시하는 것이고 추상적 관념을 사용하여 사람의 인격을 경멸하는 가치판단을 표시하는 경우로서 예컨대, '나쁜 놈', '죽일 놈'이다. 언어, 서면, 거동에는 모욕의 수단·방법에는 제한이 없다. 다만 그것은 사람을 경멸하는 내용의 증명가치를 가져야 하나, 그 객관적 의미내용에 따라 판단된다. 예컨대, 침을 뱉거나, 빰을 때리는 것은 거동에 의한 모욕이 될 수 있다. 타인에 대한 범죄행위, 예컨대, 간통·추행 혹은 주거침입이 모욕에 해당하느냐? 본죄의 성립에 공연성을 요건으로 하는 형법의 해석에 있어서는 이러한 행위가 본죄를 구성할 여지는 없고 부작위에 의한 모욕도 가능하다.

3. 주관적 구성요건

본죄가 성립하기 위해서는 객관적 구성요건요소에 대한 고의가 있어야 한다. 즉, 단순히 사람을 모욕한다는 인식이 있어야 한다. 단순한 고의로는 족하지 아니하고 가해의 의사 내지 목적을 필요로 한다는 견해도 있으나, 본죄의 성립에 가해의 의사 혹은 모욕의 목적을 요한다고 해석해야 할 이유가 없다. 미필적 고의로도 족하다.

4. 위법성

일반적 위법성조각사유가 적용된다. 형법 제310조가 본죄에 적용될 것인가? **통설**은 법문상으로는 본죄가 적용되지 않는다고 하고, **판례**도 제310조가 모욕죄에는 적용이 없다고 한다.

5. 죄수

명예훼손죄와 모욕죄의 관계는 모욕죄의 보호법익을 무엇으로 이해하느냐에 따라 결론이 달라진다. 제1설은 모욕죄의 보호법익을 명예감정으로 이해하는 견해에 의하면 하나의 행위에 의하여 사실을 적시하고 모욕한 때에는 양죄의 상상적 경합이 되고 제2설에 의하면 양죄가 사실의 적시여부에만 차이가 있다고 볼 때에는 양죄는 법조경합의 관계로서 명예훼손죄만 성립하게 된다.

1. 명예훼손죄에 법문상 공연성과 사실의 적시의 개념에 대하여 설명하시오.

2. 형법 제310조에 의한 위법성조각의 요건과 효과에 대하여 설명하시오.

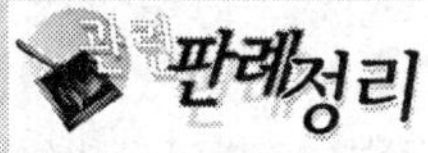

1. 명예훼손죄가 성립하기 위하여는 반드시 숨겨진 사실을 적발하는 행위만에 한하지 아니하고, 이미 사회의 일부에 잘 알려진 사실이라고 이를 적시하여 사람의 사회적 평가를 저하시킬 만한 행위를 한 때에는 명예훼손죄를 구성한다(대법원 1994.4.12, 93도3535).
2. 피고인을 명예훼손죄로 고소할 수 있도록 그 증거자료를 미리 은밀하게 수집・확보하기 위하여 피고인의 발언을 유도하였다고 의심되는 사람들에게 한 피해자의 여자문제 등 사생활에 관한 피고인의 발언은 이들이 수사기관 이외의 다른 사람들에게 전파할 가능성이 있다고 단정하기는 어렵다고 보아 공연성에 대한 인식을 부정하였다(대법원 1996.4.12, 94도3309).
3. 명예훼손죄 또는 후보자비방에 관한 공직선거및선거부정방지법 위반죄에 있어서의 공연성은 불특정 또는 다수인이 인식할 수 있는 상태를 의미하므로, 비록 개별적으로 한 사람에 대하여 사실을 유포하더라도 이로부터 불특정 또는 다수인에게 전파될 가능성이 있다면 공연성의 요건을 충족한다(대법원 1996.7.12, 96도1007).

4. 명예훼손죄는 어떤 특정한 사람 또는 인격을 보유하는 단체에 대하여 그 명예를 훼손함으로써 성립하는 것이므로 그 피해자는 특정한 것임을 요하고, 다만 서울시민 또는 경기도민이라 함과 같은 막연한 표시에 의해서는 명예훼손죄를 구성하지 아니한다 할 것이지만, 집합적 명사를 쓴 경우에도 그것에 의하여 그 범위에 속하는 특정인을 가리키는 것이 명백하면, 이를 각자의 명예를 훼손하는 행위라고 볼 수 있다(대법원 2000.10.10, 99도5407).

5. 형법 제310조에서 '오로지 공공의 이익에 관한 때'라 함은 적시된 사실이 객관적으로 볼 때 공공의 이익에 관한 때'라 함은 적시된 사실이 객관적으로 볼 때 공공의 이익에 관한 것으로서 행위자도 공공의 이익을 위하여 그 사실을 적시한 것이어야 하고, 이 경우에 적시된 사실이 공공의 이익에 관한 것인지 여부는 당해 적시사실의 구체적인 내용, 당해 사실의 공표가 이루어진 상대방의 범위, 그 표현의 방법 등 그 표현 자체에 관한 제반사정을 감안함과 동시에 그 표현에 의하여 훼손되거나 훼손될 수 있는 명예의 침해정도 등을 비교・고려하여 결정하여야 하며, 행위자의 주요한 목적이나 동기가 공공의 이익을 위한 것이라면 부수적으로 다른 사익적 목적이나 동기가 내포되어 있더라도 형법 제310조의 적용을 배제할 수 없다(대법원 1996.10.25, 95도1473).

6. "부모가 그런 식이니 자식도 그런 것이다"와 같은 표현으로 인하여 상대방의 기분이 다소 상할수 있다고 하더라도 그 내용이 너무나 막연하여 그것만으로 곧 상대방의 명예감정을 해하여 형법상 모욕죄를 구성한다고 보기는 어렵다(대법원 2007.2.22, 2006도8915).

1. 명예훼손죄에 대한 설명으로 틀린 것은?

① 공연성이란 불특정인 또는 다수인이 인식할 수 있는 상태를 말한다.
② 명예가 현실로 침해되었을 것을 요한다.
③ 적시된 사실이 진실인가, 허위인가는 본죄의 성립에 영향이 없다.
④ 통설에 의하면 피해자의 승낙은 본죄의 위법성을 조각한다고 한다.

〈해설〉 ② 본죄는 공연히 사실을 적시하여 불특정 또는 다수인이 인식할 수 있는 상태에 이르면 바로 기수가 된다.

2. 모욕죄에 대한 설명으로 틀린 것은?

① 공연히 사람을 모욕하는 것이다.

② 본죄는 추상적 위험범이므로 공연히 모욕함으로써 기수가 된다.

③ 모욕과 동시에 명예훼손을 한 경우에는 명예훼손죄가 성립한다.

④ 판례와 다수설은 제310조가 모욕죄에도 적용된다고 한다.

〈해설〉 ④ 부정한다.

제2절 신용 · 업무와 경매에 관한 죄

I. 의의

신용 · 업무와 경매에 관한 죄란 사람의 신용을 훼손하거나, 업무를 방해하거나, 경매 · 입찰의 공정성을 침해하는 것을 내용으로 하는 범죄이다. 형법 제34장은 신용 · 업무와 경매에 관한 죄라고 하여, 신용훼손죄(제313조), 업무방해죄(제314조) 및 경매 · 입찰방해죄(제315조)를 규정하고 있다. 본죄는 사람의 경제생활에 있어서의 자유라는 인격적 법익을 보호하기 위한 범죄이지만, 특히 업무방해죄와 경매 · 입찰방해죄에 있어서는 재산죄로서의 성격이 강조된다는 점에서 자유에 대한 죄로서의 성격과 함께 재산죄로서의 성질도 가지는 범죄라고 하여야 한다.

II. 신용훼손죄

허위의 사실을 유포하거나 기타 위계로써 사람의 신용을 훼손한 자는 5년 이하의 징역 또는 1천5백만원 이하의 벌금에 처한다(제313조).

1. 신용훼손죄의 의의

본죄는 경제적 측면에서 사람의 사회적 평가를 침해하는 것을 내용으로 하는 범죄이다. 본죄의 보호법익은 사람의 신용이다. **신용**이란 사람의 경제적 활동에 대한 사회적 평가, 즉 사람의 지불능력이나 지불의사에 대한 사회적 신뢰를 말한다.

2. 행위

허위의 사실을 유표하거나 기타 위계로써 신용을 훼손하는 것이다. '허위의 사실을 유표한다'함은 객관적 진실에 맞지 않는 사실을 불특정 또는 다수인에게 전파하는 것을 말한다. 위계란 상대방의 착오나 부지를 이용하는 일체의 행위를 말한다. 사람을 기망하는 경우뿐만 아니라 유혹하는 경우도 포함한다. 신용을 훼손한다함은 사람의 지불능력 또는 지불의사에 대한 사회적 신뢰를 저하시킬 우려 있는 상태를 발생케 하는 것을 말한다. 공소외 갑은 8년 전부터 남편 없이 3자녀를 데리고 생계를 꾸려왔을 뿐 아니라 피고인에 대한 다액의 채무를 담보하기 위해 동녀의 아파트와 가재도구까지를 피고인에게 제공한 사실이 인정되니 위 공소외 갑이 집도 남편도 없는 과부라고 말한 것이 허위사실이 될 수 없고, 또 공소외 갑이 계주로서 계불입금을 모아서 도망가더라도 책임지고 도와줄 사람이 없다는 취지의 피고인의 말은 피고인의 위 공소외 갑에 대한 개인적 의견이나 평가를 진술한 것에 불과하여 이를 허위사실의 유포라고 볼 수 없다(대법원 1983.2.8 82도2486).

3. 죄수

공연히 허위의 사실을 적시하여 명예와 신용을 훼손한 때에 본죄와 명예훼손죄의 관계에 대하여 **통설**은 양죄의 상상적 경합이 된다고 한다. 본죄는 사람의 사회적 가치 가운데 경제적 가치만을 특별히 보호하는 인격적 법익에 관한 죄이므로 본죄가 성립할 때에는 명예훼손죄는 성립하지 않는다고 한다(특별관계).

Ⅲ. 업무방해죄

전조(제313조)의 방법 또는 위력으로써 사람의 업무를 방해한 자는 5년 이하의 징역 또는 5백만원 이하의 벌금에 처한다(제314조).

1. 의의

허위의 사실을 유포하거나 위계 또는 위력으로서 사람의 업무를 방해한 때 성립하는 범죄이다. 사회적 활동으로서의 모든 업무이다. 본죄는 재산죄로서의 성격도 가지고 있는 인격적 활동으로서의 자유를 보호하는 범죄, 다시 말하면 사람의 활동의 자유를 경제적인 측면에서 보호하는 범죄를 말한다.

2. 보호법익

(1) 업무의 의의

업무는 사람이 그 사회적 지위에 있어서 계속적으로 종사하는 사무 혹은 업무를 말한다. 업무라고 하기 위해서는 사회적 지위와 계속성이라는 두 가지 요소를 갖추어야 한다. 사회적 지위로서 행하는 사무인 이상 반드시 경제적인 사무에 제한되지 않고, 정신적인 사무도 포함된다. 사회적 지위로서 행하는 사무인 이상 반드시 계속성이라는 두 가지 요소를 갖추어야 한다. 사회적 지위로서 행하는 사무인 이상 반드시 경제적인 사무에 제한되지 않고, 정신적인 사무도 포함된다. 예컨대, 시험문제를 누설하여 출제자관리업무를 방해하는 것이다. 보수의 유무나 영리의 목적의 유무를 불문하며, 주된 업무뿐만 아니라 부수적 업무도 포함된다. 업무는 직업 기타 계속적으로 종사하는 사무일 것을 요하나, 상사의 명령에 의하여 그 직장의 업무를 수행하는 경우에는 설사 일시적인 것이라 할지라도 여기의 업무에 해당된다. 반드시 생명에 대한 위험을 초래할 업무에 제한되지 않는다. 업무의 주체는 자연인, 법인, 법인격없는 단체도 포함된다. 업무방해죄에 있어서의 "업무"라 함은 사람이 그 사회생활상의 지위에 기하여 계속적으로 종사하는 사무나 사업을 의미하는 것으로서, 주된 업무뿐만 아니라 이와 밀접불가분한 관계에 있는 부수적인 업무는 포함되는 것이지만, 계속하여 행하는 사무가 아닌 공장의 이전과 같은 일회적인 사무는 업무방해죄의 객체가 되는 업무에 해당되지 않는다(대법원 1989.9.12 88도 1752).

(2) 보호법익으로서의 업무

업무방해죄와 업무상 과실사상죄(제268조)의 업무를 비교하면 다음과 같다.

업무방해죄	업무상 과실치사상죄
생명・신체에 대한 위험을 방지하는 것에 제한×	생명・신체에 대한 위험을 방지
업무에 제한	업무자체, 그 업무에 수반되는 일체의 행위, 오락을 위한 일시적인 자동차운전이나 수렵
형법상 보호할 가치있는 업무에 한(정당한 업무수행이라 할 수 있는 경우)	×

건물의 전차인이 임대인의 승낙없이 전차하였다고 하더라도 전차인이 불법침탈 등의 방법에 의하여 위 건물의 점유를 개시한 것이 아니고 그 동안 평온하게 음식점 등 영업을 하면서 점유를 계속하여 온 이상 전차인의 업무를 업무방해죄에 의하여 보호받지 못하는 권리라고 단정할 수 없다(대법원 1986.12.23 86도 1372).

(3) 공무

본죄의 업무에 공무가 포함되는가?

1) 적극설

본죄의 업무에는 공무가 포함되고 본죄의 업무에서 공무를 제외해야 할 이유가 없을 뿐만 아니라 공무가 포함되지 않는 때에는 허위사실의 유포에 의한 공무집행방해의 경우에는 어느 범죄도 성립하지 않는 부당한 결과가 된다. 공무집행방해죄가 성립하는 경우에는 본죄는 법조경합의 관계에 의해 성립되지 않는다.

2) 소극설

공무는 포함되지 않는다는 견해가 된다. 본죄 이외에 공무집행방해죄를 별도로 규정한다. 공무집행죄의 행위의 태양이 본죄에 비하여 제한된 것은 공무의 성질에 비추어 그 이외의 행위는 처벌하지 않는다는 취지로 이해할 수 있다. 본죄는 개인의 경제활동의 자유를 보호하기 위한 범죄이므로 공무는 본죄의 업무에서 제외된다.

3) 절충설

비공무원에 의한 공무집행이나 비권력적 공무수행 혹은 위력에 의한 공무집행방해의 경우에는 공무도 포함된다. 비공무원이 수행하는 공무가 본죄의 업무에 포함된다고 하는 것은 관공서의 용인이나 우편배달부는 공무원이 아니라는 전제에서 출발하게 된다.

3. 행위

허위의 사실을 유포하거나 위계 혹은 위력으로서 업무를 방해하는 것이다.

(1) 업무방해의 방해

1) 허위사실의 유포와 위계

신용훼손죄와 동일하다. 허위사실의 유포의 한 예시에 지나지 않는다.

교수인 피고인 갑이 출제교수로부터 대학원 신입생 전형시험문제를 제출받아 피고인 을, 병에게 그 시험문제를 알려주자 그들이 답안쪽지를 작성한 다음 이를 답지에 그대로 베껴 서서 그 정을 모르는 시험감독관에게 제출한 경우, 위계로써 입시감독업무를 방해한 것이므로 업무방해죄에 해당한다(대법원 1991.11.12 91도 2211).

2) 위력

사람의 의사의 자유를 제압·혼란케 할 만한 일체의 세력을 말한다. 유형적 혹은 무형적 방법(폭행·협박 혹은 사회적·경제적·정치적 지위나 권세 이용)도 포함한다.

쟁의행위의 적법한 절차를 거치지 아니하였음은 물론 이로 인하여 공익에 커다란 영향을 미치는 위 공사의 정상적인 업무운영이 방해되었을 뿐만 아니라 전화고장 수리 등을 받고자 하는 수요자들에게도 상당한 지장을 초래하게 된 점 등에 비추어 정당한 쟁의행위의 한계를 벗어난 것으로 업무방해죄를 구성하고, 피고인의 이와 같은 행위가 노동3권을 보장받고 있는 근로자의 당연한 권리행사로서 형법 제20조 소정의 정당행위에 해당한다고 볼 수 없다(대법원 1996.5.10, 96도419).

■ 위력에 의한 업무를 방해한 경우의 예
- 업무를 행하지 못하게 폭행·협박한 경우
- 음식물이나 다방에서 고함을 지르고 난동부림
- 가옥을 명도받기 위하여 다방의 출입문을 폐쇄
- 점포에서 영업을 하지 못하도록 단절조치를 한 경우

(2) 업무의 방해

업무의 집행 자체를 방해하는 경우, 업무의 경영을 저해하는 것을 포함한다. 예컨대, 피고인 서류배달업 회사가 고객으로부터 배달을 의뢰받은 서류의 포장 안에 특정종교를 비방하는 내용의 전단을 집어 넣어 함께 배달되게 한 경우 위 회사의 서류배달업무를 방해한 것이라 할 수 있다(대법원 1989.5.14, 98도3767). 이는 추상적 위험범이다. 업무를 방해할 우려가 있는 상태가 발생하면 족하며, 방해의 결과가 현실적으로 발생하였을 것은 불요한다.

4. 위법성

피해자의 승낙은 본죄의 위법성을 조각한다(본죄의 법익은 처분할 수 있는 법익이므로). 자구행위 혹은 정당행위의 요건을 충족하는 행위는 위법하지 않는다. 그러나 임차인이 임대차기간이 만료되었음에도 불구하고 명도하지 않기 때문에 위력을 행사하여 업무방해를 한다면 권리의 행사라 할지라도 그것이 권리남용일 경우에는 위법성이 조각되지 않는다.

Ⅳ. 컴퓨터 업무방해죄

1. 의의

본죄는 컴퓨터 등 정보처리장치 또는 전자기록 등 특수매체기록을 손괴하거나 정보처리장치에 허위의 정보 또는 부정한 명령을 입력하거나 기타 방법으로 정보처리에 장애를 발생하게 하여 사람의 업무를 방해함으로써 성립하는 범죄이다(제314조 2항). 개정형법이 신설한 것으로 보호법익은 사람의 사회적 · 경제적 활동인 업무이며, 보호받는 정도는 추상적 위험범이다.

2. 객체

본죄의 객체는 사람의 업무, 컴퓨터 등 정보처리장치 또는 전자기록 등 특수매체기록이다. 사람의 업무는 업무방해죄에 있어서의 업무와 같다. 컴퓨터 등 정보처리장리는 자동적으로 계산이나 데이터 처리를 할 수 있는 전자장치를 말한다. 다만 정보처리장치는 전자계산기 자체가 업무에 대한 판단, 사무처리, 제어 등의 기능을 자동적으로 처리할 수 있고 독립성이 있는 것이어야 한다. 전자기록 등 특수매체기록은 전기적 기록이나 광기술을 이용한 기록을 말하며 녹음테이프, 녹화필름 등을 포함한다.

3. 행위

정보처리장치, 전자기록 등 특수매체 기록을 손괴하거나 위계의 정보 또는 부정한 명령을 입력하거나 기타 방법으로 사람의 업무를 방해하는 것이다. 기타의 방법으로 전원의 차단, 실온의 조작 등 정보처리에 장애를 일으키는 일체의 행위를 말한다.

대학의 컴퓨터시스템 서버를 관리하던 피고인이 전보발령을 받아 더 이상 웹서버를 관리운영할 권한이 없는 상태에서, 웹서버에 접속하여 홈페이지 관리자의 아이디와 비밀번호를 무단으로 변경한 행위는, 피고인이 웹서버를 관리 운용할 정당한 권한이 있는 동안 입력하여 두었던 홈페이지 관리자의 아이디와 비밀번호를 단지 후임자 등에게 알려 주지 아니한 행위와는 달리, 정보처리장치에 부정한 명령을 입력하여 정보처리에 현실적 장애를 발생시킴으로써 피해 대학에 업무방해의 위험을 초래하는 행위에 컴퓨터 등 장애 업무방해죄를 구성한다(대법원 2006.3.10, 2005도382).

V. 경매 · 입찰방해죄

위계 또는 위력 기타 방법으로 경매 또는 입찰의 공정을 해하는 자는 2년 이하의 징역 또는 700만원 이하의 벌금에 처한다(제313조). 본죄와 관련되는 것은 담합행위로서 이는 원칙적으로 경매 · 입찰방해죄를 구성하되 사회상규에 위배되지 않는 경우에 한하여 위법성이 조각된다는 것이 **통설**이다.

1. 건물의 전차인이 임대인의 승낙 없이 전차하였다고 하더라도 전차인이 불법침투 등의 방법에 의하여 의 건물의 점유를 개시한 것이 아니고 그 동안 평온하게 음식점 등 영업을 하면서 점유를 계속하여 온 이상, 위 전차인의 업무를 업무방해죄에 의하여 보호받지 못하는 권리하고 단정할 수 없다(대법원 1986.12.23, 86도1372).
2. 업무방해죄에 있어서의 행위의 객체는 타인의 업무이고, 여기서 타인이라 함은 범인 이외의 자연인과 법인 및 법인격 없는 단체를 가리키므로, 법적 성질이 영조물에 불과한 대학교 자체는 업무방해죄에 있어서의 업무의 주체가 될 수 없다(대법원 1999.1.15, 98도663).
3. 시험의 출제위원이 문제를 선정하여 시험실시자에게 제출하기 전에 이를 유출하였다고 하더라도 이러한 행위 자체는 위계를 사용하여 시험실시자의 업무를 방해하는 행위가 아니라 그 준비단계에 불과한 것이고, 그 후 그와 같이 유출된 문제가 시험실시자에게 제출되지도 아니하였다면 그러한 문제유출로 인하여 시험실시업무가 방해될 추상적인 위험조차도 있다고 할 수 없으므로 업무방해죄가 성립한다고 할 수 없다(대법원 1999.12.10, 99도3487).
4. 형법 제314조 제1항 소정의 위계에 의한 업무방해죄에 있어서의 '위계'라 함은 행위자의 행위목적을 달성하기 위하여 상대방에게 오인 · 착각 또는 부지를 일으키게 하여 이를 이용하는 것을 말하므로, 인터넷 자유게시판 등에 실제의 객관적인 사실

을 게시하는 행위는, 설령 그로 인하여 피해자의 업무가 방해된다고 하더라도, 위 법조항 소정의 '위계'에 해당하지 않는다(대법원 2007.6.29, 2006도3839).

5. 교수인 피고인 갑이 출제교수들로부터 대학원신입생전형 시험문제를 제출받아 피고인 을·병에게 그 시험문제를 제출받아 피고인 을·병에게 그 시험문제를 알려주자 그들이 답안쪽지를 작성한 다음 이를 답안지에 그대로 베껴 써서 그 정을 모르는 시험감독관에게 제출한 경우, 위계로써 입시감독업무를 방해한 것이므로 업무방해죄에 해당한다(대법원 1991.11.12, 91도2211).

6. 대학교 총장이 신입생을 추가로 모집함에 있어 기부금을 낸 학부모나 교직원 자녀들의 성적 또는 지망학과를 고쳐 석차가 추가로 모집하는 인원의 범위 내에 들도록 사정부를 허위로 작성한 다음, 그 정을 모르는 입학사정위원들에게 제출하여 허위로 작성된 사정부에 따라 입학사정을 하게 함으로써 위 자녀들을 합격자로 사정하게 하였다면, 이는 위계로써 입학사정업무를 방해하였다고 할 것이다(대법원 1993.5.11, 92도255).

7. 전보발령을 받아서 더 이상 웹서버를 관리 운영할 권한이 없는 피고인이 웹서버에 접속하여 홈페이지 관리자의 아이디와 비밀번호를 무단으로 변경한 경우, 이와 같은 행위는 피고인이 웹서버를 관리 운영할 정당한 권한이 있는 동안 입력하여 두었던 홈페이지 관리자의 아이디와 비밀번호를 단지 후임자 등에게 알려 주지 아니한 행위와는 달리, 정보처리장치에 부정한 명령을 입력하여 정보처리에 현실적 장애를 발생시킴으로써 피해 대학에 업무방해의 위험을 초래하는 행위에 해당한다(대법원 2006.3.10, 2005도382).

8. 입찰방해죄가 성립하려면 최소한 적법하고 유효한 입찰절차의 존재가 전제되어야 하는 것인데, 기록에 의하면, 결국 재입찰이 실시되지 않은 사실을 알 수 있는 바, 그렇다면 이 사건의 경우 처음부터 무슨 재입찰절차가 존재하였다 할 수 없어 결국 입찰방해죄는 성립할 수 없게 된다. 그럼에도 불구하고, 원심은 입찰방해죄가 이른바 추상적 위태범이라는 이유만으로 재입찰이 사실상 이루어지지 않았다는 사정이 입찰방해죄의 성립에 영향을 주지 못한다고 보았으니, 이러한 원심의 판단에는 추상적 위태범과 입찰방해죄의 법리를 오해함으로써 판결 결과에 영향을 미친 위법이 있다 할 것이고, 따라서 변호인이 이점을 지적하여 상고이유로 내세운 주장은 이유없다(대법원 2005.9.9, 2005도3857).

1. 다음 업무방해죄에 대한 설명으로 틀린 것은?

① 통설과 판례에 의하면 업무란 사회생활상의 지위에 기인하여 계속적으로 종사하는 사무 또는 사업을 말한다.
② 일시적 또는 오락을 위한 업무, 형법상 보호할 가치가 없는 업무는 제외된다.
③ 본죄의 행위는 허위사실을 유포하거나 기타 위계 또는 위력으로써 업무를 방해하는 것을 말한다.
④ 판례에 의하면 의료인이나 의료법인이 아닌 자가 의료기관을 개설하여 운영하는 행위도 업무에 해당된다고 한다.

〈해설〉 ④ 대법원 2001.11.30, 2001도2015

2. 컴퓨터업무방해죄에서의 행위태양이 아닌 것은?

① 정보지득 ② 바이러스입력
③ 컴퓨터손괴 ④ 부정한 명령입력

〈해설〉 ①

3. 다음 중 업무방해죄에 대한 설명 중 옳지 않은 것은?(단, 다툼이 있는 경우 판례에 의함)

① 의료인이나 의료법인이 아닌 자가 의료기관을 개설하여 운영하는 행위는 업무방해죄의 보호대상이 되는 '업무'에 해당하지 아니한다.
② 업무방해죄의 성립에 있어서 업무방해의 결과가 실제로 발생함을 요하는 것은 아니고 업무방해의 결과를 초래할 위험이 발생하면 족하다.
③ 주주로서 주주총회에서 의결권 등을 행사하는 것은 주식의 보유자로서 그 자격에서 권리를 행사하는 것에 불과할 뿐 그것이 직업 기타 사회생활상의 지위에 기하여 계속적으로 종사하는 사무 또는 사업에 해당한다고 할 수 없으므로 형법상 업무방해죄의 보호대상이 되는 업무라고 할 수 없다.

④ 시험의 출제위원이 문제를 선정하여 시험실시자에게 제출하기 전에 이를 유출하였으나 그 후 유출된 문제가 시험실시자에게 제출되지 아니한 경우 업무방해죄가 성립한다.

〈해설〉 ④ 대법원 1999.12.10, 99도3487 :
① 대법원 2001.11.30, 2001도2015
② 대법원 2002.3.29, 2000도3231
③ 대법원 2004.10.28, 2004도1256

UNDERSTANDING OF CRIMINAL LAW & CASES

제4장 사생활의 평온에 대한 죄

제1절 비밀침해의 죄

I. 의의

비밀침해의 죄란 개인의 사생활에 있어서의 비밀을 침해하는 것을 내용으로 하는 범죄를 말하는데 본죄는 개인의 사생활에 있어서의 비밀을 보호법익으로 한다. 각칙 35장의 비밀침해의 죄는 비밀침해죄(제316조)와 업무상 비밀누설죄(제317조)로 구성되어 있다. 본죄는 친고죄이며(제318조), 보호법익은 사람의 비밀이다.

개인적인 생활에서 행하는 대화가 녹음되거나 기계적 수단에 의해 도청되는 것을 처벌하는 규정을 비밀침해죄의 내용으로 신설해야 하고, 봉함 기타 비밀장치를 개피하지 아니하고 기계적 수단에 의하여 그 내용을 알아 낸 자를 처벌하는 규정을 마련해야 하며, 비밀누설죄의 주체의 경우 변호인이 아닌 변호인이나 소송대리인이 제외된 것과 공인회계사, 세무사 또는 흥신소에 종사하는 자가 본죄의 주체로 하지 않은 것은 입법적 불비에 해당한다.

II. 비밀침해죄

봉함 기타 비밀장치한 사람의 신서, 문서 또는 도서를 개피한 자는 3년 이하의 징역이나 금고 또는 500만원 이하의 벌금에 처한다(제316조). 본조는 고소가 있어야 논한다(제318조).

1. 의의

개인의 사생활에 있어서의 비밀, 즉 프라이버시를 침해하는 것을 내용으로 하는 범죄이다. 헌법이 보장하고 있는 사생활의 자유와 통신의 자유를 형법에 의하여 실현하게 하는 범죄이다. 각칙 제35장의 비밀침해의 죄는 비밀침해죄(제316조)와 업무상 비밀누설죄(제317조)로 구성된다. 업무상 비밀누설죄는 탐지는 벌하지 아니하고 누설만을 벌하고 있다. 비밀의 내용이 문제될 뿐만 아니라 사생활의 비밀을 보호하는 이외에도 일정한 직업에 종사하는 자가 업무처리중에 알게 된 타인의 비밀을 침묵하는 데 일반의 이익도 그 보호법익이 된다. 비밀침해죄에서 처벌되는 것은 신서의 개피, 즉 비밀의 탐지이고 실질적인 비밀의 내용을 문제로 하지 않는다.

2. 보호법익

개인의 비밀이다. 비밀의 주체는 자연인이든 법인이든 법인격없는 단체이든 불문한다. 국가 혹은 공공단체의 비밀도 여기에 포함되는가? 본죄가 친고죄로 되어있는 점으로 보아 국가의 비밀에 포함되지 않는다. 본죄는 봉함 기타 비밀장치한 타인의 신서·문서 혹은 도서를 개피함으로써 성립하는 추상적 위험범이므로 신서 등에 포함되어 있는 비밀의 내용은 문제로 되지 않는다.

3. 객관적 구성요건

(1) 행위의 객체

봉함 기타 비밀장치한 타인의 신서·문서 혹은 도서이다.

1) 신서·문서 혹은 도서

「**신서**」는 특정인으로부터 다른 특정인에게 의사를 전달하는 문서이고 반드시 우편물이어야 하는 것은 아니며 발송전후도 불문한다. 「**문서**」는 신서가 아닌 것으로 문서 기타의 발음부호에 의하여 특정인의 의사를 표시한 것으로 공문서·사문서·유언서·원고 등이다. 「**도화**」는 그림에 의하여 의사가 표시된 것이다.

2) 봉함 기타 비밀장치

신서·문서 혹은 도화는 봉함 혹은 비밀장치한 것에 한하여 본죄의 객체가 된다(예컨대, 우편엽서 혹은 무봉서장은 포함되지 않는다). 「**봉함**」은 봉투를 풀로 붙인 것과 같이 그 외포를 파훼하지 않고는 내용을 알 수 없거나 곤란하게 하는 것을 말한다. 「**비밀장치**」는 봉합 이외의 방법으로 외포를 만들어 그 내용을 알 수 없게 하는 일체의 장치이다.

신서 등을 비밀장치된 용기 속에 넣어 둔 경우 여기의 비밀장치에 해당하는가에 대하여 기타 비밀장치한 일반조항을 두어 널리 비밀을 보호하려고 하는 형법의 해석에 있어서는 이러한 경우도 포함된다(잠겨진 상자 · 금고 · 책장설합 혹은 장농 속에 들어있는 신서로서 이는 비밀장치한 신서이다).

(2) 행위

「**개피**」는 봉함 기타 비밀장치를 파훼하여 신서 · 문서 혹은 도화의 내용을 알 수 있는 상태에 두는 것이다. 불빛에 투시하여 내용을 읽어보는 것이다. 개피의 방법은 불문한다. 신서 등의 내용을 알 수 있는 상태에 두는 것을 말한다. 신서를 개피한 이상 그 내용은 읽지 못하였다 하여도 본죄는 기수에 이른다. 추상적 위험범이다. 본죄의 행위는 개피하는 것이므로 개피 이외의 방법으로 그 내용을 아는 것은 본죄를 구성하지 못한다. 신서 등을 절취 혹은 횡령한 후에 개피하는 것은 절도죄 혹은 횡령죄와 본죄의 상상적 경합이다.

4. 주관적 구성요건

봉함 기타 비밀장치한 타인의 신서 · 문서 혹은 도화를 개피한다는 고의가 있어야 한다. 미필적 고의로도 족하다. 행위자가 타인에게 온 신서를 자기에게 온 것으로 잘못 알고 개피한 때에는 구성요건적 사실의 착오로서 고의를 조각하게 된다. 타인에게 온 신서를 자기가 뜯어 볼 권한이 있다고 믿고 개피한 경우에는 법률의 착오로서 형법 제16조에 의하여 처리된다.

5. 위법성

피해자의 승낙도 본죄의 위법성조각사유로 이해한다(**통설**). 피해자의 동의는 본죄의 구성요건해당성을 조각한다고 해석한다. 신서를 개피할 권한이 법령에 규정되어 있는 경우라는 위법성이 조각된다(임시우편물단속법 제3조, 행형법 제18조 제3항, 형사소송법 제107조 , 제120조, 우편법 제28조 제2항, 제35조 제2항). 친권자가 친권의 행사로서 그 자녀에게 온 편지를 개피하는 것이다.

6. 고소권자

친고죄로서 신서의 처분권이 누구에게 있느냐에 따라 고소권자를 결정하려는 것이지만 본죄의 피해자가 신서의 처분권자와 일치한다. 발송인이 피해자가 된다. 그렇다면 수신인은 언제 피해자가 되는가가 문제되나 수신인도 언제나 피해자가 된다는 하는 것이 다수설이다.

Ⅲ. 업무상 비밀누설죄

의사 · 한의사 · 치과의사 · 약제사 · 약종상 · 조산사 · 변호사 · 변리사 · 계리사 · 공증인 · 대서업자나 그 직무상 보조자 또는 차등의 직에 있던 자가 그 업무처리 중 지득한 타인의 비밀을 누설한 때에는 3년 이하의 징역이나 금고, 10년 이하의 자격정지 또는 700만원 이하의 벌금에 처한다(제317조 1항). 종교의 직에 있는 자 또는 있던 자가 그 직무상 지득한 사람의 비밀을 누설한 때에도 전항의 형과 같다(제317조). 본죄는 고소가 있어야 논한다(제318조).

1. 통신비밀보호법 제3조 제1항이 "공개되지 아니한 타인 간의 대화를 녹음 또는 청취하지 못한다."라고 정한 것은, 대화에 원래부터 참여하지 않는 제3자가 그 대화를 하는 타인들 간의 발언을 녹음해서는 아니된다는 취지이고, 3인 간의 대화에 있어서 그 중 한 사람이 그 대화를 녹음하는 경우에 다른 두 사람의 발언은 그 녹음자에 대한 관계에서 "타인 간의 대화"라고 할 수 없으므로, 이와 같은 녹음행위가 통신비밀보호법 제3조 제1항에 위배된다고 볼 수는 없다(대법원 2006.10.12, 2006도4981).
2. 병원에서 분실된 진료기록의 일부를 당사자가 증거로 제출하는 것이 형법 제317조 제1항 소정의 업무상 비밀누설죄에 해당된다고 볼 수 없다(대법원 1992.5.22, 91다39320).

제2절 주거침입의 죄

I. 의의

주거침입죄는 사람의 주거 또는 간수하는 장소의 평온과 안전을 침해하는 것을 내용으로 하는 범죄이다. 헌법 제16조에 주거의 자유를 헌법상의 기본권으로 보장하고 있다. 형법은 각칙 제36장에서 주거침입의 죄로 주거침입죄와 퇴거불응죄(제319조)를 두고, 이에 대한 가중적 구성요건으로 특수주거침입(퇴거불응)죄(제320조)를 규정한 외에 주거수색죄(제321조)와 미수범처벌에 관한 규정(제322조)을 두고 있다.

사람의 주거, 간수하는 저택, 건조물이나 선박 또는 점유하는 방실에 침입하는 자는 3년 이하의 징역 또는 5백만원 이하의 벌금에 처한다(제319조). 본죄의 미수범은 처벌한다(제322조).

사람의 주거 혹은 간수하는 장소의 평온과 안전을 침해하는 것을 내용으로 하는 범죄이다. 헌법이 보장하고 있는 주거의 자유를 침해함으로써 성립하는 범죄이다. 형법은 개인적 법익을 침해하는 범죄이다(개인의 주거의 자유라는 특수한 성질의 인격적 법익을 보호하기 때문이다).

1. 보호법익

(1) 주거권설

주거권은 사람이 주거의 평온을 확보하고 권한없는 타인의 침입에 의하여 이를 방해받지 않는 권리 혹은 주거 안에서 권한없는 사람의 존재에 의하여 방해받지 않을 이익이다.

(2) 사실상평온설(통설)

주거를 지배하고 있는 사실관계, 즉 주거에 대한 공동생활자 전원의 사실상의 평온을 의미한다. 이에 대하여 주거권은 법적 성질의 명백하지 아니하므로 권리로서의 위치조차 불분명한 주거권이라는 개념을 사용하는 것은 부당하고 주거권의 침해라는 사고는 모든 범죄를 권리의 침해로 보는 19세기 초의 낡은 사상의 잔재라는 비판이 있게 된다.

(3) 비판

본죄의 보호법익을 사실상의 주거의 평온이라 해석하면 공공의 질서에 대한 죄로서 성질이 강조되고 주거의 자유는 헌법에 의하여 보장되고 있는 기본권이므로 주거의 평온을 유지하는 것이 권리가 된다는 것을 부정해야 할 이유가 없으며 본죄의 보호법익을 주거에서의 공동생활자 전원의 평온이라 하여도 주거에서의 사실상의 평온이 유지되는가는 법익주체의 의사와 관계없이 판단하지 못한다는 비판이 있다.

2. 객관적 구성요건

(1) 행위의 객체

사람의 주거, 간수하는 저택, 건조물이나 선박 혹은 점유하는 방실이다.

1) 사람의 주거

「**주거**」란 기거하고 침실에 사용하는 장소(**다수설**)이고 사람이 일상생활을 영위하기 위하여 점거하는 것을 말한다. 낮에만 기거하는 곳, 일정한 기간동안만 사는 별장을 영구적·일시적이라도 상관없다. 단 사무실, 여관, 호텔의 방은 점유하는 방실이다. 주거의 설비 혹은 그 구조의 여하를 불문한다. 주거에 사용하는 건물과 그 부속물이고 부동산, 주거용 차량과 같은 동산도 포함된다. 주거에 사람이 현존할 것을 요하는 것은 아니나, 일시적으로 세워 둔 집도 포함한다.

2) 간수하는 저택

「**간수**」란 사람이 관리·지배하고 있는 것을 말하고 인적·물적 설비를 갖출 것을 요한다. 수위·경비원 혹은 관리인을 둔 경우, 자물쇠로 잠그거나 문에 못질을 해 둔 경우도 포함되고 단순히 출입금지의 표지만으로 않된다. 「**저택**」이란 주거에 사용할 목적으로 건축물 가옥과 그 정원을 말한다. 예컨대, 공가 혹은 폐쇄된 별장 등이 여기에 해당된다.

3) 건조물·선박

「**건조물**」은 주거 혹은 저택을 제외한 일체의 건물, 예컨대, 공장·창고·극장 혹은 관공서의 청사(예컨대, 건물, 정원)이고 부동산에 한한다. 지붕이 있고 담 혹은 기둥으로 지지되어 토지에 정착하고 있어 사람이 출입할 수 있을 것을 요한다. 「선박」

이란 그 크기를 묻지 않지만 적어도 주거에 사용될 수 있을 정도를 말한다.

4) 점유하는 방실

건물 내에서 사실상 지배·관리하는 구획으로서 예컨대, 점포·사무실·연구실, 호텔 혹은 여관의 투숙중인 방을 말한다. **판례**는 가옥 가운데 일부의 방을 명도받은 경우도 해당된다고 하고 있다.

(2) 행위

1) 침입

주거권설의 입장으로서 주거권자의 의사에 반하여 들어가는 것을 말한다. 이는 신체적 침입을 말한다. 신체가 전부 들어갈 것을 요하는가에 대하여 **통설**은 신체의 전부가 들어가야 기수에 이른다고 하고 있다. 침입의 방법은 불문하고 몰래 들어가든 공공연히 들어가든, 열린 문으로 들어가든 장애를 넘고 들어가든 해당된다. 외부로부터의 침입에 제한된다.

2) 주거권자의 의사

① 주거권자

주거에의 출입과 그 제재를 결정할 권리가 있는 사람으로서 주거에 거주함으로써 그 장소에 대하여 프라이버시의 이익을 가진 사람에 제한된다. 주거란 적법하게 개시될 것을 요한다.

(i) 차가에 대하여 제3자에 대한 관계에서는 물론 소유자에 대한 관계에서도 주거권은 임차인에게 있다. 임대차 기간이 종료한 후에 임차인이 계속 점유하고 있는 건물에 대하여 소유자가 마음대로 출입한 때에는 본죄가 성립한다. 임차인이 소유자가 폐쇄한 출입구를 뜯고 그 건물에 들어간 경우라 할지라도 본죄가 성립하지 않는다.

(ii) 주거에 수인이 같이 거주하는 때에는 각자가 모두 주거권을 가진다. 공동사용부분에 대하여는 각자가 완전한 주거권을 가지고 다른 사람의 출입과 제재에 동의할 수 있다. 각자의 주거권은 다른 사람의 권리를 침해해서는 않된다는 제한을 받게 되고 다른 주거권자의 동의를 기대할 수 없는 때에는 단독으로 출입을 허락할 수 없다. 남편이 부재중에 처와 간통하기 위하여 처의 동의를 얻고 들어간 경우에 본죄가 성립하는가에 대하여 통설은 본죄의 보호법익을 주거의 평온이라고 해석한 나머지 평온하게 주거에 들어간 이상 본죄가 성립하지 않는다고 한다. 종래의 **판례(일제시대**

의 판례)는 이에 대하여 본죄의 보호법익을 주거의 평온이라고 해석하면서도 이 경우 본죄의 성립을 인정하였다. 그러나 이러한 의미의 주거권설은 사실상의 평온이 침해되지 아니한 경우에도 본래의 성립을 인정해야 하므로 부당하다는 비판을 받는다.

(iii) 주거권자는 그 주거권의 행사를 타인에게 위탁할 수 있다. 예컨대, 아이나 그 가정부에게 집을 보게 한 경우를 들 수 있다.

② 주거권자의 의사

주거권자의 의사에 따라 들어간 경우에는 침입이라고 할 수 없다.

(i) 위법성을 조각하는 승낙은 동의가 있으면 이미 침입이 될 수 없으므로 그것은 구성요건해당성을 조각하는 양해라고 해야 한다. 기망에 의하여 얻은 동의에 대하여 **통설**은 거주지의 주거권을 침해했다고 할 것이므로 본죄의 성립을 인정한다. 동의가 반드시 명시적으로 행하여질 것을 불요하고 일반적 혹은 묵시적 동의도 가능하다. 절도·강도 혹은 폭행과 같이 범죄를 행할 목적으로 주거에 들어간 때에는 주거권자의 동의가 아니다.

(ii) 개별적인 자격을 문제로 하지 아니하고 일반인의 출입을 허용하고 있는 장소(공중에게 개방되어 있는 관공서의 청사나 역·백화점·슈퍼마켓·은행·식당 혹은 호텔에 범죄의 목적으로 들어간 경우)에 대하여는 판례는 가주자의 승낙을 받고 들어간 경우에도 부정행위를 할 목적으로 들어간 때에도 본죄가 성립한다. 개인적으로 내려진 출입금지에 위반하였거나, 침입방법 그 자체가 일반적인 허가에 해당되지 않는 것이 명백하게 나타난 때에는 본죄를 구성하게 된다.

3) 부작위에 의한 침입

침입을 부작위에 의하여 행하는 것이라 할 수 있는데 이는 부진정부작위범이다. 주거권자의 퇴거요구를 받을 것을 요건으로 하지 않는 점에서 퇴거불응죄와 구별된다. 예컨대, 주거에 대한 보증인이 제3자의 침입을 방지하지 아니한 경우 혹은 허가를 받고 들어온 자가 그 시간을 넘어서 머무르거나, 주거권자의 의사에 반하여 침입을 한 것을 사후에 알고도 그대로 있는 경우를 말한다.

3. 주관적 구성요건

행위자는 주거권자의 의사에 반한다는 것을 인식하지 못한 때에는 구성요건적 사실의 착오로서 고의가 조각된다. 주거에 들어갈 정당한 권리가 있다고 오신한 때에는 법률의 착오가 성립한다. 주거권자의 의사에 반하지 않음에도 불구하고 착오에 의하여 그의 의사에 반한다고 오인한 때에는 불능범의 문제가 된다.

4. 위법성

위법성조각사유가 있으면 적법하게 되어 범죄가 성립하지 않는다. 예컨대, 타인의 주거에 불이 났기 때문에 불을 끄기 위하여 들어간 때에는 긴급피난에 의하여 위법성이 조각된다. 이는 추정적 승낙이라 할 수 있다. 위법성조각사유의 대표적인 예로서 법령에 근거를 가진 행위 예컨대, 주거권에 우월하는 적법한 권한에 의하여 주거에 들어가는 것은 위법하지 않는다. 공법상의 권한(형사소송법과 민사소송법에 의한 강제처분 혹은 강제집행)이든 사법상의 권한(친권자가 친권을 행사하기 위하여 자녀의 집에 들어간 경우)이든 불문한다.

채권자가 채권을 변제받기 위하여 채무자의 집에 들어간 때에는 위법성이 조각된다고 하는 견해가 있는데 이는 채무변제를 독촉하기 위한 것이라는 이유만으로는 주거침입이 정당화된다고 할 수 없다.

5. 죄수

주거침입죄는 주거침입을 위한 수단으로 범한 죄 예컨대, 재물손괴죄 혹은 폭행죄는 상상적 경합이다. 주거침입시에 범한 다른 범위와 주거침입죄는 경합죄가 된다. 상습절도로 인하여 특정범죄가중처벌 등에 관한 법률 제5조의 4에 해당할 때에는 주거침입죄는 동조에 흡수된다.

Ⅲ. 퇴거불응죄

전항의 장소에서 퇴거불응을 받고 응하지 아니한 자도 전항의 형과 같다(제319조 2항). 본죄의 미수범은 처벌한다(제322조). 퇴거불응죄는 대표적인 진정부작위범 중의 하나이며, 거동범이고 퇴거할 때까지 계속되는 계속범이다.

> 주의할 것 ▪▪▪ 퇴거불응죄는 진정부작위범으로 미수는 인정될 수 없다고 보는 것이 다수설이지만, 제322조에서는 미수범 처벌규정을 두고 있다.

Ⅳ. 특수주거침입죄

단체 또는 다중의 위력을 보이거나 위험한 물건을 휴대하여 전조의 죄를 범한 때에는 5년 이하의 징역에 처한다(제320조). 본죄의 미수범은 처벌한다(제322조).

Ⅴ. 신체 · 주거수색죄

사람의 신체, 주거, 간수하는 저택, 건조물이나 선박 또는 점유하는 방실을 수색한 자는 3년 이하의 징역에 처한다(제321조). 본죄의 미수범은 처벌한다(제322조).

1. 주거침입죄의 보호법익에 대하여 논하여라.

2. 남편이 부재중에 처와 간통하기 위하여 처의 동의를 얻고 들어간 경우 주거침입죄가 성립하는가?

1. 주거침입죄에 있어서 주거 또는 건조물이라 함은 단순히 가옥만을 말하는 것이 아니고 그 위요지를 포함한다 할 것이고, 침입이라 함은 거주자 또는 간수자의 의

사에 반하여 들어가면 족한 것이고, 어떤 저항을 받는 것을 요하지 않으며, 일반적으로 개방되어 있는 장소라도 필요한 때는 관리자가 그 출입을 금지 내지 제한할 수 있는 것이므로, 그 출입금지 내지 제한하는 의사에 반하여 무리하게 주거 또는 건조물 구내에 들어간다면 주거침입죄를 구성한다.

2. 동거자 중의 1인이 부재중인 경우라고 주거의 지배관리관계가 외관상 존재하는 상태로 인정되는 한 위 법리에는 영향이 없다고 볼 것이니, 남편이 일시 부재중 간통의 목적하에 그 처의 승낙을 얻어 주거에 들어간 경우라도 남편의 주거에 대한 지배관리관계는 여전히 존속한다고 봄이 옳고, 사회통념상 간통의 목적으로 주거에 들어오는 것은 남편의 의사에 반한다고 보여지므로 처의 승낙이 있었다 하더라도 남편의 주거의 사실상의 평온은 깨어졌다 할 것이므로, 이러한 경우에는 주거침입죄가 성립한다고 할 것이다(대법원 1984.6.26, 83도1394).

3. 주거침입죄는 사실상의 주거의 평온을 보호법익으로 하는 것이므로 그 거주자 또는 간수자가 건조물 등에 거주 또는 간수할 권리를 가지고 있는가의 여부는 범죄의 성립을 좌우하는 것이 아니며, 점유할 권리 없는 자의 점유라고 하더라도 그 주거의 평온은 보호되어야 할 것이므로, 권리자가 그 권리실행으로 자력구제의 수단으로 건조물에 침입한 경우에도 주거침입죄가 성립한다(대법원 1985.3.26, 85도122).

4. 야간에 타인 집의 창문을 열고 집안으로 얼굴을 들이미는 등의 행위를 하였다면 피고인이 자신의 신체 일부가 집안으로 들어간다는 인식하에 하였더라도 주거침입죄의 범의는 인정되고, 또한 비록 신체의 일부만이 집안으로 들어갔다고 하더라도 사실상 주거의 평온을 해하였다면 주거침입죄는 기수에 이르렀다(대법원 1995.9.15, 94도2561).

5. 타인의 주거에 침입한 행위가 비록 불법선거운동을 적발하려는 목적으로 이루어진 것이라고 하더라도, 타인의 주거에 도청장치를 설치하는 행위는 그 수단과 방법의 상당성을 결하는 것으로서 정당행위에 해당하지 않는다(대법원 1997.3.28, 95도2674).

6. 간통현장을 직접 목격하고 그 사진을 촬영하기 위하여 상간자의 주거에 침입한 행위는 그 수단과 방법에 있어서 상당성이 인정된다고 보기 어려우므로 정당행위에 해당하지 않고 주거침입죄가 성립한다(대법원 2003.9.20, 2003도3000).

7. 주거침입죄는 사실상의 주거의 평온을 보호법익으로 하는 것이므로 그 거주자 또는 관리자가 건조물 등에 거주 또는 관리할 권한을 가지고 있는가 여부는 범죄의 성립을 좌우하는 것이 아니고, 그 거주자나 관리자와의 관계 등으로 평소 건조물에 출입이 허용된 사람이라 하더라도 주거에 들어간 행위가 거주자나 관리자의 명시적 또는 추정적 의사에 반함에도 불구하고 감행된 것이라면 주거침입죄는 성립하

며, 출입문을 통한 정상적인 출입이 아닌 경우 특별한 사정이 없는 한 그 침입 방법 자체에 의하여 위와 같은 의사에 반하는 것으로 보아야 한다(대법원 2007.8.23, 2007도2595).

1. 비밀침해죄에 대한 설명으로 틀린 것은?

① 기술적 수단을 이용하여야 하므로 단순히 불빛에 비추어 봉함된 편지의 내용을 읽어보는 경우에는 본죄에 해당하지 않는다.
② 봉함·비밀장치하지 않은 편지·우편엽서 등은 본죄의 객체가 아니다.
③ 행위자가 타인에게 온 편지를 자기에게 온 것으로 착각하고 개봉하는 경우 고의가 없으므로 불가벌이다.
④ 본죄는 구체적 위험범이다.

〈해설〉 ④ 본죄는 추상적 위험범으로 개봉으로써 기수가 되며 행위자가 그 내용을 요지했는가를 불문한다.

2. 주거침입죄에 대한 설명으로 틀린 것은?

① 보호법익에 대하여는 주거권설과 사실상 평온설이 대립하고 있다.
② 남편의 부재 중 처의 승낙 하에 간통의 목적으로 주거에 들어간 경우 판례는 주거침입죄가 성립하지 않는다고 한다.
③ 주거에 대한 보증인 의무를 지고 있는 자가 제3자의 침입을 방지하지 않는 경우에도 성립한다.
④ 일반인의 출입이 자유롭게 허용되는 장소, 예컨대, 백화점, 역, 은행, 관공서 등일지라도 본죄가 성립한다.

〈해설〉 ② 대법원 1984.6.26, 83도685

제5장 재산에 대한 죄

〔표〕 재산죄의 분류

분류기준	분류상의 특징	해당 범죄
객 체	재물죄	절도, 횡령, 장물, 손괴
	이득죄	배임
	재물죄 + 이득죄	강도, 사기, 공갈
영득의사	영득죄	절도, 강도, 사기, 공갈, 횡령
	비영득죄	손괴
침해방법	탈취죄 : 소유자의 의사에 반함	절도, 강도, 장물, 횡령
	편취죄 : 상대방의 하자있는 의사에 기하여 재물취득	사기, 공갈

제1절 절도의 죄

I. 의의

절도죄는 타인의 재물을 절취하는 것을 내용으로 하는 범죄이다. 절도죄는 강도죄와 함께 **곤궁죄**(困窮罪)라고도 한다. 절도죄의 보호법익은 소유권이고 행위의 객체는 점유이다. 절도죄의 보호법익이 보호받는 정도에 대하여 침해범설과 위태범설이 대립하고 있다. 절도죄의 기본적 구성요건은 제329조의 절도죄이다. 야간주거침입절도죄(제330조)와 특수절도죄(제331조)는 불법이 가중되는 가중적 구성요건임에 대하여, 상습절도죄(제332조)는 책임이 가중되는 경우라고 할 수 있다. 절도죄에 대하여는 그 외에도 미수범을 처벌하며(제342조), 자격정지를 병과할 수 있고(제345조), 친족상도례가 적용된다(제344조).

II. 절도죄

타인의 재물을 절취한 자는 6년 이하의 징역 또는 1천만원 이하의 벌금에 처한다(제329조). 본죄를 범하여 유기징역에 처할 경우에는 10년 이하의 자격정지를 병과할 수 있다(제345조). 본죄의 미수범은 처벌한다(제342조).

1. 객관적 구성요건

(1) 행위의 객체

1) 재물

재산죄의 객체에는 재물(절도·횡령·장물·손괴죄)과 재산상의 이익(배임죄)이 있다. 양자를 범죄로 하는 범죄로 하는 범죄에는 강도죄·공갈죄·사기죄가 있다. 사기죄·공갈죄·횡령죄에 있어서는 동산뿐만 아니라 부동산도 재물이 되지만 절도죄와 강도죄에 있어서는 부동산이 재물로 되는가? 이러한 의미에서 재물의 개념을 밝히는 것은 특히 절도죄의 객체를 파악하는 데 중요한 뜻을 가진다. 형법에서 말하는 **재물**이란 일반적으로 민법상의 물건과 같은 의미로 이해하게 되나 민법 제98조가 '본법에서 물건이라 함은 유체물 및 전기 기타 자연력을 말한다'고 규정하고 있고, 형법 제346조에서 '본장의 죄에 있어서 관리할 수 있는 동력은 재물로 간주한다'고 규정하고 이를 사기와 공갈의 죄(제354조), 횡령과 배임의 죄(제361조) 및 손괴의 죄(제372조)에 각각 준용한다.

① 재물에 대한 학설

유체성설은 재물이란 즉 일정한 공간을 차지하고 있는 물체에 한한다. 형법 제346조는 제한적 예외규정이고 **관리가능성설**(管理可能性說 : **통설**)로서 관리할 수 있으면 유체물뿐만 아니라 무체물도 재물이 된다. 형법 제346조는 단순한 주의규정으로서의 의미도 된다.

형법 제346조의 해석에 있어서 유체성설을 채택한 것으로 보아야 할 근거가 전혀 없는 것은 아니다. 유체성설에서는 (i) 「관리할 수 있는 동력은 재물로 간주된다」라는 특별규정을 둔 것은 유체성설을 전제한 것이고 (ii) 재물이란 물을 의미, 물은 외부세계의 유체적 대상, 즉 유체물을 말한다. (iii) 소유와 관리는 구별되어야 할 개념이며 (iv) 관리가능설을 취한다면 재물의 범위가 부당하게 확대될 우려가 있게 된다. 이에 비하여 관리가능성설에서는 (i) 제346조는 주의규정이고 (ii) 관리할 수 있는 무체물의 침해에 대하여도 형법상의 재물죄에 의한 보호가 필요하고 (iii) 소유물이란 민법상의 소유권을 말하는 것, 형법에 특수한 소유권 개념이 있는 것은 아니며 (iv) 관리가능성설은 관리가능성을 어떻게 이해하느냐의 문제이다.

② 재물의 개념

(i) 유체물 및 관리할 수 있는 동력

유체물이란 일정한 공간을 차지하고 있는 물체이고 현금, 권리가 화체화된 문서(어음・수표・상표권, 예금통장)은 해당되나 채권 기타 권리는 이에 해당되지 않는다. 고체・액체・기체 모두 포함된다. 재물이란 민법상의 권리의 객체에 한한다.

〔표〕 유체물 해당여부

○	사체, 분리된 인체의 일부나 치료보조장치
×	살아있는 인체의 일부나 인체에 부착된 치료보조장치

에너지는 무체물이지만 재물이 된다. 관리할 수 있다는 의미를 물리적 관리에 한할 것인가 혹은 사무적 관리에 포함할 것인가에 대하여 **통설**은 물리적 관리에 한한다고 하고 있다. 왜냐하면 사무적 관리까지 포함한다고 해석할 때에는 재물과 재산상의 이익을 구별하지 못하기 때문이다. 동력이란 자연적 에너지에 한할 것인가 혹은 인간이나 우마차의 힘도 포함할 것인가에 대하여 제1설은 자연적 에너지에 한한다고 하나, 제2설은 민법 제98조는 「전기 기타 관리할 수 있는 자연력」이라고 규정하고 있고 형법 제346조는 관리할 수 있는 동력이라고만 하고 있는 점에 비추어 여기의 동력을 자연력에 제한되지 않는다고 한다.

(ii) 재물과 경제적 가치

재물은 재산죄의 객체이므로 경제적・재산적 가치를 가질 것을 요하는가에 대하여 **판례**는 재물이란 경제적 가치를 가질 것을 요한다는 전제에서 경제적 가치의 개념을 넓게 해석하여 주관적 가치 혹은 소극적 가치만 있어도 인정된다고 한다. 학설은 재산상의 이익을 객체로 하는 이득죄(경제적 가치로서의 재산을 보호하는 죄)와 재물죄 혹은 소유권범죄(재물에 대한 지배라는 형식적 · 법적 지위를 보호하는 죄)는 구별해야 하고, 재물은 경제적 가치 혹은 교환가치가 있을 것을 불요하며, 경제적 가치가 없더라도 예컨대, 부모의 사진, 애인의 편지와 같이 주관적 가치가 있는 것은 재물이 된다고 한다. 그렇다면 경제적 가치는 물론 주관적 가치조차 없는 물건도 재물이라 할 수 있는가에 대하여 절도죄는 재물에 대한 형식적 지배관계를 보호하려는 데 그 본질이 있으므로 재물성은 인정되지만 피해자의 승낙이나 추정적 승낙에 의하여 구성요건해당성 혹은 위법성을 조각한다. 재산죄의 객체인 재물은 반드시 객관적인 금전적 교환가치를 가질 필요는 없고 소유자 · 점유자가 주관적인 가치를 가지고 있음으로서 족하고 주관적 경제적 가치 유무의 판별은 그것이 타인에 의하여 이용되지 않는다고 하는 소극적 관계에 있어서 그 가치가 성립하는 경우가 있을 수 있는 것이니 발행자가 회수하여 세 조각으로 찢어 버림으로서 폐지로 되어 쓸모없는 것처럼 보이는 약속어음의 소지를 침해하여 가져갔다면 절도죄가 성립한다(대법원 1976.1.27 74도 3442).

(iii) 재물과 불동산

재물은 동산에 한하는가 혹은 부동산도 포함하는가에 대하여 부동산도 유체물이므로 재물이 된다는 것은 부정할 수 없다. 사기죄 · 공갈죄 및 횡령죄에 있어서 동산뿐만 아니라 부동산도 재물에 해당한다. 부동산이 절도죄(혹은 강도죄)의 객체인 재물이 될 수 있는가에 대하여 **적극설**은 **다수설**로서 독일형법 제242조는 절도죄의 객체를 동산이라고 규정하는데 반하여, 우리형법에는 이러한 규정이 없고 절취는 재물에 대한 지배의 이전을 요하나 반드시 장소적 이전까지 요건으로 하는 것은 아니라고 해야 한다(적극설 : 다수설).

③ 타인의 재물

타인의 재물이란 타인의 단독소유 혹은 공동소유에 속하는 재물이다. 재물의 타인성이 인정되지 않는 경우로서는 다음과 같다.

(i) 행위자의 소유물

행위자가 단독으로 소유하는 재물은 타인의 재물이 되지 못한다. 사실상 일인회사의 소유에 속하는 재물은 타인의 재물이 된다. 재물이 누구의 소유에 속하는가는 오로지 민법의 물권법이론에 의하여 결정되어야 하며, 형법에 특수한 소유권개념 혹은 경제적 소유권개념이란 있을 수 없기 때문이다. 예컨대, 매음을 위하여 교부한 돈을 절취한 때에도 절도죄를 구성하게 된다.

(ii) 무주물

어느 누구의 소유에도 속하지 않는 재물을 말한다. 소유물의 객체가 될 수 없는 재물이란 어느 누구도 소유할 수 없는 재물, 거래의 객체가 될 수 없는 재물을 말한다. 사체(死體)도 소유권의 객체가 될 수 있느냐에 대하여 제1설은 사체도 소유권의 객체가 된다고 하나, 제2설은 사체는 사용・수익・처분할 수 있는 것이 아니라 존경심의 객체가 될 수 있을 뿐, 존경심만으로는 소유권이라 할 수 없으므로 사체는 타인의 재물이 되지 못한다고 한다. 그리고 원래 소유자가 없는 재물이란 아직 누구에게도 소유권이 귀속되지 아니한 재물을 말한다. 예컨대, 포획되지 아니한 야수나 어류는 타인의 재물이 되지 못한다. 그러나 동물원 안에 있는 야수나 연못 속에 넣어 둔 고기는 타인의 재물이 된다. 또한 소유자가 소유권을 포기한 재물이란 소유자가 유효하게 소유권을 포기한 재물로서 소유권의 포기는 소유자에 의하여 이루어져야 한다. 예컨대, 전장에 방치되어 있는 군수품은 무주물이 아니다. 소유권의 포기는 유효하게 포기되어야 한다. 예컨대, 잃어버린 재물이나 잘못 두고 온 재물은 무주물이 아니다.

(iii) 금제품

소유 혹은 점유가 금지되어 있는 물건으로서 재산죄의 객체인 재물이 될 수 있는가에 대하여 소극설은 형법이 소지를 법익으로 보호하는 것은 재물의 경제적 이용가능성을 보호하기 위한 것이므로 금제품에 대하여는 절도죄가 성립하지 않는다. 이에 대하여 절도죄는 소유권을 보호법익으로 하는 죄이며 그 경제적 가치를 보호하지 못한다는 비판이 있게 된다. 적극설은 금제품일지라도 절차에 따라 몰수되기까지는 소유 혹은 점유를 보호해야 하며, 금제품은 사인에 대한 관계에서는 소유가 금지되어 있지만 국가가 소유권을 가지게 되므로 소유권이 존재하지 않는다고는 할 수 없기 때문에 절도죄의 객체가 된다. 이에 대하여 절도죄의 보호법익은 점유가 아니라 소유가 금지된 물건에 절도죄가 성립할 수 없을 뿐만 아니라 사인에 대한 관계에서 소유권이 금지되어 있다고 하여 바로 국가의 소유권을 인정하는 것은 부당하게 된다. 절충설은 **다수설**로서 점유가 금지되어 있는 물건(예컨대, 불법하게 소지하고 있는 무기)은 재산죄의 객체가 되지만, 소유권의 객체가 될 수 없는 물건(예컨대, 위조통화 혹은 아편흡식기)은 절도죄의 객체가 되지 못한다.

2) 점유

형법에 있어서의 점유는 사실상의 재물지배로서 재물에 대한 물리적・현실적 작용에 의하여 인정되는 순수한 사실상의 지배관계로서 민법상의 점유(Besitz)와 구별된다(간접점유 ×, 상속에 의한 점유의 이전 ×, 법인 ×, 점유보조자 ○).

① 점유의 기능

구성요건에서 차지하는 기능에 따라 그 내용이 반드시 같은 것은 아니다.

(i) 보호의 객체로서의 점유

권리행사방해죄(본인소유・타인점유)에 있어서의 점유이고 점유가 보호법익이 되기 때문에 그것은 적법한 권원에 의한 것을 요하며 행위의 객체에 그치는 것이 아니라 동죄의 보호법익이 된다.

(ii) 행위의 주체로서의 점유

신분요소로서의 점유로서 횡령죄의 경우(타인점유・본인점유)이다. 점유가 피해자를 위한 위탁이라는 일정한 관계가 있을 것을 전제로 되며 점유가 신분요소로서 기능할 때 그 범위는 행위의 대상으로서의 점유보다 넓어지게 된다, 이는 재물에 대한 사실상의 지배에 엄격히 제한되지 아니하고 법률상의 지배까지 포함되게 된다.

(iii) 행위의 대상으로서의 점유

타취죄(他取罪)의 점유는 절도죄의 점유(타인소유・타인점유)를 들 수 있다. 절도죄의 행위의 객체는 타인이 점유하는 타인의 재물이다.

② 점유의 의의

점유는 점유의사에 의하여 지배되고 그 범위와 한계가 경험칙에 따라 결정되는 재물에 대한 사람의 지배관계이다.

(i) 객체적・물리적 요소

점유란 사실상의 재물지배로서 재물에 대한 물리적・현실적 지배의사의 실현이 방해받지 않는 때 인정된다. 재물과 사람사이의 밀접한 장소적 연관 혹은 재물에 대한 장소적・시간적 작용가능성으로서 재물을 손에 잡고 있거나 몸에 지니거나 주머니에 놓고 있는 경우를 말한다. 재물가능성의 범위와 한계는 사회적・규범적 요소에 의하여 수정한다. 사실적 처분가능성이고 점유는 재물에 대한 지배가 적법할 것을 요하지 않으므로 절도죄도 절취한 장물에 대하여 점유를 가지게 된다.

(ii) 주관적 · 정신적 요소

지배의사를 전제하여 재물을 자기의 의사에 따라 처리하는 것이고 재물을 지배할 의사가 없는 때에는 점유를 인정할 수 없다. 먼저 순수한 사실상의 처분의사 내지 지배의사란 이를 법적 처분권이나 행위능력은 불요하므로 어린아이나 정신병자는 지배의사가 있게 된다. 다음으로 일반적 지배의사란 일정한 범위에 미치는 이상 그 속에 있는 재물에 대하여는 일반적 지배의사를 인정하게 된다. 예컨대, 편지함에 들어 있는 물건은 그 함에 투입되는 순간부터 주인에게 점유를 인정하게 된다. 또한 현실적 의사, 잠재적 지배의사가 점유의사가 있겠느냐에 대하여 수명에 빠져 있는 사람은 점유의사가 있다고 보나 사자(死者)의 재물을 취거하거나 사람을 살해한 후에 영득의 의사가 생겨서 재물을 취거한 때에는 사자는 점유의사가 없다고 보아 절도죄가 성립하지 않는다.

(iii) 사회적 · 규범적 요소

점유의 객관적 요소인 사실상의 재물지배이고 점유의 주관적 요소인 재물지배의 사이다. 형법상의 점유를 인정할 것인가는 거래계의 경험칙에 따라 결정된다. 일단 개시된 점유는 시간적 · 장소적 지배관계의 분리나 일시적 정지에 의하여 없어지지 아니한다. 잘못 두고 오거나 잃어버린 재물이 누구의 점유에 속하는가에 대하여 점유자가 그 소재를 알고 이를 찾을 수 있는 경우에는 점유를 상실하지 않지만, 어디에 두었는지 모르는 때에는 점유를 이탈하였다고 할 수 있다. 사실상의 재물지배가 있고 지배의사가 인정되는 때에도 점유를 인정할 수 없는 경우가 있다. 예컨대, 음식점에서 손님이 사용하고 있는 그릇, 가정부에게 집을 지키게 한 경우에는 주인의 점유를 인정하게 되고 상하관계에 의한 공동점유를 인정하게 된다.

③ 타인의 점유

그 재물이 행위자의 단독점유에 속하지 않는 경우를 말한다. 타인이 점유하는 재물에 대하여만 절도죄가 성립하고, 자기가 점유하는 재물에 대하여는 횡령죄, 어느 누구의 점유에도 속하지 않는 경우에는 점유이탈물횡령죄가 성립할 수 있을 뿐이다.

(i) 공동점유

다수인이 재물에 대하여 사실상 지배를 가지는 것이다.

먼저 동업관계에 있는 조합원, 가구에 대한 부부의 공동점유, 서로 동의하여 금고를 열 수 있는 수인의 회사원의 공동점유, 공동점유자 상호간에 점유의 타인성이 인정되어 절도죄가 성립하게 된다. 다음으로 상점주인과 종업원 사이의 관계로서 하위점유자가 상위점유자의 점유를 침해하면 절도죄가 되지만, 상위점유자는 경우에 따라서 횡령죄가 될 수 있을 뿐이다. 단독점유인가 공동점유인가는 그 사회의 경험칙에 따라 판단된다. 상점주인과 종업원 사이의 상점 안에 있는 물건에 대하여는 주인의 단독점유를 인정하게 된다. 횡령죄는 주인의 부재중에 점원이 가게에 있는 돈과 재물을 영득한 경우에 특별한 위임이 있는 때에 인정된다. 은행, 역 혹은 백화점에서 금전을 관리하는 출납직원은 그 돈에 대하여 독자적인 책임하에 다른 사람의 협조없이 돈을 인출할 수 있는 때에는 단독점유를 인정한다. 재물의 운반을 위탁한 경우, 운반자와 위탁자 사이에 공동점유를 인정할 수 있느냐 혹은 운반자의 단독점유에 속하느냐는 그에 대한 위탁자의 현실적인 감독과 통제가 가능한가에 따라 결정된다. 예컨대, 사환에게 은행에 단독으로 돈을 입금시키도록 하였거나, 지게꾼에게 단독으로 물건을 운반할 것을 위탁한 때에는 운반자의 단독점유를 인정하게 된다. 대법원은 화물자동차의 운전자가 운반중인 재물을 영득한 때에는 횡령죄를 인정하게 되고(대법원 1957.9.20, 4290형상281) 철도공무원이 운반중인 화물을 처분한 때에는 절도죄를 인정하게 된다(대법원 1967.7.8, 65도798).

(ii) 봉함된 포장물의 점유

봉함된 포장물을 위탁받는 경우 그 내용물이 누구의 점유에 속하는가에 대하여 예컨대, 우편배달부가 보관중인 봉투안에 들어있는 돈을 영득한 경우를 들 수 있다. 제1설은 **판례**의 태도로서 포장물 전체는 수탁자가, 그 내용물은 위탁자에게 점유가 있으므로 그 내용물을 영득하면 절도죄를 구성하게 된다(대법원 1956.1.27, 4288형상375). 제2설은 내용물을 포함한 봉함물 전부에 대하여 위탁자에게 점유가 있으므로 절도죄가 성립하게 된다. 제3설은 포장물 전부가 수탁자의 점유에 속하므로 횡령죄가 성립하게 된다. 제4설은 **다수설**로서 위탁의 취지와 내용에 따라 형식적 위탁관계는 절도가 되고 실질적 위탁관계는 횡령이 된다고 한다. 또한 시정된 용기의 내용물의 점유에 대하여는 위탁된 용기의 크기, 위탁자 혹은 열쇠소지자의 접근 가능성에 대하여 열쇠소지자의 단독점유는 시정 혹은 봉함된 용기가 부동산에 부착되어 있거나 그 크기 때문에 움직일 수 없을 때 열쇠소지자가 비록 장소적으로 떨어져 있어도 인정되고 수탁자의 단독점유는 봉합물이 독자적으로 움직일 수 있는 때에는 수탁자와 위탁자의 공동점유는 그 봉합물에 대하여 위탁자 내지 열쇠소지자가 자유로이 접근할 수 있을 때에 인정된다.

(2) 행위

본죄의 행위는 절취(竊取)이다. 절취는 타인이 점유하고 있는 재물을 점유자의 의사에 반하여 그 점유를 배제하고 자기 또는 제3자의 점유로 옮기는 것을 말한다. 첫째, 점유의 배제는 지금까지의 점유자의 점유에 대한 사실상의 지배를 제거하는 것을 말한다. 절도죄의 착수시기는 타인의 점유를 배제하는 행위를 개시한 때이다. 둘째, 점유의 취득은 행위자가 재무에 대하여 방해받지 않는 사실상의 지배를 갖는 것을 말한다. 점유의 배제만으로는 본죄는 미수에 불과하며, 새로운 점유가 취득되어야 절도죄는 비로소 기수에 이른다. 절도죄의 기수시기에 대하여는 접촉설, 은닉설, 이전설, 취득설이 대립하고 있으나 **통설**은 재물을 자기의 지배하여 두면 족하다고 하여 재물을 취득한 때에 기수가 된다고 하는 **취득설**의 입장에 서있다.

2. 주관적 구성요건

(1) 고의

절도죄의 주관적 구성요건으로 고의 이외에 불법영득의 의사가 있어야 하는냐에 대해 불법영득의 의사의 법적 성격은 고의의 내용에 불과하다는 견해도 있으나 불법영득은 절도죄의 구성요건요소가 아니므로, 이에 대한 의사는 고의 이외의 초과주관적 구성요건요소라고 해야 한다. 절도죄에 있어서 그 고의는 미필적 고의로 족함에 반하여, 영득의 의사는 확정적일 것을 요한다.

(2) 불법영득의사의 요부

1) 불요죄

절도죄의 주관적 구성요건으로 불법영득의 의사는 불요한다. 절도죄의 보호법익은 소유권이 아니라 소지로서의 점유이다. 절도죄의 성립에 관하여 불법영득의사가 있어야 한다는 명문의 규정이 없는 형법의 해석에 있어서 이를 독일형법과 같이 볼 수 없다. 불법영득의 의사가 없는 사용절도도 재물의 사용으로 피해자에게 중대한 가치의 감소를 초래한 경우, 절도죄의 성립을 인정하게 된다. 손괴의 의사로 타인의 점유를 침해하거나 손괴의 의사로 타인의 점유를 침해한 후에 이를 경제적 용법에 따라 사용, 처분한 때에는 절도죄의 성립을 인정하게 된다.

2) 필요설(통설, 판례)

타인의 점유를 침해하고 새로운 점유를 취득하는 절취에 의하여 성립하는 것은 사실이나, 형법 제329조 「타인의 재물」이라고 규정하고 있으며, 자기의 재물에 대하여 공무상 보관물무효죄(제142조)와 권리행사방해죄(제323조)를 별도로 미련하고 있으므로 절도죄의 보호법익은 소유권이다. 절도죄가 소유권을 보호법익으로 하는 소유권범죄인 이상 절도죄의 성립에 소유권을 침해한다는 의사로 불법영득의 의사가 있어야 함은 당연하다. 절도죄의 보호법익이 소유권인 이상 소유권을 침해하지 않는 사용절도는 원칙적으로 절도죄에 해당하지 않게 된다. 점유를 침해한다는 점에서 보면 손괴죄의 불법이 절도죄의 불법보다 중하나(절도죄 - 피해자가 점유회복○, 손괴죄 - ×), 형법이 절도죄를, 손괴죄보다 무겁게 벌하는 이유도 절도죄에서 행위자가 불법영득의 의사로 점유를 침해하였기 때문이다. 피고인 등이 소속중대 M16소총 1정이 부족하자 이를 분실한 줄 알고, 그 보충을 위하여 타부대의 소총 1정을 취거하였다면 그 행위는 자기 또는 타인을 위한 영득의사에 의한 행위라고는 할 수 없으므로, 그 행위는 형법 제329조의 절도죄로 처단될 수 없다(대법원 1977.9.8 77도 1069).

(3) 불법영득의사의 내용

불법영득의사란 권리자를 배제하고 타인의 물건을 자기의 소유물과 같이 그 경제적 용법에 따라서 이용하고 처벌할 의사를 말한다. 권리자를 배제한다는 소극적 의사, 즉 제거, 소유자로서 이를 이용한다는 적극적 요소, 즉 취득, 경제적 용도에 따라 이용하는 의사를 말한다. 영득의 의사란 법률상 유효하지는 않지만 사실상 소유자의 지위와 같은 재물지배관계, 즉 외관상 소유자지위를 얻고자 하는 의사를 말한다.

피고인이 살해된 피해자의 주머니에서 꺼낸 지갑을 살해도구로 이요한 골프채와 옷 등 다른 증거품들과 함께 자신의 차량에 싣고 가다가 쓰레기 소각장에서 태워버린 경우, 살인 범행의 증거를 인멸하기 위한 행위로서 불법영득의 의사가 있었다고 보기 어렵다(대법원 2000.10.13, 2000도3655).

1) 적극적 요소

타인의 재물에 대하여 소유권자에 유사한 지위를 취득할 의사를 요한다. 이러한 의사는 반드시 영구적·일시적인 것으로 족하게 된다. 영득의 의사는 이 적극적 요소를 통하여 손괴의 의사와 구별된다(→손괴의 의사로 재물을 취거한 때에는 손괴죄가 성립할 뿐이며 절도죄가 성립하지 않는다). 재물을 절취하여도 소유권자로서 지배할 의사가 없으면 절도죄가 성립하지 아니한다.

2) 소극적 요소

소유자를 종래의 지위에서 제거해야 한다. 영구적일 것을 요한다. 사용절도는 절도죄가 아니다. 왜냐하면 영구적으로 제거하지 않고 일시적으로 타인의 재물을 이용하는 것이기 때문이다.

(4) 불법영득의사의 객체

1) 학설의 검토

① 물체설

영득의사의 본질은 재물의 물체 자체에 대하여 소유자를 배제하고 소유자에 유사한 지위를 획득하는 의사, 즉 물체에 대하여 소유자로서 지배하는 의사를 말한다. 이에 대하여 물건 자체는 소유자에게 두고 그 가치만 취거하여 일시 사용한 후에 물건을 반환할 때에는 영득의 의사를 인정할 수 없고 재물에 대한 형식적 지배관계만 강조한 나머지 소유권의 실질적 가치내용을 고려할 수 없다고 한다.

② 가치설

영득의사의 객체는 물건 그 자체가 아니고 물건 자체 속에 화체되어 있는 경제적 가치를 말한다. 이에 대하여 경제적 가치가 없는 재물을 절취한 때에는 영득의 의사를 인정할 수 없고 절도죄는 소유권범죄에서 이득죄의 의미로 변질된다는 비판이 있다.

③ 절충설(통설, 판례)

영득의사의 객체를 물체 혹은 그 물체가 가지고 있는 가치를 말한다. 물체와 가치는 재물이 가지고 있는 두 가지 측면의 하나에 지나지 않는다. 이에 대하여 영득의사의 객체가 물체 혹은 그 가치를 의미한다고 할지라도 가치의 개념을 가치설과 같이 무제한하게 확대할 때에는 절도죄의 본질이 변질된다는 비판이 있다.

2) 가치의 범위

가치란 재물의 종류와 기능에 따라 개념적으로 결합되어 있는 가치, 즉 재물의 특수한 기능가치만을 의미한다. 영득의사의 객체를 물체 혹은 그 가치라 할지라도 가치의 범위를 제한하지 않으면 절도죄는 이득죄와 같은 성질을 지니게 된다. 물체를 자체 반환한 때에는 가치가 영득의사의 객체가 되지만, 이 때에도 그 물체와 개념적으로 결합되어 있는 특수한 기능가치를 침해함으로써 재물의 가치내용을 감소 혹은 소멸시킬 때에만 영득의 의사를 인정할 수 있다.

(5) 절도와 사용절도의 한계

영득죄의 성립에는 불법영득의 의사가 필요하므로 사용절도에는 원칙적으로 처벌하지 못한다. **사용절도**(使用竊盜)란 타인의 재물을 일시적으로 사용한 후에 소유자에게 반환하는 것을 말한다. 영득의사의 소극적 요소인 소유자지위를 영구적으로 제거하는 것이 아니므로 불법영득의사를 인정할 수 없어 절도죄로 처벌하지 못한다. 사용절도의 요건은 다음과 같다.

1) 재물의 일반적 사용가치는 이 범위에서만 가능하다. 따라서 단순한 사용으로 소유자에게 가치감소를 초래하지 않아 영득의사의 소극적 요소는 결함이 있게 되나 재물의 가치가 소멸하였거나 현저히 감소된 때에는 사용가치의 범위를 벗어나 절도가 된다. 예컨대, 자동차를 장기간 사용하여 타이머를 마모시키거나, 밧데리를 못쓰게 한 경우 등을 들 수 있다.

2) 반환의사를 본질로 한다. 재물을 소유자의 지배범위에 돌려 놓아서 권리자가 이를 확실하게 취득할 수 있도록 한 때이나 재물을 사용한 후에 반환하거나 버려두어 소유자가 우연히 이를 반환받을 수 있게 한 때에는 절도죄의 성립을 인정하게 된다.

3) 일시 사용의 의사로 자동차 혹은 자전거를 절취한 경우가 문제가 된다. **판례**는 일시 사용의 목적으로 자동차나 자전거를 타고 간 때에는 절도죄의 성립을 인정하지 않으나(대법원 1984.4.24, 84도311) 해변에 둔 배를 절취하여 용무를 마치고 다른 곳에 방치한 때에는 절도죄의 성립을 인정하게 된다(대법원 1961.6.28, 4294형상179).

(6) 영득의 불법

절도죄의 주관적 구성요건으로 요구되는 것은 **불법영득의사**이다. 즉 영득은 객관적으로 불법하여야 한다. 여기서의 불법은 위법함을 의미하는 데 그것은 무엇을 의미하는가에 대하여 제1설은 실질적으로 소유권에 일치하는 상태를 야기했느냐에 따라 결정해야 하고, 재물에 대하여 청구권이 없을 때에는 영득은 위법하게 되며, 재물에 대한 만기의 항변할 수 없는 반환청구권이 있는 때에는 절도죄의 성립을 인정하지 못한다. 반환할 의무가 있는 재물에 대하여는 형식적인 소유권을 보호할 가치가 없다. 제2설은 불법이란 영득의 불법을 의미하는 것이 아니라 절취의 불법을 의미하므로 절취가 적법하지 아니하면 불법영득의사를 인정해야 한다. 타인이 점유하는 물건에 대하여 피고인에게 반환청구권이 있다고 하여도 절취라 함은 재물을 절취하는 행위, 즉 점유자의 의사에 의하지 아니하고 그 점유를 취득하는 행위이므로 피고인이 위 점유자의 승낙을 받지 않고 그 물건을 가져갔다면 그 물건의 반환청구권이 피고인에게 있다고 하여도 절도행위가 되는 것이다(대법원 1973.2.28 72도2538).

3. 죄수

(1) 전속적 법익이 아니므로 구성요건적 행위인 절취의 수에 따라 결정된다. 즉 1개의 행위에 의하여 수인의 소유에 속하는 재물을 절취한 때에는 단순일죄가 성립할 뿐이다. 그러나 수개의 행위가 시간적·장소적으로 결합되어 있을 때에는 포괄일죄가 될 수 있다. 절도죄는 절도죄를 포함하고 있는 결합범 또는 결과적 가중범과 특별관계가 된다. 따라서 강도죄(제333조), 강도상해·치상죄(제337조), 강도살인·치사죄(제338조), 강도강간죄(제339조)가 성립하는 때에는 절도죄는 성립하지 않는다. 그러므로 야간주거침입절도죄(제330조) 또는 특수절도죄(제331조)에 해당하면 절도죄는 문제되지 않는다.

(2) 절도가 기수로 된 후에 장물을 손괴 또는 처분하는 행위는 불가벌적 사후행위라 할 수 있다. 예컨대, 절취한 예금통장을 이용하여 예금을 인출하거나 절취한 전당표로 전당물을 편취하는 때에는 새로운 법익을 침해하므로 불가벌적 사후행위라 할 수 없고(대법원 1974.11.26, 74도2817 ; 대법원 1980.10.14, 80도2155) 절취한 재물을 처분하는 때에도 새로운 법익의 침해가 있으므로 이에 해당하지 아니한다(대법원 1980.11.25, 80도2310). 그리고 문서를 절취하여 피해자의 재물을 편취허거나, 절취한 재물을 피해자에게 매각하는 경우와 같이 그 사후행위가 법익의 범위를 초과하는 때에는 이에 해당하지 아니한다.

Ⅲ. 절도죄의 가중적 구성요건

1. 야간주거침입절도죄

야간에 사람의 주거, 간수하는 저택, 건조물이나 선박 또는 점유하는 방실에 침입하여 타인의 재물을 절취하는 자는 10년 이하의 징역에 처한다(제330조). 본조를 범하여 유기징역에 처할 경우에는 10년 이하의 가격정지를 병과할 수 있다(제345조). 본죄의 미수범은 처벌한다(제342조).

다세대주택 2층의 불이 꺼져있는 것을 보고 물건을 절취하기 위하여 가스배관을 타고 올라가다가, 발은 1층 방범창을 딛고 두 손은 1층과 2층 사이에 있는 가스배관을 잡고 있던 상태에서 순찰 중이던 경찰관에게 발각되자 그대로 뛰어내린 행위만으로는 주거의 사실상의 평온을 침해할 현실적 위험성이 있는 행위를 개시한 때에 해당한다고 보기 어려워 야간주거죄의 실행의 착수가 인정되지 않는다(대법원 2008.3.27, 2008도917).

2. 특수절도죄

(1) 서

합동범이란 2인 이상이 합동하여 범하는 죄를 말한다. 일반에 대한 위험성이 커지고 집단범죄가 되어 피해자에 대한 구체적인 위험이 증가하게 된다. 특수절도죄(제331조 제1항), 특수강도죄(제334조 제2항), 특수도주죄(제146조)이다.

(2) 합동의 의의

합동범에 있어서 합동이 무엇을 의미하는가에 대하여는 다음과 같은 학설이 존재한다.

1) 공모공동정범설

형법은 집단범죄에 대한 형사정책적 요청에 따라 집단의 수괴나 배후인물과 같은 무형적 공동정범과 공모공동정범을 처벌하기 위하여 합동범의 규정을 둔다는 것이다. 이에 대하여는 합동을 공모와 같은 의미로 해석하여 이를 근거로 공모공동정범에 대한 법적 근거를 마련했다고 하는 것은 부당하고 합동범의 범위를 지나치게 확대하여 합동범에 관하여는 총칙상의 교사범이나 종범에 대한 규정까지 무의미하게 된다는 비판이 있게 된다.

2) 가중적 공동정범설

공동정범 · 공모공동정범 및 합동범은 그 본질이 같은 것이므로 합동범은 그 본질에 있어서 공동정범이지만 집단범죄에 대한 대책상 특별히 형을 가중한 것이고 폭력행위등처벌에 관한 법률 제2조 제2항 「2인 이상이 공동하여」라는 규정과 같은 의미이다. 이에 대하여는 합동과 공동은 개념상 구별되어야 하고 집단범죄는 절도죄 · 강도죄 · 도주죄에 한정된 개념은 아니다.

3) 현장설(통설 · 판례)

시간적 · 장소적 협동은 합동이라 할 수 있고 특별히 「2인 이상이 합동하여」라고 규정하여 무겁게 벌하는 것은 시간적 · 장소적 협동에 의하여 다수인이 동시에 죄를 범한 때에는 구체적 위험성이 증가한다는 것이다.

(3) 합동범과 공범

1) 현장설을 따를 때에 합동범에 대하여 공동정범의 규정이 적용될 수 있는가에 대하여 제1설은 합동범에 대하여도 공동정범의 일반이론은 적용되어야 하므로 2인 이상의 합동이 있는 이상 현장에서 가담하지 않는자도 공동정범이 된다고 하고, 제2설은 **판례**의 태도로서 합동범은 공동정범에 대한 특별규정이므로 시간적 · 장소적으로 협동한 자만이 합동범의 정범이 될 수 있고, 합동범에 대하여는 공동정범의 규정이 적용되지 않는다고 한다(대법원 1976.7.27, 76도2725).

2) 합동범에 대하여도 교사 혹은 방조가 가능하다.

3) 갑 · 을 · 병이 절도를 공모하고 을 · 병만 현장에 가서 절취한 경우 갑은 단순절도죄의 공동정범과 특수절도죄의 교사 혹은 방조의 상상적 경합이 되고 을 · 병은 특수절도죄의 정범이 된다.

3. 상습절도죄

상습으로 전3조의 죄를 범한 자는 그 죄에 정한 형의 2분의 1까지 가중한다(제332조). 본죄를 범하여 유기징역에 처할 경우에는 10년 이하의 자격정지를 병과할 수 있다(제345조). 본죄의 미수범은 처벌한다(제342조).

Ⅳ. 자동차 등 불법사용죄

권리자의 동의없이 타인의 자동차, 선박, 항공기 또는 원동기장치자동차를 일시 사용한 자는 3년 이하의 징역, 500만원 이하의 벌금, 구류 또는 과료에 처한다(제331조의 2).

Ⅴ. 친족상도례

제328조의 규정은 제329조 내지 제332조의 죄 또는 미수범에 준용한다(제344조). 직계존속, 배우자, 동거친족, 호주, 가족 또는 그 배우자간의 제323조의 죄는 그 형을 면제한다(제328조 1항). 전항 이외의 친족간의 제323조의 죄를 범한 때에는 고소가 있어야 논한다(제328조 2항). 전2항의 신분관계가 없는 공범에 대하여는 전2항을 적용하지 아니한다(제328조).

1. 의의

강도죄와 손괴죄를 재산죄에 대하여 친족간의 범죄는 형을 면제하거나 고소가 있어야 논할 수 있는 특례가 인정된다. 법은 가능한 한 가정안에 침입해서는 아니된다. **통설**은 인적 처벌조각사유로서 친족간의 범행에 있어서는 그 배신성으로 인하여 위법성이나 책임이 무거울 수는 있어도 조각된다고 할 수 없고 친족 내부의 평온은 불가피한 경우 이외에 국가적 형벌에 의한 간섭이 없이 내부적으로 해결하는 것이 바람직하다는 정책적 고려라 할 수 있다.

2. 친족의 범위

(1) 친족관계의 존재범위

통설은 친족관계가 행위자와 재물의 소유자뿐만 아니라 점유자 사이에도 있어서 한다고 하고, 소수설은 절도죄의 보호법익은 소유권이므로 행위자와 소유자 사이에 친족관계가 있으면 친족상도례가 적용된다. 소유권과 결합된 점유만을 보호하는 것이므로, 단순히 친족 아닌 자가 점유하고 있다는 이유만으로 절도죄를 처벌하는 것은 친족상도례를 인정한 취지에 반하게 된다. **판례**의 입장은 재물이 친족과 친족 아닌 자의 공유에 속할 때에는 친족상도례는 적용되지 않는다고 한다(대법원 1966.1.31, 65도1183).

(2) 친족의 범위

친족 혹은 가족의 범위는 민법에 따라 정하여야진다. 동거친족은 같은 주거에서 일상생활을 공동으로 하는 친족이다. 법률상의 친족은 일시적으로 숙박하고 있는 친족이어서는 아니되고 내연관계이어서는 아니된다. 행위자측에서 보면 친족이 아니지만 피해자측에서는 친족이 되는 경우 생질(甥姪), 이질(姨姪), 고종사촌(姑從四寸)을 들 수 있다. 이는 어느 일방에서 보아 친족이 될 수 있으면 친족상도례가 적용되어야 한다. 친족관계는 행위시에 존재해야 한다.

3. 친족관계의 착오

친족관계가 객관적으로 존재하면 족하고 행위자가 이를 인식할 것을 요하지 아니한다. 객관적 구성요건요소만 고의의 대상이 되며 인적 처벌조각사유는 아니된다. 친족관계에 대한 착오는 고의에 영향을 미치지 않으며 범죄의 성립에 영향을 미치지 아니한다.

4. 친족상도례의 적용범위

정범, 공범에게도 적용되고 수인의 공범에 대하여도 친족상도례는 친족관계가 있는 자에 대하여만 적용된다. 강도죄 및 손괴죄에 대하여서는 적용이 없다.

1. 절도죄의 주관적 구성요건으로 불법영득의 의사를 필요한가?

2. 절도와 사용절도의 한계에 대하여 논하시오.

1. 형법상 재산죄에 대한 설명으로 틀린 것은?

① 형법상 재물의 개념에 대하여 통설가 판례는 관리할 수 있으면 유체물과 무체물 모두 재물이 된다고 한다.
② 부동산에 대하여 통설과 판례는 절도죄의 객체를 부정하고 있다.
③ 공동소유의 재물을 공동점유자 중 1인이 불법하게 영득하는 경우에는 절도죄가 성립한다.
④ 다수설에 의하면 불법소지무기, 군용휘발유 등과 같이 단순히 점유만 금지하는 금제품의 경우에는 재물이 되지 않는다고 한다.

〈해설〉 ④

2. 다음 중 절도죄의 불법영득의사에 대한 설명으로 틀린 것은?

① 초과주관적 구성요건요소로 보는 것이 다수설이다.
② 예금통장을 절취하여 예금을 인출하고 통장을 반환한 경우에는 절도죄가 성립한다.
③ 봉함된 포장물의 점유에 대하여 소포물의 내용물을 영득하면 절도죄가 성립한다.
④ 타인의 재물을 일시적으로 사용한 후에 반환하는 경우에도 절도죄로 처벌한다.

〈해설〉 ④ 불법영득의사를 인정할 수 없어 절도죄로 처벌되지 아니한다.

3. 절도죄에 대한 설명으로 틀린 것은?

① 갑이 을을 속여 한눈을 팔게 하고 을의 가방을 들고 달아난 경우에는 절도죄가 성립한다.
② 주간에 주거에 침입하여 절도한 경우에는 주거침입죄와 절도죄의 실체적 경합이 성립한다.
③ 보석을 사겠다고 하여 주인으로부터 보석을 받은 후 화장실에 가는 척 하면서 도주한 경우에는 절도죄가 성립한다.
④ 자동차, 오토바이, 자전거를 살 의사가 없이 시운전을 빙자하여 이를 교부받아 시운전을 하는 척 하다가 그대로 도망한 경우에 대하여 통설과 판례는 절도죄로 성립한다고 본다.

〈해설〉 ④ 통설은 절도죄로, 판례는 사기죄로 보고 있다.

4. 다음 절도죄의 실행의 착수시기는?(판례에 의함)

① 밀접설　　② 주관설
③ 절충설　　④ 형식적 개관설

〈해설〉 ①

제2절 강도의 죄

I. 의의

강도죄는 폭행 또는 협박으로 타인의 재물을 강취하거나 기타 재산상의 이익을 취득하거나 제3자로 하여금 이를 취득케 함으로써 성립하는 범죄이다. 강도죄는 폭행·협박을 수단으로 하고 재물뿐만 아니라 재산상의 이익도 객체로 하며 친족상도례의 적용이 없다는 점에서 절도죄와 구별된다. 강도죄는 소유권 또는 재산권을 보호하는 이외에 자유권, 즉 의사결정과 의사활동의 자유도 강도죄의 보호법익이 된다. 그 보호받는 정도는 침해범이라고 한다.

〔표〕 절도죄와 강도죄의 비교

구분	절도죄	강도죄
객체	재물	재물 및 재산상 이익
폭행·협박	수단이 아니다.	수단이다.
보호법익	소유권	재산권, 신체의 완전성, 자유
친족상도례	적용	부적용

강도죄의 기본적 구성요건은 제333조의 강도죄이다. 이에 대한 가중적 구성요건으로는 특수강도죄(제334조), 강도상해 · 치상죄(제338조), 강도강간죄(제339조), 해상강도죄(제340조) 및 상습강도죄(제341조)가 있다. 특수강도죄와 해상강도죄는 방법에 의하여 불법이 가중되는 가중적 구성요건이며, 강도상해 · 치상죄, 강도살인 · 치사죄 및 강도강간죄는 결합범의 형식에 의한 가중적 구성요건이고 상습강도죄는 책임이 가중되는 경우이다. 강도죄는 미수범(제342조)와 예비 · 음모(제343조)를 벌하며, 자격정지를 병과할 수 있다(제345조).

II. 강도죄

폭행 또는 협박으로 타인의 재물을 강취하거나 기타 재산상의 이익을 취득하거나 제3자로 하여금 이를 취득하게 한 자는 3년 이상의 유기징역에 처한다(제333조). 본죄의 미수범은 처벌한다(제342조). 본죄를 범하여 유기징역에 처할 경우에는 10년 이하의 자격정지를 병과할 수 있다(제345조).

1. 객관적 구성요건

(1) 행위의 객체

재물의 개념은 절도죄와 동일하다. 강도죄의 객체에는 재물 이외에 재산상의 이익도 포함하고 있으므로 부동산도 본죄의 객체가 된다고 하여야 한다. 강도죄는 재물 이외에 재산상의 이익까지 행위의 객체로 하는 점에서 사기죄나 공갈죄와 같다. 그러나 재산상의 이익을 형법에서 어떻게 파악할 것인가에 대하여 법률적 재산설, 경제적 재산설, 절충설이 대립하고 있으나, 재산상의 이익은 사실상 경제적 이익이 있으면 족하고 그 범위는 경제적 기준에 의하여 결정되며 그 판단은 정산에 의한 종합판단이어야 한다고 하므로 경제적 재산설이 타당하고 해야 한다.

(2) 행위

1) 폭행 · 협박

폭행이란 사람에 대한 유형력의 행사를 말하고, **협박**이란 해악을 고지하여 상대방에게 외포심을 일으키는 것을 말한다. 이는 재물의 소지자에게 행하여지는 것이 보통이지만 제3자에 대하여 가하여져도 좋다. 폭행과 협박의 정도는 최협의로서 공갈죄와 같다. 즉 상대방의 의사를 억압하여 반항을 불가능하게 할 정도에 이를 것을 요한다. 상대방의 반항을 불가능하게 할 정도의 폭행과 협박인가를 어떠한 기준에 의하여 판단할 것인가에 대하여 객관적 표준에 의하여 판단해야 할 것이다. 그러나 피해자의 수·연령·성별, 범행의 시간과 장소, 폭행·협박의 태양과 행위자의 인상 등을 종합적으로 고려해야 한다.

2) 재물의 강취

강취란 폭행·협박에 의하여 피해자의 의사에 반하여 타인의 재물을 자기 또는 제3자의 점유로 옮기는 것을 말한다. 폭행·협박은 재물취거의 수단이 되어야 한다. 폭행·협박과 재물의 강취가 시간적·장소적 연관이 있어야 인정될 수 있다. 재물의 취거가 기수에 이른 후에 폭행·협박을 하였을 때에는 준강도죄가 성립할 수 있을 뿐이다. 폭행·협박과 강취 사이에 인과관계가 있어야 한다. 강도의 고의로 폭행·협박은 하였지만 상대방은 공포심을 느끼지 않고 연민으로 재물을 교부한 경우는 강도미수에 해당하고 이 때 상대방은 단순한 공포심 때문에 재물을 교부한 경우에 관하여 **다수설**은 강도죄의 미수가 된다고 한다. 또한 강도고의를 가졌다고 할지라도 폭행·협박이 공갈의 정도에 불과한 때에는 공갈죄가 성립한다고 한다.

3) 재산상의 이익의 취득

폭행·협박에 의해 재산상의 이익을 취득하거나 제3자로 하여금 이를 취득케 한 때에도 성립한다. 재산상의 이익의 취득은 ① 채무면제 혹은 이행연기의 승낙과 같이 피해자에게 일정한 처분을 시켜 이익을 취득하는 경우 ② 택시운전자를 폭행·협박하여 택시를 운행케 함과 같이 정당한 대가를 지불하지 않고 노무제공한 경우 ③ 소유권이전등기 또는 저당권설정등기의 말소의 의사표시를 하게 함과 같이 피해자에게 일정한 의사표시를 하게 하여 이익을 취득하는 경우 등으로 나누어 볼 수 있다. 그러나 재산상의 이익을 취득함에 있어 피해자의 의사표시가 있어야 하느냐에 대하여 피해자의 의사표시 또는 처분행위를 요하지 않는다는 소극설, 불요한다는 적극설이 대립하는데 전자가 **통설**의 태도이다. **대법원**도 소극설의 입장에서 채무면제의 목적으로 채권자를 살해한 경우에 강도살인죄가 성립한다고 판시한다(대법원 1964.9.8 64도310 ; 대법원 1971.4.6, 71도287 ; 대법원 1985.10.22, 85도1527). 형법 제333조 소정 재산상의 이득행위는 같은 규정의 재물강취와 마찬가지로 상대방의 반항을 억압할 폭행 또는 협박의 수단으로 재산상의 이익을 취득하면 족한 것으로서 반드시 상대방의 의사에 의한 처분행위를 필요로 하지 않는다고 해석함이 상당하다 할 것이므로 채무면탈의 목적을 가지고 살해행위에 착수한 피고인의 본건 범행을 강도살인미수로 인정한 것은 적법하다(대법원 1964.9.8 64도 310).

2. 주관적 구성요건

행위자에게 객관적 구성요건요소에 대한 고의가 있어야 한다. 미필적 고의로도 족하다. 고의 이외에 재물을 강취하는 때에는 불법영득의의사가 있어야 한다. **판례**는 단순히 채권이 있다는 이유만으로는 불법영득의 의사를 부정할 수 없다고 한다(대법원 1962.2.15, 4294 형상677).

3. 공범과 죄수

본죄의 공동정범은 스스로 폭행·협박과 재물의 강취를 모두 행할 것을 요하는 것은 아니다. 다만 공동정범이 되기 위해서는 모두 주관적 구성요건요소를 갖추어야 한다. 강도죄는 절도죄와 법조경합의 관계에 있어서 강도죄가 될 때에는 별도로 절도죄는 성립하지 않는다.

Ⅲ. 준강도의 죄

1. 준강도죄

(1) 의의

절도가 재물의 탈환을 항거하거나 체포를 면탈하거나 죄적을 인멸할 목적으로 폭행 혹은 협박할 때에 성립하는 범죄이다(제335조). 이는 사후강도죄이다. 재물을 절취하거나 이에 착수한 자가 일정한 목적을 위하여 폭행·협박을 함으로써 성립하게 된다. 그 위험성 때문에 강도죄와 같이 처벌하는 독립된 범죄이다. 준강도죄를 강도죄와 같이 처벌하는 이유는 폭행·협박과 재물의 절취가 결합되어 그 불법내용을 강도죄와 같이 평가할 수 있으나, 폭행·협박이 절도의 기회에 행하여져야 할 뿐만 아니라 그 정도도 강도죄의 경우와 같아야 한다는 것이다.

(2) 객관적 구성요건

1) 행위의 주체

절도죄의 구성요건을 충족하는 자이다. 절도는 단순절도, 야간주거침입절도, 특수절도, 절도죄의 구성요건을 충족하는 재물에 대한 강도를 의미한다. 예컨대, 강도가 처음에는 흉기를 휴대하지 않았으나 체포를 면탈할 목적으로 폭행·협박을 할 때, 흉기휴대는 특수강도의 준강도가 된다. 절도죄는 미수범을 처벌하므로, 여기의 절도에는 절도의 기수뿐만 아니라 미수범도 포함된다. 예컨대, 절도의 의사로 낮에 주거에 침입하였다가 발각되자 주인에게 폭행을 한 때에는 주거침입죄와 폭행죄가 되고 야간에 위와 같은 행위를 한 때에는 야간주거침입절도죄가 된다. 절도죄의 정범(공동정범 포함)이 여기의 절도에 해당한다. 절도죄의 교사범과 종범도 본죄의 주체가 될 수 있느냐에 대하여는 본죄의 절도는 절도죄의 정범만을 의미한다. 왜냐하면 공범에게는 절도죄의 구성요건요소가 모두 구비될 것을 불요하기 때문이다.

2) 행위

① 폭행·협박의 정도

강도죄와 동일하다. 상대방의 반항을 억압할 정도에 이를 것을 요한다. 일반적·객관적으로 상대방의 반항을 억압하는 수단으로 가능하다고 인정되면 족하다. 현실적으로 반항을 억압하였을 것을 불요한다. 반드시 재물의 소유자 혹은 점유자에 대하여 행하여질 것을 요하지 않으며 제3자에게 가해질 수 있다.

② 절도의 기회

폭행·협박과 절취는 강도죄와 같이 평가될 수 있을 정도로 시간적·장소적 접근성이 인정되어야 한다.

(i) 시간적 접근성

폭행이나 협박이 적어도 절도의 실행에 착수한 이후부터 절도의 직후까지 사이에 행하여질 수 있고 절도가 종료된 후에도 본죄가 성립할 수 있다는 견해가 있으나, 절도범인이 재물의 점유를 확보하여 절도가 종료된 후에 폭행·협박한 때에는 본죄가 성립하지 않는다.

(ii) 장소적 접근성

폭행·협박이 절도현장 혹은 직접 그 부근이고 절도현장에서 발각되어 직접 추적

받고 있었던 때에는 거리가 떨어진 때에도 인정된다.

③ 미수범

본조가 전2조의 예에 의하여 처벌한다고 규정되어 있으므로, 본조의 미수범이 처벌된다. 본죄의 기수와 미수를 어떤 기준에 의하여 판단할 것인가에 대하여 제1설은 **통설**은 절도의 기수·미수에 따라 결정된다고 한다. 강도죄는 재산권과 자유권을 보호법익으로 하는 죄이나 재산죄에 그 본질이 있고 만약 폭행·협박을 기준으로 한다면 강도의 미수가 준강도의 기수로 처벌받은 불균형을 초래하게 된다. 제2설은 **판례**의 태도로서 폭행 혹은 협박의 기수·미수에 따라 결정된다고 한다. 절도미수범이 절도범이 틀림없고 따라서 형법 제355조가 말하는 절도가 체포를 면탈하기 위하여 폭행을 가한 때라 함은 절도미수범의 그와 같은 경우에도 해당한다 할 것이요 이러한 경우에 준강도미수로 볼 수는 없다 할 것이다(대법원 1964.11.24 64도 50).

(3) 주관적 구성요건

객관적 구성요건에 대한 고의를 요하고 일정한 목적(① 재물의 탈환의 항거 ② 체포의 면탈 ③ 죄적의 인멸)으로 폭행·협박을 하여야 성립하는 목적범이다. 절도가 발각되자 재물을 강취하기 위하여 폭행·협박한 때에는 강도죄가 성립하게 된다.

(4) 공범과 처벌

1) 공범

절도의 공범(공동정범) 가운데 한 사람이 본죄를 범한 경우에 다른 공범자에게도 본죄의 성립을 인정할 수 있는가에 대하여 **대법원**은 다른 공범자에게도 이를 예상할 수 없었다고 할 수 없다는 이유로 본죄의 성립을 인정하고 있고, 학설은 공동정범은 공동의사의 범위 안에서만 성립하므로 공동정범 가운데 일인이 공동의사의 범위를 초과한 때에는 그 부분은 단독정범이 될 뿐이고 다른 공범자에게는 본죄의 성립을 인정할 수 없다고 한다.

2) 처벌

강도죄(제333조) 혹은 특수강도죄(제334조)와 같이 취급한다. 특수강도에 해당하는 절도에 관하여 가중사유가 있는가에 따라 결정되는 것이 아니라, 폭행·협박의 태양에 따라서 판단된다. 절도범인이 처음에는 흉기를 휴대하지 않았으나 체포를 면탈할 목적으로 폭행·협박을 가할 때에 비로소 흉기를 휴대하여 사용한 때에는 특수강도의 준강도가 된다.

3) 죄수

본죄와 절도죄는 법조경합이 된다. 강도 혹은 특수강도가 본죄를 범한 때에는 강도죄 혹은 특수강도죄가 성립하게 된다. 강도가 특수강도의 준강도를 범한 때에는 특수강도의 준강도가 되며 1개의 폭행으로 한 사람의 재물을 강취하고 다른 사람에 대하여 준강도를 범한 때에는 양죄의 상상적 경합이 된다.

2. 약취강도죄

사람을 약취하여 그 석방의 대상으로 취득한 자는 제333조의 죄로서 논한다(제336조). 본죄의 미수범은 처벌한다(제342조). 10년 이하의 자격정지를 병과할 수 있다(제345조).

Ⅳ. 가중적 구성요건

1. 특수강도죄

야간에 사람의 주거, 간수하는 저택, 건조물이나 선박 또는 점유하는 방실에 침입하여 전조의 죄를 범한 자는 무기 또는 5년 이상의 징역에 처한다(제334조 1항). 흉기를 휴대하거나 2인 이상이 합동하여 전조의 죄를 범한 자도 전항의형과 같다(제334조 2항). 본죄의 미수범은 처벌한다(제342조). 본죄를 범하여 유기징역에 처할 경우에는 10년 이하의 자격정지를 병과할 수 있다(제345조).

피고인이 여관에서 종업원을 칼로 찔러 상해를 가하고 객실로 끌고 들어가는 등 폭행·협박을 하고 있던 중, 마침 다른 방에서 나오던 여관의 주인도 같은 방에 밀어 넣은 후 주인으로부터 금품을 강취하고 1층 안내실에서 종업원 소유의 현금을 꺼내 갔다면, 여관 종업원과 주인에 대한 각 강도행위가 각별로 강도죄를 구성하되 피고인이 피해자인 종업원과 주인을 폭행·협박한 행위는 법률상 1개의 행위로 평가되는 것이 상당하므로 위 2죄는 상상적 경합관계에 있다고 할 것이다(대법원 1991.6.25, 91도643).

2. 강도상해·치상죄

절도가 사람을 상해하거나 치상한 때에는 무기 또는 7년 이상의 징역에 처한다(제337조). 강도상해죄의 미수범은 처벌한다(제342조). 10년 이하의 자격정지를 병과할 수 있다(제345조). 여기에서 상해의 정도는 피해자의 신체의 건강상태가 불량하게 변경되고 생활기능에 장애가 초래되는 것을 말하는 것으로 피해자가 입은 상처가 극히 경미하여 굳이 치료할 필요가 없고 치료를 받지 않더라도 일상생활을 하는 데 아무런 지장이 없으며 시일이 경과함에 따라 자연적으로 치유될 수 있는 정도라면 여기에서의 상해에 해당되지 아니한다(대법원 2003.7.11, 2003도2313).

수인이 합동하여 강도를 한 경우에 그 범인 가운데 일부가 그 기회에 피해자에게 상해를 가했을 때에는 나머지 범인도 이를 예기하지 못한 것으로 볼 수 없는 경우에는 강도상해의 죄책을 면할 수 없다(대법원 1980.2.13, 89도2496).

3. 강도살인 · 치사죄

강도가 사람을 살해하거나 치사케 한 때에는 사형 또는 무기징역에 처한다(제338조). 강도살인죄는 강도죄와 살인죄의 결합범이며, 강도치사죄는 결과적 가중범이다. 강도살인죄의 미수범은 처벌한다(제342조).

4. 강도강간죄

강도가 부녀를 강간한 때에는 무기 또는 10년 이상의 징역에 처한다(제339조). 본죄의 미수범은 처벌한다(제342조). 유기징역에 처할 경우에는 10년 이하의 자격정지를 병과할 수 있다(제345조).

강도가 재물강취의 뜻을 재물의 부재로 이루지 못한 채 미수에 그쳤으나 그 자리에서 항거불능의 상태에 빠진 피해자를 간음할 것을 결의하고 실행에 착수하였으나 역시 미수에 그쳤더라도 반항을 억압하기 위한 폭행으로 피해자에게 상해를 입한 경우에는 강도강간미수죄와 강도치상죄가 성립되고, 이는 1개의 행위가 2개의 죄명에 해당되어 상상적 경합관계가 성립된다(대법원 1988.6.28, 88도820).

5. 해상강도죄

다중의 위력으로 해상에서 선박을 강취하거나 선박내에 침입하여 타인의 재물을 강취한 자는 무기 또는 7년 이상의 징역에 처한다(제340조 1항). 전항의 죄를 범한 자가 사람을 살해하거나 치상케 한 때에는 무기 또는 10년 이상의 징역에 처한다. 제1항의 죄를 범한 자가 사람을 살해 또는 치상하거나 부녀를 강간한 때에는 사형 또는 무기징역에 처한다(제340조). 본죄의 미수범은 처벌한다(제345조). 본죄를 범하여 유기징역에 처할 경우에는 10년 이하의 자격정지를 병과할 수 있다(제345조).

6. 상습강도죄

상습으로 제333조, 334조, 제336조 또는 전조 제1항의 죄를 범한 자는 무기 또는 10년 이상의 징역에 처한다(제341조). 본죄의 미수범은 처벌한다(제342조). 유기징역에 처할 경우에는 10년 이하의 자격정지를 병과할 수 있다(제345조).

V. 강도예비 · 음모죄

강도할 목적으로 예비 또는 음모한 자는 7년 이하의 징역에 처한다(제343조).

1. 강도죄에서 말하는 폭행 및 협박의 정도에 대하여 언급하시오.

2. 준강도죄에 대하여 설명하시오.

1. 동네 선배로부터 차량을 빌렸다가 반환하기 아니한 보조열쇠를 이용하여 그 후 3차례에 걸쳐 위 차량을 2~3시간 정도 운행한 후 원래 주차된 곳에 갖다 놓아 반환한 경우 피해자와의 친분관계, 차량의 운행경위, 운행시간, 운행 후의 정황 등

에 비추어 불법영득의 의사가 있었다고 볼 수 없다(대법원 1992.4.24, 92도118).

2. 절도죄에 있어 영득의 의사라 함은 권리자를 배제하고 타인의 물건을 자기 소유물과 같이 그 경제적 용법에 따라 이용·처분할 의사를 말하는 것이므로, 피고인이 현금 등이 들어 있는 피해자의 지갑을 가져갈 당시에 피해자의 승낙을 받지 않았다면 가사 피고인이 후일 변제할 의사가 있었다고 하더라도 불법영득의사가 있었다고 할 것이다(대법원 1999.4.9, 99도519).

3. 야간에 타인의 재물을 절취할 목적으로 사람의 주거에 침입한 경우에는 주거에 침입한 단계에서 이미 형법 제330조에서 규정한 야간주거침입절도죄라는 범죄행위의 실행에 착수한 것이라고 보아야 한다. 주거침입죄의 실행의 착수는 주거자, 관리자, 점유자 등의 의사에 반하여 주거나 관리하는 건조물 등에 들어가는 행위, 즉 구성요건의 일부를 실현하는 행위까지 요구하는 것은 아니고 범죄구성요건의 실현에 이르는 현실적 위험성을 포함하는 행위를 개시하는 것으로 족하므로, 출입문이 열려 있으면 안으로 들어가겠다는 의사 아래 출입문을 당겨보는 행위는 바로 주거의 사실상의 평온을 침해할 객관적인 위험성을 포함하는 행위를 한 것으로 볼 수 있어 그것으로 주거침입의 실행에 착수한 것으로 보아야 한다(대법원 2006.9.14, 2006도2824).

4. 야간에 절도의 목적으로 출입문에 장치된 자물통 고리를 절단하고 출입문을 손괴한 뒤 집안으로 침입하려다가 발각된 것이라면, 이는 특수절도죄의 실행에 착수한 것이다(대법원 1986.9.9, 86도1273).

5. 강도죄는 공갈죄와는 달리 피해자의 반항을 억압할 정도로 강력한 정도의 폭행·협박을 수단으로 재물을 탈취하여야 성립하므로, 피해자로부터 현금카드를 강취하였다고 인정되는 경우에는 피해자로부터 현금카드의 사용에 관한 승낙의 의사표시가 있었다고 볼 여지가 없다. 따라서 강취한 현금카드를 사용하여 현금자동지급기에서 예금을 인출한 행위는 피해자의 승낙에 기한 것이라고 할 수 없으므로, 현금자동지급기 관리자의 의사에 반하여 그의 지배를 배제하고 그 현금을 자기의 지배하에 옮겨 놓는 것이 되어서 강도죄와는 별도로 절도죄를 구성한다(대법원 2007.5.10, 2007도1375).

6. 준강도는 절도범인이 절도의 기회에 재물탈환·항거 등의 목적으로 폭행 또는 협박을 가함으로써 성립되는 것이므로, 그 폭행 또는 협박은 절도의 실행에 착수하여 그 실행중이거나 그 실행 직후 또는 실행의 범의를 포기한 직후로서 사회통념상 범죄행위가 완료되지 아니하였다고 인정될 만한 단계에서 행하여짐을 요한다(대법원 1984.9.11, 84도1398).

7. 강도강간죄는 강도라는 신분을 가진 범인이 강간죄를 범하였을 때 성립하는 범죄

이고, 따라서 강간범이 강간행위 후에 강도의 범의를 일으켜 그 부녀의 재물을 강취하는 경우에는 강도강간죄가 아니라 강도죄와 강간죄의 경합범이 성립될 수 있을 뿐이나, 강간범이 강간행위 종료 전, 즉 그 실행행위의 계속중에 강도의 행위를 할 경우에는 이 때에 바로 강도의 신분을 취득하는 것이므로, 이후에 그 자리에서 강간행위를 계속하는 때에는 강도가 부녀를 강간한 때에 해당하여 형법 제339조 소정의 강도강간죄를 구성한다(대법원 1988.9.9, 88도1240).

8. 강도예비 · 음모죄가 성립하기 위해서는 예비 · 음모 행위자에게 미필적으로라도 '강도'를 할 목적이 있음이 인정되어야 하고 그에 이르지 않고 단순히 '준강도'할 목적이 있음에 그치는 경우에는 강도예비 · 음모죄로 처벌할 수 없다(대법원 2006.9.14, 2004도6432).

1. 강도죄에 대한 설명으로 틀린 것은?

① 장난감 권총으로 상대방을 억압하여 재물취거한 경우에 강도죄가 성립한다.
② 강간범이 강간 후 강도의 범의를 일으켜 부녀의 재물을 취거한 경우에 다수설과 판례에 의하면 강간죄와 강도죄의 경합범이 성립한다.
③ 강도죄의 주관적 구성요건으로는 고의와 불법영득의사 내지 불법이득의사가 있어야 한다.
④ 재물취거 이후에 폭행 · 협박을 하였어도 강도죄가 성립한다.

〈해설〉 ④ 준강도죄가 성립한다.

2. 준강도죄에 대한 기술 중 틀린 설명은?

① 야간에 주거에 침입하였다가 발각되자 주인을 폭행한 경우에 성립한다.
② 본죄가 성립하려면 고의와 불법영득의사 이외에 일정한 목적(재물탈환을 항거, 체포면탈, 죄적인멸)이 있어야 한다.
③ 폭행 · 협박은 상대방의 반항을 억압할 정도이어야 한다.
④ 준강도의 미수와 기수는 절도의 미수에 따라 결정된다고 하는 것이 판례와 학설의 태도이다.

〈해설〉 ④ 다수설은 절도의 미수・기수에 따라 결정된다고 하나, 판례는 폭행・협박의 미수・기수에 따라 결정된다고 한다.

3. 강간범인이 강간 후에 재물탈환의 고의가 생겨 재물을 취거하는 경우 성립되는 범죄는?

① 특수강도죄 ② 준강도
③ 강도강간죄 ④ 상습강도죄

〈해설〉 ③ 형법 제339조 참조

제3절 사기의 죄

I. 의의

사기죄란 사람을 기망하여 재물을 편취하거나 재산상의 불법한 이익을 취득하거나 타인으로 하여금 얻게 함으로써 성립하는 범죄를 말하는데 형법 각칙 제39장에서 공갈죄와 함께 사기죄를 규정하고 있다. 절도죄와 강도죄가 전통적・고전적인 범죄임에 대하여 사기죄는 자유주의 내지 자본주의 경제이론과 함께 형성된 새로운 범죄라고 할 수 있다. 사기죄는 재물뿐만 아니라 재산상의 이익도 객체로 하는 점에서 재산죄인 동시에 이득죄이다. 따라서 절도죄와 강도죄가 상대방의 의사에 의하지 아니한 탈취에 의하여 재물을 취득할 것을 요함에 대하여 사기죄는 상대방의 하자있는 의사에 의하여 재물을 취득하는 점에서 양죄의 성격은 다르다. 또한 상대방의 하자있는 의사에 의하여 재물을 취득하는 점에서는 사기죄는 공갈죄와 같으나 사기죄는 기망을 수단으로 함에 대하여 공갈죄는 공갈을 수단으로 하자 있는 의사를 야기하는 경우이다.

〔표〕 사기죄와 공갈죄의 비교

구분	사기죄	공갈죄
수단	기망행위	폭행 · 협박
보호법익	재산권	재산권 및 자유권
피해자	재산의 소유자	피공갈자 및 소유자

사기죄는 각각 독립된 범죄유형인 사기죄(제347조), 준사기죄(제348조)와 부당이득죄(제349조)로 이루어져 있다. 또한 상습범, 친족상도례 및 동력규정의 준용을 규정하고 있다. 그 밖에도 개정형법은 현대사회의 기술발달에 따라 등장한 신종범죄에 대처하기 위해 컴퓨터등사용사기죄(제347조의 2)와 편의시설부정이용죄(제348조)를 신설하였다.

보호법익에 대해서는 대부분의 학설이 재산죄로 보고 있으나, 재산죄 이외에 거래의 진실성 또는 신의성실도 사기죄의 보호법익이 된다는 견해가 있다. **대법원**도 전체로서의 재산 이외에 거래의 진실성도 사기죄의 보호법익이 된다고 하고 있다(대법원 1983. 2. 22, 82도 3139 ; 대법원 1992. 9. 14, 91도 2294). 그러나 거래의 진실성은 사기죄에 있어서 재산침해의 태양에 불과하므로 행위의 태양과 보호법익을 구별해야 할 뿐만 아니라, 자유시장경제체제하에서는 거래의 진실성보다는 판매에 치중하는 대상이 될 수 있을 만큼 개념적 · 현실적으로 명확한 대상이 아니며 사기죄의 재산범죄로서의 성격을 희석시킬 위험성이 있으므로 사기죄의 보호법익은 재산죄이다. 또한 보호받는 정도는 침해범이다.

II. 객관적 구성요건

1. 행위의 객체

(1) 재물

절도죄와 강도죄의 재물은 동산에 한함에 반하여, 본죄의 재물에는 동산뿐만 아니라 부동산도 포함된다는데 대하여는 이론이 없다. 그러나 본죄의 객체로서의 재물은 소유권침탈의 대상으로서의 재물이 아니라, 피해자의 재산적 손해의 대상으로서의 재물 및 행위자의 불법이득의 대상인 재물의 적극적 구성부분으로서의 재물 및 행위자의 불법이득의 대상인 재산의 적극적인 구성부분으로서의 재물이다. 따라서 경제적 교환가치가 있는 재물만이 사기죄의 객체인 재물의 개념에 들어간다.

(2) 재산상의 이익

재물 이외의 일체의 재산상의 이익을 말한다. 적극적 이익(예컨대, 기망에 의하여 노무의 제공을 받거나, 담보의 제공을 받거나 연고권을 취득하거나 또는 채권추심의 승인을 받는 경우 등)이건 소극적 이익(예컨대, 채무의 면제를 받는 것이 후자에 속한다)이건 불문한다. 예컨대, 사기죄의 객체가 되는 재산상의 이익이 반드시 사법상 보호되는 경제적 이익만을 의미하지 아니하고, 부녀가 금품 등을 받을 것을 전제로 성행위를 하는 경우 그 행위의 대가는 사기죄의 객체인 경제적 이익에 해당하므로 부녀를 기망하여 성행위 대가의 지급을 면하는 경우 사기죄가 성립한다(대법원 2001.10.23, 2001도2991).

2. 행위

(1) 기망행위

기망이란 널리 거래관계에서 지켜야 할 신의칙에 반하는 행위로서 사람으로 하여금 착오를 일으키게 하는 것을 말한다.

1) 기망행위의 대상

기망행위의 대상이 사실에 한하느냐 또는 가치판단을 포함하는냐가 문제된다. **다수설**은 사실뿐만 아니라 가치판단에 대해서도 기망이 가능하다고 해석하고 있다. 그러나 사실은 객관적으로 확정할 수 있는 현상을 의미함에 반하여, 가치판단은 경험칙에 의하여 확정된 결론이 아니라 개인적 · 주관적으로 해석할 수 있는 것이므로 순수한 가치판단 내지 의견의 진술은 기망행위의 대상에서 제외하는 것이 타당하다.

2) 기망행위의 수단

① 명시적 기망행위

언어에 의하여 허위의 주장을 하는 경우를 말한다. 여기서 허위란 객관적 진실에 반하는 것을 말한다. 진실에 반하는 사실이 표현의 객체로 되어 기망행위가 되는 경우이며, 기망의 가장 전형적인 예이다.

② 묵시적 기망행위

허위의 주장을 언어에 의하여 표현하지 아니하고 행동을 통하여 설명한 경우를 말한다. 명시적 기망행위와 함께 작위에 의한 기망행위의 한 형태를 이룬다. 그러므로 묵시적 기망행위는 부작위에 의한 기망행위와 구별되어야 하며, 묵시적 기망행위도 되지 않을 때에만 부작위에 의한 기망행위가 될 수 있다. 묵시적 기망행위도 되지 않을 때에만 부작위에 의한 기망행위가 될 수 있다. 묵시적 기망행위는 행위자의 전체행위가 설명가치를 가질 때에만 인정된다. 이는 사회통념에 따라 결정되어야 함은 물론이다.

■ 묵시적 기망행위를 인정할 수 있는 것

- 호텔에 숙박하거나 음식점에서 음식을 주문한 자는 대금지불의 의사와 능력이 있음을 묵시적으로 표현했다고 해야 한다. 따라서 무전취식이나 무전숙박은 작위에 의한 묵시적 기망행위에 해당한다.
- 재물을 처분한 자는 그 재물이 자기의 소유물이거나 이를 처분할 권한이 있음을 묵시적으로 표현했다고 해야 한다. 따라서 타인에게 이전등기를 준 부동산을 매도하거나 임대하고 대금을 받은 때에는 당연히 사기죄를 구성하게 된다. 또한 압류된 사실을 고지하지 아니하고 양도담보로 제공하거나 절취한 장물을 담보로 제공하고 금원을 차용한 경우는 물론, 매매목적물에 대하여 하자가 있음에도 불구하고 이를 숨기는 때에도 묵시적 기망행위에 해당하여 사기죄를 구성한다.
- 저당권이나 가등기가 설정된 부동산에 대하여 그 사실을 알리지 아니하고 이를 처분한 경우도 묵시적 기망행위에 해당한다.
- 은행에서 예금을 청구하는 자는 자기가 정당한 권리자임을 묵시적으로 설명하였으며, 어음 또는 수표의 발행인은 그것이 결제될 것이라고 묵시적으로 설명하였으며, 어음 또는 수표의 발행인은 지급일에 그것이 결제될 것이라고 묵시적으로 설명했다고 보아야 한다.

③ 부작위에 의한 기망행위

기망행위가 반드시 작위에 제한되지 않고 부작위에 의하여도 가능하다고 하는 데에는 이설이 없다. **통설**은 저당권 또는 가등기설정사실을 고지하지 아니한 부동산의 처분, 피보험자가 질병을 감추고 보험계약을 체결한 경우는 물론, 무전취식이나 무전숙박의 경우도 부작위에 의한 기망행위라고 해석하고 있다.

3) 기망행위의 정도

기망행위란 사람을 착오에 빠뜨리게 하는 행위를 말하나 단순히 사람을 착오에 빠뜨리게 하였다는 것만으로는 기망이 있었다고 할 수는 없고, 적어도 그것이 거래관계에 있어서 신의칙에 반하는 정도에 이르지 않으면 아니된다. 따라서 비록 상대방을 착오에 빠뜨렸다고 할지라도 그것으로 인하여 거래의 목적을 달성하는데 지장이 없을 때에는 사기죄가 성립하기 위한 기망행위가 있었다고 하기 어렵다. 예컨대, 이중매매 내지 이중저당의 경우에 사기죄가 성립할 수 있는가의 문제는 기망행위의 정도와 관련된다.

(2) 피기망자의 착오

1) 착오의 내용

착오의 대상에 관하여 **통설**은 착오가 반드시 법률행위의 내용의 중요부분에 대한 것임을 요하지 않고 동기의 착오로도 족하며, 사실에 대한 것이든 가치판단에 대한 것이든 묻지 않는다고 한다. 그러나 착오란 행위자의 기망행위가 피기망자에게 미친 효과라는 측면에서 파악한 개념에 지나지 않는다. 기망행위가 거래관계에 있어서 신의칙에 반하는 정도에 이를 것을 요하는 것과 같이 단순한 동기의 착오만으로는 착오라고 할 수 없으며, 착오의 대상도 사실에 제한된다고 해석해야 할 것이다. 다만 착오를 이유로 민법상 취소할 수 있느냐의 여부는 사기죄의 성립에 영향을 미치지 않는다.

2) 기망과 착오의 인과관계

기망과 상대방의 착오 사이에는 인과관계가 있어야 한다. 기망이 있어도 상대방이 착오에 빠지지 않거나, 기망과 착오 사이에 인과관계가 없는 때에는 본죄는 미수에 지나지 않으나 기망행위가 착오에 대한 유일한 원인이 될 것을 요하는 것은 아니다.

3) 피기망자

사기죄에 있어서 핏기망자는 반드시 피해자가 일치할 것을 요하지 않는다. 피기망자와 피해자가 일치하지 않는 전형적인 예가 **소송사기**(Prozesbetrug)이다. 이에 대해서는 후술한다.

3. 처분행위

사기죄는 피기망자의 의사에 따른 처분행위에 의하여 재물을 교부하거나 재산상의 이익을 취득하게 하는 점에서 절도죄나 강도죄와 구별된다. 따라서 사기죄가 성립하기 위해서는 행위자의 기망행위와 피기망자의 착오의 결과로 피기망자가 처분행위를 하지 않으면 안 된다. 이런 의미에서 처분행위는 사기죄의 기술되지 아니한 구성요건요소라고 할 수 있다

(1) 의의

처분행위란 직접 재산상의 손해를 초래하는 행위·수인 또는 부작위를 말한다. 재물에 대한 처분행위는 그 점유를 이전하는 교부를 의미하나, 행위자가 재물을 가져가는 것을 묵인 내지 수인하는 것도 처분행위가 될 수 있다. 재산상의 이익에 대한 처분행위는 이익을 취득하게 하는 일체의 행위를 말한다. 처분행위는 민법상의 개념은 아니며, 순수한 사실상의 의미로 이해해야 한다. 따라서 그것은 민법상의 법률행위임을 요하지 아니하며, 순수한 사실행위도 포함한다. 법률행위인 경우에는 그것이 유효하든 무효이든 또는 취소할 수 있는 것이든 불문한다. 사실행위는 행위능력이 없는 자도 할 수 있다. 다만 처분행위는 재산상의 손해를 초래하는 재산적 처분행위일 것을 요한다. **판례**는 처분행위라고 하기 위해서는 처분의사가 있음을 요한다고 한다(대법원 1987.10.26, 87도1042). 그러나 객관적으로 손해를 초래할 수 있는 행위면 족하며 처분행위가 있을 것을 요하지 않는다고 해석해야 한다.

(2) 처분행위자

처분행위자는 피기망자와 일치하여야 한다. 그러나 처분행위자가 재산상의 피해자와 반드시 일치할 것을 요하는 것은 아니다. 따라서 피기망자가 타인의 재물을 처분한 때에도 사기죄가 성립한다. 처분행위자와 피해자가 일치하지 않는 경우에 양자 사이에 어떤 관계가 있어야 하느냐라는 문제가 제기된다. 피기망자의 처분과 행위자의 이득 사이에 인과관계가 있으면 족하다는 견해가 있다. 피해자와 처분행위자가 일치하지 않는 소위 **삼각사기**(三角詐欺, Dreiecksbetrug)에 대해서는 후술한다.

(3) 처분행위와 착오 및 손해

1) 처분행위와 착오의 관계

처분행위는 착오로 인한 것이어야 한다. 처분행위가 있어도 그것이 기망에 의한 착오를 원인으로 하지 않고 다른 원인에 의한 경우에는 본죄는 미수에 지나지 않는다. 착오와 처분행위의 인과관계는 착오가 처분행위의 유일한 원인이 될 것까지 요하는 것은 아니다. 착오가 처분행위를 하게 된 원인의 하나가 되었으면 족하다. 비록

피기망자의 과실에 의하여 처분행위를 하였다고 하여 인과관계가 부정되는 것은 아니다.

2) 처분행위와 손해의 관계

처분행위로 인하여 직접 재산상의 손해가 발생해야 한다. 이를 **처분효과의 직접성**(處分效果의 直接性)이라고 한다. 처분효과의 직접성은 행위자의 다른 부수적 행위가 없어도 손해가 발생하는 때에 인정된다. 여기서 재물에 대한 사기와 **책략절도**(Trickdiebstahl)의 한계가 문제된다. 처분행위가 직접 재물의 교부를 결과한 때에는 사기가 됨에 반하여, 행위자가 별도의 행위에 의하여 재물을 취거한 때에는 절도가 된다.

4. 재산상의 손해

(1) 의의

형법은 독일형법 제263조 제1항(자신 또는 제3자에게 위법한 재산상의 이익을 줄 의도에서 허위의 사실로 기망하거나 진실의 사실을 왜곡 또는 은닉하여 착오를 일으키게 하거나, 그런 상태를 지속시킴으로서 타인의 재산에 손해를 가한 자는 5년 이하의 자유형 또는 벌금형에 처한다)과는 달리 재산상의 손해를 요한다는 명문의 규정을 두고 있지 않아 상당한 대가를 지급하고 재물을 교부받은 때에 본죄가 성립하느냐에 대하여 견해가 대립한다. **대법원**은 "재물편취를 내용으로 하는 사기죄에 있어서는 기망으로 인한 재물교부가 있으면 그 자체로서 피해자의 재산침해가 되어 이로써 곧 사기죄가 성립하는 것이고, 상당한 대가가 지급되었다거나 피해자의 전체 재산상에 손해가 없다 하여도 사기죄의 성립에는 영향이 없다"고 하여 재산상의 손해발생은 사기죄의 성립요건이 아니라고 보고 있다(대법원 1982. 6. 22, 82도777 ; 대법원 1983. 2. 22, 82도3139 ; 대법원1984. 12. 26, 84도1936 ; 대법원 1985. 5. 14, 80도2973 ; 대법원 1985. 11. 26, 85도490).

형법이 사기죄의 구성요건으로서 재산상의 손해발생을 기준으로 하지 않고 재물이나 재산상의 이익취득을 기준으로 규정하고 있는 것은(제347조 참조) 사기죄의 기수시점을 피해자의 재산감소를 중심으로 판단하는 것이 아니라 행위자의 재산증가의 여부에 관련시킨 것으로서 입법적인 시정이 필요하다. 재산상의 이익취득이 재산상의 손해발생의 반대 개념이기는 하나, 양자가 항상 시간적으로도 동시에 발생한다고 볼 수는 없기 때문이다.

(2) 손해판단의 기준

재산상의 손해가 있는가는 객관적 · 개별적 방법에 의하여 평가되어야 한다. 즉 전체재산의 감소가 먼저 객관적 기준에 의하여 결정해야 한다. 여기서는 피해자의 주관적 가치를 문제삼는 것이 아니라 객관적 관찰자의 이성적 판단이 기준이 되나 재물 또는 재산상의 이익은 모든 사람에게 언제나 같은 재산가치를 가지는 것이 아니다.

손해발생의 개별화는 처분행위로 인한 급부와 반대급부가 객관적으로는 같은 가치를 가지지만 구체적 사정에 비추어 얻은 이익이 불필요하거나 지나친 부담을 주거나 기도한 목적에 반하는 경우에 특히 의미를 가지게 된다. 따라서 피기망자가 교부한 재물과 취득한 가치가 개관적으로 일치하는 때라고 할지라도 기망행위로 취득한 재산이 피해자에게 전혀 쓸모가 없는 경우, 예컨대, 피해자의 목장규모로는 사용할 수 없는 기계를 판매하였거나, 기망에 의하여 아동이 볼 수 없는 책을 그 부모에게 판매하거나 또는 주부로부터 불필요한 잡지를 주문하게 하는 때에도 재산상의 손해가 있다고 할 수 없고 피기망자가 부담한 의무를 이행하기 위하여 생계를 유지하기 어려울 정도의 경제적 부담을 지게 되는 경우나 처분행위를 가지고 있는 사회적 목적이 없어진 때에도 재산상 손해를 인정할 수 있게 된다. 따라서 구걸사기(Bettelbetrug) 또는 기부금사기(Spendenbetrug)에 있어서 구호의 필요성이 없을 때에는 처분행위의 사회적 목적이 무의미하게 되어 사기죄의 성립을 인정하게 되고, 은행대부에 있어서 대부요건에 대한 기망, 국유재산 의 매각에 있어서 연고권에 대한 기망도 사기죄를 구성하게 된다.

(3) 재산의 위험

재산상의 위험은 현실적으로 발생하여 계산적으로 증명할 수 있는 재산감소에 제한되지 않는다. 경제적 관점에서 재산상태가 악화되었다고 볼 수 있는 재산가치에 대한 구체적인 위험, 즉 재산의 위험만으로도 손해가 발생했다고 할 수 있다. 재산의 위험이 있느냐는 경제적인 관점에서 판단할 것이지만, 다만 현재의 재산상태의 가치감소라고 볼 수 있을 정도로 구체적인 위험이 있을 것을 요한다.

Ⅲ. 주관적 구성요건

1. 고의

사기죄도 고의범이므로 모든 객관적 구성요건요소에 대한 고의가 있어야 한다. 따라서 행위자는 기망행위, 피기망자의 착오와 처분행위, 손해의 발생이 그 사이의 인과관계를 인식하여야 한다. 여기서의 고의는 확정적 고의임을 요하지 않고 미필적 고의로도 족하다. 따라서 대금을 지급하기 어려운 사정을 알면서 물건을 납품받거나, 변제가능성이 없는 상태에서 돈을 차용한 때에는 본죄의 미필적 고의가 인정된다. 기망의 고의가 사기죄의 주관적 구성요건이 되므로 단순한 이행불이행은 본죄를 구성하지 않는다. 행위자의 의도를 과학적으로 증명할 수 없다는 이유만으로는 기망의 의사가 인정되는 것도 아니다.

2. 불법이득의 의사

사기죄는 전체로서의 재산을 보호법익으로 하는 범죄이다. 따라서 그것은 주관적 구성요건으로 고의 이외에 자기 또는 제3자에게 불법한 재산상의 이익을 취득하게 하는 것을 내용으로 하는 불법이득의 의사 또는 불법영득의 의사(재물인 경우)가 있음을 요한다. 사기죄는 행위자가 피해자에게 재산상의 손해를 입힘으로써 직접 불법한 이익을 취득해야 성립한다. 따라서 이익과 손해 사이에는 자료동일성(Stoffgleichheit) 또는 직접적 관계(Unmittelbarkeitsbeziehung)가 인정되어야 하며 이런 관계는 같은 처분행위에 의하여 손해와 이익이 발생한 때에 인정될 수 있다.

불법이득의 의사도 이익의 취득이 불법할 것을 요건으로 하며, 여기서 불법이라 함은 객관적으로 위법한 것을 의미한다. 행위자가 권한 없이 이익을 취득하였을 때에 그 이득은 위법하게 된다. 그러므로 재물의 교부 또는 재산상의 이익을 받을 정당한 권리를 가진 자가 기망의 수단으로 재물 또는 재산상의 이익을 취득한 때에는 그것을 불법한 이익이라고 할 수 없으므로 사기죄는 성립하지 않는다. 정당한 권리의 행사가 사기죄를 구성할 것인가에 대하여 권리의 행사라 할지라도 기망의 수단에 의하는 경우에는 권리의 남용으로서 위법하다고 해야 하며 따라서 정당행위 또는 자구행위의 요건을 충족한 때에만 위법성이 조각된다는 입장이 **판례**(대법원 1982. 9. 14, 82도1679 ; 대법원1969. 12. 23, 69도1544 ; 대법원 1982. 5. 25, 82도483)의 태도이나

다수설은 정당한 권리의 행사를 위하여 기망행위를 한 때에는 본죄가 성립하지 아니하고, 다만 그 범위를 넘는 때에는 그것이 가분인 때에는 초과부분에 대하여, 불가분인 때에는 전체에 대하여 사기죄가 성립한다고 한다.

Ⅳ. 실행의 착수와 기수시기

본죄의 착수시기는 편취의 의사로 기망행위를 개시한 때이며, 단순히 기망을 위한 수단을 준비하는 정도로는 아직 실행의 착수가 있다고 볼 수 없다. 기수시기는 재산상의 손해가 발생한 때이며, 반드시 행위자가 불법한 이익을 취득하였을 것을 요하지 않는다. 유가증권을 편취한 때에는 유가증권을 교부받았을 때에 기수가 되며, 편취한 재물을 반환하는 것은 범죄의 성립에 영향을 미치지 않는다. 본죄가 기수로 되기 위해서는 **기망행위-착오-처분행위-재산상의 손해** 사이에 인과관계가 있어야 하며, 그 사이에 인과관계가 인정되지 않을 때에는 본죄는 미수에 그친다. 본죄에 의하여 취득한 재물을 처분하는 것은 새로운 법익의 침해가 없으면 불가벌적 사후행위로서 별죄가 성립하는 것은 아니다. 그러나 절취한 예금통장으로 은행원을 기망하여 예금을 인출한 때에는 절도죄 이외에 사기죄가 성립한다. 다만 절취한 자기앞수표를 교부하고 현금을 받는 행위는 불가벌적 사후행위가 된다.

Ⅴ. 불법원인급여와 사기죄

사람을 기망하여 반환청구권이 없는 불법한 급부를 하게 한 경우에 사기죄의 성립을 인정할 것인가가 문제된다. 예컨대, 통화위조자금을 편취하거나 공무원에게 뇌물로 공여할 재물을 편취한 때가 여기에 해당한다.

부정설	민법상 피해자에게는 반환청구권이 없으므로 본죄가 성립하지 않는다.
긍정설	민법상의 반환청구권이 본죄의 요건이 될 수는 없고, 기망행위에 의하여 피해자의 경제적 가치에 손해를 입힌 것은 부정할 수 없으므로 사기죄가 성립한다. 통설의 태도이다.

사람을 기망 또는 공갈하여 불법원인급여를 하게 한 때에는 불법원인이 수익자에게만 있는 경우에 해당하여, 민법 제746조 단서에 의하여 급여자가 반환청구할 수

있다고 할 것이므로 사기죄의 성립을 인정하는 긍정설이 타당하다.

Ⅵ. 친족상도례

사기죄에 대해서도 친족상도례가 준용된다(제354조, 제328조). 본죄에 친족상도례가 준용되기 위하여 행위자와 피해자 사이에 친족관계가 존재해야 한다(대법원 1972. 11. 14, 72도1946). 피기망자와 피해자가 일치하지 않는 때에는 피기망자는 사기죄의 피해자라고 할 수 없으므로 피기망자와 행위자 사이에 친족관계가 있을 것을 요하지 않는다.

Ⅶ. 다른 범죄와의 관계

1. 수뢰죄 · 위조통화행사죄와의 관계

공무원이 직무에 관하여 타인을 기망하여 재물을 교부받은 때에는 사기죄와 수뢰죄의 상상적 경합이 된다. 그러나 기망이라고 볼 수 없는 때에는 본죄가 성립하지 않고 수뢰죄만 성립한다. 위조통화를 행사하여 타인의 재물을 편취한 때에 **대법원**은 위조통화행사죄와 사기죄의 경합범이 된다고 한다. 그러나 위조통화를 행사하는 행위는 기망행위의 내용을 이루는 것이므로 양죄는 상상적 경합이 된다.

2. 횡령죄와 배임죄와의 관계

자기가 점유하는 타인의 재물을 기망에 의하여 영득한 때에는 횡령죄만 성립하고 사기죄가 성립될 수 없다. 이에 반하여 타인의 사무를 처리하는 자가 본인에 대하여 기망행위를 하여 재산상의 이익을 취득한 때에 사기죄와 배임죄의 관계에 대하여는 ① 사기죄만 성립하고 배임죄는 사기죄에 흡수된다는 견해, ② 배임죄를 구성하는 이상 사기죄는 배임죄에 흡수되므로 배임죄만 성립한다는 견해, ③ 양죄의 상상적 경합이 된다는 견해(**다수설**)으나 **대법원은** ① 설을 취하고 있다.

3. 도박죄와의 관계

사기도박의 경우에 사기죄 이외에 도박죄가 성립하느냐가 문제된다. 도박이라 함은 2인 이상의 자가 상호간에 재물을 도하여 우연에 의하여 승패를 결정하는 것을 말하므로, 사기도박에 있어서는 이런 우연성이 없기 때문에 도박죄는 성립하지 아니하고 사기죄를 구성할 뿐이다.

Ⅷ. 컴퓨터 등 사용사기죄

1. 의의

컴퓨터 등 정보처리장치에 허위의 정보 또는 부정한 명령을 입력하여 정보처리를 하게 함으로서 재산상의 이익을 취득하거나 제3자로 하여금 취득하게 함으로써 성립하는 범죄로서 10년 이하의 징역 또는 2천만원 이하의 벌금에 처한다(제347조의 2). 일반적으로 컴퓨터를 이용한 범죄는 기계를 상대로 하는 것이기 때문에 행위자의 죄의식이 상대적으로 적은 것이 특징이다. 반면에 컴퓨터가 처리하고 있는 업무의 내용과 양은 심대할 뿐만 아니라 점차 확대되어 가고 있다. 그 결과 컴퓨터를 이용한 범죄행위의 피해 역시 전통적인 재산범죄인 절도죄나 사기죄와는 차원을 달리하기 때문에 범죄피해의 규모도 막대하다. 컴퓨터관련 범죄는 데이터의 비밀유지, 컴퓨터의 시스템과 데이터의 불훼손성, 데이터와 컴퓨터기능의 원활성 및 정보의 신뢰성을 침해하는 것을 내용으로 한다. 본죄는 이득죄이다. 이 점에서 재물죄이면서 동시에 이득죄인 사기죄와는 다르다. 본죄의 보호법익은 사기죄와 마찬가지로 개인의 재물이다. 구체적으로는 재산적으로 중요한 정보처리과정의 오류 없는 결과가 보호대상이 된다.

기존의 사기죄는 사람을 기망하여 착오에 빠지게 하고 이에 따른 재산상의 처분행위를 통하여 재물이나 재산상의 이득을 취하는 경우만을 대상으로 하였다.

2. 객관적 구성요건

(1) 행위주체

본죄의 행위주체는 제한이 없으나 컴퓨터의 특수성 프로그래머나 컴퓨터단말기 조작자 혹은 컴퓨터에 대한 전문적인 지식을 가진 자가 주로 행위자가 될 것이다. 또한 허위정보를 제3자에게 주어 컴퓨터에 입력시키도록 하는 자도 행위자가 될 수 있다.

(2) 행위객체

본죄의 행위객체는 재산상의 이익이다. 이는 사기죄가 재산상의 이익과 함께 재물을 행위객체로 한 것과 차이가 있으나 이는 적절한 입법이라고 볼 수 없다.

(3) 행위방법

본죄의 행위는 컴퓨터 등 정보처리장치에 허위의 정보나 부정한 명령을 입력하여 재산상의 이득을 취하는 것이다. 부정한 명령의 입력은 사기죄에서의 기망행위에 상응하는 행위라고 볼 수 있으며, 정보처리를 하게 한다는 것은 착오에 빠진 피기망자의 재산상의 처분행위에 상응하는 것이라고 볼 수 있다.

(4) 컴퓨터 등 정보처리장치

컴퓨터 등 정보처리장치는 발전의 속도가 워낙 빠르기 때문에 이를 일률적으로 정의한다는 것은 한시적으로 타당할 뿐이다. 다만 본죄가 규정하고 있는 컴퓨터 등 정보처리장치의 개념은 자연과학적 개념과 일치시킬 필요는 없으며 자동적으로 정보를 처리하는 일체의 기계를 의미한다. 여기에는 컴퓨터는 물론이고 현금자동지급기도 포함된다.

1) 허위의 정보나 부정한 입력

허위의 정보를 입력한다는 것은 입력하지 않았으면서도 입력데이터를 입력하여 자신의 예금의 잔고를 늘리는 것과 같이 사실관계에 반하는 정보를 입력하여 잘못된 프로그램을 창출해 내는 것을 의미한다. 또한 부정한 명령을 입력한다는 것은 정확하지 않거나 불완전한 정보를 입력하는 것을 의미한다. 또한 자신의 컴퓨터를 이용, 타인의 PC통신 ID번호를 도용하여 다른 사람의 계좌로부터 예금을 이체하여 인출하는 홈뱅킹 서비스를 통한 불법적인 재산상의 이익취득도 해당된다.

2) 정보처리를 하게 함

정보처리를 하게 한다는 것은 입력된 허위정보나 부정한 명령에 의하여 컴퓨터 등 정보처리장치를 실행하여 진실에 반하는 계산이나 데이터의 처리가 이루어지도록 하는 것을 말한다. 이러한 행위는 구체적으로 프로그램조작(programm-Manipulation), 입력조작(Input-Manipulation), 처리과정상의 조작(Ablaufmanipulation)으로 이루어진다.

3. 주관적 구성요건

본죄는 고의범이므로 객관적 구성요건에 대한 고의가 있어야 한다. 즉 컴퓨터 등 정보처리장치에 허위의 정보나 부정한 명령을 입력하는 사실 및 이를 통하여 정보처리를 하게 한다는 점, 그리고 이로 인하여 재산상의 손해를 야기한다는 점과 각 행위 사이에 인과관계가 존재한다는 점에 대한 인식이 있어야 한다. 또한 불법이득의사가 있어야 한다. 이는 자기 또는 제3자에게 불법한 재산상의 이익을 얻게 해 주는 의사를 말한다. 그러나 재산상의 이익을 현실적으로 취득하였을 필요는 없다.

4. 기수시기

본죄의 기수시기는 재산상의 손해가 발생한 때이다. 반대로 행위자나 제3자가 재산상의 이익을 얻었는가는 본죄의 기수시기와 무관하다.

5. 다른 범죄와의 관계

본죄와 사기죄는 법조경합의 관계에 있다. 즉 본죄가 성립하면 사기죄는 흡수된다. 횡령죄는 타인의 재물에 대한 점유상태에서 성립하기 때문에 본죄와는 경합관계에 서지 않는다.

Ⅸ. 신용카드관련 범죄

1. 신용카드의 개념

신용카드라 함은 이를 상환함이 없이 제시함으로써 반복하여 물품의 구입 또는 용역의 제공을 받을 수 있는 증표로서 신용카드업자가 발행하는 것을 말한다(신용카드업법 제2조 제1호). 본래 신용카드는 신용한도를 부여받아 이 범위 내에서는 결제일에 대금을 갚지 않더라도 외상이 되어 있는 채로 사용이 가능한 것을 의미한다. 그러므로 이러한 신용한도를 부여받지 못하고 결제일에 대금을 모두 결제하여야 하는 신용카드는 단지 물품의 구입이나 용역의 제공일로부터 결제일까지 결제가 늦추어진다는 의미에서 일종의 외상카드(예컨대, Visa Card, BC Card, American Express Card, Diners Club Card 등)라고 볼 수 있다. 신용카드와 구별하여야 할 다른 종류의 카드로는 선불카드(prepaid card, PP card)가 있다. 이는 신용카드업자에게 일정한 일정금액을 미리 지불하고 일정한 금액이 기록된 카드를 발급받아 소지자의 제시에 따라 지급한 금액의 범위 내에서 물품이나 용역을 제공받을 수 있는 카드(예컨대, 지하철승차권, 공중전화카드 등)를 말한다. 다음으로 현금카드가 있다. 이는 예금구좌 및 예금의 잔고를 갖고 있는 예금주가 현금카드를 발급받아 현금인출기에서 현금을 인출하는 수단으로서의 기능만을 갖고 있는 카드이나 대부분의 은행계 신용카드의 경우에는 신용카드와 현금카드의 기능을 겸하고 있다.

2. 신용카드범죄의 유형 및 당해 구성요건

(1) 타인신용카드 불법영득행위

신용카드 소지자로부터 불법으로 신용카드를 영득한 경우에는 신용카드의 재물성을 인정하여 영득방법에 따라 절도죄나 강도죄, 공갈죄 등에 해당한다.

(2) 신용카드 불법취득행위

신용카드발급신청자가 신용카드대금을 지불할 의사나 능력이 없으면서도 있는 것처럼 가장하여 자기 또는 타인이나 허무인명의의 신용카드를 신용카드회사로부터 발급받는 행위는 발급신청서 등의 작성과 관련하여 사문서위조 및 동 행사죄를 구성한다. 반면에 신용카드발급대상이 되지 않은 연령이거나 소득임에도 불구하고 신용카드회사를 기망하여 자기명의의 신용카드를 발급받는 것은 본죄에는 해당하지 않는다. 사기죄의 성부와 관련하여서는 사기죄의 성립에 재산상의 손해발생이 필요한가가 문제된다. **대법원**은 사기죄는 재산상의 손해발생이 없더라도 성립한다는 입장이다(대법원 1992. 9. 14, 91도2994). 대금지불의사와 능력이 없는 카드회원의 물품구입 등은 가맹점에 대한 기망행위에 해당하며, 카드발행회사는 재산상의 피해자가 된다고 볼 수 있다. 즉 카드발행회사에 대한 사기죄가 성립한다고 보아야 한다.

(3) 신용카드 위조 · 변조행위

신용카드를 위조 · 변조하는 행위는 카드의 전기띠(Magnetic Stripe)부분이나 기타 부분을 위작 · 변작하는 경우이다. 전기띠 이외에 부분을 위조 · 변조하는 것은 예컨대, 카드를 부정입수하여 회원서명란에 자기이름을 써 넣는다든지 카드의 유효기간을 연장하는 등의 방법이 있다. 이에 대해서는 신용카드업법 제25조 제1항이 적용된다. 동시에 전기띠 부분에 대한 위조 · 변조행위는 개정형법에서 신설한 사전기기록 위작 · 변작죄(제232조의 2)에도 해당한다(상상적 경합).

(4) 신용카드 부정사용행위

1) 자기명의 신용카드의 부정사용

카드회원이 카드회사에 대금을 지불할 의사나 능력이 없으면서도 있는 것처럼 가장하여 자기의 신용카드를 사용한 경우에는 외형상으로는 적법한 카드사용과 다를 바 없다. 즉 카드가맹점의 입장에서는 카드의 사용유무만이 문제될 뿐 카드소지인의 신용조사는 할 필요가 없다. 그러므로 이 경우 사기죄의 성립요건인 기망행위, 착오, 재산상의 처분행위, 재산상의 손해발생이 있는가에 대해서 논란이 있다. ① 사기죄의 성립을 인정하는 견해와 ② 착오를 인정할 수 없으므로 사기죄가 성립하지 않는다는 견해가 있다. 이 견해 가운데 사기죄의 성립을 인정하는 것이 타당하다. 왜냐하면 카드회원인 행위자가 신용카드회사에 대하여 대급채무를 이행한다는 전제하에 카드가맹점으로부터 물품을 구입하거나 용역을 제공받는 것이기 때문에 처음부터 이러한 채무이행의 의사나 능력이 없으면서 신용카드를 사용하는 것은 카드라는 도구를 이용한 기망 행위를 한 것이며 가맹점은 기망에 의한 착오로 인하여 물품 등을 제공한 것으로 볼 수 있기 때문이다.

2) 타인명의 신용카드의 부정사용

절취・강취하거나 습득한 타인명의의 신용카드를 카드가맹점에 대하여 자기의 것처럼 가장하여 물품 등을 제공을 받는 경우에는 사기죄가 성립한다. 한편 타인의 신용카드를 사용하여 현금자동지급기에서 현금을 인출하는 행위에 대해서는 현금자동지급기가 기계라는 점을 들어 사기죄가 아니라 점유를 배제하는 절도죄에 해당한다는 절도죄설, 컴퓨터 등 사용사기죄설이 있다. **판례**(대법원 1995. 7. 28, 95도997)는 "신용카드업법 제25조 제1항 소정의 부정사용이라 함은 도난・분실 또는 위조・변조된 신용카드를 진정한 카드로서 신용카드의 본래의 용법에 따라 사용하는 것을 말하는 것이므로, 절취한 신용카드를 현금인출기에 주입하고 비밀번호를 조작하여 현금 서비스를 제공받으려는 일련의 행위는 그 부정사용의 개념에 포함된다"고 하여 "부정"의 의미를 부정확하거나 불완전하다는 의미라고 이해하고 있지 않다. 또 컴퓨터 등 사용사기죄의 입법목적은 "다른 사람의 통제를 받지 않거나 그를 기망하지도 않고 현금을 취하지도 않은 채 예금구좌의 이동이나 대체송금을 통하여 재산상의 이익을 취득하는 경우에 사기죄에 의하여 처벌할 수 없다는 점을 고려하여 신설"한 규정이다. 따라서 타인의 현금카드를 사용하여 현금자동지급기에서 현금은 인출하는 행위는 컴퓨터 등 사용사기죄에 해당하지 않으므로 절도죄로 처벌하는 것이 타당하다.

3. 신용카드 부정사용죄의 기수시기

카드이용대금을 지불할 의사나 능력이 없음에도 불구하고 가맹점에서 물품 등을 구입한 경우에는 사기죄는 기수에 이른다. 그리고 타인의 신용카드를 부정사용하는 경우 역시 가맹점으로부터 상품 등을 교부받은 시점에서 기수에 이른다.

X. 준사기죄

1. 의의

미성년자의 지려천박 또는 사람의 심신장애를 이용하여 재물의 교부를 받거나 재산상의 이익을 취득하게 함으로써 성립하는 범죄로서 10년 이하의 징역 또는 2천만원 이하의 벌금에 처한다(제348조). 미성년자의 지려천박 또는 심신상실의 상태를 이용하여 재물의 교부받거나 재산상의 이익을 얻는 것은 기망을 수단으로 하지 않는 경우에도 기망행위를 한 사기죄와 유사한 성질을 가지므로 사기죄에 준하여 취급하고 있는 것이나 피해자가 지려천박한 미성년자 또는 심신장애자라고 할지라도 적극적으로 기망수단을 쓴 때에는 사기죄가 성립하며 본죄가 되는 것은 아니다. 본죄는 사기죄에 대한 가중적 구성요건이 아니라 사기죄와는 독립된 가중요건이다. 따라서 사기죄가 침해범임에 대하여 본죄는 위험범이다. 본죄의 객체는 이미 착오에 빠져 있다고 보아야 하기 때문에 일정한 행위가 있으면 본죄가 완성되고, 기망-착오-처분행위-재산상의 손해 사이의 인과관계는 요건이 되는 것은 아니다.

2. 구성요건

(1) **미성년자**란 민법상의 미성년자, 즉 20세 미만의 자를 말한다. 모든 미성년자가 본죄의 객체가 되는 것이 아니라, 미성년자 가운데 지려천박한 자만 여기에 해당한다. '지려천박'이란 독립하여 사리를 판단할 수 없는 정도, 즉 기망수단에 의하지 않아도 처분행위를 할 상태에 있는 것을 말한다.

(2) **심신상실**이란 정신기능의 장애를 의미하나 본죄의 심신장애란 책임능력의 기초가 되는 그것과 의미를 달리하며, 어디까지나 재산상의 거래능력에 관한 것을 말한다. 본죄의 심신장애를 형법 제10조의 그것과 같이 해석하여 심신미약자뿐만 아니라 심신상실을 포함한다는 견해도 있으나, 심신미약자나 심신상실자라하여 반드시

본죄에 해당하는 것은 아니다. 심신상실자라 할지라도 그 정도가 심하여 의사능력까지 없다고 보아야 할 때에는 본죄가 성립하지 아니하고 절도죄를 구성할 뿐이라고 해석해야 한다.

XI. 편의시설부정이용죄

1. 의의

본죄는 부정한 방법으로 대가를 지급하지 아니하고 자동판매기, 공중전화 기타 유료자동설비를 이용하여 재물 또는 재산상 이익을 취득하는 경우에 성립하는 죄로서 3년 이하의 징역, 500만원 이하의 벌금, 구류 또는 과료에 처한다(제348조의 2). 유료자동설비의 기능을 보호하기 위한 규정으로서 보호법익은 개인 또는 공공의 재산이다. 본죄는 기존의 절도죄나 사기죄의 구성요건으로는 처벌이 불가능한 행위를 처벌하기 위하여 신설한 규정이다.

2. 객관적 구성요건

(1) 행위객체

자동판매기, 공중전화 기타 유료자동설비이다. 유료자동설비란 자동판매기처럼 대가를 지급하면 물품이 제공되는 물품자동제공장치(Warenautomaten)와 대가를 지급하면 설비 자체가 갖는 능력이 제공되는 용역자동제공장치(Leistungsauto-maten)를 모두 포함한다. 그러나 본죄에서는 자동판매기를 규정하고 있기 때문에 유료자동설비에는 후자만을 의미한다고 본다.

독일형법은 교통시설의 무료이용, 공연장소나 공공시설물에의 무료입장을 포함하나, 본죄는 이를 규정하고 있지 않으므로 제외된다고 보아야 한다. 그러나 우리 형법상 기만적 방법으로 이러한 시설에 무료입장하는 경우에는 사기죄에 해당한다.

(2) 행위방법

본죄의 행위는 대가를 지급하지 않고 편의시설을 부정하게 이용하는 것이다. 부정한 이용이란 자동편의시설의 권한 없는 이용이나 이용규칙·방법에 반하여 사용하는 것을 의미한다. 예컨대, 자동판매기에 위조주화 등을 투입하여 물품을 취득하거나 공중전화를 이용하거나 허락없이 타인의 전화기를 무단사용하는 것도 본죄에 해당한다. 또한 기술적 방법을 통하여 자신이 이용하는 전화요금이 타인의 전화번호에 계산되도록 하는 행위도 본죄에 해당한다. 요금자동설비를 본래의 용도가 아닌 비정상적인 방법으로 이용하는 행위는 대가를 지급하지 않았더라도 본죄에 해당하지 않는다. 예컨대, 공중전화기를 파괴하여 안에 든 현금을 꺼내 가는 행위는 본죄가 아니라 절도죄에 해당한다. 마찬가지로 자동편의시설 자체의 부정이용이 아닌 경우도 본죄에 해당하지 않는다. 한편 본죄는 기망행위를 전제로 하지는 않는다. 기망행위에 의한 부정이용은 본죄가 아니라 사기죄에 해당할 수 있다. 대가를 지급하지 않고 자동판매기를 이용하여 재물 등을 취득하는 경우에는 기존의 절도죄에 해당한다고 볼 수도 있으나 본죄의 신설로 인하여 절도죄에는 해당한다고 볼 수도 있으나 본죄의 신설로 인하여 절도죄에는 해당하지 않는다. 전화카드나 선불카드, 지하철 정액권상의 자기스트라이프에 부정한 명령을 입력하여 사용금액을 초과한 다음에도 계속 이용하는 행위는 본죄가 아니라 컴퓨터 등 사기죄에 해당한다.

본죄는 특수매체기록 등의 정보조작 이외의 방법으로 대가를 지급하지 않고 자동편의시설을 부정이용하는 행위를 처벌대상으로 하는 것이며, 컴퓨터 등 사기죄는 특수매체기록 등에 부정한 명령 등을 입력하여 정보처리를 하게 하고 이를 통하여 재산상의 이익을 취득하는 것을 요건으로 한다.

3. 주관적 구성요건

본죄는 대가를 지불하지 아니하고 물품을 취득하거나 재산상의 이익을 취득하고자 하는 고의가 있어야 한다. 즉 대가를 지급하여야 한다는 데 대한 인식이 필요하다 만일 무료인데도 불구하고 대가를 지불하여야 하는 것으로 오인한 경우에는 불능미수에 해당한다. 반대로 대가를 지불해야 하는데도 불구하고 무료하고 오인한 경우에는 구성요건의 착오에 해당한다. 또한 본죄는 재물 또는 재산적 이익에 대한 불법영득(이득)의사가 있어야 한다.

4. 미수범

본죄의 미수범은 처벌한다. 본죄는 재물이나 재산상의 이익을 취득한 때에 기수범이 되므로 이러한 단계에 미치지 못한 경우에는 미수범에 해당한다. 위조통화를 공중전화기 등에 투입하였으나 아직 통화가 이루어지지 않은 경우가 그 예이다.

XII. 부당이득죄

1. 의의

사람의 궁박한 상태를 이용하여 현저하게 부당한 이익을 취득하거나 제3자로 하여금 취득하게 함으로써 성립하는 범죄로서 3년 이하의 징역 또는 1천만원 이하의 벌금에 처한다(제349조). 본죄는 이른바 폭리행위(Wucher)를 처벌하는 것으로 엄밀하게 보면 사기죄의 한 형태라고 볼 수 없다. 본죄의 본질은 사람의 궁박한 상태를 경제적으로 이용하여 현저하게 부당한 이익을 취득하는 것을 금하는 데 있다. 사기죄는 아니지만 타인의 궁박한 상태를 이용하였다는 점에서 사기죄의 일태양으로 처벌하는 것이다. 본죄의 보호법익은 전체로서의 재산이며, 본죄의 완성을 위하여 피해자에게 손해를 발생하였음을 요하지 않고 재산상의 위험이 있으면 족하다는 점에서 본죄는 위험범이다. 본죄의 미수범은 처벌하지 않는다.

2. 구성요건

(1) 궁박한 상태

상대방이 궁박한 상태에 있어야 한다. **궁박한 상태**란 반드시 경제적 곤궁상태에 한하지 아니하며 생명이나 명예에 대한 정신적·경제적 곤궁상태도 포함한다. 경제적 곤궁상태도 반드시 생존의 위험에 이를 단계, 즉 재산이 없게 될 정도에 이를 것을 요하지 않으며 현저한 재산의 감소나 그 위험이 있으면 족하다. 궁박한 상태에 이른 원인은 불문한다. 무경험이나 판단능력의 결함에 의한 것이든, 의사의 박약에 의한 것이든 관계가 없다.

(2) 현저하게 부당한 이익

재산상태의 증가를 재산상의 이익이라고 하고 급부와 이익 사이에 상당성이 없을 때에 그것은 부당한 이익이 된다. 부당한 이익이 있느냐는 행위자를 기준으로 판단해야 한다. 부당한 이익을 가져온 법률행위가 유효인가 무효인가도 불문한다. 이익은 현저하게 부당하여야 한다. 현저하게 부당한 이익인가의 여부도 추상적·일반적으로 결정할 것이 아니라 구체적 사정에 따라 객관적으로 결정해야 한다. 금전대차에 있어서는 금액·대부기간·담보물·피해자의 재산상태나 위험성 등의 모든 사정을 고려하여야 한다.

(3) 궁박한 상태의 이용

이익을 취득하기 위하여 상대방의 궁박한 상태를 이용하였을 것을 요한다. 상대방의 궁박상태를 이용하였다는 점에 본죄의 특색이 있다. 이런 의미에서 상대방의 궁박상태를 이용하였다는 비동정성(Ruecksichtlosigkeit)은 본죄의 구성요건요소가 된다.

(4) 주관적 구성요건

고의를 필요로 한다. 미필적 고의로 족하다. 상대방이 궁박한 상태에 있다는 것과 현저하게 부당한 이익을 취득한다는 인식이 있어야 한다. 다만 그것은 문외한으로서의 소박한 평가에 이르면 족하다.

XIII. 보충문제

1. 삼각사기

(1) 의의

사기죄에서 피기망자와 재산상의 처분행위자는 동일인이어야 한다. 그렇지 않은 경우에는 기망행위→상대방의 착오→재산상의 처분행위→재물·재산상의 이익취득으로 이어지는 사기죄의 인과관계가 결여된다. 그러나 피기망자의 재산상의 처분행위로 인한 피해자는 피기망자 이외에 제3자도 될 수 있는데 기망행위자, 피기망자(재산상의 처분행위자), 재산상의 피해자의 3자로 이루어진다는 의미에서 소위 '삼각사기(Dreiecksbetrug)'라고 부른다.

(2) 법적권한설과 사실상의 지위설

삼각사기의 인정은 형태적으로 간접정범에 의한 절도죄와 사기죄의 구별문제를 야기한다. 구별기준은 처분행위자의 처분능력유무이다. 즉 처분행위자와 재산상의 피해자가 어떠한 관계에 있어야 처분능력이 인정되는가에 있다. 이에 관하여 법적권한설(Befugnistheorie)은 처분행위자가 법적으로 유효한 점유이전처분을 할 수 있는 법적 권한이 있어야 한다고 하고, 사실상의 지위설(Lagertheorie)은 주관적으로 처분권자의 대리인이라는 생각을 가지고 처분을 하는 경우뿐만 아니라 사실상의 처분가능성을 가진 자에게도 처분능력이 인정된다고 하고 있다. 법적 권한설에 의한면 법률·계약 또는 최소한 묵시적 위임에 의하여 법적으로 처분할 권한이 있는 자가 아니면 처분행위를 할 수 없으나 민법상의 권리에 근거를 두고 있는 법적권한설은 경제적 재산개념 내지 처분개념과 일치하지 않으며, 처분행위자를 여기에 제한해야 할 이유가 없으므로 피기망자가 피해자의 재산을 사실상 처분할 수 있는 지위에 있으면 처분행위를 할 수 있다고 해석하는 사실상 지위설이 타당하다. **대법원**은 과거에는 법적 권한설을 따랐으나 현재는 사실상의 지위설을 취하고 있다(대법원 1994. 10. 11, 94도1575).

2. 소송사기

(1) 의의

소송사기라 함은 법원에 대하여 허위의 사실을 주장하거나 허위의 증거를 제출하여 법원을 기망함으로써 자기에게 유리한 판결을 얻고 이에 기하여 상대방으로부터 재물 혹은 재산상의 이익을 취하는 것을 말한다. 삼각사기의 전형적인 예이다.

(2) 성립요건

소송사기의 경우에 피기망자는 법원이며, 피해자는 재판의 상대방, 즉 패소자이다. 법원은 등기공무원과는 달리 판결을 통하여 강제집행을 할 수 있으므로 재산상의 처분권한을 가지는 것이고 따라서 법원에 대한 기망행위는 사기죄를 구성할 수 있으나 법원의 판결은 효력발생을 전제로 한다. 소송사기가 인정되기 위해서는 제소 당시 주장하는 권리가 존재하지 않는다는 것만으로는 부족하고 권리의 부존재 사실을 알고 있으면서도 허위의 주장과 입증으로 법원을 기망한다는 인식이 필요하다. 또한 소송상의 주장이 사실과 다른 것임이 객관적으로 명백하거나 증거를 조작하려고 한 흔적이 있는 등의 경우 외에는 소송사기를 인정하는 데에 엄격하여야 한다.

(3) 실행의 착수 및 기수시기

소송사기의 실행의 착수시점은 소송에서 주장하는 권리가 존재하지 않는다는 사실을 알면서도 법원을 기망한다는 인식을 가지고 법원에 소장을 제출한 때이며, 기수시점은 승소판결이 확정된 때이다. 법원을 기망하여 승소판결을 받고 그 확정판결에 의하여 소유권이전등기를 경료한 경우에는 사기죄와 별도로 공정증서원본불실기재죄가성립하고, 양죄는 실체적 경합범관계에 있다.

3. 이중저당

예컨대, 갑이 을에게 자기 부동산에 1번 저당권을 설정해 주기로 약정한 후 아직 그 등기가 되지 않은 상태에서 병에게 다시 저당권을 설정해주고 병에게 1번저당권 설정등기를 마친 경우를 말한다. 이중매매와 달리 저당권은 얼마든지 설정가능하기 때문에 이중저당은 민법상 유효하다. 문제는 선순위저당권자여야 할 을이 후순위저당권자가 됨으로써 충분한 변제를 받지 못할 가능성이 있기 때문에 갑의 을에 대한 형사책임이 제기된다. 구법시대에는 이중저당을 사기죄로 보아 갑은 병에게 을과 저당권이 설정되어 있다는 사실을 고지해야 할 의무가 있음에도 그렇게 하지 않음으로써 을에게 재산상 손해가 발생하였다는 것이다. 그러나 이중매매의 경우와 같은 논리로 이중저당도 배임죄가 되는 것으로 보아야 한다. 즉 갑은 을의 1번저당권 순위보전을 위해서 등기에 협력해야 할 의무가 있다. 갑은 이와 같은 임무에 위반하여 을을 후순위저당권자로 만들고 그 결과 재산상 손해를 발생시켰기 때문에, 갑의 행위는 배임죄를 구성한다.

XIV. 상습사기죄

상습으로 제347조 내지 제349조의 죄를 범한 자는 그 죄에 정한 형의 2분의 1까지 가중한자(제351조). 본죄의 미수범은 처벌한다(제352조). 10년 이하의 자격정지를 병과할 수 있다(제353조).

1. 불법이득의사에 대하여 설명하시오.

2. 사람을 기망하여 반환청구권이 없는 불법한 급부를 하게 한 경우에 사기죄의 성립을 인정할 것인가?

3. 준사기죄에 대하여 설명하시오.

1. 사기죄에 대한 설명으로 틀린 것은?
   ① 사기죄의 재물이란 타인이 점유하는 재물을 말한다.
   ② 명시적인 기망행위이나 묵시적인 행위는 물론 부작위에 의한 기망도 가능하다.
   ③ 처음부터 돈이 없음을 알면서 또는 대금지불의사 없이 무전취식 또는 숙박을 함에는 사기죄가 성립한다.
   ④ 상대방을 기망하여 주의를 다른 곳에 쏠리게 하고 그 틈을 이용하여 상대방의 소지품을 가지고 도주한 경우에는 사기죄에 해당한다.

〈해설〉 ④ 사기죄는 편취죄이므로 피기망자의 처분행위(즉, 교부)가 필요한데 교부가 없으므로 절도죄에 해당한다.

제4절 공갈의 죄

I. 의의

공갈죄는 사람을 공갈하여 재물의 교부를 받거나 재산상의 불법한 이익을 취득하거나 타인으로 하여금 이를 얻게 함으로써 성립하는 범죄이다(제350조). 상대방의 하자 있는 의사에 의하여 스스로 재산상의 손해를 야기한다는 점, 피해자를 도구로 하여 취득한다는 점에서 강도죄와 구별된다. 공갈죄와 사기죄는 피해자의 처분행위를 요건으로 한다는 점에서 양자를 **유발범죄**라고 한다. 재산죄로서의 공갈죄는 재산권 일반을 보호법익으로 하나, 자유권 특히 결정의 자유도 공갈죄의 보호법익이 된다. 공갈죄의 보호법익이 보호받는 정도는 사기죄와 같이 침해범이다.

예금주인 현금카드 소유자를 협박하여 그 카드를 갈취하였고, 하자 있는 의사표시이기는 하지만 피해자의 승낙에 의하여 현금카드를 사용할 권한을 부여받아 이를 이용하여 현금을 인출한 이상, 피고인이 피해자로부터 현금카드를 사용한 예금인출의 승낙을 받고 현금카드를 교부받은 행위와 이를 사용하여 현금자동지급기에서 예금을 여러 번 인출한 행위들은 모두 피해자의 예금을 갈취하고자 하는 피고인의 단일하고 계속된 범의 아래에서 이루어진 일련의 행위로서 포괄하여 하나의 공갈죄를 구성한다고 볼 것이지, 현금지급기에서 피해자의 예금을 취득한 행위를 현금카드 갈취행위와 분리하여 따로 절도죄로 처단할 수는 없다(대법원 1996.9.20, 95도1728).

II. 공갈죄

사람을 공갈하여 재물의 교부를 받거나 재산상의 이익을 취득한 자는 10년 이하의 징역 또는 2천만원 이하의 벌금에 처한다(제350조 1항). 전항의 방법으로 제3자로 하여금 재물의 교부를 받게 하거나 재산상의 이익을 취득하게 한 때에도 전항의 형과 같다(제350조 2항). 본죄의 미수범은 처벌한다(제352조). 10년 이하의 자격정지를 병과할수 있다(제353조). 제328조와 제346조의 규정은 본장의 죄에 준용한다(제354조).

1. 객관적 구성요건

(1) 행위의 객체

타인이 점유하는 재물 또는 재산상의 이익이다. 재산상의 이익은 적극적 이익이건 소극적 이이건 불문한다. 부녀를 공갈하여 정교한 경우에는 강간죄 또는 강요죄가 성립할 뿐이다. 공갈죄는 재산범으로서 그 객체인 재산상의 이익은 경제적 이익이 있는 것을 말하는 것인 바, 일반적으로 부녀와의 정교 그 자체는 이를 경제적으로 평가할 수 없는 것이므로 부녀를 공갈하여 정교를 맺었다고 하여도 특단의 사정이 없는 한 이로써 재산상의 이익을 취득한 것이라고 볼 수는 없는 것이며, 부녀가 주점접대부라 할지라도 피고인과 매음을 전제로 정교를 맺은 것이 아닌 이상 피고인이 매음대가의 지급을 면하였다고 볼 여지가 없으니 공갈죄가 성립하지 아니한다(대법원 1983.2.8 82도 2714).

(2) 행위

공갈이란 재물을 교부받거나 재산상의 이익을 취득하기 위하여 폭행 또는 협박으로 외포심을 일으키게 하는 것을 말한다. 본죄에서 피공갈자는 반드시 재산상의 피해자와 일치할 것을 불요한다.

1) 폭행

폭행이란 사람에 대한 유형력의 행사를 말하고, 강압적 폭력에 한하며 절대적 폭력은 이에 해당하지 않는다.

2) 협박

협박이란 해악을 고지하여 상대방에게 외포심을 일으키는 것을 말한다. 외포심을 일으킨 바 없으면 협박이라고 할 수 없다. 통고하는 해악의 내용에는 제한이 없다. 절교 또는 절교계속의 통고도 그것이 외포심을 일으키는 때, 내용이 적합하더라도 거래를 단절하거나 형사고소하는 경우에도 해악이 될 수 있다. 그 내용은 반드시 진실할 것을 요하지 않고 허위의 사실을 내용으로 하여도 좋다. 명시적이건 묵시적이건 불문한다.

3) 처분행위

공갈죄가 성립하기 위해서는 피공갈죄의 재산을 교부하거나 재산상의 이익을 공여하는 처분행위가 있어야 한다. **통설**과 **판례**는 외포심을 일으켜 상대방이 묵인하고 있는 동안에 공갈자가 직접 재물을 탈취한 때에도 공갈죄가 성립한다고 한다. 그리고 처분행위와 공갈 사이에는 인과관계가 있어야 한다.

4) 재산상의 손해

통설은 공갈죄의 성립에 관하여 재산의 발생을 요건으로 하지 않는다고 하여 상당한 대가를 지급하여 본인에게 손해가 없는 때에도 본죄가 성립한다고 해석한다. 공갈죄는 피공갈자의 처분행위로 피해자에게 손해가 발생한 때에는 기수가 된다. 그리고 갈취의 의사로 공갈을 개시한 때에는 실행의 착수가 있다.

2. 주관적 구성요건

객관적 구성요건요소에 대한 인식과 불법영득의 의사가 있어야 한다. 권리행사와 공갈죄와의 관계에 대하여 **대법원**은 정당한 권리를 가졌다 하더라도 그 권리실행의 수단 방법이 사회통념상 허용되는 범위를 넘는 때에는 공갈죄의 성립을 방해하지 않는다고 판시한다(대법원 1971.7.6, 71도712 ; 대법원 1982.12.14, 81도2093 ; 대법원 1984.3.27, 83도3204 ; 대법원 1985.9.10, 84도2644).

3. 위법성

대법원은 공갈의 수단에 의하더라도 그 방법이 사회통념상 인용된 범위를 일탈하지 아니한 때에는 본죄는 성립하지 않는다고 판시한다. 예컨대, 손해배상을 청구하면서 고소를 하거나(대법원 1984.6.26, 84도648), 보증금을 환불하지 않으면 구속시키겠다고 한 경우(대법원 1977.6.7, 77도1107), 공사금을 지급하지 않으면 진정하겠다고 하거나(대법원 1979.10.30, 79도1660) 다소 시위를 할 듯한 태도를 보이는 경우(대법원 1980.11.25, 79도2565)를 들 수 있다.

4. 관련문제

(1) 죄수

1개의 공갈행위로 동피해자로부터 수회 재물의 교부를 받거나 재산상의 이득을 취득한 경우 포괄일죄가 되나 1개의 공갈행위로 수인을 외포시켜 각자로부터 재물의 교부를 받은 때에는 상상적 경합이 된다. 동일인에 대하여 수개의 공갈행위를 한 경우에는 경합범이 된다.

(2) 다른 범죄와의 관계

기망과 공갈의 두 가지 수단을 병용하여 재물 등을 교부받는 때에는 사실관계에 따라서 기망과 공갈의 어느 요소가 피해자의 의사형성에 영향을 미쳤는가에 의하여 결론을 달리한다. 그리고 본죄와 수뢰죄와의 관계에 대하여 공무원의 직무집행의 의사로 폭행 또는 협박하여 재물의 교부를 받은 때에는 수뢰죄와 공갈죄의 상상적 경합이고 직무집행의 의사가 없는 경우에는 공갈죄만 성립한다.

Ⅲ. 상습공갈죄

상습으로 전조의 죄를 범한 자는 그 죄에 정한 형의 2분의 1까지 가중한다(제351조). 미수범은 처벌한다(제352조).

1. 공갈죄와 사기죄의 차이점에 대하여 설명하시오.

2. 공갈죄에서 폭행 및 협박의 정도에 대하여 언급하시오.

판례정리

1. 영득죄에 의하여 취득한 장물을 처분하는 것은 재산죄에 수반하는 불가벌적 사후행위에 불과하므로 다른 죄를 구성하지 않는다 하겠으나, 강취한 은행예금통장을 이용하여 은행직원을 기망하여 진실한 명의인이 예금의 환급을 청구하는 것으로 오신하게 함으로써 예금의 환급명목으로 금원을 편취하는 것은 다시 새로운 법익을 침해하는 행위이므로, 장물의 단순한 사후처분과는 같지 아니하고 별도의 사기죄를 구성한다(대법원 1990.7.10, 90도1176).
2. 카드회원이 일시적인 자금궁색 등의 이유로 그 채무를 일시적으로 이행하지 못하게 되는 상황이 아니라 이미 과다한 부채의 누적 등으로 신용카드 사용으로 인한 대출금채무를 변제할 의사나 능력이 없는 상황에 처하였음에도 불구하고 신용카드

를 사용하였다면 사기죄에 있어서 기망행위내지 편취의 범의를 인정할 수 있다(대법원 2005.8.19, 2004도6869).

3. 사기죄는 타인을 기망하여 착오에 빠뜨리게 하고 그 처분행위를 유발하여 재물 또는 재산상의 이득을 얻음으로써 성립하는 것인데, 여기서 처분행위라고 하는 것은 재산적 처분행위로서 피해자가 자유의사로 직접 재산상 손해를 초래하는 작위에 나아가거나 또는 부작위에 이른 것을 말하므로, 피해자가 착오에 빠진 결과 채권의 존재를 알지 못하여 채권을 행사하지 아니하였다면 그와 같은 부작위도 재산의 처분행위에 해당한다(대법원 2007.7.12, 20059221).

4. 일반적으로 상거래에 있어서 상품의 품질이나 가치에 관한 광고·선전에는 다소의 과장이 수반되는 것이 보통이며, 특히 기업체의 매매에 있어서 매도인이 그 기업의 자산가치나 수익성을 다소 과장하여 매수인에게 고지하는 것은 그 과장이 일반상거래의 관행과 신의칙에 비추어 시인될 수 있는 한 기망성이 결여된다 할 것이나, 위와 같은 정도를 넘는 과장행위는 위법한 기망행위가 된다(대법원 1983.8.23, 83도1447).

5. 피해자 명의의 신용카드를 부정사용하여 현금자동인출기에서 현금을 인출하고 그 현금을 취득까지 한 행위는 신용카드업법 제25조 제1항의 부정사용죄에 해당할 뿐 아니라 그 현금을 취득함으로써 현금자동인출기 관리기의 의사에 반하여 그의 지배를 배제하고 그 현금을 자기의 지배하에 옮겨 놓는 것이 되므로 별도로 절도죄를 구성하고, 위 양죄의 관계는 그 보호법익이나 행위태양이 전혀 달라 실체적 경합관계에 있는 것으로 보아야 한다(대법원 1995.7.28, 95도997).

6. 피고인이 명의를 모용하여 발급받은 신용카드의 번호와 그 비밀번호를 이용하여 ARS 전화서비스나 인터넷 등을 통하여 신용대출을 받는 방법으로 재산상 이익을 취득하는 행위 역시 미리 포괄적으로 허용된 행위가 아닌 이상, 컴퓨터 등 정보처리장치에 권한없이 정보를 입력하여 정보처리를 하게 함으로써 재산상 이익을 취득하는 행위로서 컴퓨터 등 사용사기죄에 해당한다(대법원 2006.7.27, 2006도3126).

7. 피고인과 고소인의 연령이 각 16세, 32세인 점 및 한 집에 여러 사람이 취침한다는 점으로 미루어 피고인이 고소인을 강간한 것이 아니라 피해자의 유혹으로 간통관계를 갖게 되었다 하더라도, 이를 미끼로 협박하여 금원을 교부받은 이상 피고인의의 소위는 공갈죄를 구성한다(대법원 1984.5.9, 84도573).

8. 공갈죄에 있어서 공갈의 상대방은 재산상의 피해자와 동일함을 요하지는 아니하나, 공갈의 목적이 된 재물 기타 재산상의 이익을 처분할 수 있는 사실상 또는 법률상의 권한을 갖거나 그러한 지위에 있음을 요한다고 할 것이다(대법원 2005.9.28, 2005도4738).

1. 다음 공갈죄에 대한 설명으로 틀린 것은?

① 공갈죄는 재물 및 재산상의 이익을 객체로 한다.
② 폭행・협박을 수단으로 한다.
③ 판례에 의하면 형사가 구속된 피의자의 가족에게 금품을 가져오지 않으면 크게 불리할 것이라고 말하며 돈을 받아낸 경우에는 공갈죄가 성립한다.
④ 친족상도례가 적용된다.

〈해설〉 ③ 대법원 1994.12.2, 94도2528 본 사안에서 직무집행의사로 당해직무와 관련하여 타인을 폭행 또는 협박하여 재물의 교부를 받은 때에는 공갈죄와 수뢰죄의 상상적 경합이 성립하고, 직무집행의사 없이 직무를 빙자하여 재물을 교부받은 경우에는 공갈죄가 성립한다.

2. A는 자기 부인 B와 C가 간통한 것을 알고 C에게 협박하여 1000만원을 받았다. 이 때 A의 죄책은?

① 공갈죄 ② 무죄
③ 강도죄 ④ 협박죄

〈해설〉 ① 제350조

제5절 횡령의 죄

I. 의의

횡령죄란 타인의 재물을 보관하는 자가 그 재물을 횡령하거나 반환을 거부하는 것을 내용으로 하는 범죄이다(제355조). 횡령죄의 보호법익은 소유권이라는데 의문이 없고 그 보호하는 정도는 절도죄와 같이 위태범이라고 해야 한다(대법원 1975.4.22, 75도123). 횡령죄는 재물만을 객체로 하는 재물죄인 점에서 절도죄와 구별되므로 소유권이라는데 의문이 없고 그 보호하는 정도도 위태범이라고 해야 한다. 그리고 횡령죄의 객체가 재물임에 대하여 배임죄의 객체는 재산상의 이익이라는 점에서 차이가 있을 뿐이다. 횡령죄의 본질에 대하여 월권행위설과 영득행위설이 대립하고 있으나, 전자는 위탁된 물건에 대한 권한을 초월하는 행위를 함으로써 위탁에 의한 신임관계를 깨뜨리는 데 횡령의 본질이 있어 이는 불법처분설이라고도 한다. 후자는 **통설**과 **판례**(대법원 1972.12.12, 71도 2353 ; 대법원 1955.6.28, 4287 형상 151 ; 대법원 1972.5.23, 71도 2334)의 태도로서 불법영득의 의사가 있어야 한다고 하므로 일시사용이나 손괴 또는 은닉을 위하여 점유하는 재물을 처분하거나 위탁자를 위하여 권한을 넘은 행위를 한 때에는 횡령죄가 성립하지 않는다고 한다.

형법은 횡령의 죄에 관하여 횡령죄(제355조 1항)·업무상 횡령죄(제356조) 및 점유이탈물횡령죄(제360조)의 세 가지 태양을 규정하고 있다. 점유이탈물횡령죄의 성격에 대하여 **다수설**은 횡령죄와는 그 성질을 달리하는 별개의 범죄라고 해석해야 한다고 한다.

II. 횡령죄

타인의 재물을 보관하는 자가 그 재물을 횡령하거나 그 반환을 거부한 때에는 5년 이하의 징역 또는 1천 5백만원 이하의 벌금에 처한다(제355조 1항). 10년 이하의 자격정지를 병과할 수 있다(제358조). 본죄의 미수범은 처벌한다(제359조). 제328조와 제346조의 규정은 본장의 죄에 준용한다(제361조). 본죄에 의하여 취득하거나 제3자로 하여금 취득하게 한 재물의 가액이 1억원 이상인 때에는 특정경제범죄가중처벌 등에 관한 법률에 의하여 가중처벌한다(동법 제3조).

1. 객관적 구성요건

(1) 행위의 주체

본죄의 주체는 위탁관계에 의하여 타인의 재물을 보관하는 자이다. '보관'이란 점유 또는 소지와 같은 의미이므로 그것은 사실상의 재물지배를 뜻하는 형법상의 점유개념을 말한다. 횡령죄의 보관은 신분요소로 이해하여야 하고 이는 사실상의 재물지배뿐만 아니라 법률상의 지배도 포함되는 한편 위탁관계에 의한 점유의 제한이 되어야 한다.

1) 보관

부동산을 사실상 보관하고 있는 자는 등기명의를 불문하고 그 부동산의 보관자가 된다. 부동산에 대하여 사실상의 지배가 없는 경우에도 등기명의를 가지고 있는 때에는 여기의 보관자에 해당한다. **대법원**은 명의신탁에 대하여 이 경우 타인의 재물을 보관한 때에 해당한다고 하여 횡령죄가 성립한다고 판시하였다(대법원 1971.6.22, 71도 740 ; 대법원1976. 6.22, 75도 536 ; 대법원 1987.12.8, 87도 1690). **통설**은 타인의 돈을 위탁받아 은행에 예금한 경우에도 그 돈에 대한 법률상의 지배로 인하여 그 보관자가 된다고 한다. 부동산의 점유에 있어서 그 부동산을 용이하게 처분할 수 있는 지위에 있는 자는 보관자로 될 수 있다.

2) 위탁관계에 의한 보관

횡령죄의 보관은 위탁관계에 의한 것임을 요한다. 위탁관계는 사용대차·임대차·위임·임치·고용 등의 계약에 의하여 발생하는 것이 보통이나 사무관리 또는 후견의 경우와 같이 법률의 규정에 의하여 일어나는 경우도 있다. 위탁관계는 반드시 소유자에 의해 행하여졌을 것을 불요하고 제3자에 의해 이루어져도 좋다.

예컨대, 뇌물로 공여할 재산을 위탁하였는데 보관자가 이를 영득한 때에 횡령죄가 성립하는가에 대하여 소극설과 적극설이 대립하고 있으나, 전자는 **판례**의 태도로서 불법원인급여의 경우에 횡령죄가 성립하지 않는다는 견해로서 위탁자는 그 반환청구권을 상실하고 민법상 반환의무가 없는 자에게 형법이 제재를 가하여 그 반환을 강제하는 것은 법질서의 통일을 해치게 되며 결국 불법원인급여의 경우 수탁자에게 소유권이 귀속되므로 타인의 재물이라고 할 수 없다고 한다(대법원 1988.9.20, 86도 628). 적극설은 **다수설**의 태도로서 범죄의 성부는 형법의 독자적 목적에 비추어 판단해야 하고 위탁자가 소유권을 상실하는 것은 아니므로 여전히 점유자에 대해 타인의 재물이 되므로 이를 영득하는 것은 횡령죄가 성립하며 위탁관계는 상호간의 신뢰관계를 인정할 근거가 되므로 신임관계를 인정할 수 있다고 한다.

(2) 행위의 객체

행위의 객체는 재물에 한하고 재산상의 이익은 그 객체로 할 수 없다. 권리가 화체되어 있는 문서는 이에 해당한다. 동산뿐만 아니라 부동산도 포함한다. 그리고 행위의 객체는 타인의 재물이어야 한다. 행위자와 타인의 공동소유에 속하는 재물도 타인의 재물이다. 타인의 재물인가 또는 자기의 재물인가는 민법에 의해 결정된다. ① 이중매매의 경우에 배임죄가 성립할 수 있어도 횡령죄를 구성할 수는 없다. ② 할부판매의 경우에 대금완납전까지는 소유권이 매도인에게 있으므로 매수인이 대금완납전에 이를 처분하면 횡령죄가 성립한다. 양도담보의 경우에는 그 목적물의 소유권이 여전히 채무자에게 남아있고 채무자에 대한 관계에서는 타인의 재물이 될 수 없기 때문에 채무자는 횡령죄의 주체가 될 수 없다. 매도담보는 목적물의 소유권이 채권자에게 이전되고 채권자가 보관중에 이를 처분하여도 횡령죄를 구성하지 않지만 채무자가 이를 처분한 때에는 횡령죄가 성립한다. 환매특약부매매에 있어서 매수인이 환매계약에 위반하여 제3자에게 매각한 때에도 본죄는 성립하지 않는다. ③ 예컨대, 봉합금 또는 공탁금과 같이 특정물로서 위탁된 때에는 타인의 재물을 위탁받은 경우에 해당하여 횡령죄가 성립하고 소비임치의 경우에는 금전의 소유권이 수치인에게 이전되므로 횡령죄를 구성할 수 없다. 일정한 용도에 사용하기 위하여 위탁한 금전을 수탁자가 임의로 사용한 때에 이를 타인의 재물을 횡령한 것이라고 볼 수 있는가에 대하여 **대법원**은 이러한 경우 횡령죄의 성립을 인정하고 있다(대법원 1987.5.26, 86도1946).

(3) 행위

횡령행위이다. **횡령행위**이란 횡령하거나 반환을 거부하는 것으로 불법영득의 의사를 표현하는 행위를 말한다. 영득의 의사가 객관적으로 인식할 수 있도록 외부에 표현되지 않으면 안 된다. 그리고 횡령행위는 소비・착복・은닉 또는 점유의 부인과 같은 사실행위이든 매매・입질 또는 저당권설정이나 가등기와 같은 법률행위이든 불문한다. 또한 횡령행위는 부작위에 의해서고 가능하다. 형법은 반환거부를 횡령의 행위태양으로 인정한다. 그러나 영득의 의사없이 반환할 수 없는 사정이나 반환을 거부시 반환거부만으로는 이에 해당하지 않는다. 횡령죄는 영득의 의사가 행위로 표현되면 기수에 이르고 그 처분행위가 종료되었음을 불요한다(표현설). 형법 제359조는 횡령죄의 미수범을 처벌한다는 규정을 두고 있다.

2. 주관적 구성요건

객관적 구성요소에 대한 고의가 존재하여야 한다. 횡령행위의 본질에 관하여 월권행위설에 따르면 고의만 있으면 횡령죄가 성립한다. 그러나 영득행위설에 따르면 고의 이외에 주관적 구성요건으로서 불법영득의 의사가 있어야 한다. **대법원**은 소유자로서 처분하는 의사가 있는 이상 사후에 이를 반환하거나 변상·보전하는 의사가 있는가는 불문한다(대법원 1983.9.13, 82도75). 피해자의 승낙이 있거나 정당한 권리를 행사한 때에는 본죄의 위법성이 조각된다고 해석하는 견해가 있으나 예컨대, 매도담보에서 채무자가 채권자의 승낙을 얻고 매각한 경우, 채권확보책으로 가처분결정에 의해 보관중인 돈을 은행에 예치하거나 담보권을 실행하기위하여 부동산을 매각한 경우에는 불법영득의사가 없기 때문에 횡령죄가 성립하지 않는다고 해석하는 것이 타당하다고 한다. 주식회사의 1인 주주가 회사의 재산을 임의로 처분한 때에도 불법영득의 의사를 인정할 수 있다.

3. 공범

횡령죄는 위탁관계에 의해 타인의 재물을 점유하는 자만 정범이 될 수 있다. 횡령죄는 진정신분범이어서 신분없는 자는 본죄의 단독정범이 될 수 없고, 공동정범·교사범 또는 종범이 될 뿐이다(제33조 본문). 타인의 재물을 보관하는 자가 업무상 보관자와 공범관계가 있을 때에는 형법 제33조 단서가 적용된다. 본죄의 신분은 구성적 신분이지만 업무상 보관자의 신분은 가감적 신분이다.

4. 죄수 및 다른 범죄와의 관계

(1) 죄수

죄수는 위탁관계의 수를 기준으로 판단해야 한다. 1개의 행위로 수인으로부터 위탁받은 재산을 횡령한 때에는 수죄로서 상상적 경합이 되지만, 1인으로부터 위탁받은 수인 소유의 재산을 수개의 행위에 의하여 횡령한 때에는 경합범이 된다. 횡령죄도 상태범이다.

(2) 다른 범죄와의 관계

자기가 점유하는 재물에 대하여 기망행위를 하여 이를 영득한 때에는 횡령죄가 성립하나 자기가 점유하는 재물을 횡령하고 타인을 기망하여 그의 재물이나 재산상의 이익을 편취한 때에는 횡령죄 이외에 사기죄만 성립한다. 장물의 보관을 위탁받은 자가 이를 영득한 때에 장물죄 이외에 횡령죄가 성립할 것인가에 대하여 **대법원**은 장물보관자가 성립한 이상 소유자의 추구권은 침해되었으므로 그 후의 횡령행위는 불가벌적 사후행위가 된다고 판시한다(대법원 1976.11.26, 76도 3067). 횡령죄에 의하여 영득된 장물을 취득한 자는 장물죄를 구성하는가 또는 횡령죄의 공범이 되는가에 대하여 학설이 대립한다.

Ⅲ. 업무상 횡령죄

업무상의 임무에 위배하여 전조의 죄를 범한 자는 10년 이하의 징역 또는 3천만원 이하의 벌금에 처한다(제356조). 10년 이하의 자격정지를 병과할 수 있다(제358조). 본죄의 미수범은 처벌한다(제359조). 취득한 재물의 가액이 1억원 이상인 때에는 특정경제범죄가중처벌등에 관한 법률에 의하여 가중처벌한다(동법 제3조).

Ⅳ. 점유이탈물횡령죄

유실물, 표류물 또는 타인의 점유를 이탈한 재물을 횡령한 자는 1년 이하의 징역이나 300백만원 이하의 벌금 또는 과료에 처한다(제360조).

Ⅴ. 친족상도례의 규정준용(제361조)

제328조와 제346조의 규정은 본장의 죄에 준용한다.

횡령범인이 위탁자가 소유자를 위해 보관하고 있는 물건을 위탁자로부터 보관 받아 이를 횡령한 경우에 형법 제361조에 의하여 준용되는 제328조 제2항의 친족간의 범행에 관한 조문은 범인과 피해물건의 소유자 및 위탁자 쌍방 사이에 같은 조문에 정한 친족관계가 있는 경우에만 적용되고, 단지 횡령범인과 피해물건의 소유자간에 만 친족관계가 있거나 횡령범인과 피해물건의 위탁자간에만 친족관계가 있는 경우에만 적용되지 않는다(대법원 2008.7.24, 2008도3488).

1. 다음 횡령죄에 대한 설명으로 틀린 내용은?

① 횡령죄는 위탁된 타인의 물건을 불법하게 영득하는 것이라고 보는 것이 다수설과 판례의 태도이다.

② 임차인이 그 부동산을 제3자에게 처분한 경우에는 횡령죄가 성립한다.

③ 부동산의 등기서류만을 보관하고 있는 자가 그 부동산을 처분하면 배임죄에 해당한다.

④ 부동산 이전등기 경료전에 매도인이 다시 처분한 경우에는 배임죄가 성립한다.

〈해설〉 ② 임차인은 법률상 처분권을 갖고 있지 않기 때문에 점유자라고 할 수 없다.

2. 포주 A가 윤락녀와 화대를 절반씩 분배하기로 약정하고서 보관 중인 화대를 소비한 경우에는 다음 어디에 해당하는가?

① 횡령죄　　② 배임죄
③ 절도죄　　④ 사기죄

〈해설〉 ① 대법원 1999.9.17, 98도2036 「포주가 윤락녀와 사이에 윤락녀가 받은 화대를 포주가 보관하였다가 절반씩 분배하기로 약정하고도 보관 중인 화대를 임의로 소비한 경우, 포주와 윤락녀의 사회적 지위, 약정에 이르게 된 경위와 약정의 구체적 내용, 급여의 성격 등을 종합해 볼 때 포주의 불법성이 윤락녀의 불법성보다 현저히 크므로 화대의 소유권이 여전히 윤락녀에게 속한다는 이유로 횡령죄를 구성한다」

3. 고속버스 승객이 다른 승객이 버스에 잊고 내린 물건을 가져 간 경우에는 다음 어디에 해당하는가?(판례에 의함)

① 점유이탈물횡령죄　　② 사기죄
③ 배임죄　　④ 절도죄

〈해설〉 ① 대법원 1993.3.16, 92도3170「고속버스 운전자는 고속버스의 간수자로서 차 내에 있는 승객의 물건을 점유하는 것이 아니라 승객이 잊고 내린 유실물을 교부받을 기능을 가질 뿐이므로 유실물을 현실적으로 발견하지 않는 한 이에 대한 점유가 개시되었다고 할 수 없으므로 다른 승객이 이를 가져간 경우에는 절도죄가 아니라 점유이탈물횡령죄에 해당한다」

제6절 배임의 죄

I. 의의

1. 개념

배임죄(Untreu)란 타인의 사무를 처리하는 자가 그 임무에 위배하는 행위로 재산상의 이익을 취득하거나 제3자로 하여금 이를 취득케 하여 본인에게 손해를 가하는 것을 내용으로 하는 범죄이다(제355조 제2항). 재산죄 가운데 재물 이외에 재산상의 이익만을 객체로 하는 순수한 이득죄이다. 본죄의 보호법익이 보호받는 정도는 위태범이다. 배임죄는 신임관계를 위배하여 타인의 재산권을 침해하는 것을 내용으로 하는 범죄라는 점에서 사기죄와 유사한 성질을 지닌다. 사기죄는 신임관계의 침해, 즉 기망이 특수한 행위의 수단이 되는데 반하여 배임죄는 기존의 신임관계를 전제로 하여 이를 침해하는 일체의 행위를 벌하는 것이다. 형법의 해석에 있어서 횡령죄와 배임죄는 모두 영득죄 내지 이득죄로서 재산취득죄가 되며, 본인에 대한 신임관계를 위반하는 것을 본질로 하는 점에서도 같다. 다만 횡령죄가 자기가 보관하는 타인의 재물을 영득하는 경우에 성립함에 대하여, 배임죄는 재물 이외에 재산상의 이익을 취득하는 경우에 성립하는 경우에 성립하는 범죄라는 데에 차이가 있다.

2. 배임죄의 본질

(1) 권한남용설

배임죄의 본질이 법적 대리권의 남용에 있다고 한다. 즉 배임죄는 대외관계에서 타인의 재산을 처분할 권한을 가진 자가 그 대외적 권한을 행사함에 있어서 대내적 의무를 위배한 경우에 성립하는 것이다. 이에 의하면 배임죄가 성립하기 위해서는 먼저 타인의 재산을 처분할 수 있는 권한, 즉 대리권이 있을 것을 요하며, 그 권한의 행사에 의하여 본인에게 손해를 가하여야 하므로 배임행위는 법률행위에 제한되지 않을 수 없다. 따라서 대리권 없는 자의 법률행위는 물론 순수한 사실행위, 예컨대, 금전을 임의로 소비하거나 재산을 감실케 하는 경우에 배임죄는 성립할 수 없게 된다. 그러므로 횡령죄과 배임죄는 침해방법의 성질에 의하여 구별되어 배임은 법률행위에 의하여 횡령은 사실행위로 인하여 성립하는 것이 된다. 그러나 권한남용설은 법률행위에 대하여만 배임죄의 성립을 인정하고 사실행위에 의한 배임을 부정함으로써 배임죄의 범위를 지나치게 좁게 하여, 신임관계를 위배한 사실행위를 처벌하지 못하는 형사정책상의 결점을 나타나게 되므로 옳다고 할 수 없다.

(2) 배신설

배임죄의 본질은 신의성실의 의무에 대한 위배 내지 신임관계의 침해에 있다고 한다. 즉 배임죄의 본질은 외부관계에 있어서의 권한의 남용에 있는 것이 아니라, 의무위반에 의하여 재산상의 손해를 결과하는 내부관계의 보호에 있고, 배임죄는 바로 신임관계에서 발생한 타인의 재산상의 이익을 보호할 의무를 침해하는 것을 말한다. 이에 의하면 배임죄는 대외관계에 있어서 대리권의 존재를 요하지 않고, 배임행위도 반드시 법률행위에 제한되지 않는다. 즉 횡령죄는 타인의 재물을 개체로 함에 대하여, 배임죄는 재산상의 이익을 객체로 하는 것이며, 횡령죄와 배임죄는 특별법과 일반법의 관계에 놓이게 된다. 우리나라의 **통설**과 **판례**(대법원 1976. 5. 11. 75도2245)의 태도이다.

(3) 소결

형법이 배임죄를 횡령죄와 같은 장에서 규정하면서 배임죄에 대하여 「타인의 사무를 처리하는 자가 그 임무에 위배하는 행위로써 재산상의 이익을 취득하거나」라고 한 것은 배신설을 취한 것이 명백하나 배신설을 극단적으로 적용할 때에는 배임죄의 구성요건이 무제한하게 확대될 위험이 있다. 모든 채무불이행자가 신의성실의 의무에 위배하였으므로 배임죄를 구성한다는 결론이 되기 때문이다.

II. 객관적 구성요건

1. 행위의 주체

본죄의 주체는 「타인의 사무를 처리하는 자」이다. 이러한 의미에서 배임죄는 진정신분범이라고 할 수 있다. 타인과의 대내관계에서 신의성실의 원칙에 비추어 그 사무를 처리할 신임관계가 존재하는 자를 말한다. 반드시 제3자에 대한 대외관계에서 대리권이 존재하거나, 그 사무가 포괄적 위탁사무일 것을 요하지는 않는다. 그러나 이와 같이 배신설에 입각하여 타인의 사무를 처리하는 자의 범위를 정하는 경우에는 그 범위가 지나치게 확대되므로 이를 엄격히 해석해야 한다는데 의견이 일치하고 있다.

1) 사무처리의 근거

타인의 사무를 처리하는 근거는 법령, 계약 또는 법률행위에 제한되지 않는다. 경우에 따라서는 관습 또는 사무관리에 의하여 사무를 처리하는 자라고 할지라도 신의성실의 원칙에 의하여 신임관계가 인정되면 족하다. 즉 사회윤리적 신임관계 또는 순수한 사실상 신임관계가 인정되는 경우도 포함한다. 따라서 대리권이 소멸된 후에 그 사무를 처리하거나, 사무처리자가 그 직에서 해임된 후에 사무인계 전에 사무를 처리한 경우에도 여기의 타인의 사무를 처리한 자에 해당한다.

2) 사무처리의 내용

타인의 사무를 처리하는 자에 있어서 그 사무의 내용이 사적 사무뿐만 아니라 공적 사무도 포함되는 것은 의문의 여지가 없다. 그러나 사무가 재산상의 사무임을 요하는가에 대해서는 견해가 대립되고 있다. 형법은 사무의 내용에 대하여 아무런 제한도 하지 않고 있고 배임죄의 재산죄로서 성질은 본인에게 재산상의 손해를 가하는 데서 충분히 나타나므로 여기서의 사무는 재산상의 사무임을 요하지 않는다는 견해, 반드시 재산상의 사무일 것을 요하지는 않아도 형법이 재산상의 이익을 취득하거나 취득하게 하는 것으로 규정하고 있으므로 적어도 그것이 재산적인 이해관계를 가지는 사무임을 요한다는 견해 등이 있으나 본죄의 사무를 재산상의 사무에 국한한다고 보는 견해가 타당하다. **대법원**(대법원 1970. 2. 10, 69도2021 ; 대법원 1984. 12. 26, 84도2127 ; 대법원 1982. 9. 14, 80도1816 ; 대법원 1982. 9. 28, 81도2777 ; 대법원 1983.

2. 8, 81도3137 ; 대법원 1987. 4. 28, 86도2490)이 배임죄에 있어서 타인의 사무를 처리하는 자란 「타인의 재산관리에 관한 사무의 전부 또는 일부를 대행하는 경우와 타인의 재산보전에 협력하는 경우를 말한다」라고 판시하고 있다.

3) 타인의 사무처리

배임죄의 주체는 타인의 사무를 처리하는 자이다. 따라서 자기의 사무를 처리하는 자는 배임죄의 주체가 될 수 있다. 타인의 사무란 타인이 처리해야 할 사무를 그를 위하여 처리하는 것을 말한다. 타인의 사무라고 하기 위해서는 본인의 재산보호가 신임관계의 전형적·본질적 내용이 되지 않으면 안 되며, 그것이 단순히 부수적 의무가 되는 것으로는 족하지 않으면 안 되며, 그것이 단순히 부수적 의무가 되는 것으로는 족하지 않다. 타인의 재산을 보호할 사무임과 동시에 자기의 사무로서의 성질을 가지고 있는 때에도 타인을 위한 사무가 본질적 내용을 이룰 때에는 타인의 사무를 처리하는 자에 해당한다. 부동산의 이중매매와 이중저당의 경우에 매도인 또는 저당권설정자가 타인의 사무를 처리하는 자로 되어 배임죄의 죄책을 지게 된다.

4) 사무처리의 독립성

배신설에 의하여 타인의 사무를 처리하는 자를 해석할 때에는 사무를 처리하는 자에게 사무처리에 관한 권한이 있을 것을 요하지 않으나 배임죄의 구성요건이 이에 의하여 무제한하게 확대되는 것을 방지하기 위해서는 사무관리자에게 일정한 범위에서 판단의 자유 내지 활동의 자유와 독립성과 책임이 있을 때에만 그 신임관계위반을 벌하는 것이 정당화 될 수 있다. 물론 필요한 독립성의 정도는 구체적인 경우의 사무의 종류와 내용 및 시간적 계속성 등을 종합하여 판단할 것이지만, 단순히 본인의 지시에 따라 기계적 사무에 종사하는 자는 여기에 해당하지 않는다고 해야 한다. 보조기관으로서 사실상 그 사무를 담당하는 자도 여기의 타인의 사무를 처리하는 자에 해당한다.

(2) 행위

1) 배임행위

① 배임행위의 의의

배임행위란 타인의 사무를 처리하는 자로서 임무에 위배되는 행위를 말한다. 임무에 위배되는 행위가 있는가는 그 사무의 성질과 내용 및 행위시의 상황 등을 구체적으로 검토하여 신의성실의 원칙에 따라 판단하지 않으면 안 된다.

② 배임행위의 태양

배임행위는 그것이 권한의 남용이건 법률상의 의무위반이건 묻지 아니하며, 법률행위뿐만 아니라 사실행위도 포함한다. 반드시 작위에 한하지 아니하고 부작위에 의한 배임행위도 가능하다. 따라서 채권의 추심을 위탁받은 자가 그 추심을 게을리 하여 채권의 소멸시효가 완성된 경우에는 부작위에 의한 배임죄의 성립을 인정해야 한다.

③ 피해자의 동의

타인의 사무를 처리하는 자의 투기적 성질을 가진 모험거래가 배임행위에 해당하는가라는 문제가 있다. '**모험거래**(Risikogeschaft)'란 그 사무의 처리가 본인에게 이익 또는 손해를 가할 것인가에 대한 권한의 유무와 그 범위는 내부관계에 의하여 결정되지 않을 수 없다. 따라서 모험거래가 일체 금지되어 있는 때에는 배임행위가 될 수도 있으나 그 거래가 통상의 거래의 관행을 벗어나지 아니하고, 본인의 추정적 승낙이 있다고 인정될 때에는 배임행위가 될 수 없다고 한다. 사무처리에 대하여 본인의 동의가 있는 때에는 배임행위라고 할 수 없다. 따라서 사무처리에 대한 피해자의 동의는 구성요건해당성을 조각하는 양해라고 해야 한다.

2) 재산상의 손해와 이익의 취득

① 재산상의 손해

배임죄는 배임행위로 인하여 본인에게 재산상의 손해가 발생하여야 성립한다. 배임행위와 재산상의 손해 사이에는 인과관계가 있어야 한다. 여기서 재산상의 손해라 함은 본인의 전체재산 가치의 감소, 즉 총체적으로 본인의 재산상태에 손실을 가하는 경우를 말한다. 기존재산의 감소(적극적 손해)이든, 장래에 취득할 이익의 상실(소극적 손해)이든 불문한다. 배임행위에 의하여 본인이 손해배상청구권 또는 원상회복청구권을 취득하였다고 하여도 그것은 여기의 이익에 해당하지 않는다. 재산상의 손해는 반드시 현실적으로 손해를 가한 경우뿐만 아니라 가치의 감소라 고 볼 수 있는 재산상의 위험이 발생한 경우도 포함한다는 것은 사기죄에 있어서와 같다. 여기서 실질적인 일인회사의 일인주주가 주식회사의 회사재산을 처분하거나 회사의 돈을 임의로 소비한 경우에 타인에게 손해를 가하였다고 보아 배임죄의 성립을 인정할 수 있느냐가 문제된다. 이득죄에 있어서 손해의 개념은 경제적으로 판단해야 하나, 이로 인하여 타인의 개념까지 이익의 귀속주체를 의미한다고 할 수는 없으므로 이 경우에도 배임죄가 성립한다고 하지 않을 수 없다.

② 이익의 취득

배임죄는 본인에게 재산상의 손해를 가하면 바로 성립하는 것이 아니라, 배임행위로 인하여 재산상의 이익을 취득할 것을 요건으로 한다. 따라서 본인에게 손해를 가하였다고 할지라도 이익을 취득한 사실이 없으면 배임죄는 성립하지 않는다. 여기서 재산상의 이익이란 모든 재산적 가치의 증가를 의미하며, 적극적 이익이든 소극적 이익이든 불문한다. 다만 재산적 이익을 취득할 것을 요하므로 사회적 지위 또는 신분상의 이익과 같이 그것이 재산상의 이익이라고 볼 수 없으면 이익을 취득하였다고 할 수 없으나 반드시 행위자가 스스로 이익을 취득할 것을 요하는 것이 아니라 제3자로 하여금 이를 취득케 하는 경우도 포함한다. 제3자라 함은 자기와 본인 이외의 모든 사람을 말한다.

2. 주관적 구성요건

배임죄는 고의범이므로 객관적 구성요건요소에 대한 고의가 있음을 요한다. 따라서 행위자는 타인의 사무를 처리하는 자로서의 임무에 위배하는 행위를 하여 자기 또는 제3자가 재산상의 이익을 취득하고, 본인에게 손해를 가한다는 인식과 의사가 있어야 한다. 이러한 고의는 미필적 고의로 족하다. 문제는 배임죄의 주관적 구성요건으로서 불법이득의 의사 내지 이득의 목적과 손해의 의사를 요하는가에 있다. 먼저 이득의 의사에 관하여는 이익을 취득한다는 미필적 인식이 있으면 족하며 이득의 의사를 요하는 것은 아니라는 견해도 있으나 **통설**은 배임죄가 성립하기 위해서는 불법이득의 의사가 있어야 한다. **대법원**은 배임죄가 성립하기 위해서는 불법이득의 의사가 필요하다고 한다(대법원 1983.7.26, 83도819). 따라서 본인의 이익을 위하여 사무를 처리한 때에는 불법이득의 의사가 없으므로 본죄는 성립하지 않는다.

3. 이중저당과 이중매매의 형사책임

(1) 의의

이중저당과 이중매매의 배임죄가 성립할 수 있는가에 대하여 저당권설정자 혹은 매도인이 배임죄에 있어서 「타인의 사무를 처리하는 자」에 해당하는가의 문제가 된다. 이중저당은 갑이 을로부터 돈을 차용하고 1번저당권을 설정하기로 약정하였으나 아직 등기가 경료되지 않았음을 이용하여 병에게 다시 돈을 빌리고 저당권설정등기를 경료한 경우이고, 이중매매는 갑이 을에게 자기의 부동산을 매도하였으나 이전등기를 해주지 않은 상태에서 병에게 다시 매도하고 병에게 소유권이전등기를 경료해 준 경우를 말한다.

(2) 이중저당의 죄책

저당권설정자의 형사책임은 다음과 같다.

1) 사기죄의 성립을 인정하는 견해

사기죄에 있어서 피기망자와 재산상의 피해자는 반드시 일치하는 것을 요하지 아니하므로 갑이 병에게 저당권설정계약사실을 고지하지 아니하며 착오에 빠뜨린 기망행위가 있고 그 결과 을에게 손해를 가하여 재산상의 이득을 취한 이상 사기죄가 성립한다고 한다.

2) 배임죄의 성립을 인정하는 견해

사기죄에 있어서 기망행위라 함은 사람을 착오에 빠뜨리는 모든 행위를 총칭하는 것이 아니라 그것이 거래에 있어서 신의칙에 반하는 정도에 이를 것을 요하므로 병이 유효하게 저당권을 취득한 이상 갑은 병을 기망하였다고 할 수 없다. 사기죄가 성립하기 위해서는 피기망자(처분행위자)와 피해자가 일치하지 않는 경우에도 피기망자가 피해자의 재산을 처분할 수 있는 법적 권한 내지 사실상의 지위에 있음을 요함에도 불구하고 병은 을의 재산을 처분할 수 있는 지위에 이르지 않는다는 견해이다.

3) 이중매매의 죄책

이중매매의 경우에는 매도인의 형사책임이 문제가 된다. 의사주의(구민법)은 횡령죄의 성립을 인정하게 되고 형식주의는 병에 대한 관계에서 사기죄도 성립할 수 없으므로 배임죄의 성립여부가 문제가 된다.

① 계약금만 수령한 경우

배임죄의 성립이 불가하다. 계약금만을 교부받은 단계에서는 매도인은 언제든지 계약금의 배액을 지급하고 이를 해제할 수 있으므로, 매도인은 채무자로서 자기의 사무를 처리하는 자를 말한다.

② 중도금 혹은 잔금을 수령한 경우

매도인이 중도금을 수령하고도 이중으로 매도한 때에 본죄가 성립하는가에 대하여 제1설은 대금이 완결되고 등기서류가 매도인에게 교부되어 사회관념상 소유권을 매수인에게 이전하려는 의사가 표명되었을 때, 즉 물권적 합의가 있거나 매수인이 물권적 기대권을 취득하였을 때, 비로소 매도인은 등기에 협력할 의무를 가지고 타인의 사무를 처리하는 자가 된다. 제2설(**다수설과 판례**)은 매도인이 중도금을 수령한 이후에는 배임죄가 성립한다는 설로서 배임죄에 있어서 신임관계의 존재가 물권저 합의가 있을 때에 발생한다고 해야 할 근거가 없고 물권은 배타적 효력을 본질로 하는 것임에도 불구하고 제3자에 대하여는 주장할 수 없는 등기청구권에 물권적 기대권이라는 개념 도입하는 것이 부당하다는 비판이 있게 된다. 배임죄의 착수시기에 대해 **판례**는 매도인이 다시 제3자와 매매계약을 체결하고 계약금과 중도금을 수령한 때라고 한다(대법원 1984.8.21, 84도691). 제3자에게 소유권이전등기를 마친 때에는 기수가 된다.

③ 악의의 매수인의 죄책

이중매매의 경우, 악의의 후매자(後買者)의 형사책임은 배임죄의 공범이고 장물취득죄는 아니다. 장물이란 재산범죄에 의하여 영득한 재물을 의미하며, 재산범죄에 제공된 재물을 불포함하게 된다. 후매자가 먼저 매수한 자를 해할 목적으로 양도인을 교사·기타 방법으로 양도행위에 적극 가담한 경우, 매도한 사실을 알면서 매도인과 공모하여 이를 매수한 경우를 들 수 있다.

4. 다른 범죄와의 관계

횡령죄와 배임죄는 신임관계를 위배한다는 점에서 그 본질을 같이하며 다만 그 객체의 성질에 따라 양자가 구별될 수 있을 뿐이다. 횡령죄는 배임죄에 대하여 특별관계에 있게 되고 횡령죄가 성립하면 법조경합의 관계에 의하여 배임죄는 별도로 성립하지 않는다. 타인의 사무를 처리하는 자가 그 임무에 위반하여 본인을 기망함으로써 본인에게 손해를 가한 경우에 **판례**(대법원 1975.12.9, 74도 2804)는 사기죄만 성립한다고 하나, **다수설**은 양죄의 상상적 경합이 된다고 한다. 배임죄에 의하여 영득한 것은 재산상의 이익이며 재물은 배임행위에 제공된 물건에 지나지 아니하므로 이를 취득하여도 장물죄가 성립할 여지가 없다.

II. 업무상 배임죄

업무상의 임무에 위배하여 전조의 죄를 범한 자는 10년 이하의 징역 또는 200만원 이하의 벌금에 처한다(제356조). 10년 이하의 자격정지를 병과할 수 있다(제358조). 본죄의 미수범은 처벌한다(제359조).

동일인 대출한도를 초과하여 대출함으로써 구 새마을금고법을 위반하였다고 대출한도, 제한규정 위반으로 처벌함은 별론으로 하고, 그 사실만으로 특별한 사정이 없는 한 업무상배임죄가 성립한다고 할 수 없고, 일반적으로 이러한 동일한 대출한도 초과대출이라는 임무위배의 점에 더하여 대출 당시의 대출채무자의 재무상태, 다른 금융기관으로부터의 차입금, 기타 채무를 포함한 전반적인 금융거래상황, 사업현황 및 전망과 대출금의 용도, 소요기간 등에 비추어 볼 때 채무상황능력이 부족하거나 제공된 담보의 경제적 가치가 부실해서 대출채권의 회수에 문제가 있는 것으로 판단되는 경우에 재산상 손해가 발생하였다고 보아 업무상배임죄가 성립한다고 하여야 할 것이다(대법원 2008.6.19, 2006도4876 전원합의체판결).

III. 배임수증죄

타인의 사무를 처리하는 자가 그 임무에 관하여 부정한 청탁을 받고 재물 또는 재산상의 이익을 취득한 자는 5년 이하의 징역 또는 200만원 이하의 벌금에 처한다(제357조 1항). 전항의 재물 또는 이익을 공여한 자는 2년 이하의 징역 또는 100만원 이하의 벌금에 처한다(제357조 2항). 범인이 취득한 제1항의 재물은 몰수한다. 그 재물을 몰수하기 불능하거나 재산상의 이익을 취득한 때에는 그 가액을 추징한다(제357조). 10년 이하의 자격정지를 병과할 수 있다(제358조). 본죄의 미수범은 처벌한다(제359조).

Ⅳ. 친족상도례규정 준용(제361조)

1. 배임죄와 횡령죄의 차이점에 대하여 설명하시오.

2. 배임죄의 본질에 대하여 논하시오.

3. 이중저당과 이중매매의 형사책임에 대하여 논하시오.

관련 판례정리

1. 피해자가 그 소유의 오토바이를 타고 심부름을 다녀오라고 하여서 그 오토바이를 타고 가다가 마음이 변하여 이를 반환하지 아니한 채 그대로 타고 가 버렸다면, 횡령죄를 구성함은 별론으로 하고 적어도 절도죄를 구성하지는 아니한다(대법원 1986.8.19, 86도1093).
2. 피고인이 피해자로부터 피해자 소유의 다이아몬드 반지 1개를 팔아 달라는 부탁을 받고 교부받아 이를 판매한 대금을 보관 중 임의소비한 경우 피고인에게 불법영득

의 의사가 있었다고 보아야 할 것이므로 피고인의 행위는 횡령죄를 구성한다(대법원 1990.8.28, 90도1019).

3. 횡령죄는 타인의 재물을 보관하는 자가 그 재물을 횡령하는 경우에 성립하는 범죄이고, 횡령죄의 구성요건으로서의 횡령행위란 불법영득의사를 실현하는 일체의 행위를 말하는 것이어서 타인의 재물을 점유하는 자가 그 점유를 자기를 위한 점유로 바꾸려고 하는 의사를 가지고 그러한 영득의 의사가 외부에 인식될 수 있는 객관적 행위를 하였을 때에는 그 재물 전체에 대한 횡령죄가 성립되고, 일단 횡령을 한 이후에 다시 그 재물을 처분하는 것은 불가벌적 사후행위에 해당하여 처벌할 수 없으므로, 타인으로부터 명의신탁받아 보관중이던 토지에 대하여 피해자인 명의신탁자의 승낙 없이 제3자에게 근저당권 설정등기를 경료해 주면 그 때에 그 토지에 대한 횡령죄가 성립하고, 그 후 피해자의 승낙없이 그 토지를 다른 사람에게 매도하더라도 이는 횡령물의 처분행위로서 별개의 횡령죄를 구성하지 아니한다(대법원 1998.2.24, 97도3282).

4. 포주가 윤락녀와 사이에 윤락녀가 받은 화대를 포주가 보관하였다가 절반씩 분배하기로 약정하고도 보관중인 화대를 임의로 소비한 경우, 포주와 유락녀의 사회적 지위, 약정에 이르게 된 경위와 약정의 구체적 내용, 급여의 성격 등을 종합해 볼 때 포주의 불법성이 윤락녀의 불법성보다 현저히 크므로 화대의 소유권이 여전히 윤락녀에게 속한다는 이유로 횡령죄를 구성한다(대법원1999.9.17, 98도4979).

5. 동업자 사이에 손익분배의 정산이 되지 아니하였다면 동업자의 한 사람이 임의로 동업자들의 합유에 속하는 동업재산을 처분할 권한이 없는 것이므로, 동업자의 한 사람이 동업재산을 보관 중 임의로 횡령하였다면 지분비율에 관계없이 임의로 횡령한 금액 전부에 대하여 횡령죄의 죄책을 부담한다(대법원 2007.7.22, 2006도8105).

6. 배임죄나 업무상 배임죄에 있어 재산상의 손해를 가한 때라 함은 현실적인 손해를 가한 경우뿐만 아니라 재산상 실해 발생의 위험을 초래한 경우도 포함되고, 재산상 손해의 유무에 대한 판단은 법률적 판단에 의하지 아니하고 경제적 관점에서 파악하여야 하지만, 여기서 재산상의 손해를 가한다 함은 총체적으로 보아 본인의 재산상태에 손해를 가하는 경우, 즉 본인의 전체적 재산가치의 감소를 가져오는 것을 말하므로 재산상의 손실을 야기한 임무위배행위가 동시에 그 손실을 보상할 만한 재산상의 이익을 준 경우, 예컨대, 그 배임행위로 인한 급부와 반대급부가 상응하고 다른 재산상 손해(현실적인 손해 또는 재산상 실해 발생의 위험)도 없는 때에는 전체적 재산가치의 감소, 즉 재산상 손해가 있다고 할 수 없다(대법원 2005.4.15, 2004도7053).

7. 매매계약에 있어서 매도인이 부동산을 매도한 후 그 매매계약을 해제하고 이를

다시 제3자에게 매도한 경우에 그 매매계약의 해제가 해제요건을 갖추지 못하여 부적합하더라도 매도인이 그 해제가 적법한 것으로 믿고 그 믿음에 정당한 이유가 있다면 매도인에게 배임죄의 범의를 인정할 수 없지만, 피고인이 들고 있는 계약해제사유가 적법한 것이 아닌데 피고인이 이를 적법한 해제사유로 믿고 그 믿음에 정당한 사유가 있었다고 보여지지 아니하는 경우 피고인의 배임의 범의는 인정된다(대법원 2006.5.12, 2006도114).

8. 횡령죄의 주체는 타인의 재물을 보관하는 자이어야 하고, 여기서 보관이라 함은 위탁관계에 의하여 재물을 점유하는 것을 의미하므로, 결국 횡령죄가 성립하기 위하여는 그 재물의 보관자가 재물의 소유자(또는 기타의 본권자)와 사이에 법률상 또는 사실상의 위탁신임관계가 존재하여야 하고, 또한 부동산의 경우 보관자의 지위는 점유를 기준으로 할 것이 아니라 그 부동산을 제3자에게 유효하게 처분할 수 있는 권능의 유무를 기준으로 결정하여야 하므로, 원인무효인 소유권이전등기의 명의자는 횡령죄의 주체인 타인의 재물을 기준으로 결정하여야 하므로 원인무효인 소유권이전등기의 명의자는 횡령죄의 주체인 타인의 재물을 보관하는 자에게 해당한다고 할 수 없다(대법원 2007.5.31, 2007도1082).

9. 승객이 놓고 내린 지하철의 전동차 바닥이나 선반 위에 있던 물건을 가지고 간 경우, 지하철의 승무원은 유실물법상 전동차의 관수자로서 승객이 잊고 내린 유실물을 교부받을 권능을 가질 뿐 전동차 안에 있는 승객의 물건을 점유한다고 할 수 없고, 그 유실물을 현실적으로 발견하지 않는 한 이에 대한 점유를 개시하였다고 할 수도 없으므로, 그 사이에 위와 같은 유실물을 발견하고 가져간 행위는 점유이탈물횡령죄에 해당함은 별론으로 하고 절도죄에 해당하지는 않는다(대법원 1999.11.26, 99도3963).

1. 다음 배임죄에 대한 설명으로 틀린 것은?
   ① 배임죄의 본질을 통설과 판례는 신임관계를 배반하는 점에 있다고 한다.
   ② 횡령죄가 성립하면 별도로 배임죄는 성립하지 않는다.
   ③ 매도인이 중도금을 받은 후 2중 매각한 경우에는 배임죄가 성립한다.
   ④ 할부로 구입한 자동차를 매도한 후 자신이 납부하기로 약정한 연체 할부금을 납부하지 않는 경우에는 배임죄가 성립한다.

〈해설〉 ④ 할부판매의 경우에는 일단 매수인에게 목적물의 인도가 이루어졌어도 그 할부대금을 완납하기까지는 여전히 물건에 대한 소유권이 매도인에게 남아 있기 때문에 매수인이 대금을 완납하기 전에 목적물을 처분하면 횡령죄가 성립하게 된다.

제7절 장물의 죄

I. 의의

장물죄란 장물을 취득·양여·운반하거나 또는 이를 알선함을 내용으로 하는 범죄이다. 장물이란 재산범죄(영득죄)에 의하여 불법하게 영득한 재물을 말하며 영득죄 자체 또는 그 범인을 본범(本犯)이라고 한다. 형법 제41장은 장물죄를 독립한 재산범죄로 규정하고 있다. 연혁적으로 보면 장물죄는 '범인은닉죄' 또는 '**사후종범**'의 한 형태로 발전되어 온 범죄이다. 장물죄는 본범과는 독립된 범죄이고 본범에 대한 공범이 될 수는 없다. 장물죄의 보호법익은 재산권이다. 보호의 정도는 위태범이다.

장물죄의 본질에 대하여는 추구권설, 유지설, 공범설이 대립하고 있다. **추구권설**은 **통설**과 **판례**(대법원 1975.12.9, 74도2804)의 태도로서 본범의 피해자가 점유를 상실한 재물에 대하여 추구·회복하는 것을 곤란하게 하는 데에 장물죄의 본질이 있다고 한다. 그러나 불법원인급여의 경우, 피해자가 취소 또는 해지할 수 없는 경우, 시효에 걸린 물건에 대하여는 추구권이 없으므로 장물성을 상실하는 결과가 된다고 한다. 유지설은 본범에 의하여 이루어진 위법한 재산상태를 본범 또는 그 점유자와의 합의 아래 유지·존속하는 데에 있다고 한다. 위법한 재산상태를 유지한다는 형법의 독자적 기준에 의하여 판단해야 한다는 견해이다. 장물죄의 본질을 형법의 독자적 기준에서 판단하려고 하고 장물죄의 재산적 성격이 강조되고 장물죄의 성립에 장물범과 본범 또는 점유자와의 합의를 요건으로 하며 불법원인급여의 경우에도 장물죄의 성립을 인정한다. 공범설은 장물죄의 본질을 이익을 추구하는 이욕적인 점에 있다고 보아 장물죄는 본범에 의한 범죄적 이익에 관여하는 간접영득죄라고 한다. 장물죄의 성립에는 이득의 의사를 필요로 하고 장물을 매각하여 얻은 대금이나 본범이 소유권을 취득한 재물에 대하여도 장물성을 인정하는 결과가 된다고 한다.

II. 장물취득 · 양도 · 운반 · 보관 · 알선죄

장물을 취득 · 양여 · 운반 또는 보관한 자는 7년 이하의 징역 또는 1천5백만원 이하의 벌금에 처한다(제362조 1항). 전항의 행위를 알선한 자도 전항의 형과 같다(제362조 2항). 전3조의 죄를 범한 자와 피해자간에 제328조 제1항, 제2항의 신분관계가 있는 때에는 동조의 규정을 준용한다(제365조 1항). 전3조의 죄를 범한 자와 본범간에 제328조 제1항의 신분관계가 있는 때에는 그 형을 감경 또는 면제한다. 단 신분관계가 없는 공범에 대하여는 예외로 한다(제365조).

갑이 권한없이 인터넷뱅킹으로 타인의 예금계좌에서 자신의 예금계좌로 돈을 이체한 후 그 중 일부를 인출하여 그 정을 아는 을에게 교부한 경우 갑이 컴퓨터등 사용사기죄에 의하여 취득한 예금채권은 재물이 아니라 재산상 이익이므로 그가 자신의 예금계좌에서 돈을 인출하였더라도 장물을 금융기관에 예치하였다가 인출한 것으로 볼 수 없어 을에게는 장물취득죄가 성립하지 않는다(대법원 2004.4.16, 2004353).

III. 상습장물취득 · 양도 · 운반 · 보관 · 알선죄

상습으로 전조의 죄를 범한 자는 1년 이상 10년 이하의 징역에 처한다(제363조 1항). 전항의 경우에는 10년 이하의 자격정지 또는 1천500만원 이하의 벌금을 병과할 수 있다(제363조 2항).

IV. 업무상과실 · 중과실장물취득 · 운반 · 보관 · 알선죄

업무상 과실 또는 중대한 과실로 인하여 제362조의 죄를 범한 자는 1년 이하의 금고 또는 500만원 이하의 벌금에 처한다(제364조).

V. 친족상도례의 규정 준용(제365조)

1. 타인이 절취, 운전하는 승용차의 뒷자석에 편승한 것을 가리켜 장물운반행위의 실행을 분담하였다고는 할 수 없다(대법원 1983.9.13, 83도1146).
2. 장물인 정을 모르고 장물을 보관하였다가 그 후에 장물인 정을 알게 된 경우 그 정을 알고서도 이를 계속하여 보관하는 행위는 장물죄를 구성하는 것이나, 이 경우에도 점유할 권한이 있는 때에는 이를 계속하여 보관하는 행위는 장물죄를 구성하는 것이나, 이 경우에도 점유할 권한이 있는 때에는 이를 계속하여 보관하더라도 장물보관죄가 성립하지 않는다(대법원 1986.1.21, 85도2472).

1. 다음 장물죄에 대한 설명으로 틀린 것은?

① 장물은 타인의 재산범죄에 의해 영득한 재물이므로 본범은 재산범죄이어야 한다.
② 장물인 정을 알면서 보관하던 중 이를 취득하면 장물취득죄만 성립한다.
③ 절취해 온 자동차로 금품을 강취하기 위해 가다가 교통경찰에게 잡힌 경우에는 강도예비죄와 장물운반죄의 상상적 경합이 성립한다.
④ 다수설은 보호의 정도를 위험범으로 보고 있다.

〈해설〉 ④ 다수설은 침해범으로 보고 있다.

제8절 손괴의 죄

I. 의의

손괴죄는 타인의 재물 또는 문서를 손괴 또는 은닉 기타의 방법으로 그 효용을 해하는 것을 내용으로 하는 범죄이다. 재산죄 가운데 재물만을 객체로 하는 순수한 재물죄이다. 형법은 각칙 제42장에서 손괴의 죄를 규정하고 있다. 재물(문서)손괴죄(제366조)와 공익건조물파괴죄(제367조)가 기본적 구성요건이다. 본 죄의 보호법익은 소유권의 이용가치 또는 기능으로서의 소유권이다. 손괴죄에는 세 가지 독립된 구성요건이 포함되어 있다. 재물(문서)손괴죄와 공익건조물파괴죄 및 경계침범죄가 그것이다. 재물손괴죄의 보호법익은 소유권의 이용가치 또는 기능으로서의 소유권, 공익건조물파괴죄의 보호법익은 공공의 이익, 경계침범죄의 보호법익은 토지에 대한 권리와 중요한 관계를 가진 토지경계의 명확성을 보호하는 데에 있다고 한다.

II. 재물(문서)손괴죄

타인의 재물 또는 문서를 손괴 또는 은닉 기타 방법으로 그 효용을 해한 자는 3년 이하의 징역 또는 700만원 이하의 벌금에 처한다(제366조). 본죄의 미수범은 처벌한다(제371조).

유가증권변조죄를 구성하려면 진정하게 성립된 타인명의의 유가증권에 변경을 가하는 행위가 있어야 하고 비록 타인에게 속한 자기 명의의 유가증권에 무단히 변경을 가하였다 하더라도 유가증권변조죄가 구성되지 아니한다(대법원 1978.11.14, 78도1904).

III. 공익건조물파괴죄

공익에 공하는 건조물을 파괴한 자는 10년 이하의 징역 또는 2천만원 이하의 벌금에 처한다(제367조). 본죄의 미수범은 처벌한다(제371조).

Ⅳ. 가중적 구성요건

1. 중손괴죄

전2조의 죄를 범하여 사람의 생명 또는 신체에 대하여 위해를 발생하게 한 때에는 1년 이상의 유기징역에 처한다(제368조 1항). 전2조의 죄를 범하여 사람을 사상에 이르게 한 때에는 상해죄와 비교하여 중한 형으로 처단한다(제358조).

2. 특수손괴죄

단체 또는 다중의 위력을 보이거나 위험한 물건을 휴대하여 제366조의 죄를 범한 때에는 5년 이하의 징역 또는 1천만원 이하의 벌금에 처한다(제369조 1항). 전항의 방법으로 제367조의 죄를 범한 때에는 1년 이상의 유기징역 또는 2천만원 이상의 벌금에 처한다(제369조). 본죄의 미수범은 처벌한다(제371조).

Ⅴ. 경계침범죄

경계를 손괴·이전 또는 제거하거나 기타 방법으로 토지의 경계를 인식불능하게 한 자는 3년 이하의 징역 또는 500만원 이하의 벌금에 처한다(제370조).

1. 형법 제366조 소정의 재물손괴죄는 타인의 재물을 손괴·은닉 기타의 방법으로 그 효용을 해하는 경우에 성립하는 것으로서, 여기에서 말하는 효용을 해한다고 함은 그 물건의 본래의 사용목적에 공할 수 없게 하는 상태로 만드는 것은 물론 일시 그것을 이용할 수 없는 상태로 만드는 것도 역시 효용을 해하는 것에 해당한다(대법원 1992.7.28, 92도1345).
2. 피고인이 살해된 피해자의 주머니에서 꺼낸 지갑을 살해도구로 이용한 골프채와 옷 등 다른 증 거품들과 함께 자신의 치량에 싣고 가다가 쓰레기 소각장에서 태워 버린 경우, 살인범행의 증거를 인멸하기 위한 행위로서 불법영득의 의사가 있었다고 보기 어렵다(대법원 2000.10.13, 2000도3655).

1. 다음 재물손괴죄에 대한 설명으로 틀린 것은?
   ① 자동차 타이어의 바람을 빼버린 행위의 경우도 손괴에 해당한다.
   ② 재물이란 유체물뿐만 아니라 관리할 수 있는 동력을 포함한다.
   ③ 불법영득의사를 필요로 한다.
   ④ 수문개방으로 양어를 유실하게 하여 양어의 효용을 해한 경우도 재물손괴죄를 구성한다.

   〈해설〉 ③ 재물손괴죄는 불법영득의사를 주관적 구성요건요소로 하지 않는 범죄이다.

제9절 권리행사를 방해하는 죄

Ⅰ. 의의

권리행사를 방해하는 죄란 타인의 점유 또는 권리의 목적이 된 자기의 물건에 대한 타인의 권리행사를 방해하거나, 강제집행을 면할 목적으로 채권자를 해하는 것을 내용으로 하는 범죄이다(제323조). 자기의 물건이지만 공무소로부터 보관명령을 받거나 공무소의 명령을 받아 타인이 간수하는 경우에 이를 손괴·은닉 기타의 방법으로 그 효용을 해한 때에는 공무상 보관물무효죄(제142조)에 해당하게 한다. 형법 제37장의 권리행사를 방해하는 죄에는 세 가지의 기본적 구성요건이 포함되어 있다. 즉 권리행사방해죄(제323조), 점유강취죄·준점유강취죄(제325조) 및 강제집행면탈죄(제327조) 가 그것이다. 점유강취죄에 대하여는 결과적 가중범에 의한 가중적 구성요건으로 중권리행사방해죄(제326조)가 있다. 권리행사방해죄에 대하여는 친족상도례가 적용되고(제328조), 점유강취죄·준점유강취죄는 미수범을 처벌한다.

권리행사를 방해하는 죄의 보호법익은 소유권이 아닌 제한물권 또는 채권이다.

II. 권리행사방해죄

타인의 점유 또는 권리의 목적이 된 자기의 물건을 취거, 은닉 또는 손괴하여 타인의 권리행사를 방해한자는 5년 이하의 징역 또는 700만원 이하의 벌금에 처한다(제323조). 직계혈족, 배우자, 동거친족, 호주, 가족 또는 그 배우자간의 제323조의 죄는 그 형을 면제한다(제323조 1항). 전항 이외의 친족간에 제323조의 죄를 범한 때에는 고소가 있어야 논한다(제323조 2항). 전2항의 신분관계가 없는 공범에 대하여는 전2항을 적용하지 아니한다(제328조).

III. 점유강취죄

1. 점유강취죄 · 준점유강취죄

폭행 또는 협박으로 타인의 점유에 속하는 자기의 물건을 강취한 자는 7년 이하의 징역 또는 10년 이하의 자격정지에 처한다(제325조 1항). 타인의 점유에 속하는 자기의 물건을 취거함에 당하여 그 탈취를 항거하거나 체포를 면탈하거나 죄적을 인멸할 목적으로 폭행 또는 협박을 가한 때에도 전항의 형과 같다(제325조 2항). 전2항의 미수범은 처벌한다(제325조).

2. 중권리행사방해죄

본죄는 점유강취죄 · 준점유강취죄를 범하여 사람의 생명에 대한 위험이 발생하면 그 형을 가중하는 결과적 가중범이다(제326조).

IV. 강제집행면탈죄

강제집행을 면할 목적으로 재산을 은닉 · 손괴 · 허위양도 또는 허위의 채무를 부담하여 채권자를 해한 자는 3년 이하의 징역 또는 1천만원 이하의 벌금에 처한다(제327조).

V. 친족상도례(제328조)

1. 권리행사방해죄에 있어서의 타인의 점유라 함은 권원으로 인한 점유, 즉 정당한 원인에 기하여 그 물건을 점유하는 권리 있는 자의 점유를 의미하는 것으로서 본권을 갖지 아니하는 절도범인의 점유는 여기에 해당하지 않는다(대법원 1994.11.11, 94도343).

2. 형법 제323조의 권리행사방해죄에서 말하는 '자기의 물건'이라 함은 범인이 소유하는 물건을 의미하고, 여기서 소유권의 귀속은 민법 기타 법령에 의하여 정하여진다 할 것인바, 부동산실권리자명의등기에관한법률 제4조 제1항, 제2항 및 제8조에 의하면 종중 및 배우자에 대한 특례가 인정되는 경우나 부동산에 관한 물권을 취득하기 위한 계약에서 명의수탁자가 그 일방 당사자가 되고 그 타방 당사자가 명의신탁약정이 있다는 사실을 알지 못하는 경우 이외에는 명의수탁자는 명의신탁 받은 부동산의 소유자가 될 수 없고, 이는 제3자에 대한 관계에 있어서도 마찬가지이므로, 명의수탁자로서는 명의신탁 받은 부동산이 '자기의 물건'이라고 할 수 없다. 따라서 위 명의신탁약정 및 그에 기하여 이루어진 이 사건 과수원 및 그 지상에 식재된 감귤나무를 피고인 명의의 소유권이전등기는 모두 무효이므로, 이 사건 과수원 및 그 지상에 식재된 감귤나무를 피고인의 소유로 볼 수 없다고 하여, 주위적 공소사실인 권리행사방해의 점을 무죄로 판단한 것은 정당하다(대법원 2007.1.11, 2006도4215).

3. 피고인이 타인에게 채무를 부담하고 있는 양 가장하는 방편으로 피고인 소유의 부동산들에 관하여 소유권이전청구권보전을 위한 가등기를 경료하여 주었다 하더라도, 그와 같은 가등기는 원래 순위보전의 효력밖에 없는 것이므로 그와 같이 각 가등기를 경료한 사실만으로는 피고인이 강제집행을 면탈할 목적으로 허위채무를 부담하여 채권자를 해한 것이라고 할 수 없다(대법원 1987.8.18, 87도1260).

4. 강제집행면탈의 한 행위유형인 '재산의 은닉'이라 함은 재산의 소유관계를 불명하게 하는 행위를 포함하는 것으로서, 피고인이 자신의 채권담보의 목적으로 채무자 소유의 선박들에 관하여 가등기를 경료하여 두었다가 채무자와 공모하여 위 선박들을 가압류한 다른 채권자들의 강제집행을 불가능하게 할 목적으로 정확한 청산

절차도 거치지 않은 채 의제자백판결을 통하여 선순위 가등기권자인 피고인 앞으로 본등기를 경료함과 동시에 가등기 이후에 경료된 가압류등기 등을 모두 직권말소하게 하였음은 소유관계를 불명하게 하는 방법에 의한 '재산의 은닉'에 해당한다(대법원 2000.7.28, 98도4588).

5. 피고인이 택시를 회사에 지입하여 운행하였다고 하더라도 특별한 사정이 없는 한 위 택시는 그 등록명의자인 회사의 소유이고 피고인의 소유는 아니라고 할 것이므로 회사의 요구로 택시를 회사 차고지에 입고하였다가 회사의 승낙을 받지 않고 이를 가져간 피고인의 행위는 권리행사 방해죄에 해당하지 않는다(대법원 2003.5.30, 2000도5767).

1. 다음 권리행사를 방해하는 죄에 대한 설명으로 틀린 것은?

① 본죄의 객체는 타인의 점유 또는 권리의 목적이 된 자기의 물건 또는 특수매체기록이다.
② 본죄는 고의가 필요하며, 불법영득의사는 불필요하다.
③ 본죄의 행위는 취거 · 은닉 또는 손괴하여 타인의 권리행사를 방해하는 것이다.
④ 친족상도례의 적용이 없다.

〈해설〉 ④ 적용이 있다.

2. 다음 강제집행면탈죄에 대한 설명으로 틀린 것은?

① 본죄의 주체는 채무자 또는 제3자도 가능하다.
② 본죄는 고의 이외에 강제집행을 면할 목적이 있어야 성립하는 목적범이다.
③ 강제집행이란 민사소송법상의 강제집행이나 민사소송법이 준용되는 가압류 · 가처분만을 의미한다고 보는 것이 통설과 판례의 태도이다.
④ 본죄의 보호법익은 구체적 위험범이다.

〈해설〉 ④ 채권자가 현실적으로 해를 입었을 것을 요하지 않고 채권자를 해할 위험성이 있으면 족하다(추상적 위험범).

제2편 사회적 법익에 대한 죄

- 공공의 안전과 평온에 대한 죄
  - 공안을 해하는 죄
  - 폭발물에 관한 죄
  - 방화 및 실화의 죄
  - 일수 및 수리에 관한 죄
  - 교통방해의 죄
- 공공의 신용에 대한 죄
  - 통화에 대한 죄
  - 유가증권·우표·인지에 관한 죄
  - 문서에 관한 죄
  - 인장에 관한 죄
- 공중의 건강에 대한 죄
  - 음용수에 관한 죄
  - 아편에 관한 죄
- 사회의 도덕에 대한 죄
  - 성풍속에 관한 죄
  - 도박·복표에 관한 죄
  - 신앙에 관한 죄

제1장 공공의 안전과 평온에 대한 죄

제1절 공안을 해하는 죄

I. 의의

공안을 해하는 죄란 공공의 법질서 또는 공공의 안전과 평온을 해하는 것을 내용으로 하는 범죄이다. 형법은 공안을 해하는 죄로 제114조 이하에서 범죄단체조직죄(제114조), 소요죄(제115조), 다중불해산죄(제116조), 전시공수계약불이행죄(제117조) 및 공무원자격사칭죄(제118조)의 5개 범죄를 규정하고 있다. 공안을 해하는 죄의 본질에 관하여 **다수설**은 형법이 비록 국가적 법익에 대한 죄로 배열시켰다 할지라도 공안을 해하는 죄는 공공의 질서, 공공의 안전 또는 공공의 평온을 보호하기 위한 범죄이므로 사회적 법익에 대한 범죄라고 해석하고 있다. 범죄단체조직죄의 보호법익은 공공의 내적 안전 또는 공공의 평온이다.

전시공수계약불이행죄는 단순한 채무불이행을 범죄로 규정한 국수주의 형법의 잔재라는 비판을 면할 수 없어 삭제되어야 할 규정이고 범죄단체조직죄의 형을 별도로 정하여 처벌하는 것이 타당하다고 한다.

II. 범죄단체조직죄

1. 서

(1) 의의

범죄를 목적으로 하는 단체를 조직 혹은 이에 가담하거나, 병역 혹은 납세의무를 거부할 목적으로 단체를 조직 혹은 가입함으로써 성립하는 범죄를 말한다(제114조). 조직범죄는 단체의 조직 혹은 가입함에 의하여 성립하는 범죄를 말하고 형사정책적인 근거로서 단체조직과 결합된 특수한 위험성을 제거하는 데에 있다.

(2) 보호법익

공공의 내적 안전(그 중 사람의 생명·신체 혹은 재산에 대한 위험만) 혹은 공공의 평온(모든 종류의 평온에 대한 위험)을 들 수 있다.

2. 객관적 구성요건

「범죄」란 법적 구성요건을 실현하는 모든 행위를 말하고 반드시 형법에 규정된 범죄임을 요하지 않고 특가법에 규정된 범죄를 말한다. 다만 단체의 조직과 가입을 처벌하는 조직범죄(예컨대, 국가보안법의 반국가단체구성·가입죄)나 경범죄처벌법이 적용되는 범죄는 아니다. **「단체」**는 특정다수인이 일정한 범죄를 수행한다는 공동목적아래 이루어진 계속적인 결합체이다. 단체를 주도하는 최소한도의 통솔체제를 갖추고 있을 것을 요한다. 단체를 조직하거나 이에 가입하는 방법에는 제한이 없다. 역할이 능동적이든 수동적이든, 자진하여 가입한 것이든 권유에 의한 것이든 불문한다. 범죄를 목적으로 하는 단체를 조직하였거나 이에 가입하면 본죄를 성립하게 되고 목적한 범죄를 성립하였는가는 본죄의 성립하는 영향이 없다.

3. 주관적 구성요건

범죄를 목적으로 하는 단체를 조직하거나 이에 가입한다는 점에 대한 고의가 있어야 하는 이외에 범죄를 범하거나 병역 혹은 납세의무를 거부할 목적이 있어야 한다. 단체에 가입하는 때에도 단체의 목적을 인식해야 한다.

Ⅲ. 소요죄와·다중불해산죄

1. 소요죄

(1) 의의

다중이 집합하여 폭행·협박 혹은 손괴행위를 함으로써 성립하는 범죄이다(제115조). 군중범죄는 다중의 집합을 요건으로 하는 필요적 공범이다. 공공의 안전을 보호법익으로 하는 위험범으로서 소요죄가 성립하기 위하여 공공의 안전이 현실적으로 침해된 결과가 발생하였을 것을 불요한다. 본죄가 구체적 위험범인가 혹은 추상적 위험범인가에 대해 학설이 대립하고 있다.

공공의 평온 혹은 공공의 안전과 평온이다. 형법이 소요죄의 행위로 폭행·협박·손괴를 규정하고 있는 점에서 볼 때 소요죄의 보호법익은 공공의 안전이라고 해석한다. 다만 공공의 안전이라 할지라도 개인이 생명·신체·재산에 대하여 위협받지 않는 객관적 상태뿐만 아니라 이러한 상태에 대한 주관적 신뢰를 포함하는 것이라는 점에서 양자는 접근한다.

(2) 객관적 구성요건

1) 주체

본죄의 주체는 집합한 다중, 즉 다수인의 집단(군중)이라는 것이 **다수설**이다. 그러나 다중의 집합을 본죄의 행위의 태양에 불과하고 본죄의 주체는 아니다. 만약 집합한 다중을 인정한다면 단체의 범죄능력을 인정한다면 개인책임원리에 반하게 되고 군중은 일시적이고 막연한 사회적 집합형태에 불과한 것이다. 다중을 구성한 개인은 본죄의 주체에는 제한이 없다.

2) 행위

① 다중의 집합

다중이란 다수인의 집단이다. 다중이 될 수 있는 기준이란 **통설**은 일지방의 안전을 해할 수 있는 정도의 폭행·협박 혹은 손괴를 할 수 있을 정도의 다수인을 말한다. 집합이란 다수인이 일정한 장소에 모여 집단을 이루는 것이고 장소적 결합을 본질로 하나, 여기에서 집단은 조직적으로 불요하고 주모자는 불요하며 공동의 목적이 필요하지 않는다.

② 폭행·협박·손괴

폭행·협박의 개념은 최광의로 파악하여 상대방이 특정인일 것을 요하지 않으며, 불특정다수인인 경우도 포함된다. **손괴**란 재물의 효용가치를 해하지 일체의 행위를 말한다. 폭행·협박·손괴는 사람 혹은 물건에 대한 공격적·적극적 행위를 말한다. 폭행·협박·손괴를 그 성질상 공공의 안전을 위험하게 할 수 있을 정도에 이르도록 집합된 다중의 공동력에 의한 것이어서 폭행 등은 다중의 의사에 따라 것이어야 한다.

(3) 주관적 구성요건

본죄의 고의로는 소요에 대한 인식이 있어야 한다. **소요의 인식**이란 다중의 합동력으로 폭행·협박 혹은 손괴한다는 의사, 즉 공동의사를 말한다. 공동의 의사가 없이 다중이 집합하여 폭행·협박은 특수폭행죄 혹은 특수협박죄를 말한다. 공동의사는 군중심리로 족하다고 할 것이므로 반드시 행위자 사이의 공모나 계획 혹은 사전의 의사의 연락이 있어야 하는 것은 아니다.

(4) 관련문제

1) 공범규정의 적용

본죄는 필요적 공범에 해당하는 집단범이므로 총론의 공범에 관한 규정이 적용될 수 있는가에 대하여 집합된 다중의 구성원으로서 소요행위를 한 자에 대하여 공범규정이 적용될 여지가 없다. 가담의 정도를 불문하고 정범으로 처벌되며, 이러한 의미에서 형법이 예외적으로 단일정범 개념을 인정하는 것이다. 집단외에서 가담한 자에 대하여 공범규정이 적용될 수 있는가에 대하여 **다수설**은 집단범죄라 할지라도 집단외에서 자금외에서 자금이나 정보를 제공하거나 다른 사람의 가담을 권유한 자에 대하여는 공범규정을 적용한다. 다만 공범규정의 적용범위에 관한 학설이 대립한다. 제1설은 공범규정을 제외한 교사·방조에 관한 규정만 적용한다. 필요적 공범, 특히 집단범죄에 대하여 집단의 구성원이 아닌 자에 대한 공동정범을 인정하지 못한다. 제2설은 공동정범, 교사·방조에 관한 규정이 모두 적용된다고 한다.

2) 다른 범죄와의 관계

폭행죄·협박죄 및 손괴죄에 흡수된다. 이외에 어느 범위까지 흡수되는가에 대하여 다수설은 소요죄보다 법정형이 중한 살인죄·방화죄는 본죄와 상상적 경합의 관계에 있지만 형이 경한 공무집행방해죄나 주거침입죄는 모두 소요죄에 흡수된다고 한다. 이에 대하여 공무집행방해죄나 주거침입죄와 본죄는 보호법익을 달리하고 또 소요죄는 이러한 행위를 당연히 예상한다고 하는 부당하다고 한다. 소수설은 특수폭행죄·특수협박죄 및 특수손괴죄는 본죄에 흡수되지만 그 이외의 범죄는 본죄와 상상적 경합의 관계에 있다.

2. 다중불해산죄

폭행·협박 또는 손괴의 행위를 목적으로 다중이 집합하여 그를 단속할 권한이 있는 공무원으로부터 3회 이상의 해산명령을 받고 해산하지 아니한 자는 2년 이하의 징역이나 금고 또는 300만원 이하의 벌금에 처한다(제116조). 본죄는 부작위 자체가 범죄로 되는 진정부작위범이다.

Ⅳ. 전시공수계약부이행죄

전시·천재 기타 사변에 있어서 국가 또는 공공단체와 체결한 식량 기타 생활필수품의 공급계약을 정당한 이유 없이 이행하지 아니한 자는 3년 이하의 징역 또는 500만원 이하의 벌금에 처한다(제117조 1항). 전항의 계약이행을 방해한 자도 전항과 같다(제117조 2항). 전 2항의 경우에는 그 소정의 벌금을 병과할 수 있다(제117조).

Ⅴ. 공무원자격사칭죄

공무원의 자격을 사칭하여 그 직권을 행사한 자는 3년 이하의 징역 또는 500만원 이하의 벌금에 처한다(제118조). 본죄의 보호법익은 국가의 권위와 위신이다.

1. 주체

본죄의 주체에는 특별한 제한이 없으며, 비공무원이 공무원의 자격을 사칭하거나 공무원이라도 타 공무원의 자격을 사칭하여 그 직권을 행사하면 본죄가 성립한다.

2. 행위

본죄의 행위는 공무원의 자격을 사칭하고 그 직권을 행사하는 것이다. 따라서 공무원의 자격을 사칭하고 그 직권을 행사하는 것이다. 따라서 공무원의 자격을 사칭하고 더 나아가 피사칭 공무원의 직권을 행사해야 된다. 단지, 자격만을 사칭한 데 불과한 경우에는 경범죄처벌법 제1조 8호에 의거 처벌된다. 가령, 경찰을 사칭한 자가 검문·수색을 하면 본죄가 성립하나 경찰관이라고 말하면서 세금을 달라고 하는 것은 본죄에 해당하지 않는다.

관련 판례정리

1. 형법 제114조 제1항 소정의 범죄를 목적으로 하는 단체라 함은 특정다수인이 일정한 범죄를 수행한다는 공동목적 아래 이루어진 계속적인 결합체로서 그 단체를 주도하는 최소한의 통솔체제를 갖추고 있음을 요한다(대법원 1985.10.8, 85도1515).
2. 중앙정보부 직원이 아닌 자가 동 직원임을 사칭하고 청와대에 파견된 감사실장인데 사무실에 대통령사진의 액자가 파손된 채 방치되었다는 사실을 보고받고 나왔으니 자인서를 작성·제출하라고 말한 행위는 중앙정보부 직원의 직권행사에 해당되지 않는다(대법원 1977.12.13, 77도2750).

제2절 폭발물에 관한 죄

I. 의의

폭발물에 관한 죄는 폭발물을 사용하여 공중의 생명·신체 또는 재산을 해하거나 기타 공안을 문란케 함으로써 성립하는 범죄를 말한다. 본죄는 사회적 법익에 대한 죄로 규정하는 것이 타당하다. **통설**은 본죄가 폭발물의 사용으로 인하여 사회공공생활의 질서가 침해된다는 사회적 위험성을 고려한 사회적 법익에 대한 죄라고 이해하여야 한다고 한다. 보호법익이 보호받는 정도는 구체적 위험범이라고 하여야 한다.

II. 폭발물사용죄

1. 폭발물사용죄

폭발물을 사용하여 사람의 생명·신체 또는 재산을 해하거나 기타 공안을 문란한 자는사형·무기 또는 7년 이상의 징역에 처한다(제119조 1항). 본죄의 미수범은 처벌한다(제119조 3항).

2. 전시폭발물사용죄

전쟁・천재 기타 사변에 있어서 전항의 죄를 범한 자는 사형 또는 무기징역에 처한다(제119조 2항). 미수범은 처벌한다(제119조 3항).

Ⅲ. 폭발물사용 예비・음모등 죄

1. 폭발물사용 예비・음모・선동죄

전조 제1항・제2항의 죄를 범할 목적으로 예비 또는 음모한 자는 2년 이상의 유기징역에 처한다. 단 그 목적한 죄의 실행에 이르기 전에 자수한 때에는 그 형을 감경 또는 면제한다(제120조 1항). 전조 제1항・제2항의 죄를 범할 것을 선동한 자도 전항의 형과 같다(제120조 2항).

2. 전시폭발물 제조・수입・수출・수수・소지죄

전쟁 또는 사변에 있어서 정당한 이유 없이 폭발물을 제조・수입・수출・수수 또는 소지한 자는 10년 이하의 징역에 처한다(제121조).

제3절 방화와 실화의 죄

Ⅰ. 의의

1. 방화죄의 의의

(1) 의의

고의 혹은 과실로 불을 놓아 현주건조물・일반건조물 혹은 일반물건을 소훼(燒燬)하는 것을 내용으로 하는 공공위험범이다(협의). 진화를 방해하거나 폭발성있는 물건을 파열하거나 개쓰 등의 공작물을 손괴하는 것도 방화죄에 준하여 처벌하고 있으므로 이러한 준방화죄가 포함된다(광의).

(2) 보호법익

① 견해의 대립

(i) 공공위험범설

공공의 안전과 평온이라는 사회적 법익이며 재산죄와는 관계가 없다. 방화죄는 손괴죄의 가중적 구성요건이 될 수 없다. 자기의 소유물에 대한 방화도 처벌받을 뿐만 아니라 방화죄의 기수시기와 손괴죄의 기수시기가 일치할 수 없다.

(ii) 이중성격설(통설 · 판례)

공공의 안전이라는 사회의 이익을 보호하기 위한 범죄이지만 부차적으로는 개인의 재산, 즉 소유권도 보호법익으로 하므로 공공위험죄와 재산죄로서의 2중의 성격이고 형법이 방화죄에 관하여 자기소유물에 대한 방화죄와 타인소유물에 대한 방화죄의 법정형에 차이를 두고 있을 뿐만 아니라 재산에 대한 소훼라는 재산침해의 결과를 요한다.

(iii) 이원설

본설은 공공의 안전을 보호법익으로 하는 공공위험죄이지만 타인소유의 건조물 혹은 물건에 대한 방화죄는 손괴죄에 대한 가중적 구성요건이라고 해석한다.

② 보호의 정도

(i) 추상적 위험범

전형적으로 위험한 행위방법 자체를 처벌하는 범죄로서 구성요건에 규정된 행위방법의 일반적 위험만으로 범죄가 완성한다(제164조, 제165조, 제166조 제1항).

(ii) 구체적 위험범

구체적인 경우에 위험의 발생이 증명될 것을 요하는 범죄로서 위험의 발생이 구성요건요소가 된다. 위험의 결과 혹은 위험발생으로서의 결과를 요하는 점에서 구체적 위험범은 결과범이다(제166조 제2항, 제167조).

(3) 방화죄와 공공위험죄의 본질

① 공공의 위험의 의의와 기준

공중의 생명 · 신체 · 재산을 침해할 가능성, 타인의 생명 · 신체 · 재산에 대한 위험 혹은 생명 · 신체 · 재산에 대한 예측할 수 없는 위험이다. 이 때 공공 혹은 타인의 개념이란 통설에 따르면 불특정 혹은 다수인의 생명 · 신체 혹은 재산에 대한 위험을 말한다. 위험개념의 기초는 침해의 가능성이다. 공공의 위험판단은 구체적 사정을 고려하여 경험측상 결과가 발생할 가능성이 있는가를 객관적으로 판단(객관적 · 사후적 판단)한다. 이 때 객관적 판단은 심리적 위험성, 즉 일반인이 심리적으로 공공의 위험이 있다고 느끼는가를 의미한다.

② 방화죄와 피해자의 승낙

방화죄를 공공위험죄로 파악할 때에는 피해자의 승낙은 범죄의 성립에 영향이 없다. **통설**은 방화죄가 공공위험죄인 동시에 재산죄의 성격을 가진다는 이유로 현주건조물방화의 경우에도 거주자의 동의가 있으면 일반건조물방화죄(제166조), 타인의 물건에 대한 방화는 자기물건방화죄(제167조 제2항)로 처벌받는다.

③ 방화죄와 위험의 고의

방화죄에 있어서 공공의 위험에 대한 고의가 있을 것을 요하는가에 대하여 위험의 고의는 결과발생의 가능성을 인식하는 것이다. 위험의 고의를 요하는가는 보호의 정도에 따라 구별해야 한다. 구체적 위험범은 공공의 위험에 대한 인식을 요하며 공공의 위험에 대한 인식을 불요한다.

④ 방화죄의 죄수

방화죄의 보호법익이 공공의 안전이라는 사회적 법익을 고려하여 1개의 방화행위로 수개의 건조물을 소훼한 때에는 1개의 방화죄가 성립하며 적용법조를 달리하는 건조물과 건물 등을 소훼한 경우는 가장 중한 죄의 포괄일죄이다.

(4) 방화죄의 기수시기

방화죄의 본질과 소훼의 개념 내지 그 시기를 어떻게 해석해야 할 것인가에 대하여 견해의 대립이 있다.

① 견해의 대립

(i) 독립연소설(판례)

불이 매개물을 떠나 목적물에 독립하여 소훼할 수 있는 상태에 이르렀을 때에 방화죄는 기수가 된다. 방화죄의 본질이 공공위험죄인 점에 비추어 기수시기도 공공의 위험을 야기한 때를 기준으로 결정해야 한다.

(ii) 효용상실설(다수설)

화력에 의하여 목적물의 중요부분이 소훼되어 그 효용이 상실될 때에 기수가 된다. 방화죄가 공공위험죄일 뿐만 아니라 재산죄의 성질도 가지고 있다는 점을 중시하고 불을 놓은 것 이외에 소훼를 요구한다. 독립연소설에 의하면 기수의 범위가 지나치게 확대한다. 공공위험죄인 일수죄(제177조)와 폭발물파열죄(제172조)에 있어서도 침해 혹은 손괴를 요구하는 것과 통일되게 해석한다.

(iii) 절충설

독립연소설과 효용상실설을 절충하는 견해이다.

a. 중요부분연소개시설: 목적물의 중요부분에 연소가 개시되었을 때에 방화죄가 기수가 된다. 독립연소설을 기초로 하면서 효용상실을 요하지 않고 일부의 손괴로 족하다고 절충하는 태도이다.

b. 일부손괴설: 손괴죄에 있어서 손괴의 정도, 즉 목적물의 일부분의 손괴가 있을 때에 기수가 된다. 효용상실설을 기초로 하면서 효용상실을 요하지 않고 일부분의 손괴로 족하다고 절충한다. 공공의 위험의 발생과 기수시기를 일치시킬 필요가 없고 방화죄의 재산죄적 성격을 도외시해서는 않는다.

② 비판

효용상실설에 대해서는 방화죄의 재산죄적 성격을 지나치게 강조하여 손괴죄에 있어서도 요구하지 않는 중요부분의 효용상실, 즉 파괴를 요구하는 것은 잘못이고, 중요부분연소개시설에 의하면 방화죄의 기수시기를 공공의 위험의 발생시기와 일치시키는 점에 부당하며, 일부손괴죄에 대해서는 방화죄의 재산죄적 성격을 중시하여 공공위험죄로서의 본질을 무시한 채 방화죄를 손괴죄와 같이 취급하는 것은 부당하다.

II. 방화죄

1. 현주건조물 등 방화죄

불을 놓아 사람의 주거에 사용하거나 사람의 현존하는 건조물·기차·전차·자동차·선박·항공기 또는 광갱을 소훼한 자는 무기 또는 3년 이상의 징역에 처한다. 이로 인하여 사람을 사상에 이르게 한 자는 사형·무기 또는 7년 이상의 징역에 처한다(제164조).

사람을 살해할 목적으로 현주건조물에 방화하여 사망에 이르게 한 경우에는 현주건조물방화치사죄로 의율하여야 하고 이와 더불어 살인죄와의 상상적 경합범으로 의율할 것은 아니며, 다만 존속살인죄와의 현주건조물방화치사죄와는 상상적 경합범 관계에 있으므로 법정형이 중한 존속살인죄로 의율함이 타당하다(대법원 1996.4.26, 96도485).

2. 공용건조물 등 방화죄

불을 놓아 공용 또는 공익에 공하는 건조물・기차・전차・자동차・선박・항공기 또는 광갱을 소훼한 자는 무기 또는 3년 이상의 징역에 처한다(제165조).

3. 일반건조물 등 방화죄

불을 놓아 전 2조에 기재한 이외의 건조물・기차・전차・자동차・선박・항공기 또는 광갱을 소훼한 자는 2년 이상의 유기징역에 처한다(제166조 1항). 자기소유에 속하는 전항의 물건을 소훼하여 공공의 위험을 발생케 한 자는 7년 이하의 징역 또는 1천만원 이하의 벌금에 처한다(제166조 2항). 전1항의 죄의 미수범은 처벌한다(제174조). 자기의 소유에 속하는 물건이라도 압류 기타 강제처분을 받거나 타인의 권리 또는 보험의 목적물이 된 때에는 본장의 규정의 적용에 있어서 타인의 물건으로 간주한다(제176조).

4. 일반물건방화죄

불을 놓아 전3조에 기재한 이외의 물건을 소훼하여 공공의 위험을 발생하게 한 자는 1년 이상 10년 이하의 징역에 처한다(제167조 1항). 전항의 물건이 자기소유에 속한 때에는 3년 이하의 징역 또는 700만원 이하의 벌금에 처한다(제167조 2항). 자기의 소유에 속하는 물건이라도 압류 기타 강제처분을 받거나 타인의 권리 또는 보험의 목적물이 된 때에는 타인의 물건으로 간주한다(제176조).

5. 연소죄

제166조 제2항 또는 전조 제2항의 죄를 범하여 제164조, 제165조 또는 제166조 제1항에 기재한 물건에 연소한 때에는 1년 이상 10년 이하의 징역에 처한다(제168조 1항). 전조 제2항의 죄를 범하여 전조 제1항에 기재한 물건에 연소한 때에는 5년 이하의 징역에 처한다(제168조).

6. 방화예비 · 음모죄

제164조, 제165조, 제166조 제1항 또는 그 각조의 예에 의할 제172조의 죄를 범할 목적으로 예비 또는 음모한 자는 5년 이하의 징역에 처한다. 단 그 목적한 죄의 실행에 이르기 전에 자수한 때에는 형을 감경 또는 면제한다(제175조).

Ⅲ. 준방화죄

1. 진화방해죄

화재에 있어서 진화용의 시설 또는 물건을 은닉 또는 손괴하거나 기타 방법으로 진화를 방해한 자는 10년 이하의 징역에 처한다(제169조). '화재에 있어서'에는 이미 화재가 발생한 경우뿐만 아니라 화재가 발생하고 있는 경우를 포함하며, 화재의 원인도 불문한다.

2. 폭발성물건파열죄

보일러, 고압가스 기타 폭발성 있는 물건을 파열시켜 사람의 생명, 신체 또는 재산에 대하여 위험을 발생시킨 자는 1년 이상의 유기징역에 처한다(제171조 1항). 제1항의 죄를 범하여 사람을 상해에 이르게 한 때에는 무기 또는 3년 이상의 징역에 처한다. 사망에 이르게 한 때에는 무기 또는 5년 이상의 징역에 처한다(제171조 2항). 제172조 제1항의 죄의 미수범은 처벌한다(제174조). 제172조 제1항의 죄를 범할 목적으로 예비 또는 음모한 자는 5년 이하의 징역에 처한다. 단, 그 목적한 죄의 실행에 이르기 전에 자수한 때에는 그 형을 감경 또는 면제한다(제175조).

> 주의할 것 ··· 폭발성물건파열죄는 구체적 위험범이다. 그리고 이는 편제상 방화와 실화의 죄에 규정되어 있다는 점에 유념하여야 할 것이다.

3. 가스 · 전기 등 방류죄

가스, 전기, 증기 또는 방사선이나 방사성 물질을 방출, 유출 또는 살포시켜 사람의 생명, 신체 또는 재산에 대하여 위험을 발생시킨 자는 1년 이상 10년 이하의 징역에 처한다(제172의 2 1항). 제1항의 죄를 범하여 사람을 상해에 이르게 한 때에는 무기 또는 3년 이상의 징역에 처한다. 사망에 이르게 한 때에는 무기 또는 5년 이상의 징역에 처한다(제172조의 2 2항).

4. 가스 · 전기 등 공급방해죄

가스 · 전기 또는 증기의 공작물을 손괴 또는 제거하거나 기타 방법으로 가스 · 전기 또는 증기의 공급이나 사용을 방해하여 공공의 위험을 발생하게 한 자는 1년 이상 10년 이하의 징역에 처한다(제174조 1항). 공공용의 가스 · 전기 또는 증기의 공작물을 손괴 또는 제거하거나 기타 방법으로 가스 · 전기 또는 증기의 공급이나 사용을 방해한 자도 전항의 형과 같다(제174조 2항). 제1항 또는 제2항의 죄를 범하여 사람을 상해에 이르게 한 때에는 2년 이상의 유기징역에 처한다. 사망에 이르게 한 때에는 무기 또는 3년 이상의 징역에 처한다(제173조). 제1항 · 제2항의 미수범은 처벌한다(제174조).

Ⅳ. 실화죄

1. 단순실화죄

과실로 인하여 제164조 또는 제165조에 기재한 물건 또는 타인의 소유에 속한 제166조에 기재한 물건을 소훼한 자는 1천5백만원 이하의 벌금에 처한다(제170조 1항). 과실로 인하여 자기의 소유에 속하는 제166조 또는 제167조에 기재한 물건을 소훼하여 공공의 위험을 발생하게 한 자도 전항의 형과 같다(제170조).

2. 업무상 실화 · 중실화죄

업무상 과실 또는 중대한 과실로 인하여 전조의 죄를 범한 자는 3년 이하의 금고 또는 2,000만원 이하의 벌금에 처한다(제171조).

3. 과실폭발성물건파열죄, 과실가스 · 전기 등 방류죄, 과실가스 · 전기 등 공급방해죄, 업무상 과실 · 중과실폭발성물건파열 등죄

과실로 제172조 제1항, 제172조 제1항, 제173조 제1항과 제2항의 죄를 범한 자는 5년 이하의 금고 또는 1,500만원 이하의 벌금에 처한다(제173조의 2 1항). 업무상 과실 또는 중대한 과실로 제1항의 죄를 범한 자는 7년 이하의 금고 또는 2,000만원 이하의 벌금에 처한다(제173조의 2).

1. 방화죄의 기수시기에 대하여 논하시오.

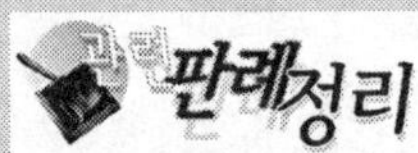

1. 현주건조물방화죄는 화력이 매개물을 떠나 목적물인 건조물 스스로 연소할 수 있는 상태에 이름으로써 기수가 된다. 원심이 적법하게 채택한 증거들을 종합하여 판시한 바와 같이, 피고인이 판시 제2의 범행에 있어 피해자의 사체 위에 옷가지 등을 올려놓고 불을 붙인 천조각을 던져 그 불길이 방안을 태우면서 천정에까지 옮겨 붙었다면, 설령 그 불이 완전연소에 이르지 못하고 도중에 진화되었다고 하더라도, 일단 천정에 옮겨 붙은 이상 그 때에 이미 현주건조물방화죄는 기수에 이르렀다고 할 것이므로 같은 취지의 원심판결은 옳고, 거기에 상고이유의 주장과 같은 채증법칙 위반으로 인한 사실오인이나 법리오해 등의 위법이 없다(대법원 2007.3.16, 2006도9164).

제4절 일수와 수리에 관한 죄

I. 의의

일수죄는 수해를 일으켜 공공의 안전을 해하는 것을 내용으로 하는 범죄이다. 공공의 평온을 보호법익으로 하는 공공위험범이라는 점에서 방화죄와 본질을 같이한다. 보호법익이 보호받는 정도는 추상적 위험범이다. 수리방해죄(제184조)는 수리권을 보호법익으로 하는 범죄이며 공공위험범이 아니다. 일수와 수리에 관한 죄의 기본적 구성요건은 일반건조물등 일수죄(제179조)와 수리방해죄(제184조)이다. 일수죄에 관한 가중적 구성요건으로 현주건조물등 일수죄(제177조)와 공용건조물등 일수죄(제178조)가 있는 이외에 진화방해죄에 대응하는 방수방해죄(제189조)와 과실일수죄(제181조)를 처벌한다. 일수죄에 관하여도 미수범(제182조)과 예비·음모(제183조)를 처벌하고 있다.

II. 일수죄

1. 현주건조물 등일수죄

물을 넘겨 사람의 주거에 사용하거나 사람의 현존하는 건조물·기차·전차·자동차·선박·항공기 또는 광갱을 침해한 자는 무기 또는 3년 이상의 징역에 처한다. 이로 인하여 사람을 사상에 이르게 한 자는 사형·무기 또는 7년 이상의 징역에 처한다(제177조). 미수범은 처벌한다(제182조).

2. 공용건조물 등 일수죄

물을 넘겨 공용 또는 공용에 공하는 건조물·기차·전차·자동차·선박·항공기 또는 광갱을 침해한 자는 무기 또는 2년 이상의 징역에 처한다(제178조). 미수범은 처벌한다(제182조).

3. 일반건조물 등 일수죄

물을 넘겨 전2조에 기재한 이외의 건조물·기차·전차·자동차·선박·항공기 또는 광갱 기타인의 재산을 침해한 자는 1년 이상 10년 이하의 징역에 처한다(제179조 1항). 자기의 소유에 속하는 전항의 물건을 침해하여 공공의 위험을 발생하게 한 때에는 3년 이하의 징역 또는 700만원 이하의 벌금에 처한다(제179조 2항). 제176조의 규정은 본조의 경우에 준용한다(제179조). 제1항의 미수범은 처벌한다(제182조).

주의할 것 ··· 타인소유 일반건조물 등 일수죄(제179조 제1항)는 추상적 위험범이고, 자기소유 일반건조물 등 일수죄(제179조 제2항)은 구체적 위험범이다.

4. 방수방해죄

수재에 있어서 방수용의 시설 또는 물건을 손괴 또는 은닉하거나 기타 방법으로 방수를 방해한 자는 10년 이하의 징역에 처한다(제180조).

5. 과실일수죄

과실로 인하여 제177조[현주건조물 등에의 일수] 또는 제178조[공용건조물 등에의 일수]에 기재한 물건을 침해한 자 또는 제179조에 기재한 물건을 침해하여 공공의 위험을 발생케 한 자는 1,000만원 이하의 벌금에 처한다(제180조).

주의할 것 ... 과실현주건조물 등 일수죄, 과실공용건조물 등 일수죄는 추상적 위험범이고, 과실일반건조물 등 일수죄는 구체적 위험범이다.

6. 일수예비 · 음모죄

제177조 내지 제179조 제1항의 죄를 범할 목적으로 예비 또는 음모한 자는 3년 이하의 징역에 처한다(제183조).

Ⅲ. 수리방해죄

제방을 결궤(決潰)하거나 수문을 파괴하거나 기타 방법으로 수리를 방해한 자는 5년 이하의 징역 또는 700만원 이하의 벌금에 처한다(제184조). 본죄의 보호법익은 수리권(水利權)이며, 추상적 위험범에 해당한다.

제5절 교통방해의 죄

Ⅰ. 의의

교통방해죄는 교통로 또는 교통기관 등 교통설비를 손괴 또는 불통하게 하여 교통을방해하는 것을 내용으로 하는 범죄이다. 본죄의 보호법익은 교통안전의 침해와 이로 인한 생명 · 신체 · 재산의 위험이라는 이중의 위험을 필요로 하는 범죄라고 할 수 있다. 본죄의 보호법익이 보호받는 정도는 추상적 위험범이다. 교통방해죄의 기본적 구성요건은 일반교통방해죄(제185조)이다. 기차 · 선박 등 교통방해죄(제186조), 기차 등 전복죄(제187조)와 교통방해치사상죄(제188조)는 이에 대하여 불법이 가중되는 가중적 구성요건이다. 교통방해죄의 미수범(제180조)과 과실범(제189조)을 처벌하고, 가중교통방해죄에 대하여는 예비 · 음모(제191조)를 벌하고 있다.

II. 교통방해죄

1. 일반교통방해죄

육로 · 수로 또는 교량을 손괴 또는 불통하게 하거나 기타 방법으로 교통을 방해한 자는 10년 이하의 징역 또는 1,500만원 이하의 벌금에 처한다(제185조). 미수범은 처벌한다(제190조).

2. 기차 · 선박 등 교통방해죄

궤도 · 등대 또는 표지를 손괴하거나 기타 방법으로 기차 · 전차 · 자동차 · 선박 또는 항공기의 교통을 방해한 자는 1년 이상의 유기징역에 처한다(제186조). 미수범은 처벌한다(제190조). 본죄를 범할 목적으로 예비 또는 음모한 자는 3년 이하의 징역에 처한다(제191조).

3. 기차 등 전복죄

사람의 현존하는 기차 · 전차 · 자동차 · 선박 또는 항공기를 전복 · 매몰 · 추락 또는 파괴한 자는 무기 또는 3년 이상의 징역에 처한다(제187조). 미수범은 처벌한다(제190조). 본죄를 범할 목적으로 예비 또는 음모한 자는 3년 이하의 징역에 처한다(제191조).

4. 교통방해치사상죄

전3조의 죄를 범하여 사상에 이르게 한 때에는 사형 · 무기 또는 3년 이상의 징역에 처한다. 사망에 이르게 한 때에는 무기 또는 5년 이상의 징역에 처한다(제188조).

주의할 것 ··· 교통방해치상죄는 부진정결과적 가중범이고, 교통방해치사죄는 진정결과적 가중범이다.

Ⅲ. 과실에 의한 교통방해죄

1. 과실교통방해죄

과실로 인하여 제185조 내지 제187조의 죄를 범한 자는 1,000만원 이하의 벌금에 처한다(제189조 1항).

2. 업무상 과실 · 중과실교통방해죄

업무상 과실 또는 중대한 과실로 인하여 제185조 내지 제187조의 죄를 범한 자는 3년 이하의 금고 또는 2,000만원 이하의 벌금에 처한다(제189조).

1. 다음 방화죄에 대한 설명으로 틀린 것은?

① 방화죄는 공공의 안전이라는 사회전체의 이익을 보호하나, 부차적으로는 개인의 재산권도 보호하는 이중의 성격을 가지는 범죄이다.

② 다수설과 판례는 독립연소설을 취하여 불이 매개물을 떠나 목적물에 옮겨 붙어 독립하여 연소할 수 있는 상태에 이르렀을 때 소훼가 있고 기수로 된다는 견해이다.

③ 부작위에 의한 방화도 가능하다.

④ 현주건조물, 공용건조물, 일반건조물, 일반물건에 대한 방화는 형법상 보호의 정도는 추상적 위험범이다.

〈해설〉 ④ 현주건조물, 공용건조물, 일반건조물 등 방화죄는 추상적 위험범이고, 일반물건 등 방화죄는 구체적 위험범이다.

UNDERSTANDING OF CRIMINAL LAW & CASES

제2장 공공의 신용에 대한 죄

제1절 통화에 관한 죄

I. 의의

통화에 관한 죄란 행사할 목적으로 통화를 위조·변조하거나, 위조·변조한 통화를 행사·수입·수출 또는 취득하거나, 통화유사물을 제조함으로써 성립하는 범죄이다. 이는 문서위조죄의 특수한 경우에 해당한다고 할 수 있다. 형법은 유가증권과 구별하여 통화에 관한 죄를 규정하여 통화의 위조와 변조 및 행사죄를 기본적 구성요건으로 하면서, 이를 내국통화(제1항)·내국유통 외국통화(제2항) 및 외국유통 외국통화(제3항)로 구별하고 있다. 형법은 이 외에도 위조통화취득죄(제208조), 위조통화취득후 지정행사죄(제210조), 통화유사물의 제조 등 죄(제211조)를 규정하고 있다. **다수설**이 본죄의 보호법익을 통화에 대한 거래상의 신용과 안전이라고 해석한다. 형법이 내국통화의 위조를 무겁게 벌하는 것은 국수주의라는 낡은 사상의 표현으로서 내국통화의 경우에도 같은 형으로 처벌하는 것이 타당하다고 해야 한다.

II. 통화위조죄와 위조통화행사죄

1. 내국통화위조·변조죄

행사할 목적으로 통용하는 대한민국의 화폐·지폐 또는 은행권을 위조 또는 변조한 자는 무기 또는 2년 이상의 징역에 처한다(제207조). 본죄를 범하여 유기징역에 처할 경우에는 10년 이하의 자격정지 또는 2,000만원 이하의 벌금을 병과할 수 있다

(제209조). 미수범은 처벌한다(제212조). 형법 제207조에 규정된 죄를 범한 자는 사형·무기 또는 5년 이상의 징역에 처한다(특가법 제10조).

2. 내국유통외국통화위조·변조죄

행사할 목적으로 내국에서 유통하는 외국의 화폐·지폐·은행권을 위조 또는 변조한 자는 1년 이상의 유기징역에 처한다(제207조). 유기징역에 처할 경우에는 10년 이하의 자격정지 또는 2,000만원 이하의 벌금을 병과할 수 있다(제209조). 미수범은 처벌한다(제212조). 형법 제207조에 규정된 죄를 범한 자는 사형·무기 또는 5년 이상의 징역에 처한다(특가법 제10조).

3. 외국통용외국통화위조·변조죄

행사할 목적으로 외국에서 통용하는 외국의 화폐·지폐 또는 은행권을 위조 또는 변조한 자는 10년 이하의 징역에 처한다(제207조 3항). 유기징역에 처할 경우에는 10년 이하의 자격정지 또는 2,000만원 이하의 벌금을 병과할 수 있다(제209조). 미수범은 처벌한다(제212조). 형법 제207조에 규정된 죄를 범한 자는 사형·무기 또는 5년 이상의 징역에 처한다(특가법 제10조).

4. 위조·변조통화행사 등 죄

위조 또는 변조한 전3항 기재의 통화를 행사하거나 행사할 목적으로 수입 또는 수출한 자는 그 변조 또는 변조의 각 죄에 정한 형에 처한다(제207조 제4항). 유기징역에 처할 경우에는 10년 이하의 자격정지 또는 2,000만원 이하의 벌금을 병과할 수 있다(제209조). 미수범은 처벌한다(제212조). 형법 제207조에 규정된 죄를 범한 자는 사형·무기 또는 5년 이상의 징역에 처한다(특가법 제10조). 통화위조죄에 관한 규정은 공공의 거래상의 신용 및 안전을 보호하는 공공적인 법익을 목적으로 하고 있고, 사기죄는 개인의 재산법익에 대한 죄이어서 양죄는 그 보호법익을 달리하고 있으므로 위조통화를 행사하여 재물을 불법영득한 때에는 위조통화행사죄와 사기죄의 양죄가 성립된다(대법원 1979.7.10 79도 840).

주의할 것 ••• 위조·변조통화행사죄는 목적범이 아니나, 위조·변조통화수입·수출되는 목적범이다.

Ⅲ. 통화위조죄의 수정적 구성요건

1. 위조 · 변조통화취득죄

행사할 목적으로 위조 또는 변조한 자는 제207조 기재의 통화를 취득한 자는 5년 이하의 징역 또는 1,500만원 이하의 벌금에 처한다(제208조). 유기징역에 처할 경우에는 10년 이하의 자격정지 또는 2,000만원 이하의 벌금을 병과할 수 있다(제209조). 미수범은 처벌한다(제212조). 예컨대, 위조통화를 취득한 후 이를 행사한 경우 위조통화취득죄와 위조통화행사죄의 실체적 경합에 해당한다.

2. 위조통화취득 후 지정행사죄

제207조 기재의 통화를 취득한 후 그 정을 알고 행사한 자는 2년 이하의 징역 또는 500만원 이하의 벌금에 처한다(제210조). 예컨대, 위조(변조)한 통화임을 모르고 취득한 후에 그 정을 알고 행사한 경우에는 위조통화취득 후 지정행사죄가 성립하고, 위조통화임을 알고 취득한 후에 이를 행사한 경우 위조통화취득죄와 위조통화행사죄의 실체적 경합에 해당한다.

> 통화위조죄에 관한 규정은 공공거래상의 신용 및 안전을 보호하는 공공적인 법익을 보호함을 목적으로 하고 있고, 사기죄는 개인의 재산법익에 대한 죄이어서 양죄는 그 보호법익을 달리 하고 있으므로 위조통화를 행사하여 재물을 불법영득한 때에는 위조통화행사죄와 사기죄의 양죄가 성립한다(대법원 1979.7.10, 79도840).

3. 통화유사물제조 등 죄

판매할 목적으로 내국 또는 외국에서 통용하거나 유통하는 화폐 · 지폐 또는 은행권에 유사한 물건을 제조 · 수입 또는 수출한 자는 3년 이하의 징역 또는 700만원 이하의 벌금에 처한다(제211조 1항). 전항의 물건을 판매한 자도 전항의 형과 같다(제211조 2항). 미수범은 처벌한다(제212조).

주의할 것 ••• 목적범이다.

4. 통화위조예비 · 음모죄

제207조 제1항 내지 제3항의 죄를 범할 목적으로 예비 또는 음모한 자는 5년 이하의 징역에 처한다. 단 그 목적한 죄의 실행에 이르기 전에 자수한 때에는 그 형을 감경 또는 면제한다(제213조).

1. 통화위조죄와 위조통화행사죄의 객체인 위조통화는 그 통화과정에서 일반인이 진정한 통화로 오인할 정도의 외관을 갖추어야 할 것이므로, 한국은행발행 일만원권 지폐의 앞 · 뒷면을 전자복사기로 복사하여 비슷한 크기로 자른 정도의 것은 객관적으로 진정한 통화로 오인할 정도에 이르지 못하여 통화위조죄 및 위조통화행사죄의 객체가 될 수 없다(대법원 1986.3.25, 86도255).

제2절 유가증권 · 우표와 인지에 관한 죄

I. 의의

유가증권에 관한 죄란 행사할 목적으로 유가증권을 위조 · 변조 또는 허위작성하거나 위조 · 변조 · 허위작성한 유가증권을 행사 · 수입 또는 수출함으로써 성립하는 범죄를 말한다. 유가증권에 관한 법적 거래의 신용과 안전을 보호법익으로 하는 범죄이다.

유가증권이란 증권상에 표시된 재산상의 권리의 행사와 처분에 그 증권의 점유를 필요로 하는 것을 말한다. 재산권이 증권에 화체되어 있고 권리의 행사와 처분에 증권의 점유를 필요로 한다는 두 가지 요건이 구비되어야 한다. 신용카드는 유가증권에 해당한다. 유가증권에는 법률상의 유가증권과 사실상의 유가증권이 포함된다. 유가증권은 사법상 유효할 것도 불요한다.

제214조의 규정에 비추어 외국의 공채증서 기타의 유가증권도 당연히 포함된다고

한다. 유가증권에 있어서는 명의인이 실재함을 요하는가에 대하여 **통설**과 **판례**(대법원 1971.7.27도905 ; 대법원 1979.9.25도 1980)는 행사할 목적으로 외형상 일반으로 하여금 진정하게 작성된 유가증권이라고 오신케 할 수 있을 정도로 작성된 것이라면 명의인이 허무인이라도 유가증권위조죄가 성립한다는 태도를 취하고 있다고 한다.

유가증권이 특별히 취급받는 것은 유통성 때문이 아니라 재산권이 화체되어 있는 증권이기 때문이라는 점에 비추어 유통성은 유가증권의 요건이 될 수 없다고 해야 한다.

형법은 유가증권에 관한 죄를 유가증권위조죄(제214조, 제215조)와 허위유가증권의 작성등죄(제216조), 위조유가증권등의 행사죄(제217조) 및 우표와 인지등에 관한 죄(제218조, 제219조, 제221조, 제222조)의 네 가지 유형으로 나누어 규정하고 있다.

II. 유가증권위조 · 변조죄

1. 유가증권위조 · 변조죄

행사할 목적으로 대한민국 또는 외국의 공채증서 기타 유가증권을 위조 또는 변조한 자는 10년 이하의 징역에 처한다(제214조 1항). 이 경우에 10년 이하의 자격정지 또는 2,000만원 이하의 벌금을 병과할 수 있다(제220조). 본죄의 미수범은 처벌한다(제223조).

폐공중전화카드의 자기기록 부분에 전자정보를 기록하여 사용 가능한 공중전화카드를 만든 행위는 유가증권위조죄에 해당한다(대법원 1998.2.27, 97도2483).

신용카드업자가 발행한 신용카드는 이를 소지함으로써 신용구매가 가능하고 금융의 편의를 받을 수 있다는 점에서 경제적 가치가 있다 하더라도 그 자체에 경제적 가치가 화체되어 있다 하더라도 그 자체에 경제적 가치가 화체되어 있거나 특정의 재산권을 표창하는 유가증권이라고 볼 수 없다(대법원 1999.7.9, 99도857).

2. 기재의 위조 · 변조죄

행사할 목적으로 유가증권의 권리의무에 관한 기재를 위조 또는 변조한 자도 전항의 형과 같다(제214조 2항). 10년 이하의 자격정지 또는 2,000만원 이하의 벌금을 병과할 수 있다(제220조). 미수범은 처벌한다(제223조).

3. 자격모용에 의한 유가증권작성죄

행사할 목적으로 타인의 자격을 모용하여 유가증권을 작성하거나 유가증권의 권리 또는 의무에 관한 사항을 기재한 자는 10년 이하의 징역에 처한다(제215조). 10년 이하의 자격정지 또는 2,000만원 이하의 벌금을 병과할 수 있다(제220조). 미수범은 처벌한다(제223조).

Ⅲ. 허위유가증권작성죄

행사할 목적으로 허위의 유가증권을 작성하거나 유가증권에 허위의 사항을 기재한 자는 7년 이하의 징역 또는 3,000만원 이하의 벌금을 병과할 수 있다(제216조). 10년 이하의 자격정지 또는 2,000만원 이하의 벌금을 병과할 수 있다(제220조). 미수범은 처벌한다(제223조).

타인에게 속한 자기명의의 유가증권에 무단히 변경을 가하였다 하더라도 그것이 문서손괴죄나 허위유가증권작성죄에 해당되는 경우가 있음은 별론으로 하고 유가증권변조죄를 구성하는 것은 아니다(대법원 1978.11.14, 78도1904).

Ⅳ. 위조 등 유가증권행사죄

위조·변조·작성 또는 허위기재한 전 3조 기재의 유가증권을 행사하거나 행사할 목적으로 수입 또는 수출한 자는 10년 이하의 징역에 처한다(제217조). 10년 이하의 자격정지 또는 2,000만원 이하의 벌금을 병과할 수 있다(제220조). 미수범은 처벌한다(제223조). 예컨대, 위조유가증권임을 알고 있는 자에게 교부하였더라도 피교부자가 이를 유통시킬 것임을 인식하고 교부하였다면 위조유가증권행사죄가 성립한다(대법원 1983.6.14, 81도2492).

Ⅴ. 인지·우표에 관한 죄

1. 인지·우표 등의 위조·변조죄

행사할 목적으로 대한민국 또는 외국의 우표 또는 인지를 위조 또는 변조한 자는

10년 이하의 징역에 처한다(제218조 1항). 10년 이하의 자격정지 또는 2,000만원 이하의 벌금을 병과할 수 있다(제220조). 미수범은 처벌한다(제223조).

2. 위조 · 변조 인지 · 우표 등의 행사죄

위조 또는 변조한 대한민국 또는 외국의 우표 또는 인지를 행사하거나 행사할 목적으로 수입 또는 수출한자도 전항의 형과 같다(제218조 1항). 10년 이하의 자격정지 또는 2,000만원 이하의 벌금을 병과할 수 있다(제220조). 미수범은 처벌한다(제223조).

3. 위조인지 · 우표 등의 취득죄

행사할 목적으로 위조 또는 변조한 대한민국 또는 외국의 우표 또는 인지를 취득한 자는 3년 이하의 징역 또는 1,000만원 이하의 벌금에 처한다(제219조). 10년 이하의 자격정지 또는 2,000천만원 이하의 벌금을 병과할 수 있다(제220조). 미수범은 처벌한다(제223조).

4. 인지 · 우표 등의 소인말소죄

행사할 목적으로 대한민국 또는 외국의 인지, 우표 기타 우편요금을 표시하는 우표의 소인 기타 사용의 표지를 말소한 자는 1년 이하의 징역 또는 300만원 이하의 벌금에 처한다(제221조).

5. 인지 · 우표유사물제조죄

판매할 목적으로 대한민국 또는 외국의 공채발행 · 우표 또는 인지에 유사한 물건을 제조 · 수입 또는 수출한 자는 2년 이하의 징역 또는 500만원 이하의 벌금에 처한다(제222조 1항). 전항의 물건을 판매한 자도 전항의 형과 같다(제222조 2항). 미수범은 처벌한다(제223조).

Ⅵ. 예비 · 음모죄

제214조, 제215조와 제218조 제1항의 죄를 범할 목적으로 예비 또는 음모한 자는 2년 이하의 징역에 처한다(제224조).

1. 유가증권도 그것이 정상적으로 발행된 것은 물론, 비록 작성권한 없는 자에 의하여 위조된 것이라고 하더라도 절차에 따라 몰수되기까지는 그 소지자의 점유를 보호하여야 한다는 점에서 형법상 재물로서 절도죄의 객체가 된다(대법원 1998.11.24, 98도2967).
2. 허위작성유가증권행사죄 또는 위조유가증권행사죄에 있어서의 유가증권이라 함은 허위작성 또는 위조된 유가증권의 원본을 말하는 것이지 전자복사기 등을 사용하여 기계적으로 복사한 사본은 이에 해당하지 않는다(대법원 1998.2.13, 97도2922).

제3절 문서에 관한 죄

I. 의의

1. 문서에 관한 죄의 의의

행사할 목적으로 문서를 위조 혹은 변조하거나 허위의 문서를 작성하거나, 위조·변조·허위작성된 문서를 행사하거나 문서를 부정행사함으로써 성립하는 범죄를 말한다. 문서는 관념 내지 사상을 표시하는 수단으로서의 확실성 때문에 현대사회에 있어서 문화적·법률적·경제적 측면에서 가장 중요한 거래수단으로의 중추적 역할이다. 이러한 의미에서 본죄는 문서에 대한 공공의 신용이라는 사회적 법익에 대한 죄이다.

문서에 대한 거래의 안전과 신용이다. **판례**는 문서에 대한 공공의 신용이 문서위조죄의 보호법익이라고 한다(대법원 1970.11.24, 70도1791). 문서에 관한 죄에 의하여 보호되는 것은 문서 자체가 아니라 문서의 증명력과 문서에 화체된 사상에 대한 안전과 신용이다.

2. 본질

(1) 형식주의와 실질주의

1) 형식주의

문서에 관한 죄의 보호대상은 문서의 성립의 진정이고 성립의 진정이 인정되면 내용이 진실과 일치하지 않아도 문서위조죄가 성립하지 않는다.

2) 실질주의

문서에 표시된 내용의 진실을 보호하는 것이고 표시된 사실이 객관적 진실과 일치할 때에는 작성명의의 허위가 있어도 본죄가 성립하지 않는다.

(2) 형법의 태도

형식주의와 실질주의의 대립은 사문서위조죄의 해석에 관하여 의미를 가질 뿐이다. 제1설은 형식주의를 취하여 성립의 진정을 침해하면 문서에 대한 안전과 신용의 위험이 발생한다고 하고 형법이 사문서에 관하여 원칙으로 권한없는 자가 타인명의의 문서를 작성하는 유형위조만을 처벌한다. 제2설은 원칙적으로 형식주의를 예외적으로 실질주의를 취한다. 형법은 공문서에 관하여는 사문서에 있어서도 예외적으로 무형위조를 처벌하는 규정(제233)을 두고 있다.

〔표〕 유형위조와 무형위조의 비교

	처벌의 범위	용어상의 구별
유형위조 (형식주의)	유형위조는 공문서·사문서를 묻지 않고 모두 처벌한다. 공문서위조죄(제225조)·사문서위조죄(제231조)	문서의 "위조"로 표현한다.
무형위조 (실질주의)	문서내용의 진실성을 특히 보호해야 할 경우에만 예외적으로 처벌한다. · 허위공문서작성죄(제227조) · 공정증서원본부실기재죄(제228조) · 허위진단서등 작성죄(제233조)	문서의 "작성"으로 표현하고 있다.

3. 문서의 개념

광의의 문서란 협의의 문서에 도화를 포함한다. 협의의 문서란 문자 혹은 이에 대신할 부호에 의하여 사상 혹은 관념을 표시한 물체로서 법적으로 중요한 사실을 증명할 수 있고 명의인을 표시하는 내용의 문자 혹은 부호에 의하여 화체된 사람의 의사이다.

(1) 계속적 기능

1) 의사표시

① 내용

단순한 사상 혹은 관념의 표시, 따라서 문서는 타인에게 사상의 내용을 전달하여 인식할 수 있는 것임을 요한다. 문서라고 할 수 없는 것은 검증의 목적물이나 표지, 기계적 기록, 기계에 의하여 사진복사한 복사문서이다. **판례**는 문서의 사본도 문서에 해당한다고 판시한다(대법원 1989.9.12, 87도506(전원합의체 판결)).

② 방법

반드시 문자에 의할 것을 요하지 않으며 부호에 의한 경우도 포함한다(부호에 의한 경우로서는 속기용의 부호, 전신부호 혹은 맹인의 점자). 상징적 부호에 의한 의사표시에 대해서는 제1설은 도화에 속하므로 발음적 부호에 의하는 경우에만 문서에 해당한다고 하고 제2설은 문자에 대신할 수 있는 가독적 부호이면 족하다고 하여 반드시 발음적 부호일 것을 불요한다고 한다. 예술작품에 예술가가 한 서명과 낙관에 대해서는 **통설**은 문서가 아니므로 인정에 관한 죄가 성립할 뿐이라고 한다. 표시가 생략되어 있는 생략문서도 연결된 의미내용을 표시할 수 있는 범위에서는 문서가 될 수 있다.

2) 의사표시의 계속성

① 문체에 고정된 의사표시

계속성이 인정될 때에만 문서가 가지고 있는 법적 거래에 있어서의 중요한 기능을 다할 수 있으나 의사표시가 반드시 영구적일 것을 불요한다. 구두에 의한 사상의 표현은 계속성이 인정되지 아니하므로 문서가 아니다.

② 시각적 방법에 의한 표시

문서는 표시된 의사의 내용을 시각적으로 이해할 수 있는 것임을 요한다. 음반, 녹음테이프와 같은 청각으로 이해할 수 있는 것은 문서가 아니다.

3) 증명적 기능

물체에 기재된 의사표시는 일정한 법률관계를 증명할 수 있고 또 증명하기 위한 것이다. 이 기능은 사문서에 대하여만 의미를 가지는 것이므로 문서의 개념요소가 될 수 없다는 견해가 있으나, 사문서뿐만 아니라 공문서에서도 문서개념의 내용과 한계가 된다.

① 증명능력

법적으로 중요한 사실, 즉 법률관계를 증명할 수 있는 것으로 사상의 표현이 그 자체 혹은 다른 상황과 결합하여 확신형성에 기여할 수 있다. 법적 중요성은 권리 혹은 의무의 발생·유지·변경·소멸에 관한 사실이다. 공법관계인가 사법관계인가는 불문한다. 진정한 문서를 전제로 한다. **판례**는 허위로 작성된 공문서는 공문서변조죄의 객체가 되지 못한다고 한다(대법원 1986.11.11, 86도1984).

② 증명의사

문서는 법률관계를 증명하기 위한 것이다. 증명의사에 의하여 문서는 목적문서(처음부터 증명의사로 작성한 문서 ; 예컨대, 공문서, 사문서, 범죄문서)와 우연문서(증명의사가 사후에 발생한 경우 ; 사문서)로 구별된다. 증명의사는 확정적 의사를 요한다.

4) 보장적 기능

문서는 문서의 작성자 혹은 보증인을 의미하는 명의인이 표시되어야 한다. 즉 의사표시의 주체, 자연인, 법인은 불문한다. 명의인이 명시되지 아니한 경우라도 문서의 형식과 내용에 의하여 누가 작성하였는가를 알 수 있는 정도면 족하다.

① 사자와 허무인 명의의 문서

통설은 공문서는 물론 사문서에 대하여도 명의인이 실재함을 요하지 않는다는 전제에서 일반인에게 진정한 문서라고 오신케 할 염려가 있는 때에는 사자와 허무인 명의의 문서도 해당한다. **판례**는 공문서에서는 명의인의 실재를 불요하나 사문서에서는 요한다고 한다. 이에 대해서는 문서위조죄는 문서에 대한 거래의 안전과 신용을 보호법익으로 추상적 위험범이므로 일반인에게 진정한 문서라고 오신케 할 염려가 있으면 본죄가 성립하고 공문서 · 사문서 구별을 불요한다.

② 복본 · 등본 · 사본

문서라고 할 수 있느냐는 문서의 형식과 거래 관념에 따라 나뉜다. 복본(複本)은 명의인이 증명을 위하여 수통의 문서를 작성한 경우는 문서라고 할 수 있고 등본 혹은 사본은 인증이 없는 한 문서라고 할 수 없다. 명인인의 의사를 표시한 것이 아니라 다른 문서에 화체화된 의사를 복사한 것에 불과하다.

4. 문서의 종류

(1) 공문서와 사문서

1) 공문서

공문서 혹은 공무원이 직무에 관하여 작성한 문서이고 작성명의인이 공무소 혹은 공무원이다. 직무에 관하여 작성된 문서는 공무원이 그 직무범위의 내에서 작성한 문서이다. 예컨대, 공무원명의의 개인채무부담의 의사표시문서는 공문서는 아니다. **판례**는 민사분쟁사건처리특례법에 의하여 합동법률사무소 명의를 작성된 공증에 관한 문서는 공문서에 속한다고 한다(대법원 1977.8.23, 74도2715(전원합의체 판결)).

2) 사문서

사인 명의로 작성된 문서이며, 권리의무에 관한 문서(권리의무의 발생 · 변경 · 소멸에 관한 사항을 기재한 문서)와 사실증명에 관한 문서(권리의무에 관한 문서 이외의 문서로서 거래상 중요한 사실을 증명하는 문서)만 사문서가 될 수 있다.

(2) 문서의 특수형태

1) 전체문서

개별적인 문서가 계속적인 형태에 의하여 통일된 전체로 결합되어 독자적인 표시내용을 가지는 경우로서 전체가 문서죄의 객체로 되어 하나의 범죄가 성립한다. 예컨대, 예금통장 · 상업장부 · 형사기록이다.

2) 결합문서

문서가 검증의 목적물과 장소적으로 결합되어 통일된 증명내용을 가지는 경우로서 예컨대, 사진을 첨부한 증명서, 문서에 대한 인증이다.

II. 문서위조 · 변조죄

1. 사문서위조 · 변조죄

행사할 목적으로 권리 · 의무 또는 사실증명에 관한 타인의 문서 또는 도화를위조 또는 변조한 자는 5년 이하의 징역 또는 1,000만원 이하의 벌금에 처한다(제231조). 미수범은 처벌한다(제235조).

(1) 의의

행사할 목적으로 권리의무 혹은 사실증명에 관한 타인의 문서 혹은 도화를 위조 · 변조함으로써 성립하는 범죄이다. 문서에 관한 죄의 가장 기본적인 범죄이다.

(2) 행위의 객체

사문서 중에서 권리의무 혹은 사실증명에 관한 문서이다. 예컨대, 전자복사기로 복사한 문서의 사본도 문서위조죄의 객체 및 동행사죄의 객체인 문서에 해당한다(대법원 1996.5.14, 96도785). 권리의무에 관한 문서는 공법상 혹은 사법상의 권리의무의 발생 · 변경 혹은 소멸에 관한 사항을 기재한 문서로서 예컨대, 위임장, 매매계약서, 영수증을 말한다. 사실증명에 관한 문서는 권리의무에 관한 문서 이외의 거래상 중요한 사실을 증명하는 문서로서 예컨대, 추천서, 안내장, 이력서 혹은 단체의 신분증을 말한다.

(3) 행위

1) 위조

작성권한이 없는 자가 타인명의를 모용하여 문서를 작성하는 것이다. 부진정한 문서를 작성하는 것이다. 광의로는 유형위조(협의로는 권한없이 타인명의의 문서를 작성)와 무형위조(권한있는 자가 진실에 반하는 내용의 문서를 작성)를 말한다.

① 권한없는 자

위탁된 범위를 초월하여 위탁자명의의 사문서를 작성하는 경우가 위조이고, 명의인의 사전승낙을 받은 경우는 위조가 아니다(예컨대, ① 담보권을 양수한 자가 가등기말소신청서를 작성 ② 대금수령을 위임받아 예금청구서를 작성 ③ 보관시켜둔 인장으로 이사회 회의록을 작성).

대리권 혹은 대표권 없는 자가 대리인으로서 본인명의의 문서를 작성하는 경우에는 자격모용에 의한 문서작성이다. 대리권 혹은 대표권 있는 자가 권한 외의 사항에 대하여 문서를 작성하는 경우에는 자격모용에 의한 문서작성, 문서위조이나 위임의 취지에 반하여 백지를 보충한 백지위조는 위조이다. 대리권자 혹은 대표권자가 그 권한의 범위내에서 권한을 남용하여 문서를 작성하는 경우 **통설**은 배임죄 혹은 허위공문서작성죄의 성립은 별문제로 하고 위조에 해당하지 아니한다고 한다.

② 타인명의의 모용

실질적인 명의인에 대한 착오를 야기·유지하기 위한 행위, 즉 동일성의 사칭이다. 문서의 기재내용이 진실일 것을 불요한다. 명의인에 대한 사칭만 있으면 족하므로 현실의 작성자가 문서에 표시될 것을 불요한다.

■ 위조 아닌 경우의 사례
- 타인이 작성한 문서에 작성일자를 기재한 경우
- 단독명의로 신청할 수 있는 증명확인원의 매도인란에 타인이름의 기재한 경우

③ 문서의 작성

기존의 미완성문서에 가공하여 그 문서를 작성하거나 별개 독립의 새로운 증명력을 가지는 문서를 작성하는 경우를 말한다. 기존의 문서를 변경하는 경우에도 중요부분을 변경하여 변경전의 문서와 별개의 문서를 작성한 때에는 위조이다. 간접정범에 의해서도 작성할 수 있다(명의인이 내용을 오신하고 있는 것을 이용하여 그의 의사와 다른 내용의 문서를 작성하게 하는 경우).

형식과 내용에 있어서 완전한 것을 불요한다(일반인으로 하여금 진정한 문서로 오인할 정도로 문서로서의 형식과 외관을 갖추면 족하다).

2) 변조

권한없이 이미 진정하게 성립된 타인명의의 문서내용에 그 동일성을 해하지 않을 정도로 변경을 가하는 것을 말한다. 예컨대, ① 증명서의 사진을 떼어내고 자신의 사진을 첨부하거나 ② 인감증명서의 사용용도란의 기재를 변경하거나 ③ 결재된 원안문서에 새로운 사항을 첨가 기재하거나 ④ 첨부된 도면을 떼어내고 새로 작성한 도면을 가철하는 것을 말한다. 「권한없이」란 문서내용에 변경을 가할 권한이 없는 자

를 말한다. 문서의 내용에 변경을 가할 것을 요한다. 예컨대, 단순한 자구수정, 문서 내용에 영향을 미치지 않는 사실은 기재는 아니다. 기존문서의 동일성을 해하지 않는 범위일 것을 요한다. 문서의 중요부분에 변경을 가하고 효력을 상실한 문서에 변경을 가하며 새로운 증명력을 가진 문서를 작성하게 한 경우가 아니면 위조에 해당한다. 타인명의의 문서일 것을 요한다. 자기명의의 문서에 변경을 가하는 것이 아니면 문서손괴죄이다.

(4) 주관적 구성요건

권리의무 혹은 사실증명에 관한 문서를 위조 혹은 변조한다는 점에 대한 인식과 의사를 말한다. 타인명의의 문서라는 점에 대한 인식을 요한다. 목적범이란 위조 혹은 변조된 문서를 진정한 문서로 효력을 발생케 할 목적을 말한다. 행사의 목적이란 제1설이란 미필적 인식으로도 족하고 제2설은 목적을 고의와 같은 의미로 해석할 순 없으며 초과주관적인 구성요건요소인 행사의 목적은 적어도 직접적인 인식을 요한다.

(5) 죄수와 타죄와의 관계

1) 죄수

문서에 관한 죄의 죄수를 결정하는 기준이다. 이에 대해서는 **다수설**은 보호법익을 표준으로 하여 죄수를 결정하고 **판례**는 명의인의 수를 기준으로 하므로 2인 이상의 연명으로 된 문서를 위조한 때에는 수죄의 상상적 경합이 된다고 한다(대법원 1987.7.21, 87도564). 또한 본죄와 위조사문서행사죄와의 관계에 대해서는 **다수설**은 양죄의 경합범으로 본다.

2) 다른 범죄와의 관계

명의인이 문맹임을 이용하여 문서를 작성하게 한 경우에는 명의인이 문서의 내용을 모르고 문서를 작성한 때에는 본죄가 성립하나, 그 내용을 안 때에는 사기죄가 성립한다. 또한 타인명의의 문서를 만들어 위조한 때에는 양죄의 상상적 경합이 성립한다.

(6) 몰수

원칙적으로 제48조 제1항에 의한다. 위조문서라 할지라도 선의의 제3자를 보호할 필요가 있거나 문서의 일부만 위조·변조된 때에는 몰수하지 않으나 문서의 주된 부분이 위조된 경우 진정한 부분만으로는 독립하여 효력을 가지지 못할 때에는 그 전부는 몰수한다.

2. 자격모용에 의한 사문서작성죄

행사할 목적으로 타인의 자격을 모용하여 권리·의무 또는 사실증명에 관한 문서 또는 도서를 작성한 자는 5년 이하의 징역 또는 1,000만원 이하의 벌금에 처한다(제232조). 미수범은 처벌한다(제235조).

3. 공문서위조·변조죄

행사할 목적으로 공무원 또는 공무소의 문서 또는 도서를 위조 또는 변조한 자는 10년 이하의 징역에 처한다(제225조). 미수범은 처벌한다(제235조). 10년 이하의 자격정지를 병과할 수 있다(제237조). 여기에서 공문서변조란 권한없이 이미 진정하게 성립된 공무원 또는 공무소명의의 문서내용에 대하여 그 동일성을 해하지 아니할 정도로 변경을 가하는 것을 말하므로 이미 허위로 작성된 공문서는 본조의 객체에 해당되지 아니한다(대법원 1986.11.11, 86도1984).

피고인이 행사할 목적으로 타인의 주민등록증에 붙어있는 사진을 떼어내고 그 자리에 피고인의 사진을 붙였다면 이는 기존 공문서의 본질적 또는 중요 부분에 변경을 가하여 새로운 증명력을 가지는 별개의 공문서를 작성한 경우에 해당하므로 공문서위조죄를 구성한다(대법원 1991.9.10, 91도1610).

주의할 것 ··· 본죄는 사문서위조·변조죄에 비하여 객체가 공문서이기 때문에 불법이 가중된 구성요건이다.

4. 자격모용에 의한 공문서작성죄

행사할 목적으로 공무원 또는 공무원의 자격을 모용하여 문서 또는 도서를 작성한 자는 10년 이하의 징역에 처한다(제226조). 미수범은 처벌한다(제235조). 10년 이하의 자격정지를 병과할 수 있다(제237조).

Ⅲ. 허위문서작성죄

1. 허위진단서작성죄

의사・한의사・치과의사 또는 조산사가 허위의 진단서・검안서 또는 생사에 관한 증명서를 허위로 작성한 때에는 3년 이하의 징역이나 금고, 7년 이하의 자격정지 또는 1,000만원 이하의 벌금에 처한다(제233조). 미수범은 처벌한다(제235조).

주의할 것 ··· 목적범이 아니다.

2. 허위공문서작성죄

공무원이 행사할 목적으로 그 직무에 관하여 문서 또는 도화를 허위로 작성하거나 변개한 때에는 7년 이하의 징역 또는 2,000만원 이하의 벌금에 처한다(제227조). 본죄의 미수범은 처벌한다(제235조). 이 경우에는 10년 이하의 자격정지를 병과할 수 있다(제237조).

작성권한 있는 공무원의 직무를 보좌하여 공문서를 기안 또는 초안하는 직권이 있는 자가 그 직위를 이용하여 행사할 목적으로 직무상 기안하는 문서에 허위의 내용을 기재하고 허위인정을 모르는 상사로 하여금 그 초안내용이 진실한 것으로 오신케 하여 서명날인케 함으로써 허위내용의 공문서를 작성토록 하였다면 허위공문서작성죄의 간접정범의 죄책을 면할 수 없다(대법원 1990.2.27, 89도1816).

주의할 것 ··· 목적범이다.

3. 공정증서원본 등 부실기재죄

공무원에 대하여 허위신고를 하여 공정증서원본 또는 이와 동일한 전자기록 등 특수매체기록에 불실의 사실을 기재하게 한 자는 5년 이하의 징역 또는 1,000만원 이하의 벌금에 처한다(제228조 1항). 공무원에 대하여 허위신고를 하여 면허장・감찰 또는 여권에 불실의 사실을 기재하게 한 자는 3년 이하의 징역 또는 700만원 이하의 벌금에 처한다(제228조). 본죄의 미수범은 처벌한다(제235조).

(1) 의의

공무원에 대하여 허위신고를 하여 공정증서원본 혹은 이에 준하는 신빙력이 인정되는 공문서에 불실의 사실을 기재하게 함으로써 성립하는 범죄이다. 간접정범의 형태에 의한 허위공문서작성죄를 특별히 규정하여 허위공문서작성죄에 의한 처벌의 결함을 보충하기 위한 범죄이다. 공무원이 정을 알면서 불실의 사실을 기재한 때에는 허위공문서작성죄가 성립하고, 기재하게 한 자는 동죄의 교사범으로 처벌받게 된다.

(2) 구성요건

1) 주체

제한이 없고 공무원도 가능하다.

2) 행위의 주체

① 공정증서원본

공정증서의 개념에 대하여는 공무원이 직무상 작성하는 문서로 권리의무에 관한 사실을 증명하는 효력을 가진 것을 의미한다는 견해가 **다수설**이고 이에 대하여 소수설은 권리의무에 관한 사실을 증명할 것을 요하지 않고 사실을 증명하는 효력을 가진 공문서이면 족하다고 한다.

〔표〕 공정증서에 해당되는 지의 여부

O	호적부, 부동산등기부, 상업등기부 혹은 화해조서, 합동법률사무소 명의로 작성된 공정증서
×	주민등록부, 인감대장, 토지대장, 가옥대장, 공증인이 작성한 사서증서, 등본, 사본 혹은 초본

② 면허장

특정인에게 특정된 기능을 부여하기 위하여 공무원이 작성하는 증서로서 예컨대, 의사면허증, 자동차면허증, 수렵면허증 등을 들 수 있다.

③ 감찰

일정한 영업 혹은 업무를 허가하여다는 사실을 증명하는 공무소의 허가증으로서 예컨대, 고물상 혹은 주류판매의 영업감찰, 자동차의 감찰 등을 들 수 있다.

④ 여권

공무소가 여행자에게 발행하는 허가증으로서 예컨대, 외국여행자에게 교부하는 여권, 가석방자에 대한 여행허가증을 들 수 있다.

3) 행위

공무원에 대하여 허위신고를 하여 부실의 사실을 기재하게 하는 것으로 허위신고에 의하여 부실기재를 하여야 하므로 허위신고와 부실기재 사이에는 인과관계가 있어야 한다.

① 허위신고

일정한 사실에 대하여 진실에 반하는 신고를 하는 것으로서 내용이 허위인 경우뿐만 아니라 신고인이 자격을 사칭한 경우로서 다음과 같다. (i) 사자명의로 소유권보존등기를 신청하거나 (ii) 허위의 매매를 원인으로 소유권이전등기신고 (iii) 주금(株金)을 가장납입하여 증자등기신청 (iv) 확정판결에 의한 등기신청, 화해조서에 의한 등기신청의 경우에도 그 내용이 진실에 반하는 것을 알면서 신청

② 부실기재

중요한 점에 있어서 진실에 반하는 사실을 기재하는 것으로서, 예컨대, (i) 권리의무와 관계없는 예고등기말소 (ii) 등기원인을 명의신탁 대신에 매매라고 기재하는 것 (iii) 기재절차에 흠이 있는 경우라 할지라도 기재내용이 당사자의 의사나 실체권리관계와 일치하는 때에도 부실기재가 아니다. 중간생략등기가 본죄에 해당하는가에 대하여 통설 · **판례**는 중간생략등기는 사회에서 널리 행하여지고 있을 뿐만 아니라 당사자 의사 혹은 실체법률관계와 일치된다고 한다(부정설).

③ 착수와 기수시기

허위신고시를 기준으로 판단한다. 허위신고에 의하여 공정증서원본 등에 부실의 기재가 된 때에는 기수에 이른다. 부실의 기재를 하면 족하며 이로 인한 실해가 발생할 것을 불요하고 부실의 기재를 한 후에 기재내용이 객관적인 권리관계와 일치하게 되었는가는 본죄의 성립에 영향을 미치지 않는다.

4) 고의

고의범으로서 허위신고에 의하여 부실기재를 한다는 점에 대한 인식이 있을 것을 불요한다.

Ⅳ. 위조사문서 등 행사죄

1. 위조 · 변조 · 작성사문서행사죄

위조 · 변조 또는 작성한 전3조 기재의 문서 또는 도화를 행사한 자는 위조 · 변조 또는 작성의 각죄에 정한 형에 처한다(제234조). 미수범은 처벌한다(제235조).

2. 위조 · 변조 등 공문서 등 행사죄

위조 · 변조 · 작성 · 변작 또는 부실기재한 전4조 기재의 문서 · 도화 · 공정증서원본 · 면허장 · 감찰 또는 여권을 행사한 자는 위조 · 변조 · 작성 · 변작 또는 부실기재의 각 죄에 정한 형에 처한다(제229조). 미수범은 처벌한다(제235조). 10년 이하의 자격정지를 병과할 수 있다(제237조).

> 주의할 것 ··· 본죄는 위조 · 변조 등 사문서행사죄에 대해 객체가 공문서라는 이유로 불법이 가중된 구성요건이다.

Ⅴ. 문서부정행사죄

1. 사문서부정행사죄

권리의무 또는 사실증명에 관한 타인의 문서 또는 도화를 부정행사한 자는 1년 이하의 징역이나 금고 또는 300만원 이하의 벌금에 처한다(제236조).

피고인이 절취한 전화카드를 공중전화기에 넣어 사용한 것은 권리의무에 관한 타인의 사문서를 부정 행사한 경우에 해당한다(대법원 2002.6.25, 2002도461).

2. 공문서 등 부정행사죄

공무원 또는 공무소의 문서 또는 도화를 부정행사한 자는 2년 이하의 징역이나 금고 또는 500만원 이하의 벌금에 처한다(제230조). 본죄의 미수범은 처벌한다(제236조).

피고인이 기왕에 습득한 타인의 주민등록증을 피고인 가족의 것이라고 제시하면서 그 주민등록상의 명의 또는 가명으로 이동전화 가입신청을 한 경우, 타인의 주민등록증을 본래의 사용용도인 신분확인용으로 사용한 것이라고 볼 수 없이 공문서부정행사죄는 성립하지 않는다. 사기죄만 성립한다(대법원 2003.2.26, 2002도4935).

제3자로부터 신분확인을 위하여 신분증명서의 제시를 요구받고 다른 사람의 운전면허증을 제시한 경우, 공문서부정행사죄에 해당한다(대법원 2001.4.19, 2000도1985).

Ⅵ. 전자기록위작 · 변작 등 죄

1. 의의

사무처리를 그르치게 할 목적으로 전자기록 등 특수매체기록을 위작 또는 변작함으로써 성립하는 범죄이다.

2. 사전자기록위작 · 변작 · 행사죄(제232조의 2)

사무처리를 그르치게 할 목적으로 권리 · 의무 또는 사실증명에 관한 타인의 전자기록 등 특수매체기록을 위작 또는 변작한 자는 5년 이하의 징역 또는 1,000만원 이하의 벌금에 처한다(제232조의 2). 제232조의 2의 죄에 의하여 만들어진 전자기록 등 특수매체기록을 행사한 자는 그 죄에 정한 형에 처한다(제234조).

3. 공전자기록위작 · 변작 · 행사죄(제227조의 2)

사무처리를 그르치게 할 목적으로 공무원 또는 공무소의 전자기록 등 특수매체기록을 위작 또는 변작한 자는 10년 이하의 징역에 처한다(제227조의 2). 제227조의 2의 죄에 의하여 만들어진 전자기록 등 특수매체기록을 행사한 자는 그 죄에 정한 형에 처한다(제229조). 미수범은 처벌한다(제235조). 본죄를 유형위조로 보는 견해도 있으나, 무형위조의 간접정범(간접적인 허위공문서 작성죄)으로 보는 것이 타당하다(**다수설**). ① 공정증서원본은 어떤 사실을 공적으로 증명하는 효력을 가진 공문서로서 권리의무에 관한 것에 한한다. 따라서 호적부, 부동산등기부, 상업등기부, 화해조서 등은 이에 해당하나, 토지대장, 임야대장, 인감대장, 주민등록부 등은 권리의무에 관한 것이 아니므로 포함되지 아니한다. 공정증서원본과 동일한 전자기록 등 특수매체기록은 전자적 기록 또는 광기술을 이용한 특수매체기록으로서 공무소에서 보관하는 전산화한 부동산등기부파일, 호적파일 등을 말한다. ② 허위신고를 하여 부실의 사실을 기재 또는 기록한다함은 객관적 진실에 반하는 사항을 신고하여 기재 또는 기록시키는 것을 말한다. 기재 또는 기록절차에 하자가 있어도 기재 또는 기록내용이 당사자의 의사나 실체권리관계와 일치할 때에는 부실의 기재 또는 기록이 아니다. ③ 중간생략등기(등록세 등 조세부담을 덜고 절차와 비용을 절약하기 위하여 예를 들어 갑에서 을로, 을에서 병으로 부동산이 매매된 경우 갑으로부터 직접 병에게 부동산이 매매된 것처럼 등기하는 것)는 본죄를 구성하지 않는다는 것이 **통설 · 판례**이다.

1. 문서에 관한 죄에서 문서의 개념에 대하여 설명하시오.

2. 문서에 관한 죄에서 위조와 변조의 개념상의 차이점에 대하여 언급하시오.

1. 형법 제237조의 2에 따라 전자복사기, 모사전송기 기타 이와 유사한 기기를 사용하여 복사한 문서의 사본도 문서원본과 동일한 의미를 가지는 문서로서 이를 다시 복사한 문서의 재사본도 문서위조죄 및 동 행사죄의 객체인 문서에 해당한다 할 것이고, 진정한 문서의 사본을 전자복사기를 이용하여 복사하면서 일부 조작을 가하여 그 사본내용과 전혀 다르게 만드는 행위는 공공의 신용을 해할 우려가 있는 별개의 문서사본을 창출하는 행위로서 문서위조행위에 해당하다(대법원 2000.9.5, 2000도2855).

2. 경찰관이 고소사건을 처리하지 아니하였음에도 경찰범죄정보시스템에 그 사건을 검찰에 송치한 것으로 허위사실을 입력한 행위는 공전자기록위작죄에서 말하는 '위작'에 해당한다(대법원 2005.6.9, 2004도6132).

3. 화해조서 경정결정신청 기각결정문을 화해조서정본인 것처럼 등기서류로 제출행사하였다고 하더라도 공문서부정행사죄는 성립하지 아니한다(대법원 1984.2.28, 82도2851).

4. 명의인을 기망하여 문서를 작성하게 하는 경우는 서명 · 날인이 정당히 성립된 경우에도 기망자는 명의인을 이용하여 서명 · 날인자의 의사에 반하는 문서를 작성하게 하는 것이므로 사문서위조죄가 성립한다(대법원 2000.6.13, 2000도778).

5. 문서위조죄는 문서의 진정에 대한 공공의 신용을 그 보호법익으로 하는 것이므로 행사할 목적으로 작성된 문서가 일반인으로 하여금 당해 명의인의 권한 내에서 작성된 문서라고 믿게 할 수 있는 정도의 형식과 외관을 갖추고 있으면 문서위조죄가 성립하는 것이고, 위와 같은 요건을 구비한 이상 그 명의인이 실재하지 않는 허무인이거나 또는 문서의 작성일자 전에 이미 사망하였다고 하더라도 그러한 문서 역시 공공의 신용을 해할 위험성이 있으므로 문서위조죄가 성립한다고 봄이 상당하며, 이는 공문서뿐만 아니라 사문서의 경우에도 마찬가지라고 보아야 한다(대법원 2005.2.24, 2002도18 전원합의체).

제4절 인장에 관한 죄

I. 의의

1. 의의와 본질

인장에 관한 죄란 행사할 목적으로 인장 · 서명 · 기명 또는 기호를 위조 또는 부정사용하거나, 위조 또는 부정사용한 인장 · 서명 등을 행사하는 것을 내용으로 하는 범죄를 말한다. 인장에 관한 죄의 보호법익은 인장의 사회생활에 있어서의 거래상의 신용과 안전이다. 문서위조죄가 성립할 때에는 인장에 관한 죄는 여기에 흡수되어 별도로 성립하지 않는다.

2. 인장 · 서명 · 기명 · 기호

(1) 인장

인장이란 특정인의 인격과 그 동일성을 증명하기 위하여 사용하는 상징을 의미한다. 인격의 동일성을 증명하는 지장 또는 날인도 인장에 해당한다. ① 인장이란 인영을 의미하는가에 대하여 인영(印影)이란 일정한 사항을 증명하기 위하여 물체상에 현출케 한 문자 기타 부호의 영적(影迹)을 말하며 인과란 인영을 현출케 하는 데 필요한 문자 기타의 부호를 조각한 물체를 말한다. **통설**은 인영과 인과를 포함한다고 한다. ② 사인은 권리의무 또는 사실증명에 관한 것임을 요하는가에 대하여 권리의무의 증명에 관한 것임을 요하지 않으나 인장은 적어도 사실증명을 위하여 사용된 것임을 요한다고 한다. ③ 서화의 낙관에 서명날인한 경우나 우체국에서 일부인을 찍은 것이 인장인가 또는 문서에 해당하는가에 대하여 인장과 서명만에 의하여도 인격의 동일성 이외에 다른 사항을 증명할 수 있는 때에는 문서가 될 수 있다고 한다.

(2) 서명 · 기명

서명이란 특정인이 자기를 표시하는 문자를 말한다. 다만, 기명을 별도로 규정하고 있는 형법의 해석에 있어서 서명은 자서에 한한다고 해야 하고 **기명**이란 특정인의 주체를 표시하는 문자로서 자서가 아닌 것을 말한다.

(3) 기호

기호란 물건에 압날하여 그 동일성을 증명하는 점에서 인장의 일종이다. 기호와 인장의 구별에 관하여 증명목적에 따라 인장이 인격의 동일성을 증명하는 것임에 반하여, 기호는 기타의 사항을 증명하는 목적으로 하는 부호라고 해석하는 견해가 대립하고 있으나, 인장은 특정한 사람의 인격과 그 동일성을 증명하는 점에 특색이 있으므로 이를 구별하는 견해가 타당하다.

II. 사인 등 위조 · 행사죄

1. 사인위조 · 부정사용죄

행사할 목적으로 타인의 인장 · 서명 · 기명 또는 기호를 위조 또는 부정사용한 자는 3년 이하의 징역에 처한다(제239조 1항). 미수범은 처벌한다(제240조).

2. 위조 등 사인행사죄

위조 또는 부정사용한 타인의 인장·서명·기명 또는 기호를 행사한 때에도 전항의 형과 같다(제239조 2항). 미수범은 처벌한다(제240조).

Ⅲ. 공인위조·행사죄

1. 공인 등 위조·부정사용죄

행사할 목적으로 공무원 또는 공무소의 인장·서명·기명 또는 기호를 위조 또는 부정사용한 자는 5년 이하의 징역에 처한다(제238조 1항). 7년 이하의 자격정지를 병과할 수 있다(제238조 3항). 미수범은 처벌한다(제240조).

부정 사용한 공기호인 자동차등록번호판의 용법에 따른 사용행위인 행사라 함은 이를 자동차에 부착하여 운행함으로써 일반인으로 하여금 자동차의 동일성에 관한 오인을 불러일으킬 수 있는 상태, 즉 그것이 부착된 자동차를 운행함을 의미한다고 할 것이다(대법원 1997.7.8, 96도3319).

2. 위조공인 등 행사죄

위조 또는 부정사용한 공무원 또는 공무소의 인장·서명·기명 또는 기호를 행사한 자도 전항의 형과 같다(제238조 2항). 7년 이하의 자격정지를 병과할 수 있다(제238조 3항). 미수범은 처벌한다(제240조).

1. 다음 문서에 관한 죄에 대한 설명으로 옳지 않은 것은?

① 형법상 문서는 계속적 기능, 증명적 기능, 보장적 기능을 가진다.
② 통설에 의하면 공문서와 사문서를 불문하고 명의인이 실재해야 할 필요는 없으므로 사자나 허무인명의의 문서도 문서에 해당한다.
③ 기계적 방법에 의한 전자복사, 사진복사본은 문서가 된다.
④ 우리 형법은 문서의 내용을 허위로 작성하는 행위를 처벌하는 입법형식(실질주의)을 원칙으로 하면서 예외적으로 문서의 작성명의에 허위가 있을 때 처벌하는 입법형식(형식주의)을 취하고 있다.

〈해설〉 ④ 형법은 형식주의를 원칙으로 하면서 예외적으로 실질주의를 취하고 있다.

2. 다음 중 범죄구성요건이 간접정범의 형태를 통하여 충족되도록 규정되어 있는 것은?

① 허위진단서작성죄
② 공정증서원본불실기재죄
③ 알선수뢰죄
④ 위계에 의한 공무집행방해죄

〈해설〉 ②

3. 채무자가 채권자로부터 차용증서를 잠시 반환하게 하여 그 내용에 변경을 가하였을 경우에는 다음 어느 죄에 해당한다고 보는 것이 가장 타당한가?

① 사문서위조죄
② 자격모용에 의한 사문서작성죄
③ 사문서변조죄
④ 문서손괴죄

〈해설〉 ④

제3장 공중의 건강에 대한 죄

제1절 음용수에 관한 죄

I. 의의

음용수에 관한 죄란 음용에 공할 정수 또는 그 수원에 오물·독물 기타 건강을 해할 물건을 혼입하거나, 수도 기타의 시설을 손괴 또는 기타의 방법으로 불통하게 하여 공중의 음용수의 이용과 그 안전을 위태롭게 함으로써 성립하는 범죄를 말한다. 공중위생의 견지에서 공중의 건강 또는 공중의 보건을 보호법익으로 하는 공중위험범이라고 할 수 있다. 보호받는 정도는 추상적 위험범이다. 음용수에 관한 죄의 기본적 구성요건은 음용수 사용방해죄(제192조 1항)이다. 음용수 유해물혼입죄(제192조 2항)는 행위의 방법으로 인하여 불법이 가중되는 경우이다. 수도음용수 사용방해죄(제193조 1항)는 객체가 제한되어 불법이 가중되는 구성요건이며, 수도음용수 유해물혼입죄(제193조 2항)와 수도불통죄(제195조)는 객체와 방법 때문에 불법이 가중되는 경우이다. 음용수혼독치사상죄(제194조)는 결과적 가중범에 관한 규정이다.

II. 음용수사용방해죄

일상음용에 공하는 정수에 오물을 혼입하여 음용하지 못하게 한 자는 1년 이하의 징역 또는 500만원 이하의 벌금에 처한다(제192조). '일상음용에 공하는 정수'란 불특정 또는 다수인이 계속적으로 사용하는 정수를 의미하고, 오물이란 독물 이외에 이를 혼입하면 정수로서의 이용에 지장을 줄 수 있는 일체의 물질을 말한다. 사용할 수 없다는 것은 보통인의 감정을 기준으로 한다. 본죄의 성립에는 정수에 오물을 혼입하여 음용하지 못하게 하는 것에 대한 인식과 의사가 필요하다.

Ⅲ. 가중적 구성요건

1. 음용수 유해물혼입죄

전항의 음용수에 독물 기타 건강을 해할 물건을 혼입한 자는 10년 이하의 징역에 처한다(제192조 제2항). 본죄의 미수범은 처벌한다(제196조). 본죄의 범할 목적으로 예비·음모한 자는 2년 이하의 징역에 처한다(제197조).

2. 수도음용수사용방해죄

수도에 의하여 공중의 음용에 공하는 정수 또는 그 수원에 오물을 혼입하여 음용하지 못하게 한 자는 1년 이상 10년 이하의 징역에 처한다(제193조 제1항).

3. 수도음용수유독물혼입죄

전항의 음용수 또는 수원에 독물 기타 건강을 해할 물건을 혼입한 자는 2년 이상의 유기징역에 처한다(제193조 제2항). 본죄의 미수범은 처벌한다(제196조). 본죄를 범할 목적으로 예비 또는 음모한 자는 2년 이하의 징역에 처한다(제197조).

4. 음용수혼독치사상죄

제192조 제2항 또는 제193조 제2항의 죄를 범하여 사람을 사상에 이르게 한 자는 사형·무기 또는 3년 이상의 징역에 처한다(제194조). 사망에 이르게 한 자는 무기 또는 5년 이상의 징역에 처한다(제194조).

5. 수도불통죄

공중의 음용수를 공급하는 수도 기타 시설을 손괴 기타 방법으로 불통하게 한 자는 1년 이상 10년 이하의 징역에 처한다(제195조). 본죄의 미수범은 처벌한다(제196조). 본죄를 범할 목적으로 예비 또는 음모한 자는 2년 이하의 징역에 처한다(제197조).

제2절 아편에 관한 죄

I. 의의

아편에 관한 죄는 아편을 흡식하거나, 아편 또는 아편흡식기구를 제조·수입·판매 또는 소지하는 것을 내용으로 하는 범죄이다. 본죄는 공중의 건강을 보호법익으로 하는 추상적 위험범이다.

아편에 관한 죄의 기본적 구성요건은 아편흡식 등 죄(제201조 1항)이다. 동 장소제공죄(동조 2항)는 위의 죄에 대한 방조를 특별히 규정한 것이다. 아편등 제조·수입·판매 또는 판매목적소지죄(제198조)와 아편흡식기 제조·수입·판매 또는 판매목적소지죄(제199조)는 이에 대하여 불법이 가중되는 추상적 구성요건이다. 세무공무원의 아편 등 수입죄(제200조)와 상습죄(제203조)에 관한 규정은 책임이 가중되는 구성요건이라고 할 수 있다. 감경적 구성요건으로는 아편 등 소지죄(제205조)가 있다. 아편흡식 등 죄의 예비행위를 독립하여 규정한 것이다. 아편에 관한 죄에 대하여는 본장이 죄 이외에 특별법으로 마약법(법률 제440호)이 적용되는 이외에, 대마초와 그 수지 또는 이를 원료로 한 제품의 관리와 유출방지를 위한 대마관리법(법률 제2895호)과 기타 일정한 관습성·중독성 또는 환각작용이 있는 물질의 관리를 위한 향정신성의약품관리법(법률 제3216호)이 제정되어 있고, 마약법에 대하여는 특정범죄가중처벌등에 관한 법률에 가중처벌규정을 두고 있다(동법 제11조).

아편에 관한 죄가 형법에 의하여 처벌해야 할 불법인가에 대하여 의문이 있을 정도로 행정단속적 성격이 강하고 이에 대한 단속은 특별법에 맡기도 본장의 죄는 형법에서 삭제되어야 한다는 견해가 있다.

II. 아편흡식·장소제공죄

아편을 흡식하거나 모르핀을 주사한 자는 5년 이하의 징역에 처한다(제201조 1항). 아편흡식 또는 모르핀주사의 장소를 제공하여 이익을 취한 자도 전항의 형과 같다(제201조 2항). 본죄의 미수범은 처벌한다(제202조). 10년 이하의 자격정지 또는

2,000만원 이하의 벌금을 병과할 수 있다(제204조). 본죄에 제공한 아편・모르핀이나 그 화합물 또는 아편흡식기구는 몰수한다. 그를 몰수하기 불능한 때에는 그 가액을 추징한다(제206조).

Ⅲ. 가중적 구성요건

1. 아편 등 제조 · 수입 · 판매 · 판매목적소지죄

아편・모르핀 또는 그 화합물을 제조・수입 또는 판매하거나 판매할 목적으로 소지한 자는 10년 이하의 징역에 처한다(제198조). 본죄의 미수범은 처벌한다(제202조). 이 경우에 10년 이하의 자격정지 또는 2,000만원 이하의 벌금을 병과할 수 있다(제204조). 본죄에 제공한 아편・모르핀이나 그 화합물 또는 아편흡식기구는 몰수한다. 그를 몰수하기 불능한 때에는 그 가액을 추징한다(제206조).

주의할 것 ··· 판매할 목적으로 소지한 경우에는 판매목적아편소지죄(목적범)가 성립하고, 판매목적없이 소지한 경우에는 아편소지죄(제205조)가 성립한다.

2. 아편흡식기제조 · 수입 · 판매 · 판매목적소지죄

아편을 흡식하는 기구를 제조・수입 또는 판매하거나 판매할 목적으로 소지한 자는 5년 이하의 징역에 처한다(제199조). 본죄의 미수범은 처벌한다(제202조). 10년 이하의 자격정지 또는 2,000만원 이하의 벌금을 병과할 수 있다(제204조). 본죄에 제공한 아편흡식기구는 몰수한다. 그를 몰수하기 불능한 때에는 그 가액을 추징한다(제206조).

주의할 것 ··· 판매목적 없이 아편흡식기구를 소지한 경우에는 아편흡식기소지죄(제205조)가 성립한다.

3. 세관공무원의 아편 등 수입 · 수입허용죄

세관의 공무원이 아편・모르핀이나 그 화합물 또는 아편흡식기구를 수입하거나 그 수입을 허용한 때에는 1년 이상의 유기징역에 처한다(제200조). 본죄의 미수범은 처벌한다(제202조). 이 경우에 10년 이하의 자격정지 또는 2,000만원 이하의 벌금을 병과할 수 있다(제204조). 아편 · 모르핀이나 그 화합물 또는 아편흡식기구는 몰수한다. 그를 몰수하기 불능한 때에는 그 가액을 추징한다(제206조).

4. 상습아편흡식, 아편 등 제조 · 수입 · 판매 등 죄

상습으로 전5조의 죄를 범한 때에는 각조에 정한 형의 2분의 1까지 가중한다(제203조). 이 경우에 10년 이하의 자격정지 또는 2,000만원 이하의 벌금을 병과할 수 있다(제204조).

Ⅳ. 아편 등 소지죄

아편 · 모르핀이나 그 화합물 또는 아편흡식기구를 소지한 자는 1년 이하의 징역 또는 500만원 이하의 벌금에 처한다(제205조). 본죄에 제공된 아편 · 모르핀이나 그 화합물 또는 아편흡식기구는 몰수한다. 그를 몰수하기 불능한 때에는 그 가액을 추징한다(제206조).

제4장 사회의 도덕에 대한 죄

제1절 성풍속에 관한 죄

I. 의의

풍속을 해하는 죄란 성도덕 또는 건전한 성적 풍속을 보호하기 위한 성생활에 관계된 범죄를 말한다. 풍속을 해하는 죄의 장에서는 간통죄(제241조), 음행매개죄(제242조), 음란물죄(제243조, 제244조) 및 공연음란죄(제245조)를 규정하여 사회의 성질서를 보호하고 있는 점이 특색이다. **통설**은 음란물죄와 공연음란죄의 보호법익은 선량한 성풍속의 보호에 있고 간통죄의 보호법익은 넓은 의미에서 성적 풍속으로서의 성도덕이라고 해야한다. 음행매개죄의 주된 보호법익은 선량한 성풍속이며 피음행매개죄자의 정조는 부수적인 보호법익이 된다고 해석해야 한다. 그리고 간통을 처벌할 것인가에 대하여 네 가의 입법주의가 있다. 불평등주의, 차별주의, 쌍벌주의, 불벌주의가 있다. **통설**은 간통죄를 비범죄화하여야 한다고 주장한다. 왜냐하면 경제적 · 사회적으로 약자의 지위에 있는 부가 고소를 제기하는 것이 어려운 일이므로 쌍벌주의는 결국 불평등한 결과를 초래한다는 점에 있기 때문이다.

II. 간통죄

1. 의의

배우자 있는 자가 간통한 때에는 2년 이하의 징역에 처한다. 그와 상간한 자도 같다(제241조 1항). 전항의 죄는 배우자의 고소가 있어야 논한다. 단 배우자가 간통을 종용(慫慂) 또는 유서한 때에는 고소할 수 있다(제241조). 여기에서 유서는 간통죄의 고소 이후 이혼 등 청구의 소가 계속 중에 혼인 당사자가 동침한 사실만으로는 유서하였다고 볼 수 없다(대법원 2000.7.7, 2000도868). 그리고 배우자의 객관적인 의사표시, 즉 "용서해 줄 테니 자백하라"고 말한 것만으로 유서한 경우라고 보기 어렵다 할 것이다(대법원 1991.11.26, 91도2049).

쌍방이 제기한 이혼소송 계속 중 가사조사관의 면접조사기일에 세 차례에 걸쳐 출석하며 진술할 때 위자료·재산분할 등에 관하여는 의견차이가 있었으나 쌍방이 이혼에 대하여 명백히 뜻을 같이 하였고 조사면접기일의 진행중 별거에 이른 사안에서, 쌍방간 이혼의사의 명백한 합치가 있어 배우자의 간통행위를 종용한 경우에 해당한다(대법원 2008.7.10, 20083599).

2. 주체 : 배우자 있는 자 및 그와 상간하는 자

본죄의 주체는 배우자 있는 자이다. 여기에서 '배우자 있는 자'란 법률상의 혼인이 성립되어 현재 부 또는 처가 생존하고 있는 경우를 말한다. 따라서 사실상의 혼인관계에 있는 내연의 부 또는 처는 본죄의 주체가 될 수 없다. 본죄는 '배우자 있는 자'라는 일정한 신분을 필요로 하는 신분범이다. 그리고 상간자(相姦者)는 상대방이 배우자가 있는다는 것을 인식하고 상간한 경우에 한하여 처벌한다. 형법 제241조 전문과 후문은 주관적 구성요건으로서의 고의의 내용을 달리하므로 배우자 있는 자가 상대방에게도 배우자가 있음을 인식하면서 서로 간통하는 이른바 2중간통의 경우에는 쌍방 모두 위 전문과 후문에 해당하게 되고, 이는 처분상의 일죄인 상상적 경합의 관계에 있는 것이다(대법원 1990.1.25 89도 1317).

3. 행위 : 간통하는 것

본죄의 행위는 간통이다. **간통**이라 함은 합의에 의해 남자와 여자의 성적 결합행위로서, 남자의 음경을 여자의 음부에 삽입할 때 기수로 되고 반드시 사정을 요하지 않는다. 본죄의 죄수에 관하여 상대방을 달리할 때와 동일한 남녀 간에 있어서도 각 정교마다 1개의 간통행위로서 각각 독립하여 일죄를 구성한다. 따라서 수개의 간통행위는 수개의 간통죄를 성립시켜 경합범으로 처벌된다.

4. 친고죄

본죄는 친고죄이므로 피해자인 배우자의 고소가 있어야 논한다(제241조 2항). 고소권자인 혼인을 해소하거나 이혼소송을 제기한 후가 아니면 고소할 수 없으며 고소를 제기한 후, 다시 혼인을 하거나 이혼소송을 취하한 때는 그 고소는 취소된 것으로 간주한다(형소법 제229조). 한편, 고소는 범인을 알게 된 날로부터 6월을 경과하면 고소하지 못한다(형소법 제230조 1항).

Ⅲ. 음행매개죄

영리의 목적으로 미성년 또는 음행의 상습 없는 부녀를 매개하여 간음하게 한 자는 3년 이하의 징역 또는 1,500만원 이하의 벌금에 처한다(제242조).

본죄의 주체에는 제한이 없다. 본죄의 객체는 미성년 또는 음행의 상습 없는 부녀이다. '음행의 상습 없는 부녀'란 매춘부 기타 불특정한 남자를 상대로 성생활을 하고 있는 부녀 이외의 부녀를 말한다. 따라서 과거에 매춘 경험이 있는 자나 특정한 남자와 사적 관계에 있는 첩도 음행의 상습 없는 부녀에 해당한다. 본죄는 고의 이외에도 영리목적이 있어야 한다.

Ⅳ. 음란물죄와 공연음란죄

1. 음란 등 반포 · 판매 · 임대 · 공연전시죄

(1) 의의

음란한 문서 · 도화 · 필름 기타 물건을 반포 · 판매 기타 임대하거나 공연히 전시 또는 상영한 자는 1년 이하의 징역 또는 500만원 이하의 벌금에 처한다(제243조).

(2) 행위의 객체

1) 음란성

① 서설

음란성이란 그 내용이 성욕을 자극 혹은 흥분시키고 보통인의 정상적인 성적 수치심을 해하고 선량한 성적 도의관념에 반하는 것을 말한다(**통설과 판례**). 음란한 문서나 도화 등을 무책임하게 반포하는 것은 성풍속에 대한 환경파괴를 초래하므로 규제하지 않을 수 없으나 표현의 자유, 학문의 자유 및 사상의 자유를 존중해야 한다는 점에서는 음란성에 대한 신중한 판단이 필요하다. 성표현의 자유화·비범죄화의 경향과 관련하여 음란성의 개념과 처벌의 범위를 명백히 하여야 한다. 성욕을 자극 혹은 흥분케 한다는 행위자의 주관적 목적을 불요하고 표현의 객관적 경향이 문제될 따름이다.

② 판단기준

음란성의 유무는 제조자나 판매자의 주관적 의도에 관계없이 객관적으로 판단해야 한다. 음란성은 규범적인 개념이므로 그 시대의 문화관에 따라 판단해야 하며, 음란성의 판단을 위한 기준제시할 것을 요한다.

음란성의 판단기준은 보통인, 즉 통상의 성인을 기준으로 하는데 도덕적으로 타락하여 수치심이 없거나 수치감정이 지나치게 예민한 자를 기준으로 하여 이를 판단하는 것은 허용되지 않는다. 일본 판례는 영문서적의 음란성은 영어를 읽는 평균인을 기준으로 한다고 한다. 음란성의 판단대상은 문서 전체가 되어야 한다. **판례**는 소설 판노사건의 판결에서 소설에 내포된 전체적인 사상이 음란할 것을 요한다(대법원 1975.12.9, 74도976)고 하여 전체적인 고찰방법을 택하고 있다.

③ 과학서·예술작품과 음란성

음란성과 양립할 수 있는가에 대하여 적극설은 **통설**과 **판례**의 태도로서 과학성·예술성과 음란성은 차원을 달리하는 개념이므로 과학작품 혹은 예술작품이라 하여 음란성이 당연히 부정되는 것은 아니다라고 하고 **판례**는 명화집에 실려있는 나체화가 음란성을 가질 수 있다고 판시하였다(대법원 1970.10.30, 70도1879). 이에 대하여 소극설은 학문과 예술을 음란문서라 할 수는 없으므로 성에 대한 정확한 이해를 가능하게 하는 과학적인 저서나 교과서는 물론 고도의 예술성이 인정되는 예술작품의 음란성은 부정한다.

④ 상대적 음란개념의 이론

문서의 음란성은 문서의 내용 이외에 작자나 출판자의 의도, 광고·선전·판매의 방법, 독자의 상황 등을 고려하여 상대적으로 판단해야 한다. 음란성이 인정되지 않는 예술작품이나 과학적 논문도 다른 방법으로 공개될 때에는 음란문서가 될 수 있다. 예컨대, (i) 성교를 취급한 학술논문도 신문에 게재 (ii) 미술작품이라 할지라도 복제되어 일반에게 반포 (iii) 고야의 나체화에 대한 판례의 태도 등을 들 수 있다. 음란성의 판단이 시대에 따라 변천할 수 있고, 또 그 판단이 전체적 고찰을 통하여 가능하다. 상대적 음란개념이론의 부정하는 견해로서 만약 상대적 음란개념을 인정한다면 문서자체의 예술성과 같은 사회적 가치를 고려하지 않고 음란한 문서나 도화의 범위도 명백하지 않아 금지된 행위를 명시할 수 없다.

2) 음화 등 제조 · 소지 · 수입 · 수출죄

전조의 행위에 공할 목적으로 음란한 물건을 제조 · 소지 · 수입 또는 수출한 자는 1년 이하의 징역 또는 40만원 이하의 벌금에 처한다(제244조).

3) 공연음란죄

공연히 음란한 행위를 한 자는 1년 이하의 징역 또는 500만원 이하의 벌금 · 구류 또는 구류에 처한다(제245조).

① 의의

본죄는 공연히 음란한 행위를 함으로써 성립하는 거동죄이다(제245조). 본죄의 보호법익은 성생활에 대한 선량한 풍속이다.

② 행위

본죄의 행위는 공연히 음란한 행위를 하는 것이다. '공연히'라 함은 불특정 또는 다수인이 인식할 수 있는 상태를 말하며, 인식할 수 있는 상태로 족하고 반드시 공중의 면전임을 요하지 않는다. 예컨대, 심야의 공원의 벤치에서 음란한 행위를 한 경우에 그것을 본 사람이 없다 할지라도 공연성이 인정되고, 또한 옥외라도 쉽사리 이웃의 눈에 띠도록 개방되어 있으면 공연성이 있으나, 밀실 내에서 수인에게 보이는 경우에는 공연성이 부정된다. '음란한 행위'라 함은 성욕을 자극 · 흥분 · 만족시키는 행위로서 선량한 성풍속을 해하며 사람으로 하여금 독치혐오의 감정을 갖게 하는 행위를 말한다. 음란한 행위이냐는 그 시대나 사회의 성문화관념에 따라 상대적으로 달라지게 된다.

1. 공연음란죄에서 음란성의 판단기준에 대해 설명하시오.

2. 간통죄의 입법론상 존폐론에 대하여 논하시오.

3. 갑은 고속도로에서 승용차를 운전하여 가던 중 앞서가던 을 운전의 승용차가 진로를 비켜주지 않는다는 이유로 그 차를 추월하여 정차하게 한 다음, 승용차를 손괴하고 그 안에 타고 있던 병을 때려 상해를 가하는 등의 행패를 부리다가 신고를 받고 출동한 경찰관이 이를 제지하려고 하자, 시위조로 주위에 운전자 등 사람이 많이 있는 가운데 옷을 모두 벗어 알몸의 상태로 바닥에 드러눕거나 돌아다녔다. 갑의 형사책임은 어떠한가?

4. 요구르트 제품의 홍보를 의하여 전라의 여성 누드모델들이 일반 관람객과 기자 등 수십 명이 있는 자리에서, 알몸에 밀가루를 바르고 무대에 나와 분무기로 요구르트를 몸에 뿌려 밀가루를 벗겨내는 방법으로 알몸을 완전히 드러낸 채 음부 및 유방 등이 노출된 상태에서 무대를 돌려 무대를 들며 관람객들을 향하여 요구르트를 던진 행위에 대하여 형사책임을 논하시오.

관련 판례정리

1. 피고소인들이 수년간 동거하면서 간통하고 있음을 고소인이 알면서 특별한 의사표시나 행동을 하지 않은 경우에 그러한 사정만으로는 고소인이 위 간통을 묵시적으로 유서하였다고 볼 수 없다(대법원 1999.5.14, 99도826).
2. 배우자의 간통사실을 알고 난 후 그 상대방으로부터 배우자를 더 이상 만나지 않겠다는 합의각서를 받은 경우, 간통의 유서에 해당한다고 본다(대법원 1999.8.24, 99도2149).
3. 간통죄의 고소 이후 이혼 등 청구의 소가 계속중에 혼인당사자인 고소인과 피고소인이 동침한 사실이 있다는 사정만으로는 고소인이 피고소인의 간통행위를 유서하였다고 볼 수 없다(대법원 2000.7.7, 2000도868).

출제예상문제

1. 다음 간통죄에 대한 설명으로 틀린 것은?

① 현행형법은 쌍벌주의를 취하고 있다.
② 내연의 처도 배우자있는 자에 해당한다.
③ 고소는 혼인이 해소되거나 이혼소송을 제기한 후에만 가능하다.
④ 본죄는 성생활에 관한 선량한 풍속의 보호를 그 목적으로 한다.

〈해설〉 ② 여기서 배우자있는 자라 함은 법률상의 혼인이 성립되어 현재 부 또는 처가 생존하고 있는 경우를 말한다.

제2절 도박과 복표에 관한 죄

I. 의의

도박과 복표에 관한 죄라 함은 도박하거나 도박을 개장하거나 복표를 발매·중개 또는 취득함으로써 성립하는 범죄이다. **통설**은 건전한 기업활동의 기초가 되는 국민의 근로관념과 공공의 미풍양속 내지 근로라는 사회의 경제도덕이라고 해석해야 한다. **판례**는 도박죄는 정당한 근로에 의하지 아니한 재물의 취득을 처벌함으로써 경제에 관한 건전한 도덕법칙을 보호하기 위한 것이라고 판시하고 있다(대법원 1983.3.22, 82도 2151).

도박에 관한 죄의 기본적 구성요건은 단순도박죄(제246조 1항)이다. 상습도박죄(동조 2항)은 상습성 때문에 책임이 가중되는 가중적 구성요건이고, 도박개장죄(제247조)는 영리의 목적으로 인하여 불법이 가중되는 경우이다. 복표에 관한 죄로는복표의 발행·중개 및 취득죄(제249조)가 있다.

II. 도박죄

1. 단순도박죄

재물로써 도박한 자는 500만원 이하의 벌금 또는 과료에 처한다. 단 일시 오락정도에 불과한 때에는 예외로 한다(제246조 1항).

(1) 의의

재물로써 도박함으로써 성립하는 범죄로서 우연에 의하여 재물의 득실을 다투는 것을 내용으로 하는 범죄이다. 사람의 사행심을 조장하여 건전한 근로생활을 퇴폐케할 뿐만 아니라 폭행·협박·살인·상해·절도·강도 등의 다른 범죄를 유발하는 원인이 되기 때문에 국가적 수단에 의하여 처벌·통제되어 왔다. 건전한 기업활동의 기초가 되는 국민의 근로관념과 공공의 미풍양속 내지 근로라는 사회의 경제도덕이다.

(2) 입법론

도박죄의 보호법익인 근로정신은 상습도박에 의하여만 침해되는 것이므로 단순도박죄는 비범죄화해야 한다는 주장이 제기되고 있는 실정에 비추어 단순도박죄는 삭제하고 상습도박 내지 직업도박만을 처벌하는 것이 타당하다고 한다. 복표에 관한 죄는 이미 사회적 의의를 상실하였다고 지적되고 있을 뿐만 아니라 특별법으로 복표발행·현상·기타 사행행위단속법이 제정되어 금지해야 할 사행행위를 별도로 규정하여 처벌하고 있으므로 계속 규정해야 할 필요는 없다고 한다.

(3) 구성요건

1) 주체

제한되지 않고 이는 도박의 성질상 2인 이상의 참여를 요하는 필요적 공범이다.

2) 행위 : 재물로써 도박하는 것

① 재물로써

'재물을 걸고'란 재물을 승자에게 줄 것을 약속하는 것을 말한다. 재물의 개념은 재산죄의 경우와 동일하지 않아 재물뿐만 아니라 재산상 이익을 포함한다. 가액의 다과나 교환가치의 유무는 불문한다. 재물의 액수가 확정될 것을 불요하고 승패가 결정된 경우 확정될 것으로 족하다.

② 도박

재물을 걸고 우연에 의하여 재물의 득실을 결정하는 것을 말한다.

(i) 우연성

당사자가 확실히 예견하거나 영향을 미칠 수 없는 사정을 말하고 주관적으로 결정한다. 우연에 의하여 결정되는 재물의 득실은 경제적으로 정당한 이익이 아닐 것을 요한다. 예컨대, 보험계약은 해당되지 아니한다.

(ii) 도박과 경기

경기란 당사자의 육체적·정신적 능력과 주의의 정도 혹은 기능과 기량에 의하여 승패가 결정된다. 기능과 기량에 의하여 승패가 결정되는 것을 도박이라 할 수 있겠는가에 대하여 **통설**은 우연한 승패란 승패가 완전히 우연에 의하여 결정될 것을 불요하는데 당사자의 기능이 승패에 영향에 미친다고 하더라도 조금이라도 우연의 지배를 받는 경우라면 도박에 해당한다. 이에 대하여 소수설은 우연을 주관에 의하여 결정하면서 기능과 기술을 다하여 승패를 결정한다고 한다면 우연이라고 할 수 없다는 논거를 든다.

(iii) 편면적 도박

긍정설은 필요적 공범이라 하여 전원에 대하여 범죄성립을 인정해야 하는 것은 아니고 만약 인정한다면 사기도박의 경우, 사기행위자에게는 사기죄, 상대방에게는 도박죄가 성립한다. 이에 대하여 **부정설**은 **다수설**과 **판례**(대법원 1960.11.16, 4293형상743)의 태도로서 도박이 계약 혹은 합동행위일뿐만 아니라 사기도박의 경우 도박에 있어서 필요한 우연성이 인정될 수 없다는 이유로 부정한다.

③ 기수시기

추상적 위험범으로서 도박행위에 착수하면 기수가 성립하고 예컨대, 도박에 건 금액이 확정될 것을 불요한다. 화투나 트럼프에 의한 도박의 경우, 화투의 배부를 시작한 때에는 기수가 성립한다.

(4) 위법성

일시도박의 경우 **통설**은 재물의 경제적 가치가 근소하다는 것이 기준이 되나 소수설은 재산상황을 고려하여 거래관념에 따라 객관적으로 판단해야 한다고 한다. 재물이 금전인 경우 여기에 해당하는가에 대하여 **다수설**은 일시오락이란 당사자가 후일에 재물로 보존할 의사없이 단순히 오락을 위하여 재물을 거는 것을 의미하여 재물의 득실이 승패결정의 흥미를 복돋우기 위한 경우로서 금전이라 하여 제외될 이유가 없다고 하나, 소수설은 금전을 거는 것은 성질상 일시오락에 불과하다고 할 수 없기 때문에 금전 그 자체를 목적으로 하는 때에는 액수의 다소를 불문하고 본죄가 성립한다고 한다.

2. 상습도박죄

상습으로 전항의 죄를 범한 자는 3년 이하의 징역 또는 2,000만원 이하의 벌금에 처한다(제246조 2항). 500만원 이하의 벌금을 병과할 수 있다(제249조). 본죄는 도박이 습벽화된 행위자 인격의 범죄경향이 책임을 가중시키므로 형이 가중되는 **부진정 신분범**이다. 본죄는 구성요건상 처음부터 수개의 행위가 예상되어 있으므로 상습자가 1회 도박한 때에도 본죄를 구성하며 수회에 걸쳐 도박한 때에도 역시 1개의 본죄를 구성한다.

3. 도박개장죄

영리의 목적으로 도박을 개장한 자는 3년 이하의 징역 또는 2,000만원 이하의 벌금에 처한다(제247조). 500만원 이하의 벌금을 병과할 수 있다(제249조). '영리의 목적'은 현실적인 이득의 취득이 아니라 존재함으로써 족하다. '도박개장'은 스스로 도박의 주재자가 되어 그 지배하에 도박장소를 개설하는 것을 말한다. 본죄는 본질적으로 도박죄의 종범이지만, 인간의 사행본능을 자극하여 직업적으로 도박범을 유인하거나 이를 촉진시킨다는 점에서, 도박범보다 더욱 행위의 반가치성이 높다고 판단되어 이를 중하게 처벌하고 있다.

> 인터넷 고스톱게임 사이트를 유료화하는 과정에서 사이트를 홍보하기 위하여 고스톱 대회를 개최하면서 참가자들로부터 참가비를 받고 입상자들에게 상금을 지급한 행위는 도박개장죄에 해당한다(대법원 2002.4.12, 2001도5802).

Ⅲ. 복표발매 · 중개 · 취득죄

법령에 의하지 아니한 복표를 발매한 자는 3년 이하의 징역 또는 2,000만원 이하의 벌금에 처한다(제248조 1항). 전항의 복표발행을 중개한 자는 1년 이하의 징역 또는 500만원 이하의 벌금에 처한다(제 248조 2항). 제1항의 복표를 취득한 자는 500만원 이하의 벌금 또는 병과에 처한다(제248조 3항). 제1항의 경우에는 500만원 이하의 벌금을 병과할 수 있다(제249조).

1. 다음 도박죄에 대한 설명으로 틀린 것은?

   ① 도박의 성질상 2인 이상의 참여를 요하는 필요적 공범이다.
   ② 도박죄는 화투나 카드의 배부를 시작한 때 바로 기수가 된다.
   ③ 도박행위가 일시오락의 정도에 불과한 때에는 본죄는 성립하지 않는다.
   ④ 통설과 판례는 사기도박을 인정한다.

〈해설〉 ④ 편면적 도박(사기도박)의 경우에는 우연성이 결여되어 있으므로 사기도박자에게만 사기죄가 성립하고, 그 상대방에게는 범죄가 성립하지 않는다는 것이 통설과 판례의 태도이다.

제3절 신앙에 관한 죄

I. 의의

신앙에 관한 죄란 종교적 평온과 종교감정을 침해하는 것을 내용으로 하는 범죄이다. 형법은 신앙에 관한 죄로 장식등 방해죄(제158조), 사체등 오욕죄(제159조), 사체등 영득죄(제161조) 및 변사자검시방해죄(제163조)를 규정하고 있다. 교회와 국가가 법적으로 분리되어 있으면서 서로 존중하고 인정하는 관계에 있는 경우에는 국가는 일정한 한계에서 종교를 형법에 의하여 보호하게 된다. 본죄의 보호법익은 종교적 감정 이외에 종교적 평온이 포함되어야 한다고 한다. 장식등 방해죄는 자유로운 종교행사를 보호한다는 의미에서 종교적 평온을 보호법익으로 한다고 볼 수 있고 사체등 오욕죄 이하의 죄의 보호법익은 사자에 대한 존경의 감정이라고 해야 한다. 변사자검시방해죄(제163조)의 보호법익은 종교적 평온이나 감정과 아무런 관련이 없는데 이는 범죄수사를 목적으로 하는 행정형벌법규에 지나지 않는다. 이런 의미에서 입법론으로는 변사자검시방해죄를 형법에서 삭제하는 것이 타당하다고 한다.

II. 장례식 · 제사 · 예배 · 설교방해죄

장례식 · 제전 · 예배 또는 설교를 방해한 자는 3년 이하의 징역 또는 500만원 이하의 벌금에 처한다(제158조).

형법 제158조에 규정된 예배방해죄는 공중의 종교생활의 평온과 종교감정을 그 보호법익으로 하는 것이므로, 예배중이거나 예배와 시간적으로 밀접불가분의 관계에 있는 준비단계에서 이를 방해하는 경우에만 성립한다. 따라서 교회의 교인이었던 사람이 교인들의 총유인 교회 현판, 나무십자가 등을 떼어 나고 예배당 건물에 들어가 출입문 자물쇠를 교체하여 7개월 동안 교인들의 출입을 막아 장기간 예배당 건물의 출입을 통제하였다 하더라도 교인들의 예배 내지 그와 밀접 불가분의 관계에 있는 준비단계를 계속하여 방해한 것으로 볼 수 없어 예배방해죄가 성립하지 않는다(대법원 2008.2.1, 2007도5296판결).

Ⅲ. 사체에 관한 죄

1. 사체 · 유골 · 유발오욕죄

사체 · 유골 또는 유발을 오욕한 자는 2년 이하의 징역 또는 500만원 이하의 벌금에 처한다(제159조).

2. 분묘발굴죄

분묘를 발굴한 자는 5년 이하의 징역에 처한다(제160조). 본죄의 미수범은 처벌한다(제162조).

3. 사체 등 손괴 · 유기 · 은닉 · 영득죄

사체 · 유골 · 유발 또는 관내에 장치한 물건을 손괴 · 은닉 또는 영득한 자는7년 이하의 징역에 처한다(제161조 1항). 분묘를 발굴하여 전항의 죄를 범한 자는 10년 이하의 징역에 처한다(제161조 2항). 미수범은 처벌한다(제162조).

4. 변사자검시방해죄

검시를 받지 아니한 변사자의 사체에 변경을 가한 자는 700만원 이하의 벌금 또는 과료에 처한다(제163조).

1. 사람을 살해한 다음 그 범죄의 흔적을 은폐하기 위하여 그 시체를 다른 장소에 옮겨 유기하였을 때에는 살인죄와 사체유기죄의 경합범이 성립하고 사체유기를 불가벌적 사후행위라 할 수 있다(대법원 1984.11.27, 84도2263).
2. 형법 제161조의 사체은닉이라 함은 사체의 발견을 불가능 또는 심히 곤란하게 하는 것을 구성요건으로 하고 있으나, 살인, 강도살인 등의 목적으로 사람을 살해한 자가 그 살해의 목적을 수행함에 있어 사후 사체의 발견이 불가능 또는 심히 곤란하게 하려는 의사로 인적이 드문 장소로 피해자를 유인하거나 실신한 피해자를 끌고 가서 그곳에서 살해하고 시체를 그대로 둔 채 도주한 경우에는 비록 결과적으로 사체의 발견이 현저하게 곤란을 받게 되는 사정이 있다 하더라도 별도로 사체은닉죄가 성립되지 아니한다(대법원 1986.6.24, 86도891).

1. A는 B를 살해한 후 범행을 은폐할 목적으로 사체를 화장하였으나 일반 장제의 의례를 갖추었다. A의 죄책은?

① 살인죄 ② 살인죄와 사체유기죄
③ 살인죄와 사체모욕죄 ④ 살인죄와 사체손괴죄

〈해설〉 ①

제3편 국가적 법익에 대한 죄

- 국가의 존립과 권위에 대한 죄
  - 내란의 죄
  - 외환의 죄
  - 국기에 대한 죄
  - 국교에 대한 죄
- 국가의 기능에 대한 죄
  - 공무원의 직무에 대한 죄
  - 공무방해에 대한 죄
  - 도주와 범인은닉의 죄
  - 위증과 증거인멸의 죄
  - 무고의 죄

UNDERSTANDING OF CRIMINAL LAW & CASES

제1장 국가의 존립과 국위에 대한 죄

제1절 내란의 죄

I. 내란죄

1. 의의와 보호법익

폭동에 의하여 국가의 존립과 헌법질서를 위태롭게 하는 범죄, 즉 국토를 참절하거나 국헌을 문란할 목적으로 폭동함으로써 성립하는 범죄로서 외환의 죄와 함께 국가존립을 보호하는 정치형법 내지 국가보호형법의 전통적 기초에 속하는 범죄이다. 내란죄란 다중이 폭동함으로써 성립하는 집합범으로서 국토참절과 국헌문란의 목적이 있어야 성립하는 목적범으로서 19세기에서 20세기 초까지 인간의 인격적 자유가 강조되던 시대에는 정치형법은 인격적 자유를 억압하는 수단으로 이해되었으나, 20세기 이후 동서의 냉전과 사회의 구조변질을 인하여 투쟁적 민주주의가 강조됨에 따라 국가보호형법은 수의 증가와 처벌의 확대로 특징지어진다.

다수설은 내란죄는 영내내란죄(국가의 존립을 보호법익으로)와 헌법내란죄(헌법질서를 보호)로 구분할 수 있어 본죄의 보호법익은 국가의 존립과 헌법이며, 양자를 포함하는 넓은 의미에서 국가의 내적 안전이다.

2. 본질

(1) 공범규정의 적용

집합범인 내란죄에 대하여 총론상의 공범규정이 적용되는가에 대하여 적극설은 집단외에서 교사·방조한 자는 내란죄의 공범으로 처벌받아야 한다고 하나, 소극설은 다수설로서 총론의 공범규정은 임의적 공범에 관한 것이므로 필요적 공범에 대하여는 적용되지 않고 법률이 규정한 이외의 관여행위는 처벌하지 않겠다는 취지로 이해해야 하나, 단독범을 전제로 하는 총칙의 공범규정을 내란죄에 적용하는 것은 집단범죄의 본질에 반한다고 한다. 절충설은 내란죄에 공범정범의 규정이 적용될 여지는 없으나 내란을 교사하거나 집단외에서 자금을 제공하여 실행을 용이하게 하는 방조는 가능하므로 협의의 공범에 관한 규정은 적용된다.

(2) 국가보안법과의 관계

국가보안법은 단순히 내란죄에 대한 특별법에 그치는 것이 아니고 외환의 죄와 국가위험범에 대한 특별규정을 마련하고 있을 뿐만 아니라 내란죄 자체는 동법이 규정하고 있지 않으므로 내란행위에 나아간 때에는 형법의 내란죄가 적용된다.

3. 객관적 구성요건

(1) 주체

제한이 없으나 내국인·외국인을 불문하고 집합범으로서 성질상 상당수의 다수인의 공동을 요한다. 관여의 정도에 따라 **수괴**란 폭동을 지휘·조직·통솔하는 자를 말하고, **모의참여자**란 수괴를 보좌하여 폭동계획에 참여하는 자를 말한다. **지휘자**란 폭동에 있어서 다수인의 전부 혹은 일부를 지휘하는 자를 말하고, **중요임무종사자**란 모의참여자와 지휘자 이외의 자로서 폭동에 관하여 중요한 책임있는 지위에 있는 자를 말하고 **부화수행자**와 **단순관여자**는 막연하게 폭동에 참가하여 폭동의 세력을 확대·증대시킨 자를 말한다.

(2) 행위 : 폭동

폭동이란 다수인이 결합하여 폭행·협박하는 것을 말하고 폭행·협박이란 최광의로서 한지방의 평온을 해할 정도를 요하고 국토참절이나 국헌문란을 위한 수단을 요한다. 폭동에 수반하여 살인·상해·강도·손괴·방화 등의 행위가 있는 때에 대하여는 **통설**은 살인죄·상해죄 혹은 방화죄 등을 내란의 목적을 달성하기 위한 수단에 불과하므로 본죄에 흡수하나 그 보호법익은 달리하므로 본죄와 상상적 경합이 된다.

4. 주관적 구성요건

고의범이므로 다수인이 폭동한다는 고의가 있어야 한다는 이외에 국토를 참절하거나 국헌을 문란을 요한다. 국토를 참절할 목적이란 영토내란의 목적을 말하고 국헌을 문란할 목적이란 헌법내란의 목적을 말한다. 국헌문란의 목적이란 ① 헌법 혹은 법률에 의하는 절차에 의하지 아니하고 헌법 혹은 법률의 기능을 소멸하거나 ② 헌법에 의하여 설립된 국가기관을 강압에 의하여 전복 혹은 그 기능행사를 불가능하게 하는 것을 말한다. 국헌문란의 목적을 요하는 목적범이며 이에 대한 인식은 미필적 인식으로 족하다는 견해도 있으나 확정적임을 요한다.

II. 내란목적 살인죄

국토를 참절하거나 국헌을 문란할 목적으로 사람을 살해한 자는 사형 · 무기징역 또는 무기금고에 처한다(제88조). 미수범은 처벌한다(제89조).

III. 내란예비 · 음모 · 선동 · 선전죄

제87조 또는 제88조의 죄를 범할 목적으로 예비 또는 음모한 자는 3년 이상의 유기징역이나 유기금고에 처한다. 단 그 목적한 죄의 실행에 이르기 전에 자수한 때에는 그 형의 감경 또는 면제한다(제90조 1항). 제87조 또는 제88조의 죄를 범할 것을 선동 또는 선전한 자도 전항의 형과 같다(제90조).

제2절 외환의 죄

I. 의의

외환의 죄란 외환을 유치하거나 대한민국에 항거하거나 적국에 이익을 제공하여 국가의 안전을 위태롭게 하는 범죄를 말한다. 본죄의 보호법익은 국가의 외적 안전이다. 외환의 죄는 개념상 다수국가의 존재를 전제로 한다. 외환의 죄는 국민의 국가에 대한 의무위반이라는 견지에서 규정된 범죄로 국민의 국가에 대한 충성의무위반을 본질로 한다고 해석하는 것이 **통설**의 태도이다.

형법 제92조에서 제104조에 이르기까지 외환의 죄에 관한 상세한 규정을 두고 있다. 형법은 외환의 죄는 외환유치죄(제92조), 여적죄(제93조), 이적죄(제94조 내지 97조, 제99조), 간첩죄(제98조) 및 전시군수계약불이행죄(제109조)로 구성되어 있다. 이적죄의 기본적 구성요건은일반이적죄(제99조)이며, 모병이적죄(제94조)·시설제공이적죄(제95조) 및 시설파괴이적죄(제96조)와 물건제공이적죄(제97조)는 가중적 구성요건이다.

각국의 입법은 외환의 죄를 국가기밀을 보호함에 의하여 국가의 안전을 보호하는데 그치게 하고 있다.

II. 외환유치죄와 여적죄

1. 외환유치죄

외국과 통모하여 대한민국에 대하여 전단을 열게 하거나 외국인과 통모하여 대한민국에 항거한 자는 사형 또는 무기징역에 처한다(제92조). 미수범은 처벌한다(제106조). 제92조 내지 제99조의 죄를 범할 목적으로 예비 또는 음모한 자는2년 이상의 유기징역에 처한다. 단 그 목적한 죄의 실행에 이르기 전에 자수한 때에는 그 형을 감경 또는 면제한다(제101조 1항). 제92조 내지 제99조의 죄를 선동 또는 선전한 자도전항의 형과 같다(제101조 2항). 본장의 규정은 공맹국에 대한 행위에 적용된다(제104조).

2. 여적죄

적국과 합세하여 대한민국에 항거한 자는 사형에 처한다(제93조). 미수범은 처벌한다(제100조). 본죄를 범할 목적으로 예비 또는 음모한 자는 2년 이상의 유기징역에 처한다. 단 그 목적한 죄의 실행에 이르기 전에 자수한 때에는 그 형을 감경 또는 면제한다(제101조 1항). 본죄를 선동 또는 선전한 자도 전항의 형과 같다(제101조 2항). 대한민국에 적대하는 외국 또는 외국인의 단체는 적국으로 간주한다(제102조).

Ⅲ. 이적죄

1. 모병이적죄

적국을 위하여 모병한 자는 사형 또는 무기징역에 처한다(제94조 1항). 전항의 모병에 응한 자는 무기 또는 5년 이상의 징역에 처한다(제94조 2항). 미수범은 처벌한다(제100조). 대한민국에 적대하는 외국 또는 외국인의 단체는 적국으로 간주한다(제102조).

2. 시설제공이적죄

군대·요새·진영 또는 군용에 공할 선박이나 항공기 기타 장소·설비 또는 건조물을 적국에 제공한 자는 사형 또는 무기징역에 처한다(제96조 1항). 병기 또는 탄약 기타 군용에 공하는 물건을 적국에 제공한 자도 전항의 형과 같다(제95조 2항). 미수범은 처벌한다(제100조). 대한민국에 적대하는 외국 또는 외국인의 단체는 적국으로 간주한다(제102조).

3. 시설파괴이적죄

적국을 위하여 전조에 기재한 군용시설 기타 물건을 파괴하거나 사용할 수 없게 한 자는 사형 또는 무기징역에 처한다(제96조). 미수범은 처벌한다(제100조). 대한민국에 적대하는 외국 또는 외국인의 단체는 적국으로 간주한다(제102조).

4. 물건제공이적죄

군용에 공하지 아니하는 병기, 탄약 또는 전투용에 공할 수 있는 물건을 적국에 제공한 자는 무기 또는 5년 이상의 징역에 처한다(제97조). 미수범은 처벌한다(제100조). 대한민국에 적대하는 외국 또는 외국인의 단체는 적국으로 간주한다(제102조).

5. 일반이적죄

전7조에 기재한 이외에 대한민국의 군사상 이익을 해하거나 적국에 군사상 이익을 공여한 자는 무기 또는 3년 이상의 징역에 처한다(제99조). 미수범은 처벌한다(제100조). 대한민국에 적대하는 외국 또는 외국인의 단체는 외국으로 간주한다(제102조).

6. 이적예비 · 음모 · 선동 · 선전죄

제92조 내지 제99조의 죄를 범할 목적으로 예비 또는 음모한 자는 2년 이상의 유기징역에 처한다. 단 그 목적한 죄의 실행에 이르기 전에 자수한 때에는 그 형을 감경 또는 면제한다(제101조 1항). 제92조 내지 제99조의 죄를 선동한 자도 전항의 형과 같다(제101조 2항).

Ⅳ. 간첩죄

적국을 위하여 간첩하거나 적국의 간첩을 방조한 자는 사형 · 무기 또는 7년 이상의 징역에 처한다(제98조 1항). 군사상의 기밀을 적국에 누설한 자도 전항의 형과 같다(제98조 2항). 미수범은 처벌한다(제100조). 본죄를 범할 목적으로 예비 또는 음모한 자는 2년 이상의 유기징역에 처한다. 단 목적한 죄의 실행에 이르기 전에 자수한 때에는 그 형을 감경 또는 면제한다(제101조 1항). 본죄를 선동 또는 선전한 자도 전항과 같다(제101조 2항). 대한민국에 적대하는 외국 또는 외국인의 단체는 적국으로 간주한다(제102조).

1. 의의와 보호법익

(1) 의의

적국을 위하여 간첩하거나 적국의 간첩을 방조하거나 군사상의 기밀을 적국에 누설함으로써 성립하는 범죄로서 적국을 위하여 간첩하거나 적국의 간첩을 방조하며 군사기밀을 적국에 누설하는 것이다.

(2) 보호법익

외환의 죄는 개념상 다수국가의 존재를 전제로 하는 것으로서 보호법익은 국가의 외적 안전이고 그 본질은 국민의 국가에 대한 의무위반이라는 견지에서 규정된 범죄로 국민의 국가에 대한 충성의무위반이라고 할 수 있다.

2. 간첩

적국을 위하여 국가기밀을 탐지 · 수집하는 것이다.

(1) 적국

간첩은 적국을 위하여 국가기밀을 탐지·수집하는 것이므로 적국와의 의사연락이 있을 것을 요한다. 사실상 국가에 준하는 단체를 포함하며 북한도 본국의 적극에 해당한다.

(2) 국가기밀의 개념

제한된 범위의 사람에게만 알려져 있고 대한민국의 외적 안전에 대한 중대한 위험을 방지하기 위하여 적국에 대하여 비밀로 하여야 할 사실·대상 혹은 지식을 말한다. 실질적 기밀개념이란 대한민국의 안전을 위하여 객관적으로 적국에 대하여 비밀로 해야 할 이익이 있을 것을 요건으로 한다.

1) 국가기밀의 범위

국가기밀뿐만 아니라 정치·경제·사회·문화 등 각 방면에 걸쳐 우리나라의 국방정책상 북한에 알려지지 아니함이 우리나라의 이익이 되는 모든 기밀을 포함한다.

2) 공지의 사실과 국가기밀

국내에서 공지의 사실이 국가기밀로 될 수 있는가에 대하여 제1설은 국가기밀을 상대적 기밀 개념에 착안하여 북한에 공지되지 않는 사실을 국가기밀에 포함된다고 한다. **판례**는 국내에서 공지에 속하거나 국민에게 널리 알려진 사실도 국가기밀이 될 수 있다고 한다(대법원 1986.7.22, 86도808 ; 대법원 1987.5.26, 87도432). 제2설은 국내에서 공지된 사실은 이미 기밀이 아니며, 적국에 대하여 기밀로 해야 할 이익이 아니라고 한다. 공지의 사실이 모자이크 이론에 의하여 국가기밀이 될 수 있는가에 대하여 **모자이크 이론**(Mosaiktheorie)이란 개별적으로 알려진 사실도 그것이 결합하여 비밀을 유지해야 할 새로운 전체형상이 된 때에는 국가기밀이 될 수 있다. 학설은 간첩죄는 국가의 외적 안전을 보호하는 것이지 정보획득의 경비와는 관계없는 것이므로, 특수한 능력을 통하여 새로운 지식이 된 경우가 아니한 공지의 사실을 결합한다고 하여 국가의 기밀이 될 수는 없다.

3) 위법한 국가기밀의 문제

제1설은 국가기밀에 대하여 침략전쟁을 준비하거나 자유민주적 기본질서에 반하는 기밀은 국가의 외적 안전과 관련하여 보호해야 할 국가기밀이 될 수 없다고 한다.

제2설은 국가의 외적 안전을 보호하기 위한 범죄이며, 기밀 자체를 보호하기 위한 범죄는 아니기 때문에 언론기관에 의한 국가기밀의 공개의 경우와는 달리 이러한 기밀도 국가기밀에 포함된다.

(3) 간첩의 착수와 기수시기

착수시기는 국가기밀을 탐지·수집하는 행위에 착수한 때이나 **판례**는 간첩을 위하여 국내에 잠입 혹은 입국하였을 때라고 한다(대법원 1984.9.11, 84도1381). 기수시기는 국가기밀을 탐지·수집하면 족하고 수집한 국가기밀을 지령자에게 전달하는 것을 불요한다.

3. 간첩방조

적국의 간첩임을 알면서 그 실행을 용이하게 하는 일체의 행위로서 간첩과 대등한 독립범이므로 총칙의 종범에 관한 규정은 적용되지 아니한다. 본죄의 미수는 방조행위가 자체가 미수에 그친 때를 말한다고 한다. 간첩방조에 해당하는 여부는 북괴의 대남공작원을 상륙시키거나 접선방법에 합의하는 때에는 이에 해당하나 간첩에게 숙식을 제공하거나 안부편지를 전달하거나 간첩을 숨겨주는 행위만으로는 해당하지 않는다.

4. 군사상의 기밀누설

군사기밀임을 알면서 적국에 알리는 것을 말하고 본죄는 직무에 관하여 군사상의 기밀을 지득한 자가 그 기밀을 누설함으로써 성립하는 신분범이므로 직무와 관계없이 알게 된 기밀을 누설한 때에는 일반이적죄가 성립한다.

V. 전시군수계약불이행죄

전시 또는 사변에 있어서 정당한 이유없이 정부에 대한 군수품 또는 군용 공작물에 관한 계약을 이행하지 아니한 자는 10년 이하의 징역에 처한다(제103조 1항). 전항의 계약이행을 방해한 자도 전항의 형과 같다(제103조).

1. 국내에서 공지의 사실이 국가기밀이 될 수 있는가?

2. 간첩방조에 대하여 설명하시오.

1. 간첩이라 함은 적국을 의하여 국가기밀을 탐지, 수집하는 행위를 말하는 것이므로 단순히 숙식을 제공한다거나 또는 무전기를 매몰하는 행위를 도와 주었다거나 하는 사실만으로서는 간첩방조죄가 성립할 수 없다(대법원 1986.2.25, 85도2533).

제3절 국기에 관한 죄

I. 의의

국기에 관한 죄란 국기 또는 국장을 손상·제거·오욕 또는 비방하는 것을 내용으로 하는 범죄이다. 형법은 국기에 관한 죄로 국기·국장모욕죄(제105조)와 국기·국장비방죄(제106조)를 규정하고 있다.

II. 국기 · 국장모독죄

대한민국을 모욕할 목적으로 국기 또는 국장을 손상·제거 또는 오욕한 자는 5년 이하의 징역이나 금고, 10년 이하의 자격정지 또는 700만원 이하의 벌금에 처한다(제105조).

III. 국기 · 국장비방죄

전조의 목적으로 국기 또는 국장을 비방한 자는 1년 이하의 징역이나 금고, 5년 이하의 자격정지 또는 200만원 이하의 벌금에 처한다(제106조).

제4절 국교에 관한 죄

I. 의의

국교에 관한 죄란 외국과의 평화로운 국제관계를 침해하여 국제법상 보호되는 외국의 이익을 해하고, 외국과의 국교관계 내지 자국의 대외적 지위를 위태롭게 하는 범죄를 말한다. 국가주의적 입장에서는 외국을 보호함에 의하여 자국을 간접적으로 보호하는 범죄이고, 국제주의적 입장에서는 국제법상의 의무에 의하여 외국의 법익을 보호하기 위한 범죄라고 해석해야 한다는 견해도 있다. 이런 의미에서 통설은 국교에 관한 죄는 외국의 이익과 자국의 이익이라는 이중의 보호목적 또는 이중의 보호의무를 가진 범죄라고 한다.

세 가지 유형으로 나누어 본다면 먼저, 외국원수에 대한 폭행 등 죄(제107조), 외국사절에 대한 폭행 등 죄(제108조) 및 외국국기·국장모독죄(제109조)와 같이 외국원수·사절·국기에 대한 죄는 외국원수나 사절에 대한 폭행·협박·모욕 또는 명예훼손을 가중처벌하고 외국국기 등을 특별취급하는 규정이다. 다음으로 사전죄(제111조)와 중립명령위반죄(제112조)와 같이 외국에 대한 국제적 의무위반 내지 평화를 침해하는 것을 처벌하는 범죄유형이 있다. 마지막으로 외교상 비밀누설죄(제113조)는 외환죄의 성격을 가지도 있는 범죄라고 할 수 있다.

II. 외국원수 · 사절 및 국기에 대한 죄

1. 외국원수에 대한 폭행 등 죄

대한민국에 체류하는 외국의 원수에 대하여 폭행 또는 협박을 가한 자는 7년 이하의 징역이나 금고에 처한다(제107조 1항). 전항의 외국원수에 대하여 모욕을 가하거나 명예를 훼손한 자는 5년 이하의 징역이나 금고에 처한다(제107조). 본죄는 그 외국정부의 명시한 의사에 반하여 논할 수 없다(제110조).

2. 외국사절에 대한 폭행 등 죄

대한민국에 파견된 외국사절에 대하여 폭행 또는 협박을 가한 자는 5년 이하의 징역이나 금고에 처한다(제108조 1항). 전항의 외국사절에 대하여 모욕을 가하거나 명예를 훼손한 자는 3년 이하의 징역이나 금고에 처한다(제108조 2항). 본죄는 그 외국정부의 명시한 의사에 반하여 논할 수 없다(제110조).

3. 외국 국기 · 국장모독죄

외국을 모욕할 목적으로 그 나라의 공용에 공하는 국기 또는 국장을 손상 · 제거 또는 오욕한 자는 2년 이하의 징역이나 금고 또는 300만원 이하의 벌금에 처한다(제109조). 본죄는 그 외국정부의 명시한 의사에 반하여 논할 수 없다(제110조).

III. 외국에 대한 사전 · 중립명령위반죄

1. 외국에 대한 사전죄(私戰罪)

외국에 대하여 사전하는 자는 1년 이상의 유기징역에 처한다(제111조 1항). 전항의 미수범은 처벌한다(제111조 2항). 제1항의 죄를 범할 목적으로 예비 또는 음모한 자는 3년 이하의 금고 또는 500만원 이하의 벌금에 처한다. 단 그 목적한 죄의 실행에 이르기 전에 자수한 때에는 그 형을 감경 또는 면제한다(제111조).

2. 중립명령위반죄

외국간의 교전에 있어서 중립에 관한 명령에 위반한 자는 3년 이하의 금고 또는

500만원 이하의 벌금에 처한다(제112조).

Ⅳ. 외교상비밀누설죄

외교상의 비밀을 누설한 자는 5년 이하의 징역 또는 1,000만원 이하의 벌금에 처한다(제113조 1항). 누설할 목적으로 외교상의 비밀을 탐지 또는 수집한 자도 전항의 형과 같다(제113조 2항).

UNDERSTANDING OF CRIMINAL LAW & CASES

제2장 국가의 기능에 대한 죄

제1절 공무원의 직무에 관한 죄

I. 의의

1. 직무범죄의 의의

공무원의 직무에 관한 죄란 공무원이 의무에 위배하거나 직권을 남용하여 국가기능의 공정을 해하는 것을 내용으로 하는 범죄 즉 공무원의 직무범죄를 말한다. 본죄의 보호법익은 국가기능이며 국가질서에 대한 내부로부터의 침해에 그 본질이 있다.

2. 직무범죄의 본질과 공무원의 의무

(1) 직무범죄의 본질과 유형

통설은 직무범죄도 진정직무범죄와 부진정직무범죄로 분류하고 있는데, 진정직무범죄란 공무원만 정범이 될 수 있는 범죄를 말하고, 부진정직무범죄는 공무원 아닌 자에 의하여도 범하여질 수 있지만 공무원이 행한 경우에 형이 가중되는 범죄를 말한다. 직무범죄는 또한 일반직무범죄와 특수직무범죄로 나눌 수도 있다.

(2) 공무원의 의의

일반적으로 **공무원**이란 법령에 의하여 공무(국가 또는 지방자치단체의 사무)에 종사하는 직원을 말한다고 한다. 공무원의 범위는 형법의 독자적 입장에 따라 수정되어야 한다고 한다. 공법인의 직원을 공무원이라고 할 것인가에 대해 통설은 행정기관에 준하는 공법인의 직원은 공무원에 속한다고 한다.

II. 직무유기죄

1. 직무유기죄

공무원이 정당한 이유 없이 그 직무수행을 거부하거나 그 직무를 유기한 때에는 1년 이하의 징역이나 금고 또는 3년 이하의 자격정지에 처한다(제122조).

통고처분이나 고발을 할 권한이 없는 세무공무원이 그 권한자에게 범칙사건 조사 결과에 따른 통고처분이나 고발조치를 건의하는 등의 조치를 취하지 않았다고 하더라도, 구체적 사정에 비추어 그것이 직무를 성실히 수행하지 못한 것이라고 할 수 있을지언정 그 직무를 의식적으로 방임 내지 포기하였다고 볼 수 없다(대법원 1997.4.11, 96도2753).

2. 피의사실공표죄

검찰·검찰 기타 범죄수사에 관한 직무를 행하는 자 또는 이를 감독하거나 보조하는 자가 그 직무를 행함에 당하여 지득한 피의사실을 공판청구전에 공표한 때에는 3년 이하의 징역 또는 5년 이하의 자격정지에 처한다(제126조).

3. 공무상비밀누설죄

공무원 또는 공무원이었던 자가 법령에 의한 직무상 비밀을 누설한 때에는 2년 이하의 징역이나 금고 또는 5년 이하의 자격정지에 처한다(제127조).

III. 직권남용죄

1. 일반 공무원직권남용죄(권리행사방해죄)

공무원이 직권을 남용하여 사람으로 하여금 의무 없는 일을 행하게 하거나 사람의 권리행사를 방해한 때에는 5년 이하의 징역과 10년 이하의 자격정지 또는 1,000만원 이하의 벌금에 처한다(제123조).

2. 불법체포·감금죄

재판·검찰·경찰 기타 인신구속에 관한 직무를 행하는 자 또는 이를 보조하는 자가 그 직권을 남용하여 사람을 체포 또는 감금한 때에는 7년 이하의 징역과 10년 이하의 자격정지에 처한다(제124조 1항). 본죄의 미수범은 처벌한다(제124조).

3. 폭행 · 가혹행위죄

재판·검찰·경찰 기타 인신구속에 관한 직무를 행하는 자 또는 보조하는 자가 그 직무를 행함에 당하여 형사피의자 또는 기타 사람에 대하여 폭행 또는 가혹한 행위를 가한 때에는 5년 이하의 징역과 10년 이하의 자격정지에 처한다(제125조). 형법 제125조에 규정된 죄를 범하여 사람을 사상한 때에는 1년 이상의 유기징역, 치사한 때에는 무기 또는 3년 이상의 징역에 처한다(특가법 제4조의 2). 본죄는 주체가 인신구속공무원에 한정되는 진정신분범이고, 보호법익은 적법·타당한 인신구속을 기도하는 국가의 기능이며, 그 보호받는 정도는 추상적 위태범이다.

4. 선거방해죄

검찰·경찰 또는 군의 직에 있는 공무원이 법령에 의한 선거에 관하여 선거인·입후보자 또는 입후보자 되려는 자에게 협박을 가하거나 기타 방법을 선거의 자유를 방해한 때에는 10년 이하의 징역과 5년 이상의 자격정지에 처한다(제128조).

본죄의 주체는 검찰·경찰 또는 군의 직에 있는 특수공무원이며, 본죄의 행위는 협박을 가하거나 기타 방법으로 선거의 자유를 방해하는 것이다. 한편, 여기서의 협박은 행위의 수단방법의 예시에 불과하며 행위이든 부작위이든 불문한다.

Ⅳ. 뇌물죄

1. 의의와 보호법익

(1) 의의

수뇌죄란 공무원 혹은 중재인이 직무에 관하여 뇌물을 수수·요구 혹은 약속함으로써 성립하는 범죄를 말한다. **증뇌죄**는 공무원 혹은 중재인에게 이를 공여하는 것을 내용으로 하는 범죄를 말한다.

(2) 보호법익

국가기밀의 공정성을 말한다. 뇌물죄의 본질은 로마법적 사고로서는 공무원이 직무행위에 대하여 뇌물을 받는 행위를 엄격히 금지하고 직무행위의 불가매수성을 뇌물죄의 보호법익으로 이해하게 된다. 게르만법적 사고로서 뇌물죄의 불법내용이 부정한 직무행위의 매수로서 공무원의 직무의 순수성 내지 불가침성에 그 본질이 있다고 한다. 우리 형법의 태도는 로마법적 사고를 따르고 있다.

(3) 수뢰죄와 증뢰죄의 관계

수뢰죄는 공무원의 직무범죄이고 증뢰죄는 공무원에 대한 범죄이다.

1) 필요적 공범인가

판례는 필요적 공범설을 취하여 수뢰자와 증뢰자의 협동을 필요로 하고 양죄는 1개의 범죄의 양면이며, 범인의 신분에 의하여 형의 경중의 차이를 규정한 필요적 공범이라고 한다(대법원 1971.3.9, 70도2536). 이에 대하여 **다수설**은 별개범죄설로서 양죄는 별개 독립의 범죄라고 한다. 따라서 수뢰죄가 신분범임에 대하여 증뢰죄는 신분범이 아니고 수뢰죄가 공무원의 직무범죄임에 대하여, 증뢰죄는 공무원의 집행을 방해하는 범죄로서 만약 필요적 공범설을 취한다면 신분없은 자가 수뢰의 공범인 경우에 신분없는 공범자에게 제33조 단서를 적용하여 증뢰죄의 형을 과하여야 하는 부당한 결과를 초래하게 된다. 또한 절충설은 뇌물죄 가운데 수뢰와 공여·약속의 경우에는 필요적 공범이지만 요구와 공여의 의사표시는 독립된 범죄에 불과하다고 한다. 절충설의 입장에서 양죄는 성질을 달리한다 할지라도 증뢰죄는 수뢰죄에 대한 공범의 형태를 별도로 규정한 것이라는 점에서 관련되는 범죄이고 양죄를 다른 형으로 처벌하는 것은 처벌에 있어서 특칙을 규정한 것으로 이해해야 하기 때문에 양죄가 필요적 공범이라 하여 신분없는 공범자에게 반드시 제33조 단서를 적용하는 것은 부당하다고 해야 한다.

2) 공범규정의 적용범위

수뢰죄와 증뢰자가 필요적 공범에 해당하므로 공무원의 신분이 없는 증뢰자는 증뢰죄에 의하여 처벌받으며 제33조 본문이나 단서를 적용하는 것은 불요한다. 그러나 수뢰자와 증뢰자의 관계 이외의 경우(수뢰자 상호간, 증뢰자 상호간)에는 공범규정이 적용된다.

2. 뇌물의 개념

다수설은 직무에 관한 불법한 보수 혹은 직무에 관한 부당한 이익이다.

(1) 직무에 관하여

1) 직무

공무원이 그 직위에 따라 공무로 담당하는 일체의 집무로서 소속과 이외의 과의 소관사무는 물론 공무원의 일반적 직무권한에 속하는 사항인 때에는 현실적으로 담당하는 사무일 것을 불요한다. 직무행위는 작위인가 부작위인가를 불문한다.

2) 직무에 관하여

권한에 속하는 직무행위뿐만 아니라 직무행위에는 속하지 않더라도 직무행위와 밀접한 관계가 있거나, 직무행위와 관련하여 사실상 처리하던 직무를 포함한다. 직무행위와 밀접한 관계가 있는 행위는 직무상의 지위를 이용하거나 그 직무에 기한 세력을 기초로 공무의 공정에 영향을 미치는 행위이다. 예컨대, 문교부 편수국 교육연구관이 발행자로부터 검정교과서의 내용검토와 개편 등을 의뢰받은 경우와 형사피고사건의 공판참여주사가 양형을 감경하여 달라는 청탁을 받은 경우에는 직무가 아니다. 공무원이 다른 직무로 옮긴 후에 전직전의 직무에 관하여 뇌물을 받은 경우를 직무에 관한 것이라고 할 수 있는가에 대하여 과거의 직무행위에 대한 공정과 이에 대한 사회의 신뢰를 보호할 필요가 있기 때문에 긍정설이 타당하다고 할 수 있다.

(2) 부당한 이익

1) 대가관계

뇌물은 직무에 관한 부당한 이익 내지 불법한 보수이므로 직무에 대한 대가관계가 있어야 한다. 예컨대, 단순한 사교적 증여나 법령에 의한 봉급·수당·여비·일당 혹은 수수료는 뇌물이 아니다. 사교적 의례로서의 선물과 뇌물을 어떤 기준에 의하여 구별할 것인가에 대하여 제1설은 사교적 의례로서의 선물이라 할지라고 직무에 대한 대가관계가 인정되는 때에는 뇌물이 된다. 제2설은 직무행위와의 대가관계가 인정되는 경우라 할지라도 사회의식에 있어서 관습적으로 승인되는 한도내에서는 뇌물성을 부정해야 한다. **판례**는 사교적 의례에 속하는 경우에는 뇌물성을 부정하면서도 대가관계가 인정되는 때에는 금액이 근소하거나 규모가 작다고 하여 사교적 의례에 속한다고 할 수 없다고 한다(대법원 1984.4.10, 83도1499).

2) 이익

수령자의 경제적 · 법적 · 인격적 지위를 유리하게 하여 주는 것으로서 재산적 이익뿐만 아니라 일체의 유형 · 무형의 이익을 포함한다. 비재산적 이익인 때에는 객관적으로 측정할 수 있는 내용을 가질 것을 요한다. 예컨대, 시가앙등이 예상되는 주식을 액면가로 매수하여 얻게 된 투기사업에 참여할 기회, 금전소비대차계약에 의한 금융이익, 향응의 제공, 이성간의 정교, 상행위는 이에 포함된다. 또한 명예욕이나 호기심을 만족시켜 주는 것이 뇌물에 해당하는가에 대해 긍정하는 견해도 있으나 비재산적 이익이 객관화되었다고 할 수 없으므로 뇌물은 아니다.

3. 구성요건

공무원 혹은 중재인이 직무에 관하여 뇌물을 수수 · 요구 혹은 약속함으로써 성립하는 것이다.

(1) 주체

공무원이란 국가 혹은 지방자체단체의 사무에 종사하는 자로서 그 직무의 내용이 단순한 기계적 · 육체적인 것에 한정되어 있지 않은 자로서 특정범죄가중처벌등에관한법률이 적용될 때에는 정부관리기업체의 간부직원도 포함되어 적용범위를 확대한다. **중재인**이란 법령에 의하여 중재의 직무를 담당하는 자로서 사실상 중재를 하는 것으로는 부족하고 노동쟁의조정법에 의한 중재위원, 중재법에 의한 중재인을 포함한다.

(2) 행위의 태양

1) 수뢰

뇌물을 취득하는 것으로 무형의 이익인 때에는 이를 현실적으로 받은 때에 수수가 된다. 수수라고 하기 위해서는 영득의 의사가 있을 것을 요하고, 본죄는 뇌물의 수수에 의하여 완성되기 때문에 동일인에 대하여 순차로 요구 · 약속 · 수수한 때에는 포괄하여 한 개의 수뢰죄가 성립한다.

2) 요구

뇌물을 취득할 의사로 상대방에게 그 교부를 청구하는 것으로 청구가 있으면 족하고 뇌물의 교부가 있을 것을 불요한다. 상대방이 응하였는가는 불문한다.

3) 약속

양당사자 사이에 뇌물의 수수를 합의하는 것으로 뇌물의 수수를 장래에 기약하는 것이므로 목적물인 이익이 약속당시에 현존할 것을 불요한다. 예기할 수 있으면 족하며, 가액의 확정을 불요한다.

(3) 주관적 구성요건

직무에 관하여 뇌물을 수수·요구 혹은 약속한다는 사실에 대한 고의가 있어야 한다. 목적물이 뇌물이라는 점, 즉 직무의 대가에 대한 인식이 있어야 한다.

(4) 타죄와의 관계

1) 공갈죄와의 관계

공무원이 직무집행의 의사로 직무에 관하여 상대방을 공갈하여 뇌물을 수수한 때에 대하여는 본죄와 공갈죄와의 상상적 경합이 성립한다. 직무집행이 의사없이 혹은 직무처리와 대가적 관계없이 타인을 공갈하여 재물의 교부를 받은 때에는 공갈죄만 성립한다.

2) 사기죄와의 관계

공무원이 직무에 관하여 타인을 기망하여 재물의 교부를 받은 때에는 본죄와 사기죄의 상상적 경합이 성립한다.

(5) 뇌물의 몰수와 추징

1) 형법 제134조의 의의

형법 제134조[몰수, 추징] 범인 또는 정을 아는 제3자가 받은 뇌물 또는 뇌물에 공할 금품은 몰수한다. 그를 몰수하기 불능한 때에는 그 가액을 추징한다.

뇌물의 몰수와 추징이 필요적이며, 자유재량이 인정되지 않는다는 의미에서 형법 제48조에 대한 특별규정이라고 할 수 있다. 범인에게 뇌물죄와 관련된 부정한 이익을 보유하지 못하도록 하는데 그 취지가 있다.

수뢰죄에 있어서 수뢰자가 일단 수수한 뇌물을 소비하여 몰수하기 불능하게 되었을 때에는 그 후에 동액의 금원을 증뢰자에게 반환하였다 하여도 수뢰자로부터 그 가액을 추징하여야 한다(대법원 1986.10.14, 86도1189).

2) 몰수 · 추징의 대상자

뇌물을 보유하는 자로부터 수뇌자가 뇌물을 그대로 보관하였다가 증뇌자에게 반환하였을 때에는 증뇌자로부터 몰수 혹은 추징하였으나 증뇌자로부터 몰수 혹은 추징하는 것은 수뇌자가 뇌물 그 자체를 반환하였을 때에 한한다.

3) 몰수 · 추징의 방법

수인이 공모하여 뇌물을 수수한 경우에는 개별적으로 추징하고 뇌물의 전부 혹은 일부를 몰수할 수 없을 때에는 그 가액을 추징한다. 뇌물의 추징가액산정의 기준시기는 제1설은 수뇌시의 가액을 기준으로 하고, 제2설은 다수설로서 몰수할 수 없게 된 사유가 발생한 때이다.

V. 단순수뇌죄

공무원 또는 중재인이 그 직무에 관하여 뇌물을 수수 · 요구 또는 약속한 때에는 5년 이하의 징역 또는 10년 이하의 자격정지에 처한다(제129조 1항). 범인 또는 정을 아는 제3자가 받은 뇌물 또는 뇌물에 공할 금품은 몰수한다. 그를 몰수하기 불능한 때에는 그 가액을 추징한다(제134조).

법원의 참여주사가 공판에 참여하여 양형에 관한 사항의 심리내용을 공판조서에 기재한다고 하더라도 이를 가지고 형사사건의 양형이 참여주사의 직무와 밀접한 관계가 있는 사무라고는 할 수 없으므로 참여주사가 형량을 감경케 하여 달라는 청탁과 함께 금품을 수수하였다고 하더라도 뇌물수수죄의 주체가 될 수 없다(대법원 1980.10.14, 80도1373).

뇌물죄에서 말하는 '직무'에는 법령에 정하여진 직무 뿐만 아니라 그와 관련있는 직무, 과거에 담당하였거나 장래에 담당할 직무 외에 사무분장에 따라 현실적으로 담당하지 않는 직무라도 법령상 일반적인 직무권한에 속하는 직무 등 공무원이 그 직위에 따라 공무로 담당할 일체의 직무로서 직무와 밀접한 관계가 있는 행위 또는 관례상이나 사실상 소관하는 직무행위도 포함한다(대법원 2000.1.28, 99도4022).

군수 갑이 군 관내에서 사업을 하는 을로부터 부정한 청탁을 받자 을에게 갑 자신이 고문으로 있는 대한라이프산악회 군지부에 행사용 수건을 기증할 것을 요구하였고, 을이 이에 따라 그 산악회 지부에 수건 900매를 전달한 경우 「형법」 제129조 제1항의 뇌물수수죄는 성립하지 않는다(대법원 2002.4.9, 2001도7056).

Ⅵ. 사전수뢰죄

공무원 또는 중재인이 될 자가 그 담당할 직무에 관하여 청탁을 받고 뇌물을 수수·요구 또는 약속한 후 공무원 또는 중재인이 된 때에는 3년 이하의 징역 또는 7년 이하의 자격정지에 처한다(제129조 2항). 뇌물 또는 뇌물에 공할 금품은 몰수 또는 추징한다(제134조). 수뢰액이 1,000만원 이상인 때에는 가중처벌한다(특가법 제2조).

Ⅶ. 제3자 뇌물공여죄

공무원 또는 중재인이 그 직무에 관하여 부정한 청탁을 받고 제3자에게 뇌물을 공여하게 하거나 공여를 요구 또는 약속한 때에는 5년 이하의 징역 또는 10년 이하의 자격정지에 처한다(제130조). 뇌물 또는 뇌물에 공할 금품은 몰수 또는 추징한다(제134조). 수뇌액이 1,000만원 이상인 때에는 가중처벌한다(특가법 제2조).

Ⅷ. 수뢰후부정처사죄

공무원 또는 중재인이 전2조의 죄를 범하여 부정한 행위를 한 때에는 1년 이상의 유기징역에 처한다(제131조 1항). 이 경우에는 10년 이하의 자격정지를 병과할 수 있다(제131조 4항). 뇌물 또는 뇌물에 공할 금품은 몰수 또는 추징한다(제134조).

Ⅸ. 사후수뢰죄

공무원 또는 중재인이 그 직무상 부정한 행위를 한 후 뇌물을 수수·요구 또는 약속하거나 제3자에게 이를 공여하게 하거나 공여를 요구 또는 약속한때에도 전항의 형과 같다(제131조 2항). 공무원 또는 중재인이었던 자가 그 재직중에 청탁을 받고 직무상 부정한 행위를 한 후 뇌물을 수수·요구 또는 약속한 때에는 5년 이하의 징역 또는 10년 이하의 자격정지에 처한다(제131조 3항). 10년 이하의 자격정지를 병과할수 있다(제131조 4항). 뇌물 또는 뇌물에 공할 금품은 몰수 또는 추징한다(제134조).

X. 알선수뢰죄

공무원이 그 지위를 이용하여 다른 공무원의 직무에 속할 사항의 알선에 관하여 뇌물을 수수・요구 또는 약속한 때에는 3년 이하의 징역 또는 7년 이하의 자격정지에 처한다(제132조). 뇌물 또는 뇌물에 공할 금품은 몰수 또는 추징한다(제134조). 공무원의 직무에 속한 사항의 알선에 관하여 금품이나 이익을 수수・요구 또는 약속한 자는 5년 이하의 징역 또는 1,000만원 이하의 벌금에 처한다(특가법 제3조). 수뢰액이 1,000만원 이상인 때에는 가중처벌한다(특가법 제2조).

XI. 증뇌물전달죄

제129조 내지 전조에 기재한 뇌물을 약속・공여 또는 공여의 의사를 표시한 자는 5년 이하의 징역 또는 2,000만원 이하의 벌금에 처한다(제133조 1항). 전항의 행위에 공할 목적으로 제3자에게 금품을 교부하거나 그 정을 알면서 교부를 받은 자도 전항의 형과 같다(제133조 2항).

1. 수뢰죄와 증뢰죄의 관계에 대하여 설명하시오.

2. 뇌물죄에서 부당한 이익의 개념에 대하여 설명하시오.

1. 직무유기죄는 공무원이 법령·내규 등에 의한 추상적 충근의무를 태만히 하는 일체의 경우에 성립하는 것이 아니라, 직장의 무단이탈이나 직무의 의식적인 포기 등과 같이 국가의 기능을 저해하고 국민에게 피해를 야기시킬 구체적 위험성이 있고 불법과 책임비난의 정도가 높은 법익침해의 경우에 한하여 성립하므로, 어떠한 형태로든 직무집행의 의사로 자신의 직무를 수행한 경우에는 그 직무집행의 내용이 위법한 것으로 평가된다는 점만으로 직무유기죄의 성립을 인정할 것은 아니다(대법원 2007.7.12, 2006도1390).
2. 피해자가 경찰서 안에서 직장동료인 피의자들과 같이 식사도 하고 사무실 안팎을 내왕하였다 하여도 피해자를 경찰서 밖으로 나가지 못하도록 그 신체의 자유를 제한하는 유형·무형의 억압이 있었다면 이는 감금행위에 해당한다(대법원 1991.12.30, 90모5).
3. 피의자들의 간통행위에 대한 형사고소 사건에 있어서 제출된 증거 관계, 특히 당사자가 부인하는 간통사건에 있어서 간통장면을 촬영한 CD와 같은 직접적 증거의 존재 및 제출 여부는 그 사실이 당해 사건의 피의자에게 누설될 경우 피의자로 하여금 제출된 증거의 종류 및 증명력 여하에 따라 범행을 부인하거나 관련된 증거의 인멸, 위·변조 등을 시도하게 할 염려가 있고, 누설된 사실을 고소인 등 일반국민이 알게 될 경우 국가기관의 엄정한 법집행에 대한 국민의 신뢰가 추락하는 등 국가기관의 수사목적을 방해하고 수사기능을 저해하는 요소로 작용될 수 있는 사항이 라 할 것이어서, 비록 관계법령에서 이를 비밀 사항으로 규정한 바 없다 하더라도 형사사건에 있어서 제출된 증거에 관한 정보는 실질적으로 비밀성을 지녔다 할 것이므로, 이를 피의자에게 알려주는 등으로 특정인의 이익을 도모하여 정당한 이유없이 누설함은 형법 제127조 소정의 공무상 비밀누설죄에 해당한다(대법원 2005.9.15, 2005도4843).
4. 뇌물죄는 직무집행의 공정과 이에 대한 사회의 신뢰에 기하여 직무수행의 불가매수성을 그 직접의 보호법익으로 하고 있으므로, 공무원의 직무와 금원의 수수가 전체적으로 대가관계에 있으면 뇌물수수죄가 성립하고, 특별히 청탁의 유무, 개개의 직무행위의 대가적 관계를 고려할 필요가 없으며, 또한 그 직무행위가 특정된 것일 필요도 없다 할 것이고, 한편 뇌물죄에 있어서 직무에는 공무원이 법령상 관장하는 직무 그 자체 뿐만 아니라 그 직무와 밀접한 관계가 있는 행위 또는 관례상이나 사실상 소관하는 직무행위도 포함된다 할 것이므로, 국회의원이 그 직무권한

의 행사로서의 의정활동과 전체적·포괄적으로 대가관계가 있는 금원을 교부받았다면 그 금원의 수수가 어느 직무행위와 대가관계에 있는 것인지 특정할 수 없다고 하더라도 이는 국회의원의 직무에 관련된 것으로 보아야 하고, 한편 국회의원이 다른 의원의 직무행위에 관여하는 것이 국회의원의 직무행위 자체라고 할 수는 없으나, 국회의원이 자신의 직무권한이 의안이 심의·표결권 행사의 연장선상에서 일정한 의안에 관하여 다른 동료의원에게 작용하여 일정한 의정활동을 하도록 권유·설득하는 행위 역시 국회의원이 가지고 있는 위 직무권한의 행사와 밀접한 관계가 있는 행위로서 그와 관련하여 금원을 수수하는 경우에도 뇌물수수죄가 성립한다(대법원 1997.12.26, 97도2609).

5. 공사의 입찰업무를 담당하고 있는 장교가 비밀로 하여야 할 그 공사의 입찰예정가격을 응찰자에게 미리 알려 준 소위는 직무에 위배되는 행위로서 형법 제141조 제2항의 부정한 행위에 해당한다 할 것이어서, 입찰이 끝난 후 20여 일이 경과한 후 전속시의 전별금 명목으로 금원을 받았다 하더라도 이는 직무행위의 부정행위와 관련된 금품의 수수에 해당하므로 사후 수뢰죄를 구성한다(대법원 1983.4.26, 82도2095).

1. 뇌물죄에 대한 설명 중 옳은 것은?
   ① 공무원이 아니면 뇌물죄의 주체가 될 수 없다.
   ② 청탁을 받지 않아도 뇌물죄는 성립한다.
   ③ 부정한 행위를 한 때에만 뇌물죄가 성립한다.
   ④ 경제적 가치가 없는 것은 뇌물이 될 수 없다.

   〈해설〉 ② 수뢰죄의 성립에 있어 직무행위의 정당성여부나 위법여부는 불문하며 청탁의 유무도 불문한다.

제2절 공무방해에 관한 죄

I. 의의

공무집행방해에 관한 죄란 국가 또는 공공기관이 행사하는 기능을 방해함으로써 성립하는 범죄이다. 공무원에 의하여 집행되는 공무 그 자체를 보호하기 위한 범죄이다. 공무방해죄의 보호법익은 공무원에 의하여 실현되는 국가기능으로서의 공무라고 해야 한다.

기본적 구성요건은 공무집행방해죄이며, 직무강요죄와 위계에 의한 공무집행방해죄는 방법이 다른 경우에 대한 수정적 구성요건이다. 법정 · 국회의장모욕죄는 방법이 다른 경우에 대한 수정적 구성요건이다. 법정 · 국회의장모욕죄, 인권옹호직무방해죄, 공무상 비밀표시무효죄 등은 보호의 객체가 특수한 공무에 제한되는 경우를 규정한 것이고 특수공무방해죄는 행위방법으로 한하여 불법이 가중되는 가중적 구성요건이다. 입법론으로는 법정모욕죄는 법원조직법의 법정경찰권(제58조)과 중복되는 것으로 법정경찰권을 법원의 권한으로 규정한 취지와 모순되고 인권옹호직무방해죄도 행정법상의 징계처분으로 족한 경우로서 형법에 의하여 처벌할 불법이라고 할 수 없다는 비판이 있다.

II. 공무집행방해죄

직무를 집행하는 공무원에 대하여 폭행 또는 협박한 자는 5년 이하의 징역 또는 1,000만원 이하의 벌금에 처한다(제136조 제1항).

1. 의의

(1) 의의

국가 혹은 공공기관이 행사하는 기능을 방해함으로써 성립하는 범죄로서 공무원에 의하여 집행되는 공무 그 자체를 보호하기 위한 범죄이다.

(2) 보호법익

공무원에 의하여 실현되는 국가기능으로서의 공무로서 공무를 보호함에 의하여 공무원의 지위가 간접적으로 보호된다. 그러나 공무원의 지위의 보호는 반사적 이익에 불과하여 공무원은 본죄의 행위의 객체에 불과하고 그 보호법익이 되는 것은 아니다.

2. 객관적 구성요건

(1) 주체

제한이 없으나 직무집행을 받는 대상자, 공무원, 제3자를 들 수 있다.

(2) 행위의 객체

직무를 집행하는 공무원으로서 법령에 의하여 국가 혹은 공공단체의 공무에 종사하는 자이다. 우리나라의 공무를 보호하기 위한 범죄이므로 외국의 공무원은 포함되지 않는다.

1) 직무집행의 범위

널리 공무원이 직무상 취급할 수 있는 사무를 행하는 것으로서 반드시 공무원이 국가 혹은 공공단체의 의사를 사람 혹은 물건에 대하여 강제하는 경우에 한하는 것이 아니어서 직무집행이 강제적 성질을 가질 것을 불요한다. 「직무를 집행하는」이란 공무원이 현재 구체적인 직무를 집행하고 있음을 의미한다.

공무집행방해죄에서 현실적으로 구체적인 업무를 처리하고 있지는 않다 하더라도 자기 자리에 앉아 있는 것만으로도 업무의 집행으로 볼 수 있을 때에는 역시 직무집행 중에 있는 것으로 보아야 하고, 직무 자체의 성질이 부단히 대기하고 있을 것을 필요로 하는 것일 때에는 대기 자체를 곧 직무행위로 보아야 할 경우도 있다(대법원 2002.4.12, 2000도3485).

〔표〕 직무집행에 해당하는지의 여부

○	- 직무집행행위에 착수하기 직전의 준비행위가 직무집행과 불가분의 관계 - 직무집행을 대기하고 있는 경우 - 일시 휴식하고 있는 경우
×	- 직무집행을 위하여 출근하는 공무원을 폭행한 경우 - 직무집행을 종료한 후에 공무원에 대하여 폭행 · 협박

2) 직무집행의 적법성

① 적법성의 요부

공무집행방해죄가 성립하기 위하여 공무원의 직무집행이 적법함을 요하는가에 대하여 **통설**과 **판례**는 긍정하여 위법한 공무집행에 대한 반항을 처벌하는 것은 법의 적정한 집행을 저해하는 결과를 초래하고 국민은 위법한 직무집행에 대하여 정당방위를 할 수 있고, 저항권을 행사할 수 있다고 한다. 이에 대해 부정설은 형법의 해석에 있어서는 형법의 해석에 있어서 「직무집행이 공무원의 추상적 권한에 속하는 행위이고 구체적인 행위가 공무원의 그것이라고 인정되는 한 사소한 적법·부적법이나 유효·무효는 문제가 되지 않는다」고 한다. 형법 제136조가 규정하는 공무집행방해죄는 공무원의 직무집행이 적법한 경우에 한하여 성립하는 것이고, 여기서 적법한 공무집행이라고 함은 그 행위가 공무원의 추상적 권한에 속할 뿐 아니라 구체적 직무집행에 관한 법률상 요건과 방식을 갖춘 경우를 가리키는 것이므로, 이러한 적법성이 결여된 직무집행을 하는 공무원에게 대항하여 폭행을 가하였다고 하더라도 이를 공무집행방해죄로 다스릴 수는 없다(대법원 1992.5.22 92도 506).

② 적법성의 요건

형법적인 적법개념이 기준이 되어야 한다. 실질적 정당성이 아니라 형식적 적법성을 기준으로 판단해야 한다.

(i) 행위가 당해 공무원의 추상적(일반적) 직무권한에 속하여야 한다. 공무원에게는 사물적·장소적 직무의 범위가 정하여져 있다. 예컨대, 집달관에게는 재판의 집행과 강제처분의 권한이 있어야 하는데 특별사법경찰관리에게는 법률에 의하여 정해진 사무에 관하여 사법경찰관리로서의 사무를 행하여야 한다. 공무원의 내부적 사무분담은 직무권한의 범위에 해당하지 아니한다.

(ii) 행위가 당해 사무분담의 구체적 권한에 속하여야 한다. 법률에 규정된 구체적 직무행위의 요건 구비시 직무집행은 적법하여야 한다. 예컨대, 집달관은 자기에게 위임된 사건에 대하여만 강제집행을 할 수 있다. 직무행위가 공무원의 재량에 맡겨진 경우에는 그 재량의 범위에서 행한 직무행위는 적법하다.

(iii) 행위는 법령이 정한 절차와 방식에 따를 것을 요한다. 예컨대, 피고인 혹은 피의자를 구속함에는 구속영장을 요한다. 직무행위의 방식과 절차에 사소한 미비점이 있는 모든 직무집행을 위법하다 할 수 없다(긴급구속에 있어서는 그 사유의 불고지).

③ 적법성의 판단기준

직무집행이 적법한가를 판단하는 기준으로서는 **다수설**은 객관설을 취하여 법원이 법령을 해석하여 객관적으로 판단해야 한다고 하고 있고 주관설은 당해 공무원이 적법한 것으로 믿었는가 혹은 과실없이 적법한 것으로 믿었는가에 의해 결정해야 한다고 한다. **판례**는 일반인표준설을 취하여 일반인의 입장에서 공무원의 직무행위로 인정할 수 있을 때라고 한다(대법원 1961.8.26, 4291형상852). 공무원이 상관의 위법한 명령을 집행한 경우에 직무집행이 적법하게 될 수 있는가에 대해 제1설은 상관의 명령이 위법한 이상 그 직무집행도 당연히 위법하다고 해석하나, 제2설은 공무원의 복무의무에 비추어 상관의 명령이 현저히 사회상규에 반하지 않을 때에는 적법한 직무집행이다.

④ 적법성의 체계적 지위

범죄의 체계론과 형법정책적인 요구를 어떻게 조화시킬 것인가에 대하여 학설이 대립한다. 처벌조건설은 직무집행의 적법성이 객관적 처벌조건이라고 이해하여 적법성의 인식은 고의의 내용이 되지 않으며 이에 대한 착오는 범죄성립에 영향을 미치지 않는다. 이는 형사정책적 필요성의 근거로 범죄론의 체계를 무시하는 것은 부당하고 한다. **위법성조각사유설**은 **다수설**로서 직무집행의 불법은 정당방위를 가능하게 하는 위법한 침해가 된다고 한다. 직무행위의 적법성에 대한 착오는 위법성의 착오로서 형법 제16조에 의하여 해결하여야 한다고 한다. 이는 위법한 직무행위에 대한 저항이 구성요건에 해당한다고 하는 것은 범죄론 체계와 일치하지 않을 뿐만 아니라 주관적 위법성조각사유의 존재를 필요로 한다는 부당한 결과를 초래한다는 비판이 있다. 구성요건요소설은 직무행위의 적법성이 구성요건요소라고 이해하여 이에 대한 착오는 사실의 착오로 고의를 조각한다.

(3) 행위

1) 폭행 · 협박의 의의

광의의 폭행 · 협박의 개념으로서 명시적 · 묵시적, 직접적 · 간접적, 언어 · 문서든 불문한다.

공무집행을 방해할 정도에 이를 것을 요한다. 적극적인 행위일 것을 요하고, 소극적인 거동 혹은 불복종은 포함되지 아니한다. 적극적인 행위란 예컨대, 공무원이 나

가지 못하게 하기 위하여 문을 받거나 맹견을 풀어놓는 것을 말한다.

차량을 일단 정차한 다음 경찰관의 운전면허증 제시요구에 불응하고 다시 출발하는 과정에서 경찰관이 잡고 있던 운전석 쪽의 열린 유리창 윗부분을 놓지 않은 채 어느 정도 진행하다가 차량 속도가 빨라지자 더 이상 따라가지 못하고 손을 놓아버렸다면 이러한 사실만으로는 피고인의 행위가 공무집행방해죄에 있어서의 폭행에 해당한다고 할 수 없다(대법원 1996.4.26, 96도281).

불법주차 차량에 불법주차 스티커를 붙였다가 이를 다시 떼어 낸 직후에 있는 주차단속 공무원을 폭행한 경우 폭행 당시 주차단속 공무원은 일련의 직무수행을 위하여 근무중인 상태에 있었다고 보아야 하므로 공무집행방해죄가 성립한다(대법원 1989.9.21, 99도383).

2) 기수시기

추상적 위험범으로서 공무원에 대하여 폭행·협박을 하면 본죄는 기수에 이르며 이로 인한 직무집행의 방해라는 결과에 이를 것을 요하지 아니한다.

3. 주관적 구성요건

본죄는 고의범이므로 객관적 구성요건요소에 대한 고의를 요한다. 행위자는 직무를 집행하는 공무원에 대하여 폭행·협박한다는 사실에 대한 인식할 것을 요한다. 상대방이 공무원인 사실을 모른 때에는 사실의 착오로서 고의를 조각한다. 확정적 고의, 미필적 고의로도 족하다. 고의 이외의 공무집행을 방해하는 의사를 요하는가에 대하여 제1설은 보호법익을 침해할 의사가 필요한 것은 아니므로 직무집행을 방해한다는 인식이면 족하다고 해야 하며, 제2설은 본죄의 보호법익이 공무라는 점을 이유로 하므로 고의 이외에 공무집행을 방해할 의사가 있어야 한다고 한다. 직무행위의 적법성에 대한 착오는 구성요건요소로 보는가 혹은 위법성의 요소로 보느냐에 따라 입장이 상이하다.

4. 죄수 및 타죄와의 관계

(1) 죄수

본죄의 죄수를 결정하는 기준에 대하여는 다수설은 공무의 수를 기준으로 하고 **판례**는 공무원의 수를 기준으로 한다(대법원 1961.9.28, 4291형상415).

(2) 타죄와의 관계

본죄와 폭행죄 혹은 협박죄는 법조경합의 관계이다. 본죄와 업무방해죄의 관계에 대해서는 여러 학설이 대립되나, 업무방해죄 이외에 공무집행방해죄를 규정하여 그 행위의 태양을 제한하고 있는 취지는 사적 업무 이외의 공무를 별도로 보호하면서 공무방해는 공무원에 대한 폭행·협박 혹은 위계의 경우 처벌하겠다는 뜻이라고 보아야 할 것이므로, 공무는 업무방해죄에 포함되지 않고 본죄가 성립시 업무방해죄는 성립하지 않는다.

Ⅲ. 수정적 구성요건

1. 직무·사직강요죄

공무원에 대하여 그 직무상의 행위를 강요 또는 저지하거나 그 직을 사퇴하게 할 목적으로 폭행 또는 협박한 자도 전항의 형과 같다(제136조).

2. 위계에 의한 공무집행방해죄

위계로써 공무원의 직무집행을 방해한 자는 5년 이하의 징역 또는 1,000만원 이하의 벌금에 처한다(제137조).

1. 민사소송을 제기함에 있어 피고의 주소를 허위로 기재하여 법원공무원으로 하여금 변론기일소환장 등을 허위주소로 송달케 하였다는 사실만으로는 이로 인하여 법원공무원의 구체적이고 현실적인 어떤 직무집행이 방해되었다고 할 수 없으므로, 이로써 바로 위계에 의한 공무집행방해죄가 성립한다고 볼 수는 없다(대법원 1996.10.11, 96도312).

2. 자가용차를 운전하다가 교통사고를 낸 사람이 경찰관서에 신고함에 있어 가해차량이 자가용일 경우 피해자와 합의하는데 불리하다가 생각하여 영업용 택시를 운전하다가 사고를 내었다고 허위신고를 하였다 하더라도 위계로 인한 공무집행방해죄가 성립하지 않는다(대법원 1974.12.10, 74도2841).

3. 음주운전을 하다가 교통사고를 야기한 후 그 형사처벌을 면하기 위하여 타인의 혈액을 자신의 혈액인 것처럼 교통사고 조사 경찰관에게 제출하여 감정하도록 한 행위는 수사기관의 착오를 이용하여 적극적으로 피의사실에 관한 증거를 조작한 것으로서 위계에 의한 공무집행방해죄가 성립한다(대법원 2003.7.25, 2003도1609).

4. 감척어선 입찰자격이 없는 자가 제3자와 공모하여 제3자의 대리인 자격으로 제3자 명의로 입찰에 참가하고, 낙찰받은 후 자신의 자금으로 낙찰대금을 지급하여 감척어선에 대한 실질적 소유권을 취득한 경우 위계에 의한 공무집행방해죄가 성립한다(대법원 2003.12.26, 2001도6349).

Ⅳ. 특수한 공무에 대한 공무방해죄

1. 법정 · 국회회의장모욕죄

법원의 재판 또는 국회의 심의를 방해 또는 위협할 목적으로 법정이나 국회의장 또는 그 부근에서 모욕 또는 선동한 자는 3년 이하의 징역 또는 700만원 이하의 벌금에 처한다(제138조). 법원 및 재판장은 법정내에서 법정의 질서유지에 필요한 명령에 위배하는 행위를 하거나 폭언 · 소란 등 행위로 법원의 심리를 방해 또는 재판의 위신을 현저히 훼손한 자에 대하여 직권으로 결정에 의하여 20일 이내의 감치 또는 100만원 이하의 과태료에 처하거나 이를 병과할 수 있다(법조법 제61조 1항).

주의할 것 ··· 목적범이다.

2. 인권옹호직무방해죄

경찰의 직무를 행하는 자 또는 이를 보조하는 자가 인권옹호에 관한 검사의 직무집행을 방해하거나 그 명령을 준수하지 아니한 때에는 5년 이하의 징역 또는 10년 이하의 자격정지에 처한다(제139조).

3. 공무상비밀표시무효죄

공무원이 그 직무에 관하여 실시한 봉인 또는 압류 기타 강제처분의 표시를 손상 또는 은닉하거나 기타 방법으로 그 효용을 해한 자는 5년 이하의 징역 또는 700만원 이하의 벌금에 처한다(제140조). 본죄의 미수범은 처벌한다(제143조). 공무원이 그 직무에 관하여 비밀로 한 봉합 기타 문서나 도화를 개피한 자도 전항의 형과 같다(제140조). 본죄의 미수범은 처벌한다(제143조).

4. 공용서류 등 무효죄

공무소에서 사용하는 서류 기타 물건을 손상 또는 은닉하거나 기타 방법으로 그 효용을 해한 자는 7년 이하의 징역 또는 1,000만원 이하의 벌금에 처한다(제141조). 본죄의 미수범은 처벌한다(제143조).

5. 공용물파열죄

공무소에서 사용하는 건조물·선박·기차 또는 항공기를 파괴한 자는 1년 이상 10년 이하의 징역에 처한다(제141조 2항). 본죄의 미수범은 처벌한다(제143조).

6. 공무상보관물무효죄

공무소로부터 보관명령을 받거나 공무소의 명령으로 타인이 간수하는 자기의 물건을 손상 또는 은닉하거나 기타 방법으로 그 효용을 해한 자는 5년 이하의 징역 또는 700만원 이하의 벌금에 처한다(제142조).

7. 특수공무방해죄·특수공무방해치사상죄

단체 또는 다중의 위력을 보이거나 위험한 물건을 휴대하여 제136조·제138조와 제140조 내지 전조의 죄를 범한 때에는 각조에 정한 형의 2분의 1까지 가중한다(제144조 1항). 전항의 죄를 범하여 공무원을 사상에 이르게 한 자는 무기 또는 3년 이상의 징역에 처한다(제144조).

1. 공무집행방해죄에서 직무집행의 적법성에 대하여 논하시오.

2. 공무집행방해죄에서 폭행 및 협박의 정도는 어떠한가?

1. 경찰서에 설치되어 있는 보호실은 구속영장을 발부받음이 없이 피의자를 보호실에 유치함은 영장주의에 위배되는 위법한 구금으로서 적법한 공무수행이라고 볼 수 없다(대법원 1994.3.11, 93도958).
2. 피고인이 마치 그의 형인양 시험감독자를 속이고 원동기장치자전거운전면허시험에 대리로 응시하였다면 피고인의 소위는 위계에 의한 공무집행방해죄가 성립한다(대법원 1986.9.9, 86도1245).
3. 형법 제141조 제1항에 규정한 공용서류무효되는 공문서나 사문서를 묻지 아니하고 공무소에서 사용중이거나 사용할 목적으로 보관하는 서류 기타 물건을 그 객체로 하므로, 형사사건을 조사하던 경찰관이 스스로의 판단에 따라 자신이 보관하던 진술서를 임의로 피고인에게 넘겨 준 것이라면, 위 진술서의 보관책임자인 경찰관은 장차 이를 공무소에서 사용하지 아니하고 폐기할 의도하에 처분한 것이라고 보아야 할 것이므로, 위 진술서는 더 이상 공무소에서 사용하거나 보관하는 문서가 아닌 것이 되어 공용서류로서의 성질을 상실하였다고 보아야 한다(대법원 1999.2.24, 98도4350).

1. 순경시험에 응시하는 자가 부정한 방법으로 시험문제를 입수하여 그 문제의 내용을 미리 알고 응시한 자의 죄책은?

① 공무집행방해죄　　② 위계에 의한 공무집행방해죄

③ 사기죄 ④ 기대가능성이 없으므로 무죄

〈해설〉 ② 형법 제137조

제3절 도주와 범인은닉의 죄

I. 의의

도주와 범인은닉의 죄는 형사사법에 있어서 인적 도피를 내용으로 하는 범죄이다. 도주의 죄는 법률에 의하여 체포 또는 구금된 자가 스스로 도주하거나 타인의 도주에 관여함으로써 성립하는 범죄이다. 도주죄의 보호법익을 국가의 구금기능 또는 구속작용이라고 해석하는 것이 타당하다고 한다. 범인은닉죄는 벌금 이상의 형에 해당하는 죄를 범한 자를 은닉 또는 도피하게 함으로써 성립하는 범죄를 말한다. **통설**은 국가의 형사사법을 보호하기 위한 범죄라고 한다. 보호법익이 보호받는 정도는 위태범이다.

도주죄의 기본적 구성요건은 단순도주죄(제145조)이며, 특수도주죄(제146조)는 이에 대하여 불법이 가중되는 가중적 구성요건이다. 도주원조죄는 법률에 의하여 구금된 자를 제3자가 도주하게 함으로써 성립하는 범죄이며, 기본적 구성요건인 단순도주원조죄(제147조)에 대하여 간수자 도주원조죄(제147조)는 책임이 가중되는 가중적 구성요건이다.

형법이 단순도주죄를 처벌하는 것이 타당한가에 대하여 부정설은 형법이 증거인멸죄에 관하여 피고인의 자기증거인멸을 처벌하지 않는 것과 비교하여 볼 때 단순도주죄를 처벌하는 것은 입법론상 의문이 있음에 반하여 긍정설은 도주죄와 증거인멸죄는 보호법익을 달리하는 범죄이므로 도주죄를 처벌하는 것은 타당하다는 견해가 있다.

II. 도주죄

1. 단순도주죄

법률에 의하여 체포 또는 구금된 자가 도주한 때에는 1년 이하의 징역에 처한다

(제145조 1항). 본죄의 미수범은 처벌한다(제149조). 도주죄는 즉시범으로 범인이 간수자의 실력적 지배를 이탈한 상태에 이르렀을 때에 기수가 되어 도주행위가 종료하는 것이고, 도주원조죄는 도주죄에 있어서의 범인의 도주행위를 야기시키거나 이를 용이하게 하는 등 그와 공범관계에 있는 행위를 독립한 구성요건으로 하는 범죄이므로, 도주죄의 범인이 도주행위를 하여 기수에 이르른 이후에 범인의 도피를 도와 주는 행위는 범인도피죄에 해당할 수 있을 뿐 도주원조죄에는 해당하지 아니한다(대법원 1991.10.11 91도 1656).

2. 집합명령위반죄

전항의 구금된 자가 천재·사변 기타 법령에 의하여 잠시 해금된 경우에 정당한 이유없이 그 집합명령에 위반한 때에도 전항의 형과 같다(제145조 제2항). 본죄의 미수범은 처벌한다(제149조).

3. 특수도주죄

수용설비 또는 기구를 손괴하거나 사람에게 폭행 또는 협박을 가하거나 2인 이상이 합동하여 전조 제1항의 죄를 범한 자는 7년 이하의 징역에 처한다(제148조). 본죄의 미수범은 처벌한다(제149조).

Ⅲ. 도주원조죄

1. 단순도주원조죄

법률에 의하여 구금된 자를 탈취하게 하거나 도주하게 한 자는 10년 이하의 징역에 처한다(제147조). 본죄의 미수범은 처벌한다(제149조). 본죄를 범할 목적으로 예비 또는 음모한 자는 3년 이하의 징역에 처한다(제150조).

2. 간수자도주원조죄

법률에 의하여 구금된 자를 간수 또는 호송하는 자가 이를 도주하게 한 때에는 1년 이상 10년 이하의 징역에 처한다(제148조). 본죄의 미수범은 처벌한다(제149조). 본죄를 범할 목적으로 예비 또는 음모한 자는 3년 이하의 징역에 처한다(제150조).

Ⅳ. 범인은닉죄

벌금 이상의 형에 해당하는 죄를 범한 자를 은닉 또는 도피하게 한 자는 3년 이하의 징역 또는 500만원 이하의 벌금에 처한다(제151조 1항). 친족·호주 또는 동거의 가족이 본인을 위하여 전항의 죄를 범한 때에는 처벌하지 아니한다(제151조). 범인은닉죄는 형사사법에 관한 국권의 행사를 방해하는 자를 처벌하고자 하는 것이므로, 형법 제151조 1항의 소정의 '죄를 범한 자'라 함은 범죄의 혐의를 받아 수사대상이 되어 있눈 자를 포함한다. 따라서 구속수사의 대상이 된 공소외인이 그후 무혐의로 석방되었다 하더라도 위 죄의 성립에 영향이 없다(대법원 1982.1.26 81도1931).

1. 도주죄는 즉시범으로서 범인이 간수자의 실력적 지배를 이탈한 상태에 이르렀을 때에 기수가 되어 도주행위가 종료하는 것이고, 도주원조죄는 도주죄에 있어서의 범인의 도주행위를 야기시키거나 이를 용이하게 하는 등 그와 공범관계에 있는 행위를 독립한 구성요건으로 하는 범죄이므로, 도주죄의 범인이 도주행위를 하여 기수에 이르른 이후에 범인의 도피를 도와 주는 행위는 범인도피죄에 해당할 수 있을 뿐 도주원조죄에는 해당하지 아니한다(대법원 1991.10.11, 91도1656).
2. 주점 개업식 날 찾아 온 범인에게 '도망다니면서 이렇게 와 주니 고맙다. 항상 몸조심하고 주의하여 다녀라. 열심히 살면서 건강에 조심하라'고 말한 것은 단순히 안부인사에 불과한 것으로 범인을 도피하게 한 것으로 볼 수 없다(대법원 1992.6.12, 92도736).
3. 범인 아닌 자가 수사기관에서 범인임을 자처하고 허위사실을 진술하여 진범의 체포와 발견에 지장을 초래하게 한 행위는 범인은닉죄에 해당한다(대법원 1996.6.14, 96도1016).
4. 참고인이 수사기관에서 범인에 관하여 조사를 받으면서 그가 알고 있는 사실을 묵비하거나 허위로 진술하였다고 하더라도 그것이 적극적으로 수사기관을 기만하여 착오에 빠지게 함으로써 범인의 발견 또는 체포를 곤란 내지 불가능하게 할 정도의 것이 아니라면 범인도피죄를 구성하지 아니한다(대법원 1997.9.9, 97도1596).

5. 범인이 자신을 위하여 타인으로 하여금 허위의 자백을 하게 하여 범인도피죄를 범하게 하는 행위는 방어권의 남용으로 범인도피교사죄에 해당한다(대법원 2000.3.24, 2000도20).

1. 다음 범인은닉죄에 대한 설명으로 틀린 것은?

① 다수설은 친고죄에서 단순히 고소가 없는 경우는 본죄의 객체가 되나, 고소권이 소멸한 경우는 본죄의 객체가 아니라고 한다.
② 죄를 범한 자란 정범, 교사범, 종범, 예비·음모죄도 포함된다.
③ 다수설은 검사의 불기소처분을 받은 자는 본죄의 객체에 해당하지 않는다고 한다.
④ 친족 아닌 자가 친족과 공동으로 본죄를 범한 경우에는 친족에게만 특례가 적용된다.

〈해설〉 ③ 다수설은 검사의 불기소처분을 받은 자도 소추·처벌의 가능성은 남아 있으므로 본죄의 객체가 된다고 한다.

제4절 위증과 증거인멸의 죄

I. 의의

1. 위증죄의 의의와 본질

위증죄란 법률에 의하여 선서한 증인이 허위의 공술(供述)을 하거나, 법률에 의하여 선서한 감정인·통역인 또는 번역인이 허위의 감정·통역 또는 번역을 함으로써 성립하는 범죄를 말한다. 위증죄의 보호법익은 국가의 사법작용과 징계작용이다. 위증죄는 순수한 국가적 법익을 보호하기 위한 범죄이다. 보호법익이 보호받는 정도는 추상적 위험범이다. 위증죄가 법률에 의하여 선서한 증인이라는 신분을 요하는 신분범일뿐만 아니라 신분을 가진 자가 스스로 허위의 증언을 할 때에만 성립하는 자수범이라는 점에 대하여 견해가 일치한다. 위증죄는 증인에게 부여된 진실의무를 위반하였다는 점에 근거가 있어 선서위반에 대하여 특수한 불법내용을 인정하는 것은 타당하다고 할 수 없다.

2. 증거인멸죄의 의의

타인의 형사사건 또는 징계사건에 관한 증거를 인멸·은닉·위조 또는 변조하거나, 위조 또는 변조한 증거를 사용하거나 또는 타인의 형사사건 또는 징계사건에 관한 증거를 은닉 또는 도피하게 하여 국가의 심판기능을 방해하는 것을 내용으로 하는 범죄이다. 위증죄는 증거인멸죄에 대하여 특별관계에 있다고 한다.

II. 위증죄

법률에 의하여 선서한 증인이 허위의 진술을 한 때에는 5년 이하의 징역 또는 1,000만원 이하의 벌금에 처한다(제152조 1항). 본죄를 범한 자가 그 진술한 사건의 재판 또는 징계처분이 확정되기 전에 자백 또는 자백한 때에는 그 형을 감경 또는 면제한다(제153조).

1. 의의

(1) 의의

법률에 의하여 선서한 증인이 허위의 공술을 하거나, 법률에 의하여 선서한 감정인·통역인 혹은 번역인이 허위의 감정·통역 혹은 번역을 함으로써 성립하는 범죄이다.

(2) 보호법익

사법에 대한 국가의 기능으로서 이는 국가의 사법작용과 징계작용이다. 위증죄의 특수한 불법은 증인의 허위공술에 의하여 법원 혹은 심판기능의 진실발견을 위한 심리를 해하여 정당한 판단을 위태롭게 하는데 있다.

(3) 본질

보호받는 정도는 추상적 위험범으로서 신분범, 자수범이다. 공모공동정범을 인정할 때에는 위증을 공모한 자도 위증죄의 공동정범이 될 수 있는가에 대해 긍정하는 견해도 있으나 자수에 의하여 행위하지 않은 자에 대하여 공동정범의 성립을 인정하는 것은 위증죄의 본질에 반한다.

2. 객관적 구성요건

법률에 의하여 선서한 증인이 허위의 공술을 함으로써 성립한다.

(1) 행위의 주체

1) 법률에 의한 선서

선서한 법률에 규정된 절차에 따라 유효하게 행하여질 것을 요한다. 이 때의 법률에는 법률의 위임에 의한 명령도 포함하고 선서는 유효한 것이어서 선서를 하게 할 권한있는 기관에 대하여 한 것이어야 한다. 선서의 취지를 이해하지 못하는 선서무능력자가 한 선서도 선서로서의 효력이 없으나, 선서나 증언절차에 사소한 결함이 있다는 이유만으로는 효력이 없다고 할 수 없다. 선서는 증언전에 하는 것이 원칙이나 사후선언을 하는 경우도 있다.

2) 증인

법원 혹은 법관에 대하여 과거의 경험사실을 진술하는 제3자이다. 공범자 혹은 공동피고인이 증인의 자격에서 선서하고 증언한 때에 제1설은 **다수설**로서 본죄의 주체가 될 수 있다고 하고, 제2설은 공범자가 아닌 공동피고인은 증인적격이 있지만, 공범자인 공동피고인은 증인적격이 없으면 주체가 될 수 없다고 한다. 증언거부권자가 증언거부권을 행사하지 않고 선서하고 증언한 경우, 본죄의 주체가 될 수 있는가에 대하여 증언거부권은 권리이지 의무는 아니므로 본죄가 성립한다. 증언으로 인하여 형사소추를 받을 염려가 있는자가 위증을 한 경우 본죄가 성립하겠는가에 대하여 형사소송법이 이런 증인에 대하여 증언거부권을 보장하고 있음에도 불구하고 선서하고 위증하는 경우, 기대가능성이 있으므로 본죄가 성립한다. 증인으로 선서한 이상 진실대로 진술한다면 자신의 범죄를 시인하는 진술을 하는 것이 되고 증언을 거부하는 것은 자기의 범죄를 암시하는 것이 되어 증인에게 사실대로의 진술을 기대할 수 없다고 하더라도 형사소송법상 이러한 처지의 증인에게는 증언을 거부할 수 있는 권리를 인정하여 위증죄로부터 탈출구를 마련하고 있는 만큼 적법행위의 기대가능성이 없다고 할 수 없으므로 선서한 증인이 증언거부권을 포기하고 허위의 진술을 하였다면 위증죄의 처벌을 면할 수 없다(대법원 1987.7.7 전합 86도 1724).

(2) 행위

1) 공술의 허위성

허위란 무엇을 의미하는가?

① 객관설

객관적 진실에 반하는 것이고 공술과 진실의 불일치를 말한다. 증인의 기억과 일치할지는 불문한다. 국가의 사법기능에 대한 위험에 불법의 핵심이 있고, 객관적 진실과 일치하는 증언에 의하여 사법에 의한 진실발견의 위험이 초래될 수 없다.

② 주관설(통설·판례)

증언과 기억의 불일치를 말하는데 증인이 기억에 반하는 증언을 하는 것을 의미하며 그것이 객관적 진실과 일치하는가는 불문한다. 증인에게 자신의 기억 이상의 진실을 진술하는 것을 기대할 수는 없으며, 증인의 사명은 자기의 기억을 진술하여 법원에 의한 진실발견을 돕는 것을 말한다.

③ 비판(객관설 지지)

범죄의 성부는 보호법익과의 관계에서 파악되어야 하며, 진실과 일치하는 증언에 의하여 국가의 사법기능에 위험을 초래할 수는 없다는 점에 비추어 이 경우 처벌하는 것은 불필요한 처벌의 확대다.

(2) 공술(供述)

1) 공술의 대상

사실에 제한하고 자기가 경험한 사실을 진술하므로 가치판단은 포함하지 않는다. 사실에 대하여 법률적 표현을 써서 진술한 경우에는 허위의 공술에 해당한다.

2) 공술의 방법

제한이 없으며 구두, 거동이나 표정에 의한 진술은 이에 해당하나 단순한 진술거부는 이에 해당하지 않는다. 그러나 진술거부에 의하여 전체로서의 진술내용이 허위로 되는 때에는 공술에 해당한다.

3) 공술의 내용

요증사실에 대한 것으로 반드시 판결에 영향을 미칠 것을 불요한다. 증인신문의 대상이 된 사항, 직접신문에 대한 진술, 반대신문뿐만 아니라 인정신문에 대한 것도 포함한다. 지엽적인 사실에 대한 진술, 동기나 내력에 대한 진술은 이에 포함되나 증인의 자발적 공술은 이에 포함되지 않는다.

(3) 기수시기

제1설은 증인이 당해 허위의 진술을 하였을 때에는 신문의 종료를 기다리지 않고 즉시 기수가 된다. 제2설은 **통설**로서 1회의 증인신문절차에 있어서의 증언은 포괄적으로 1개의 행위라고 파악함이 타당하므로 증인에 대한 심문절차가 종료한 때에 기수가 된다. 통설의 견해에 따른다면 허위의 공술을 한 증인이 심문이 끝날 때까지 이를 시정한 때에는 본죄는 성립하지 않으나, 증인이 공술을 한 후에 선서한 때에는 그 선서를 끝날 때에 기수가 된다.

3. 주관적 구성요건

고의범이므로 객관적 구성요건요소에 대한 인식이 있어야 한다. 법률에 의하여 선서한 증인이라는 신분에 대한 인식과 허위의 사실을 공술한다는 점에 대한 인식을 말한다. 확정적 고의, 미필적 고의로도 족하다. 허위의, 사실을 진실이라고 믿고 증언한 때에는 구성요건적 착오로서 고의를 조각하게 되고 진실을 증언할 의무가 없다고 오신한 때에는 법률의 착오가 된다.

4. 공범

본죄는 자수범이므로 법률에 의하여 선서하고 증언하는 자 이외의 자는 본죄에 대한 간접정범, 공동정범이 성립하지 않는다. 본죄에 대한 교사·방조가 가능하다. 교사자의 신분에는 제한이 없으므로 선서하지 않는 자도 본죄의 교사범이 될 수 있다. 형사피고인이 자기의 형사사건에 관하여 타인을 교사하여 위증하게 한 경우에 본죄의 교사범이 성립할 수 있는가에 대하여는 학설이 대립한다.

(1) 적극설

다수설로서 타인에게 위증을 교사하는 경우까지 책임이 조각된다고 할 수 없다.

정범에게 위증죄가 성립하는 이상 교사범의 성립도 인정해야 한다. 교사에는 새로운 범죄창조라는 점에서 특수한 반사회성이 있으며, 변호권의 범위를 넘는다.

(2) 소극설

형사피고인은 본죄의 정범은 물론 교사범도 될 수 없다. 정범으로 처벌되지 않는 피고인에게 교사범으로서의 형사책임을 부담하는 것은 부당하고 피고인이 타인을 교사하여 위증하게 하는 것은 피고인 자신이 허위의 진술을 하는 것과 차이가 없다. 적극설에 따라 이를 책임조각사유로 이해하여 타인을 교사하는 때에는 기대가능성이 조각되지 않는다거나, 방어권의 남용에 해당한다라고 하는 것은 부당하고 본죄의 정범이 될 수 없는 자에 대하여 교사범이 될 수 있다고 하는 것은 부당하다.

5. 자백 · 자수의 특례

위증에 의한 오판을 방지하기 위한 정책적 규정이고 자백 혹은 자수에 대한 형의 감면은 필수적이다. '자백'이란 허위의 공술을 한 사실을 고백하는 것을 말하고 자수란 범인이 자발적으로 수사기관에 대하여 자기의 범죄사실을 신고하여 소추를 구하는 의사표시를 말한다. 본조는 정범뿐만 아니라 공범에 대하여도 적용된다.

II. 모해위증죄

형사사건 또는 징계사건에 관하여 피고인 · 피의자 또는 징계피의자를 모해할 목적으로 전항의 죄를 범한 때에는 10년 이하의 징계에 처한다(제152조 2항). 전조의 죄를 범한 자가 그 공술한 사건의 재판 또는 징계처분이 확정되기 전에 자백 또는 자수한 때에는 그 형을 감경 또는 면제한다(제153조).

주의할 것 ··· 모해위증죄는 목적범이다.

III. 허위 감정 · 통역 · 번역죄

법률에 의하여 선서한 감정인 · 통역인 또는 번역인이 허위의 감정 · 통역 또는 번역을 한 때에는 전2조의 예에 의한다(제154조).

Ⅳ. 증거인멸죄

1. 단순증거인멸죄

타인의 형사사건 또는 징계사건에 관한 증거를 인멸·은닉·위조 또는 변조하거나 위조 또는 변조한 증거를 사용한 자는 5년 이하의 징역 또는 700만원 이하의 벌금에 처한다(제155조 1항). 친족·호주 또는 동거의 가족이 본인을 위하여 본조의 죄를 범한 때에는 처벌하지 아니한다(제155조). 증거인멸죄는 타인의 형사사건 또는 징계사건에 관한 증거를 인멸하는 경우에 성립하는 것으로서, 피고인 자신이 직접 형사처분이나 징계처분을 받게 될 것을 두려워 한 나머지 자기의 이익을 위하여 그 증거가 될 자료를 인멸하였다면, 그 행위가 동시에 다른 공범자의 형사사건이나 징계사건에 관한 증거를 인멸한 결과가 된다고 하더라도 이를 증거인멸죄로 다스릴 수 없고, 이러한 법리는 그 행위거 피고인의 공범자가 아닌 자의 형사사건이나 징계사건에 관한 증거를 인멸한 결과가 된다고 하더라도 마찬가지다(대법원 1995.9.29 94도2608).

2. 증거은닉·도피죄

타인의 형사사건 또는 징계사건에 관한 증인을 은닉 또는 도피하게 한 자는 5년 이하의 징역 또는 700만원 이하의 벌금에 처한다(제15조).

관련 판례정리

1. 형법 제155조 제1항에서 타인의 형사사건에 관하여 증거를 위조한다 함은 증거 자체를 위조함을 말하는 것으로서, 선서무능력자로서 범죄현장을 목격하지도 못한 사람으로 하여금 형사법정에서 범죄현장을 목격한 양 허위의 증언을 하도록 하는 것은 위 조항이 규정하는 증거위조죄를 구성하지 아니한다(대법원 1998.2.10, 97도2961).
2. 선서한 증인이 같은 기일에 여러 가지 사실에 관하여 기억에 반하는 허위의 진술을 한 경우 포괄일죄가 된다(대법원 1998.4.14, 97도3340).
3. 자기의 형사사건에 관하여 타인을 교사하여 위증죄를 범하게 하는 것은 방어권을

남용하는 것이라고 할 것이어서 교사범의 죄책을 부담케 함이 상당하다(대법원 2004.1.27, 2003도5114).

1. 다음 중 위증죄에 대한 설명으로 틀린 것은?

① 통설은 보호의 정도를 추상적 위험범으로서의 보호라고 보고 있다.
② 다수설과 판례는 공범자가 아닌 공동피고인은 본죄의 주체이지만, 공범자인 공동피고인은 증인적격이 없으므로 본죄의 주체가 아니라고 한다.
③ 법률에 의하여 선서한 증인이라는 것과 그 진술이 자신의 기억에 반한다는 고의가 있어야 한다.
④ 진술의 대상은 경험한 사실뿐만 아니라 진술자의 주관적 평가나 법률적 효력에 관한 의견도 포함한다.

〈해설〉 ④ 진술의 대상은 경험한 사실에 한하고 이에 대한 가치판단은 본죄의 진술이 아니다.

제5절 무고의 죄

I. 의의

무고죄는 타인으로 하여금 형사처분 혹은 징계처분을 받게 할 목적으로 공무소 혹은 공무원에 대하여 허위의 사실을 신고함으로써 성립하는 범죄이다.

보호법익에 대하여 학설은 대립한다. 개인적 법익침해설은 피무고자가 부당한 형사처분이나 징계처분을 받을 고통과 위험으로부터 구제하기 위한 구제하기 위한 개인적 이익을 보호하기 위한 범죄이다. 국가적 법익침해설은 국가의 형사 혹은 징계권의 적정을 저해하는 것이다. 절충설은 **다수설**로서 국가의 형사 혹은 징계권의 적정한 행사뿐만 아니라 피무고자 개인의 이익을 보호하는 범죄라고 한다. 개인적 법익침해설은 형법의 체계와 불일치하고 국가적 법익침해설은 피무고자의 개인적 이익을 보호하는 면을 가지고 있음을 부정할 수 없을 뿐만 아니라 피무고자를 피해자라 할 수 없는 부당한 결과를 초래하게 된다. 다만 무고죄의 주된 보호법익은 국가의 심판기능이라 할 것이므로 피무고자의 승낙은 본죄의 성립에 영향이 미치지 않는다. 무고죄의 주된 보호법익인 국가적 법익의 내용은 무엇인가에 대하여는 제1설은 국가의 심판기능 내지 형사 혹은 징계권의 적정한 행사를 의미한다고 하고 제2설은 형사 혹은 징계처분에 대한 절차개시의 적정, 즉 수사권 혹은 징계를 위한 조사권의 적정을 의미한다고 한다.

II. 구성요건

타인으로 하여금 형사처분 혹은 징계처분을 받게 할 목적으로 공무소 혹은 공무원에 대하여 허위의 사실을 신고한 자는 10년 이하의 징역 또는 1,500만원 이하의 벌금에 처한다(제156조). 재판 또는 징계처분이 확정되기 전에 자백 또는 자수한 때에는 그 형을 감경 또는 면제한다(제157조, 제153조).

1. 객관적 구성요건

(1) 주체

제한되지 않는다. 공무원, 직무상 고발의 경우에도 성립한다.

(2) 행위의 대상

공무소 혹은 공무원으로서 형사처분에 있어서는 수사기관인 검사 혹은 사법경찰관뿐만 아니라 그 보조자를 포함하며, 징계처분에 있어서는 징계처분을 할 수 있는 직권있는 소속장뿐만 아니라 징계처분을 촉구할 수 있는 기관을 포함한다. 예컨대, 수사기관을 통할하는 대통령 혹은 관내 경찰서장을 지휘·감독하는 도지사에게 처벌을 요구하는 진정서를 제출한다.

(3) 행위의 태양

1) 허위의 사실

허위의 사실은 객관적 진실에 반하는 것으로서 신고된 내용이 진실과 일치하지 않는 것으로서 사실의 핵심 혹은 중요사항이 진실과 부합하는가에 따라 판단한다. 형사처분 혹은 징계처분의 원인이 되는 사실을 야기 혹은 촉진할 수 있다. **판례**는 당해 관청의 직권을 발동할 수 있는 정도이면 추상적 사실로 족하고 학설은 형사처분 혹은 징계처분의 원인이 되기 위해서는 선고된 사실이 구체성을 가져야 한다고 한다. 무고죄는 타인으로 하여금 형사처분 등을 받게 할 목적으로 신고한 사실이 객관적 진실에 반하는 허위사실인 경우에 성립되는 범죄로서, 신고자가 그 신고내용을 허위라고 믿었다 하더라도 그것이 객관적으로 진실한 사실에 부합할 때에는 허위사실의 신고에 해당하지 않아 무고죄는 성립하지 않는 것이며, 한편 위 신고한 사실의 허위 여부는 그 범죄의 구성요건과 관련하여 신고사실의 핵심 또는 중요내용이 허위인가에 따라 판단하여 무고죄의 성립여부를 가려야 한다(대법원 1991.10.11, 91도 1950).

2) 신고

자진하여 사실을 고지하는 것을 말한다.

〔표〕 신고에 해당하는지의 여부

○	고소장에 기재하지 않은 사실을 고소보충조서를 받으면서 자진하여 진술한 경우에 이를 신고함
×	- 수사기관에 자진하여 고지한 것이 아니라 정보원이나 조사관의 요청에 의하여 자기가 지득한 정보를 제공하는 경우 - 검사 혹은 사법경찰관의 심문에 대하여 허위의 진술을 하는 것. 진범인이 수사기관의 심문에 대하여 자신의 혐의를 부인하는 경우

신고의 방법에는 제한이 없다. 서면(고소장, 진정서…), 구두이건 불문하고 자기이름이건 익명이건 불문한다. 또한 부작위에 의한 신고가 가능한가에 대하여는 긍정설은 허위의 정을 모르고 신고한 자가 이를 방치한 때에는 선행행위로 인한 부작위범이 성립할 수 있다. 부정설은 본죄의 불법내용은 허위의 사실을 적극적으로 신고함에 의하여 형사처분 혹은 징계처분의 원인을 제공함에 있다.

2. 주관적 구성요건

(1) 고의

고의범이므로 객관적 구성요건요소에 대한 인식이 있어야 한다. 행위자에게 공무소 혹은 공무원에 대하여 허위의 사실을 신고한다는 인식이 있어야 하고 허위의 사실에 대한 인식이 있어야 한다. 허위의 사실의 인식이 확정적 고의를 요하는가에 대하여 통설·판례는 미필적 고의로 족하여 만약 확정적 고의를 해석하면 본죄의 성립을 부당하게 제한하게 되어 미필적 고의로 고의에 포함되는 이상 무고죄에 대해서만 이를 제외할 이유가 없다고 한다. 제2설은 확정적 고의를 요한다. 만약 미필적 고의를 해석하면 허위의 가능성을 인식한다면 고의가 인정되어 확신이 없이 고소하는 대부분의 고소인을 본죄로 처벌할 수 있게 되어 본죄의 성립을 부당하게 확대하게 된다.

(2) 목적범

1) 타인

자기무고는 아니된다. 그래서 자기와 타인이 공범관계에 있다고 신고하는 경우에는 타인에 대한 부분만 본죄가 성립한다. 타인에게 자기무고를 교사한 경우에 대하여 본죄의 구성요건에 해당하지 않는 이상 이를 교사하였다고 본죄가 성립하는 것은 부당하다. 특정되고 인식할 수 있는 살아있는 사람을 의미하므로 사자나 허무인(虛無人)에 대한 무고는 본죄를 구성하지 않는다.

2) 형사처분과 징계처분

형사처분은 형법에 의한 형벌뿐만 아니라 사회보호법에 의한 보안처분 혹은 소년법에 의한 보호처분을 포함하는데 이는 공법상의 특별권력관계에 의한 제재를 의미하게 된다. 징계처분은 공법상의 복무의무를 전제로 한다. 변호사나 공증인에 대한 징계는 공법상의 특별권력관계에 의한 징계처분이라고 할 수는 없으므로 징계처분에 포함된다고 하는 것이 **다수설**이다.

3) 목적

형사처분 혹은 징계처분을 받게 할 목적을 인정하기 위해서는 **통설·판례**는 미필적 고의를 요하여 이는 통상의 목적범과는 달리 허위사실의 신고를 수식하는 의미를 가지는데 불과하다고 하여 본죄의 목적을 동기 혹은 의욕과 같은 의미로 해석하지 아니한다. 무고죄에 있어서 형사처분 또는 징계처분을 받게 할 목적은 허위신고를 함에 있어서 다른 사람이 그로 인하여 형사 또는 징계처분을 받게 될 것이라는 인식이 있으면 족한 것이고, 그 결과발생을 희망하는 것을 요하는 것은 아닌 바, 피고인이 원심적시의 고소장을 수사기관에 제출한 이상 그러한 인식은 있었다 할 것이니 피고인이 이 사건 고소를 한 목적이 피고소인들을 처벌하도록 하는 데에 있지 아니하고 단지 회사 장부상의 비리를 밝혀 정당한 정산을 구하는 데에 있다 하여 무고의 범의가 없다 할 수 없다(대법원 1991.5.10 90도 2601).

3. 기수시기

본죄는 허위사실의 신고가 공무소 혹은 공무원에게 도달한 때에 기수가 된다. 공무소 혹은 공무원에 도달한 이상 수사에 착수하였거나 공소를 제기하였을 것을 불요한다.

피고인이 최초에 작성한 허위내용의 고소장을 경찰관에게 제출하였을 때 이미 허위사실의 신고가 수사기관에 도달되어 무고죄의 기수에 이른 것이라 할 것이므로 그 후에 그 고소장을 되돌려 받았다 하더라도 이는 무고죄의 성립에 아무런 영향이 없다(대법원 1985.2.8, 84도2215).

Ⅲ. 위법성과 죄수 및 처벌

1. 위법성

본죄의 주된 보호법익인 국가의 심판기능이라는 국가적 법익을 처분할 수 없는 법익이므로 피무고자의 승낙은 본죄의 위법성을 조각하지 못한다.

2. 죄수

1개의 행위로 수인의 무고한 때에 대해서는 제1설은 무고죄의 주된 보호법익이 국가적 법익이라는 이유로 1죄가 성립한다는 견해, 제2설은 **다수설**로서 이로 인해 수인의 법익을 침해하였을 뿐만 아니라 국가적 법익설에 의할 때에도 국가의 심판기능은 사람에 따라 별도로 발생하는 것이라는 점에 비추어 수죄의 상상적 경합이다.

3. 자백 · 자수에 대한 특칙

국가의 적정한 심판기능의 침해를 미연에 방지하기 위한 정책적인 규정이다. 다만 국가보안법상의 무고죄는 포함되지 않는다.

1. 무고죄는 국가의 형사사법권 또는 징계권의 적정한 행사를 주된 보호법익으로 하고 다만, 개인의 부당하게 처벌 또는 징계 받지 아니할 이익을 부수적으로 보호하는 죄이므로, 설사 무고에 있어서 피무고죄의 승낙이 있었다고 하더라도 무고죄의 성립에는 영향을 미치지 못한다 할 것이다. 그리고 무고죄에 있어서 형사처분 또는 징계처분을 받게 할 목적은 허위신고를 함에 있어서 다른 사람이 그로 인하여 형사 또는 징계처분을 받게 될 것이라는 인식이 있으면 족한 것이고 그 결과 발생을 희망하는 것까지를 요하는 것은 아니므로, 고소인이 고소장을 수사기관에 제출한 이상 그러한 인식은 있었다고 보아야 할 것이다(대법원 2000.7.4, 2000도1908).
2. 무고죄에서 허위사실의 신고라 함은 신고사실이 객관적 사실에 반한다는 것을 확정적이거나 미필적으로 인식하고 신고하는 것을 말하는 것이므로 신고사실의 일부에 허위의 사실이 포함되어 있다고 하더라도 그 허위부분이 범죄의 성부에 영향을 미치는 중요한 부분이 아니고, 단지 신고한 사실을 과장한 것에 불과한 경우에는 무고죄에 해당하지 아니하지만, 그 일부 허위인 사실이 국가의 심판작용을 그르치거나 부당하게 처벌을 받지 아니할 개인의 법적 안정성을 침해할 우려가 있을 정도로 고소사실 전체의 성질을 변경시키는 때에는 무고죄가 성립될 수 있다. 따라서 도박자금으로 대여한 금전의 용도에 대하여 허위로 신고한 것은 무고죄의 허위신고에 해당한다(대법원 2004.1.16, 2003도7178).

1. 다음 무고죄에 관한 설명 중 타당한 것은?

> a. 허위신고가 해당 공무소나 공무원에게 도달함으로써 기수가 된다.
> b. 진실한 사실이 들어 있다면 다소 과장이 있거나, 일부의 허위사실이 있어도 사건 전체에 비춰서 커다란 영향이 없다면 무고죄는 성립하지 않는다.
> c. 고소장에 기재하지 않는 사실을 고소보충조서를 받으면서 자진하여 진술한 경우는 이를 자진하여 신고한 것에 해당한다.

① 1개　② 2개
③ 3개　④ 없다

〈해설〉 ③

2. 무고죄에 대한 다음 설명 중 옳지 않은 것은?(단, 다툼이 있는 경우 판례에 의함)

① 허위의 사실이란 객관적 진실에 반하는 사실을 의미한다.
② 객관적 사실을 토대로 한 나름대로의 법적 구성이나 평가에 잘못이 있더라도 이는 허위사실을 신고한 것에 해당한다고 볼 수 없어서 무고죄가 성립하지 않는다.
③ 단순히 그 신고한 내용이 객관적 진실에 반한다고 인정함에 지나지 아니하더라도 무고죄에 있어서 형의 필요적 감면사유에 해당하는 자백을 한 것으로 볼 수 있다.
④ 타인으로부터 폭행을 당한 사안에 대하여 상해죄로 고소를 한 경우 정황의 과장에 불과하여 무고죄가 성립하지 아니한다.

〈해설〉 ③ 대법원 1995.9.5, 94도755 : ① 대법원 1998.2.24, 96도599 ②③ 대법원 1996.5.31, 96도771

부 록

UNDERSTANDING OF CRIMINAL LAW & CASES

형 법 (일부개정 2005.7.29 법률 제7623호)

제1편 총칙

제1장 형법의 적용범위

제1조 (범죄의 성립과 처벌) ① 범죄의 성립과 처벌은 행위시의 법률에 의한다.

② 범죄 후 법률의 변경에 의하여 그 행위가 범죄를 구성하지 아니하거나 형이 구법보다 경한 때에는 신법에 의한다.

③ 재판확정 후 법률의 변경에 의하여 그 행위가 범죄를 구성하지 아니하는 때에는 형의 집행을 면제한다.

제2조 (국내범) 본법은 대한민국영역내에서 죄를 범한 내국인과 외국인에게 적용한다.

제3조 (내국인의 국외범) 본법은 대한민국영역외에서 죄를 범한 내국인에게 적용한다.

제4조 (국외에 있는 내국선박 등에서 외국인이 범한 죄) 본법은 대한민국영역외에 있는 대한민국의 선박 또는 항공기내에서 죄를 범한 외국인에게 적용한다.

제5조 (외국인의 국외범) 본법은 대한민국영역외에서 다음에 기재한 죄를 범한 외국인에게 적용한다.

1. 내란의 죄
2. 외환의 죄
3. 국기에 관한 죄
4. 통화에 관한 죄
5. 유가증권, 우표와 인지에 관한 죄
6. 문서에 관한 죄중 제225조 내지 제230조
7. 인장에 관한 죄중 제238조

제6조 (대한민국과 대한민국국민에 대한 국외범) 본법은 대한민국영역외에서 대한민국 또는 대한민국국민에 대하여 전조에 기재한 이외의 죄를 범한 외국인에게 적용한다. 단 행위지의 법률에 의하여 범죄를 구성하지 아니하거나 소추 또는 형의 집행을 면제할 경우에는 예외로 한다.

제7조 (외국에서 받은 형의 집행) 범죄에 의하여 외국에서 형의 전부 또는 일부의 집행을 받은 자에 대하여는 형을 감경 또는 면제할 수 있다.

제8조 (총칙의 적용) 본법 총칙은 타법령에 정한 죄에 적용한다. 단 그 법령에 특별한 규정이 있는 때에는 예외로 한다.

제2장 죄

제1절 죄의 성립과 형의 감면

제9조 (형사미성년자) 14세 되지 아니한 자의 행위는 벌하지 아니한다.

제10조 (심신장애자) ① 심신장애로 인하여 사물을 변별할 능력이 없거나 의사를 결정할 능력이 없는 자의 행위는 벌하지 아니한다.

② 심신장애로 인하여 전항의 능력이 미약한 자의 행위는 형을 감경한다.

③ 위험의 발생을 예견하고 자의로 심신장애를 야기한 자의 행위에는 전2항의 규정을 적용하지 아니한다.

제11조 (농아자) 농아자의 행위는 형을 감경한다.

제12조 (강요된 행위) 저항할 수 없는 폭력이나 자기 또는 친족의 생명 신체에 대한 위해를 방어할 방법이 없는 협박에 의하여 강요된 행위는 벌하지 아니한다.

제13조 (범의) 죄의 성립요소인 사실을 인식하지 못한 행위는 벌하지 아니한다. 단, 법률에 특별한 규정이 있는 경우에는 예외로 한다.

제14조 (과실) 정상의 주의를 태만함으로 인하여 죄의 성립요소인 사실을 인식하지 못한 행위는 법률에 특별한 규정이 있는 경우에 한하여 처벌한다.

제15조 (사실의 착오) ① 특별히 중한 죄가 되는 사실을 인식하지 못한 행위는 중한 죄로 벌하지 아니한다.

② 결과로 인하여 형이 중할 죄에 있어서 그 결과의 발생을 예견할 수 없었을 때에는 중한 죄로 벌하지 아니한다.

제16조 (법률의 착오) 자기의 행위가 법령에 의하여 죄가 되지 아니하는 것으로 오인한 행위는 그 오인에 정당한 이유가 있는 때에 한하여 벌하지 아니한다.

제17조 (인과관계) 어떤 행위라도 죄의 요소되는 위험발생에 연결되지 아니한 때에는 그 결과로 인하여 벌하지 아니한다.

제18조 (부작위범) 위험의 발생을 방지할 의무가 있거나 자기의 행위로 인하여 위험발생의 원인을 야기한 자가 그 위험발생을 방지하지 아니한 때에는 그 발생된 결과에 의하여 처벌한다.

제19조 (독립행위의 경합) 동시 또는 이시의 독립행위가 경합한 경우에 그 결과발생의 원인된 행위가 판명되지 아니한 때에는 각 행위를 미수범으로 처벌한다.

제20조 (정당행위) 법령에 의한 행위 또는 업무로 인한 행위 기타 사회상규에 위배되지 아니하는 행위는 벌하지 아니한다.

제21조 (정당방위) ① 자기 또는 타인의 법익에 대한 현재의 부당한 침해를 방위하기 위한 행위는 상당한 이유가 있는 때에는 벌하지 아니한다.

② 방위행위가 그 정도를 초과한 때에는 정황에 의하여 그 형을 감경 또는 면제할 수 있다.

③ 전항의 경우에 그 행위가 야간 기타 불안스러운 상태하에서 공포, 경악, 흥분 또는 당황으로 인한 때에는 벌하지 아니한다.

제22조 (긴급피난) ①자기 또는 타인의 법익에 대한 현재의 위난을 피하기 위한 행위는 상당한

이유가 있는 때에는 벌하지 아니한다.

②위난을 피하지 못할 책임이 있는 자에 대하여는 전항의 규정을 적용하지 아니한다.

③전조 제2항과 제3항의 규정은 본조에 준용한다.

제23조 (자구행위) ① 법정절차에 의하여 청구권을 보전하기 불능한 경우에 그 청구권의 실행불능 또는 현저한 실행곤난을 피하기 위한 행위는 상당한 이유가 있는 때에는 벌하지 아니한다.

② 전항의 행위가 그 정도를 초과한 때에는 정황에 의하여 형을 감경 또는 면제할 수 있다.

제24조 (피해자의 승낙) 처분할 수 있는 자의 승낙에 의하여 그 법익을 훼손한 행위는 법률에 특별한 규정이 없는 한 벌하지 아니한다.

제2절 미수범

제25조 (미수범) ① 범죄의 실행에 착수하여 행위를 종료하지 못하였거나 결과가 발생하지 아니한 때에는 미수범으로 처벌한다.

② 미수범의 형은 기수범보다 감경할 수 있다.

제26조 (중지범) 범인이 자의로 실행에 착수한 행위를 중지하거나 그 행위로 인한 결과의 발생을 방지한 때에는 형을 감경 또는 면제한다.

제27조 (불능범) 실행의 수단 또는 대상의 착오로 인하여 결과의 발생이 불가능하더라도 위험성이 있는 때에는 처벌한다. 단, 형을 감경 또는 면제할 수 있다.

제28조 (음모, 예비) 범죄의 음모 또는 예비행위가 실행의 착수에 이르지 아니한 때에는 법률에 특별한 규정이 없는 한 벌하지 아니한다.

제29조 (미수범의 처벌) 미수범을 처벌할 죄는 각 본조에 정한다.

제3절 공범

제30조 (공동정범) 2인 이상이 공동하여 죄를 범한 때에는 각자를 그 죄의 정범으로 처벌한다.

제31조 (교사범) ① 타인을 교사하여 죄를 범하게 한 자는 죄를 실행한 자와 동일한 형으로 처벌한다.

② 교사를 받은 자가 범죄의 실행을 승낙하고 실행의 착수에 이르지 아니한 때에는 교사자와 피교사자를 음모 또는 예비에 준하여 처벌한다.

③ 교사를 받은 자가 범죄의 실행을 승낙하지 아니한 때에도 교사자에 대하여는 전항과 같다.

제32조 (종범) ①타인의 범죄를 방조한 자는 종범으로 처벌한다.

②종범의 형은 정범의 형보다 감경한다.

제33조 (공범과 신분) 신분관계로 인하여 성립될 범죄에 가공한 행위는 신분관계가 없는 자에게도 전3조의 규정을 적용한다. 단, 신분관계로 인하여 형의 경중이 있는 경우에는 중한 형으로 벌하지 아니한다.

제34조 (간접정범, 특수한 교사, 방조에 대한 형의 가중) ① 어느 행위로 인하여 처벌되지 아니하는 자 또는 과실범으로 처벌되는 자를 교사 또는 방조하여 범죄행위의 결과를 발생하게 한 자는 교사 또는 방조의 예에 의하여 처벌한다.

② 자기의 지휘, 감독을 받는 자를 교사 또는 방조하여 전항의 결과를 발생하게 한 자는 교사인때에는 정범에 정한 형의 장기 또는 다액에 그 2분의 1까지 가중하고 방조인 때에는 정범의 형으로 처벌한다.

제4절 누범

제35조 (누범) ① 금고 이상의 형을 받아 그 집행을 종료하거나 면제를 받은 후 3년내에 금고 이상에 해당하는 죄를 범한 자는 누범으로 처벌한다.

② 누범의 형은 그 죄에 정한 형의 장기의 2배까지 가중한다.

제36조 (판결선고 후의 누범발각) 판결선고 후 누범인 것이 발각된 때에는 그 선고한 형을 통산하여 다시 형을 정할 수 있다. 단, 선고한 형의 집행을 종료하거나 그 집행이 면제된 후에는 예외로 한다.

제5절 경합범

제37조 (경합범) 판결이 확정되지 아니한 수개의 죄 또는 금고 이상의 형에 처한 판결이 확정된 죄와 그 판결확정 전에 범한 죄를 경합범으로 한다. <개정 2004.1.20>

제38조 (경합범과 처벌례) ① 경합범을 동시에 판결할 때에는 다음의 구별에 의하여 처벌한다.

1. 가장 중한 죄에 정한 형이 사형 또는 무기징역이나 무기금고인 때에는 가장 중한 죄에 정한 형으로 처벌한다.
2. 각 죄에 정한 형이 사형 또는 무기징역이나 무기금고이외의 동종의 형인 때에는 가장 중한 죄에 정한 장기 또는 다액에 그 2분의 1까지 가중하되 각 죄에 정한 형의 장기 또는 다액을 합산한 형기 또는 액수를 초과할 수 없다. 단 과료와 과료, 몰수와 몰수는 병과할 수 있다.
3. 각 죄에 정한 형이 무기징역이나 무기금고이외의 이종의 형인 때에는 병과한다.

② 전항 각호의 경우에 있어서 징역과 금고는 동종의 형으로 간주하여 징역형으로 처벌한다.

제39조 (판결을 받지 아니한 경합범, 수개의 판결과 경합범, 형의 집행과 경합범) ① 경합범중 판결을 받지 아니한 죄가 있는 때에는 그 죄와 판결이 확정된 죄를 동시에 판결할 경우와 형평을 고려하여 그 죄에 대하여 형을 선고한다. 이 경우 그 형을 감경 또는 면제할 수 있다. <개정 2005.7.29>

② 삭제 <2005.7.29>

③ 경합범에 의한 판결의 선고를 받은 자가 경합범중의 어떤 죄에 대하여 사면 또는 형의 집행이 면제된 때에는 다른 죄에 대하여 다시 형을 정한다.

④ 전3항의 형의 집행에 있어서는 이미 집행한 형기를 통산한다.

제40조 (상상적 경합) 1개의 행위가 수개의 죄에 해당하는 경우에는 가장 중한 죄에 정한 형으로 처벌한다.

제3장 형

제1절 형의 종류와 경중

제41조 (형의 종류) 형의 종류는 다음과 같다.

1. 사형
2. 징역
3. 금고
4. 자격상실
5. 자격정지
6. 벌금
7. 구류
8. 과료
9. 몰수

제42조 (징역 또는 금고의 기간) 징역 또는 금고는 무기 또는 유기로 하고 유기는 1월 이상 15년 이하로 한다. 단, 유기징역 또는 유기금고에 대하여 형을 가중하는 때에는 25년까지로 한다.

제43조 (형의 선고와 자격상실, 자격정지) ① 사형, 무기징역 또는 무기금고의 판결을 받은 자는 다음에 기재한 자격을 상실한다.

1. 공무원이 되는 자격
2. 공법상의 선거권과 피선거권
3. 법률로 요건을 정한 공법상의 업무에 관한 자격
4. 법인의 이사, 감사 또는 지배인 기타 법인의 업무에 관한 검사역이나 재산관리인이 되는 자격

② 유기징역 또는 유기금고의 판결을 받은 자는 그 형의 집행이 종료하거나 면제될 때까지 전항 제1호 내지 제3호에 기재된 자격이 정지된다.

제44조 (자격정지) ① 전조에 기재한 자격의 전부 또는 일부에 대한 정지는 1년 이상 15년 이하로 한다.

②유기징역 또는 유기금고에 자격정지를 병과한 때에는 징역 또는 금고의 집행을 종료하거나 면제된 날로부터 정지기간을 기산한다.

제45조 (벌금) 벌금은 5만원 이상으로 한다. 다만, 감경하는 경우에는 5만원 미만으로 할 수 있다.<개정 1995.12.29>

제46조 (구류) 구류는 1일 이상 30일 미만으로 한다.

제47조 (과료) 과료는 2천원 이상 5만원 미만으로 한다.<개정 1995.12.29>

제48조 (몰수의 대상과 추징) ① 범인이외의 자의 소유에 속하지 아니하거나 범죄후 범인이외의 자가 정을 알면서 취득한 다음 기재의 물건은 전부 또는 일부를 몰수할 수 있다.

1. 범죄행위에 제공하였거나 제공하려고 한 물건.
2. 범죄행위로 인하여 생하였거나 이로 인하여 취득한 물건.
3. 전2호의 대가로 취득한 물건.

② 전항에 기재한 물건을 몰수하기 불능한 때에는 그 가액을 추징한다.

③ 문서, 도화, 전자기록 등 특수매체기록 또는 유가증권의 일부가 몰수에 해당하는 때에는 그 부분을 폐기한다.<개정 1995.12.29>

제49조 (몰수의 부가성) 몰수는 타형에 부가하여 과한다. 단, 행위자에게 유죄의 재판을 아니할 때에도 몰수의 요건이 있는 때에는 몰수만을 선고할 수 있다.

제50조 (형의 경중) ① 형의 경중은 제41조 기재의 순서에 의한다. 단, 무기금고와 유기징역은 금고를 중한 것으로 하고 유기금고의 장기가 유기징역의 장기를 초과하는 때에는 금고를 중한 것으로 한다.

② 동종의 형은 장기의 긴 것과 다액의 많은 것을 중한 것으로 하고 장기 또는 다액이 동일한 때에는 그 단기의 긴 것과 소액의 많은 것을 중한 것으로 한다.

③ 전 2항의 규정에 의한 외에는 죄질과 범정에 의하여 경중을 정한다.

제2절 형의 양정

제51조 (양형의 조건) 형을 정함에 있어서는 다음 사항을 참작하여야 한다.

1. 범인의 연령, 성행, 지능과 환경
2. 피해자에 대한 관계
3. 범행의 동기, 수단과 결과
4. 범행후의 정황

제52조 (자수, 자복) ① 죄를 범한 후 수사책임이 있는 관서에 자수한 때에는 그 형을 감경 또는 면제할 수 있다.

② 피해자의 의사에 반하여 처벌할 수 없는 죄에 있어서 피해자에게 자복한 때에도 전항과 같다.

제53조 (작량감경) 범죄의 정상에 참작할 만한 사유가 있는 때에는 작량하여 그 형을 감경할 수 있다.

제54조 (선택형과 작량감경) 1개의 죄에 정한 형이 수종인 때에는 먼저 적용할 형을 정하고 그 형을 감경한다.

제55조 (법률상의 감경) ① 법률상의 감경은 다음과 같다.

1. 사형을 감경할 때에는 무기 또는 10년 이상의 징역 또는 금고로 한다.
2. 무기징역 또는 무기금고를 감경할 때에는 7년 이상의 징역 또는 금고로 한다.
3. 유기징역 또는 유기금고를 감경할 때에는 그 형기의 2분의 1로 한다.
4. 자격상실을 감경할 때에는 7년 이상의 자격정지로 한다.
5. 자격정지를 감경할 때에는 그 형기의 2분의 1로 한다.
6. 벌금을 감경할 때에는 그 다액의 2분의 1로 한다.
7. 구류를 감경할 때에는 그 장기의 2분의 1로 한다.
8. 과료를 감경할 때에는 그 다액의 2분의 1로 한다.

② 법률상 감경할 사유가 수 개 있는 때에는 거듭 감경할 수 있다.

제56조 (가중감경의 순서) 형을 가중감경할 사유가 경합된 때에는 다음 순서에 의한다.

1. 각칙본조에 의한 가중
2. 제34조제2항의 가중
3. 누범가중
4. 법률상감경
5. 경합범가중
6. 작량감경

제57조 (판결선고전구금일수의 통산) ① 판결선고전의 구금일수는 그 전부 또는 일부를 유기징

역, 유기금고, 벌금이나 과료에 관한 유치 또는 구류에 산입한다.

② 전항의 경우에는 구금일수의 1일은 징역, 금고, 벌금이나 과료에 관한 유치 또는 구류의 기간의 1일로 계산한다.

제58조 (판결의 공시) ① 피해자의 이익을 위하여 필요하다고 인정할 때에는 피해자의 청구가 있는 경우에 한하여 피고인의 부담으로 판결공시의 취지를 선고할 수 있다.

② 피고사건에 대하여 무죄 또는 면소의 판결을 선고할 때에는 판결공시의 취지를 선고할 수 있다.

제3절 형의 선고유예

제59조 (선고유예의 요건) ①1년 이하의 징역이나 금고, 자격정지 또는 벌금의 형을 선고할 경우에 제51조의 사항을 참작하여 개전의 정상이 현저한 때에는 그 선고를 유예할 수 있다. 단, 자격정지 이상의 형을 받은 전과가 있는 자에 대하여는 예외로 한다.

②형을 병과할 경우에도 형의 전부 또는 일부에 대하여 그 선고를 유예할 수 있다.

제59조의2 (보호관찰) ① 형의 선고를 유예하는 경우에 재범방지를 위하여 지도 및 원호가 필요한 때에는 보호관찰을 받을 것을 명할 수 있다.

② 제1항의 규정에 의한 보호관찰의 기간은 1년으로 한다.

[본조신설 1995.12.29]

제60조 (선고유예의 효과) 형의 선고유예를 받은 날로부터 2년을 경과한 때에는 면소된 것으로 간주한다.

제61조 (선고유예의 실효) ① 형의 선고유예를 받은 자가 유예기간 중 자격정지 이상의 형에 처한 판결이 확정되거나 자격정지 이상의 형에 처한 전과가 발견된 때에는 유예한 형을 선고한다.

② 제59조의2의 규정에 의하여 보호관찰을 명한 선고유예를 받은 자가 보호관찰기간 중에 준수사항을 위반하고 그 정도가 무거운 때에는 유예한 형을 선고할 수 있다.<신설 1995.12.29>

제4절 형의 집행유예

제62조 (집행유예의 요건) ① 3년 이하의 징역 또는 금고의 형을 선고할 경우에 제51조의 사항을 참작하여 그 정상에 참작할 만한 사유가 있는 때에는 1년 이상 5년 이하의 기간 형의 집행을 유예할 수 있다. 다만, 금고 이상의 형을 선고한 판결이 확정된 때부터 그 집행을 종료하거나 면제된 후 3년까지의 기간에 범한 죄에 대하여 형을 선고하는 경우에는 그러하지 아니하다. <개정 2005.7.29>

② 형을 병과할 경우에는 그 형의 일부에 대하여 집행을 유예할 수 있다.

제62조의2 (보호관찰, 사회봉사 · 수강명령) ① 형의 집행을 유예하는 경우에는 보호관찰을 받을 것을 명하거나 사회봉사 또는 수강을 명할 수 있다.

② 제1항의 규정에 의한 보호관찰의 기간은 집행을 유예한 기간으로 한다. 다만, 법원은 유예기간의 범위내에서 보호관찰기간을 정할 수 있다.

③ 사회봉사명령 또는 수강명령은 집행유예기간내에 이를 집행한다.

[본조신설 1995.12.29]

제63조 (집행유예의 실효) 집행유예의 선고를 받은 자가 유예기간 중 고의로 범한 죄로 금고 이상의 실형을 선고받아 그 판결이 확정된 때에는 집행유예의 선고는 효력을 잃는다. <개정 2005.7.29>

제64조 (집행유예의 취소) ① 집행유예의 선고를 받은 후 제62조 단행의 사유가 발각된 때에는 집행유예의 선고를 취소한다.

② 제62조의2의 규정에 의하여 보호관찰이나 사회봉사 또는 수강을 명한 집행유예를 받은 자가 준수사항이나 명령을 위반하고 그 정도가 무거운 때에는 집행유예의 선고를 취소할 수 있다.<신설 1995.12.29>

제65조 (집행유예의 효과) 집행유예의 선고를 받은 후 그 선고의 실효 또는 취소됨이 없이 유예기간을 경과한 때에는 형의 선고는 효력을 잃는다.

제5절 형의 집행

제66조 (사형) 사형은 형무소내에서 교수하여 집행한다.

제67조 (징역) 징역은 형무소내에 구치하여 정역에 복무하게 한다.

제68조 (금고와 구류) 금고와 구류는 형무소에 구치한다.

제69조 (벌금과 과료) ① 벌금과 과료는 판결확정일로부터 30일내에 납입하여야 한다. 단, 벌금을 선고할 때에는 동시에 그 금액을 완납할 때까지 노역장에 유치할 것을 명할 수 있다.

② 벌금을 납입하지 아니한 자는 1일 이상 3년 이하, 과료를 납입하지 아니한 자는 1일 이상 30일 미만의 기간 노역장에 유치하여 작업에 복무하게 한다.

제70조 (노역장유치) 벌금 또는 과료를 선고할 때에는 납입하지 아니하는 경우의 유치기간을 정하여 동시에 선고하여야 한다.

제71조 (유치일수의 공제) 벌금 또는 과료의 선고를 받은 자가 그 일부를 납입한 때에는 벌금 또는 과료액과 유치기간의 일수에 비례하여 납입금액에 상당한 일수를 제한다.

제6절 가석방

제72조 (가석방의 요건) ① 징역 또는 금고의 집행 중에 있는 자가 그 행상이 양호하여 개전의 정이 현저한 때에는 무기에 있어서는 10년, 유기에 있어서는 형기의 3분의 1을 경과한 후 행정처분으로 가석방을 할 수 있다.

② 전항의 경우에 벌금 또는 과료의 병과가 있는 때에는 그 금액을 완납하여야 한다.

제73조 (판결선고전구금과 가석방) ① 형기에 산입된 판결선고전 구금의 일수는 가석방에 있어서 집행을 경과한 기간에 산입한다.

② 벌금 또는 과료에 관한 유치기간에 산입된 판결선고전 구금일수는 전조 제2항의 경우에 있어서 그에 해당하는 금액이 납입된 것으로 간주한다.

제73조의2 (가석방의 기간 및 보호관찰) ① 가석방의 기간은 무기형에 있어서는 10년으로 하고, 유기형에 있어서는 남은 형기로 하되, 그 기간은 10년을 초과할 수 없다.

② 가석방된 자는 가석방기간 중 보호관찰을 받는다. 다만, 가석방을 허가한 행정관청이 필요가 없다고 인정한 때에는 그러하지 아니하다.

[본조신설 1995.12.29]

제74조 (가석방의 실효) 가석방중 금고 이상의 형의 선고를 받어 그 판결이 확정된 때에는 가석

방처분은 효력을 잃는다. 단 과실로 인한 죄로 형의 선고를 받었을 때에는 예외로 한다.

제75조 (가석방의 취소) 가석방의 처분을 받은 자가 감시에 관한 규칙을 위배하거나, 보호관찰의 준수사항을 위반하고 그 정도가 무거운 때에는 가석방처분을 취소할 수 있다.
[전문개정 1995.12.29]

제76조 (가석방의 효과) ① 가석방의 처분을 받은 후 그 처분이 실효 또는 취소되지 아니하고 가석방기간을 경과한 때에는 형의 집행을 종료한 것으로 본다.<개정 1995.12.29>

② 전2조의 경우에는 가석방중의 일수는 형기에 산입하지 아니한다.

제7절 형의 시효

제77조 (시효의 효과) 형의 선고를 받은 자는 시효의 완성으로 인하여 그 집행이 면제된다.

제78조 (시효의 기간) 시효는 형을 선고하는 재판이 확정된 후 그 집행을 받음이 없이 다음의 기간을 경과함으로 인하여 완성된다.

1. 사형은 30년
2. 무기의 징역 또는 금고는 20년
3. 10년 이상의 징역 또는 금고는 15년
4. 3년 이상의 징역이나 금고 또는 10년 이상의 자격정지는 10년
5. 3년 미만의 징역이나 금고 또는 5년 이상의 자격정지는 5년
6. 5년 미만의 자격정지, 벌금, 몰수 또는 추징은 3년
7. 구류 또는 과료는 1년

제79조 (시효의 정지) 시효는 형의 집행의 유예나 정지 또는 가석방 기타 집행할 수 없는 기간은 진행되지 아니한다.

제80조 (시효의 중단) 시효는 사형, 징역, 금고와 구류에 있어서는 수형자를 체포함으로, 벌금, 과료, 몰수와 추징에 있어서는 강제처분을 개시함으로 인하여 중단된다.

제8절 형의 소멸

제81조 (형의 실효) 징역 또는 금고의 집행을 종료하거나 집행이 면제된 자가 피해자의 손해를 보상하고 자격정지 이상의 형을 받음이 없이 7년을 경과한 때에는 본인 또는 검사의 신청에 의하여 그 재판의 실효를 선고할 수 있다.

제82조 (복권) 자격정지의 선고를 받은 자가 피해자의 손해를 보상하고 자격정지 이상의 형을 받음이 없이 정지기간의 2분의 1을 경과한 때에는 본인 또는 검사의 신청에 의하여 자격의 회복을 선고할 수 있다.

제4장 기간

제83조 (기간의 계산) 연 또는 월로써 정한 기간은 역수에 따라 계산한다.

제84조 (형기의 기산) ① 형기는 판결이 확정된 날로부터 기산한다.

② 징역, 금고, 구류와 유치에 있어서는 구속되지 아니한 일수는 형기에 산입하지 아니한다.

제85조 (형의 집행과 시효기간의 초일) 형의 집행과 시효기간의 초일은 시간을 계산함이 없이 1일로 산정한다.

제86조 (석방일) 석방은 형기종료일에 하여야 한다.

제2편 각칙

제1장 내란의 죄

제87조 (내란) 국토를 참절하거나 국헌을 문란할 목적으로 폭동한 자는 다음의 구별에 의하여 처단한다.

1. 수괴는 사형, 무기징역 또는 무기금고에 처한다.
2. 모의에 참여하거나 지휘하거나 기타 중요한 임무에 종사한 자는 사형, 무기 또는 5년 이상의 징역이나 금고에 처한다. 살상, 파괴 또는 약탈의 행위를 실행한 자도 같다.
3. 부화수행하거나 단순히 폭동에만 관여한 자는 5년이하의 징역 또는 금고에 처한다.

제88조 (내란목적의 살인) 국토를 참절하거나 국헌을 문란할 목적으로 사람을 살해한 자는 사형, 무기징역 또는 무기금고에 처한다.

제89조 (미수범) 전2조의 미수범은 처벌한다.

제90조 (예비, 음모, 선동, 선전) ① 제87조 또는 제88조의 죄를 범할 목적으로 예비 또는 음모한 자는 3년 이상의 유기징역이나 유기금고에 처한다. 단, 그 목적한 죄의 실행에 이르기 전에 자수한 때에는 그 형을 감경 또는 면제한다.

② 제87조 또는 제88조의 죄를 범할 것을 선동 또는 선전한 자도 전항의 형과 같다.

제91조(국헌문란의 정의) 본장에서 국헌을 문란할 목적이라 함은 다음 각호의 1에 해당함을 말한다.

1. 헌법 또는 법률에 정한 절차에 의하지 아니하고 헌법 또는 법률의 기능을 소멸시키는 것.
2. 헌법에 의하여 설치된 국가기관을 강압에 의하여 전복 또는 그 권능행사를 불가능하게 하는 것.

제2장 외환의 죄

제92조 (외환유치) 외국과 통모하여 대한민국에 대하여 전단을 열게 하거나 외국인과 통모하여 대한민국에 항적한 자는 사형 또는 무기징역에 처한다.

제93조 (여적) 적국과 합세하여 대한민국에 항적한 자는 사형에 처한다.

제94조 (모병이적) ① 적국을 위하여 모병한 자는 사형 또는 무기징역에 처한다.

② 전항의 모병에 응한 자는 무기 또는 5년 이상의 징역에 처한다.

제95조 (시설제공이적) ① 군대, 요새, 진영 또는 군용에 공하는 선박이나 항공기 기타 장소, 설비 또는 건조물을 적국에 제공한 자는 사형 또는 무기징역에 처한다.

② 병기 또는 탄약 기타 군용에 공하는 물건을 적국에 제공한 자도 전항의 형과 같다.

제96조(시설파괴이적) 적국을 위하여 전조에 기재한 군용시설 기타 물건을 파괴하거나 사용할 수 없게 한 자는 사형 또는 무기징역에 처한다.

제97조(물건제공이적) 군용에 공하지 아니하는 병기, 탄약 또는 전투용에 공할 수 있는 물건을 적국에 제공한 자는 무기 또는 5년 이상의 징역에 처한다.

제98조 (간첩) ① 적국을 위하여 간첩하거나 적국의 간첩을 방조한 자는 사형, 무기 또는 7년

이상의 징역에 처한다.

② 군사상의 기밀을 적국에 누설한 자도 전항의 형과 같다.

제99조 (일반이적) 전7조에 기재한 이외에 대한민국의 군사상 이익을 해하거나 적국에 군사상 이익을 공여하는 자는 무기 또는 3년 이상의 징역에 처한다.

제100조 (미수범) 전8조의 미수범은 처벌한다.

제101조 (예비, 음모, 선동, 선전) ① 제92조 내지 제99조의 죄를 범할 목적으로 예비 또는 음모한 자는 2년 이상의 유기징역에 처한다. 단 그 목적한 죄의 실행에 이르기 전에 자수한 때에는 그 형을 감경 또는 면제한다.

② 제92조 내지 제99조의 죄를 선동 또는 선전한 자도 전항의 형과 같다.

제102조 (준적국) 제93조 내지 전조의 죄에 있어서는 대한민국에 적대하는 외국 또는 외국인의 단체는 적국으로 간주한다.

제103조 (전시군수계약불이행) ① 전쟁 또는 사변에 있어서 정당한 이유없이 정부에 대한 군수품 또는 군용공작물에 관한 계약을 이행하지 아니한 자는 10년 이하의 징역에 처한다.

② 전항의 계약이행을 방해한 자도 전항의 형과 같다.

제104조 (동맹국) 본장의 규정은 동맹국에 대한 행위에 적용한다.

제104조의2 삭제<1988.12.31>

제3장 국기에 관한 죄

제105조 (국기, 국장의 모독) 대한민국을 모욕할 목적으로 국기 또는 국장을 손상, 제거 또는 오욕한 자는 5년 이하의 징역이나 금고, 10년 이하의 자격정지 또는 700만원 이하의 벌금에 처한다.<개정 1995.12.29>

제106조 (국기, 국장의 비방<개정 1995.12.29>) 전조의 목적으로 국기 또는 국장을 비방한 자는 1년 이하의 징역이나 금고, 5년 이하의 자격정지 또는 200만원 이하의 벌금에 처한다.<개정 1995.12.29>

제4장 국교에 관한 죄

제107조 (외국원수에 대한 폭행 등) ① 대한민국에 체재하는 외국의 원수에 대하여 폭행 또는 협박을 가한 자는 7년 이하의 징역이나 금고에 처한다.

② 전항의 외국원수에 대하여 모욕을 가하거나 명예를 훼손한 자는 5년 이하의 징역이나 금고에 처한다.

제108조 (외국사절에 대한 폭행 등) ① 대한민국에 파견된 외국사절에 대하여 폭행 또는 협박을 가한 자는 5년 이하의 징역이나 금고에 처한다.

② 전항의 외국사절에 대하여 모욕을 가하거나 명예를 훼손한 자는 3년 이하의 징역이나 금고에 처한다.

제109조 (외국의 국기, 국장의 모독) 외국을 모욕할 목적으로 그 나라의 공용에 공하는 국기 또는 국장을 손상, 제거 또는 오욕한 자는 2년 이하의 징역이나 금고 또는 300만원 이하의 벌금에 처한다.<개정 1995.12.29>

제110조 (피해자의 의사) 제107조 내지 제109조의 죄는 그 외국정부의 명시한 의사에 반하여 공소를 제기할 수 없다.<개정 1995.12.29>

제111조 (외국에 대한 사전) ① 외국에 대하여 사전한 자는 1년 이상의 유기금고에 처한다.
② 전항의 미수범은 처벌한다.
③ 제1항의 죄를 범할 목적으로 예비 또는 음모한 자는 3년 이하의 금고 또는 500만원 이하의 벌금에 처한다. 단 그 목적한 죄의 실행에 이르기 전에 자수한 때에는 감경 또는 면제한다.<개정 1995.12.29>

제112조 (중립명령위반) 외국간의 교전에 있어서 중립에 관한 명령에 위반한 자는 3년 이하의 금고 또는 500만원 이하의 벌금에 처한다.<개정 1995.12.29>

제113조 (외교상기밀의 누설) ① 외교상의 기밀을 누설한 자는 5년 이하의 징역 또는 1천만원 이하의 벌금에 처한다.<개정 1995.12.29>
② 누설할 목적으로 외교상의 기밀을 탐지 또는 수집한 자도 전항의 형과 같다.

제5장 공안을 해하는 죄

제114조 (범죄단체의 조직) ① 범죄를 목적으로 하는 단체를 조직하거나 이에 가입한 자는 그 목적한 죄에 정한 형으로 처단한다. 단, 형을 감경할 수 있다.
② 병역 또는 납세의 의무를 거부할 목적으로 단체를 조직하거나 이에 가입한 자는 10년 이하의 징역이나 금고 또는 1천500만원 이하의 벌금에 처한다.<개정 1995.12.29>
③ 전2항의 죄를 범하여 유기의 징역이나 금고 또는 벌금에 처한 자에 대하여는 10년 이하의 자격정지를 병과할 수 있다.

제115조 (소요) 다중이 집합하여 폭행, 협박 또는 손괴의 행위를 한 자는 1년 이상 10년 이하의 징역이나 금고 또는 1천500만원 이하의 벌금에 처한다.<개정 1995.12.29>

제116조 (다중불해산) 폭행, 협박 또는 손괴의 행위를 할 목적으로 다중이 집합하여 그를 단속할 권한이 있는 공무원으로부터 3회 이상의 해산명령을 받고 해산하지 아니한 자는 2년 이하의 징역이나 금고 또는 300만원 이하의 벌금에 처한다.<개정 1995.12.29>

제117조 (전시공수계약불이행) ① 전쟁, 천재 기타 사변에 있어서 국가 또는 공공단체와 체결한 식량 기타 생활필수품의 공급계약을 정당한 이유없이 이행하지 아니한 자는 3년 이하의 징역 또는 500만원 이하의 벌금에 처한다.<개정 1995.12.29>
② 전항의 계약이행을 방해한 자도 전항의 형과 같다.
③ 전2항의 경우에는 그 소정의 벌금을 병과할 수 있다.

제118조 (공무원자격의 사칭) 공무원의 자격을 사칭하여 그 직권을 행사한 자는 3년 이하의 징역 또는 700만원 이하의 벌금에 처한다.<개정 1995.12.29>

제6장 폭발물에 관한 죄

제119조 (폭발물사용) ① 폭발물을 사용하여 사람의 생명, 신체 또는 재산을 해하거나 기타 공안을 문란한 자는 사형, 무기 또는 7년 이상의 징역에 처한다.
② 전쟁, 천재 기타 사변에 있어서 전항의 죄를 범한 자는 사형 또는 무기징역에 처한다.
③ 전2항의 미수범은 처벌한다.

제120조 (예비, 음모, 선동) ① 전조 제1항, 제2항의 죄를 범할 목적으로 예비 또는 음모한 자는 2년 이상의 유기징역에 처한다. 단, 그 목적한 죄의 실행에 이르기 전에 자수한 때에는 그 형을 감경 또는 면제한다.

② 전조 제1항, 제2항의 죄를 범할 것을 선동한 자도 전항의 형과 같다.

제121조 (전시폭발물제조 등) 전쟁 또는 사변에 있어서 정당한 이유없이 폭발물을 제조, 수입, 수출, 수수 또는 소지한 자는 10년 이하의 징역에 처한다.

제7장 공무원의 직무에 관한 죄

제122조 (직무유기) 공무원이 정당한 이유없이 그 직무수행을 거부하거나 그 직무를 유기한 때에는 1년 이하의 징역이나 금고 또는 3년 이하의 자격정지에 처한다.

제123조 (직권남용) 공무원이 직권을 남용하여 사람으로 하여금 의무없는 일을 하게 하거나 사람의 권리행사를 방해한 때에는 5년 이하의 징역, 10년 이하의 자격정지 또는 1천만원 이하의 벌금에 처한다.<개정 1995.12.29>

제124조 (불법체포, 불법감금) ① 재판, 검찰, 경찰 기타 인신구속에 관한 직무를 행하는 자 또는 이를 보조하는 자가 그 직권을 남용하여 사람을 체포 또는 감금한 때에는 7년 이하의 징역과 10년 이하의 자격정지에 처한다.

② 전항의 미수범은 처벌한다.

제125조 (폭행, 가혹행위) 재판, 검찰, 경찰 기타 인신구속에 관한 직무를 행하는 자 또는 이를 보조하는 자가 그 직무를 행함에 당하여 형사피의자 또는 기타 사람에 대하여 폭행 또는 가혹한 행위를 가한 때에는 5년 이하의 징역과 10년 이하의 자격정지에 처한다.

제126조 (피의사실공표) 검찰, 경찰 기타 범죄수사에 관한 직무를 행하는 자 또는 이를 감독하거나 보조하는 자가 그 직무를 행함에 당하여 지득한 피의사실을 공판청구 전에 공표한 때에는 3년 이하의 징역 또는 5년 이하의 자격정지에 처한다.

제127조 (공무상비밀의 누설) 공무원 또는 공무원이었던 자가 법령에 의한 직무상 비밀을 누설한 때에는 2년 이하의 징역이나 금고 또는 5년 이하의 자격정지에 처한다.

제128조 (선거방해) 검찰, 경찰 또는 군의 직에 있는 공무원이 법령에 의한 선거에 관하여 선거인, 입후보자 또는 입후보자되려는 자에게 협박을 가하거나 기타 방법으로 선거의 자유를 방해한 때에는 10년 이하의 징역과 5년 이상의 자격정지에 처한다.

제129조 (수뢰, 사전수뢰) ① 공무원 또는 중재인이 그 직무에 관하여 뇌물을 수수, 요구 또는 약속한 때에는 5년 이하의 징역 또는 10년 이하의 자격정지에 처한다.

② 공무원 또는 중재인이 될 자가 그 담당할 직무에 관하여 청탁을 받고 뇌물을 수수, 요구 또는 약속한 후 공무원 또는 중재인이 된 때에는 3년 이하의 징역 또는 7년 이하의 자격정지에 처한다.

제130조 (제삼자뇌물제공) 공무원 또는 중재인이 그 직무에 관하여 부정한 청탁을 받고 제3자에게 뇌물을 공여하게 하거나 공여를 요구 또는 약속한 때에는 5년 이하의 징역 또는 10년 이하의 자격정지에 처한다.

제131조 (수뢰 후 부정처사, 사후수뢰) ① 공무원 또는 중재인이 전2조의 죄를 범하여 부정한 행위를 한 때에는 1년 이상의 유기징역에 처한다.

② 공무원 또는 중재인이 그 직무상 부정한 행위를 한 후 뇌물을 수수, 요구 또는 약속하거나 제삼자에게 이를 공여하게 하거나 공여를 요구 또는 약속한 때에도 전항의 형과 같다.

③ 공무원 또는 중재인이었던 자가 그 재직중에 청탁을 받고 직무상 부정한 행위를 한

후 뇌물을 수수, 요구 또는 약속한 때에는 5년 이하의 징역 또는 10년 이하의 자격정지에 처한다.

④ 전3항의 경우에는 10년 이하의 자격정지를 병과할 수 있다.

제132조 (알선수뢰) 공무원이 그 지위를 이용하여 다른 공무원의 직무에 속한 사항의 알선에 관하여 뇌물을 수수, 요구 또는 약속한 때에는 3년 이하의 징역 또는 7년 이하의 자격정지에 처한다.

제133조 (뇌물공여 등) ①제129조 내지 제132조에 기재한 뇌물을 약속, 공여 또는 공여의 의사를 표시한 자는 5년 이하의 징역 또는 2천만원 이하의 벌금에 처한다.<개정 1995.12.29>

② 전항의 행위에 공할 목적으로 제삼자에게 금품을 교부하거나 그 정을 알면서 교부를 받은 자도 전항의 형과 같다.

제134조 (몰수, 추징) 범인 또는 정을 아는 제삼자가 받은 뇌물 또는 뇌물에 공할 금품은 몰수한다. 그를 몰수하기 불능한 때에는 그 가액을 추징한다.

제135조 (공무원의 직무상 범죄에 대한 형의 가중) 공무원이 직권을 이용하여 본장이외의 죄를 범한 때에는 그 죄에 정한 형의 2분의 1까지 가중한다. 단 공무원의 신분에 의하여 특별히 형이 규정된 때에는 예외로 한다.

제8장 공무방해에 관한 죄

제136조 (공무집행방해) ① 직무를 집행하는 공무원에 대하여 폭행 또는 협박한 자는 5년 이하의 징역 또는 1천만원 이하의 벌금에 처한다.<개정 1995.12.29>

② 공무원에 대하여 그 직무상의 행위를 강요 또는 조지하거나 그 직을 사퇴하게 할 목적으로 폭행 또는 협박한 자도 전항의 형과 같다.

제137조 (위계에 의한 공무집행방해) 위계로써 공무원의 직무집행을 방해한 자는 5년 이하의 징역 또는 1천만원 이하의 벌금에 처한다.<개정 1995.12.29>

제138조 (법정 또는 국회회의장모욕) 법원의 재판 또는 국회의 심의를 방해 또는 위협할 목적으로 법정이나 국회회의장 또는 그 부근에서 모욕 또는 소동한 자는 3년 이하의 징역 또는 700만원 이하의 벌금에 처한다.<개정 1995.12.29>

제139조 (인권옹호직무방해) 경찰의 직무를 행하는 자 또는 이를 보조하는 자가 인권옹호에 관한 검사의 직무집행을 방해하거나 그 명령을 준수하지 아니한 때에는 5년 이하의 징역 또는 10년 이하의 자격정지에 처한다.

제140조 (공무상비밀표시무효) ① 공무원이 그 직무에 관하여 실시한 봉인 또는 압류 기타 강제처분의 표시를 손상 또는 은닉하거나 기타 방법으로 그 효용을 해한 자는 5년 이하의 징역 또는 700만원 이하의 벌금에 처한다.<개정 1995.12.29>

② 공무원이 그 직무에 관하여 봉함 기타 비밀장치한 문서 또는 도화를 개봉한 자도 제1항의 형과 같다.<개정 1995.12.29>

③ 공무원이 그 직무에 관하여 봉함 기타 비밀장치한 문서, 도화 또는 전자기록등 특수매체기록을 기술적 수단을 이용하여 그 내용을 알아낸 자도 제1항의 형과 같다.<신설 1995.12.29>

제140조의2 (부동산강제집행효용침해) 강제집행으로 명도 또는 인도된 부동산에 침입하거나 기타 방법으로 강제집행의 효용을 해한 자는 5년 이하의 징역 또는 700만원 이하의 벌금에

처한다.

[본조신설 1995.12.29]

제141조 (공용서류등의 무효, 공용물의 파괴) ① 공무소에서 사용하는 서류 기타 물건 또는 전자기록 등 특수매체기록을 손상 또는 은닉하거나 기타 방법으로 그 효용을 해한 자는 7년 이하의 징역 또는 1천만원 이하의 벌금에 처한다.<개정 1995.12.29>

② 공무소에서 사용하는 건조물, 선박, 기차 또는 항공기를 파괴한 자는 1년 이상 10년 이하의 징역에 처한다.

제142조 (공무상보관물의 무효) 공무소로부터 보관명령을 받거나 공무소의 명령으로 타인이 관리하는 자기의 물건을 손상 또는 은닉하거나 기타 방법으로 그 효용을 해한 자는 5년 이하의 징역 또는 700만원 이하의 벌금에 처한다.<개정 1995.12.29>

제143조 (미수범) 제140조 내지 전조의 미수범은 처벌한다.

제144조 (특수공무방해) ① 단체 또는 다중의 위력을 보이거나 위험한 물건을 휴대하여 제136조, 제138조와 제140조 내지 전조의 죄를 범한 때에는 각조에 정한 형의 2분의 1까지 가중한다.

② 제1항의 죄를 범하여 공무원을 상해에 이르게 한 때에는 3년 이상의 유기징역에 처한다. 사망에 이르게 한 때에는 무기 또는 5년 이상의 징역에 처한다.<개정 1995.12.29>

제9장 도주와 범인은닉의 죄

제145조 (도주, 집합명령위반) ① 법률에 의하여 체포 또는 구금된 자가 도주한 때에는 1년 이하의 징역에 처한다.

② 전항의 구금된 자가 천재, 사변 기타 법령에 의하여 잠시해금된 경우에 정당한 이유없이 그 집합명령에 위반한 때에도 전항의 형과 같다.

제146조 (특수도주) 수용설비 또는 기구를 손괴하거나 사람에게 폭행 또는 협박을 가하거나 2인 이상이 합동하여 전조 제1항의 죄를 범한 자는 7년 이하의 징역에 처한다.

제147조 (도주원조) 법률에 의하여 구금된 자를 탈취하거나 도주하게 한 자는 10년 이하의 징역에 처한다.

제148조 (간수자의 도주원조) 법률에 의하여 구금된 자를 간수 또는 호송하는 자가 이를 도주하게 한 때에는 1년 이상 10년 이하의 징역에 처한다.

제149조 (미수범) 전4조의 미수범은 처벌한다.

제150조 (예비, 음모) 제147조와 제148조의 죄를 범할 목적으로 예비 또는 음모한 자는 3년 이하의 징역에 처한다.

제151조 (범인은닉과 친족간의 특례) ① 벌금 이상의 형에 해당하는 죄를 범한 자를 은닉 또는 도피하게 한 자는 3년 이하의 징역 또는 500만원 이하의 벌금에 처한다.<개정 1995.12.29>

② 친족 또는 동거의 가족이 본인을 위하여 전항의 죄를 범한 때에는 처벌하지 아니한다. <개정 2005.3.31>

제10장 위증과 증거인멸의 죄

제152조 (위증, 모해위증) ① 법률에 의하여 선서한 증인이 허위의 진술을 한 때에는 5년 이하의 징역 또는 1천만원 이하의 벌금에 처한다.<개정 1995.12.29>

② 형사사건 또는 징계사건에 관하여 피고인, 피의자 또는 징계혐의자를 모해할 목적으로 전항의 죄를 범한 때에는 10년 이하의 징역에 처한다.

제153조 (자백, 자수) 전조의 죄를 범한 자가 그 공술한 사건의 재판 또는 징계처분이 확정되기 전에 자백 또는 자수한 때에는 그 형을 감경 또는 면제한다.

제154조 (허위의 감정, 통역, 번역) 법률에 의하여 선서한 감정인, 통역인 또는 번역인이 허위의 감정, 통역 또는 번역을 한 때에는 전2조의 예에 의한다.

제155조 (증거인멸등과 친족간의 특례) ① 타인의 형사사건 또는 징계사건에 관한 증거를 인멸, 은닉, 위조 또는 변조하거나 위조 또는 변조한 증거를 사용한 자는 5년 이하의 징역 또는 700만원 이하의 벌금에 처한다.<개정 1995.12.29>

② 타인의 형사사건 또는 징계사건에 관한 증인을 은닉 또는 도피하게 한 자도 제1항의 형과 같다.<개정 1995.12.29>

③ 피고인, 피의자 또는 징계혐의자를 모해할 목적으로 전2항의 죄를 범한 자는 10년 이하의 징역에 처한다.

④ 친족 또는 동거의 가족이 본인을 위하여 본조의 죄를 범한 때에는 처벌하지 아니한다. <개정 2005.3.31>

제11장 무고의 죄

제156조 (무고) 타인으로 하여금 형사처분 또는 징계처분을 받게 할 목적으로 공무소 또는 공무원에 대하여 허위의 사실을 신고한 자는 10년 이하의 징역 또는 1천500만원 이하의 벌금에 처한다.<개정 1995.12.29>

제157조 (자백 · 자수) 제153조는 전조에 준용한다.

제12장 신앙에 관한 죄

제158조 (장례식등의 방해) 장례식, 제사, 예배 또는 설교를 방해한 자는 3년 이하의 징역 또는 500만원 이하의 벌금에 처한다.<개정 1995.12.29>

제159조 (사체등의 오욕) 사체, 유골 또는 유발을 오욕한 자는 2년 이하의 징역 또는 500만원 이하의 벌금에 처한다.<개정 1995.12.29>

제160조 (분묘의 발굴) 분묘를 발굴한 자는 5년 이하의 징역에 처한다.

제161조 (사체 등의 영득) ① 사체, 유골, 유발 또는 관내에 장치한 물건을 손괴, 유기, 은닉 또는 영득한 자는 7년 이하의 징역에 처한다.

② 분묘를 발굴하여 전항의 죄를 범한 자는 10년 이하의 징역에 처한다.

제162조 (미수범) 전2조의 미수범은 처벌한다.

제163조 (변사체검시방해) 변사자의 사체 또는 변사의 의심 있는 사체를 은닉 또는 변경하거나 기타 방법으로 검시를 방해한 자는 700만원 이하의 벌금에 처한다.

[전문개정 1995.12.29]

제13장 방화와 실화의 죄

제164조 (현주건조물 등에의 방화) ① 불을 놓아 사람이 주거로 사용하거나 사람이 현존하는 건

조물, 기차, 전차, 자동차, 선박, 항공기 또는 광갱을 소훼한 자는 무기 또는 3년 이상의 징역에 처한다.

② 제1항의 죄를 범하여 사람을 상해에 이르게 한 때에는 무기 또는 5년 이상의 징역에 처한다. 사망에 이르게 한 때에는 사형, 무기 또는 7년 이상의 징역에 처한다. [전문개정 1995.12.29]

제165조 (공용건조물 등에의 방화) 불을 놓아 공용 또는 공익에 공하는 건조물, 기차, 전차, 자동차, 선박, 항공기 또는 광갱을 소훼한 자는 무기 또는 3년 이상의 징역에 처한다.

제166조 (일반건조물 등에의 방화) ① 불을 놓아 전2조에 기재한 이외의 건조물, 기차, 전차, 자동차, 선박, 항공기 또는 광갱을 소훼한 자는 2년 이상의 유기징역에 처한다.

② 자기 소유에 속하는 제1항의 물건을 소훼하여 공공의 위험을 발생하게 한 자는 7년 이하의 징역 또는 1천만원 이하의 벌금에 처한다.<개정 1995.12.29>

제167조 (일반물건에의 방화) ① 불을 놓아 전3조에 기재한 이외의 물건을 소훼하여 공공의 위험을 발생하게 한 자는 1년 이상 10년 이하의 징역에 처한다.

② 제1항의 물건이 자기의 소유에 속한 때에는 3년 이하의 징역 또는 700만원 이하의 벌금에 처한다.<개정 1995.12.29>

제168조 (연소) ① 제166조제2항 또는 전조 제2항의 죄를 범하여 제164조, 제165조 또는 제166조제1항에 기재한 물건에 연소한 때에는 1년 이상 10년 이하의 징역에 처한다.

② 전조 제2항의 죄를 범하여 전조 제1항에 기재한 물건에 연소한 때에는 5년 이하의 징역에 처한다.

제169조 (진화방해) 화재에 있어서 진화용의 시설 또는 물건을 은닉 또는 손괴하거나 기타 방법으로 진화를 방해한 자는 10년 이하의 징역에 처한다.

제170조 (실화) ① 과실로 인하여 제164조 또는 제165조에 기재한 물건 또는 타인의 소유에 속하는 제166조에 기재한 물건을 소훼한 자는 1천500만원 이하의 벌금에 처한다.<개정 1995.12.29>

② 과실로 인하여 자기의 소유에 속하는 제166조 또는 제167조에 기재한 물건을 소훼하여 공공의 위험을 발생하게 한 자도 전항의 형과 같다.

제171조 (업무상실화, 중실화) 업무상과실 또는 중대한 과실로 인하여 제170조의 죄를 범한 자는 3년 이하의 금고 또는 2천만원 이하의 벌금에 처한다.<개정 1995.12.29>

제172조 (폭발성물건파열) ① 보일러, 고압가스 기타 폭발성있는 물건을 파열시켜 사람의 생명, 신체 또는 재산에 대하여 위험을 발생시킨 자는 1년 이상의 유기징역에 처한다.

② 제1항의 죄를 범하여 사람을 상해에 이르게 한 때에는 무기 또는 3년 이상의 징역에 처한다. 사망에 이르게 한 때에는 무기 또는 5년 이상의 징역에 처한다. [전문개정 1995.12.29]

제172조의2 (가스 · 전기 등 방류) ① 가스, 전기, 증기 또는 방사선이나 방사성 물질을 방출, 유출 또는 살포시켜 사람의 생명, 신체 또는 재산에 대하여 위험을 발생시킨 자는 1년 이상 10년 이하의 징역에 처한다.

② 제1항의 죄를 범하여 사람을 상해에 이르게 한 때에는 무기 또는 3년 이상의 징역에 처한다. 사망에 이르게 한 때에는 무기 또는 5년 이상의 징역에 처한다. [본조신설 1995.12.29]

제173조 (가스 · 전기 등 공급방해<개정 1995.12.29>**)** ① 가스, 전기 또는 증기의 공작물을 손괴 또는 제거하거나 기타 방법으로 가스, 전기 또는 증기의 공급이나 사용을 방해하여 공공의 위험을 발생하게 한 자는 1년 이상 10년 이하의 징역에 처한다.<개정 1995.12.29>

② 공공용의 가스, 전기 또는 증기의 공작물을 손괴 또는 제거하거나 기타 방법으로 가스, 전기 또는 증기의 공급이나 사용을 방해한 자도 전항의 형과 같다.<개정 1995.12.29>

③ 제1항 또는 제2항의 죄를 범하여 사람을 상해에 이르게 한 때에는 2년 이상의 유기징역에 처한다. 사망에 이르게 한 때에는 무기 또는 3년 이상의 징역에 처한다.<개정 1995.12.29>

제173조의2 (과실폭발성물건파열 등) ① 과실로 제172조제1항, 제172조의2제1항, 제173조제1항과 제2항의 죄를 범한 자는 5년 이하의 금고 또는 1천500만원 이하의 벌금에 처한다.

② 업무상과실 또는 중대한 과실로 제1항의 죄를 범한 자는 7년 이하의 금고 또는 2천만원 이하의 벌금에 처한다. [본조신설 1995.12.29]

제174조 (미수범) 제164조제1항, 제165조, 제166조제1항, 제172조제1항, 제172조의2제1항, 제173조제1항과 제2항의 미수범은 처벌한다. [전문개정 1995.12.29]

제175조 (예비, 음모) 제164조제1항, 제165조, 제166조제1항, 제172조제1항, 제172조의2제1항, 제173조제1항과 제2항의 죄를 범할 목적으로 예비 또는 음모한 자는 5년 이하의 징역에 처한다. 단 그 목적한 죄의 실행에 이르기 전에 자수한 때에는 형을 감경 또는 면제한다.<개정 1995.12.29>

제176조 (타인의 권리대상이 된 자기의 물건) 자기의 소유에 속하는 물건이라도 압류 기타 강제처분을 받거나 타인의 권리 또는 보험의 목적물이 된 때에는 본장의 규정의 적용에 있어서 타인의 물건으로 간주한다.

제14장 일수와 수리에 관한 죄

제177조 (현주건조물 등에의 일수) ① 물을 넘겨 사람이 주거에 사용하거나 사람이 현존하는 건조물, 기차, 전차, 자동차, 선박, 항공기 또는 광갱을 침해한 자는 무기 또는 3년 이상의 징역에 처한다.

② 제1항의 죄를 범하여 사람을 상해에 이르게 한 때에는 무기 또는 5년 이상의 징역에 처한다. 사망에 이르게 한 때에는 무기 또는 7년 이상의 징역에 처한다. [전문개정 1995.12.29]

제178조 (공용건조물 등에의 일수) 물을 넘겨 공용 또는 공익에 공하는 건조물, 기차, 전차, 자동차, 선박, 항공기 또는 광갱을 침해한 자는 무기 또는 2년 이상의 징역에 처한다.

제179조 (일반건조물 등에의 일수) ① 물을 넘겨 전2조에 기재한 이외의 건조물, 기차, 전차, 자동차, 선박, 항공기 또는 광갱 기타 타인의 재산을 침해한 자는 1년 이상 10년 이하의 징역에 처한다.

② 자기의 소유에 속하는 전항의 물건을 침해하여 공공의 위험을 발생하게 한 때에는 3년 이하의 징역 또는 700만원 이하의 벌금에 처한다.<개정 1995.12.29>

③ 제176조의 규정은 본조의 경우에 준용한다.

제180조 (방수방해) 수재에 있어서 방수용의 시설 또는 물건을 손괴 또는 은닉하거나 기타 방법으로 방수를 방해한 자는 10년 이하의 징역에 처한다.

제181조 (과실일수) 과실로 인하여 제177조 또는 제178조에 기재한 물건을 침해한 자 또는 제179조에 기재한 물건을 침해하여 공공의 위험을 발생하게 한 자는 1천만원 이하의 벌금에 처한다.<개정 1995.12.29>

제182조 (미수범) 제177조 내지 제179조제1항의 미수범은 처벌한다.

제183조 (예비, 음모) 제177조 내지 제179조제1항의 죄를 범할 목적으로 예비 또는 음모한 자는 3년 이하의 징역에 처한다.

제184조 (수리방해) 제방을 결궤하거나 수문을 파괴하거나 기타 방법으로 수리를 방해한 자는 5년 이하의 징역 또는 700만원 이하의 벌금에 처한다.<개정 1995.12.29>

제15장 교통방해의 죄

제185조 (일반교통방해) 육로, 수로 또는 교량을 손괴 또는 불통하게 하거나 기타 방법으로 교통을 방해한 자는 10년 이하의 징역 또는 1천500만원 이하의 벌금에 처한다.<개정 1995.12.29>

제186조 (기차, 선박 등의 교통방해) 궤도, 등대 또는 표지를 손괴하거나 기타 방법으로 기차, 전차, 자동차, 선박 또는 항공기의 교통을 방해한 자는 1년 이상의 유기징역에 처한다.

제187조 (기차 등의 전복 등) 사람의 현존하는 기차, 전차, 자동차, 선박 또는 항공기를 전복, 매몰, 추락 또는 파괴한 자는 무기 또는 3년 이상의 징역에 처한다.

제188조 (교통방해치사상) 제185조 내지 제187조의 죄를 범하여 사람을 상해에 이르게 한 때에는 무기 또는 3년 이상의 징역에 처한다. 사망에 이르게 한 때에는 무기 또는 5년 이상의 징역에 처한다. [전문개정 1995.12.29]

제189조 (과실, 업무상과실, 중과실) ① 과실로 인하여 제185조 내지 제187조의 죄를 범한 자는 1천만원 이하의 벌금에 처한다.<개정 1995.12.29>

② 업무상과실 또는 중대한 과실로 인하여 제185조 내지 제187조의 죄를 범한 자는 3년 이하의 금고 또는 2천만원 이하의 벌금에 처한다.<개정 1995.12.29>

제190조 (미수범) 제185조 내지 제187조의 미수범은 처벌한다.

제191조 (예비, 음모) 제186조 또는 제187조의 죄를 범할 목적으로 예비 또는 음모한 자는 3년 이하의 징역에 처한다.

제16장 음용수에 관한 죄

제192조 (음용수의 사용방해) ① 일상음용에 공하는 정수에 오물을 혼입하여 음용하지 못하게 한 자는 1년 이하의 징역 또는 500만원 이하의 벌금에 처한다.<개정 1995.12.29>

② 전항의 음용수에 독물 기타 건강을 해할 물건을 혼입한 자는 10년 이하의 징역에 처한다.

제193조 (수도음용수의 사용방해) ① 수도에 의하여 공중의 음용에 공하는 정수 또는 그 수원에 오물을 혼입하여 음용하지 못하게 한 자는 1년 이상 10년 이하의 징역에 처한다.

② 전항의 음용수 또는 수원에 독물 기타 건강을 해할 물건을 혼입한 자는 2년 이상의 유기징역에 처한다.

제194조 (음용수혼독치사상) 제192조제2항 또는 제193조제2항의 죄를 범하여 사람을 상해에 이르게 한 때에는 무기 또는 3년 이상의 징역에 처한다. 사망에 이르게 한 때에는 무기

또는 5년 이상의 징역에 처한다.

[전문개정 1995.12.29]

제195조 (수도불통) 공중의 음용수를 공급하는 수도 기타 시설을 손괴 기타 방법으로 불통하게 한 자는 1년 이상 10년 이하의 징역에 처한다.

제196조 (미수범) 제192조제2항, 제193조제2항과 전조의 미수범은 처벌한다.

제197조 (예비, 음모) 제192조제2항, 제193조제2항 또는 제195조의 죄를 범할 목적으로 예비 또는 음모한 자는 2년 이하의 징역에 처한다.

제17장 아편에 관한 죄

제198조 (아편 등의 제조 등) 아편, 몰핀 또는 그 화합물을 제조, 수입 또는 판매하거나 판매할 목적으로 소지한 자는 10년 이하의 징역에 처한다.

제199조 (아편흡식기의 제조 등) 아편을 흡식하는 기구를 제조, 수입 또는 판매하거나 판매할 목적으로 소지한 자는 5년 이하의 징역에 처한다.

제200조 (세관공무원의 아편 등의 수입) 세관의 공무원이 아편, 몰핀이나 그 화합물을 또는 아편흡식기구를 수입하거나 그 수입을 허용한 때에는 1년 이상의 유기징역에 처한다.

제201조 (아편흡식 등, 동장소제공) ① 아편을 흡식하거나 몰핀을 주사한 자는 5년 이하의 징역에 처한다.

② 아편흡식 또는 몰핀 주사의 장소를 제공하여 이익을 취한 자도 전항의 형과 같다.

제202조 (미수범) 전4조의 미수범은 처벌한다.

제203조 (상습범) 상습으로 전5조의 죄를 범한 때에는 각조에 정한 형의 2분의 1까지 가중한다.

제204조 (자격정지 또는 벌금의 병과) 제198조 내지 제203조의 경우에는 10년 이하의 자격정지 또는 2천만원 이하의 벌금을 병과할 수 있다.<개정 1995.12.29>

제205조 (아편 등의 소지) 아편, 몰핀이나 그 화합물 또는 아편흡식기구를 소지한 자는 1년 이하의 징역 또는 500만원 이하의 벌금에 처한다.<개정 1995.12.29>

제206조 (몰수, 추징) 본장의 죄에 제공한 아편, 몰핀이나 그 화합물 또는 아편흡식기구는 몰수한다. 그를 몰수하기 불능한 때에는 그 가액을 추징한다.

제18장 통화에 관한 죄

제207조 (통화의 위조 등) ① 행사할 목적으로 통용하는 대한민국의 화폐, 지폐 또는 은행권을 위조 또는 변조한 자는 무기 또는 2년 이상의 징역에 처한다.

② 행사할 목적으로 내국에서 유통하는 외국의 화폐, 지폐 또는 은행권을 위조 또는 변조한 자는 1년 이상의 유기징역에 처한다.

③ 행사할 목적으로 외국에서 통용하는 외국의 화폐, 지폐 또는 은행권을 위조 또는 변조한 자는 10년 이하의 징역에 처한다.

④ 위조 또는 변조한 전3항 기재의 통화를 행사하거나 행사할 목적으로 수입 또는 수출한 자는 그 위조 또는 변조의 각 죄에 정한 형에 처한다.

제208조 (위조통화의 취득) 행사할 목적으로 위조 또는 변조한 제207조기재의 통화를 취득한 자는 5년 이하의 징역 또는 1천500만원 이하의 벌금에 처한다.<개정 1995.12.29>

제209조 (자격정지 또는 벌금의 병과) 제207조 또는 제208조의 죄를 범하여 유기징역에 처할

경우에는 10년 이하의 자격정지 또는 2천만원 이하의 벌금을 병과할 수 있다.<개정 1995.12.29>

제210조 (위조통화취득후의 지정행사) 제207조기재의 통화를 취득한 후 그 정을 알고 행사한 자는 2년 이하의 징역 또는 500만원 이하의 벌금에 처한다.<개정 1995.12.29>

제211조 (통화유사물의 제조 등) ① 판매할 목적으로 내국 또는 외국에서 통용하거나 유통하는 화폐, 지폐 또는 은행권에 유사한 물건을 제조, 수입 또는 수출한 자는 3년 이하의 징역 또는 700만원 이하의 벌금에 처한다.<개정 1995.12.29>

② 전항의 물건을 판매한 자도 전항의 형과 같다.

제212조 (미수범) 제207조, 제208조와 전조의 미수범은 처벌한다.

제213조 (예비, 음모) 제207조제1항 내지 제3항의 죄를 범할 목적으로 예비 또는 음모한 자는 5년 이하의 징역에 처한다. 단, 그 목적한 죄의 실행에 이르기 전에 자수한 때에는 그 형을 감경 또는 면제한다.

제19장 유가증권, 우표와 인지에 관한 죄

제214조 (유가증권의 위조 등) ① 행사할 목적으로 대한민국 또는 외국의 공채증서 기타 유가증권을 위조 또는 변조한 자는 10년 이하의 징역에 처한다.

② 행사할 목적으로 유가증권의 권리의무에 관한 기재를 위조 또는 변조한 자도 전항의 형과 같다.

제215조 (자격모용에 의한 유가증권의 작성) 행사할 목적으로 타인의 자격을 모용하여 유가증권을 작성하거나 유가증권의 권리 또는 의무에 관한 사항을 기재한 자는 10년 이하의 징역에 처한다.

제216조 (허위유가증권의 작성 등) 행사할 목적으로 허위의 유가증권을 작성하거나 유가증권에 허위사항을 기재한 자는 7년 이하의 징역 또는 3천만원 이하의 벌금에 처한다.<개정 1995.12.29>

제217조 (위조유가증권 등의 행사 등) 위조, 변조, 작성 또는 허위기재한 전3조 기재의 유가증권을 행사하거나 행사할 목적으로 수입 또는 수출한 자는 10년 이하의 징역에 처한다.

제218조 (인지 · 우표의 위조 등<개정 1995.12.29>**)** ① 행사할 목적으로 대한민국 또는 외국의 인지, 우표 기타 우편요금을 표시하는 증표를 위조 또는 변조한 자는 10년 이하의 징역에 처한다.<개정 1995.12.29>

② 위조 또는 변조된 대한민국 또는 외국의 인지, 우표 기타 우편요금을 표시하는 증표를 행사하거나 행사할 목적으로 수입 또는 수출한 자도 제1항의 형과 같다.<개정 1995.12.29>

제219조 (위조인지 · 우표 등의 취득) 행사할 목적으로 위조 또는 변조한 대한민국 또는 외국의 인지, 우표 기타 우편요금을 표시하는 증표를 취득한 자는 3년 이하의 징역 또는 1천만원 이하의 벌금에 처한다.<개정 1995.12.29>

제220조 (자격정지 또는 벌금의 병과) 제214조 내지 제219조의 죄를 범하여 징역에 처하는 경우에는 10년 이하의 자격정지 또는 2천만원 이하의 벌금을 병과할 수 있다. [전문개정 1995.12.29]

제221조 (소인말소) 행사할 목적으로 대한민국 또는 외국의 인지, 우표 기타 우편요금을 표시하는 증표의 소인 기타 사용의 표지를 말소한 자는 1년 이하의 징역 또는 300만원 이하의

벌금에 처한다. [전문개정 1995.12.29]

제222조 (인지 · 우표유사물의 제조 등<개정 1995.12.29>**)** ① 매할 목적으로 대한민국 또는 외국의 공채증서, 인지, 우표 기타 우편요금을 표시하는 증표와 유사한 물건을 제조, 수입 또는 수출한 자는 2년 이하의 징역 또는 500만원 이하의 벌금에 처한다.<개정 1995.12.29>

② 전항의 물건을 판매한 자도 전항의 형과 같다.

제223조 (미수범) 제214조 내지 제219조와 전조의 미수범은 처벌한다.

제224조 (예비, 음모) 제214조, 제215조와 제218조제1항의 죄를 범할 목적으로 예비 또는 음모한 자는 2년 이하의 징역에 처한다.

제20장 문서에 관한 죄

제225조 (공문서등의 위조 · 변조) 행사할 목적으로 공무원 또는 공무소의 문서 또는 도화를 위조 또는 변조한 자는 10년 이하의 징역에 처한다.<개정 1995.12.29>

제226조 (자격모용에 의한 공문서등의 작성) 행사할 목적으로 공무원 또는 공무소의 자격을 모용하여 문서 또는 도화를 작성한 자는 10년 이하의 징역에 처한다.<개정 1995.12.29>

제227조 (허위공문서작성 등) 공무원이 행사할 목적으로 그 직무에 관하여 문서 또는 도화를 허위로 작성하거나 변개한 때에는 7년 이하의 징역 또는 2천만원 이하의 벌금에 처한다. [전문개정 1995.12.29]

제227조의2 (공전자기록위작 · 변작) 사무처리를 그르치게 할 목적으로 공무원 또는 공무소의 전자기록 등 특수매체기록을 위작 또는 변작한 자는 10년 이하의 징역에 처한다. [본조신설 1995.12.29]

제228조 (공정증서원본 등의 부실기재) ① 공무원에 대하여 허위신고를 하여 공정증서원본 또는 이와 동일한 전자기록 등 특수매체기록에 부실의 사실을 기재 또는 기록하게 한 자는 5년 이하의 징역 또는 1천만원 이하의 벌금에 처한다.<개정 1995.12.29>

② 공무원에 대하여 허위신고를 하여 면허증, 허가증, 등록증 또는 여권에 부실의 사실을 기재하게 한 자는 3년 이하의 징역 또는 700만원 이하의 벌금에 처한다.<개정 1995.12.29>

제229조 (위조등 공문서의 행사) 제225조 내지 제228조의 죄에 의하여 만들어진 문서, 도화, 전자기록 등 특수매체기록, 공정증서원본, 면허증, 허가증, 등록증 또는 여권을 행사한 자는 그 각 죄에 정한 형에 처한다. [전문개정 1995.12.29]

제230조 (공문서등의 부정행사) 공무원 또는 공무소의 문서 또는 도화를 부정행사한 자는 2년 이하의 징역이나 금고 또는 500만원 이하의 벌금에 처한다.<개정 1995.12.29>

제231조 (사문서등의 위조 · 변조<개정 1995.12.29>**)** 행사할 목적으로 권리 · 의무 또는 사실증명에 관한 타인의 문서 또는 도화를 위조 또는 변조한 자는 5년 이하의 징역 또는 1천만원 이하의 벌금에 처한다.<개정 1995.12.29>

제232조 (자격모용에 의한 사문서의 작성) 행사할 목적으로 타인의 자격을 모용하여 권리 · 의무 또는 사실증명에 관한 문서 또는 도화를 작성한 자는 5년 이하의 징역 또는 1천만원 이하의 벌금에 처한다.<개정 1995.12.29>

제232조의2 (사전자기록위작 · 변작) 사무처리를 그르치게 할 목적으로 권리 · 의무 또는 사실증명에 관한 타인의 전자기록 등 특수매체기록을 위작 또는 변작한 자는 5년 이하의 징역 또는 1천만원 이하의 벌금에 처한다. [본조신설 1995.12.29]

제233조 (허위진단서등의 작성) 의사, 한의사, 치과의사 또는 조산사가 진단서, 검안서 또는 생사에 관한 증명서를 허위로 작성한 때에는 3년 이하의 징역이나 금고, 7년 이하의 자격정지 또는 3천만원 이하의 벌금에 처한다.

[전문개정 1995.12.29]

제234조 (위조사문서 등의 행사) 제231조 내지 제233조의 죄에 의하여 만들어진 문서, 도화 또는 전자기록 등 특수매체기록을 행사한 자는 그 각 죄에 정한 형에 처한다.

[전문개정 1995.12.29]

제235조 (미수범) 제225조 내지 제234조의 미수범은 처벌한다.<개정 1995.12.29>

제236조 (사문서의 부정행사) 권리·의무 또는 사실증명에 관한 타인의 문서 또는 도화를 부정행사한 자는 1년 이하의 징역이나 금고 또는 300만원 이하의 벌금에 처한다.<개정 1995.12.29>

제237조 (자격정지의 병과) 제225조 내지 제227조의2 및 그 행사죄를 범하여 징역에 처할 경우에는 10년 이하의 자격정지를 병과할 수 있다.<개정 1995.12.29>

제237조의2 (복사문서 등) 이 장의 죄에 있어서 전자복사기, 모사전송기 기타 이와 유사한 기기를 사용하여 복사한 문서 또는 도화의 사본도 문서 또는 도화로 본다.

[본조신설 1995.12.29]

제21장 인장에 관한 죄

제238조 (공인 등의 위조, 부정사용) ① 행사할 목적으로 공무원 또는 공무소의 인장, 서명, 기명 또는 기호를 위조 또는 부정사용한 자는 5년 이하의 징역에 처한다.

② 위조 또는 부정사용한 공무원 또는 공무소의 인장, 서명, 기명 또는 기호를 행사한 자도 전항의 형과 같다.

③ 전2항의 경우에는 7년 이하의 자격정지를 병과할 수 있다.

제239조 (사인 등의 위조, 부정사용) ① 행사할 목적으로 타인의 인장, 서명, 기명 또는 기호를 위조 또는 부정사용한 자는 3년 이하의 징역에 처한다.

② 위조 또는 부정사용한 타인의 인장, 서명, 기명 또는 기호를 행사한 때에도 전항의 형과 같다.

제240조 (미수범) 본장의 미수범은 처벌한다.

제22장 성풍속에 관한 죄

제241조 (간통) ① 배우자있는 자가 간통한 때에는 2년 이하의 징역에 처한다. 그와 상간한 자도 같다.

② 전항의 죄는 배우자의 고소가 있어야 논한다. 단, 배우자가 간통을 종용 또는 유서한 때에는 고소할 수 없다.

제242조 (음행매개) 영리의 목적으로 미성년 또는 음행의 상습없는 부녀를 매개하여 간음하게 한 자는 3년 이하의 징역 또는 1천500만원 이하의 벌금에 처한다.<개정 1995.12.29>

제243조 (음화반포 등) 음란한 문서, 도화, 필름 기타 물건을 반포, 판매 또는 임대하거나 공연히 전시 또는 상영한 자는 1년 이하의 징역 또는 500만원 이하의 벌금에 처한다.[전문개정 1995.12.29]

제244조 (음화제조 등<개정 1995.12.29>**)** 제243조의 행위에 공할 목적으로 음란한 물건을 제조, 소지, 수입 또는 수출한 자는 1년 이하의 징역 또는 500만원 이하의 벌금에 처한다.<개정 1995.12.29>

제245조 (공연음란) 공연히 음란한 행위를 한 자는 1년 이하의 징역, 500만원 이하의 벌금, 구류 또는 과료에 처한다.<개정 1995.12.29>

제23장 도박과 복표에 관한 죄

제246조 (도박, 상습도박) ① 재물로써 도박한 자는 500만원 이하의 벌금 또는 과료에 처한다. 단, 일시오락정도에 불과한 때에는 예외로 한다.<개정 1995.12.29>

② 상습으로 제1항의 죄를 범한 자는 3년 이하의 징역 또는 2천만원 이하의 벌금에 처한다.<개정 1995.12.29>

제247조 (도박개장) 영리의 목적으로 도박을 개장한 자는 3년 이하의 징역 또는 2천만원 이하의 벌금에 처한다.<개정 1995.12.29>

제248조 (복표의 발매 등) ① 법령에 의하지 아니한 복표를 발매한 자는 3년 이하의 징역 또는 2천만원 이하의 벌금에 처한다.<개정 1995.12.29>

② 전항의 복표발매를 중개한 자는 1년 이하의 징역 또는 500만원 이하의 벌금에 처한다.<개정 1995.12.29>

③ 제1항의 복표를 취득한 자는 500만원 이하의 벌금 또는 과료에 처한다.<개정 1995.12.29>

제249조 (벌금의 병과) 제246조 제2항, 제247조와 제248조제1항의 경우에는 500만원 이하의 벌금을 병과할 수 있다.<개정 1995.12.29>

제24장 살인의 죄

제250조 (살인, 존속살해) ① 사람을 살해한 자는 사형, 무기 또는 5년 이상의 징역에 처한다.

② 자기 또는 배우자의 직계존속을 살해한 자는 사형, 무기 또는 7년 이상의 징역에 처한다.<개정 1995.12.29>

제251조 (영아살해) 직계존속이 치욕을 은폐하기 위하거나 양육할 수 없음을 예상하거나 특히 참작할 만한 동기로 인하여 분만중 또는 분만직후의 영아를 살해한 때에는 10년 이하의 징역에 처한다.

제252조 (촉탁, 승낙에 의한 살인 등) ① 사람의 촉탁 또는 승낙을 받어 그를 살해한 자는 1년 이상 10년 이하의 징역에 처한다.

② 사람을 교사 또는 방조하여 자살하게 한 자도 전항의 형과 같다.

제253조 (위계 등에 의한 촉탁살인 등) 전조의 경우에 위계 또는 위력으로써 촉탁 또는 승낙하게 하거나 자살을 결의하게 한 때에는 제250조의 예에 의한다.

제254조 (미수범) 전4조의 미수범은 처벌한다.

제255조 (예비, 음모) 제250조와 제253조의 죄를 범할 목적으로 예비 또는 음모한 자는 10년 이하의 징역에 처한다.

제256조 (자격정지의 병과) 제250조, 제252조 또는 제253조의 경우에 유기징역에 처할 때에는 10년 이하의 자격정지를 병과할 수 있다.

제25장 상해와 폭행의 죄

제257조 (상해, 존속상해) ① 사람의 신체를 상해한 자는 7년 이하의 징역, 10년 이하의 자격정지 또는 1천만원 이하의 벌금에 처한다.<개정 1995.12.29>

② 자기 또는 배우자의 직계존속에 대하여 제1항의 죄를 범한 때에는 10년 이하의 징역 또는 1천500만원 이하의 벌금에 처한다.<개정 1995.12.29>

③ 전2항의 미수범은 처벌한다.

제258조 (중상해, 존속중상해) ① 사람의 신체를 상해하여 생명에 대한 위험을 발생하게 한 자는 1년 이상 10년 이하의 징역에 처한다.

② 신체의 상해로 인하여 불구 또는 불치나 난치의 질병에 이르게 한 자도 전항의 형과 같다.

③ 자기 또는 배우자의 직계존속에 대하여 전2항의 죄를 범한 때에는 2년 이상의 유기징역에 처한다.

제259조 (상해치사) ① 사람의 신체를 상해하여 사망에 이르게 한 자는 3년 이상의 유기징역에 처한다.<개정 1995.12.29>

② 자기 또는 배우자의 직계존속에 대하여 전항의 죄를 범한 때에는 무기 또는 5년 이상의 징역에 처한다.

제260조 (폭행, 존속폭행) ① 사람의 신체에 대하여 폭행을 가한 자는 2년 이하의 징역, 500만원 이하의 벌금, 구류 또는 과료에 처한다.<개정 1995.12.29>

② 자기 또는 배우자의 직계존속에 대하여 제1항의 죄를 범한 때에는 5년 이하의 징역 또는 700만원 이하의 벌금에 처한다.<개정 1995.12.29>

③ 제1항 및 제2항의 죄는 피해자의 명시한 의사에 반하여 공소를 제기할 수 없다.<개정 1995.12.29>

제261조 (특수폭행) 단체 또는 다중의 위력을 보이거나 위험한 물건을 휴대하여 제260조제1항 또는 제2항의 죄를 범한 때에는 5년 이하의 징역 또는 1천만원 이하의 벌금에 처한다.<개정 1995.12.29>

제262조 (폭행치사상) 전2조의 죄를 범하여 사람을 사상에 이르게 한 때에는 제257조 내지 제259조의 예에 의한다.

제263조 (동시범) 독립행위가 경합하여 상해의 결과를 발생하게 한 경우에 있어서 원인된 행위가 판명되지 아니한 때에는 공동정범의 예에 의한다.

제264조 (상습범) 상습으로 제257조, 제258조, 제260조 또는 제261조의 죄를 범한 때에는 그 죄에 정한 형의 2분의 1까지 가중한다.

제265조 (자격정지의 병과) 제257조제2항, 제258조, 제260조제2항, 제261조 또는 전조의 경우에는 10년 이하의 자격정지를 병과할 수 있다.

제26장 과실치사상의 죄

제266조 (과실치상) ① 과실로 인하여 사람의 신체를 상해에 이르게 한 자는 500만원 이하의 벌금, 구류 또는 과료에 처한다.<개정 1995.12.29>

② 제1항의 죄는 피해자의 명시한 의사에 반하여 공소를 제기할 수 없다.<개정 1995.12.29>

제267조 (과실치사) 과실로 인하여 사람을 사망에 이르게 한 자는 2년 이하의 금고 또는 700만원 이하의 벌금에 처한다.<개정 1995.12.29>

제268조 (업무상과실 · 중과실 치사상) 업무상 과실 또는 중대한 과실로 인하여 사람을 사상에 이르게 한 자는 5년 이하의 금고 또는 2천만원 이하의 벌금에 처한다.<개정 1995.12.29>

제27장 낙태의 죄

제269조 (낙태) ① 부녀가 약물 기타 방법으로 낙태한 때에는 1년 이하의 징역 또는 200만원 이하의 벌금에 처한다.<개정 1995.12.29>

② 부녀의 촉탁 또는 승낙을 받어 낙태하게 한 자도 제1항의 형과 같다.<개정 1995.12.29>

③ 제2항의 죄를 범하여 부녀를 상해에 이르게 한 때에는 3년 이하의 징역에 처한다. 사망에 이르게 한 때에는 7년 이하의 징역에 처한다.<개정 1995.12.29>

제270조 (의사 등의 낙태, 부동의낙태) ① 의사, 한의사, 조산사, 약제사 또는 약종상이 부녀의 촉탁 또는 승낙을 받어 낙태하게 한 때에는 2년 이하의 징역에 처한다.<개정 1995.12.29>

② 부녀의 촉탁 또는 승낙없이 낙태하게 한 자는 3년 이하의 징역에 처한다

③ 제1항 또는 제2항의 죄를 범하여 부녀를 상해에 이르게 한 때에는 5년 이하의 징역에 처한다. 사망에 이르게 한 때에는 10년 이하의 징역에 처한다.<개정 1995.12.29>

④ 전3항의 경우에는 7년 이하의 자격정지를 병과한다.

제28장 유기와 학대의 죄

제271조 (유기, 존속유기) ① 노유, 질병 기타 사정으로 인하여 부조를 요하는 자를 보호할 법률상 또는 계약상 의무있는 자가 유기한 때에는 3년 이하의 징역 또는 500만원 이하의 벌금에 처한다.<개정 1995.12.29>

② 자기 또는 배우자의 직계존속에 대하여 제1항의 죄를 범한 때에는 10년 이하의 징역 또는 1천500만원 이하의 벌금에 처한다.<개정 1995.12.29>

③ 제1항의 죄를 범하여 사람의 생명에 대한 위험을 발생하게 한 때에는 7년 이하의 징역에 처한다.

④ 제2항의 죄를 범하여 사람의 생명에 대하여 위험을 발생한 때에는 2년 이상의 유기징역에 처한다.

제272조 (영아유기) 직계존속이 치욕을 은폐하기 위하거나 양육할 수 없음을 예상하거나 특히 참작할 만한 동기로 인하여 영아를 유기한 때에는 2년 이하의 징역 또는 300만원 이하의 벌금에 처한다.<개정 1995.12.29>

제273조 (학대, 존속학대) ① 자기의 보호 또는 감독을 받는 사람을 학대한 자는 2년 이하의 징역 또는 500만원 이하의 벌금에 처한다.<개정 1995.12.29>

② 자기 또는 배우자의 직계존속에 대하여 전항의 죄를 범한 때에는 5년 이하의 징역 또는 700만원 이하의 벌금에 처한다.<개정 1995.12.29>

제274조 (아동혹사) 자기의 보호 또는 감독을 받는 16세 미만의 자를 그 생명 또는 신체에 위험한 업무에 사용할 영업자 또는 그 종업자에게 인도한 자는 5년 이하의 징역에 처한다. 그 인도를 받은 자도 같다.

제275조 (유기등 치사상) ① 제271조 내지 제273조의 죄를 범하여 사람을 상해에 이르게 한

때에는 7년 이하의 징역에 처한다. 사망에 이르게 한 때에는 3년 이상의 유기징역에 처한다.

② 자기 또는 배우자의 직계존속에 대하여 제271조 또는 제273조의 죄를 범하여 상해에 이르게 한 때에는 3년 이상의 유기징역에 처한다. 사망에 이르게 한 때에는 무기 또는 5년 이상의 징역에 처한다.[전문개정 1995.12.29]

제29장 체포와 감금의 죄

제276조 (체포, 감금, 존속체포, 존속감금) ① 사람을 체포 또는 감금한 자는 5년 이하의 징역 또는 700만원 이하의 벌금에 처한다.<개정 1995.12.29>

② 자기 또는 배우자의 직계존속에 대하여 제1항의 죄를 범한 때에는 10년 이하의 징역 또는 1천500만원 이하의 벌금에 처한다.<개정 1995.12.29>

제277조 (중체포, 중감금, 존속중체포, 존속중감금) ① 사람을 체포 또는 감금하여 가혹한 행위를 가한 자는 7년 이하의 징역에 처한다.

② 자기 또는 배우자의 직계존속에 대하여 전항의 죄를 범한 때에는 2년 이상의 유기징역에 처한다.

제278조 (특수체포, 특수감금) 단체 또는 다중의 위력을 보이거나 위험한 물건을 휴대하여 전2조의 죄를 범한 때에는 그 죄에 정한 형의 2분의 1까지 가중한다.

제279조 (상습범) 상습으로 제276조 또는 제277조의 죄를 범한 때에는 전조의 예에 의한다.

제280조 (미수범) 전4조의 미수범은 처벌한다.

제281조 (체포·감금등의 치사상) ① 제276조 내지 제280조의 죄를 범하여 사람을 상해에 이르게 한 때에는 1년 이상의 유기징역에 처한다. 사망에 이르게 한 때에는 3년 이상의 유기징역에 처한다.

② 자기 또는 배우자의 직계존속에 대하여 제276조 내지 제280조의 죄를 범하여 상해에 이르게 한 때에는 2년 이상의 유기징역에 처한다. 사망에 이르게 한 때에는 무기 또는 5년 이상의 징역에 처한다.[전문개정 1995.12.29]

제282조 (자격정지의 병과) 본장의 죄에는 10년 이하의 자격정지를 병과할 수 있다.

제30장 협박의 죄

제283조 (협박, 존속협박) ① 사람을 협박한 자는 3년 이하의 징역, 500만원 이하의 벌금, 구류 또는 과료에 처한다.<개정 1995.12.29>

② 자기 또는 배우자의 직계존속에 대하여 제1항의 죄를 범한 때에는 5년 이하의 징역 또는 700만원 이하의 벌금에 처한다.<개정 1995.12.29>

③ 제1항 및 제2항의 죄는 피해자의 명시한 의사에 반하여 공소를 제기할 수 없다.<개정 1995.12.29>

제284조 (특수협박) 단체 또는 다중의 위력을 보이거나 위험한 물건을 휴대하여 전조제1항, 제2항의 죄를 범한 때에는 7년 이하의 징역 또는 1천만원 이하의 벌금에 처한다.<개정 1995.12.29>

제285조 (상습범) 상습으로 제283조제1항, 제2항 또는 전조의 죄를 범한 때에는 그 죄에 정한 형의 2분의 1까지 가중한다.

제286조 (미수범) 전3조의 미수범은 처벌한다.

제31장 약취와 유인의 죄

제287조 (미성년자의 약취, 유인) 미성년자를 약취 또는 유인한 자는 10년 이하의 징역에 처한다.

제288조 (영리등을 위한 약취, 유인, 매매 등) ① 추행, 간음 또는 영리의 목적으로 사람을 약취 또는 유인한 자는 1년 이상의 유기징역에 처한다.

② 추업에 사용할 목적으로 부녀를 매매한 자도 전항의 형과 같다.

③ 상습으로 전2항의 죄를 범한 자는 2년 이상의 유기징역에 처한다.

제289조 (국외이송을 위한 약취, 유인, 매매) ① 국외에 이송할 목적으로 사람을 약취, 유인 또는 매매한 자는 3년 이상의 유기징역에 처한다.

② 약취, 유인 또는 매매된 자를 국외에 이송한 자도 전항의 형과 같다.

③ 상습으로 전2항의 죄를 범한 자는 5년 이상의 유기징역에 처한다.

제290조 (예비, 음모) 전조의 죄를 범할 목적으로 예비 또는 음모한 자는 3년 이하의 징역에 처한다.

제291조 (결혼을 위한 약취, 유인) 결혼할 목적으로 사람을 약취 또는 유인한 자는 5년 이하의 징역에 처한다.

제292조 (약취, 유인, 매매된 자의 수수 또는 은닉) ① 제288조 또는 제289조의 약취, 유인이나 매매된 자 또는 이송된 자를 수수 또는 은닉한 자는 7년 이하의 징역에 처한다.<개정 1995.12.29>

② 제287조 또는 제291조의 약취 또는 유인된 자를 수수 또는 은닉한 자는 5년 이하의 징역에 처한다.<개정 1995.12.29>

제293조 (상습범) ① 상습으로 전조의 죄를 범한 자는 2년 이상 10년 이하의 징역에 처한다.

② 추행, 간음 또는 영리의 목적으로 전조의 죄를 범한 자도 전항의 형과 같다.

제294조 (미수범) 제287조 내지 제289조와 제291조 내지 전조의 미수범은 처벌한다.

제295조 (자격정지 또는 벌금의 병과) 제288조, 제289조, 제292조, 제293조와 그 미수범에는 10년 이하의 자격정지 또는 2천만원 이하의 벌금을 병과할 수 있다.<개정 1995.12.29>

제295조의2 (형의 감경) 이 장의 죄를 범한 자가 약취·유인·매매 또는 이송된 자를 안전한 장소로 풀어 준 때에는 그 형을 감경할 수 있다. [본조신설 1995.12.29]

제296조 (고소) 제288조제1항, 제292조제1항 또는 제293조제2항의 각죄중 추행 또는 간음의 목적으로 약취, 유인, 수수 또는 은닉한 죄, 제291조의 죄와 그 미수범은 고소가 있어야 공소를 제기할 수 있다.<개정 1995.12.29>

제32장 강간과 추행의 죄

제297조 (강간) 폭행 또는 협박으로 부녀를 강간한 자는 3년 이상의 유기징역에 처한다.

제298조 (강제추행) 폭행 또는 협박으로 사람에 대하여 추행을 한 자는 10년 이하의 징역 또는 1천500만원 이하의 벌금에 처한다.<개정 1995.12.29>

제299조 (준강간, 준강제추행) 사람의 심신상실 또는 항거불능의 상태를 이용하여 간음 또는 추행을 한 자는 전2조의 예에 의한다.

제300조 (미수범) 전3조의 미수범은 처벌한다.

제301조 (강간 등 상해 · 치상) 제297조 내지 제300조의 죄를 범한 자가 사람을 상해하거나 상해에 이르게 한 때에는 무기 또는 5년 이상의 징역에 처한다.

[전문개정 1995.12.29]

제301조의2 (강간 등 살인 · 치사) 제297조 내지 제300조의 죄를 범한 자가 사람을 살해한 때에는 사형 또는 무기징역에 처한다. 사망에 이르게 한 때에는 무기 또는 10년 이상의 징역에 처한다.

[본조신설 1995.12.29]

제302조 (미성년자 등에 대한 간음) 미성년자 또는 심신미약자에 대하여 위계 또는 위력으로써 간음 또는 추행을 한 자는 5년 이하의 징역에 처한다.

제303조 (업무상위력 등에 의한 간음) ① 업무, 고용 기타 관계로 인하여 자기의 보호 또는 감독을 받는 부녀에 대하여 위계 또는 위력으로써 간음한 자는 5년 이하의 징역 또는 1천500만원 이하의 벌금에 처한다.<개정 1995.12.29>

② 법률에 의하여 구금된 부녀를 감호하는 자가 그 부녀를 간음한 때에는 7년 이하의 징역에 처한다.

제304조 (혼인빙자 등에 의한 간음) 혼인을 빙자하거나 기타 위계로써 음행의 상습없는 부녀를 기망하여 간음한 자는 2년 이하의 징역 또는 500만원 이하의 벌금에 처한다.<개정 1995.12.29>

제305조 (미성년자에 대한 간음, 추행) 13세 미만의 부녀를 간음하거나 13세 미만의 사람에게 추행을 한 자는 제297조, 제298조, 제301조 또는 제301조의2의 예에 의한다.<개정 1995.12.29>

제306조 (고소) 제297조 내지 제300조와 제302조 내지 제305조의 죄는 고소가 있어야 공소를 제기할 수 있다.<개정 1995.12.29>

제33장 명예에 관한 죄

제307조 (명예훼손) ① 공연히 사실을 적시하여 사람의 명예를 훼손한 자는 2년 이하의 징역이나 금고 또는 500만원 이하의 벌금에 처한다.<개정 1995.12.29>

② 공연히 허위의 사실을 적시하여 사람의 명예를 훼손한 자는 5년 이하의 징역, 10년 이하의 자격정지 또는 1천만원 이하의 벌금에 처한다.<개정 1995.12.29>

제308조 (사자의 명예훼손) 공연히 허위의 사실을 적시하여 사자의 명예를 훼손한 자는 2년 이하의 징역이나 금고 또는 500만원 이하의 벌금에 처한다.<개정 1995.12.29>

제309조 (출판물 등에 의한 명예훼손) ① 사람을 비방할 목적으로 신문, 잡지 또는 라디오 기타 출판물에 의하여 제307조제1항의 죄를 범한 자는 3년 이하의 징역이나 금고 또는 700만원 이하의 벌금에 처한다.<개정 1995.12.29>

② 제1항의 방법으로 제307조제2항의 죄를 범한 자는 7년 이하의 징역, 10년 이하의 자격정지 또는 1천500만원 이하의 벌금에 처한다.<개정 1995.12.29>

제310조 (위법성의 조각) 제307조제1항의 행위가 진실한 사실로서 오로지 공공의 이익에 관한 때에는 처벌하지 아니한다.

제311조 (모욕) 공연히 사람을 모욕한 자는 1년 이하의 징역이나 금고 또는 200만원 이하의 벌금에 처한다.<개정 1995.12.29>

제312조 (고소와 피해자의 의사) ① 제308조와 제311조의 죄는 고소가 있어야 공소를 제기할 수 있다.<개정 1995.12.29>
② 제307조와 제309조의 죄는 피해자의 명시한 의사에 반하여 공소를 제기할 수 없다. <개정 1995.12.29>

제34장 신용, 업무와 경매에 관한 죄

제313조 (신용훼손) 허위의 사실을 유포하거나 기타 위계로써 사람의 신용을 훼손한 자는 5년 이하의 징역 또는 1천500만원 이하의 벌금에 처한다.<개정 1995.12.29>
제314조 (업무방해) ① 제313조의 방법 또는 위력으로써 사람의 업무를 방해한 자는 5년 이하의 징역 또는 1천500만원 이하의 벌금에 처한다.<개정 1995.12.29>
② 컴퓨터 등 정보처리장치 또는 전자기록 등 특수매체기록을 손괴하거나 정보처리장치에 허위의 정보 또는 부정한 명령을 입력하거나 기타 방법으로 정보처리에 장애를 발생하게 하여 사람의 업무를 방해한 자도 제1항의 형과 같다.<신설 1995.12.29>
제315조 (경매, 입찰의 방해) 위계 또는 위력 기타 방법으로 경매 또는 입찰의 공정을 해한 자는 2년 이하의 징역 또는 700만원 이하의 벌금에 처한다.<개정 1995.12.29>

제35장 비밀침해의 죄

제316조 (비밀침해) ① 봉함 기타 비밀장치한 사람의 편지, 문서 또는 도화를 개봉한 자는 3년 이하의 징역이나 금고 또는 500만원 이하의 벌금에 처한다.<개정 1995.12.29>
② 봉함 기타 비밀장치한 사람의 편지, 문서, 도화 또는 전자기록등 특수매체기록을 기술적 수단을 이용하여 그 내용을 알아낸 자도 제1항의 형과 같다.<신설 1995.12.29>
제317조 (업무상비밀누설) ① 의사, 한의사, 치과의사, 약제사, 약종상, 조산사, 변호사, 변리사, 공인회계사, 공증인, 대서업자나 그 직무상 보조자 또는 차등의 직에 있던 자가 그 업무처리 중 지득한 타인의 비밀을 누설한 때에는 3년 이하의 징역이나 금고, 10년 이하의 자격정지 또는 700만원 이하의 벌금에 처한다.<개정 1995.12.29, 1997.12.13>
② 종교의 직에 있는 자 또는 있던 자가 그 직무상 지득한 사람의 비밀을 누설한 때에도 전항의 형과 같다.
제318조 (고소) 본장의 죄는 고소가 있어야 공소를 제기할 수 있다.<개정 1995.12.29>

제36장 주거침입의 죄

제319조 (주거침입, 퇴거불응) ① 사람의 주거, 관리하는 건조물, 선박이나 항공기 또는 점유하는 방실에 침입한 자는 3년 이하의 징역 또는 500만원 이하의 벌금에 처한다.<개정 1995.12.29>
② 전항의 장소에서 퇴거요구를 받고 응하지 아니한 자도 전항의 형과 같다.
제320조 (특수주거침입) 단체 또는 다중의 위력을 보이거나 위험한 물건을 휴대하여 전조의 죄를 범한 때에는 5년 이하의 징역에 처한다.
제321조 (주거 · 신체 수색<개정 1995.12.29>) 사람의 신체, 주거, 관리하는 건조물, 자동차, 선박이나 항공기 또는 점유하는 방실을 수색한 자는 3년 이하의 징역에 처한다.<개정 1995.12.29>
제322조 (미수범) 본장의 미수범은 처벌한다.

제37장 권리행사를 방해하는 죄

제323조 (권리행사방해) 타인의 점유 또는 권리의 목적이 된 자기의 물건 또는 전자기록 등 특수매체기록을 취거, 은닉 또는 손괴하여 타인의 권리행사를 방해한 자는 5년 이하의 징역 또는 700만원 이하의 벌금에 처한다.<개정 1995.12.29>

제324조 (강요) 폭행 또는 협박으로 사람의 권리행사를 방해하거나 의무없는 일을 하게 한 자는 5년 이하의 징역에 처한다.<개정 1995.12.29>

제324조의2 (인질강요) 사람을 체포·감금·약취 또는 유인하여 이를 인질로 삼아 제3자에 대하여 권리행사를 방해하거나 의무없는 일을 하게 한 자는 3년 이상의 유기징역에 처한다.[본조신설 1995.12.29]

제324조의3 (인질상해·치상) 제324조의2의 죄를 범한 자가 인질을 상해하거나 상해에 이르게 한 때에는 무기 또는 5년 이상의 징역에 처한다. [본조신설 1995.12.29]

제324조의4(인질살해·치사) 제324조의2의 죄를 범한 자가 인질을 살해한 때에는 사형 또는 무기징역에 처한다. 사망에 이르게 한 때에는 무기 또는 10년 이상의 징역에 처한다. [본조신설 1995.12.29]

제324조의5 (미수범) 제324조 내지 제324조의4의 미수범은 처벌한다. [본조신설 1995.12.29]

제324조의6 (형의 감경) 제324조의2 또는 제324조의3의 죄를 범한 자 및 그 죄의 미수범이 인질을 안전한 장소로 풀어준 때에는 그 형을 감경할 수 있다.

[본조신설 1995.12.29]

제325조 (점유강취, 준점유강취) ① 폭행 또는 협박으로 타인의 점유에 속하는 자기의 물건을 강취한 자는 7년 이하의 징역 또는 10년 이하의 자격정지에 처한다.

② 타인의 점유에 속하는 자기의 물건을 취거함에 당하여 그 탈환을 항거하거나 체포를 면탈하거나 죄적을 인멸할 목적으로 폭행 또는 협박을 가한 때에도 전항의 형과 같다.

③ 전2항의 미수범은 처벌한다.

제326조 (중권리행사방해) 제324조 또는 제325조의 죄를 범하여 사람의 생명에 대한 위험을 발생하게 한 자는 10년 이하의 징역에 처한다.<개정 1995.12.29>

제327조 (강제집행면탈) 강제집행을 면할 목적으로 재산을 은닉, 손괴, 허위양도 또는 허위의 채무를 부담하여 채권자를 해한 자는 3년 이하의 징역 또는 1천만원 이하의 벌금에 처한다.<개정 1995.12.29>

제328조 (친족간의 범행과 고소) ① 직계혈족, 배우자, 동거친족, 동거가족 또는 그 배우자간의 제323조의 죄는 그 형을 면제한다. <개정 2005.3.31>

② 제1항 이외의 친족간에 제323조의 죄를 범한 때에는 고소가 있어야 공소를 제기할 수 있다.<개정 1995.12.29>

③ 전2항의 신분관계가 없는 공범에 대하여는 전2항을 적용하지 아니한다.

제38장 절도와 강도의 죄

제329조 (절도) 타인의 재물을 절취한 자는 6년 이하의 징역 또는 1천만원 이하의 벌금에 처한다.<개정 1995.12.29>

제330조 (야간주거침입절도) 야간에 사람의 주거, 간수하는 저택, 건조물이나 선박 또는 점유하

는 방실에 침입하여 타인의 재물을 절취한 자는 10년 이하의 징역에 처한다.

제331조 (특수절도) ① 야간에 문호 또는 장벽 기타 건조물의 일부를 손괴하고 전조의 장소에 침입하여 타인의 재물을 절취한 자는 1년 이상 10년 이하의 징역에 처한다.

② 흉기를 휴대하거나 2인 이상이 합동하여 타인의 재물을 절취한 자도 전항의 형과 같다.

제331조의2 (자동차등 불법사용) 권리자의 동의없이 타인의 자동차, 선박, 항공기 또는 원동기장치자전차를 일시 사용한 자는 3년 이하의 징역, 500만원 이하의 벌금, 구류 또는 과료에 처한다. [본조신설 1995.12.29]

제332조 (상습범) 상습으로 제329조 내지 제331조의2의 죄를 범한 자는 그 죄에 정한 형의 2분의 1까지 가중한다.<개정 1995.12.29>

제333조 (강도) 폭행 또는 협박으로 타인의 재물을 강취하거나 기타 재산상의 이익을 취득하거나 제삼자로 하여금 이를 취득하게 한 자는 3년 이상의 유기징역에 처한다.

제334조 (특수강도) ① 야간에 사람의 주거, 관리하는 건조물, 선박이나 항공기 또는 점유하는 방실에 침입하여 제333조의 죄를 범한 자는 무기 또는 5년 이상의 징역에 처한다.<개정 1995.12.29>

② 흉기를 휴대하거나 2인 이상이 합동하여 전조의 죄를 범한 자도 전항의 형과 같다.

제335조 (준강도) 절도가 재물의 탈환을 항거하거나 체포를 면탈하거나 죄적을 인멸할 목적으로 폭행 또는 협박을 가한 때에는 전2조의 예에 의한다.

제336조 (인질강도) 사람을 체포·감금·약취 또는 유인하여 이를 인질로 삼아 재물 또는 재산상의 이익을 취득하거나 제3자로 하여금 이를 취득하게 한 자는 3년 이상의 유기징역에 처한다. [전문개정 1995.12.29]

제337조 (강도상해, 치상) 강도가 사람을 상해하거나 상해에 이르게 한 때에는 무기 또는 7년 이상의 징역에 처한다.<개정 1995.12.29>

제338조 (강도살인·치사) 강도가 사람을 살해한 때에는 사형 또는 무기징역에 처한다. 사망에 이르게 한 때에는 무기 또는 10년 이상의 징역에 처한다. [전문개정 1995.12.29]

제339조 (강도강간) 강도가 부녀를 강간한 때에는 무기 또는 10년 이상의 징역에 처한다.

제340조 (해상강도) ① 다중의 위력으로 해상에서 선박을 강취하거나 선박내에 침입하여 타인의 재물을 강취한 자는 무기 또는 7년 이상의 징역에 처한다.

② 제1항의 죄를 범한 자가 사람을 상해하거나 상해에 이르게 한 때에는 무기 또는 10년 이상의 징역에 처한다.<개정 1995.12.29>

③ 제1항의 죄를 범한 자가 사람을 살해 또는 사망에 이르게 하거나 부녀를 강간한 때에는 사형 또는 무기징역에 처한다.<개정 1995.12.29>

제341조 (상습범) 상습으로 제333조, 제334조, 제336조 또는 전조 제1항의 죄를 범한 자는 무기 또는 10년 이상의 징역에 처한다.

제342조 (미수범) 제329조 내지 제341조의 미수범은 처벌한다. [전문개정 1995.12.29]

제343조 (예비, 음모) 강도할 목적으로 예비 또는 음모한 자는 7년 이하의 징역에 처한다.

제344조 (친족간의 범행) 제328조의 규정은 제329조 내지 제332조의 죄 또는 미수범에 준용한다.

제345조 (자격정지의 병과) 본장의 죄를 범하여 유기징역에 처할 경우에는 10년 이하의 자격정지를 병과할 수 있다.

제346조 (동력) 본장의 죄에 있어서 관리할 수 있는 동력은 재물로 간주한다.

제39장 사기와 공갈의 죄

제347조 (사기) ① 사람을 기망하여 재물의 교부를 받거나 재산상의 이익을 취득한 자는 10년 이하의 징역 또는 2천만원 이하의 벌금에 처한다.<개정 1995.12.29>

② 전항의 방법으로 제삼자로 하여금 재물의 교부를 받게 하거나 재산상의 이익을 취득하게 한 때에도 전항의 형과 같다.

제347조의2 (컴퓨터등 사용사기) 컴퓨터 등 정보처리장치에 허위의 정보 또는 부정한 명령을 입력하거나 권한 없이 정보를 입력·변경하여 정보처리를 하게 함으로써 재산상의 이익을 취득하거나 제3자로 하여금 취득하게 한 자는 10년 이하의 징역 또는 2천만원 이하의 벌금에 처한다. [전문개정 2001.12.29]

제348조 (준사기) ① 미성년자의 지려천박 또는 사람의 심신장애를 이용하여 재물의 교부를 받거나 재산상의 이익을 취득한 자는 10년 이하의 징역 또는 2천만원 이하의 벌금에 처한다.<개정 1995.12.29>

② 전항의 방법으로 제삼자로 하여금 재물의 교부를 받게 하거나 재산상의 이익을 취득하게 한 때에도 전항의 형과 같다.

제348조의2 (편의시설부정이용) 부정한 방법으로 대가를 지급하지 아니하고 자동판매기, 공중전화 기타 유료자동설비를 이용하여 재물 또는 재산상의 이익을 취득한 자는 3년 이하의 징역, 500만원 이하의 벌금, 구류 또는 과료에 처한다.

[본조신설 1995.12.29]

제349조 (부당이득) ① 사람의 궁박한 상태를 이용하여 현저하게 부당한 이익을 취득한 자는 3년 이하의 징역 또는 1천만원 이하의 벌금에 처한다.<개정 1995.12.29>

② 전항의 방법으로 제삼자로 하여금 부당한 이익을 취득하게 한 때에도 전항의 형과 같다.

제350조 (공갈) ① 사람을 공갈하여 재물의 교부를 받거나 재산상의 이익을 취득한 자는 10년 이하의 징역 또는 2천만원 이하의 벌금에 처한다.<개정 1995.12.29>

② 전항의 방법으로 제삼자로 하여금 재물의 교부를 받게 하거나 재산상의 이익을 취득하게 한 때에도 전항의 형과 같다.

제351조 (상습범) 상습으로 제347조 내지 전조의 죄를 범한 자는 그 죄에 정한 형의 2분의 1까지 가중한다.

제352조 (미수범) 제347조 내지 제348조의2, 제350조와 제351조의 미수범은 처벌한다. [전문개정 1995.12.29]

제353조 (자격정지의 병과) 본장의 죄에는 10년 이하의 자격정지를 병과할 수 있다.

제354조 (친족간의 범행, 동력) 제328조와 제346조의 규정은 본장의 죄에 준용한다.

제40장 횡령과 배임의 죄

제355조 (횡령, 배임) ① 타인의 재물을 보관하는 자가 그 재물을 횡령하거나 그 반환을 거부한 때에는 5년 이하의 징역 또는 1천500만원 이하의 벌금에 처한다.<개정 1995.12.29>

② 타인의 사무를 처리하는 자가 그 임무에 위배하는 행위로써 재산상의 이익을 취득하거나 제삼자로 하여금 이를 취득하게 하여 본인에게 손해를 가한 때에도 전항의 형과 같다.

제356조 (업무상의 횡령과 배임) 업무상의 임무에 위배하여 제355조의 죄를 범한 자는 10년 이하의 징역 또는 3천만원 이하의 벌금에 처한다.<개정 1995.12.29>

제357조 (배임수증재) ① 타인의 사무를 처리하는 자가 그 임무에 관하여 부정한 청탁을 받고 재물 또는 재산상의 이익을 취득한 자는 5년 이하의 징역 또는 1천만원 이하의 벌금에 처한다.<개정 1995.12.29>

② 제1항의 재물 또는 이익을 공여한 자는 2년 이하의 징역 또는 500만원 이하의 벌금에 처한다.<개정 1995.12.29>

③ 범인이 취득한 제1항의 재물은 몰수한다. 그 재물을 몰수하기 불능하거나 재산상의 이익을 취득한 때에는 그 가액을 추징한다.

제358조 (자격정지의 병과) 전3조의 죄에는 10년 이하의 자격정지를 병과할 수 있다.

제359조 (미수범) 제355조 내지 제357조의 미수범은 처벌한다.

제360조 (점유이탈물횡령) ① 유실물, 표류물 또는 타인의 점유를 이탈한 재물을 횡령한 자는 1년 이하의 징역이나 300만원 이하의 벌금 또는 과료에 처한다.<개정 1995.12.29>

② 매장물을 횡령한 자도 전항의 형과 같다.

제361조 (친족간의 범행, 동력) 제328조와 제346조의 규정은 본 장의 죄에 준용한다.

제41장 장물에 관한 죄

제362조 (장물의 취득, 알선 등) ① 장물을 취득, 양도, 운반 또는 보관한 자는 7년 이하의 징역 또는 1천500만원 이하의 벌금에 처한다.<개정 1995.12.29>

② 전항의 행위를 알선한 자도 전항의 형과 같다.

제363조 (상습범) ① 상습으로 전조의 죄를 범한 자는 1년 이상 10년 이하의 징역에 처한다.

② 제1항의 경우에는 10년 이하의 자격정지 또는 1천500만원 이하의 벌금을 병과할 수 있다.<개정 1995.12.29>

제364조 (업무상과실, 중과실) 업무상과실 또는 중대한 과실로 인하여 제362조의 죄를 범한 자는 1년 이하의 금고 또는 500만원 이하의 벌금에 처한다.<개정 1995.12.29>

제365조 (친족간의 범행) ① 전3조의 죄를 범한 자와 피해자간에 제328조제1항, 제2항의 신분관계가 있는 때에는 동조의 규정을 준용한다.

② 전3조의 죄를 범한 자와 본범간에 제328조제1항의 신분관계가 있는 때에는 그 형을 감경 또는 면제한다. 단, 신분관계가 없는 공범에 대하여는 예외로 한다.

제42장 손괴의 죄

제366조 (재물손괴 등<개정 1995.12.29>) 타인의 재물, 문서 또는 전자기록 등 특수매체기록을 손괴 또는 은닉 기타 방법으로 기 효용을 해한 자는 3년이하의 징역 또는 700만원 이하의 벌금에 처한다.<개정 1995.12.29>

제367조 (공익건조물파괴) 공익에 공하는 건조물을 파괴한 자는 10년 이하의 징역 또는 2천만원 이하의 벌금에 처한다.<개정 1995.12.29>

제368조 (중손괴) ① 전2조의 죄를 범하여 사람의 생명 또는 신체에 대하여 위험을 발생하게 한 때에는 1년 이상 10년 이하의 징역에 처한다.

② 제366조 또는 제367조의 죄를 범하여 사람을 상해에 이르게 한 때에는 1년 이상의

유기징역에 처한다. 사망에 이르게 한 때에는 3년 이상의 유기징역에 처한다.<개정 1995.12.29>

제369조 (특수손괴) ① 단체 또는 다중의 위력을 보이거나 위험한 물건을 휴대하여 제366조의 죄를 범한 때에는 5년 이하의 징역 또는 1천만원 이하의 벌금에 처한다.<개정 1995.12.29>

② 제1항의 방법으로 제367조의 죄를 범한 때에는 1년 이상의 유기징역 또는 2천만원 이하의 벌금에 처한다.<개정 1995.12.29>

제370조 (경계침범) 경계표를 손괴, 이동 또는 제거하거나 기타 방법으로 토지의 경계를 인식불능하게 한 자는 3년 이하의 징역 또는 500만원 이하의 벌금에 처한다.<개정 1995.12.29>

제371조 (미수범) 제366조, 제367조와 제369조의 미수범은 처벌한다.

제372조 (동력) 본장의 죄에는 제346조를 준용한다.

부칙 〈제293호,1953.9.18〉

제1조 (구형법 기타 법령과 형의 경중) 본법 또는 본법 시행후에 시행된 다른 법률이나 명령(이하 다른 신법령이라고 칭한다)과 본법 시행직전의 형법(이하 구형법이라고 칭한다), 다른 법률, 명령, 포고나 법령(이하 다른 구법령라고 칭한다)또는 본법 시행전후에 걸쳐서 시행중인 다른 법률, 명령, 포고나 법령(이하 다른 존속법령이라고 칭한다)에 정한 형의 경중은 제50조에 의한다.

제2조 (형의 종류의 적용례) ①본법 시행전에 범한 죄에 대한 형의 경중의 비교는 가장 중한 형의 장기 또는 다액에 의한다.

②가장 중한 형의 장기 또는 다액에 경중이 없는 때에는 그 단기 또는 소액에 의한다.

③전2항에 의하여 형의 경중을 정할 수 없는 때에는 병과할 다른 형이 있는 것을 중한 것으로 하고 선택할 다른 형이 있는 것을 경한 것으로 한다.

④전3항의 경우에 형을 가중감경할 때에는 구형법 또는 본법에 의하여 형의 가중 또는 감경한 뒤에 형의 비교를 한다.

제3조 (범인에게 유리한 법의 적용) 본법 시행전에 범한 죄에 대하여는 형의 경중에 관한 것이 아니더라도 범인에게 유리한 법을 적용한다.

제4조 (1개의 죄에 대한 신구법의 적용례) ①1개의 죄가 본법 시행전후에 걸쳐서 행하여진 때에는 본법 시행전에 범한 것으로 간주한다.

②연속범 또는 견련범이 본법 시행전후에 걸쳤을 때에는 본법 시행전에 범한 것만을 1죄로 한다.

제5조 (자격에 관한 형의 적용제한) 본법 시행전에 범한 죄에 대하여 본법 또는 다른 신법령을 적용할 때에도 본법 제43조는 적용하지 아니한다.

제6조 (경합범에 대한 신법의 적용례) 본법 시행전에 범한 수죄 또는 그와 본법 시행후에 범한 죄가 경합범인 때에는 본법의 경합범의 규정에 의한다.

제7조 (형의 효력) 구형법, 다른 구법령 또는 존속법령에 규정된 형은 본법에 의하여 규정된 것과 동일한 효력을 가진다.

제8조 (총칙의 적용례) ①본법 시행전에 범한 죄에 대한 형의 양정, 집행, 선고유예, 집행유예, 면제, 시효 또는 소멸에 관하여는 본법을 적용한다. 누범 또는 가석방에 관하여도 같다.

②본법 시행전에 선고된 형이나 그 집행유예 또는 처분된 가출옥의 효력은 이미 소멸되

지 아니하는 한 본법의 해당규정에 의한다.

③전2항의 경우에는 본법 제49조단행, 제58조제1항, 제63조, 제69조제1항단행, 제74조와 몰수나 추징의 시효에 관한 규정을 적용하지 아니한다.

제9조 (구형법의 인용조문) 다른 존속법령에 인용된 구형법 조문은 본법중에 그에 상당한 조문으로 변경된 것으로 한다.

제10조 (폐지되는 법률 등) 본법 시행직전까지 시행되던 다음의 법률, 포고 또는 법령은 폐지한다.

1. 구형법
2. 구형법시행법
3. 폭발물취체벌칙
4. 외국에서유통하는화폐,은행권의위조,변조와모조에관한법률
5. 우편법 제48조, 제55조제1항중 제48조의 미수범, 동조제2항, 제55조의 2와3
6. 인지범죄처벌법
7. 통화와증권모조취체법
8. 결투죄에관한건
9. 폭력행위등처벌에관한법률
10. 도범등의방지와처벌에관한법률
11. 미군정법령 제70호(부녀자의매매또는그매매계약의금지)
12. 미군정법령 제120호(벌금의증액과특별심판원의관할권등)
13. 미군정법령 제172호(우량한수형자석방령)
14. 미군정법령 제208호(항명죄와해적죄기타범죄)

제11조 (시행일) 본법은 단기 4286년 10월 3일부터 시행한다.

부칙 〈제2745호,1975.3.25〉

이 법은 공포한 날로부터 시행한다.

부칙 〈제4040호,1988.12.31〉

이 법은 공포한 날로부터 시행한다.

부칙 〈제5057호,1995.12.29〉

제1조 (시행일) 이 법은 1996년 7월 1일부터 시행한다. 다만, 제59조의2, 제61조제2항, 제62조의2, 제64조제2항, 제73조의2제2항의 개정규정과 제75조의 개정규정중 보호관찰에 관한 사항은 1997년 1월 1일부터 시행한다.

제2조 (일반적 적용례) 이 법은 이 법 시행전에 행하여진 종전의 형법규정위반의 죄에 대하여도 적용한다. 다만, 종전의 규정이 행위자에게 유리한 경우에는 그러하지 아니하다.

제3조 (1개의 행위에 대한 경과조치) 1개의 행위가 이 법 시행전후에 걸쳐 이루어진 경우에는 이 법 시행이후에 행한 것으로 본다.

제4조 (형에 관한 경과조치) 이 법 시행전에 종전의 형법규정에 의하여 형의 선고를 받은 자는 이 법에 의하여 형의 선고를 받은 것으로 본다. 집행유예 또는 선고유예를 받은 경우에도

이와 같다.

제5조 (다른 법령과의 관계) 이 법 시행당시 다른 법령에서 종전의 형법 규정(장의 제목을 포함한다)을 인용하고 있는 경우에 이 법 중 그에 해당하는 규정이 있는 때에는 종전의 규정에 갈음하여 이 법의 해당 조항을 인용한 것으로 본다.

부칙(정부부처명칭등의변경에따른건축법등의정비에관한법률) 〈제5454호,1997.12.13〉

이 법은 1998년 1월 1일부터 시행한다. 〈단서 생략〉

부칙 〈제6543호,2001.12.29〉

이 법은 공포후 6월이 경과한 날부터 시행한다.

부칙 〈제7077호,2004.1.20〉

이 법은 공포한 날부터 시행한다.

부칙(민법) 〈제7427호,2005.3.31〉

제1조 (시행일) 이 법은 공포한 날부터 시행한다. 다만, …생략… 부칙 제7조(제2항 및 제29항을 제외한다)의 규정은 2008년 1월 1일부터 시행한다.

제2조 내지 제6조 생략

제7조 (다른 법률의 개정) ①내지 ㉖생략

㉗형법 일부를 다음과 같이 개정한다.

제151조제2항 및 제155조제4항중 "친족, 호주 또는 동거의 가족"을 각각 "친족 또는 동거의 가족"으로 한다.

제328조제1항중 "동거친족, 호주, 가족"을 "동거친족, 동거가족"으로 한다.

㉘및 ㉙생략

부칙 〈제7623호,2005.7.29〉

① (시행일) 이 법은 공포한 날부터 시행한다.

② (적용례) 이 법은 이 법 시행 전에 행하여진 죄에 대하여도 적용한다. 다만, 종전의 규정을 적용하는 것이 행위자에게 유리한 경우에는 그러하지 아니하다.

찾아보기

가

나

사

아

자

하

참고문헌

1. 교과서

김일수·서보학, 새로쓴 형법총론, 박영사, 2006.

___________, 새로쓴 형법각론, 박영사, 2005.

김형만, 형법총론강의, 형지사, 2008.

박상기, 형법각론, 박영사, 2005.

배종대, 형법각론, 홍문사, 2006.

신동운, 형법총론, 법문사, 2008.

오영근, 로스쿨형법, 박영사, 2009.

이재상, 형법총론, 박영사, 2004.

_____, 형법각론, 박영사, 2004.

이형국, 형법총론, 법문사, 2007.

_____, 형법각론, 법문사, 2007.

임웅, 형법총론, 법문사, 2001.

_____, 형법각론, 법문사, 2006.

정영일, 형법개론, 박영사, 2005.

2. 사례집

박상기, 형법연습, 박영사, 2004.

신동운, 사례입문 형법총론, 법문사, 1993.

이재상, 형법연습, 형설출판사, 1993.

3. 기타자료

사법연수원, 미국형사법, 2006.

현암사, 법률용어사전, 2008.

_____, 판례법전, 2008.

기타 인터넷자료 및 연구논문 다수

about the Author

옥필훈

전북대학교 대학원 박사과정 수료(법학박사)
원광대학교 대학원 박사과정 수료(경찰학박사)
영국 버밍엄대학교 법과대학원 수료
국제경호협회 자문위원
법무부 Law educator
(현) 전주비전대학 경찰행정과 교수 및 학과장

[저서 및 논문]

수사 Ⅰ·Ⅱ (비엔앰북스, 2008)
형사소송법(청목출판사, 2008)
법학개론(도서출판 진영사, 2008)
경찰영어(도서출판 진영사, 2009)
경제범죄의 실태와 대책에 관한 연구
제주자치경찰의 실태와 발전방안에 관한 연구
경제범죄의 분류방식과 대처방안
경제범죄의 개념에 관한 연구
경제범죄의 제재유형에 관한 연구
공공장소에서 성적 행위의 불법실태와 형사법적 대책에 관한 연구
경제범죄의 실태에 관한 연구
경제범죄에 있어서 법인에 대한 효율적인 제재방안에 관한 연구
지역사회 경찰활동의 활성화방안에 관한 연구
조직범죄의 실태와 효율적 대책에 관한 연구
한국 자치경찰제의 효율적 운용방안에 관한 연구 外 多數